Londres

ÉDITION ÉCRITE ET ACTUALISÉE PAR
Damian Harper, Steve Fallon, Émilie Filou,
Vesna Maric, Sally Schafer

Sommaire

Préparer son séjour 4

Bienvenue à Londres 4
Le top 16 de Londres......6
Quoi de neuf ?...............17
L'essentiel 18
Londres en 4 jours 20
Envie de........................ 22
Mois par mois 26
Voyager avec ses enfants....................30
Comme un Londonien . 35
Londres gratuit.............37
Musées et galeries.................. 39
Où se restaurer.......... 44
Où prendre un verre et faire la fête 53
Londres gay et lesbien.59
Où sortir....................... 61
Shopping...................... 67
Sports et activités.....72

Découvrir Londres 74

Les quartiers en un clin d'œil.................76
Le West End 78
La City 139
South Bank 162
Kensington et Hyde Park................ 181
Clerkenwell, Shoreditch et Spitalfields..............201
L'East End et les Docklands 217
Hampstead et North London......... 233
Notting Hill et West London 256
Greenwich et South London........268
Richmond, Kew et Hampton Court......291
Excursions 307
Où se loger 321

Comprendre Londres 339

Londres aujourd'hui..340
Histoire........................342
Architecture..............360
Littérature.................366
Théâtre et danse 370
Art et mode................ 373
La scène musicale..... 377
Cinéma et médias 381

Londres pratique 385

Transports 386
Carnet pratique......... 395
Langue.......................403
Index 410

Plans 419

Le Top 16 de Londres

CHRISTER FREDRIKSSON / LONELY PLANET IMAGES ©

Pourquoi j'aime Londres

Par Damian Harper

J'ai passé une enfance fabuleuse à Notting Hill, mais si j'aime autant Londres, c'est parce que je l'ai arpenté de long en large. Beaucoup de Londoniens ne jurent que par leur rue. J'aime au contraire passer de la frénésie d'un quartier animé à la quiétude d'un "village" plus bucolique. C'est aussi un bon moyen de connaître la petite histoire de cette ville à travers l'étymologie : Aldwych (Auld-Wych, "vieux village") est situé en plein centre-ville, la calme Holywell Lane (Holy Well, ou "puits sacré") tire sa réputation des eaux sacrées qui baignaient Shoreditch autrefois, tandis que Chiswick (Cheese-wick) a bâti une partie de sa fortune sur son fromage.

Pour en savoir plus sur nos auteurs, voir p. 464

Le Tower Bridge (p. 150) enjambant la Tamise

Bienvenue à Londres

Cette ville hautement visitée, où chacun trouve son compte, séduit par son histoire, sa créativité, sa culture et son architecture.

Un voyage dans le temps

Londres est imprégnée des siècles passés. Pas au point de ressembler à un musée mais suffisamment pour vous couper le souffle. De la tour de Londres à l'abbaye de Westminster en passant par Hampton Court, les monuments londoniens sont les jalons visibles d'une longue histoire. Si, aujourd'hui, les constructions ultra-contemporaines ne manquent pas (the Shard, the Aquatics Centre, the Gherkin), elles n'en étouffent pas pour autant l'identité de la cité séculaire. Libre à vous de diriger vos pas vers la majesté architecturale du West End, les vestiges de la City ou les pubs bordant la Tamise.

Art et culture

Précurseurs dans les domaines de l'art et de la culture, les Londoniens semblent déborder d'imagination. La sphère créative de la capitale, naturellement excentrique, allie la modernité théâtrale et picturale aux dernières trouvailles en matière de musique, littérature et design. Une tendance d'autant plus forte qu'en ces temps de crise, le degré d'exigence artistique est encore monté d'un cran. L'attente du public n'a jamais été aussi forte et, à la veille des Jeux olympiques, Londres remue ciel et terre pour divertir ses visiteurs.

Cosmopolitisme

Outre l'anglais, plus de 300 autres idiomes façonnent le paysage linguistique londonien. Autant de cultures, bien perceptibles dans les rues de la ville, colorent les cuisines, les styles vestimentaires et la musique. Les collections des musées, tels que le British Museum ou le Victoria & Albert Museum, rivalisent de richesses souvent venues de l'étranger, tandis que les marchés comme celui de Borough ou d'Exmouth exhalent des saveurs qui raviront les gourmets. De par sa diversité et son dynamisme, Londres, intrinsèquement britannique, est sans doute, aussi, la ville la plus internationale qui soit.

La ville aux deux visages

On connaît la vitalité et les atouts touristiques de quartiers londoniens comme le West End, South Bank et la City. Pourtant, la ville invite aussi aux escapades bucoliques. Délaissez les musées et les monuments emblématiques du cœur de la capitale et mettez le cap vers Hampstead Heath et Greenwich Park pour échapper à la foule, ou laissez vos pas vous guider du côté des Kew Gardens, de Richmond ou de Hampton Court Palace pour profiter en toute quiétude d'une vue de la cité des bords de la Tamise.

RICHARD I'ANSON / LONELY PLANET IMAGES ©

CHRISTER FREDRIKSSON / LONELY PLANET IMAGES ©

À gauche : le London Eye (p. 169), conçu par David Marks et Julia Barfield

Ci-dessus : la cathédrale Saint-Paul (p. 147)

À droite : Victoria Park (p. 221)

TRAVIS DREVER / LONELY PLANET IMAGES ©

National Gallery (p. 93)

1 En plein Londres, ce musée d'art pictural antérieur à 1900 renferme l'une des collections les plus importantes et remarquables du monde. Aux cimaises sont accrochés des chefs-d'œuvre de Léonard de Vinci, de Michel-Ange, de Titien ou de Velázquez, mais aussi des paysagistes anglais (Gainsborough, Constable ou Turner) ou des impressionnistes et des postimpressionnistes (Van Gogh, Cézanne, Monet et Renoir notamment). Les restaurants et les cafés du musée, remarquables, permettent de conclure la visite en beauté.

Le West End

British Museum (p. 83)

2 Avec 5 millions de visiteurs par an, le British Museum constitue le site touristique le plus populaire de Londres. Vous pourriez passer votre vie à déambuler dans cette vaste collection d'œuvres millénaires sans en faire complètement le tour. Elle donne un fabuleux aperçu de la richesse de civilisations antiques – Égypte, Grèce ou Orient ancien par exemple – ou méconnues, comme les cultures africaines. L'entrée, gratuite, invite à revenir et une visite guidée (eyeOpener) cible les pièces maîtresses du musée.

LA GREAT COURT AU BRITISH MUSEUM

Le West End

1

ORIEN HARVEY / LONELY PLANET IMAGES ©

2

CHRISTER FREDRIKSSON / LONELY PLANET IMAGES ©

KERIM OKTEN/EPA/CORBIS ©

TIM GARTSIDE LONDON / ALAMY ©

Tate Modern *(p. 164)*

3 Musée préféré des Londoniens (voire du reste du monde !), cette galerie d'art moderne bénéficie d'un emplacement exceptionnel au pied de la Tamise. Située dans l'ancienne Bankside Power Station, la Tate Modern affiche crânement sa modernité, son génie de la réhabilitation et son accessibilité. L'accès à la collection permanente est gratuit mais il est recommandé d'emprunter la rampe menant à la Turbine Hall, où les remarquables expositions temporaires repoussent les limites conceptuelles et satisferont les amateurs d'art les plus exigeants.

South Bank

Tour de Londres *(p. 141)*

4 Peu de lieux au Royaume-Uni sont autant imprégnés d'histoire, de légendes et de superstitions que les murs de cette forteresse. Candidate à la place de monument phare de la capitale, ce château ne se limite pas à son architecture grandiose. On peut aussi y admirer un diamant gros comme le poing, profiter d'une visite gratuite sous la conduite des Yeoman Warders (ou *beefeaters*), ces guides fièrement sanglés dans leur uniforme Tudor, et écouter en frissonnant le récit de son histoire sanglante.

La City

Le Londres sportif *(p. 72)*

5 Si vous ne pouvez pas assister à la finale de la FA Cup, le championnat d'Angleterre de football, à Wembley ou à celle du 100 m lors des Jeux olympiques de 2012, Londres saura malgré tout vous consoler. L'offre sportive y est conséquente, qu'il s'agisse d'assister à une partie de tennis à Wimbledon, d'encourager les participants du marathon en avril, d'enfourcher un vélo en libre-service pour éviter les embouteillages ou de faire le tour de Battersea Park en petites foulées. Vous pourrez aussi visiter le parc olympique, l'extraordinaire Aquatics Centre et le futuriste vélodrome. NOVAK DJOKOVIC, VAINQUEUR DES INTERNATIONAUX HOMMES DE WIMBLEDON 2011

Sports et activités

Natural History Museum *(p. 187)*

6 Un *Tyrannosaurus Rex* mécanisé, le féérique Wildlife Garden, l'exceptionnel Darwin Centre et une architecture sortie tout droit d'un conte gothique... Voici quelques-uns des éléments qui font le succès du Muséum d'histoire naturelle. Si les enfants en sont la cible privilégiée, les adultes n'en demeureront pas moins bouche bée. Lors des fameuses Nuits blanches du musée, des bambins s'endorment à l'ombre d'un gigantesque diplodocus et, l'hiver, la glace de la patinoire de l'East Lawn (pelouse est) est littéralement prise d'assaut.

Kensington et Hyde Park

National Maritime Museum *(p. 273)*

7 Au sud de Londres, près de Greenwich et de ses charmants cours d'eau, ce musée relate la tradition maritime de la Grande-Bretagne. L'endroit vous invite à tourner les pages de l'histoire de la grande île vue de la mer : explorateurs au long cours et vaillants marins mais aussi embarcations insolites, comme une péniche d'or de 1732, ou préoccupations environnementales bien contemporaines. L'accueil des enfants est parfaitement assuré, avec engins à manœuvrer pour occuper les jeunes loups de mer.

Greenwich et South London

6

KIMBERLEY COOLE / LONELY PLANET IMAGES ©

DAVID NOTON PHOTOGRAPHY / ALAMY ©

RICHARD I'ANSON / LONELY PLANET IMAGES ©

London Eye *(p. 169)*

8 Envie de voir Londres et ses monuments du ciel ? Vous en aurez tout le loisir du haut de cette grande roue érigée au bord de la Tamise. Certes, la file d'attente progresse aussi lentement que le London Eye mais vous n'en savourerez que davantage le moment où la ville se déroulera à vos pieds. Un conseil : évitez les jours de grisaille, ce qui n'est pas simple quand on connaît la météorologie locale. Si vous ne restez que quelques jours, faites-en votre priorité : ainsi, vous pourrez dire sans mentir que vous avez vu toute la ville !

LONDON EYE, CONÇU PAR DAVID MARKS ET JULIA BARFIELD

South Bank

Abbaye de Westminster *(p. 80)*

9 Les passionnés d'architecture médiévale seront au paradis devant le plus bel exemple du style gothique anglais. Tout comme les fervents admirateurs des têtes couronnées puisque l'abbaye est aussi le lieu consacré du sacre des souverains anglais et des autres grands événements de la famille royale (mariages et enterrements). Ici, chaque recoin raconte une histoire, mais voici nos préférés : la Henry VII Chapel, la plus ancienne porte du Royaume-Uni, le Poet's Corner, le Coronation Chair, les cloîtres du XIVe siècle, le jardin vieux de 900 ans et les tombes royales. Venez de bonne heure afin d'éviter une trop longue file d'attente.

Le West End

Hyde Park et Kensington Gardens

(p. 192 et p. 191)

10 Le patrimoine végétal de Londres est incomparable. À lui seul, Hyde Park s'étend sur 142 ha ; si l'on ajoute Kensington Gardens, il y a là tout ce dont l'on pourrait rêver : un palais royal dans un cadre victorien d'exception, l'occasion de faire du canotage, d'écouter des concerts en plein air, de visiter une galerie d'art, d'admirer des arbres somptueux ou de se recueillir devant un délicat mémorial de granit dédié à la princesse Diana, le tout en plein centre-ville.
HYDE PARK

Kensington et Hyde Park

Shakespeare's Globe *(p. 168)*

11 Peu d'expériences londoniennes surpassent la découverte de la scène du Globe, le théâtre du XVIe siècle fidèlement recréé. On peut même acquérir un billet pour une place debout, dans le plus pur style élisabéthain. Si vous souhaitez davantage de confort, offrez-vous un siège en galerie. Ce théâtre est un petit miracle d'authenticité, jusqu'à sa structure totalement dénuée de clous, ses poutres de chêne anglais et son toit de chaume identiques à l'original (les extincteurs apportent une touche plus moderne...). Si vous avez un faible pour le célèbre dramaturge, l'architecture et le climat britannique, vous serez aux anges.

South Bank

9

10

OLIVER STREWE / LONELY PLANET IMAGES ©

11

DOUG MCKINLAY / LONELY PLANET IMAGES ©

Carnaval de Notting Hill *(p. 262)*

12 Chaque mois d'août, le quartier branché de Notting Hill accueille une immense fête bigarrée. Le plus grand festival de rue d'Europe célèbre 3 jours durant la musique, le mode de vie et la cuisine afro-caribéennes. Plus d'un million de personnes envahissent les rues chaque année, dans une ambiance très *caliente*. Un événement incontournable pour tous ceux qui souhaitent découvrir Londres la cosmopolite et ses cultures métisses.

Notting Hill et West London

Victoria & Albert Museum *(p. 183)*

13 Ce gigantesque musée étonne par son immense collection. Située dans l'élégant quartier de South Kensington, la plus importante collection d'arts décoratifs au monde rivalise de richesses, allant de l'architecture du XIXe siècle aux antiques céramiques chinoises, en passant par les armures japonaises, les textiles islamiques, les œuvres de Raphaël, une sublime collection de bijoux ou les classiques du design moderne. L'architecture de ce musée est en soi une curiosité.

Kensington et Hyde Park

12

SIMON GREENWOOD / LONELY PLANET IMAGES ©

HELENA SMITH / LONELY PLANET IMAGES ©

KARL BLACKWELL / LONELY PLANET IMAGES ©

Camden Town *(p. 240)*

14 Une incursion à North London, loin du centre-ville, est une étape obligée pour aborder le *spirit of London* ! Si le marché de Camden – quatre marchés, en réalité, qui forment un joyeux mélange – évoque parfois un chaotique piège à touristes, il n'est pas désagréable de picorer des mets venus des quatre coins du monde tout en flânant d'échoppe en échoppe. Par ailleurs, les restaurants, les pubs et les clubs de Camden ont la cote auprès des noctambules invétérés.

DOC MARTENS À CAMDEN

Hampstead et North London

Pubs Londoniens *(p. 54)*

15 Retirer ses pubs à Londres reviendrait à priver Paris de ses cafés ou Pékin de ses *hutong*. La culture du pub est une composante indispensable de l'ADN londonien. Les heures de fermeture plus tardives de nombreux établissements ont permis d'en faire le socle d'une soirée réussie. Jadis raillés par les gourmets, les pubs ont élevé leur degré d'exigence depuis quelque temps déjà : de remarquables *gastropubs* parsèment désormais la scène culinaire de la ville et n'ont parfois rien à envier à certaines enseignes réputées.

Où prendre un verre et faire la fête

CHRISTER FREDRIKSSON / LONELY PLANET IMAGES ©

DOUG MCKINLAY / LONELY PLANET IMAGES ©

Kew Gardens *(p. 296)*

16 Dans quel autre endroit à Londres peut-on admirer une pagode chinoise du XVIIIe siècle et emprunter une passerelle nippone tout en parcourant l'une des plus extraordinaires collections botaniques du monde ? Les Kew Gardens sont chéris des Londoniens pour leur palmeraie du XIXe siècle, leurs serres victoriennes, leurs jardins d'hiver, leur promenade aérienne sur la canopée et leurs folies architecturales. La visite mérite une journée entière, et il ne serait pas surprenant que vous y reveniez.

Richmond, Kew et Hampton Court

Quoi de neuf ?

Parc olympique

Lancé en 2008, le colossal projet du parc olympique (p. 222) a vu le site désaffecté de Stratford se muer en complexe sportif flamboyant en vue des Jeux olympiques d'été de 2012. Outre le stade olympique, cet ensemble remarquable comprend l'extraordinaire Aquatics Centre et un vélodrome futuriste, le London Velopark, mais aussi Orbit, une tour de fils d'acier rouge qui devrait culminer à 115 m de hauteur. Le parc sera rebaptisé Queen Elizabeth Olympic Park dès sa réouverture en 2013, afin d'en faire une destination touristique pérenne.

Vélos en libre service

Le dynamique maire de Londres, Boris Johnson, est à l'origine de ce système de vélos en libre service, de la marque Barclays, très populaire depuis sa création en 2010. Pour louer un "Boris bike", il vous suffit d'une carte bancaire, d'une bonne paire de jambes et d'un sens de l'orientation correct. Il existe plus de 400 bornes d'accueil (p. 391) clairement signalées dans la ville et les trajets courts sont gratuits.

Westfield Stratford City

Le plus grand centre commercial urbain d'Europe, à proximité du parc olympique, a ouvert ses portes à l'automne 2011. On y trouve plus de 300 magasins, 70 restaurants, un multiplexe cinématographique de 17 salles, 3 hôtels, un bowling, ainsi que le plus grand casino du Royaume-Uni.

Quartier de London Bridge

La station de métro de London Bridge et ses environs connaissent actuellement une sérieuse réhabilitation. The Shard (p. 365), un gratte-ciel déjà emblématique (inachevé au moment de la rédaction de ce guide), devrait illuminer South London dès 2012.

Extension de la ligne d'East London

Grâce à l'extension de la ligne d'East London, certaines stations du Sud-Est londonien vont entrer dans le réseau de transport ferroviaire et seront reliées aux gares de Dalston Junction et Highbury & Islington. Le nombre de trains en direction des sites d'intérêt du Sud-Est, comme le Horniman Museum ou le Crystal Palace Park, va sensiblement augmenter et la durée des trajets nord-sud se réduire. Une extension depuis Surrey Quays jusqu'à Clapham Junction doit voir le jour en 2012.

Extension du British Museum

Le projet de nouveau World Conservation and Exhibitions Centre, prévu pour fin 2013, est en cours au British Museum. Il accueillera un nouvel espace d'exposition, ainsi que des infrastructures consacrées à la conservation et à la science.

Nouveaux bus à impériale

Remisés au placard, à l'exception de quelques trajets touristiques, pour le plus grand malheur des Londoniens et des touristes, les fameux bus à impériale vont reprendre du service sous un visage plus moderne et respectueux de l'environnement. La nouvelle flotte est attendue en 2012.

Leicester Square

Cette place a longtemps peiné à justifier son statut. Elle subit actuellement une cure de rajeunissement en vue d'une réouverture en 2012.

L'essentiel

Devise
Livre sterling (£) ; 100 pence = 1 £
1 € = 0,84 £

Langue Anglais (et plus de 300 autres langues).

Visa Inutile pour les citoyens de l'Union européenne, qui peuvent demeurer à Londres indéfiniment, et pour les Canadiens qui séjournent moins de 6 mois.

Distributeurs automatiques répandus. Les principales cartes de crédit sont acceptées partout.

Téléphones portables
Acheter une carte SIM locale pour les téléphones européens ou une carte prépayée. Sinon, configurer pour l'itinérance internationale.

Heure locale Londres est en GMT/UTC + 1 h ; pendant le British Summer Time (BST ; fin mars à fin octobre), les horloges sont avancées d'une heure.

Office du tourisme
Britain Visitor Centre (plan p. 422; www.visitbritain.com ; 1 Regent St SW1 ; ⏲9h30-18h lun, 9h-18h mar-ven, 9h-16h sam, 10h-16h dim et jours fériés sept-mai, jusqu'à 17h sam juin-sept ; ⊖Piccadilly Circus). Il est possible de réserver un logement par cet intermédiaire.

Budget quotidien

Les chiffres suivants correspondent à un budget moyen journalier.

Moins de 60 £

- Dortoir 10-30 £
- Supermarchés, marchés, plats du jour
- Musées et attractions gratuits (p. 37)
- Billets ou places de cinéma à prix réduit
- Location de vélos en libre service (p. 391)

60-150 £

- Chambre double 100 £
- Repas (2 plats) avec verre de vin 30 £
- Place de théâtre 10-50 £

Plus de 150 £

- Chambre d'hôtel quatre étoiles/boutique-hôtel 200 £
- Repas complet dans un excellent restaurant, vin compris 80-100 £
- Trajets en taxi 30 £
- Places de théâtre 65 £

À prévoir

Trois mois à l'avance Réserver un spectacle, un restaurant réputé, une exposition prestigieuse et/ou un hôtel célèbre.

Un mois à l'avance Consulter les guides des sorties comme www.timeout.com pour le théâtre alternatif, les concerts, les festivals et autres réservations de spectacle.

Quelques jours à l'avance Consulter la météo sur www.tfl.gov.uk/weather.

Sites Internet

Lonely Planet (www.lonelyplanet.fr/londres)

Visit London (www.visitlondon.com)

London Town (www.londontown.com)

Evening Standard (www.thisislondon.com)

Time Out (www.timeout.com/london)

Transport for London (www.tfl.gov.uk)

QUAND PARTIR

L'été, les jours sont longs, les festivals sont nombreux ; le printemps et l'automne sont plus frais et l'hiver, relativement froid, est plus tranquille.

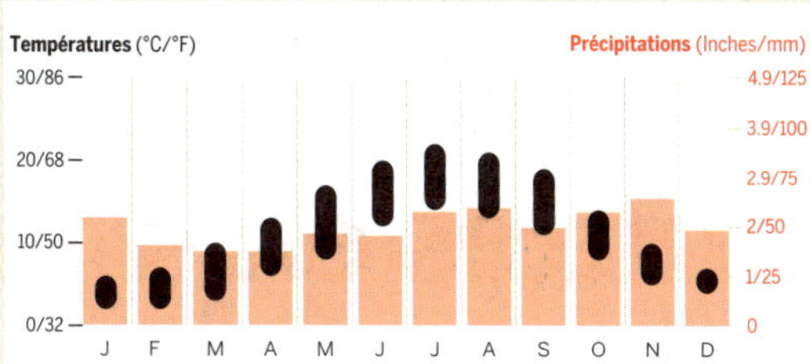

Arriver à Londres

Gare internationale de St-Pancras Située dans le centre-ville (liaisons par Eurostar) et bien desservie par le métro.

Aéroport d'Heathrow Trains, métro (tube) et bus pour le centre de Londres 5h25-minuit (plus les bus de nuit) ; 5-17 £. Taxi 45-65 £.

Aéroport de Gatwick Trains pour le centre de Londres 4h30-1h35 ; 7-18 £. Bus toutes les heures 6h-9h45 ; 7,50-10 £. Taxi 90 £.

Aéroport Stansted Trains pour le centre de Londres 5h30-minuit ; environ 21 £. Bus 24h/24 ; 9-10,50 £. Taxi 90 £.

Aéroport Luton Trains pour le centre de Londres 7h-22h ; 12,50 £. Bus 24h/24 ; 10-16 £. Taxi 90 £.

Aéroport de la City Trains pour le centre de Londres 5h30-0h30 lun-sam, 7h-23h30 dim. Taxi 30 £.

Pour plus de détails sur votre arrivée à Londres, voir p. 386.

Comment circuler

Solution la plus économique, les cartes prépayées Oyster sont utilisables dans tout le réseau de transport londonien ; elles sont disponibles dans la plupart des stations de métro, gares et marchands de journaux.

À pied La marche est le meilleur moyen de découvrir la ville.

Bateau Parfait (mais très lent) pour des destinations comme Hampton Court Palace et les Kew Gardens.

Bus Lents mais beaux points de vue. Service de nuit conséquent.

Métro (tube) Le moyen le plus rapide de se déplacer ; 5h30-0h30 (7h-23h30 dim).

Taxi Hélez un taxi quand la lumière jaune est allumée.

Train À utiliser pour les lieux excentrés tels que Hampton Court et les excursions (p. 307).

Vélo Les vélos en libre service Barclay's (p. 391) sont accessibles et gratuits pour les trajets courts.

Location de voiture Mieux vaut recourir aux transports en commun ou aux taxis ; attention aux frais de péage urbain (p. 393).

Pour plus de détails sur les transports voir p. 389.

Où se loger

Poser ses valises à Londres peut coûter cher. Vous aurez intérêt à réserver tôt pour disposer du meilleur rapport qualité/prix.

Il est pourtant assez aisé de trouver un hôtel central qui loue des chambres doubles à un tarif raisonnable. Les Bed and Breakfast (B&B) constituent une autre solution simple et abordable. L'offre en matière d'hôtels va de la chaîne sans prétention à l'établissement prestigieux cinq étoiles.

Sites Internet

Pour tout renseignement général et réservation d'hôtel, consultez :

- **Lonely Planet** (www.lonelyplanet.fr/londres). Informations sur les destinations, les forums touristiques, etc.
- **Visit London** (www.visitlondon.com). Vaste choix de solutions de logement en ville, quartier par quartier.
- **London Town** (www.londontown.com). Offres spéciales.

Pour plus de détails sur l'hébergement, voir p. 321

Londres en 4 jours

Jour 1

Le West End (p. 78)

Première halte, **Trafalgar Square** pour sa majesté architecturale et son point de vue sur **Big Ben** depuis Whitehall. Outre la **National Gallery**, incontournable pour les amateurs d'art, vous pourrez rallier à pied les **Houses of Parliament**, l'**abbaye de Westminster** et **Buckingham Palace**. Si le soleil est au rendez-vous, les vertes pelouses de **St James's Park** vous attendent pour une pause impromptue.

Déjeuner National Dining Rooms (p. 121) dans la National Gallery : un choix de première qualité.

South Bank (p. 162)

Traversez le Westminster Bridge vers Waterloo et, votre ticket pré-réservé pour le **London Eye** en poche, faites un tour de la ville en mode vertical. Flânez ensuite le long de South Bank et pénétrez au cœur de la **Tate Modern** pour une initiation au grand art. De l'élégant **Millennium Bridge**, vous aurez tout loisir d'admirer la **cathédrale Saint-Paul** et le **Shakespeare's Globe.**

Dîner Skylon (p. 173) pour sa vue imprenable, mais mieux vaut réserver.

Southwark et South Bank (p. 162)

Southwark Cathedral vaut assurément le coup d'œil. Si le **Borough Market** est ouvert, laissez-vous tenter par un repas sur le pouce en flânant au gré des étals. En soirée, optez pour un verre à la terrasse de l'**Anchor Bankside** et son point de vue magnifique. À défaut, vous pourrez vous désaltérer au **George Inn** dans Borough High St ou réserver une place pour le **Globe**, le **National Theatre** ou l'**Old Vic**.

Jour 2

La City (p. 139)

Le cœur financier de Londres abrite la **cathédrale Saint-Paul** et la **tour de Londres**, deux monuments à ne pas manquer. Il s'agit de la partie la plus ancienne de Londres – ce qui explique le nombre d'églises et de bâtiments historiques, auxquelles se mêlent quelques bribes d'architecture moderne. Si possible, ne négligez pas le **Museum of London** et, bien entendu, la vue sur **Tower Bridge** et la Tamise.

Déjeuner Restaurant at St Paul's (p. 159), un choix fort pratique.

Le West End (p. 78)

Après la circulation étourdissante de **Piccadilly Circus**, il sera temps d'explorer la cossue Mayfair, la bouillonnante **Chinatown** et l'historique **Soho**, puis de goûter aux spectacles de rue à **Covent Garden Piazza**. Vous pouvez aussi passer un temps fou à Bloomsbury en parcourant l'immense **British Museum** ou en vous adonnant au lèche-vitrines le long d'Oxford Street, sur le chemin de **Marble Arch** et de **Hyde Park.**

Dîner Yauatcha (p. 117) pour son excellente cuisine chinoise.

Le West End (p. 78)

Rien de tel qu'une pause sur les pelouses de **Green Park** ou de **St James's Park** quand la nuit commence à tomber sur le West End. Après une pinte au **French House**, choisissez l'une des excellentes tables du quartier, avant d'assister à une comédie musicale à succès dans le Broadway londonien.

Jour 3

Kensington, Chelsea et Knightsbridge (p. 181)

À South Kensington, choisissez entre le **Victoria & Albert Museum** et le **Natural History Museum**, puis rendez-vous à **Hyde Park** et **Kensington Palace**. Les magasins sont à deux pas, dans Kensington High Street et **King's Road**, ou **Harrods** du côté de Knightsbridge. Ceux qui recherchent le calme opteront pour le **Chelsea Physic Garden**, proche de la Tamise, ou pour la placide **Carlyle's House**, tandis que les amateurs de patrimoine se dirigeront vers l'**Apsley House.**

Déjeuner Zuma (p. 196) pour sa succulente cuisine japonaise.

Clerkenwell, Shoreditch et Spitalfields (p. 201)

Baladez-vous dans **Spitalfields**, réputé pour ses maisons georgiennes, puis explorez la diversité culturelle de **Brick Lane**. Découvrez la collection d'art contemporain de la **White Cube Gallery** et les fascinantes arcanes du **Geffrye Museum** avant de remonter le temps devant **St John's Gate**. Finissez votre visite au cimetière de **Bunhill Fields**.

North London (p. 233)

Dîner Moro (p. 205) sert un fabuleux cocktail de mets nord-africains et ibériques.

Pour faire la fête, cap sur le nord de la ville : Dalston pour ses clubs ultrachics et Camden pour ses concerts. Les endroits clés demeurent Hampstead, Islington, Camden et King's Cross.

Jour 4

Greenwich (p. 268)

Si Greenwich tire sa réputation de son architecture et de son patrimoine maritime, elle vaut aussi pour son charme bucolique et ses pubs exceptionnels au bord du fleuve. Les sites tels que le **Royal Observatory**, le **National Maritime Museum** et l'**Old Royal Naval College** se côtoient, ce qui rend la visite à pied très commode.

Déjeuner The Old Brewery (p. 283) pour sa cuisine britannique moderne.

Kew Gardens, Hampton Court Palace (p. 291)

Pour fuir le tumulte, vous avez le choix entre ces deux lieux spectaculaires : **Hampton Court Palace** et sa remarquable architecture Tudor, les **Kew Gardens** et ses trésors botaniques, ses serres de style victorien et sa pagode chinoise du XVIIIe siècle. À défaut, laissez-vous tenter par Richmond et sa délicieuse ambiance de cité lacustre.

Dîner Tatra (p. 261) pour sa cuisine polonaise traditionnelle.

Notting Hill et West London (p. 256)

Pour conclure la journée en beauté, dégustez une pinte dans le jardin du **Windsor Castle** ou dans un autre établissement de Kensington High Street et de Notting Hill Gate. Les amateurs de surprises opteront pour le **Kensington Roof Gardens**, un club dominant Kensington High St qui compte un demi-hectare de jardins et quatre flamands roses !

Envie de...

Art

Tate Modern Extraordinaire collection d'art moderne et contemporain, située dans une ancienne centrale électrique à South Bank (p. 164).

National Gallery Fabuleuse collection de plus de 2 000 œuvres (du Moyen Âge à la fin du XIXe siècle) dans un cadre somptueux en plein cœur de Londres (p. 93).

Tate Britain Les œuvres de Turner sont en vedette dans ce beau musée, dont la collection comporte également un magnifique ensemble d'art préraphaélite. La Tate Britain organise chaque année le prix Turner (p. 98).

Wallace Collection Une collection exceptionnelle de tableaux, mobilier, vaisselle précieuse et armures dans une superbe demeure à l'italienne (p. 113).

National Portrait Gallery Les portraits des célébrités britanniques réalisés par les plus grands artistes de leur temps sur plus de cinq siècles (p. 97).

Royauté

Tour de Londres Château, tour, prison, échafaud et bâtiment abritant les fabuleux joyaux de la couronne (p. 141).

Buckingham Palace Le plus vénérable des palais royaux de Londres, ses agréables jardins et l'incontournable relève de la garde (p. 88).

Hampton Court Palace Magnifique palais Tudor dans une enceinte grandiose donnant sur la Tamise (p. 293).

MICHAEL COYNE / LONELY PLANET IMAGES ©

Relève de la garde (p. 89), Buckingham Palace

Kensington Palace Imposant palais royal, récemment restauré, et ancienne résidence de la princesse Diana : la perle des Kensington Gardens (p. 194).

St James's Palace Résidence Tudor des souverains pendant plus de trois siècles (p. 104).

Points de vue

Cathédrale St Paul Une vue à couper le souffle depuis le dôme qui domine toute la ville (p. 147).

London Eye Pour se balancer doucement au-dessus de Londres, de préférence un jour de beau temps (p. 169).

Parliament Hill Vue panoramique depuis Hampstead Heath (p. 241).

Anchor Bankside La terrasse de ce pub offre un point de vue imprenable sur la Tamise (p. 177).

Trafalgar Square Pour apprécier la perspective entre Big Ben et Whitehall (p. 96).

5th View Au menu de ce restaurant : un alléchant panorama sur Westminster (p. 118).

Greenwich Park Pour un point de vue exceptionnel, il faut escalader la statue du général Wolfe (p. 271).

Parcs et jardins

Hampstead Heath Bois, collines, prairies et point de vue majestueux, tout cela en un seul lieu (p. 241).

Hyde Park Jardins magnifiques, pelouses parfaites, diversité d'espèces impressionnante et verdure à foison (p. 192).

Dulwich Park Faites le tour de ce très beau parc à vélo couché (p. 281).

Richmond Park Le plus grand parc urbain d'Europe avec ses daims, ses bosquets tranquilles, ses vastes étendues sauvages et ses points de vue magnifiques (p. 298).

St James's Park Panorama de choix dans l'un des plus beaux parcs royaux de Londres (p. 104).

Kew Gardens Le vert paradis des botanistes, parfait pour une journée avec les enfants (p. 296).

Chelsea Physic Garden Paisible enclave botanique très bien tenue à deux pas de la Tamise (p. 194).

Faune et flore

Zoo de Londres L'un des plus beaux et plus anciens zoos du monde, avec une nouvelle enceinte pour les tigres très bientôt (p. 237).

Natural History Museum Panorama de l'histoire naturelle dans ce temple emblématique de l'architecture victorienne de South Kensington (p. 187).

Sea Life London Aquarium La faune fabuleuse des fonds sous-marins, à proximité de la Tamise (p. 169).

Horniman Museum Un gigantesque morse empaillé, des méduses, un essaim d'abeilles, de très beaux jardins... et des enfants partout (p. 279).

Mudchute Park & Farm Adorable ferme urbaine sur l'Isle of Dogs : vaches, moutons et lamas, avec Canary Wharf en arrière-plan (p. 224).

Kensington Roof Gardens Un bar en terrasse avec... des flamants roses (p. 264).

Cimetières

Highgate Cemetery Transcendants et gothiques, les 20 hectares de l'enceinte victorienne où repose notamment Karl Marx (p. 245).

Abney Park Cemetery Envahi par les mauvaises herbes, un lieu magique où la nature reprend ses droits (p. 242).

Brompton Cemetery Beatrix Potter a immortalisé certains de ses résidents en baptisant ses fameux lapins de leurs noms (p. 258).

Tower Hamlets Cemetery Park Un autre exemple de sublime vestige victorien (p. 222).

Places

Trafalgar Square La place emblématique du centre-ville, dominée par la colonne de Lord Nelson et ses quatre lions (p. 96).

Soho Square En plein cœur du West End, un lieu calme pour casser la croûte au soleil (p. 92).

Trinity Square Gardens Pittoresque et coquet, ce square accueillit jadis le célèbre échafaud de Tower Hill (p. 150).

Squares de Bloomsbury Élégantes et calmes placettes chargées d'histoire disséminées dans le littéraire Bloomsbury (p. 101).

Covent Garden Piazza Charmante place du West End construite au XVIIe siècle, aujourd'hui occupée par les artistes de rue (p. 107).

Pour d'autres propositions, voir

- Musées et galeries (p. 39)
- Où se restaurer (p. 44)
- Où prendre un verre et faire la fête (p. 53)
- Londres gay et lesbien (p. 59)
- Où sortir (p. 61)
- Shopping (p. 67)
- Sports et Activités (p. 72)

Musique

Proud Camden Bar très coté de North London, proposant une musique live irrésistible et une superbe terrasse (p. 249).

Royal Albert Hall Haut lieu des fameux Proms et salle de concerts la plus emblématique du Royaume-Uni (p. 192).

Fabric Sur trois étages, le temple des clubbeurs branchés de la capitale (p. 210).

Horniman Museum Musée éclectique de Forest Hill qui possède une fabuleuse collection d'instruments de musique et un espace interactif (p. 279).

606 Club Un raz-de-marée de swing dans ce temple du jazz mondial (p. 199).

Royal Festival Hall Une acoustique fabuleuse et une excellente programmation couvrant tous les genres musicaux (p. 178).

Récitals à l'église De nombreux concerts gratuits sont donnés dans les églises de la ville (p. 38).

Diversité culturelle

Chinatown Au cœur de Londres, le meilleur endroit pour déguster des *dim sum* ou célébrer le Nouvel An chinois (p. 92).

Brick Lane Pour flâner et faire ses emplettes, le quartier général animé de la communauté bengladaise vaut le coup d'œil (p. 204).

Brixton Village Restaurants et magasins se bousculent dans le plus célèbre quartier cosmopolite du sud de Londres (p. 289).

Kingsland Road Pour les amateurs de cuisine vietnamienne, c'est ici que ça se passe (p. 209).

Whitechapel Road Un creuset joyeusement cacophonique de cultures et de langues (p. 219).

Au fil de l'eau

Regent's Canal L'ancienne voie commerciale offre aussi un raccourci à travers North London (p. 239).

Richmond Des perspectives spectaculaires sur la Tamise et la touche pastorale de Petersham Meadows (p. 300).

Greenwich Pour savourer une pinte dans un pub avec vue sur le fleuve (p. 268).

South Bank Le long de la promenade de South Bank, de County Hall à City Hall, quelques sites d'exception en bordure de Tamise (p. 175).

Hampton Court Palace On peut remonter la Tamise en bateau jusqu'au splendide palais d'Henry VIII (p. 293).

Échappées bucoliques

Primrose Hill Avec ses charmants restaurants, boutiques et pubs, ce village de North London ne manque pas d'attraits (et de résidents célèbres) (p. 240).

Richmond L'archétype de la petite ville londonienne, tout en verdure, points de vue sur le fleuve. Un pont exceptionnel et un parc fabuleux (p. 298).

Greenwich Derrière son imposant patrimoine, Greenwich exhale un parfum de village, avec ses ruelles où s'alignent des rangées de maisonnettes mitoyennes à deux étages (p. 273).

Dulwich Village Après la visite de la Dulwich Picture Gallery, on peut goûter aux charmes paisibles de Dulwich Village, avec ses majestueux marronniers d'Inde : Londres sur un autre tempo (p. 281).

Wimbledon Verte et cossue, Wimbledon est le parfait antidote à la densité du centre de Londres (p. 302).

Putney et Barnes Si Barnes est plus bucolique, certains quartiers de Putney ne manquent pas de charme (p. 299).

Promenades à pied

Hampstead Heath Sauvage et vallonnée, mêlant paisiblement landes et bois, cette colline permet de jouir d'un remarquable panorama sur la ville (p. 241).

Regent's Canal Balade en bordure de canal à travers North London (p. 239).

South Bank Promenade en bordure de Tamise de County Hall à Tower Bridge (p. 175).

De Putney à Barnes Délicieuse flânerie sur ce segment très accessible au bord de la Tamise (p. 295).

Le West End Visite des hauts lieux de Londres entre Covent Garden et Trafalgar Square (p. 115).

Wimbledon Common Sentiers balisés ou balades en toute liberté dans la nature, à travers bois, landes et vertes prairies (p. 302).

Édifices religieux

Cathédrale Saint-Paul Chef-d'œuvre tricentenaire de Sir Christopher Wren, l'église et le dôme les plus emblématiques de Londres (p. 147).

Abbaye de Westminster Sublime temple des couronnements royaux depuis Guillaume le Conquérant (p. 80).

GLENN BEANLAND / LONELY PLANET IMAGES ©

Ci-dessus : Southwark Cathedral (p. 172)
Ci-dessous : London Eye (p. 169), conçu par David Marks et Julia Barfield

BARBARA VAN ZANTEN / LONELY PLANET IMAGES ©

Cathédrale de Westminster D'étincelantes mosaïques byzantines dans un décor intérieur assez dépouillé (p. 195).

Brompton Oratory Belle église catholique aux parfums d'encens dans l'élégant quartier de Knightsbridge (p. 193).

Southwark Cathedral Pleine de détails fascinants, elle récèle des vestiges du XIIe siècle et une magnifique crédence élisabéthaine (p. 172).

St James's Piccadilly Également due à Christopher Wren, l'église accueille un marché d'antiquités, une foire artisanale, des récitals et des concerts (p. 104).

Architecture moderne

Aquatics Centre La réalisation architecturale la plus attendue du parc olympique (p. 222).

30 St Mary Axe Communément surnommé "the Gherkin" (le cornichon), sans conteste l'édifice moderne le plus emblématique de la ville (p. 151).

Shard L'aiguille cristalline au-dessus de South Bank (p. 365).

Lloyd's of London Le chef d'œuvre londonien de Richard Rogers (p. 151).

London Eye Un repère visible même depuis nombreux quartiers éloignés (p. 169).

City Hall Cloporte géant ou casque de Dark Vador ? Les avis sont partagés (p. 173).

Mois par mois

LE TOP 5

Carnaval de Notting Hill, Août

Chelsea Flower Show, Mai

Trooping the Colour, Juin

Guy Fawkes Night (Bonfire Night), Novembre

Tournoi de Wimbledon, Juin

Janvier

À Londres, le mois de janvier commence par un grand feu d'artifice à minuit pour célébrer la nouvelle année. L'hiver est encore là, mais la London Art Fair l'illumine de mille touches de couleur.

Nouvel An

Le 31 décembre à Trafalgar Square, le fameux compte à rebours de minuit s'égrène sur fond de feu d'artifice géant et de foule monstre.

London Art Fair

Plus d'une centaine de galeries d'envergure participent à ce salon d'art contemporain (www.londonartfair.co.uk ; Business Design Centre, Islington), l'un des plus importants d'Europe, avec des expositions thématiques, des événements et la présentation de jeunes talents.

London International Mime Festival

Durant les deux dernières semaines de janvier, ce festival ravira les amateurs d'originalité, de prouesses physiques et d'inattendu (www.mimefest.co.uk).

Février

Février est souvent synonyme de froid, d'humidité et même de neige. Pourtant, il arrive que le printemps s'invite. Le Nouvel An chinois (Spring Festival) crée l'ambiance et, à Mardi gras, les Londoniens s'en vont flâner et acheter une crêpe.

Nouvel An chinois

Fin janvier, mais le plus souvent début février, Chinatown frétille et s'agite pendant ce festival de rue très coloré avec sa parade du Dragon d'or. On y festoie et on y ripaille à volonté.

Pancake Races

Pour Mardi gras, fin février/début mars, vous pouvez assister à des "courses aux pancakes" et aux habituelles fanfaronnades qui les accompagnent dans de nombreux endroits à travers la ville. Spitalfields Market, Covent Garden et Lincoln's Inn Fields.

Mars

Quand le printemps arrive, Londres s'éveille. Les arbres refleurissent, de manière encore plus spectaculaire dans les parcs et jardins (p. 274). Les Londoniens se remettent à sortir.

Head of the River Race

Quelque 400 équipes participent à cette joyeuse course d'aviron (www.horr.co.uk) de 7 km sur la Tamise, entre Mortlake et Putney.

Kew Gardens Spring Festival

Pour les amoureux des fleurs, c'est la meilleure période (avec avril) pour découvrir les Kew Gardens (p. 296).

Parade et festival de la Saint-Patrick

Incontournable pour les Irlandais de Londres, ce festival se tient le dimanche le plus proche du 17 mars. Une parade bigarrée traverse le centre-ville et de nombreuses festivités se déroulent aux alentours de Trafalgar Square.

Avril

En avril, les jours se réchauffent et le printemps donne des ailes aux Londoniens. Les coureurs envahissent les rues à l'occasion du Marathon tandis que certains sites rouvrent leurs portes.

Marathon de Londres

Quelque 35 000 coureurs prennent Londres d'assaut pour l'une des plus grandes courses en milieu urbain du monde (www.virginlondonmarathon.com), de Greenwich Park jusqu'au Mall.

Oxford & Cambridge Boat Race

La foule se masse sur les rives de la Tamise pour voir les deux universités les plus prestigieuses de Grande-Bretagne s'affronter à l'aviron de Putney à Mortlake. Les dates changeant chaque année en fonction des vacances de Pâques des universités, voir sur le site Internet (www.theboatrace.org).

Mai

Une période délicieuse à Londres : tandis que le thermomètre remonte, les Londoniens sortent leurs lunettes de soleil, prennent leurs quartiers dans les parcs et profitent des week-ends prolongés.

Chelsea Flower Show

L' exposition horticole la plus renommée du monde (www.rhs.org.uk) attire la crème des Londoniens aux mains vertes et des passionnés de fleurs.

Juin

La haute saison démarre avec de longues journées chaudes, le retour de Wimbledon et quantité d'événements en plein air.

Royal Academy Summer Exhibition

De juin à fin août, cette exposition (www.royalacademy.org.uk) présente les travaux d'artistes de tout le Royaume-Uni (environ un millier de pièces).

Trooping the Colour

L'anniversaire officiel de la reine est célébré en grande pompe avec drapeaux, parades et bruyants défilés aériens (www.trooping-the-colour.co.uk).

Tournoi de Wimbledon

Pendant deux semaines, le tranquille petit village de Wimbledon, au sud de Londres, devient le centre du monde sportif. Les meilleurs joueurs mondiaux de tennis viennent s'affronter pour remporter le tournoi (www.wimbledon.org).

Open Garden Squares Weekend

Tout un week-end durant, plus de 200 jardins (www.opensquares.org) de Londres, habituellement inaccessibles au public, ouvrent leurs portes.

Juillet

Juillet accueille le plus grand défilé gay de la capitale, toute une série de festivités en plein air ainsi que The Proms, le grand rendez-vous musical de l'année.

Pride London

La communauté gay repeint la ville à ses couleurs pour son grand spectacle de l'année (www.pridelondon.org). Au programme : défilé matinal et grand rassemblement festif l'après-midi sur Trafalgar Sq (attention, l'emplacement change souvent).

BBC Promenade Concerts (The Proms)

Deux mois de concerts classiques remarquables dans des sites prestigieux (www.bbc.co.uk/proms), centrés autour du Royal Albert Hall (p. 198).

Août

Les écoliers sont en vacances, les familles s'adonnent au tourisme et le grand carnaval des Caraïbes s'ébroue comme chaque année à Notting Hill.

Carnaval de Notting Hill

Le plus grand carnaval d'Europe et le plus

animé de Londres (www.thecarnival.tv) célèbre les Caraïbes à grand renfort de musique, de danses et de costumes, le week-end précédant le dernier lundi du mois d'août.

Great British Beer Festival

Organisé par la CAMRA (Campaign for Real Ale – Campagne pour la bière authentique), ce joyeux festival (http://gbbf.camra.org.uk) invite à découvrir des bières du Royaume-Uni et d'ailleurs au Earls Court Exhibition Centre.

Septembre

Alors que l'été touche à sa fin et qu'arrive l'automne, il fait bon courir les spectacles et découvrir le patrimoine londonien généralement fermé au public.

The Mayor's Thames Festival

Célébrant la Tamise, ce festival cosmopolite (www.thamesfestival.org) avec fête foraine, théâtre de rue, musique, stands de restauration en plein air, feux d'artifice et courses nautiques se termine par un superbe défilé nocturne.

Greenwich Comedy Festival

Une tempête d'humour à Greenwich pendant une semaine, début septembre.

London Open House

Le temps d'un week-end, fin septembre, le public est invité à découvrir plus de 700 monuments historiques de la capitale habituellement fermés.

En haut : Great Gorilla Run
En Bas : Lord Mayor's Show

L'événement attire en masse les Londoniens et les visiteurs étrangers. (www.londonopenhouse.org) (p. 361).

Great Gorilla Run

On pourrait croire à une plaisanterie, mais cette course de charité de 7 km en costume simiesque (www.greatgorillarun.org/london) pour un aller-retour entre la City et Bankside est organisée en faveur de la préservation des gorilles.

Octobre

Les jours se font plus frais, les horloges perdent une heure et les parcs londoniens se parent de couleurs automnales.

Dance Umbrella

Le festival annuel de danse contemporaine de Londres (www.danceumbrella.co.uk) présente pendant cinq semaines des compagnies britanniques et internationales dans divers lieux de la ville.

London Film Festival

Le plus grand événement cinématographique de la ville (www.lff.org.uk) attire les grands noms du 7e art et permet de découvrir une centaine de films en avant-première. Des réalisateurs de renommée internationale organisent des master class.

Novembre

Les nuits de Londres se rallongent mais des feux d'artifice résonnent durant la première semaine de novembre.

Guy Fawkes Night (Bonfire Night)

Bonfire Night commémore la tentative infructueuse de Guy Fawkes de faire exploser le Parlement en 1605. On allume des feux de joie et des feux d'artifice le 5 novembre : les plus beaux se trouvent à Primrose Hill, Highbury Fields, Alexander Palace, Clapham Common et au Crystal Palace Park.

Lord Mayor's Show

Conformément à la Grande Charte (Magna Carta) de 1215, le maire fraîchement élu se rend en carrosse de Mansion House à la Royal Courts of Justice pour faire acte d'allégeance à la couronne britannique. Les drapeaux, la musique et les feux d'artifice qui l'accompagnent furent ajoutés plus tard (www.lordmayorsshow.org).

Décembre

La neige est parfois au rendez-vous. Une atmosphère festive règne dans les rues et les magasins revêtent leurs plus beaux atours à l'approche de Noël.

Arbre et illuminations de Noël

Une célébrité en vue est généralement chargée de mettre en route toutes les illuminations sur Oxford St, Regent St et Bonds St. Un immense sapin est aussi installé à Trafalgar Sq.

Voyager avec ses enfants

Londres est fabuleux pour les enfants. Ils seront captivés par les musées de la ville à tout âge et les plus grands se régaleront de spectacles de théâtre, de danse et de musique. La ville offre une foule d'aires de jeux, de parcs, de fermes et de réserves naturelles, de quoi dépenser son trop-plein d'énergie.

DOUG MCKINLAY / LONELY PLANET IMAGES ©

Fontaine estivale, Royal Festival Hall, Southbank Centre (p. 170)

Centre de Londres

Hyde Park et St James's Park

Du grand air, de l'eau, des animaux et des aires de jeux. Voir p. 192 et p. 104.

Le West End

Visite des musées et des galeries. Voir p. 78.

Coram's Fields

Bacs à sable, balançoires, animaux et parcours sportifs. Voir www.coramsfields.org

Kensington Gardens

Aire de jeux en forme de bateau et formidable fontaine pataugeoire. Voir p. 191.

East London

V&A Museum of Childhood

Le plein de divertissements avec de nombreuses aires de jeux. Voir p. 220.

Hackney City Farm

À combiner de préférence avec un marché voisin (Columbia Rd ou Broadway Market) pour les adolescents. Voir www.hackneycityfarm.co.uk

Mudchute City Farm

La plus grande ferme de ville de la capitale. Voir p. 224.

South London

Southbank Centre

Loin des voitures, des tas de divertissements et, pour les adolescents, les rendez-vous musicaux du Royal Festival Hall (p. 170).

Battersea Park

Cadre verdoyant avec zoo. Voir p. 279.

Horniman Museum

Un musée où l'on a le droit de manipuler les marionnettes, les masques et quantité d'autres d'objets. Des expositions interactives dans le Nature Base (atelier

LONDRES INTERDIT AUX PARENTS

Pour vraiment découvrir la ville réservée aux enfants, il est recommandé de se procurer le guide Lonely Planet, *Londres interdit aux parents*. Idéal pour les enfants de huit ans et plus, cet ouvrage ouvre les portes d'une fascinante aventure ; il raconte les gens, l'histoire, les lieux et la culture de la capitale britannique.

nature). La fantastique Music Gallery expose quelque 1 600 instruments. Dans la salle "Hands On", les enfants peuvent non seulement entendre le son des instruments mais aussi jouer leur propre partition. Voir www.horniman.ac.uk

Vauxhall City Farm

Pour caresser les animaux et pique-niquer sur la pelouse. Voir p. 283.

North London

Zoo de Londres

Bienvenue dans le monde sauvage. Voir p. 237.

Hampstead Heath

Un ersatz de forêt dans la capitale. Voir p. 241.

Kentish Town City Farm

Un endroit délicieux pour apprivoiser les animaux de la ferme. Voir www.ktcityfarm.org.uk

Le top des musées

Les musées londoniens savent assurément accueillir les enfants. Entre les contes à la National Gallery (plus de 3 ans, p. 93), les activités artistiques et artisanales au Victoria & Albert Museum (p. 183), la fabrication de trains au Transport Museum (p. 108), le "finger painting" à la Tate Modern (p. 164) et à la Tate Britain (p. 98), ou encore les activités artistiques et manuelles à la Somerset House (p. 110), le choix ne manque pas. En outre, ces ateliers sont gratuits (consulter les sites Internet pour plus de détails). Par ailleurs, de nombreux festivals proposent un accueil spécifique pour les enfants : ainsi, le festival annuel Holland Park Opera, qui programme des opéras pour enfants (p. 266).

Prendre le volant au London Transport Museum

Les enfants peuvent grimper à bord des vingt bus et trains londoniens exposés et toucher à tout en prenant une leçon d'histoire sur l'évolution des transports à Londres. Le musée dispose également d'une petite aire de pique-nique. Consulter le site Internet pour plus de détails sur les ateliers. Voir p. 108.

Rencontrer les momies au British Museum

En famille, chacun y trouvera de quoi se régaler. Mais il est recommandé d'organiser sa visite en amont car le meilleur musée du pays est immense. Les momies remportent toujours un grand succès auprès des enfants (plus de 3 ans). Voir p. 83.

Expérimenter sans fin au Science Museum

Avec ses dispositifs interactifs, ses fascinantes expositions éducatives et son aire de jeux dans le jardin en sous-sol, un musée de rêve pour les enfants. Sans oublier les ateliers contes et une cafétéria fabuleuse où se retrouver en famille. Voir p. 190.

Saluer les dinosaures au Natural History Museum

La longueur des files d'attente le week-end et pendant les vacances atteste de l'immense popularité de ce musée auprès des familles. Au menu, 70 millions de spécimens de végétaux, d'animaux, de fossiles, de roches et de minéraux, le Wildlife Garden (Jardin des plantes), ainsi que d'excellentes expositions temporaires, comme "L'Âge des dinosaures" avec un

VERONICA GARBUTT / LONELY PLANET IMAGES ©

Palm House, Kew Gardens (p. 296)

impressionnant tyranosaure animé en taille réelle. Voir p. 187.

Une nuit au musée

Quoi de plus excitant qu'une nuit blanche quand on est pelotonné contre une momie ou couché sous la patte d'un dinosaure ?

British Museum

Divertissement assuré : installer son lit dans l'une des galeries égyptiennes ou mésopotamiennes, mais pas avant d'avoir écouté un conte ou participé aux activités liées aux expositions du moment. Fréquence trimestrielle. Voir p. 83.

Natural History Museum

Un petit roupillon dans le grandiose Central Hall, sous l'œil du diplodocus vieux de 150 millions d'années, après avoir exploré les moindres recoins du musée à la lueur d'une lampe de poche. Voir p. 187.

Science Museum

Depuis près de vingt ans, c'est le rendez-vous favori des jeunes Londoniens, avec ses projections de films IMAX en 3D et ses ateliers scientifiques en guise de berceuse. Voir p. 190.

Patin à glace au musée

De novembre à janvier, une partie du Natural History Museum (East Lawn, pelouse est) se transforme en patinoire étincelante. Il est recommandé de réserver (www.ticketmaster.co.uk). Voir p. 72 pour plus de détails sur les patinoires à Londres.

Où se restaurer avec ses enfants

Bien sûr, ce n'est ni l'Italie ni la France, mais les restaurants et cafés londoniens savent aussi accueillir les enfants, avec tables à langer et chaises hautes. Avec des enfants en bas âge, il faudra préférer les restaurants animés et les cafés décontractés aux établissements calmes et huppés (et bien sûr à ceux qui affichent "No Children"). Avec un peu de chance, vous aurez même droit à un sourire de bienvenue, denrée rarissime à Londres.

Londres offre aux enfants l'occasion unique de se faire le palais sur les saveurs du monde entier. Il suffit de choisir parmi les bonnes adresses une cuisine chinoise, italienne, française, mexicaine, japonaise ou indienne. On trouve des menus enfants dans beaucoup de restaurants – de l'incontournable burger aux pâtes, en passant par les saucisses et la purée, pour un coût compris entre 2.50 £ et 5 £ –, mais pour les plus aventureux, on peut commander sans problème une plus petite portion dans les plats du menu adulte.

Le top des restaurants

Cibo, dans la boutique Mamas & Papas

Parfait pour les tout-petits. Voir www.mamasandpapas.com

That Place on the Corner

Excellente nourriture. Des tas d'ateliers et d'activités pour les enfants, des goûters d'anniversaire. Voir www.thatplaceonthecorner.co.uk

L'ESSENTIEL

- Le bus est gratuit pour les moins de 16 ans, de même que le métro pour les moins de 11 ans et le train pour les moins de 5 ans.
- Pour trouver une baby-sitter ou une *nanny*, adressez-vous à Greatcare (www.greatcare.co.uk).
- La marche est le meilleur moyen de découvrir la ville – l'été, les transports publics sont souvent bondés et la chaleur y est parfois pénible.
- Si vous vous installez à Londres, adressez-vous aux services municipaux pour connaître les activités adaptées aux enfants dans votre quartier.

Huggle

Café chic avec ateliers et aire de jeux. Voir www.huggle.co.uk

Frizzante@City Farm

Un super café (p. 227) pour déjeuner avant ou après la visite de la ferme.

Parcs et aires de jeux

Les parcs sont légion à Londres. Beaucoup offrent leur lot d'aires de jeux et de vie animale. Voici une sélection de nos préférés.

St James's Park

Le ballet des canards, des écureuils et des pélicans à St James's Park vaut le détour (p. 104). Après un passage par l'aire de jeux tout en sable et rochers, vous pourrez vous délasser dans le chaleureux Inn the Park.

Coram's Fields

Presque trois hectares de pelouses, avec bac à sable, pataugeoire, enclos pour animaux, balançoires et autres surprises. L'un de nos lieux favoris.

Hyde Park

On peut canoter sur le lac Serpentine ou louer un pédalo pour une balade en famille. Ou bien louer un vélo (Barclays) pour faire escale au mémorial de la princesse Diana, à Kensington Gardens, avec son aire de jeux en forme de bateau. Voir p. 192.

Battersea Park

Parc luxuriant, doté de son propre zoo, et offrant de nombreuses possibilités de jeux. Voir p. 279.

Regent's Park

Un parc absolument magnifique (p. 237), plein d'espaces arborés que les enfants adorent et qui abrite le zoo de Londres.

Activités originales

Voici quelques idées intéressantes pour occuper vos enfants, que vous résidiez à Londres ou que vous y soyez simplement de passage :

Cours de cuisine

La Cucina Caldesi (www.caldesi.com), à Marylebone, accueille les enfants à partir de 6 ans et les adolescents. À **Kiddy Cook** (www.kiddycook.co.uk), à Twickenham, ils mettent les mains à la pâte à partir de 2 ans.

Arts du cirque

Pour tester le monocycle, aller à l'**Albert & Friends Instant Circus** (www.albertandfriendsinstantcircus.co.uk)

Cueillette des champignons

Fungi to be With (www.fungitobewith.org). Cueillette des champignons à Hampstead Heath, Epping Forest et Wimbledon Common.

Fermes de ville et espaces naturels

Les enfants de la ville ont un besoin impérieux de rendre visite à leurs petits compagnons tous les jours ou au moins une fois par semaine. Londres propose une offre unique en la matière avec ses fermes de ville, ses zoos et ses espaces naturels.

Freightliners City Farm

Une fabuleuse **ferme** participative (www.freightlinersfarm.org.uk) au cœur de la ville, avec ses vaches, moutons, cochons et lapins géants des Flandres. C'est aussi un local associatif, avec son propre café et la possibilité d'acheter les œufs et les légumes produits sur place.

Hackney City Farm

La **Hackney City Farm** (www.hackneycityfarm.co.uk) constitue un petit îlot de tranquillité dans le Nord-Est londonien avec son potager et son jardin d'herbes aromatiques. On y trouve des chèvres, des moutons, des cochons et un âne baptisé Larry. On peut acheter les œufs. Le restaurant associé, Frizzante (p. 227) a remporté plusieurs prix pour la qualité de ses produits.

Greenwich Peninsula Ecology Park

L'endroit rêvé pour flâner sur les sentiers qui sillonnent le marais et observer les oiseaux. Une oasis de nature au cœur de la cité industrielle (www.urbanecology.org.uk).

Kentish Town City Farm

La plus ancienne **ferme** de Londres (www.ktcityfarm.org.uk), créée en 1972, est un modèle pour ses consœurs. Les caresses mises à part, les enfants peuvent nourrir les animaux et nettoyer les enclos. À noter également les populaires balades à poney et les ateliers de poterie.

Highgate Wood et Queen's Wood

Highgate Wood (www.cityoflondon.gov.uk/openspaces), jadis rattachée à la forêt du Middlesex, est une immense zone boisée à des années-lumière de la circulation londonienne. Avec ses aires de jeux idéales, ses séances de contes en plein air et ses chasses au trésor, c'est un véritable paradis pour les enfants.

Mudchute City Farm

C'est la plus grande ferme de la ville, même si la proximité des gratte-ciel de Canary Wharf ramène un peu à la réalité ceux qui s'échapperaient dans des rêveries bucoliques. Entre autres activités, la "marche des canards" a lieu à 9h. La ferme dispose aussi d'une vaste aire de pique-nique. Voir p 224.

Epping Forest

Epping Forest, 19 kilomètres de long et pratiquement autant de large, est réputée pour ses balades à cheval, à vélo ou à pied. On y croise parfois une vache en pleine rumination. Un lieu idéal pour les familles avec de grands enfants et pour les amateurs d'exercice au grand air.

Comme un Londonien

Vous aurez l'impression d'être immergé dans la vie locale alors que vous n'en perceverez que les contours. Il suffit d'imiter les Londoniens et de se laisser surprendre, d'attendre les nocturnes pour se rendre au musée, ou de se donner rendez-vous au parc dès que le soleil fait son apparition.

GREG BALFOUR EVANS / ALAMY©

Green Park (p. 105)

Prendre un verre

Les Britanniques ont la réputation de s'adonner au *binge drinking* (consommation abusive d'alcool en un temps record). Pourtant, boire un verre à Londres est essentiellement synonyme de décontraction dans une ambiance chaleureuse. Les Londoniens se rendent pour cela au *local*, c'est à dire au pub du coin de la rue, véritable pilier social et havre de paix de proximité. Les prix peuvent paraître élevés, mais il n'est pas rare de se voir offrir une tournée. Choisissez un pub un peu décalé avec un large choix de bières et vous ne serez pas déçu. Pour plus de détails sur les pubs de Londres, voir p. 53.

Se restaurer

Il arrive que les gens fassent la queue pour une table dans un restaurant chic. Toutefois, ils préfèrent généralement dîner dans le *fish and chips* près de chez eux et s'accorder une petite folie une fois par semaine. Vous les trouverez affairés du côté de Borough Market (p. 176) ou d'un autre marché d'alimentation, ou en expédition sur l'un des marchés fermiers de la ville pour acheter des légumes bio. Vous les croiserez aussi chez Nando's, le roi du poulet à la sauce piri-piri, attablés au Wagamama devant un bol de nouilles, ou déjeunant d'un sandwich estampillé Marks & Spencer à Hyde Park. Quant au rôti dominical servi au pub, c'est une institution locale. Pour plus de détails sur la restauration à Londres, voir p. 44.

Faire son shopping

Les Londoniens savent exactement où faire leurs achats. Il n'est pas rare de les voir farfouiller dans les boutiques de bienfaisance à la recherche d'une vieille édition originale ou d'habits introuvables, arpenter les marchés aux puces en quête de vêtements vintage, flâner le long de Portobello Rd ou dans Brixton Village, quand ils ne se retirent pas dans une paisible librairie à l'ancienne. Pour autant, ils ne dédaignent pas la cossue Mayfair, Kensington High St ou Oxford St, pour chasser la bonne affaire. Pour plus de détails sur les achats à Londres, voir p. 67.

Prendre l'air au parc

Certains habitants de Greenwich ont un jardin minuscule mais habitent à deux pas de l'un des plus grands parcs de la ville. Même chose à Richmond. Les Londoniens ont beau être des créatures fort citadines, ils n'en démontrent pas moins un goût très modéré pour le béton. Quand on sait qu'ils disposent de l'un des plus beaux patrimoines arborés du monde, on comprend aisément qu'ils passent une grande partie de leur temps libre à lire, jouer au football ou simplement discuter avec des amis sur une verte pelouse. Après une journée de visite, c'est le moyen idéal de recharger les batteries. Pour en savoir plus sur les parcs, voir p. 274.

Explorer la ville

Les habitants sont habitués à sortir des sentiers battus, à prendre l'entrée de service de leur parc favori, à explorer les confins méconnus de la capitale, ou à traverser North London en passant par Regent's Canal (p. 239). Laissez-vous guider par votre instinct. Nombre de Londoniens attendent les séances nocturnes (p. 40) pour visiter les musées en toute quiétude.

Obsessions locales

La météo

Les Londoniens sont experts en météorologie. Si vous êtes à court de conversation, il vous suffira donc de parler de la pluie et du beau temps. Le prix de l'immobilier, les problèmes de circulation, et la Sécurité sociale sont autant d'autres pistes. À défaut, vous pouvez essayer...

L'ESSENTIEL

La capitale ne jure plus que par ses deux-roues. Pourquoi ne pas enfourcher un vélo Barclays (p. 391) ? C'est pratique, tendance, peu coûteux, et les bornes d'accueil sont nombreuses. Tous les Londoniens qui recourent aux transports publics investissent dans une Oyster Card (p. 389), qui permet d'obtenir des réductions conséquentes et d'éviter les files d'attente. Si vous optez pour le bus, les sièges à l'étage des bus à l'impériale lignes 9 et 15 sont aussi une impériale manière de visiter la ville.

La politique

Militants dans l'âme, les Britanniques parlent constamment de politique. Une fois lancés, on ne les arrête plus. Pour comprendre ce qui les préoccupe, rendez-vous au Speakers' Corner (p. 193).

Codes postaux et sociaux

Le fossé entre le nord et le sud de Londres n'a jamais été aussi grand. Les Londoniens semblent oublier qu'un quartier huppé comme celui de Cheyne Row à Chelsea n'a pas toujours été des plus chics. Pour certains habitants, notamment les plus aisés, le lieu de résidence détermine l'existence toute entière. Certains quartiers ont vu leur cote (SE22, East Dulwich) monter en flèche ces dernières années, tandis que d'autres semblent avoir atteint un point de non-retour (Thornton Heath). À noter que les Londoniens sont toujours très au fait de l'évolution des tendances.

Dîners privés

Toujours friands de nouveauté, les résidents de la capitale ont jeté leur dévolu sur les dîners privés. Au programme, restaurants secrets ou alternatifs, dîners-cinéma, soirées à thème ou costumées, menus improbables du monde entier ; consulter http://supperclubfangroup.ning.com pour trouver un dîner privé à proximité. Pour plus de détails, voir p. 49.

Londres gratuit

Londres est l'une des villes les plus chères du monde mais ne coûte pas forcément les yeux de la tête. Nombre d'attractions et d'événements sont gratuits ou presque. Découvrez la ville sans vous ruiner.

ELLIOT DANIEL / LONELY PLANET IMAGES ©

Houses of Parliament (p. 90)

Attractions gratuites

Houses of Parliament

Il est possible d'assister gratuitement à une session parlementaire doublée d'une leçon de démocratie à l'anglaise.

Relève de la garde

Attraction-reine de la capitale, la relève de la garde à Buckingham Palace a lieu à 11h30 de mai à juillet (un jour sur deux d'août à mars, si le temps le permet). Soyez à l'heure. À défaut, vous pouvez assister à la relève de la garde à cheval (Horse Guard's Parade) à 11h (10h le dimanche).

Ouverture quotidienne de la tour de Londres

Rituel quotidien à 9h (10h le dimanche). Plus élaborée, la Cérémonie des clés (p. 141), en soirée, est gratuite elle aussi mais nécessite une réservation par écrit.

Musées gratuits

Tous les musées publics sont gratuits, sauf pour les expositions temporaires. Nombre d'entre eux se trouvent dans le West End (p. 79).

Victoria & Albert Museum

La visite de ce musée exemplaire peut aisément occuper une journée entière.

National Gallery

Contrairement aux royales boutiques voisines de Trafalgar Square, la visite de ce splendide musée ne vous coûtera pas un penny.

Tate Modern

Ici non plus, vous n'aurez rien à débourser pour contempler des chefs-d'œuvre d'une valeur inestimable.

Visites guidées gratuites

Certains musées et lieux saints, comme la National Gallery, la Tate Britain, le Brompton Cemetery (p. 258) ou l'église All Hallows-by-the-Tower (p. 150), proposent, outre l'entrée, des visites guidées gratuites. D'autres curiosités, comme les Churchill War Rooms ou la cathédrale Saint-Paul, distribuent gratuitement des audioguides, mais l'entrée peut être payante. Certains lieux, comme la Courtauld Gallery (p. 110) ou le Natural History Museum, organisent des débats et des conférences à titre gratuit.

Visites du patrimoine gratuites

Pendant une semaine en septembre, le festival London Open House (p. 361) ouvre gratuitement les portes de plus de 700 bâtiments privés.

Promenades à Londres

Se promener à pied dans Londres est probablement la meilleure manière d'appréhender la ville et son histoire. Beaucoup de chapitres de ce guide mentionnent les plus belles balades quartier par quartier. Consultez London Footprints (www.london-footprints.co.uk) pour découvrir d'autres promenades dans Londres.

Shopping

Borough Market (p. 176) vous permettra, tout en flânant entre les étals, de grignoter les échantillons gracieusement offerts par les commerçants. La Wedge Card (www.wedgecard.co.uk ; 10 £) encourage la population à faire ses achats dans les boutiques de proximité en lui accordant des réductions dans les magasins ayant souscrit au projet.

Pique-nique à Hyde Park

Se prélasser dans l'herbe ou jouer au Frisbee dans l'un des nombreux parcs de Londres, on n'a guère trouvé mieux. Sans compter que le point de vue est sublime.

Transports à bas coût

Les vélos Barclays (p. 391) sont gratuits la première demi-heure. Achetez une Oyster Card ou une one-day Travel Card (forfait à la journée) pour profiter des transports londoniens de façon illimitée.

L'ESSENTIEL

- **Sites Internet** Consultez London for Free (www.londonforfree.net).
- **Cartes de réduction** Le London Pass (www.londonpass.com ; à partir de 16 £ par jour ; p. 396) n'est pas un mauvais investissement.
- **Accès Wi-Fi** Quantité de cafés proposent un accès Wi-Fi gratuit à leurs clients (p. 398).
- **Journaux** L'*Evening Standard* et *Metro* sont tous deux gratuits.
- **Enfants** Gratuité des bus pour les moins de 16 ans, du métro pour les moins de 11 ans, des trains pour les moins de 5 ans.

Musique gratuite

Il y a des concerts et d'événements musicaux dans les pubs, les bars ou les églises.

Notting Hill Arts Club

Le label Rough Trade propose des mini-concerts de groupes indépendants entre 16h et 20h le samedi.

St Martin-in-the-Fields

Cette église somptueuse accueille des concerts à 13h les lundis, mardis et vendredis.

St James's Piccadilly

Récitals de 50 minutes (contribution suggérée) les lundis, mercredis et vendredis à 13h10.

St Giles-in-the-Fields

Récitals de 40 minutes le vendredi à 13h10.

Cinéma gratuit

En cherchant bien, vous trouverez sûrement des pubs et des cafés qui projettent des films gratuitement –mais vous serez peut-être obligé de consommer.

Garrison Public House

Projection de films tous les dimanches à 19h dans le cinéma en sous-sol.

Scootercaffe

Projection de films un dimanche sur deux.

Le British Museum (p. 83)

Musées et Galeries

Les musées et galeries de Londres sont absolument incontournables. Leurs collections incomparables placent certains de ces lieux au tout premier rang dans leur domaine. Une kyrielle de musées exceptionnels vous attend à South Kensington et dans le West End.

L'ESSENTIEL

Tickets

➡ L'accès aux collections des musées nationaux (British Museum, National Gallery, Victoria & Albert Museum) est gratuit, sauf pour les expositions temporaires.

➡ Dans les musées plus modestes, l'entrée est payante, environ 5 £.

➡ L'accès aux galeries privées est généralement libre ou modique.

➡ Possibilité de réserver par Internet (ex : le British Music Experience) pour un billet à prix réduit.

Horaires d'ouverture

➡ De manière générale, les musées nationaux sont ouverts de 10h à 18h environ, et proposent une ou deux nocturnes par semaine (voir p. 40) ; l'affluence moindre en soirée rend la visite très agréable.

Restauration

➡ Beaucoup de grands musées disposent d'un restaurant qui vaut la visite à lui tout seul (p. 121).

Sites Internet utiles

La plupart des musées londoniens – surtout les plus populaires, comme le British Museum ou la National Gallery – ont un site Internet extrêmement sophistiqué et documenté qu'il vaut la peine de visiter en amont pour connaître les activités proposées et les pièces maîtresses à ne pas manquer. Beaucoup de grandes institutions disposent aussi d'espaces informatifs permettant d'effectuer une visite virtuelle du musée.

➡ **London Galleries** (www.london galleries.co.uk). Liste de toutes les galeries de Londres, liens inclus.

➡ **Culture 24** (www.culture24.org.uk). Une foule d'informations sur les musées et les galeries.

Les stars

Tous situés en centre-ville, les musées les plus réputés de Londres sont également gratuits. À Trafalgar Square, la National Gallery invite à découvrir des chefs-d'œuvre de l'art européen occidental du XIIIe au XIXe siècle, de Duccio à Vinci et

Tyrannosaure au Natural History Museum (p. 187)

Monet en passant par Turner. Tout près, la National Portrait Gallery rend hommage aux grandes personnalités britanniques à travers ses 160 000 tableaux, sculptures et photographies, du XVIe siècle à nos jours. Après un court trajet en métro ou en bus vers le nord, vous franchirez les portes du British Museum à Bloomsbury pour découvrir son extraordinaire collection d'objets anciens. Quant au cossu quartier de South Kensington, il compte trois des musées majeurs de la capitale : le Victoria & Albert Museum, temple des arts décoratifs, ainsi que le Natural History Museum et le Science Museum, tous deux très tournés vers les enfants. Les amateurs d'art moderne et contemporain trouveront leur bonheur à la Tate Modern, à South Bank, ainsi qu'à la Tate Britain, reliée par bateau à son institution sœur de l'autre côté de la Tamise. Cette dernière organise annuellement le prix Turner et abrite des œuvres signées Constable ou Turner, en passant par les préraphaélites et Francis Bacon.

Galeries d'art

La créativité et le dynamisme culturel de Londres s'expriment dans nombre de galeries. Malgré la crise, l'art pictural demeure une priorité et se donne à voir dans de nombreux quartiers. Depuis toujours, Mayfair est réputée pour ses galeries d'art classique raffinées tandis que Spitalfields et Hoxton privilégient les œuvres plus contemporaines.

Ci-dessus : La Tate Modern, South Bank (p. 164)
Ci-contre: Momies égyptiennes, British Museum (p. 83)

ALEX SEGRE / ALAMY©

Les Nocturnes

De nombreux musées ouvrent leurs portes tard le soir une à deux fois par semaine. Certains organisent également des événements nocturnes afin de présenter leurs collections sous un autre jour. N'hésitez pas à consulter le site des musées pour avoir un aperçu de leur offre. Certains n'ouvrent en nocturne qu'une fois par an, en mai. Voici quelques musées qui proposent des événements nocturnes ou des horaires tardifs :

Sir John Soane's Museum (p. 100). Le premier mardi du mois, le musée éclairé à la bougie se pare d'atours fantasmagoriques (très populaire, d'où les longues files d'attente).

National Portrait Gallery (p. 97). Ouvert jusqu'à 21h les jeudis et vendredis.

Tate Modern (p. 164). Ouvert jusqu'à 22h les vendredis et samedis.

Tate Britain (p. 98). Ouvert jusqu'à 22h le premier vendredi du mois.

British Museum (p. 83). Ouvert jusqu'à 20h30 le vendredi.

Science Museum (p. 190). Ouvert jusqu'à 19h pendant les vacances scolaires.

Natural History Museum (p. 187). Organise des safaris nocturnes et des nuits blanches (voir p. 31).

Horniman Museum (p. 279). Nuits blanches (en compagnie du morse).

Cours, débats et conférences

Musées et galeries sont des lieux parfaits pour se cultiver au contact d'experts. Si vous souhaitez découvrir un domaine, vous remettre à niveau, ou encore assister à une conférence, vous n'aurez que l'embarras du choix. Voici quelques suggestions :

Dulwich Picture Gallery (p. 281). Cours d'art pour adultes et enfants de tous niveaux, ateliers de création, cours d'initiation à l'architecture et stage de formation de trois jours en été.

National Gallery (p. 93). Nombreux débats et conférences sur l'art, cours de dessin gratuit et activités pendant les vacances scolaires ; certaines activités sont gratuites.

National Portrait Gallery (p. 97). Une série d'activités artistiques, d'ateliers et de débats, des cours de dessin en accès libre ; certaines activités sont gratuites.

Tate Modern (p. 164). Grande variété d'ateliers, de cours et de débats, ainsi que des cours d'art en ligne ; certaines activités sont gratuites.

British Museum (p. 83). Activités, journées d'étude, ateliers et formations courtes.

Tate Britain (p. 98). Cours d'art (avec introduction au dessin), ateliers et débats.

Victoria & Albert Museum (p. 183). Ateliers, cours, conférences, etc.

Musées spécialisés

Que vous ayez une inclination pour les éventails, les jouets, le design, les dessins animés, le transport londonien ou les anciennes techniques chirurgicales, vous trouverez nombre de musées spécialisés. Les non-spécialistes se laisseront aussi enchanter par ces collections. La plupart de ces institutions sont situées en centre-ville. Pour les autres, c'est l'occasion de découvrir une zone moins connue de Londres.
Voir p. 43.

Musées et galeries par quartiers

- **Le West End** (p. 78). British Museum, National Gallery, National Portrait Gallery, Tate Britain et quantité d'autres musées et galeries plus modestes.
- **La City** (p. 139). Barbican, Museum of London.
- **South Bank** (p. 162). Tate Modern, Hayward Gallery, Design Museum, Fashion & Textile Museum et galeries d'art plus modestes.
- **Kensington et Hyde Park** (p. 181). Victoria & Albert Museum, Natural History Museum, Science Museum et autres.
- **Clerkenwell, Shoreditch et Spitalfields** (p. 201). Geffrye Museum, 19 Princelet St, White Cube Gallery.
- **L'East End et les Docklands** (p. 217). Museum of London Docklands, Ragged School Museum, Whitechapel Gallery.
- **Hampstead et North London** (p. 233). Wellcome Collection, London Canal Museum, Burgh House, Estorick Collection of Modern Italian Art, Sir John Ritblat Gallery.
- **Notting Hill et West London** (p. 256). Museum of Brands, Packaging & Advertising.
- **Greenwich et South London** (p. 268). National Maritime Museum, Ranger's House, Astronomy Centre à l'Observatoire royal, Imperial War Museum, Horniman Museum, Dulwich Picture Gallery.

La sélection de Lonely Planet

British Museum (p. 83). Exceptionnelle collection d'artefacts du monde entier, vivant témoignage de la créativité humaine.

Victoria & Albert Museum (p. 183). Remarquable et éclectique collection d'arts décoratifs et de design dans un cadre grandiose.

National Portrait Gallery (p. 97). Pour apprécier toute l'évolution du portrait à l'anglaise.

Tate Modern (p. 164). Une célébration de l'art moderne et contemporain dans une centrale électrique réhabilitée.

Museum of London (p. 154). Pour qui souhaite tout connaître de l'histoire de la ville dans un musée d'exception.

Wellcome Collection (p. 238). Une fabuleuse collection qui convoque les sciences, la médecine, l'art et la vie en un même lieu.

Les meilleures adresses par catégories

Grands musées et galeries

National Gallery (p. 93)
Tate Britain (p. 98)
Science Museum (p. 190)
Churchill War Rooms (p. 99)
Museum of London Docklands (p. 224)
Natural History Museum (p. 187)

Architecture

National Gallery (p. 93)
Horniman Museum (p. 279)
National Maritime Museum (p. 273)
Tate Britain (p. 98)
Imperial War Museum (p. 276)
Natural History Museum (p. 187)

Petits musées

London Transport Museum (p. 108)
London Canal Museum (p. 238)
Geffrye Museum (p. 204)
Old Operating Theatre Museum & Herb Garret (p. 171)
Horniman Museum (p. 279)

Petites galeries

Photographers' Gallery (p. 106)
Courtauld Gallery (p. 110)
White Cube Gallery (p. 204)
Dulwich Picture Gallery (p. 281)
Barbican Gallery (p. 155)
Guildhall Art Gallery (p. 153)

Maisons-musées

Apsley House (p. 191)
Dickens House Museum (p. 102)
Dennis Severs' House (p. 206)
Carlyle's House (p. 195)
Leighton House (p. 258)
Keats' House (p. 241)

Collections d'art

National Gallery (p. 93)
Wallace Collection (p. 113)
Estorick Collection of Modern Italian Art (p. 242)
Imperial War Museum (p. 276)
Science Museum (p. 190)
Natural History Museum (p. 187)

Musées gratuits

National Gallery (p. 93)
Tate Britain (p. 98)
Geffrye Museum (p. 204)
Photographers' Gallery (p. 106)
Science Museum (p. 190)
Natural History Museum (p. 187)

Musées et galeries payants

Courtauld Gallery (p. 110)
Churchill War Rooms (p. 99)
London Transport Museum (p. 108)
Dulwich Picture Gallery (p. 281)

Musées spécialisés

Fan Museum (p. 276)
Old Operating Theatre Museum & Herb Garret (p. 171)
Design Museum (p. 172)
Ragged School Museum (p. 221)

Musées étranges

Sir John Soane's Museum (p. 100)
Hunterian Museum (p. 112)
Old Operating Theatre Museum & Herb Garret (p. 171)

Musées les mieux situés

National Gallery (p. 93)
Photographers' Gallery (p. 106)
London Transport Museum (p. 108)
Science Museum (p. 190)
Natural History Museum (p. 187)

Spitalfields Market (p. 215)

Où se restaurer

Jadis raillé par la planète culinaire, Londres a mis la main à la pâte ces vingt dernières années, se muant en destination incontournable pour les fins gourmets. Les restaurants étoilés ne manquent pas, mais c'est surtout la richesse de l'offre qui est extraordinaire : de l'afghan au vietnamien, la capitale anglaise propose une palette étendue de plats du monde entier.

Rôti britannique traditionnel

Spécialités

CUISINE ANGLAISE

Certes, l'Angleterre est le pays qui a inventé les *beans on toast*, la *jelly*, les *mushy peas* (purée de petits pois) et les *chip butties* (frites entre deux tranches de pain blanc non grillé), mais l'histoire ne s'arrête pas là. Bien préparée – qu'il s'agisse du rosbif du dimanche accompagné de Yorkshire puddings (gâteaux légers à base de pâte à crêpe à manger avec le jus de viande) ou d'un cornet de *fish and chips* mangé sur le pouce – avec une pincée de sel et quelques gouttes de vinaigre de malt – la cuisine anglaise peut être succulente. Rien ne vaut un petit-déjeuner anglais, avec bacon, saucisses, haricots, œufs et champignons pour bien commencer la journée.

La cuisine britannique moderne a gagné ses lettres de noblesse en intégrant des ingrédients traditionnels (parfois sous-estimés) comme les légumes-racines, le poisson fumé, les crustacés, le gibier et des viandes comme la saucisse ou le *black pudding* (boudin noir à base de farine d'avoine, d'épices et de sang de porc). Les plats proposés sont donc variés : du gibier servi avec des légumes traditionnels comme le topinambour aux saint-jacques grillées au *black pudding* à l'orange ou encore le rôti de porc au chorizo sur une purée au romarin.

POISSON ET FRUITS DE MER

Nombre de visiteurs de la fière Albion s'étonnent que cette cuisine insulaire fasse aussi peu de cas des poissons et

L'ESSENTIEL

Horaires d'ouverture

Les horaires d'ouverture sont précisés uniquement quand ils diffèrent des horaires usuels indiqués ci-dessous :

- Chaînes de restaurants : 12h-23h
- Majorité des restaurants : 12h-14h30 et 18h-23h

Le guide des prix

Les symboles ci-dessous indiquent le prix moyen d'un plat principal dans le restaurant mentionné.

£	moins de 10 £
££	entre 10 et 20 £
£££	plus de 20 £

Réservations

- Le week-end, mieux vaut réserver, surtout si vous êtes plus de quatre.
- Les restaurants chics proposent souvent plusieurs services, avec des créneaux horaires alloués (2 heures généralement) ; réservez une plage tardive si vous souhaitez prendre votre temps.

Pourboire

La plupart des restaurants ajoutent automatiquement 12,5% pour le service. Cela doit être précisé dans l'addition. Si vous estimez que le service n'était pas satisfaisant, vous pouvez accorder un pourboire séparé (ou pas de pourboire du tout).

Grande cuisine, petits prix

- Les restaurants huppés proposent des menus au déjeuner de bon rapport qualité/prix. Les plats à la carte sont parfois moins dispendieux au déjeuner qu'au dîner.
- Des établissements du West End offrent des menus avant ou après théâtre.
- Le service de réservation par Internet **Top Table** (www.toptable.co.uk) permet de bénéficier de réductions (jusqu'à 50% sur la nourriture) dans les restaurants sélectionnés.

BYO (Bring Your Own)

- Apporter sa propre bouteille est une pratique courante dans les établissements petits budgets ; certains facturent un droit de bouchon (1 £-1.50 £ par bouteille).
- **Wine Pages** (www.wine-pages.com) liste l'ensemble de ces restaurants.

Ci-dessus : Ottolenghi, Islington (p. 246)
Ci-contre : *English breakfast*

BLOOMBERG/CONTRIBUTOR/GETTY

Où se restaurer par quartiers

fruits de mer, *fish and chips* excepté. Cependant, les restaurants britanniques actuels ont entrepris de combler leur retard et proposent désormais des spécialités locales : sole de Douvres, huîtres de Cornouailles, pétoncles d'Écosse, anguille fumée du Norfolk, hareng de l'Atlantique ou maquereau. Il existe d'excellents restaurants de fruits de mer, sans oublier les échoppes de *fish and chips* qui vendent des filets de morue, d'aiglefin ou de carrelet.

CUISINES DU MONDE

S'il est si plaisant de se restaurer à Londres, c'est aussi parce que le choix est immense. Pour des raisons historiques, la cuisine indienne est omni-présente. De manière générale, la cuisine asiatique est très populaire. Il y a pléthore de restaurants chinois, thaïlandais, japonais et coréens, ainsi que d'établissements proposant une fusion sophistiquée d'influences venues de toute l'Asie.

La cuisine européenne continentale – française, italienne, espagnole, grecque ou scandinave –, représentée par des établissements raffinés, est aussi très prisée. Les cuisines se concentrent généralement dans les quartiers où leurs communautés sont présentes : est-européenne à Shepherd's Bush ou turque à Dalston, entre autres.

DESSERTS

L'Angleterre et les restaurants britanniques ont la culture du dessert. Parmi nos préférés, citons le *bread and butter pudding*, le pudding au caramel (pudding à l'étuvée avec des dattes, recouvert d'une divine sauce caramel), le *spotted dick* (pudding cuit à la vapeur avec de la graisse de bœuf, des fruits secs et de la sauce *custard*), l'*Eton mess* (joyeux fouillis de meringue, crème fouettée et fraises), sans oublier le *Christmas pudding* (*pudding* à la vapeur avec fruits confits et cognac) et le *crumble* (rhubarbe, pomme, etc.).

Les gourmands ne manqueront pas de s'offrir un *afternoon tea*, avec *cupcakes*, *scones* et autres douceurs.

Pubs gastronomiques

Loin du pub d'antan où l'on se contentait d'une bière et de quelques chips, le *gastropub*, né dans les années 1990, propose un véritable repas complet. Attention, la qualité varie énormément, du produit surgelé au plat digne d'un établissement étoilé.

Petit-déjeuner et brunch

Les Britanniques ont toujours eu la culture du petit-déjeuner, allant jusqu'à inventer le *full English breakfast*. L'assiette typique comprendra bacon, saucisses, haricots blancs à la sauce tomate, œufs (au plat ou brouillés), champignons, tomates et pain grillé. On en trouve servi en ration monstre dans de nombreux bouis-bouis et c'est incontournable des *gastropubs*.

Le porridge, cette bouillie d'avoine au lait ou à l'eau, connaît aussi un nouvel engouement outre-Manche. Les restaurants prestigieux, comme le Wolseley (p. 117), ont largement contribué à redorer le blason de ce plat du pauvre. Délicieux avec de la banane et du miel, de la compote de fruits ou, tout simplement, saupoudré de chocolat.

PÂTE À TARTINER MADE IN UK

Marmite est une pâte à tartiner à base de levures utilisées pour la fermentation de la bière. Cet ingrédient effraie parfois les étrangers. Pourtant, tartinée sur du pain grillé beurré, cette pâte salée au léger goût de noisette est absolument délicieuse. Un produit qui laisse difficilement indifférent, d'où le fameux slogan choisi par les publicitaires : "On l'adore ou on la déteste".

L'Australie et la Nouvelle-Zélande produisent leur propre version, même si de nombreux Britanniques la jugent incomparable à l'original.

Restaurant Inn the Park, St James's Park (p. 117)

Récemment, les Londoniens se sont également mis au brunch. Ce n'est pas encore New York mais les progrès sont notables. Beaucoup de *gastropubs*, de cafés et de restaurants huppés servent désormais les mets typiques du brunch : des *pancakes* aux œufs Bénédicte, en passant par des omelettes élaborées et des gaufres.

Végétariens et végétaliens

Londres est depuis longtemps une destination de choix pour les végétariens. Cela tient essentiellement à ses nombreux restaurants indiens, dont la cuisine s'adapte à ceux qui ne mangent pas de viande pour des raisons religieuses. Depuis, quantité de restaurants végétariens ont vu le jour et proposent une cuisine imaginative, roborative et délicieuse. La carte des établissements non végétariens comporte généralement quelques plats sans viande ; pour les végétaliens, l'offre se limite essentiellement aux restaurants indiens ou spécialisés.

Toques célèbres

La renaissance culinaire londonienne est en partie l'œuvre d'un groupe de chefs hautement télégéniques qui ont construit de véritables empires autour de leur nom et de leurs émissions télévisées. Les établissements londoniens de Gordon Ramsay, le plus célèbre d'entre eux, demeurent des porte-drapeaux de la cuisine d'excellence. Parmi les autres, on citera Jamie Oliver, dont le restaurant forme des jeunes gens défavorisés, et Heston Blumenthal, le charismatique chef de gastronomie moléculaire.

Cafés

Même si le thé reste la boisson britannique par excellence, les Londoniens ont adopté depuis longtemps l'expresso et le *caffé latte*. On trouve les Starbucks et autres chaînes en pagaille, mais de petits cafés revendiquent leur indépendance. Beaucoup vendent des pâtisseries pour le petit-déjeuner et des sandwichs pour le déjeuner, parfaits pour un repas sur le pouce.

Marchés alimentaires

Le boum de la scène culinaire londonienne touche également les marchés, divisés en trois grandes catégories : les étals de nourriture sur les grands marchés (ex. Spitalfields, Borough ou Camden) ; les marchés fermiers, qui vendent des produits locaux et/ou bio à un prix conséquent (consultez www.lfm.org.uk pour une sélection des meilleurs, comme Broadway ou Marylebone) ; enfin, les innombrables marchés alimentaires, où l'on trouve comme par miracle des oranges et des citrons, tandis que les vendeurs et vendeuses vous hèlent avec un accent cockney pur jus (Brixton, Ridley Rd, Berwick St).

Pour innover, vous pouvez aussi tenter le marché de gros, auprès desquels détaillants et restaurateurs viennent s'approvisionner.

Billingsgate Fish Market (plan p. 421 ; Trafalgar Way E14 ; ⌚5h-8h30 mar-sam ; DLR West India Quay). Ce marché de gros au poisson est ouvert au public, mais il faudra vous lever aux aurores. On vous dira bien sûr qu'il faut acheter en gros, la plupart des sympathiques vendeurs sont toutefois prêts à faire des exceptions.

Spitalfields Market (p. 215)

Smithfield Market (p. 155) Le dernier marché de viande de Londres, le plus moderne d'Europe.

Dîners privés

Si vous estimez que le restaurant est un concept dépassé, les *supper clubs* sont faits pour vous : alliant le dîner au restaurant et le dîner intime, ils associent la qualité du premier et la décontraction du second. Organisés par des Londoniens ordinaires, ces dîners privés accueillent généralement entre 10 et 20 personnes ; au programme, des menus de trois à quatre plats (de 20 £ à 40 £), et une clientèle très éclectique. Pour les touristes, c'est l'occasion rêvée de rencontrer des Londoniens autour d'une table, de sortir des sentiers battus et de découvrir les intérieurs de nos amis londoniens.

Hélas, ces restaurants underground sont rarement permanents. Il est donc difficile d'en recommander. Les sources suivantes vous seront d'une aide précieuse :

Ms Marmite, organisatrice de dîners, a dressé un excellent répertoire des *supper clubs* londoniens. Consultez http://supperclubfangroup.ning.com.

Le blog culinaire **London Foodie** (www.thelondon foodie.co.uk) propose des comptes rendus réguliers de dîners privés.

Facebook est bien sûr conseillé afin de consulter les statuts publiés par les organisateurs.

N'oublions pas les **journaux** qui se font le relais des dernières nouveautés.

Chaînes londoniennes

On trouve un peu partout à Londres les habituelles chaînes standardisées originaires des USA, mais la capitale britannique possède également quelques chaînes de restaurants inventives et créatives, plébiscitées par les habitants. Elles sont très abordables, davantage encore quand on dispose de coupons d'offres spéciales : consultez www.vouchercodes.co.uk et www.myvouchercodes.co.uk pour les dernières offres en date.

Vous trouverez ci-dessous quelques-unes de nos adresses préférées. La liste de leurs établissements figure sur leur site Internet.

Benugo (www.benugocafedeli.com). Cette mini-chaîne de cafés indiens propose d'excellents sandwichs : sélectionnez votre pain (baguette,

En haut : *Afternoon tea* au Bea's of Bloomsbury (p. 117)

Au milieu : Shanghai Blues (p. 122), High Holborn

En bas : Skylon (p. 173), au dernier étage du Royal Festival Hall

PIE AND MASH

De la moitié du XIXe siècle jusqu'au lendemain de la Deuxième Guerre mondiale, le déjeuner standard de nombreux Londoniens consistait en une tourte d'anguilles épicée (la Tamise regorgeait de ce poisson en ce temps-là) servie avec une purée de pommes de terre et le jus de cuisson (sauce persillée). Depuis, les sandwichs ont remplacé les tourtes, bien que ces dernières aient conservé des adeptes dans l'East End. Le bœuf et la purée de pommes de terre constituent aujourd'hui une farce très appréciée (la viande au curry est également excellente), avec un accompagnement d'anguilles, servies fumées ou en gelée. Pour y goûter, rendez-vous dans un "pie & mash shop" : F. Cooke (p. 227), Clark's (p. 207) et M Manze (p. 176) font partie des meilleurs.

bagel, pita, etc.), votre garniture (choix énorme) et le tour est joué.

Busaba Eathai (www.busaba.com). Chaîne relativement modeste, avec six établissements, Busaba sert une divine cuisine thaïlandaise en toute simplicité, dans un décor asiatique moderne.

Byron (www.byronhamburgers.com). Burgers sans fioritures mais aux petits oignons, cuits à point et accompagnés de l'essentiel (laitue, tomate, oignons rouges).

Carluccio's (www.carluccios.com). En pleine expansion, ces restaurants italiens ont une touche plutôt chic. Un coin épicerie fine fait de la vente à emporter.

Canteen (www.canteen.co.uk). En toute simplicité, Canteen propose des classiques anglais de première qualité, comme le porridge au petit-déjeuner, ou les tourtes et le rôti pour le déjeuner.

Giraffe (www.giraffe.net). Giraffe, avec ses *burritos*, son brunch et ses salades végétariennes servies dans un wrap, a un côté très californien, sourire compris.

Gourmet Burger Kitchen (www.gbk.co.uk). Chez GBK, les hamburgers sont bien sûr à l'honneur, fabriqués à partir de viande écossaise de premier choix et relevés de sauces créées spécialement et de frites délicieuses.

Le Pain Quotidien (www.lepainquotidien.com). Cafés de style français (en réalité une chaîne belge), simples et épurés, qui proposent salades, soupes, sandwichs à la baguette et gâteaux excellents.

Masala Zone (www.masalazone.com). Excellente et très abordable, cette chaîne de cuisine indienne est spécialisée dans le *thali* (repas composé de plusieurs petits plats). Cadre indien contemporain très appréciable.

Nando's (www.nandos.co.uk). Du poulet grillé à la flamme avec une sauce piri-piri – qui aurait pensé que cette recette portugaise connaîtrait pareil succès ? La chaîne compte une dizaine d'établissements à Londres.

Ping Pong (www.pingpongdimsum.com). La fièvre du *dimsum* ne semble pas retomber dans la capitale et Ping Pong en profite ; la cuisine est bonne et le décor élégant.

Pizza Express (www.pizzaexpress.com). Cette chaîne de pizzerias connaît un franc succès depuis longtemps. L'enseigne s'appuie sur le renouvellement régulier de ses recettes et une excellente implantation géographique.

Pret à Manger (www.pret.com). Sandwicherie la plus populaire de Londres, elle a fondé sa réputation sur des sandwichs frais et goûteux. Elle sert également de délicieuses soupes fort consistantes.

Real Greek (www.therealgreek.com). L'endroit idéal pour partager entre amis quelques mezze ou souvlakis sublimement présentés.

Strada (www.strada.co.uk). Parmi les meilleures chaînes du genre, Strada sert des pizzas cuites au feu et de bonnes recettes de pâtes.

Tas (www.tasrestaurant.co.uk). Vous ne serez jamais déçu par ces restaurants turcs qui affichent un vaste choix de grillades, de ragoûts et de mezze.

Wagamama (www.wagamama.com). Ce temple de la nourriture asiatique se vide aussi rapidement qu'il se remplit : parfait lorsqu'on est pressé, un peu moins quand on s'attache à la qualité du service.

La sélection de Lonely Planet

Providores & Tapa Room (p. 123). Cuisine fusion de haut vol.

Wapping Food (p. 229). Un parfait cocktail à la mode East End : rencontre d'un décor industriel et de la grande cuisine.

franco manca (p. 283). Les meilleures pizzas de la ville, concoctées sur place mais dans un esprit très italien.

Gordon Ramsay (p. 197). Le restaurant du célèbre chef, avec trois étoiles au Michelin.

Gaucho Grill (p. 245). Fabuleux restaurant expert en bœuf argentin.

Les meilleures adresses par prix

£

Honest Burgers (p. 283)

E Pellici (p. 227)

Mangal Ocakbasi (p. 248)

Nevada Street Deli (p. 282)

Busaba Eathai (p. 114)

Taquería (p. 260)

££

Moro (p. 205)

Ottolenghi (p. 246)

Magdalen (p. 174)

Al Boccon di'Vino (p. 303)

Kazan (p. 197)

£££

Les Trois Garçons (p. 207)

Gordon Ramsay at Claridge's (p. 124)

Chez Bruce (p. 284)

Zuma (p. 196)

Le Boudin Blanc (p. 124)

Les meilleures adresses par catégories

Cuisine européenne

Whitechapel Gallery Dining Room (p. 225)

Vincent Rooms (p. 114)

Launceston Place (p. 196)

Andrew Edmunds (p. 118)

Wild Honey (p. 124)

Cuisine indienne

Tayyabs (p. 225)

Café Spice Namasté (p. 225)

Mooli's (p. 117)

Rasoi Vineet Bhatia (p. 197)

Cinnamon Club (p. 114)

Cuisine chinoise

Yauatcha (p. 117)

Bar Shu (p. 118)

Hunan (p. 198)

Baozi Inn (p. 121)

Pearl Liang (p. 263)

Cuisine végétarienne

Gate (p. 261)

Mildreds (p. 118)

Manna (p. 246)

Gallery Cafe (p. 228)

Diwana Bhel Poori House (p. 246)

Cuisine italienne

Bocca di Lupo (p. 118)

Fifteen (p. 208)

Locanda Locatelli (p. 123)

Polpetto (p. 119)

Cuisine britannique

St John (p. 205)

Penny Black (p. 197)

Laughing Gravy (p. 174)

Inn the Park (p. 117)

Pubs gastronomiques

Gun (p. 229)

Anchor & Hope (p. 174)

The Garrison Public House (p. 176)

Duke of Cambridge (p. 247)

Lots Road Pub & Dining Room (p. 304)

Avec vue

Skylon (p. 172)

Formans (p. 229)

Oxo Tower Restaurant & Brasserie (p. 174)

River Café (p. 262)

Min Jiang (p. 197)

Afternoon tea

Dean Street Townhouse (p. 117)

Orangery (p. 197)

Volupté (p. 161)

Bea's of Bloomsbury (p. 117)

Wolseley (p. 117)

Marchés alimentaires

Borough Market (p. 176)

Broadway Market (p. 232)

Portobello Road Market (p. 259)

Marylebone Farmers Market (p. 124)

Magasins gourmets

Jones Dairy (p. 232)

Fortnum & Mason (p. 132)

Algerian Coffee Stores (p. 134)

Vintage House (p. 134)

Restaurants de grands chefs

Viajante (p. 227)

Dinner by Heston Blumenthal (p. 196)

Nobu (p. 124)

HIX (p. 119)

Pub de West London

Où prendre un verre et faire la fête

S'il y a bien une chose que les Londoniens aiment faire, c'est boire. Des gravures de Hogarth au XVIIIe siècle (Gin Lane) à la décision de Boris Johnson d'interdire l'alcool dans les transports en commun en 2008, l'histoire de la capitale est indissociable du goût immodéré de ses habitants pour l'alcool et la fête.

L'ESSENTIEL

Horaires d'ouverture

Sauf indication contraire, tous les pubs et bars répertoriés dans ce guide ouvrent à 11h et ferment à 23h du lundi au samedi, à 22h30 le dimanche. Depuis le changement de législation en 2005, certains établissements ouvrent plus tard, quoi que la plupart d'entre eux ferment toujours à 2 ou 3h.

Les discothèques ouvrent généralement à 22h et ferment entre 4h et 7h du matin.

Coûts

Les tarifs en milieu de semaine sont raisonnables et quantité de soirées sont organisées pour les étudiants et les petits budgets. Si vous décidez d'aller danser un samedi soir, *la* soirée clubbing par excellence, attendez-vous à payer un minimum de 20 £.

Entrée et guest list

Il n'est pas toujours follement amusant de faire la queue à 23h ; présentez-vous en avance et/ou achetez votre sésame pour les soirées afin d'éviter de faire le pied de grue.

Certains établissements vous demanderont de vous inscrire sur une liste. N'hésitez pas à vous renseigner.

Code vestimentaire

L'atmosphère des clubs londoniens est généralement détendue. Les boîtes chics, dans les quartiers comme Kensington, ont des critères plus élevés (jeans et tennis à éviter) ; plus vous irez vers l'est, plus le code vestimentaire sera décontracté.

Demandez le programme

Consultez la liste des événements dans *Time Out* ou l'*Evening Standard* – le charme de la vie nocturne londonienne tient au fait qu'elle évolue sans cesse : soyez aux aguets !

Le pub

Le pub (*public house*) est au cœur de la vie sociale londonienne. Chaque Londonien ou presque a son pub favori, souvent celui du coin de la rue. Et chercher le sien constitue l'une des activités les plus distrayantes à Londres.

Bière à la pression

Les pubs du centre de Londres se remplissent dès 17h de flots de personnes sortant du travail en semaine, de fêtards invétérés le week-end. Dans les quartiers plus résidentiels de l'est, du sud, de l'ouest et du nord de la ville, les pubs se réveillent véritablement le week-end, les déjeuners prolongés se transformant en après-midi puis en soirée entre amis. Beaucoup d'établissements organisent également des quiz en semaine.

Il est possible de commander à peu près n'importe quoi dans un pub : bière, vin, alcools forts, cocktails et parfois boissons chaudes. Certains pubs, spécialisés dans le houblon, servent des bières fruitées et du cidre bio issus de leur microbrasserie ; d'autres (souvent les *gastropubs* présentant une bonne carte) s'orientent davantage vers le vin.

L'hiver, certains pubs proposent du vin chaud tandis que l'été, le *Pimms and lemonade* constitue le must absolu (feuilles de menthe fraîche, agrumes, fraises et concombre, selon la recette consacrée).

BIÈRE

La raison d'être du pub reste avant tout la bière, qu'il s'agisse de *lager*, d'ale ou de stout, au verre ou en bouteille. À la pression (en fût), la bière est servie en pinte (570 ml) ou en demi-pinte (285 ml), plus rarement en tiers de pinte pour une dégustation de véritable bière de tonneau.

Les pubs proposent généralement un choix varié de *lager* (ce que l'on désigne communément sous le terme de "bière", très gazeuse, à consommer fraîche ou glacée) ainsi qu'une sélection plus réduite

Ci-dessus : Toit-terrasse, Queen of Hoxton (p. 213)

Ci-contre : Loungelover (p. 212)

JAMES WINSPEAR/PHOTOLIBRARY©

Où prendre un verre par quartiers

de véritables bières de tonneau et de *bitter* (bière fortement parfumée, très peu gazeuse et consommée à température ambiante). À Londres, la Tennent's et la Carling tiennent le haut du pavé mais vous trouverez toutes sortes d'autres marques, de la Fosters à la San Miguel.

Parmi la multitude d'ales servies dans les pubs de Londres, la London Pride, la Courage Best, la Burton Ale, l'Adnam's, la Theakston (notamment l'Old Peculiar) et l'Old Speckled Hen comptent parmi les meilleures.

La stout, dont l'ambassadeur le plus connu est la Guinness irlandaise, est une bière noire qui doit son goût fortement torréfié au fait que le malt est grillé avant la fermentation.

Jadis considérée comme une boisson pour senior, la véritable bière de tonneau connaît un renouveau auprès des jeunes Londoniens, curieux de s'imprégner de la culture de brassage nationale. Le personnel des bars offrant un grand choix de *real ales* possède souvent une culture digne des meilleurs sommeliers, d'où l'intérêt de leur demander conseil.

Clubbing

Londres est incontestablement la capitale du clubbing. Vous savez certainement ce que vous recherchez – discothèques monstres comme la Fabric ou le Ministry of Sound, ou clubs moites et minuscules sur fond de musique mixée par les meilleurs DJ. Toutefois, n'hésitez pas à vous laisser tenter par la nouveauté : techno, rock, nu-rave, latino, ska, pop, country, electro minimale, danses *fifties* type Lindy hop, vous trouverez votre bonheur tous les soirs.

Les jeudis soir sont très appréciés pour éviter les foules de cols blancs qui se lâchent dès le vendredi soir ; le samedi est la soirée phare des clubbeurs avertis, mais le dimanche réserve aussi d'excellentes surprises un peu partout en ville.

Il y a des clubs dans toute la ville, même si les discothèques les plus branchées se trouvent dans l'est de Londres. En dépit de quelques bonnes adresses, King's Cross n'est hélas plus que l'ombre du quartier qu'il était jadis.

Bars

Dans l'interstice festif laissé par les pubs et les discothèques, les bars sont parvenus à se tailler une place de choix. Généralement ouverts plus tard que les pubs, fermant plus tôt que les discothèques, ils séduisent ceux qui rechignent à se coucher à 23h mais n'ont pas envie de pousser la porte d'un club. Ils comptent généralement un DJ (éventuellement, une petite piste de danse), font parfois payer une entrée après 23h et offrent un décor plus moderne que le pub et des boissons plus originales (plus chères néanmoins). Ils sont aussi de dimensions plus modestes que les discothèques classiques.

Les bars à cocktails de Londres sont la fine fleur des bars. Au menu, breuvages fabuleux souvent conçus par les serveurs eux-mêmes, et chorégraphies de comptoir à faire pâlir Tom Cruise.

New burlesque

Après des années passées dans l'ombre, la scène burlesque a littéralement explosé dans les années 2000, inondant Londres de cache-tétons, de hauts-de-forme et de lingerie fine. Logiquement, la scène dite alternative est devenue plus commerciale et les organisateurs de soirées, outre leur goût pour le déguisement et le divertissement, ont augmenté leurs tarifs pour décourager ceux qui se refusent de jouer le jeu. Soyez donc prêt à débourser 25 £ en moyenne pour participer à une soirée new burlesque en grande pompe.

Les soirées peuvent aller du concours burlesque masculin à la *tea party* servie par des demoiselles montées sur patins à roulette. Les événements et lieux incontournables :

Volupté (p. 161). L'endroit phare du new burlesque londonien, avec spectacles, fêtes et dîners, entre autres réjouissances.

Last Tuesday Society (www.thelasttuesdaysociety.org). Le lieu organise de fabuleux bals costumés pour de multiples occasions (Saint-Valentin, fête estivale, Halloween, etc.).

Lady Luck Night (www.ladyluckclub.co.uk) Le meilleur club dans son genre, rockabilly et jazz d'antan.

Si vous voulez apprendre (ou perfectionner) l'effeuillage, **Burlesque Baby** (www.burlesquebaby.com) donne des cours. L'académie organise aussi ses propres spectacles de burlesque, le **Va Va Voom Club**, dans divers lieux de la capitale.

TOURNÉE DES BARS

La plupart des Londoniens entament leur soirée dans un pub ou un bar, avant d'opter pour un bar de nuit ou une discothèque. Le *pub crawl*, ou tournée des bars, fait partie des incontournables, à raison d'un verre par établissement jusqu'à plus soif.

La sélection de Lonely Planet

Jerusalem Tavern (p. 210). Minuscule mais charmant, proposant des bières issues d'une brasserie du Norfolk.

Book Club (p. 211). Temple moderne érigé à la fête, avec programmation de tout premier ordre.

Draft House (p. 287). Fabuleuse taverne, aussi prisés des jeunes cadres que des familles.

Proud Camden (p. 249). Atmosphère fantastique, boissons à l'avenant, dans les anciennes étables de Camden.

Greenwich Union (p. 285). Le meilleur des microbrasseries locales.

Troubadour (p. 265). Bar à l'ambiance bohème, où vin et conversation coulent à flots.

Les meilleures adresses par catégories

Pubs

White Cross (p. 305)

Grapes (p. 231)

Ye White Hart (p. 305)

Edinboro Castle (p. 249)

Golden Heart (p. 214)

Windsor Castle (p. 264)

Bars à cocktails

Worship St Whistling Shop (p. 212)

Experimental Cocktail Club (p. 126)

Purl (p. 130)

Happiness Forgets (p. 212)

Academy (p. 126)

Discothèques

Fabric (p. 210)

Cargo (p. 212)

Passing Clouds (p. 251)

Kensington Roof Gardens (p. 264)

Plastic People (p. 213)

Bières blondes

Mason & Taylor (p. 212)

Old Brewery (p. 286)

Rake (p. 177)

Ye Olde Watling (p. 161)

Carpenter's Arms (p. 230)

White Horse (p. 305)

Bars

Bar 23 (p. 251)

Boogaloo (p. 250)

Queen of Hoxton (p. 213)

Barrio North (p. 251)

Green Room (p. 265)

Beer gardens

Garden Gate (p. 250)

Britannia (p. 231)

Spaniard's Inn (p. 250)

Grand Union (p. 263)

Avec vue

Vertigo 42 (p. 160)

Galvin at Windows (p. 198)

Ye White Hart (p. 305)

White Swan (p. 306)

Pubs en bord de fleuve

Dove (p. 263)

Waterway (p. 263)

Anchor Bankside (p. 177)

Cutty Sark Tavern (p. 286)

Trafalgar Tavern (p. 286)

Bars à vin

Gordon's Wine Bar (p. 129)

El Vino (p. 160)

Vinoteca (p. 211)

French House (p. 126)

Bars sportifs

Junction (p. 251)

Sports Cafe (p. 129)

Camino (p. 248)

Bar Kick (p. 212)

Pubs historiques

Ye Olde Cheshire Cheese (p. 160)

Prospect of Whitby (p. 231)

George Inn (p. 177)

Spaniard's Inn (p. 250)

London Apprentice (p. 306)

Prince Alfred (p. 265)

Londres gay et lesbien

Follement gay, la ville d'Oscar Wilde, de Quentin Crisp et d'Elton John propose un mix fantastique de soirées et d'adresses plus exubérantes les unes que les autres. Dans l'une des grandes capitales gay de la planète, égale de New York ou de San Francisco, la communauté gay et lesbienne de Londres a fait du divertissement un art de vivre.

Les droits des homosexuels

La lutte contre la discrimination est désormais inscrite dans la loi, et les unions civiles offrent aux couples homos les mêmes droits qu'aux hétéros. Ce qui ne veut pas dire que l'homophobie a disparu : hors de la "bulle" de Soho, les injures lancées face aux témoignages d'affection en public restent fréquentes.

Bars

Londres offre une grande diversité de bars gay : que vous ayez envie d'une pinte au calme dans un bar traditionnel accessoirement gay ou que vous rêviez de vous mettre en train avant d'aller danser, vous aurez l'embarras du choix.

Clubbing

En matière de sorties nocturnes, la scène gay londonienne est l'une des plus actives et des plus variées du monde, mais elle fonctionne plus par soirées que par adresses, ce qui signifie qu'un club peuplé de drag-queens un soir peut très bien être rempli d'hétéros le lendemain et de gothiques le surlendemain. Voici un échantillon des meilleures soirées :

Popcorn (Heaven, p. 128). Reine de la soirée divertissante à moindre coût, Popcorn fait dans le style Ibiza avec une excellente programmation musicale et des boissons aux tarifs rafraîchissants. Lundi.

Room Service (Diu, plan p. 422 ; www.diulondon.co ; 12-13 Greek St W1 ; ⊖Tottenham Court Rd). Sous la houlette de l'extravagante Jodie Harsh, Room Service accueille les foules avec des go-go dancers et des DJ de premier plan. Jeudi.

A:M (Fire, p. 288). Comme son nom l'indique, cette soirée est un *after*, se déroulant de 3h à 11h du matin le samedi. Un public purement hédoniste danse au son de certains des meilleurs DJ techno et électro de Londres.

G-A-Y (Heaven, p. 128). Qu'on le vénère ou qu'on l'abhorre, G-A-Y demeure l'un des piliers de la scène gay londonienne où, semble-t-il, le tout Soho se donne rendez-vous le samedi soir. Relocalisée au Heaven, la vénérable institution a retrouvé un second souffle.

Horsemeat (The Eagle, p. 127). L'une des meilleures soirées le dimanche, surtout la veille des jours fériés, où l'attente flirte avec les 60 minutes.

La scène lesbienne

La scène lesbienne londonienne est beaucoup plus discrète que la scène gay, mais on trouve d'excellents bars à Soho et beaucoup d'autres lieux un peu partout ailleurs. Certains quartiers, connus pour leurs communautés très actives, méritent le détour en eux-mêmes, en particulier Stoke Newington et Hackney, dans le nord-est de la capitale. Consultez le site www.gingerbeer.co.uk pour tout savoir sur les manifestations, soirées et bars du moment.

L'ESSENTIEL

Presse gratuite

Londres bénéficie d'une presse gay gratuite de qualité qui suit de près une scène culturelle en évolution permanente. On trouve ces journaux exhaustifs et actualisés dans tous les établissements gay.

- **Boyz** (www.boyz.co.uk)
- **QX** (www.qxmagazine.com)
- **Pink Paper** (www.pinkpaper.com)

Magazines

Disponibles chez la plupart des marchands de journaux de Soho.

- **Gay Times** (www.gaytimes.co.uk)
- **Diva** (www.divamag.co.uk)
- **Attitude** (www.atitude.co.uk)
- **AXM** (www.axm-mag.com)

Blogs et autres sources

- **Ginger Beer** (www.gingerbeer.co.uk)
- **Me Me Me** (www.me-me-me.tv)
- **Time Out** (www.timeout.com/london/gay)
- **Visit London** (www.visitlondon.com/people/gay)

SOS

- Signalez tout acte de nature homophobe à la **police** (☎999).
- **London Lesbian & Gay Switchboard** (☎0300 330 0630 ; www.llgs.org.uk) fournit conseils et soutien.

Les incontournables gay et lesbiens par catégories

Quartiers

- **Shoreditch** (p.201). Le quartier branché de Shoreditch abrite une scène gay plus alternative, qui se mêle le plus souvent à la clientèle hétéro du coin : on trouve ici soirées arty, excellentes boutiques et clubs à la pointe.
- **Soho** (p. 92). Le village gay traditionnel de Soho, autrefois incontournable, a quelque peu perdu de sa prééminence à la faveur de l'East End, plus animé.
- **Vauxhall** (p. 268). Jadis une morne jungle de béton, Vauxhall accueille aujourd'hui tous les musclés de Londres.

Événements

Lesbian & Gay Film Festival (www.bfi.org.uk/llgff). Festival du film très renommé (25 ans d'existence) et organisé par le British Film Institute, il propose toute une batterie de projections, premières, cérémonies et débats. Début avril.

Gay Pride (www.pridelondon.org). L'une des plus grandes parades gay de la planète, avec baffles hurlantes, orchestres, artistes et fêtes à travers la ville. Fin juin, début juillet.

Soho Pride (www.sohopride.net). Plus modeste, plus intime, moins revendicative et peut-être plus amusante que sa grande sœur. Août.

Bars

George & Dragon (p. 211)

Joiners Arms (p. 230)

Edge (p. 126)

Two Brewers (p. 287)

Village (p. 127)

Discothèques

AREA (p. 287)

RVT (p. 287)

Fire (p. 288)

Heaven (p. 128)

Le West End (p. 130)

Où sortir

La vie culturelle londonienne est la plus riche et la plus variée du monde anglophone. Plusieurs vies ne suffiraient pas à en faire le tour ! Tous les goûts et toutes les sensibilités y trouveront leur compte. Théâtre inventif, comédies musicales flamboyantes, spectacles comiques, danse, musique live : ça swingue à Londres !

L'ESSENTIEL

Billets

- Mieux vaut réserver ses places de spectacle longtemps à l'avance.
- On trouve parfois des billets à prix réduit dans certains théâtres, dont le National Theatre, le Barbican et le Southbank Centre.
- Des billets étudiants sont parfois mis en vente 1 heure avant le début des représentations.
- En semaine, les séances en journée sont beaucoup plus abordables que celles du soir dans des salles comme le Royal Opera House ; les places à visibilité réduite sont parfois très bon marché (à partir de 10 p).
- Lors des concerts, méfiez-vous des revendeurs devant les salles. Vérifiez que le billet soit bien valide avant d'acheter.
- De nombreuses salles de cinéma grand public et d'art et d'essai proposent des tarifs réduits le lundi, et pour la plupart des séances de l'après-midi en semaine.
- Le jour même, on peut acheter des billets réduits (jusqu'à 50%) pour des spectacles du West End au **tkts de Leicester Square** (plan p. 432 ; 10h-19h lun-sam, 12h-15h dim ; Leicester Sq).
- Si possible, achetez vos places directement auprès des salles. Néanmoins, les spectacles affichent vite complet et les agences ont parfois encore des billets à vendre lorsqu'il n'y en a plus sur place. Réservation par téléphone ou par Internet 24h/24 via **Ticketmaster** (0870 154 4040 ; www.ticketmaster.co.uk) et **Stargreen** (7734 8932 ; www.stargreen.com).

Magazines

- L'hebdomadaire **Time Out** (www.timeout.com/london) fournit une liste très complète des sorties culturelles.

Sites Internet

- **Taste Theatre** (www.tastetheatre.com). Recherche par genre ou par théâtre.
- **London Theatre** (www.londontheatre.co.uk). Un aperçu général du théâtre à Londres.
- **London Dance** (www.londondance.com). Programme des spectacles de danse.

Festival de musique à Hyde Park (p. 192)

Théâtre

Impossible de quitter Londres sans avoir assisté à une représentation. Le West End est le Broadway londonien : dans un périmètre délimité par Aldwych à l'est et Regent St à l'ouest, en passant par Shaftesbury Avenue, se trouve une pléthore de théâtres ! Le théâtre londonien est le plus ancien et le plus varié du monde. On peut assister à des représentations traditionnelles de classiques shakespeariens comme à des spectacles de l'avant-garde la plus pointue, sans parler des indémodables comédies musicales.

Le West End compte plus de 40 établissements. On y vend plus de billets que nulle part ailleurs au monde, souvent pour des spectacles qui sont à l'affiche depuis des années ! Mais c'est aussi l'arbre qui cache la forêt d'un théâtre qui respire dans toute la ville, des sanctuaires chics du genre aux petites salles expérimentales nichées au-dessus des pubs.

Forte de sa richesse multiculturelle, la ville est un haut lieu de créativité théâtrale, et même des stars hollywoodiennes délaissent le soleil californien pour un tour sur les planches londoniennes. Le fameux National Theatre propose créations modernes et grands classiques, souvent exploités par la suite dans d'autres théâtres du West End. Le Barbican accueille lui les troupes étrangères les mieux cotées. Mais la tradition n'est pas en reste, notamment

Ci-dessus : Le Shakespeare's Globe (p. 168)

Ci-contre : Le Royal Albert Hall (p. 192)

au Globe, qui mise sur l'authenticité shakespearienne.

En marge, des troupes d'art et d'essai (*fringe*) présentent des œuvres souvent conceptuelles aux spectateurs les plus aventureux. L'été, qu'il pleuve ou qu'il vente, des théâtres en plein air s'installent dans les parcs, en particulier à Regent's Park. Voir nos adresses p. 370.

Opéra

Les amateurs d'opéra sont servis à Londres. Le Royal Opera House de Covent Garden abrite l'une des plus grandes compagnies du monde, et le chef Edward Gardner fait des merveilles à la tête de l'English National Opera (London Coliseum). Mais il n'y a pas que les classiques qui sont à l'honneur : des œuvres modernes et innovantes traitent de nombreux sujets contemporains. L'été, des représentations en plein air ont lieu à Holland Park (p. 266). Les coûts de production étant élevés, les places sont chères !

Musique classique

Vaste choix pour les mélomanes : il y a à Londres quatre orchestres symphoniques de renommée mondiale, deux grandes compagnies d'opéra, et un grand nombre d'ensembles. Les salles sont magnifiques et les prix raisonnables. Entre valeurs sûres et œuvres contemporaines, les programmes irréprochables d'institutions comme le Southbank Centre, le Barbican et le Royal Albert Hall alimentent la réputation flatteuse du Londres classique. Le festival des Proms (p. 198) est le grand événement de la saison musicale.

Danse

Cinq grandes compagnies de danse sont installées à Londres, mais de nombreuses petites compagnies d'avant-garde sont également présentes. Le **Royal Ballet** (www.roh.org.uk), meilleure compagnie classique du pays, est hébergée au Royal Opera House, à Covent Garden. L'**English National Ballet** (www.ballet.org.uk) donne souvent des représentations au London Coliseum, notamment à Noël et en été. Sadler's Wells (p. 215) est une excellente adresse pour la danse expérimentale.

L'événement phare de la danse contemporaine à Londres est le **Dance Umbrella** (www.danceumbrella.co.uk). Pour tout renseignement concernant la danse dans la capitale, consultez le site de **London Dance** (www.londondance.com).

Rock, pop, jazz et blues

Forte de sa diversité musicale et de sa différence affichée, Londres creuse depuis longtemps son propre sillon. La ville occupe toujours le devant de la scène, grâce à des artistes soul comme Adele, Lily Allen, et la défunte Amy Winehouse, les folk-rockeurs de Mumford & Sons, Tinie Tempah, le rappeur du sud de Londres, ou, bien sûr, Coldplay. Tous les grands noms de la musique s'arrêtent à Londres : attention, les places s'arrachent en un clin d'œil ! Pour les amateurs de jazz ou de blues, la ville ne manque pas de clubs et de pubs qui proposent classiques et sons plus contemporains. La grand-messe jazz de l'année, le **London Jazz Festival** (www.londonjazzfestival.org.uk), a lieu en novembre. Des week-ends jazz sont également organisés l'été à Fulham Palace et Hampton Court Palace.

Pour plus de détails sur la scène musicale londonienne, voir p. 377.

Spectacles comiques

Les Londoniens font certes grise mine dans le métro, abattus par le crachin, les rigueurs de l'hiver ou la récession, mais ils n'en sont pas moins dotés d'un solide sens de l'humour. Malgré la crise (ou grâce à elle ?), on peut se rendre dans une bonne vingtaine de *comedy clubs* et d'innombrables autres établissements (dont des pubs) pour se réchauffer le cœur et rire à gorge déployée.

La plupart des spectacles comiques se font en vue du festival d'Édimbourg : d'avril à juillet, les nouvelles productions sont testées sur le public ; le mois d'août est le pire moment pour le Londonien plaisantin, car tout le monde est parti en Écosse pour le festival en question, tandis que l'hiver voit les comédiens reprendre les spectacles qui y ont bien marché. Pour découvrir les étoiles montantes, renseignez-vous sur les lauréats des prix du Festival d'Édimbourg.

Quelques-uns des meilleurs comédiens du monde viennent de Londres ou s'y sont fait un nom. Pour vous mettre en appétit, pensez donc à Peter Sellers, Rowan Atkinson (Mr. Bean), Dawn French, Jennifer Saunders (héroïne d'*Absolutely*

Fabulous), Eddie Izzard, Sacha Baron Cohen (alias Ali G, Borat ou Brüno)ou Russell Brand.

L'événement comique le plus important de Londres est le **Greenwich Comedy Festival** (www.greenwichcomedyfestival.co.uk). Aussi, Union Chapel (p. 254) fournit un magnifique écrin aux soirées mensuelles **Live at the Chapel** (www.liveatthechapel.co.uk), où l'on retrouve grands comédiens et des concerts.

Cinéma

Les Londoniens sont passionnés de cinéma, et on trouve des salles de toutes tailles et pour tous les goûts. Cela va de l'énorme BFI IMAX de Waterloo ou de l'écran géant de l'Empire Leicester Square aux ciné-clubs des pubs où les cinéphiles s'entassent pinte en main, en passant par de nombreux cinémas d'art et d'essai et indépendants. Pour l'ambiance, essayez le **Coronet** (p. 264) de Notting Hill Gate et son décor édouardien, où l'**Electric Cinema** tout proche (p. 264), le plus vieux du Royaume-Uni, sur Portobello Rd. Pour réviser vos classiques, rendez-vous au **BFI** (p. 179) de South Bank, ou profitez d'un festival international. Les salles indépendantes de Londres satisferont les goûts les plus éclectiques : vous vous y sentirez comme chez vous, installé bien confortablement à siroter un verre. Acteurs et réalisateurs viennent présenter leurs films et dialoguer avec le public dans le cadre de rétrospectives ou d'avant-premières. Des salles comme le **Prince Charles** (p. 131) proposent prix abordables, mini-festivals et comédies musicales cultes. Les avant-premières les plus prestigieuses ont souvent lieu à Leicester Square, où l'on trouve les places les plus chères de Londres. Parmi les festivals de cinéma en plein air de l'été, ne pas manquer **Summer Screen** à Somerset House (p. 110) ou **Movies on the Lawn** à Fulham Palace (p. 299). Pour plus de détails sur le cinéma londonien, voir p. 381.

Quartier par quartier

- **Le West End** (p. 78). L'épicentre de Londres pour le théâtre, la comédie musicale, l'opéra, la musique classique et les petites salles de concerts.
- **La City** (p. 139). Le Barbican Arts Centre et des concerts dans les églises.
- **South Bank** (p. 162). Grande concentration de théâtres : National Theatre, Royal Festival Hall, Shakespeare's Globe et Old Vic.
- **Kensington et Hyde Park** (p. 181). Royal Albert Hall et Royal Court Theatre.
- **Clerkenwell, Shoreditch et Spitalfields** (p. 201). Sadler's Wells, concerts dans les bars et spectacles comiques.
- **L'East End et les Docklands** (p. 217). Cabaret et théâtre.
- **Hampstead et North London** (p. 233). Rock indé, concerts en plein air, spectacles comiques, théâtre, jazz et opéra.
- **Notting Hill et West London** (p. 256). Excellents cinémas indépendants, concerts, opéra l'été.
- **Greenwich et South London** (p. 268). Concerts, danse, théâtre et cinéma.
- **Richmond, Kew et Hampton Court** (p. 291). Jazz, concerts en plein air et dans les pubs.

NEIL SETCHFIELD / LONELY PLANET IMAGES ©

Up the Creek comedy club (p. 289)

La sélection de Lonely Planet

12 Bar (p. 130)

Southbank Centre (p. 178)

Proud Camden (p. 232)

Royal Opera House (p. 130)

Barbican (p. 161)

Wilton's (p. 231)

Les meilleures adresses par catégories

Théâtre grand public

Shakespeare's Globe (p. 178)

National Theatre (p. 177)

Soho Theatre (p. 131)

Royal Court Theatre (p. 199)

Old Vic (p. 179)

Hampstead Theatre (p. 254)

Théâtre expérimental

Arcola Theatre (p. 254)

Bush Theatre (p. 266)

Battersea Arts Centre (p. 288)

Young Vic (p. 179)

Concerts classiques

Wigmore Hall (p. 131)

Royal Albert Hall (p. 198)

Royal Festival Hall (p. 178)

Cadogan Hall (p. 199)

Concerts dans des églises

St Martin-in-the-Fields (p. 109)

St John's, Smith Square (p. 101)

St James's Piccadilly (p. 104)

Cathédrale Saint-Paul (p. 147)

Abbaye de Westminster (p. 80)

Spectacles de danse

London Coliseum (p. 132)

Sadler's Wells (p. 215)

Laban (p. 288)

Royal Festival Hall (p. 178)

The Place (p. 131)

Concerts rock et pop

Barfly (p. 252)

O2 Shepherd's Bush Empire (p. 265)

O2 Academy Brixton (p. 289)

O2 (p. 289)

Royal Albert Hall (p. 198)

KOKO (p. 252)

Clubs de jazz

606 Club (p. 199)

Pizza Express Jazz Club (p. 131)

Vortex Jazz Club (p. 253)

Ronnie Scott's (p. 131)

Concerts dans des pubs

Boogaloo (p. 250)

Old Blue Last (p. 214)

Lock Tavern (p. 249)

Macbeth (p. 213)

Spectacles en plein air

Shakespeare's Globe (p. 168)

Kenwood House (p. 252)

Opera Holland Park (p. 266)

Théâtre en plein air de Regent's Park (p. 238)

Hyde Park (p. 192)

Fulham Palace (p. 299)

Spectacles comiques

Comedy Store (p. 130)

Up the Creek (p. 289)

Amused Moose Soho (p. 132)

Spectacles de rue

Covent Garden (p. 107)

Trafalgar Square (p. 96)

Salles de cinéma

Rio Cinema (p. 253)

BFI Southbank (p. 179)

Everyman Hampstead (p. 253)

Curzon Soho (p. 131)

Ritzy Picturehouse (p. 289)

Electric Cinema (p. 264)

Liberty (p. 134)

Shopping

Londres est un vaste terrain de jeu pour les accros du shopping : on peut aussi bien y faire des trouvailles dans les charity shops *que s'offrir le dernier* it bag. *Certains lieux sont devenus incontournables : Harrods, Hamleys, ou les marchés de Camden et Spitalfields. Les tentations sont nombreuses, et les occasions de sortir votre porte-monnaie ne manqueront pas !*

L'ESSENTIEL

Horaires d'ouverture

➡ En principe, les boutiques sont ouvertes du lundi au samedi, de 9h ou 10h à 18h ou 19h.

➡ La plupart des magasins du West End (Oxford St, Soho et Covent Garden), Chelsea, Knightsbridge, Kensington, Greenwich, Hampstead et Islington ouvrent le dimanche, en général de 12 à 18h ou parfois de 10 à 16h.

➡ Les magasins du West End restent ouverts en soirée (jusqu'à 21h) le jeudi ; ceux de Chelsea, Knightsbridge et Kensington le mercredi.

➡ Les jours de marché (par exemple le dimanche, pour le marché aux fleurs de Columbia Road), la plupart des magasins aux alentours restent ouverts.

Taxes et remboursements

Les voyageurs hors UE peuvent dans certains cas demander le remboursement des 20% de TVA acquittés sur leurs achats. Cela est possible uniquement pour les articles achetés dans des magasins arborant une pancarte "tax free" (ils sont nombreux sur Bond St). Pour plus de détails, voir p. 400.

Carnaby St, Soho

Marchés

Les célèbres marchés de Londres recèlent moult trésors : petits créateurs, bijoux uniques, photos encadrées, posters originaux, objets vintage hauts en couleur... Un véritable antidote aux grands magasins impersonnels.

Les plus courus sont ceux de Camden, Spitalfields et Portobello Road, où règne une activité frénétique le week-end. Même si la plupart sont en plein air (sauf Spitalfields, désormais couvert, et les Stables à Camden), ils restent ouverts par tous temps.

Créateurs

Les créateurs britanniques sont reconnus dans le monde de la mode. N'hésitez pas à faire un tour chez Stella McCartney, Matthew Williamson, Burberry ou Mulberry.

Mode vintage

La dictature de l'apparence et la fièvre du shopping s'étant définitivement emparées de Londres, la dernière tendance (qui semble destinée à durer) se résume donc à l'univers vintage. Les modèles de créateurs vintage, de Chanel à Dior, en passant par Miu Miu, Vivienne Westwood, et bien d'autres ainsi que les pièces rares des années 1920 aux années 1980 garnissent les rayons de ces boutiques, souvent aussi extravagantes que leur marchandise.

L'engouement pour les soirées burlesque et cabaret a fait grimper les prix des tenues et bijoux des années 1920 à 1950. Il n'est pas rare de devoir débourser 300 £ pour des pièces rares ou de créateur, mais on trouve aussi moins cher (entre 10 et 50 £) en fouinant.

Pour les petits budgets, les *charity shops* (type Emmaüs) sont de plus en plus prisées. Plus le quartier est riche, plus les pièces que l'on peut dénicher sont intéressantes.

Chaînes de magasins

Beaucoup regrettent la montée en puissance des chaînes, et les magasins indépendants ont du mal à joindre les deux bouts. Mais ces mastodontes du textile sont bon marché, à la mode, et toujours bien situés : les Londoniens comme les visiteurs ne peuvent guère y résister. En plus des habituels géants du vêtement, comme Gap, H&M, Zara ou Urban Outfitters, on trouve aussi quelques chaînes locales (pour une liste complète de leurs magasins, consultez les sites) :

Ci-dessus : Selfridges (p. 136)
Ci-contre : Tatty Devine (p. 215)

TRAVIS DREVER / LONELY PLANET IMAGES ©

Shopping par quartiers

French Connection UK (plan p. 428 ; www.frenchconnection.com ; 396 Oxford St W1 ; ⊖Bond St). Ses vêtements sont plus sages que ne le suggère son nom (FCUK) ou ses affiches de pub.

Jigsaw (plan p. 432 ; www.jigsaw-online.com ; 21 Long Acre WC2 ; ⊖Covent Garden). Ligne classique pour femme, avec spécialité de tweeds et mailles, quelques mousselines et paillettes.

Joseph (plan p. 440 ; 77 Fulham Rd SW3 ; ⊖South Kensington). Pantalons et tailleurs-pantalons raffinés, et une débauche d'autres articles.

Karen Millen (plan p. 432 ; www.karenmillen.com ; 32-33 James St WC2 ; ⊖Covent Garden). Des vêtements pour femmes élégantes – robes de soirée glamour et tailleurs-pantalons chics.

Marks & Spencer (plan p. 428 ; www.marksandspencer.co.uk ; 458 Oxford St W1 ; ⊖Bond St). De remarquables incursions dans la mode ont débarrassé la chaîne de son image de spécialiste des petites culottes.

Miss Selfridge (plan p. 422 ; www.selfridge.com ; 325 Oxford St W1 ; ⊖Oxford Circus ou Bond St). Mode fun jetable pour adolescentes.

Oasis (plan p. 432 ; www.oasis-stores.com ; 13 James St WC2 ; ⊖Covent Garden). Une mode inspirée directement des podiums.

Reiss (Plan p. 422 ; www.reiss.co.uk ; 14-17 Market Pl W1 ; ⊖Oxford Circus). Reiss est sorti de l'ombre un jour où la duchesse de Cambridge (Kate Middleton) fut photographiée portant un de ses modèles. La marque est devenue depuis un must simple et chic de la mode anglaise.

TopShop (p. 133). Une institution où les vêtements collent aux tendances du moment. Foules hystériques garanties lors du lancement de collections spéciales comme celle de Kate Moss.

Warehouse (plan p. 422 ; www.warehouse.co.uk ; Argyll St W1 ; ⊖Oxford Circus). À mi-chemin entre TopShop et Oasis.

La sélection de Lonely Planet

Silver Vaults (p. 161). La plus grande collection d'argent au monde, de la vaisselle aux bijoux.

Harrods (p. 199). Un grand magasin tape-à-l'œil et kitsch, mais au succès non démenti.

John Sandoe Books (p. 199). Une mine d'or littéraire, où le personnel est d'excellent conseil.

Sister Ray (p. 135). Remarquable disquaire indépendant, avec un vaste choix de vinyles et de CD.

Les meilleurs adresses par catégories

Boutiques mode et accessoires

Tatty Devine (p. 215)

Joy (p. 133)

The Sting (p. 136)

Laden Showroom (p. 216)

Start (p. 216)

Marchés

Spitalfields (p. 215)

Camden Market (p. 240)

Columbia Road (p. 232)

Portobello Road Market (p. 259)

Greenwich Market (p. 283)

Brixton Market (p. 290)

Magasins vintage

Beyond Retro (p. 232)

Absolute Vintage (p. 216)

Limelight Movie Art (p. 199)

Bang Bang Exchange (p. 133)

Beehive (p. 290)

Rellik (p. 266)

Librairies

Village Books (p. 290)

Books for Cooks (p. 266)

Daunt Books (p. 137). Guides, cartes et livres du monde entier.

Magma (p. 216)

Gosh! (p. 137)

Disquaires

Rough Trade East (p. 215)

Sister Ray (p. 135)

Ray's Jazz (p. 135)

Sounds of the Universe (p. 135)

Grands magasins

Harvey Nichols (p. 200)

Selfridges (p. 136)

Liberty (p. 134)

Fortnum & Mason (p. 123)

Rues commerçantes

Marylebone High St (p. 136)

Brick Lane (p. 214)

King's Road (p. 199)

Covent Garden (p. 107)

Knightsbridge (p. 199)

Cadeaux et souvenirs

Labour & Wait (p. 216)

Compendia (p. 290)

Penhaligon's (p. 132)

Greenwich Market (p. 283)

Roullier White (p. 290)

Shepherds (p. 133)

Objets anciens

Portobello Road Market (p. 259)

Camden Passage (p. 254)

Silver Vaults (p. 161)

Sports et activités

Londres est parsemé d'installations sportives dernier cri et le choix d'activités y est pléthorique. La fièvre olympique ayant fait son effet, des Londoniens se sont mis dans le bain. Certains s'adonnent au jogging, au cyclisme, d'autres ressortent les crampons ou investissent les salles de musculation.

Santé et fitness

Selon le temps, les joggeurs investissent les parcs de Londres ou les salles de fitness, qui sont elles très courues.

Fitness First (☎01202-845000 ; www.fitnessfirst.co.uk). Cette chaîne possède des salles dans toute la ville.

La Fitness (☎7366 8080 ; www.lafitness.co.uk). Plus de 20 salles dans Londres.

Virgin Active (☎0845 130 4747 ; www.virginactive.co.uk). La plus grande chaîne britannique. Plutôt chic.

Football

Voir des matchs dans les stades suivants (ou à défaut, simplement les visiter) :

Wembley Stadium (www.wembleystadium.com). Le grand stade qui accueille les matchs de l'équipe d'Angleterre et la finale de la FA Cup (Coupe d'Angleterre). C'est ici qu'aura lieu la finale de la Ligue des Champions 2013.

Arsenal Emirates Stadium (www.arsenal.com ; Holloway, Islington ; ⊖Arsenal)

Chelsea (www.chelseafc.com ; Stamford Bridge Stadium, Fulham Rd SW6 ; ⊖Fulham Broadway)

Piscines

On trouve de très beaux "lidos" (piscines en plein air) de style Art déco des années 1930, ainsi que d'autres piscines et bains publics un peu partout (voir p. 322).

Cricket

L'**English Cricket Board** (☎0870 533 8833 ; www.ecb.co.uk) dispose d'informations complètes sur les horaires et les tickets des matchs. Des tests-matchs ont régulièrement lieu sur les terrains Lord's (p. 255) et Oval (p. 281).

Patinage

Queens Ice & Bowl (☎7229 0172 ; www.queensiceandbowl.co.uk ; 17 Queensway W2 ; ⊖Queensway) combine un bowling et une patinoire ouverte toute l'année. L'hiver, des patinoires sont installées près des lieux suivants : Somerset House (p. 110), Natural History Museum (p. 187), Kew Gardens (p. 296), Hampton Court Palace (p. 293) et la tour de Londres (p. 141).

Rugby à XV

En février et mars, l'Angleterre se bat contre l'Écosse, le pays de Galles, l'Irlande, la France et l'Italie dans le fameux Tournoi des Six Nations ; trois de ces rencontres se déroulent au stade de Twickenham. Plus de détails sur www.rfu.com.

Tennis

Qui dit tennis dit forcément Wimbledon (p. 302). Pendant deux semaines en juin-juillet, tous les regards convergent vers ce haut lieu du tennis mondial situé dans le sud-est de Londres, lors du célèbre tournoi du même nom. De nombreux parcs londoniens disposent de courts (souvent gratuits).

La sélection de Lonely Planet

Barclays Cycle Hire (p. 391). Vélos en libre service, pratiques pour découvrir la ville, surtout sur de courts trajets.

Wembley Stadium (p. 72). Faites la visite de ce gigantesque stade.

Hampstead Heath Ponds (p. 255). Ces étangs sont ouverts à la baignade toute l'année. La qualité de l'eau est surveillée quotidiennement et les nageurs affluent en toute saison.

Porchester Spa (p. 267). Réchauffez-vous dans le sauna finlandais et les bains turcs, et profitez d'un massage régénérant.

Les grands événements sportifs

Jeux olympiques 2012 (p. 222)

Marathon de Londres (p. 27)

Tournoi de tennis de Wimbledon (p. 27)

Finale de la FA Cup (p. 27)

The Boat Race entre Oxford et Cambridge (p. 27)

Les meilleures adresses par categories

Piscines

Parliament Hill Lido (p. 255)

London Fields Lido (p. 220)

Brockwell Park Lido (p. 290)

Shoreditch Rooms (p. 332)

Haymarket (p. 324)

Parcs où pratiquer des activités sportives

Regent's Park (p. 238)

Battersea Park (p. 279)

Hampstead Heath (p. 241)

Dulwich Park (p. 281)

Promenades pédestres

Le West End (p. 115)

South Bank (p. 175)

De Putney à Barnes (p. 292)

La City (p. 158)

L'ESSENTIEL

Horaires d'ouverture

La plupart des salles de fitness ouvrent très tôt, souvent à 6h30, et restent ouvertes jusqu'à au moins 21h. Appelez pour vérifier. Les parcs sont généralement accessibles du lever au coucher du soleil.

Billets

Il est difficile d'obtenir des billets pour les matchs de la Premier League de football (d'août à mi-mai) à Londres, car les abonnés raflent les places très rapidement. On peut cependant visiter les stades. Réserver les billets pour les autres manifestations sportives bien à l'avance. L'hebdomadaire **Time Out** (www.timeout.com) fournit tous les renseignements utiles.

Explorer Londres

Le West End 78
Les incontournables 80
À voir 101
Où se restaurer. 114
Où prendre un verre et faire la fête 125
Où sortir 130
Shopping 132

La City 139
Les incontournables 141
À voir 150
Où se restaurer. 159
Où prendre un verre et faire la fête 160
Où sortir 161
Shopping 161

South Bank 162
Les incontournables 164
À voir 169
Où se restaurer. 173
Où prendre un verre et faire la fête 177
Où sortir 178
Shopping 180

Kensington et Hyde Park 181
Les incontournables 183
À voir 190
Où se restaurer. 196
Où prendre un verre et faire la fête 198
Où sortir 198
Shopping 199

Clerkenwell, Shoreditch et Spitalfields 201
À voir 203
Où se restaurer. 205
Où prendre un verre et faire la fête 210
Où sortir 215
Shopping 215

L'East End et les Docklands 217
À voir 219
Où se restaurer. 225
Où prendre un verre et faire la fête 229
Où sortir 231
Shopping 232

Hampstead et North London 233
Les incontournables 235
À voir 238
Où se restaurer. 243
Où prendre un verre et faire la fête 248
Où sortir 252
Shopping 255
Sports et activités 255

Notting Hill et West London 256
À voir 258
Où se restaurer. 260
Où prendre un verre et faire la fête 263
Où sortir 265
Shopping 266
Sports et activités 267

Greenwich et South London. . . .268
Les incontournables 270
À voir 273
Où se restaurer. 282
Où prendre un verre et faire la fête 285
Où sortir 288
Shopping 289
Sports et activités 290

Richmond, Kew et Hampton Court . . 291
Les incontournables 293
À voir 298
Où se restaurer. 303
Où prendre un verre et faire la fête 305
shopping 306
Sports et activités 306

Excursions 307
Oxford 308
Brighton 312
Windsor et Eton 315
Bath 317

Où se loger 321

LES INCONTOURNABLES

Abbaye de Westminster .. 80
British Museum 83
Buckingham Palace 88
Houses of Parliament 90
Soho 92
National Gallery 93
Trafalgar Square 96
National Portrait Gallery .. 97
Tate Britain 98
Churchill War Rooms 99
Sir John Soane's Museum 100
Tour de Londres 141
Cathédrale Saint-Paul 147
Tate Modern 164
Shakespeare's Globe 168
Victoria & Albert Museum 183
National History Museum 187
British Library 235
Zoo de Londres 237
Royal Observatory et Greenwich Park 270
Old Royal Naval College . 272
Hampton Court Palace . 293
Kew Gardens 296

London Eye (p. 169), conçu par David Marks et Julia Barfield

Les quartiers en un clin d'œil

1 Le West End (p. 78)

Une visite du West End s'impose : c'est ici que se trouvent nombre des plus célèbres sites de la ville, et restaurants, hôtels et magasins y sont extraordinaires. Tout le monde y trouvera son compte, entre places mythiques (Trafalgar Square, Piccadilly Circus), grands bâtiments et musées (Buckingham Palace, abbaye de Westminster, British Museum), vie nocturne (Soho), shopping, parcs (St James's Park) et théâtres.

2 La City (p. 139)

La City a deux visages : dynamique et bondée la semaine, elle se transforme en désert le week-end. Elle jouit d'un patrimoine historique et architectural exceptionnel. La cathédrale Saint-Paul et la tour de Londres en sont les deux plus célèbres exemples.

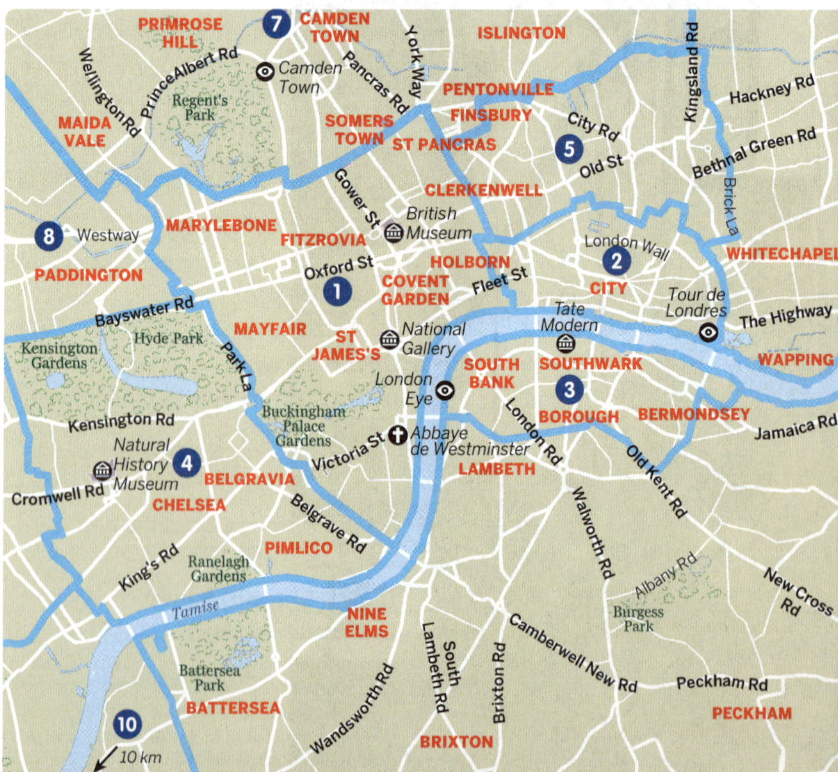

3 South Bank (p. 162)

L'effet Tate Modern a redynamisé South Bank, incontournable pour les amateurs d'art, de théâtre et de culture en général. Histoire et architecture moderne cohabitent. Outre une magnifique vue sur la Tamise, le quartier brille aussi par ses marchés, ses pubs et quelques excellents *gastropubs* et restaurants.

4 Kensington et Hyde Park (p. 181)

Kensington est l'un des quartiers les plus distingués et agréables de Londres. Restaurants et magasins prestigieux, impeccables parcs. Trois musées valent le détour : le V&A Museum, le Natural History Museum et le Science Museum.

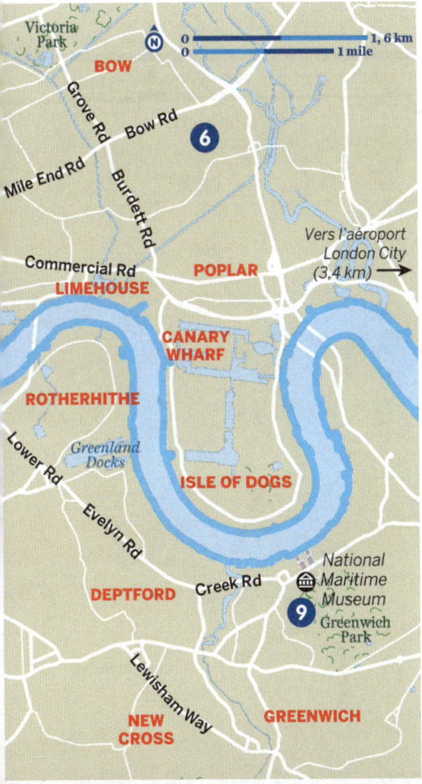

5 Clerkenwell, Shoreditch et Spitalfields (p. 201)

Ces quartiers réhabilités offrent des curiosités à ne pas manquer (Geffrye Museum, Georgian Spitalfields, White Cube Gallery) et d'excellents marchés (Exmouth, Spitalfields, Brick Lane).

6 L'East End et les Docklands (p. 217)

Immanquable pour découvrir le Londres multiculturel : fabuleux restaurants asiatiques, musées, pubs, marchés, et désormais un stade olympique !

7 Hampstead et North London (p. 233)

Hampstead, Primrose Hill, Islington et Highgate sont huppés et verdoyants. Immenses parcs, gastropubs et marchés de belle facture, cimetières victoriens champêtres, et un superbe zoo. Et la vie nocturne n'y est pas en reste !

8 Notting Hill et West London (p. 256)

Portobello Market, de fabuleux cinémas, les promenades en bord de canal, d'excellents pubs et des clubs, de jolis parcs et demeures, gastronomie du monde : autant de raisons de s'y rendre.

9 Greenwich et South London (p. 268)

Sur les bords de la Tamise, Greenwich offre une ambiance de village et des parcs splendides. Allez à Clapham pour les restaurants, à Brixton pour les clubs, et à Dulwich Village pour la nature.

10 Richmond, Kew et Hampton Court (p. 291)

Ici, on peut explorer des palais Tudor hantés (Hampton Court), se perdre dans les beaux Kew Gardens ou aller voir les cerfs de Richmond Park. Et terminer en beauté devant le coucher de soleil au bord de la Tamise, pinte en main.

Le West End

WESTMINSTER | BLOOMSBURY | FITZROVIA |ST JAMES'S | SOHO | CHINATOWN | COVENT GARDEN | LEICESTER SQUARE | WHITEHALL | HOLBORN | THE STRAND | MARYLEBONE | MAYFAIR

Notre sélection

❶ **Houses of Parliament** (p. 90). L'Angleterre est l'un des rares pays à permettre d'accéder librement à son Parlement : pouvoir observer ses membres débattre des dernières lois est une expérience unique. Le bâtiment en soi est étonnant.

❷ La cuisine chinoise de **Soho et Chinatown** (p. 117).

❸ **St James's Park** (p. 104), où louer une chaise longue et admirer les sites royaux de Londres.

❹ La découverte des civilisations anciennes au remarquable **British Museum** (p. 83), gratuit.

❺ Les boutiques et l'ambiance de **Covent Garden** (p. 134).

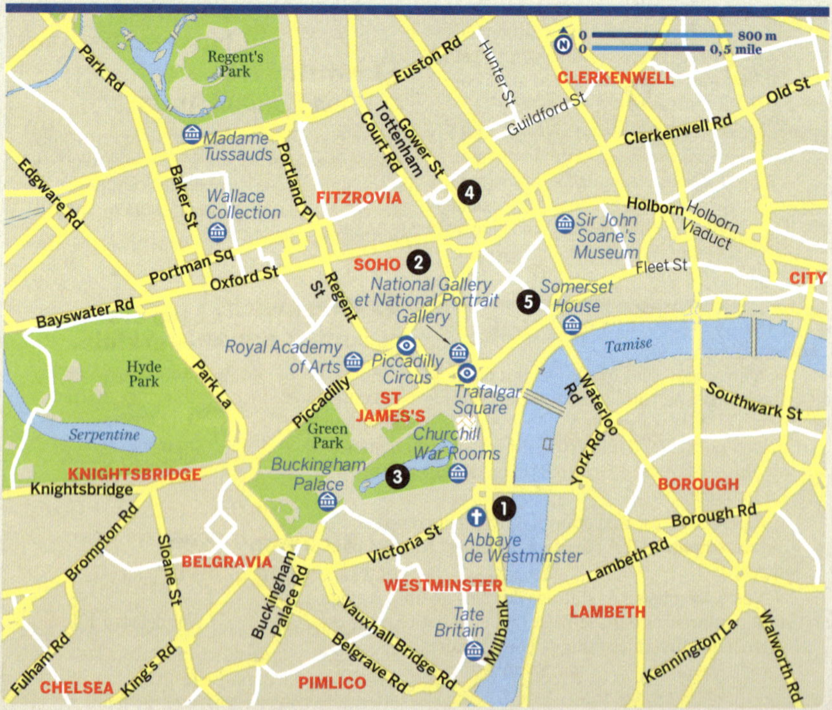

Pour un plan plus détaillé, reportez-vous p. 422, p. 432, p. 428, p. 430 et p. 426

Découvrir le West End

Compact, le West End est très riche en sites. Accordez une demi-journée aux grands musées (comme le British Museum ou la National Gallery) et au moins quelques heures à l'abbaye Westminster ou Buckingham Palace. Après avoir beaucoup piétiné, détendez-vous dans un pub ou dans un bon restaurant.

Le charme du West End et l'énergie qui s'en dégage se découvrent en flânant. Covent Garden, Trafalgar Square et St James's Park offrent des pauses pittoresques.

Westminster, Whitehall et St James's, peu fournis en établissements, sont déserts le soir. Rejoignez plutôt Soho aux excellents bars et restaurants, ou les rues environnant Covent Garden.

Vivre comme un Londonien

- **Où se restaurer** Aucun quartier ne peut rivaliser avec Soho. Andrew Edmunds (p. 118) et Mildreds (p. 118) semblent indémodables, tandis que des endroits récents et branchés tels Spice Market (p. 120) et Spuntino (p. 118) sont toujours ouverts.
- **Nocturnes des musées** Pour apprécier sans la foule du week-end la dernière expo, ou simplement les collections permanentes, de nombreux Londoniens profitent des nocturnes de la National Gallery (p. 93), de la National Portrait Gallery (p. 97) et du British Museum (p. 83). Ces lieux sont aussi courus pour un premier rendez-vous !
- **Achats** On aime ou on déteste, mais la plupart des Londoniens convergent à un moment ou un autre vers Oxford Street pour leur shopping. En plein cœur de la ville, cette rue aligne tous les magasins franchisés imaginables, ainsi que des grands magasins de qualité tels Selfridges (p. 136) et John Lewis (p. 138).

Depuis/vers le West End

- **Métro** Toutes les lignes passent par le West End. Quelle que soit votre adresse dans Londres, il sera donc facile de vous y rendre. Le métro est aussi un bon moyen pour aller d'une extrémité à l'autre du quartier (de Russell Square à Green Park, ou de Baker St à Embankment).
- **À pied** Le West End étant relativement compact, autant marcher. C'est plus économique et souvent plus agréable.
- **Vélos Barclays** Les stations de vélos en libre service sont nombreuses dans le West End et la petite reine est votre meilleure alliée pour de courts trajets.

Bons plans Lonely Planet

Londres, et notamment le West End, peut s'avérer cher, mais il y a plusieurs façons d'optimiser son budget. Donnez la priorité aux nombreux grands musées gratuits plutôt qu'à des curiosités plus commerciales. Découvrez ce quartier compact à pied, sinon préférez le bus au métro (plus cher).

Le top des restaurants

- Providores & Tapa Room (p. 123)
- Yauatcha (p. 117)
- Le Boudin Blanc (p. 124)
- Mooli's (p. 117)
- Vincent Rooms (p. 114)

Voir détails p. 114

Le top des bars et cafés

- Experimental Cocktail Club (p. 126)
- Purl (p. 130)
- Gordon's Wine Bar (p. 129)
- Newman Arms (p. 125)
- Queen's Larder (p. 125)

Voir détails p. 125

Le top des sites gratuits

- British Museum (p. 83)
- Houses of Parliament (p. 90)
- National Gallery (p. 93)
- National Portrait Gallery (p. 97)
- Photographers' Gallery (p. 106)
- Wallace Collection (p. 113)

Voir détails p. 101

FEARGUS COONEY / LONELY PLANET IMAGES ©

LES INCONTOURNABLES
ABBAYE DE WESTMINSTER

L'abbaye de Westminster est l'un des sites les plus symboliques pour la royauté anglaise. C'est également entre les murs de ce lieu grandiose que la nation rend hommage à ses grandes personnalités du monde politique et artistique. À l'exception d'Édouard V et d'Édouard VIII, tous les souverains britanniques y ont été couronnés depuis Guillaume le Conquérant en 1066. En outre, la plupart des monarques, d'Henri III (mort en 1272) à Georges II (mort en 1760) y ont été enterrés.

Il y a une foule de choses à voir dans l'abbaye. L'intérieur est rempli de petites chapelles, de tombes royales élaborées et de monuments dédiés à différents grands noms de l'Histoire. Étant l'une des églises les plus visitées au monde, Westminster est parfois désagréablement bondée.

Histoire royale

L'abbaye est un lieu de culte majestueux. Bien qu'elle mêle plusieurs styles architecturaux, elle est considérée comme le plus bel exemple de style gothique anglais primitif (1180-1280) encore intact. L'église d'origine fut érigée au XIe siècle par le roi Édouard le Confesseur (futur saint Édouard), lequel est enterré dans la chapelle située derrière le maître-autel. Henri III (règne 1216-1272) entama la construction d'un nouveau bâtiment mais n'en vit pas son achèvement : la nef gothique, de style français, fut terminée en 1388. L'immense et somptueuse chapelle d'Henri VII fut ajoutée en 1519.

L'abbaye est à l'origine un monastère bénédictin. Le style de nombre de ses bâtiments, dont la salle capitulaire octogonale, le chœur et les cloîtres, atteste de son passé collégial. En 1540, Henri VIII rompt avec le pape et

À NE PAS MANQUER

- Le fauteuil du couronnement
- La chapelle d'Henri VII
- La salle du coffre
- Le College Garden
- La salle capitulaire
- Le coin des poètes

INFOS PRATIQUES

- plan p. 430
- www.westminsterabbey.org
- Dean's Yard SW1
- adulte/enfant 16/6 £
- 9h30-16h30 lun-ven, jusqu'à 18h mer, jusqu'à 14h30 sam, dernière entrée 1 heure avant la fermeture
- Westminster ou St James's Park

établit l'Église d'Angleterre, dont il sera le primat. Le monastère est dissout et l'abbaye acquiert son "statut royal" (hors de la juridiction ecclésiastique, elle est gérée directement par la Couronne).

Transept nord, sanctuaire et chœur

Les visiteurs entrent dans l'abbaye par la porte nord. Le transept nord, souvent appelé la Statesmen's Aisle (nef des Hommes d'État), abrite d'imposantes statues et plaques en marbre qui célèbrent des hommes politiques et d'éminentes personnalités de la vie publique. Gladstone (qui est enterré ici) et Disraeli, Premiers ministres Whig (libéral) et Tory (conservateur) qui dominèrent la vie politique à la fin de l'ère victorienne, sont placés côte à côte. Non loin, se dresse le monument consacré au ministre de l'Intérieur Robert Peel, qui créa en 1829 la force de police métropolitaine dont les agents furent bientôt surnommés les "bobbies".

Au cœur de l'abbaye se trouve le **sanctuaire**, où se déroulent les couronnements, les mariages et les enterrements royaux. George Gilbert Scott a érigé en 897 le **maître-autel**, superbement orné. Devant l'autel, un **pavement en marbre**, très rare, date de 1268. Le marbre ordinaire de la dalle est incrusté de petites pièces remarquables composant des motifs.

Le chœur est une prodigieuse structure bleue, rouge et or de style gothique victorien, conçu par Edward Blore au milieu du XIXe siècle. S'il occupe la place d'origine où les moines se recueillaient, son style en est très éloigné. Aujourd'hui, il reçoit le Westminster Choir (22 garçons et 12 vicaires laïcs) qui chantent les offices quotidiens.

Chapelles

Le sanctuaire est entouré de plusieurs chapelles. La **chapelle d'Henri VII** (anciennement chapelle de la Vierge) à l'extrême est de l'abbaye, est la plus spectaculaire, comportant des voûtes circulaires, des bannières colorées et de somptueuses stalles en chêne. Derrière l'autel, on peut apercevoir l'opulent sarcophage d'Henri VII et de sa femme, Élisabeth d'York.

Au-delà de l'autel est aménagée la chapelle de la Royal Air Force (RAF), avec en arrière-plan le vitrail commémorant son heure de gloire, la fameuse bataille d'Angleterre. À proximité, une plaque signale l'endroit où reposait le corps d'Oliver Cromwell avant la Restauration ; il fut alors exhumé, pendu et décapité. Les corps des deux petits princes assassinés (dit-on) dans la tour de Londres en 1483 sont enterrés ici.

POUR UNE PAUSE

Dans le cloître, vous trouverez au Coffee Club des boissons et des en-cas, que vous êtes autorisé à consommer dans le paisible College Garden mais non à l'intérieur des bâtiments.

Le 29 avril 2011, le prince William a épousé Catherine Middleton à l'abbaye. Le couple l'avait choisie pour le cadre relativement intime de son sanctuaire – le chœur en effet empêchait les trois-quarts des quelque 1 900 invités de voir quoi que ce soit ! Si le choix du couple de décorer l'abbaye avec des arbres créa l'étonnement, la décision de la mariée de porter une robe de la styliste britannique Sarah Burton (de chez Alexander McQueen) fit l'unanimité.

RESTAURANTS

Vous trouverez deux très bons restaurants à 10 minutes à pied de l'église. Le Cinnamon Club (p. 114) sert une fabuleuse (et onéreuse) cuisine indienne aux accents européens et le Vincent Rooms (p. 114) une excellente cuisine européenne moderne à un prix imbattable.

De chaque côté de la Lady Chapel une petite chapelle contient les tombes de monarques célèbres : à gauche, celle d'Élisabeth Ire et de sa demi-sœur "Bloody Mary" (Marie la Sanglante). La nef sud de la chapelle contient le **tombeau de Marie Stuart** (Mary Queen of Scots), décapitée sur l'ordre de sa cousine Élisabeth et avec l'approbation de son fils, le futur Jacques Ier.

À l'extrémité est du sanctuaire, face à l'entrée de la chapelle d'Henri VII, se trouve le **fauteuil du couronnement**, plutôt ordinaire, sur lequel auraient été couronnés tous les monarques depuis le XIIIe siècle.

Chapelle de Saint-Édouard-le-Confesseur

Le lieu le plus sacré de l'abbaye se trouve à l'est du sanctuaire, derrière le maître-autel. L'accès en est généralement restreint afin de protéger son sol datant du XIIIe siècle. Saint Édouard fut le fondateur de l'abbaye, consacrée quelques semaines avant sa mort. Son tombeau fut légèrement modifié après la destruction de l'original pendant la Réforme.

Bâtiments extérieurs et jardins

L'entrée du cloître date du XIIIe siècle, le reste de l'édifice étant du XIVe siècle. À l'est, au bout d'un corridor partant du cloître, se tiennent trois musées gérés par l'English Heritage. La **salle capitulaire** octogonale possède l'un des carrelages médiévaux les mieux préservés d'Europe ainsi que des traces de fresques religieuses. Elle servait de salle de réunion pour la Chambre des communes pendant la seconde moitié du XIVe siècle. À droite de l'entrée se trouve la plus vieille porte du Royaume-Uni, qui daterait d'il y a 950 ans.

La **salle du coffre** adjacente, l'un des rares vestiges de l'abbaye d'origine, renferme les trésors de l'abbaye et des objets liturgiques. Remarquez les énormes coffres qui furent fabriqués dans la salle pour recevoir les trésors de l'Échiquier.

À côté, le **musée de l'Abbaye** expose les masques mortuaires de plusieurs générations de membres de la famille royale, des effigies en cire représentant Charles II et Guillaume III (juché sur un tabouret pour être aussi grand que sa femme Marie) ainsi que des armoiries et des vitraux.

Pour accéder au **College Garden** (⌚10h-18h mar-jeu avr-sept, 10h-16h mar-jeu oct-mars), jardin vieux de 900 ans, passez par Dean's Yard et par le petit cloître près de Great College St.

Nef et transept sud

Le transept sud abrite le **coin des Poètes** (Poets' Corner), où se trouvent les tombes de nombreux grands écrivains anglais ou des monuments à leur mémoire (un mémorial à cet endroit étant le plus grand honneur que la reine puisse accorder).

Du côté ouest du cloître, se trouve le **coin des Scientifiques** (Scientists' Corner), où est inhumé **sir Isaac Newton** ; non loin, une section de l'aile nord de la nef porte le nom de **nef des Musiciens** (Musicians' Aisle) car y reposent les compositeurs baroques Henry Purcell et John Blow. George Frederic Haendel est également enterré dans l'abbaye, dans le transept sud.

La sortie s'effectue par la porte ouest, dominée par deux tours créées par Nicholas Hawksmoor et achevées en 1745. Juste au-dessus de cette porte, des niches du XVe siècle abritent les pièces les plus récentes ajoutées à l'abbaye : 10 statues de martyrs du XXe siècle. Dévoilées en 1998, elles comptent notamment celles de Martin Luther King et de saint Maximilien Kolbe, prêtre polonais assassiné par les nazis à Auschwitz.

À droite en sortant, un monument dédié à toutes les victimes de l'oppression, de la violence et de la guerre dans le monde vous adresse cette bouleversante supplique : "Vous tous qui passez ici, n'est-ce donc rien pour vous ?" ("*All you who pass by, is it nothing to you?*").

ROCCO FASANO / LONELY PLANET IMAGES ©

LES INCONTOURNABLES
BRITISH MUSEUM

C'est l'un des sites les plus visités de Londres : en moyenne cinq millions de visiteurs s'y pressent tous les ans. Le musée a été fondé en 1753 à partir du cabinet de curiosités légué par le médecin royal Hans Sloane. Ouvert au public en 1759, il a enrichi son fonds au fil des années par de judicieuses acquisitions ou par le "pillage" très controversé des ouvrages d'art de l'Empire britannique. C'est un voyage complet et passionnant parmi des vestiges du patrimoine culturel mondial, avec des galeries dédiées à l'Égypte, à l'Asie occidentale, à la Grèce, à l'Orient, à l'Afrique, à l'Italie, aux Étrusques, aux Romains, à l'Angleterre préhistorique et romaine et aux antiquités médiévales.

Le musée est imposant. Si vous avez du temps, prévoyez plutôt plusieurs visites ciblées. Le musée organise tout au long de la journée quinze **visites guidées eyeOpener** gratuites de 30 à 40 minutes ciblant des salles particulières. Sont également proposés d'excellents **audioguides** (adulte/enfant 5/3,50 £), avec six thèmes de visite (30 à 90 min), ainsi que des parcours destinés aux enfants. Sur le site Internet, vous pouvez aussi télécharger des parcours (1 ou 3 heures) de découverte des principales œuvres.

Great Court

Coiffée d'un impressionnant toit de verre et d'acier conçu par Norman Foster en 2000, la Grande Cour est la plus grande place couverte d'Europe. En son centre se trouve la célèbre **salle de lecture**, l'ancienne British Library, fréquentée par tous les grands lettrés de l'Histoire, de Mahatma Gandhi à Karl Marx.

À NE PAS MANQUER

- La Pierre de Rosette
- La momie de Katebet
- Les marbres du Parthénon
- Le trésor de l'Oxus
- Le masque en mosaïque de Tezcatlipoca
- L'homme de Lindow
- La collection du bateau-tombe de Sutton Hoo

INFOS PRATIQUES

- plan p. 426
- www.britishmuseum.org
- Great Russell St WC1
- entrée libre ; don de 3 £ suggéré
- ⌚10h-17h30 sam-jeu, jusqu'à 20h30 ven
- ⊖Tottenham Court Rd ou Russell St

UNE HISTOIRE DU MONDE EN 100 OBJETS

En 2010, le British Museum a inauguré une remarquable série d'émissions sur la BBC Radio 4, intitulé *A History of the World in 100 Objects (Une histoire du monde en 100 objets)*. Le directeur du musée, Neil MacGregor, présente cette série qui retrace deux millions d'années d'histoire à travers 100 objets choisis dans les collections. Durant les 15 minutes que dure l'émission, il décrit un objet et analyse sa pertinence historique. Si vous disposez d'un lecteur MP3, ne manquez pas de télécharger ce programme sur www.bbc.co.uk/ahistoryoftheworld/programme. Neil MacGregor a également écrit un livre éponyme, en anglais, publié par Allen Lane (2010).

Le British Museum va s'agrandir par l'ajout dans l'angle nord-ouest d'une nouvelle aile, le World Conservation and Exhibitions Centre. Ce grand bâtiment, prévu pour fin 2013, abritera un nouvel espace d'exposition et des installations de pointe destinées à la préservation des collections et à la recherche.

Égypte ancienne

Joyau du British Museum, cette collection comprend des sculptures, des bijoux, des papyrus, des cercueils et des momies, dont la belle et mystérieuse **momie de Katebet** (salle 63). La pièce la plus inestimable de cette collection est sans doute la **Pierre de Rosette** (salle 4), qui a permis de déchiffrer les hiéroglyphes.

Grèce antique

Autre pièce maîtresse : les **marbres du Parthénon** (ou marbres d'Elgin ; salle 18). La frise représente la grande procession des Panathénées, fêtes qui célébraient le jour de la naissance d'Athénée, événement majeur du monde grec.

Époques romaine et médiévale en Angleterre

Parmi les chefs-d'œuvre de l'Égypte, de la Grèce et de la Rome antiques, on trouve aussi des trésors provenant de Grande-Bretagne et d'Europe (salles 40 à 51). Beaucoup remontent à l'époque romaine, lorsque l'Empire s'étendait sur presque tout le continent.

L'**homme de Lindow** (salle 50), datant du Ier siècle, fut découvert dans une tourbière près de Manchester, en 1984. Bien conservés dans la tourbe, ses restes (organes internes, peau et cheveux) ont permis aux scientifiques du British Museum de déterminer qu'il avait connu une mort violente : frappé à la tête avec une hache, puis garroté.

Tout aussi fascinants sont les objets du **bateau-tombe de Sutton Hoo** (salle 41), dans le Suffolk (est de l'Angleterre). Ce site funéraire anglo-saxon très élaboré, datant du VIIe siècle, a révélé des pièces de monnaie et un casque d'un seul tenant comportant un étonnant masque facial.

Autres œuvres remarquables

Les enfants adoreront la galerie de l'Amérique du Nord (salle 26), ainsi que celle du Mexique (salle 27) où est exposé le **masque en mosaïque de Tezcatlipoca**, une mosaïque de turquoises constituée à partir d'un crâne humain.

Les collections sur les anciennes civilisations du Moyen-Orient sont également admirables, tels les objets rares retrouvés dans les **tombes royales d'Ur** (actuel Irak ; salle 56), et les délicates figurines en or du **trésor de l'Oxus** (salle 52), datant de 400 av. J.-C. et originaires de Persépolis.

La **King's Library**, de 1820, est un espace néoclassique époustouflant qui retrace l'émergence durant la période des Lumières, au XVIIIe siècle, de disciplines telles la biologie, l'archéologie, la linguistique et la géographie.

BRITISH MUSEUM

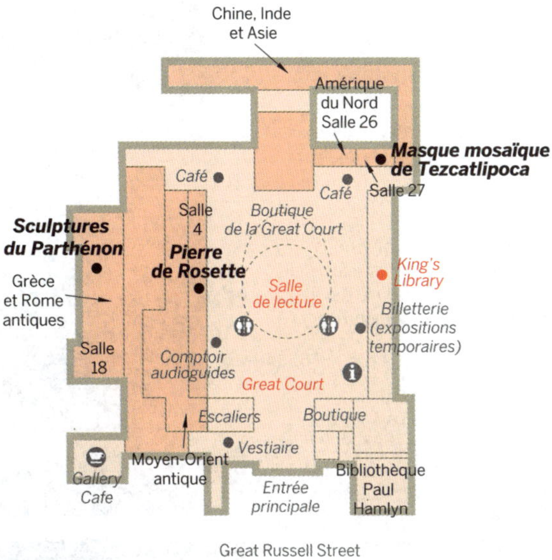

Rez-de-chaussée

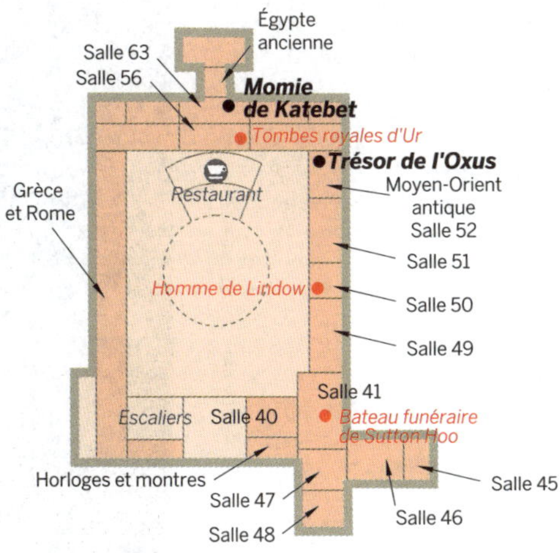

1er étage

Trésors du British Museum

Le British Museum possède des œuvres éclairant chaque grande civilisation : des pharaons aux dynasties chinoises, de la Grèce antique aux Aztèques, et de l'île de Pâques au Groenland.

Momies égyptiennes

1 La collection égyptienne comprend la momie de Katebet, une prêtresse âgée au service d'Amon. Tout ce qui entoure Katebet est singulier, de son sarcophage élaboré à la façon dont elle fut momifiée.

Marbres du Parthénon

2 Le Parthénon, temple de marbre blanc, dédié à Athéna, faisait partie d'un ensemble grandiose sur l'Acropole à Athènes. Les lieux sont recréés à l'aide de sculptures, de frises et d'installations interactives.

Masque en mosaïque de Tezcatlipoca

3 Représentant le dieu Tezcatlipoca, l'un des quatre grands créateurs du panthéon mexicain, ce masque (un crâne humain incrusté d'une mosaïque de turquoises, avec une mâchoire articulée) aurait été porté par les prêtres durant les rituels.

Pierre de Rosette

4 Écrite en hiéroglyphes, en démotique (égyptien courant en caractères simplifiés) et en grec, la Pierre de Rosette est un décret qui affirmait le culte royal qui devait être rendu au jeune Ptolémée V.

Trésor de l'Oxus

5 Cette collection comprend quelque 170 objets en or et en argent provenant de la Perse des IVe et Ve siècles av. J.-C. Des vases, un délicat char miniature, des figurines, des bracelets, des bagues, de la monnaie et différents objets personnels.

De gauche à droite à partir du haut
1. Momies égyptiennes 2. Sculptures du Parthénon 3. Masque en mosaïque de Tezcatlipoca 4. Pierre de Rosette

2

MARTIN BEDDALL / ALAMY©

JAPAN TRAVEL BUREAU/PHOTOLIBRARY©

3

WERNER FORMAN/CORBIS©

RICHARD I'ANSON / LONELY PLANET IMAGES ©

LES INCONTOURNABLES
BUCKINGHAM PALACE

Construit en 1705 pour le duc de Buckingham, ce palais sert de résidence à la famille royale depuis 1837, date à laquelle la reine Victoria emménagea. St James's Palace étant jugé suranné et manquant d'éclat, on apporta des modifications à Buckingham jusqu'à ce qu'il fût digne de recevoir ses hôtes royaux.

La première résidente est commémorée en grande pompe devant le palais par le **Queen Victoria Memorial**, haut de 25 m. La cour, les portes et les grilles furent ajoutées lors de la construction du mémorial, inauguré en 1911 par Georges V, petit-fils de la reine Victoria. Dans les années 1990, après une période tumultueuse ayant dégradé l'image de la monarchie, on décida d'ouvrir le palais au public afin de le reconquérir. Les roturiers peuvent aujourd'hui apercevoir les pièces d'apparat (State Rooms), 19 salles sur 775, mais uniquement en août et septembre lorsque la reine part en villégiature en Écosse. La Queen's Gallery est ouverte toute l'année et les écuries royales (Royal Mews) d'avril à décembre.

À NE PAS MANQUER

- La Picture Gallery
- Les écuries royales
- Les jardins
- La relève de la garde
- La salle du trône

INFOS PRATIQUES

- plan p. 430
- www.royalcollection.org.uk
- Buckingham Palace Rd SW1
- adulte/enfant 18/10 £
- 9h30-18h30 fin juil-fin sept, entrée toutes les 15 min
- St James's Park, Victoria ou Green Park

State Rooms

La visite commence par la salle des Gardes, bien trop petite pour abriter la garde royale (Ceremonial Guard), cantonnée dans les pièces voisines. Vous apercevrez ensuite la salle à manger d'apparat (toute de damas rouge et de meubles Régence) ; le salon bleu, au plafond orné de délicates moulures signées John Nash ; le salon blanc, où sont reçus les ambassadeurs étrangers.

La salle de bal, où ont lieu les banquets officiels, fut commandée par la reine Victoria qui trouvait que Buckingham manquait d'un espace de réception digne de ce nom. Construite entre 1853 et 1855, elle fut inaugurée en 1856 par un bal célébrant la fin de la guerre de Crimée. Le clou du circuit est la **salle du trône**, avec ses deux fauteuils royaux frappés des monogrammes “ER” et “P” sous un dais évoquant irrésistiblement un décor d’opérette.

Picture Gallery et jardins

La partie la plus intéressante de la visite demeure la galerie de portraits, longue de 76,5 m, qui rassemble des chefs-d’œuvre d’artistes tels Van Dyck, Rembrandt, Canaletto, Poussin, Canova et Vermeer.

Se promener dans les jardins du palais est très agréable. Vous pourrez y admirer quelque 350 espèces de fleurs et de plantes et écouter le chant de nombreux oiseaux. Outre une belle vue sur le palais, on aperçoit le lac.

Queen’s Gallery

Pendant plus de cinq siècles, la famille royale a collectionné peintures, sculptures, céramiques et bijoux, exposés tour à tour dans la splendide **Queen’s Gallery** (www.royalcollection.org.uk ; aile sud, Buckingham Palace, Buckingham Palace Rd SW1 ; adulte/enfant 9/4,50 £ ; ⏲10h-17h30).

Conçue à l’origine par John Nash pour servir de serre, elle fut convertie en chapelle pour la reine Victoria en 1843, puis détruite par un bombardement en 1940. Elle renaquit sous sa forme actuelle en 1962. Des travaux de rénovation d’une valeur de 20 millions de livres ont eu lieu en 2002 pour le jubilé d’or de la reine Élisabeth II. Ceux-ci ont permis d’agrandir le hall d’entrée ainsi que l’espace dévolu aux expositions (trois fois plus grand), et d’ajouter un portique grec dorique et un centre multimédia. L’entrée se fait par Buckingham Gate. Le billet combiné avec les écuries royales coûte 16/9 £ par adulte/enfant.

Écuries royales

Au sud du palais, les **Royal Mews** (www.royalcollection.org.uk ; Buckingham Palace Rd SW1 ; adulte/enfant 8/5 £ ; ⏲10h-17h avr-oct, jusqu’à 16h lun-sam nov-déc), ancienne fauconnerie, abritent aujourd’hui les écuries – où logent les superbes chevaux royaux – ainsi que les opulents véhicules des monarques. La reine est connue pour sa passion des chevaux et choisit elle-même le nom de chacun des pensionnaires des écuries.

Ne manquez pas l’énorme carrosse en or de 1762, qui a servi pour tous les couronnements depuis Georges III, le carrosse en verre de 1910, réservé aux mariages royaux (le prince William et Catherine Middleton ont préféré le landau d’apparat de 1902 pour profiter du beau temps) et une Rolls-Royce Phantom IV.

RELÈVE DE LA GARDE

À 11h30, chaque jour de mai à juillet, et tous les deux jours, si le temps le permet, d’août à mars, la garde en poste est relevée par la nouvelle garde dans la cour du palais de Buckingham. Chorégraphie parfaite accompagnée de vociférations, cette marche des gardes dans leurs rutilants uniformes rouges et bonnets à poils d’ours attire les foules. Elle dure une demi-heure, mais mieux vaut arriver tôt pour être aux premiers rangs.

Une des fonctions principales de la salle du trône est de servir de cadre à la photographie officielle d’un mariage royal, tel récemment celui du duc et de la duchesse de Cambridge (le prince William et Catherine Middleton).

BAPTÊMES ROYAUX

La salle de musique est une autre pièce essentielle dans la vie de la famille royale. Quatre enfants royaux y furent baptisés : le prince de Galles (le prince Charles), la princesse royale (la princesse Anne), le duc d’York (le prince Andrew) et le duc de Cambridge (le prince William).

BARBARA VAN ZANTEN / LONELY PLANET IMAGES ©

LES INCONTOURNABLES
HOUSES OF PARLIAMENT

C'est dans le somptueux palais de Westminster que loge le Parlement : la House of Commons (Chambre des communes) et la House of Lords (Chambre des Lords). La première est l'endroit où siègent les députés (Members of Parliament, ou MP) qui proposent et discutent des nouvelles lois et questionnent le Premier ministre ainsi que les membres du gouvernement.

Lorsque le Parlement tient session, les visiteurs peuvent assister aux débats des deux Chambres, via la **St Stephen's Entrance**. Il n'est pas rare d'attendre au moins une heure ou deux pour entrer. Le mercredi, qui correspond à la séance des questions au Premier ministre, est le jour le plus intéressant pour assister au débat, mais aussi le plus couru.

Les tours

L'élément extérieur le plus caractéristique du Parlement est la tour de l'horloge, la célèbre **Big Ben**. En fait, Ben est le nom du carillon suspendu à l'intérieur. Ce surnom lui vient de Benjamin Hall, commissaire des travaux lors de l'achèvement de la tour en 1858. Pesant 13 tonnes, Big Ben sonne le Nouvel An chaque année depuis 1924. À l'autre extrémité du palais se dresse la **Victoria Tower**, achevée en 1860.

À NE PAS MANQUER

- Westminster Hall
- Chambre des Communes
- Chambre des Lords
- Big Ben

INFOS PRATIQUES

- plan p. 430
- www.parliament.uk
- St Stephen's Entrance, St Margaret St SW1
- entrée libre
- pendant la session parlementaire 14h30-22h30 lun et mar, 11h30-19h mer, 11h30-18h30 jeu, 9h30-15h ven
- Westminster

Westminster Hall

Dans le palais de Westminster, siège de la monarchie anglaise du XIe siècle au début du XVIe, l'un des édifices les plus étonnants est le Westminster Hall. Érigé en 1099, il est la partie la plus ancienne qui demeure. L'étonnante charpente, ajoutée entre 1394 et 1401, est le plus vieil exemple connu de charpente à blochets ; elle a été qualifiée de "plus belle structure encore existante de menuiserie médiévale anglaise".

Salle de banquet pour les fêtes du couronnement au Moyen Âge, le Hall servit aussi de tribunal jusqu'au XIXe siècle. C'est ici que furent jugés William Wallace (1305), Thomas More (1535), Guy Fawkes (1606) et Charles Ier (1649). Au XXe siècle, on y exposa la dépouille mortelle de plusieurs monarques et celle de Winston Churchill.

Chambre des communes

La disposition de la **House of Commons** se fonde sur celle de la St Stephen's Chapel du palais de Westminster d'origine. La Chambre actuelle, conçue par Giles Gilbert Scott, a remplacé celle qui fut détruite par une bombe en 1941. Bien que les députés soient au nombre de 646, la Chambre ne contient que 437 sièges. Les membres du gouvernement s'assoient à droite du Speaker (le président) et les membres de l'opposition à gauche. Durant les débats, les membres du Parlement qui désirent prendre la parole se lèvent pour accrocher le regard du Speaker.

Chambre des Lords

La **House of Lords** (14h30-22h lun et mar, 15h-22h mer, 11h-19h30 jeu, 10h jusqu'à la fin de la session ven) est aussi ouverte au public, qui accède par la Galerie des visiteurs (Visitor's Gallery). Le bel intérieur gothique dont la conception précipita la mort d'Augustus Pugin (1812-1852) pour cause de surmenage.

La House of Lords est composée essentiellement de pairs nommés à vie par le monarque, d'un petit nombre de pairs héréditaires, et de membres indépendants qui occupent le *cross-bench*, banc réservé aux non affiliés des grands partis.

Visites guidées

Le samedi et pendant les vacances parlementaires (juillet à septembre, Noël, Pâques et quelques semaines en février et juin), des **visites guidées** (www.parliament.uk ; réservations 0844 847 1672 ; adulte/enfant 15/6 £) de 1 heure 15 permettent de découvrir les deux Chambres, Westminster Hall, et d'autres bâtiments historiques. Les vacances du Parlement étant variables, renseignez-vous auparavant, et réservez.

DÉBATS

Pour connaître l'ordre du jour, consultez le panneau à côté de l'entrée, ou le site www.parliament.uk. Les débats à la Chambre des communes sont plus connus pour leur virulence que pour le panache de la joute oratoire. Beaucoup se révèlent même ennuyeux et interminables, tout en restant un gage essentiel de la démocratie britannique.

Après le jet d'un préservatif rempli de poudre violette sur Tony Blair en mai 2004 par l'association de défense des pères Fathers 4 Justice et l'irruption de militants pro-chasse dans la Chambre des communes en septembre de la même année, les mesures de sécurité ont été renforcées. Un écran pare-balles a notamment été installé entre le public et les parlementaires.

LES INCONTOURNABLES
SOHO

Soho jouit d'une réputation légendaire, et méritée, d'épicentre de la vie nocturne et de la scène gay de Londres (voir l'encadré p. 119). Si le quartier ne révèle sa véritable personnalité que le soir, pendant la journée, son côté bohème et son énergie ne manqueront pas de vous charmer.

À NE PAS MANQUER

- Chinatown
- Soho Square
- Old Compton Street
- Dean Street

INFOS PRATIQUES

- plan p. 422
- ⊖Oxford Circus, Tottenham Court Rd, Leicester Sq, Piccadilly Circus

Chinatown

Juste au nord de Leicester Sq, l'ambiance change du tout au tout. Lisle St et Gerrard St sont en effet le point de convergence de la communauté chinoise de Londres. Quoique moins étendu que les quartiers chinois de nombreuses grandes villes (il se limite aux deux rues citées plus haut), c'est un lieu animé avec des portiques orientaux factices, des panneaux de signalisation en chinois, des lanternes rouges, énormément de restaurants et d'incroyables supermarchés asiatiques. À l'origine, le Chinatown londonien se trouvait plus à l'est, près de Limehouse, mais il a été déplacé après les bombardements de la Seconde Guerre mondiale. Pour le voir en pleine effervescence, visitez-le lors du Nouvel An chinois, fin janvier/début février (p 26). Attention : ici, la qualité de la cuisine varie fortement – beaucoup d'établissements sont de médiocres pièges à touristes. Pour les meilleures adresses, voir nos recommandations p. 117.

Soho Square

À l'extrémité nord de Soho, vous débouchez sur Soho Sq, bien arboré. Au printemps et en été, on vient y lézarder au soleil, déjeuner entre collègues ou pique-niquer. Créée en 1681, la place s'appelait à l'origine King's Sq, la statue de Charles II trône dans la partie nord. Au centre, une petite maison de style pseudo-Tudor, la cabane du jardinier, possède un ascenseur qui menait aux abris souterrains durant la Seconde Guerre mondiale.

Dean Street

Au sud de Soho Sq, sur **Dean Street**, Karl Marx et sa famille ont vécu au n°28 de 1851 à 1856. Marx, sa femme Jenny et leurs quatre enfants vivaient dans une pauvreté extrême, sans toilettes ni eau courante. Dans cet appartement, trois de leurs enfants moururent de pneumonie. Alors que le père du communisme passait ses journées au British Museum à faire des recherches pour *Le Capital*, il vivait principalement d'articles qu'il rédigeait pour des journaux, ainsi que de l'aide financière de son collègue et ami Friedrich Engels. La famille Marx ne dut son salut qu'à un important héritage de la famille de Mme Marx qui leur permit de déménager vers le quartier plus salubre de Primrose Hill. C'est aujourd'hui une rue animée, bordée de boutiques, de bars et autres lieux de consommation.

Autres rues

Old Compton Street, au cœur du village gay, est le lieu incontournable de la communauté homosexuelle. Cela dit, la rue est appréciée de tous pour ses bars de qualité, ses boutiques osées et son atmosphère agréable.

Casanova, le séducteur, et Thomas de Quincey, l'écrivain opiomane, vécurent dans **Greek St**, tandis que Mozart résida pendant un an, de 1764 à 1765, dans **Frith St** (au n°20), une rue parallèle.

LES INCONTOURNABLES
NATIONAL GALLERY

Avec plus de 2 000 tableaux d'Europe occidentale, la National Gallery figure parmi les plus vastes musées du monde. Des œuvres-phares éclairent chaque grande époque de l'histoire de l'art.

L'aile Sainsbury, côté ouest, abrite des peintures datant de 1260 à 1510. Dans ces 16 salles, les sujets religieux sont à l'honneur, avec de très belles peintures destinées à la dévotion privée. Vous admirerez aussi des chefs-d'œuvre tels *Vénus et Mars* de Boticelli.

L'aile ouest est dédiée à la Renaissance tardive (1510-1600) représentée par Michel-Ange, Titien, le Corrège, le Greco et Bronzino. Rubens, Rembrandt et Caravage, quant à eux, ont élu domicile dans l'aile nord (1600-1700). On remarque en particulier deux autoportraits de Rembrandt et la magnifique *Toilette de Vénus* de Velázquez.

L'aile est (1700-1900) est la plus fréquentée du musée, qui héberge une extraordinaire collection de paysagistes anglais du XVIIIe siècle tels Gainsborough, Constable et Turner, et des œuvres impressionnistes et postimpressionnistes tout aussi remarquables. Le visiteur reconnaîtra *Les Tournesols* de Van Gogh et *Les Danseuses* de Degas.

Nous vous recommandons l'**audioguide** (3,50 £) couvrant toute la galerie, ainsi que la visite d'introduction gratuite de 1 heure qui part chaque jour de l'accueil dans l'aile Sainsbury, à 11h30 et 14h30. Le musée propose également des fiches d'activités et des parcours destinés aux enfants.

Pour vous restaurer, vous trouverez sur place les **National Dining Rooms** (p. 121) où le chef irlandais Oliver Peyton propose une cuisine britannique de qualité et de bonnes pâtisseries.

À NE PAS MANQUER

- *Les Tournesols* – Van Gogh
- *Vénus et Mars* – Botticelli
- *Les Époux Arnolfini* – Van Eyck
- *Vénus à son miroir* – Velázquez
- *Pluie, Vapeur et Vitesse* – Turner

INFOS PRATIQUES

- plan p. 432
- www.nationalgallery.org.uk
- Trafalgar Sq WC2
- entrée libre ; tarifs variables pour les expositions temporaires
- 10h-18h sam-jeu, 10h-21h ven
- Charing Cross ou Leicester Sq

Chefs-d'œuvre de la National Gallery

La National Gallery, qui couvre sept siècles de peinture européenne, est un tourbillon de chefs-d'œuvre au fil de salles spacieuses et somptueuses.

Vénus et Mars de Botticelli

1 Vénus, déesse de l'Amour, observe Mars, le dieu de la Guerre, endormi et désarmé. Le message du tableau est que l'amour est toujours vainqueur.

Les Tournesols de Van Gogh

2 Inutile de décrire ce chef-d' œuvre. Il fait partie d'une série de quatre tableaux peints par Van Gogh pour décorer une pièce dans la maison qu'il partageait avec son compagnon impressionniste, Gauguin, à Arles.

Vénus à son miroir de Velázquez

3 Ce tableau qui montre Vénus et son fils Cupidon, revêt une importance particulière. Ce serait le seul nu, sujet réprouvé par l'Église catholique espagnole, peint par le grand maître.

Les Époux Arnolfini de Van Eyck

4 On pense souvent que ce tableau représente un serment de mariage, alors que ce n'est que le portrait d'un riche marchand, Giovanni di Nicolao Arnolfini, et de son épouse. Sa lourde robe, alors à la mode, fait penser qu'elle est enceinte.

Pluie, vapeur et vitesse de Turner

5 La locomotive qui file sur le pont enjambant la Tamise, à Maidenhaid, est l'une des plus belles peintures de Turner. Le flou dans les coups de pinceau et l'emploi des couleurs pastel révèlent son style typique.

De gauche à droite à partir du haut

1. *Vénus et Mars*, Botticelli 2. *Les Tournesols*, Van Gogh 3. *Vénus à son miroir*, Velázquez 4. *Les Époux Arnolfini*, Van Eyck

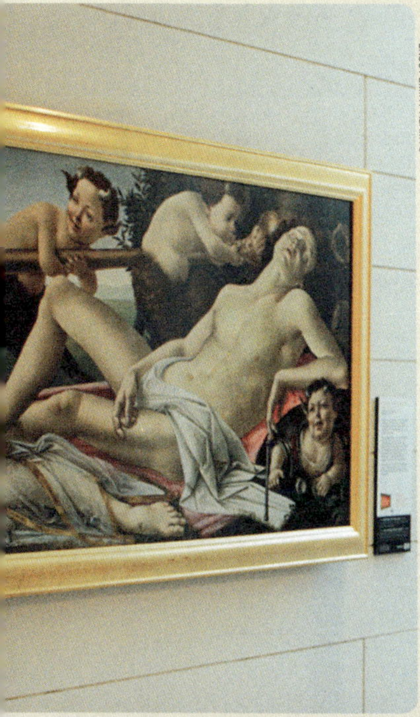

ERSOY EMIN / ALAMY©

2

JULIO ETCHART / ALAMY©

3

WORLD HISTORY ARCHIVE / ALAMY©

LES INCONTOURNABLES
TRAFALGAR SQUARE

Trafalgar Square est le lieu de rendez-vous des Londoniens. Passage de la nouvelle année, projection en plein air ou manifestation politique, c'est ici que tout se passe.

Cette vaste place avait été négligée au fil des années, encerclée par une circulation intense et abandonnée aux innombrables pigeons prêts à fondre sur les passants pour leur dérober la moindre miette de nourriture. Mais les choses changèrent en 2000 lorsque Ken Livingstone, le maire de Londres, s'engagea dans un projet audacieux et imaginatif visant à en faire l'espace imaginé par John Nash au début du XIXe siècle. Au nord, devant la National Gallery, les véhicules ont cédé la place à une zone piétonne.

À NE PAS MANQUER

- La colonne Nelson
- Les lions en bronze
- La Fourth Plinth
- L'Arche de l'amirauté

INFOS PRATIQUES

- plan p. 432
- ⊖Charing Cross ou Leicester Sq

La place

Cette place commémore la victoire en 1805, durant les guerres napoléoniennes, de la marine britannique lors de la bataille de Trafalgar contre les flottes française et espagnole. La place principale comporte deux belles fontaines, joliment illuminées la nuit. À chaque angle, s'élève une petite colonne. Trois sont couronnées d'une statue représentant un grand militaire, tandis qu'une installation artistique, la **Fourth Plinth** (voir p. 107), surmonte la quatrième à l'angle nord-est. La place au nord, devant la National Gallery, est le lieu favori des artistes de rues.

Colonne Nelson

Haute de 52 m, la Colonne Nelson (du haut de laquelle l'amiral surveille sa flotte au sud-ouest) occupe le centre de la place depuis 1843 et commémore la victoire de l'amiral face à Napoléon devant le cap de Trafalgar, en Espagne, en 1805. La colonne est flanquée de quatre énormes lions en bronze, sculptés par sir Edwin Landseer à partir des canons fondus des vaincus.

Édifices autour de Trafalgar Square

Maintenant que l'on y circule à pied, il est plus aisé d'apprécier la place et les splendides bâtiments qui la bordent : la National Gallery, la National Portrait Gallery et la remarquable église St Martin-in-the-Fields, récemment rénovée.

La cérémonielle Pall Mall descend vers l'ouest depuis le haut de la place. À l'ouest se situe la Canada House (1827), conçue par Robert Smirke. Si vous regardez vers le sud-ouest en direction de Whitehall, vous apercevrez aussi Big Ben dominant le Parlement (p. 90).

Manifestations

D'innombrables manifestations se tiennent ici, qui reflètent le multiculturalisme de la ville : Noël, Nouvel An chinois, concerts de musique africaine, projections de films, etc. Ces dernières années, Trafalgar Sq est également devenu le lieu de toutes les protestations, où se rassemblent les manifestants dénonçant le conflit israélo-palestinien, la guerre en Irak, ou s'emparant d'autres sujets sensibles de l'actualité internationale.

Admiralty Arch

Au sud-ouest de Trafalgar Square se dresse l' arche de l'Amirauté, d'où part le Mall, l'avenue conduisant à Buckingham Palace. Depuis Trafalgar Sq, le Mall passe sous les trois arches de cet imposant monument édouardien en pierre conçu par Aston Webb en 1910 en l'honneur de la reine Victoria. La grande arche centrale est réservée aux défilés royaux et aux visites d'État.

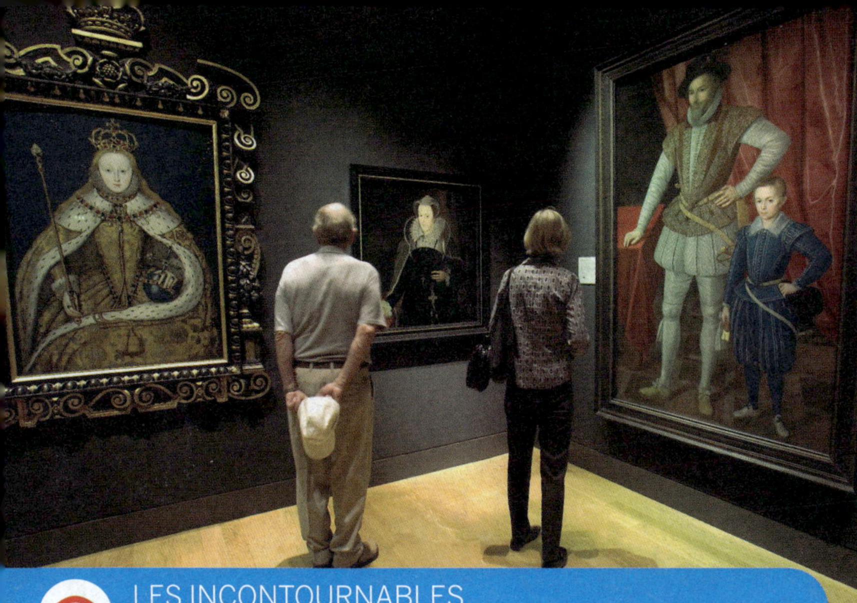

LES INCONTOURNABLES
NATIONAL PORTRAIT GALLERY

La National Portrait Gallery (NPG), merveilleuse alliance entre l'art et l'histoire, est d'autant plus fascinante que sa collection vous semblera familière. Vous aurez dans la plupart des cas entendu parler des sujets (rois et reines, scientifiques, politiciens et célébrités) et/ou de l'artiste (Andy Warhol, Annie Leibovitz, Sam Taylor-Wood). Le musée abrite un fonds de quelque 10 000 œuvres qui tournent régulièrement.

La NPG est organisée par ordre chronologique (en commençant par le 1er étage) et thématique. L'un des clous du musée est le fameux "portrait de Chandos" de Shakespeare, le seul qui aurait été peint du vivant du dramaturge. Vous serez aussi fasciné par la reine Élisabeth Ire affirmant son pouvoir les pieds sur la carte d'Angleterre, et ému par Jane Austen peinte à l'aquarelle par sa sœur Cassandra.

Le premier étage abrite des portraits illustrant l'émergence et la chute de l'Empire britannique, un prodigieux voyage de l'époque victorienne au XXe siècle.

Le rez-de-chaussée est consacré aux personnages contemporains, représentés, notamment, dans des sculptures, en photographie et en vidéo. Parmi les œuvres les plus prisées, citons les portraits iconiques du groupe Blur par Julian Opie et *David* de Sam Taylor-Wood, un portrait vidéo de David Beckham dormant après un entraînement de football.

La galerie accueille des expositions temporaires et propose un excellent **audioguide** (3 £) qui explique 200 portraits et permet d'écouter la voix de certains des sujets présentés.

Le restaurant **Portrait** (p. 121), au dernier étage, jouit d'une vue splendide sur Westminster et offre des repas de qualité ainsi que d'opulents *afternoon teas*.

À NE PAS MANQUER

- Portraits de Blur – Julian Opie
- Portrait de Chandos de William Shakespeare, attribué aujourd'hui à John Taylor
- *Reine Élisabeth II* – Andy Warhol
- *Jane Austen* – Cassandra Austen
- *Reine Élisabeth Ire* – Marcus Gheeraerts le Jeune

INFOS PRATIQUES

- plan p. 432
- www.npg.org.uk
- St Martin's Pl WC2
- entrée libre ; tarifs variables pour les expositions temporaires
- 10h-18h, 10h-21h jeu et ven
- Charing Cross ou Leicester Sq

CHRISTINE OSBORNE / LONELY PLANET IMAGES ©

LES INCONTOURNABLES
TATE BRITAIN

On pourrait croire ce musée au plus mal depuis que son rejeton, la Tate Modern (p. 164), lui a ravi la vedette et la moitié de sa collection lors de son inauguration en 2000. Il n'en est rien. La vénérable Tate Britain, construite en 1897, a pris ses aises dans l'espace ainsi gagné, le dotant de la plus belle collection d'art britannique du XVIe siècle au XXe siècle.

J. M. W. Turner est la vedette incontestée de la Tate Britain. Après sa mort en 1851, selon sa volonté, toutes les œuvres retrouvées dans son atelier – 300 peintures à l'huile et quelque 30 000 aquarelles et dessins – sont revenues à la nation. Le "legs de Turner" forme ainsi l'essentiel de la collection des Turner du Tate, avec des classiques tels *Le Coucher de soleil écarlate* et *Le Château de Norham, lever de soleil*.

Outre Turner, le musée expose des chefs-d'œuvre de Constable, Gainsborough et Reynolds, ainsi que des artistes plus modernes tels Lucian Freud, Francis Bacon et Tracey Emin. Chaque année, d'octobre à début décembre, la Tate Britain accueille aussi le prestigieux prix Turner d'art contemporain, qui suscite souvent des polémiques.

Des **visites guidées thématiques** de 1 heure (⏲11h, 12h, 14h, 15h lun-ven, 12h et 15h sam et dim) ainsi que des **présentations de toiles** de 15 min (⏲13h15 mar, 14h30 sam) sont proposées gratuitement. L'**audioguide** coûte 3,50 £.

Il est très agréable de visiter la **Tate en nocturne** (Late at Tate), le premier vendredi de chaque mois jusqu'à 22h.

À NE PAS MANQUER

- *Le Coucher de soleil écarlate* – J. M. W. Turner
- *Trois études de figures au pied d'une crucifixion* – Francis Bacon
- *Le Château de Norham, lever de soleil* – J. M. W. Turner
- *Le Moulin de Flatford* – John Constable
- *Ophélie* – sir John Everett Millais

INFOS PRATIQUES

- plan p. 430
- www.tate.org.uk
- Millbank SW1
- entrée libre ; tarifs variables pour les expositions temporaires
- ⏲10h-18h
- ⊖Pimlico

LES INCONTOURNABLES
CHURCHILL WAR ROOMS

En 1938, alors que la menace d'une guerre en Europe s'accentuait, le gouvernement britannique chercha un site où il pourrait s'abriter temporairement avant d'être relogé en banlieue. On choisit et aménagea le sous-sol de ce bâtiment, qui est aujourd'hui le Trésor. La guerre devenant imminente, le gouvernement et ses généraux y emménagèrent fin août 1939, bien que le plan de relocalisation fût loin d'être terminé, et le 3 septembre la Grande-Bretagne déclarait la guerre à l'Allemagne.

Ce bunker fut le centre de réunion du Cabinet de guerre jusqu'à la fin de la Seconde Guerre mondiale en août 1945. Les chefs d'état-major y dormaient, mangeaient et élaboraient une stratégie pour vaincre Hitler, fermement convaincus qu'ils étaient protégés des bombes de la Luftwaffe (en fait, si la zone avait été touchée, la carapace de béton n'aurait pas résisté). L'existence des War Rooms ne fut révélée au public qu'en 1948, et ce n'est qu'en 1984 qu'elles devinrent un musée.

À NE PAS MANQUER

- La salle des cartes
- La salle du Cabinet
- Les anecdotes du personnel des War Rooms
- Les extraits des discours célèbres de Churchill
- La "caricature d'Hitler "dans la salle de conférence

INFOS PRATIQUES

- plan p. 430
- http://cwr.iwm.org.uk
- Clive Steps, King Charles St SW1
- adulte/enfant 16 £/gratuit
- 9h30-18h, dernière entrée 17h
- Westminster

Cabinet War Rooms

Les salles du Cabinet de guerre sont quasiment telles qu'elles étaient après la victoire le 15 août 1945. De nombreuses pièces ont été préservées : la salle où le Cabinet s'est réuni à plus de 100 reprises, la Telegraph Room dotée d'une ligne réservée à la communication avec Roosevelt, la pièce exiguë des dactylos, le placard à balais transformé en bureau pour Churchill, et la stratégique salle des cartes qui servait de centre opérationnel. On visite aussi plusieurs chambres où se reposaient les officiers.

Dans la salle de conférence de l'état-major, les murs sont couverts d'immenses cartes originales retrouvées en 2002. Sur celui de droite, vers le bas, quelqu'un (Churchill lui-même ?) a dessiné un petit bonhomme représentant un Hitler assommé.

Très instructif et divertissant, l'audioguide gratuit relate quantité d'anecdotes, dont certaines rapportées par les personnes qui travaillaient ici, au centre névralgique de l'effort de guerre britannique – et que leur chef irascible n'autorisait même pas à siffler pour détendre l'atmosphère.

Churchill Museum

Ce musée multimédia, où les installations interactives sont légion, compléta les War Rooms lors de leur réaménagement en 2003. Il contient aussi des effets personnels de Churchill, comme ses cigares, son ancien uniforme de conseiller privé du monarque ou sa veste en velours rouge.

Si le musée ne fait pas mystère des faiblesses de son héros – Churchill est décrit comme un anticonformiste, au mauvais caractère légendaire, plutôt médiocre politicien en temps de paix –, il accentue néanmoins sa vraie force, celle de ses discours exaltants qui émeuvent tout visiteur posté devant les écrans sur lesquels ils sont projetés : "Je n'ai rien d'autre à offrir que du sang, du labeur, des larmes et de la sueur", "Nous lutterons jusque sur les plages", "Jamais dans l'histoire de l'humanité n'a-t-on vu un si grand nombre devoir autant à un si petit nombre".

LES INCONTOURNABLES
SIR JOHN SOANE'S MUSEUM

Ce petit musée, l'un des sites les plus exceptionnels de Londres, est aussi une demeure à la fois belle et ensorcelante. Elle fut la résidence de l'architecte sir John Soane (1753-1837). Le musée témoigne de son goût, fin et excentrique.

Fils de maçon, Soane est surtout réputé pour avoir conçu l'édifice de la Bank of England. Tout au long de sa vie, il s'inspira d'idées qu'il recueillit lors d'un grand tour d'Italie. Il épousa une femme aisée et utilisa sa fortune pour bâtir cette maison et celle d'à côté, consacrée depuis fin 2007 à des expositions et à des activités pédagogiques.

Inscrite au Patrimoine anglais, la maison est telle que sir John l'a laissée à sa mort et constitue en soi une curiosité. Elle comporte une coupole en verre qui diffuse de la lumière jusqu'au sous-sol, une salle lanterne remplie de statues, des pièces à l'intérieur d'autres pièces, et une galerie de peintures où, en faisant pivoter les tableaux, on fait apparaître une seconde toile sur l'autre face. S'y trouvent également les œuvres favorites de Soane, dont le *Riva Degli Schiavoni, vers l'Ouest* de Canaletto, des esquisses de Christopher Wren et de Robert Adam. Une galerie spécialement construite à cet effet abrite l'original du *Rake's Progress* de William Hogarth, série de caricatures sur les bas-fonds londoniens de la fin du XVIIIe siècle. Vous devrez demander au gardien qu'il ouvre les panneaux pour voir les tableaux. Parmi les acquisitions étonnantes de Soane, vous découvrirez un sarcophage égyptien couvert de hiéroglyphes, une imitation de presbytère et des chaînes d'esclaves.

Vous gagnerez à vous y rendre le premier mardi du mois, en soirée : le musée est alors éclairé aux bougies, ce qui rend l'atmosphère encore plus magique (la file d'attente pour cet événement très prisé est souvent longue).

À NE PAS MANQUER

- *Riva degli Schiavoni vers l'Ouest* – Canaletto
- *La carrière d'un roué* – William Hogarth
- Le sarcophage du roi Seti Ier
- Les visites aux bougies

INFOS PRATIQUES

- plan p. 432
- www.soane.org
- 13 Lincoln's Inn Fields WC2
- entrée libre
- 10h-17h mar-sam et 18h-21h 1er mar du mois
- Holborn

À VOIR

Le West End peut couvrir différentes zones selon votre interlocuteur, toutes différentes les unes des autres. Un calme parfait règne dans Bloomsbury et Holborn, tandis que fêtards et consommateurs se pressent 24h/24, 7 jours sur 7, à Soho, Piccadilly Circus et Oxford Street. Le meilleur moyen de découvrir le West End est de marcher. Il est possible de rallier à pied la plupart des sites, ce qui permet de mieux s'imprégner de son atmosphère.

Westminster

ABBAYE DE WESTMINSTER — ÉGLISE

Voir p. 80.

HOUSES OF PARLIAMENT — ÉDIFICE HISTORIQUE

Voir p. 90.

TATE BRITAIN — MUSÉE

Voir p. 98.

ST JOHN'S, SMITH SQUARE — ÉDIFICE HISTORIQUE

Plan p. 430 (www.sjss.org.uk ; Smith Sq, Westminster SW1 ; ⊖Westminster ou St James's Park). Située au cœur de Westminster, cette église remarquable fut construite par Thomas Archer en 1728, conformément à une loi de 1711 (Fifty New Churches Act), laquelle prévoyait la construction de 50 nouvelles églises dans la ville alors en pleine croissance. Des cinquante prévues, seule St John's et une douzaine d'autres virent le jour. Avec ses quatre tours d'angle et ses façades monumentales, cette église fut largement critiquée au long du premier siècle de son existence. La reine Anne l'aurait, dit-on, comparée à un tabouret (mais on raconte aussi que c'est elle-même qui l'aurait voulu ainsi). Aujourd'hui, l'édifice est considéré, de l'avis général, comme un chef-d'œuvre du baroque anglais. Après avoir été frappé par une bombe au cours de la dernière guerre, il a été transformé dans les années 1960 en une salle de concerts classiques réputée pour son excellente acoustique.

Le restaurant **The Footstool**, installé sous le plafond voûté de la crypte, accueille les clients du lundi au vendredi à l'heure du déjeuner, ainsi qu'avant et après les concerts du soir.

Bloomsbury et Fitzrovia

BRITISH MUSEUM — MUSÉE

Voir p. 83.

PLACES DE BLOOMSBURY — PLACES

Plan p. 426 **Russell Square** se trouve au cœur de Bloomsbury. Créée à l'origine en 1800 par Humphrey Repton, la place était sombre et sale jusqu'à ce qu'enfin on élague les arbres, on taille les plantes et on lui offre une fontaine de 10 m de haut.

Le centre du Bloomsbury littéraire était **Gordon Square**, où résidèrent, à des époques diverses, les personnalités suivantes : Bertrand Russell au n°57 ; Lytton Strachey au n°51 ; Vanessa et Clive Bell, John Maynard Keynes et la famille Woolf au n°46 ; Strachey, Dora Carrington et Lydia Lopokova (future épouse de

BLOOMSBURY, QUARTIER LITTÉRAIRE

Ses magnifiques places furent autrefois peuplées par le "Bloomsbury Group", un groupe d'artistes et d'écrivains comptant dans leurs rangs Virginia Woolf et EM Forster, dont le récit des histoires d'amour entrecroisées est aussi fascinant que les œuvres. Charles Dickens, Charles Darwin, William Butler Yeats et George Bernard Shaw ont également vécu ici et dans les environs, comme l'atteste le nombre de plaques bleues un peu partout.

Jusque dans les années 1990, Bedford Square abritait de nombreuses maisons d'édition londoniennes, qui furent rachetées par de grandes sociétés internationales et déplacées. Parmi elles figuraient Jonathan Cape, Chatto et le Bodley Head (créé par Virginia Woolf et son mari Leonard). Elles ont grandement contribué à entretenir la légende du groupe de Bloomsbury en publiant des collections inépuisables de lettres, de souvenirs et de biographies.

De nos jours, Bloomsbury demeure une terre d'élection pour les étudiants, les librairies et les cafés, tout en restant relativement peu commerciale.

BON À SAVOIR

BT TOWER

Plan p. 426 (60 Cleveland St W1 ; Goodge St). Visible de n'importe quel endroit du centre de Londres, la BT Tower des années 1960 (qui fut le plus haut gratte-ciel de la ville) est fermée au public depuis de nombreuses années en raison de la menace terroriste. Malgré sa présence ostentatoire, le bâtiment était officiellement "secret" et n'apparut sur la carte qu'en 1993, après que Kate Hoey, membre du Parlement, eut confirmé son existence.

La tour est toujours un centre de télécommunications, et de surveillance de la pollution atmosphérique. C'est un bâtiment classé, ce qui signifie que ses jolies antennes paraboliques perdureront ! La BT Tower a rouvert une journée en 2010 à l'occasion de l'Open House London (p. 361) ; 480 chanceux tirés au sort ont alors eu le privilège d'une visite guidée. L'initiative s'étant révélée un succès, la tour devrait chaque année faire partie de l'Open House.

Keynes) au n°41. Ces lieux de mémoire, pour beaucoup aujourd'hui propriétés de l'université, ne portent pas tous une plaque bleue.

Le séduisant **Bedford Square** est l'unique place georgienne intacte de Bloomsbury.

GRATUIT NEW LONDON ARCHITECTURE — ARCHITECTURE

Plan p. 426 (www.newlondonarchitecture.org ; Bldg Centre, 26 Store St WC1 ; 9h30-18h lun-ven, 10h-17h sam ; Goodge St). Excellent moyen de comprendre comment s'oriente le développement architectural de Londres, ce musée dont l'exposition permanente change régulièrement captivera et stimulera l'imagination de tous ceux qui aiment la ville. Une immense maquette de la capitale indiquant les nouvelles zones de construction met en lumière l'étendue des projets destinés aux Jeux olympiques de 2012, ainsi que les plans de réhabilitation de différents quartiers. Des photographies et des détails de bâtiments individuels facilitent la localisation de chaque nouvelle structure : vous pourrez vous rendre sur place pour les voir *in situ* ou les remarquer au hasard de votre visite.

DICKENS HOUSE MUSEUM — ÉDIFICE HISTORIQUE

(www.dickensmuseum.com ; 48 Doughty St WC1 ; adulte/enfant 7/3 £ ; 10h-17h ; Russell St). Le grand écrivain victorien a vécu tel un nomade dans Londres, se déplaçant à tant de reprises qu'il a laissé dans son sillage un nombre de plaques bleues inégalé. Cette jolie maison à quatre étages est la seule qui subsiste d'avant son départ pour le Kent. Il y séjourna à peine deux ans et demi (1837-1839), mais c'est là que son œuvre prit son essor : accablé par les dettes, les décès et la charge d'une famille toujours plus nombreuse, il y rédigea *Les Aventures de M. Pickwick*, *Nicholas Nickleby* et *Oliver Twist*. Sauvée de la démolition, la maison a ouvert ses portes en devenant un musée fascinant en 1925. Le salon familial a été fidèlement reconstitué, tandis que les 10 autres pièces regorgent de souvenirs. Au moment où nous écrivons, une rénovation (qui s'imposait) était prévue pour fêter dignement en 2012 le bicentenaire de la naissance de Dickens. Le musée est à 5 minutes de la station de métro Russell Square.

POLLOCK'S TOY MUSEUM — MUSÉE

Plan p. 426 (www.pollockstoymuseum.com ; 1 Scala St W1 ; adulte/enfant 5/3 £ ; 10h-17h lun-sam ; Goodge St). Destiné autant aux enfants qu'aux adultes, ce musée est tout à la fois effrayant et fascinant. On y entre par la boutique, truffée de jouets en bois et de jeux divers. L'exploration commence par l'ascension d'un escalier étroit et grinçant où sont exposées des poupées encadrées en provenance d'Amérique latine, d'Afrique, d'Inde et d'Europe. À l'étage, on découvre la collection de théâtres miniatures du musée, dont beaucoup ont été réalisés par Benjamin Pollock lui-même, le premier fabricant victorien de cet objet populaire. Après une nouvelle volée d'escalier, on se trouve nez à nez avec les jouets en métal et de drôles de poupées en chemise de nuit. À mesure que l'on avance dans les escaliers et sur le plancher grinçant, les poupées vous suivent de leurs yeux brillants. Après avoir grimpé trois séries d'escaliers, vous en redescendrez quatre et vous retrouverez comme par magie dans la boutique.

BRUNSWICK CENTRE CENTRE COMMERCIAL

Plan p. 426 (www.brunswick.co.uk ; The Brunswick WC1 ; ⊖Russell St). Ce complexe des années 1960 comporte des appartements, des restaurants, des commerces et un cinéma. En 2006, un budget de 24 millions de livres a permis de transformer ce lieu lugubre en une jolie place aérée aux couleurs crème, et les chalands se pressent désormais dans le centre tous les jours de la semaine. L'architecte du bâtiment original, Patrick Hodginson, qui s'est chargé de la rénovation, affirme que le centre correspond désormais à ce qu'il avait imaginé dans les années 1960, les autorités municipales ayant à l'époque bridé son projet. Pour plus d'informations et une liste complète des boutiques et restaurants, consultez le site Internet.

GRATUIT **PETRIE MUSEUM OF EGYPTIAN ARCHAEOLOGY** MUSÉE

Plan p. 426 (UCL ; www.petrie.ucl.ac.uk ; University College London, Malet Pl WC1 ; 13h-17h mar-sam ; ⊖Goodge St). Seuls les férus d'égyptologie apprécieront ce musée très conventionnel. Ses quelque 80 000 pièces constituent l'une des collections les plus impressionnantes du monde en matière d'archéologie égyptienne et soudanaise. On regrette toutefois que ces objets qui s'alignent vitrine après vitrine ne soient pas vraiment mis en valeur. Le musée doit son nom au professeur William Flinders Petrie (1853-1942), qui découvrit une large partie des objets exposés lors de ses fouilles et qui en fit don à l'université en 1933.

ST GEORGE'S, BLOOMSBURY ÉGLISE

Plan p. 426 (Bloomsbury Way WC1 ; 9h30-17h30 lun-ven, 10h30-12h30 dim ; ⊖Holborn ou Tottenham Court Rd). Superbement restaurée en 2005, cette église est une création de l'architecte Nicholas Hawksmoor. Construite en 1731, elle se distingue par son portique classique surmonté de chapiteaux corinthiens et par sa flèche inspirée du mausolée d'Halicarnasse. Cette dernière est couronnée d'une statue de Georges Ier en costume romain.

St James's

BUCKINGHAM PALACE PALAIS

Voir p. 88.

LES INCONTOURNABLES
ROYAL ACADEMY OF ARTS

La première école d'art de Grande-Bretagne a été fondée en 1768, mais n'a intégré ces murs qu'au siècle suivant. La collection comprend des dessins, des peintures, des plans d'architectes, des photographies et des sculptures par des académiciens d'hier et d'aujourd'hui, tels John Constable, sir Joshua Reynolds, Thomas Gainsborough, J. M. W. Turner, David Hockney et Norman Foster. Les plus belles œuvres sont exposées dans les **John Madejski Fine Rooms**, accessibles dans le cadre de **visites guidées gratuites** (1 heure ; 13h et 15h mer-ven, 13h mar, 11h30 sam). Les expositions changent régulièrement.

Les salles en elles-mêmes méritent le détour : c'est dans la Reynolds Room, par exemple, que Charles Darwin présenta sa théorie révolutionnaire sur l'évolution des espèces devant la Linnean Society.

La célèbre **Summer Exhibition** (début juin à mi-août), qui vend les œuvres d'artistes contemporains depuis près de 250 ans, reste la manifestation majeure de l'Academy.

La Burlington House's Courtyard, une cour pavée savamment mise en lumière, est animée de fontaines qui représentent le ciel astrologique du fondateur de l'Academy, Joshua Reynolds, au jour de sa naissance. Au centre se dresse sa statue.

À NE PAS MANQUER

- La Summer Exhibition
- John Madejski Fine Rooms

INFOS PRATIQUES

- plan p. 430
- www.royalacademy.org.uk
- Burlington House, Piccadilly W1
- 10h-18h, 10h-22h ven
- ⊖Green Park

ST JAMES'S PARK PARC

Plan p. 430 (www.royalparks.gov.uk ; The Mall SW1 ; 5h-crépuscule ; St James's Park ou Green Park). C'est l'un des plus petits parcs de Londres, mais aussi l'un des plus agréables. Il offre en outre une très belle vue sur le London Eye, Westminster, St James's Palace, Carlton Terrace et la relève de la garde à cheval. De la passerelle qui enjambe St James's Park Lake, le panorama sur Buckingham Palace est exceptionnel (à vos appareils photo !). Le lac central est peuplé de canards, d'oies, de cygnes et autres volatiles, et les rochers de sa rive sud servent de pied-à-terre à des pélicans (nourris tous les jours à 14h30). Certains des parterres de fleurs sont inspirés des parterres "florifères" originaux de John Nash, et mêlent arbustes, fleurs et arbres, sous lesquels se rassemblent tous les jours des retraités munis de sacs remplis de noisettes et de pain pour nourrir les écureuils. Au printemps et en été, les Londoniens comme les touristes viennent y prendre le soleil, pique-niquer et profiter du beau temps. Pour plus de confort, vous pouvez louer des **chaises longues** (1,50 £/heure ; mars-oct journée).

Côté Mall se trouve le **National Police Memorial**, constitué d'une colonne de marbre et d'une autre de verre. Imaginé, bizarrement, par le réalisateur Michael Winner (*Un justicier dans la ville*) et conçu, moins bizarrement, par l'architecte Norman Foster et l'artiste Per Arnoldi, il rend hommage aux 1 600 "bobbies" (policiers londoniens) morts en service.

BURLINGTON ARCADE ÉDIFICE HISTORIQUE

Plan p. 430 (51 Piccadilly W1 ; Green Park). Jouxtant le côté ouest de la Burlington House – résidence de la Royal Academy of Arts –, la curieuse Burlington Arcade, de 1819, a su conserver l'ambiance de cette époque. Aujourd'hui, c'est une galerie commerciale destinée à une clientèle fortunée. Elle est renommée pour ses Burlington Berties, ces gardes en uniforme qui patrouillent les lieux, prêts à réprimander quiconque commettrait des délits, comme courir, mâcher du chewing-gum ou tout autre acte non respectueux des lieux. Le fait que la galerie ait jadis abrité une maison close n'est mentionné nulle part.

ST JAMES'S PICCADILLY ÉGLISE

Plan p. 422 (197 Piccadilly W1 ; 8h-19h ; Piccadilly Circus). Seule église construite par Christopher Wren sur un site vierge (la plupart des autres remplaçaient des lieux de culte anéantis par le Grand Incendie), cet édifice d'allure avenante, élégant et discret, se distingue radicalement du style pompeux des églises les plus célèbres de l'architecte. Dessinée par Wren, la flèche toute simple ne fut ajoutée qu'en 1968. L'église est réputée pour ses œuvres sociales : elle offre des services de conseil, présente des concerts le midi et le soir et héberge un petit marché d'antiquités (10h-17h le mardi) ainsi qu'une foire artisanale (10h-18h du mercredi au dimanche). Enfin, dernier point mais non le moindre, c'est un lieu de culte.

GRATUIT **WHITE CUBE GALLERY** GALERIE D'ART

Plan p. 430 (www.whitecube.com ; 25-26 Mason's Yard SW1 ; 10h-18h mar-sam ; Green Park ou Piccadilly Circus). Sœur jumelle de la galerie d'Hoxton originale (p 204), cette institution a accueilli la très médiatisée exposition "*For the Love of God*", de Damien Hirst, en 2007, et la première exposition de Tracey Emin des cinq dernières années, en 2009. Le succès de ces événements profite désormais aux Young British Artists (YBAs). Ayant pour écrin Mason's Yard, une cour traditionnelle de maisons de briques et un vieux pub, le White Cube ressemble à un bloc de glace : blanc, géométrique et anguleux. Le contraste entre les deux styles fonctionne bien, et la cour fait souvent office de jardin pour la galerie les soirs de vernissage populaire.

ST JAMES'S PALACE PALAIS

Plan p. 430 (Cleveland Row SW1 ; fermé au public ; Green Park). Pour apprécier pleinement l'étonnante loge Tudor de ce palais, unique vestige d'un bâtiment ordonné en 1530 par l'insatiable Henri VIII, mieux vaut passer par St James's St, au nord du parc. Ce palais ayant été habité par les rois et les reines pendant plus de trois siècles, les ambassadeurs étrangers sont toujours accrédités auprès de la "cour de St James", même si les réceptions ont lieu à Buckingham. La princesse Diana, qui détestait ce lieu, y vécut jusqu'à son divorce avec Charles et son déménagement à Kensington Palace en 1996. C'est pourtant à St James's Palace que les autorités jugèrent bon d'exposer son cercueil après son décès en 1997. Le prince Charles et ses fils séjournèrent à St James's jusqu'en 2004 avant de partir s'installer dans la Clarence House voisine, abandonnant le palais à quelques membres de second rang de la famille royale et à la princesse Anne, sœur de Charles.

CLARENCE HOUSE
PALAIS

Plan p. 430 (www.royalcollection.org.uk ; Cleveland Row SW1 ; adulte/enfant 9/5 £ ; ⏲10h-16h lun-ven, 10h-17h30 sam et dim ; août-oct ; ⊖Green Park). Lorsque la reine mère s'est éteinte en 2002, le prince Charles a fait effectuer dans son ancienne demeure de Clarence des travaux de rénovation qui ont coûté aux contribuables britanniques la coquette somme de 4,6 millions de livres, ce qui ne les exempte pas de payer s'ils désirent voir cinq salles officielles à la faveur des vacances d'été du prince et de Camilla.

L'attraction majeure est la petite collection d'art de feu la reine mère, qui comporte un tableau du dramaturge Noël Coward ainsi que d'autres de W.S. Sickert et de sir James Gunn. Conçue par John Nash au début du XIXe siècle, la demeure a subi d'importantes modifications depuis (le prince Charles ne fut pas le premier à appeler les décorateurs). Entrée uniquement avec un billet indiquant le jour et l'heure, à réserver suffisamment à l'avance. Pour l'accès handicapé, réservez également.

SPENCER HOUSE
PALAIS

Plan p. 430 (www.spencerhouse.co.uk ; 27 St James's Pl SW1 ; entrée et visite guidée tarif plein/réduit 9/7 £ ; ⏲10h30-17h45 dim, dernière entrée 16h45, fermé en jan et août ; ⊖Green Park). Juste à l'extérieur du parc, Spencer House fut construite dans le style palladien entre 1756 et 1766 pour le premier comte Spencer, un ancêtre de la princesse Diana. Les Spencer ont quitté les lieux en 1927 et la grande demeure a été convertie en bureaux. En 1987, Lord Rothschild l'a rendue à son ancienne gloire grâce à d'onéreux travaux de restauration. Les huit pièces somptueusement meublées sont uniquement accessibles dans le cadre d'une visite guidée.

Les jardins, qui ont retrouvé leur aspect du XVIIIe siècle, ouvrent uniquement entre 14h et 17h certains dimanches d'été. Les enfants de moins de 10 ans ne sont pas admis.

QUEEN'S CHAPEL
CHAPELLE

Plan p. 430 (Marlborough Rd SW1 ; ⏲bureaux uniquement, 8h30 et 11h15 dim oct-juil ; ⊖Green Park). C'est ici que les membres contemporains de la famille royale, de la princesse Diana à la reine mère, ont reposé avant leurs obsèques. Initialement dessinée par Inigo Jones dans le style palladien, la Queen's Chapel fut la première église post-Réforme d'Angleterre dédiée au culte catholique. Autrefois, elle faisait partie de St James's Palace mais en fut séparée après un incendie. Baignée par une superbe lumière qui perce au travers des grands vitraux surplombant l'autel, elle possède un intérieur tout simple doté de très belles pièces du XVIIe siècle.

GREEN PARK
PARC

Plan p. 430 (www.royalparks.gov.uk ; Piccadilly W1 ; ⏲5h-crépuscule ; ⊖Green Park). Moins apprêté que le parc St James's adjacent, Green Park, avec son parc aux chênes magnifiques et gigantesques et ses pelouses vallonnées n'est jamais aussi bondé que St James's. Autrefois, on venait s'y battre en duel. Pendant la Seconde Guerre mondiale, il fut transformé en potager.

GUARDS MUSEUM
MUSÉE

Plan p. 430 (www.theguardsmuseum.com ; Wellington Barracks, Birdcage Walk SW1 ; adulte/enfant 4 £/gratuit ; ⏲10h-16h ; ⊖St James's Park) Si vous étiez derrière la foule à la relève de la garde et que vous n'avez rien vu, venez ici à 10h50, tous les jours entre avril et août, et admirez les gardes se mettre en formation devant le musée pour partir au pas vers Buckingham Palace. Vous découvrirez en outre l'histoire des cinq régiments d'infanterie, et leur rôle dans les campagnes militaires depuis Waterloo, dans ce petit musée ouvert au XVIIe siècle sous le règne de Charles II. Il

TEMPLE DU JEU

À l'est de la place, découvrez **London Trocadero** (plan p. 422 ; www.londontrocadero.com ; 1 Piccadilly Circus W1 ; ⏲ 10h-1h), immense centre commercial sans âme qui réunit, sur six niveaux, jeux high-tech (au prix en conséquence) pour les plus jeunes, restaurants à l'américaine et bowling. L'adresse est bonne à connaître où cas où les enfants en auraient assez des sites touristiques.

regorge d'uniformes, de peintures à l'huile, de médailles et d'objets ayant appartenu aux soldats. Son principal attrait réside peut-être dans l'immense collection de soldats de plomb de la boutique.

GRATUIT **INSTITUTE OF CONTEMPORARY ARTS** CENTRE ARTISTIQUE

Plan p. 430 (ICA ; www.ica.org.uk ; Nash House, The Mall SW1 ; 12h-23h mer, 12h-1h jeu-sam, 12h-21h dim ; Charing Cross ou Piccadilly Circus ;). Installé dans un bâtiment traditionnel sur le Mall, l'ICA, comme on l'appelle ici, rompt avec la tradition. C'est ici que Picasso et Henry Moore ont tenu leur première exposition au Royaume-Uni. Depuis, l'ICA se situe résolument à la pointe du monde artistique britannique et de sa controverse, et propose une excellente gamme de films, soirées musicales ou dansantes, photographies, art, théâtre, conférences, œuvres multimédias ou lectures de livres. Le plus : l'**ICA Bar & Restaurant**, autorisé à servir de l'alcool. Le complexe abrite également une excellente librairie.

Soho et Chinatown

SOHO QUARTIER

Voir p. 92.

PHOTOGRAPHERS' GALLERY GALERIE D'ART

Plan p. 422 (www.photonet.org.uk ; 16-18 Ramillies St W1 ; entrée libre ; Oxford Circus). Au moment de la rédaction de ce guide, cette merveilleuse galerie était en réaménagement. Sa rouverture est prévue pour mai 2012, avec trois étages consacrés à la photographie, un nouveau café et une boutique de gravures et d'albums photographiques. Le prestigieux Deutsche Börse Photography Prize récompense tous les ans des photographes contemporains ; parmi les lauréats, on compte Richard Billingham, Luc Delahaye, Andreas Gursky, Boris Mikhailov ou Juergen Teller.

REGENT STREET RUE

Plan p. 422. Regent St constitue la ligne de démarcation entre le populaire Soho et le quartier résidentiel huppé de Mayfair. Elle fut conçue par John Nash pour relier en grande pompe la résidence citadine du

LES INCONTOURNABLES
PICCADILLY CIRCUS

John Nash avait pensé Regent St et Piccadilly pour être les rues les plus élégantes de la ville, or les urbanistes réfrénèrent ses ambitions. Ces rêves de grandeur sont bien loin : Piccadilly Circus est désormais englué dans la foule, flanqué de **néons publicitaires** et cerné de boutiques attrape-touristes.

Malgré la densité de la foule et du trafic, Piccadilly Circus est la carte postale londonienne typique, et son effervescence donne tout le piquant d'un séjour dans la capitale.

Conçu par John Nash dans les années 1820, le carrefour tient son nom de la rue Piccadilly (à l'ouest de la place), elle-même nommée ainsi au XVIIe siècle d'après les cols empesés (les *picadils*), accessoires vestimentaires de l'époque, qui faisaient la fortune d'un tailleur des environs.

Au centre de la place circulaire, la fameuse statue en aluminium représentant Antéros, frère jumeau d'Éros, est dédiée au philanthrope et abolitionniste du travail des enfants, Lord Shaftesbury. Au fil du temps, l'ange fut pris pour **Éros**, le dieu de l'Amour, et la confusion est restée (vous verrez même dans le métro des panneaux indiquant "Éros").

À NE PAS MANQUER

- L'animation de Picadilly Circus
- "Éros"
- Les panneaux lumineux

INFOS PRATIQUES

- plan p. 422
- Piccadilly Circus

LES QUATRE SOCLES

Trois des quatre socles situés aux angles de Trafalgar Sq sont occupés par d'illustres personnages, dont le roi Georges IV à cheval, le général Charles Napier et le général sir Henry Havelock. Le dernier, destiné à l'origine à accueillir Guillaume IV, est longtemps resté vacant ces 150 dernières années. En 1999, la Royal Society of Arts a lancé un projet du nom de **Fourth Plinth Project** (www.london.gov.uk/fourthplinth ; le quatrième socle), destiné à exposer les œuvres d'artistes contemporains. Trois œuvres ont été commandées : la première, l'étonnant *Ecce Homo* de Mark Wallinger (1999), représentait Jésus-Christ, bien petit sur son énorme socle. Puis vinrent *Regardless of History* de Bill Woodrow (2000) et *Monument* de Rachel Whiteread (2001), une copie en résine du socle retourné.

Depuis, la mairie a repris les rênes du projet en conservant le thème de l'art contemporain. La réalisation la plus intéressante à ce jour a sans doute été *One & Other* (2009) d'Anthony Gormley, qui ne représentait pas un objet inanimé, mais consistait simplement en un espace susceptible d'être occupé par des individus – chaque personne passait une heure sur le socle, réalisant une performance, parlant d'un sujet donné ou se tenant simplement assis. Le projet a été mené 24h/24 pendant 100 jours consécutifs. Les règles précisaient que les participants devaient être seuls sur le socle, qu'ils pouvaient emporter tout ce qu'ils désiraient, et qu'ils pouvaient faire ce que bon leur semblait, dans les limites de la légalité.

Début 2011, le maire Boris Johnson a annoncé les installations qui succéderaient à *Nelson's Ship in a Bottle* clin d'œil de Yinka Shonibare MBE au héros de la place. Les deux plasticiens Elmgreen & Dragset présenteront en 2012 *Powerless Structures, Fig. 101*, figurant un garçon sur un cheval à bascule, puis en 2013 Katharina Fritsch *Hahn/Cock*, un énorme coq bleu vif. Les deux œuvres seront exposées pendant 18 mois.

régent aux espaces verts de Regent's Park. Au départ, l'architecte voulait en faire le pivot central du nouveau plan qu'il prévoyait pour cette partie de la ville. Hélas, son projet ne vit jamais le jour. Nash avait heurté trop de sensibilités et dut revoir ses ambitions à la baisse. Quelques devantures élégantes semblent dater d'une période antérieure à leur création (dans les années 1920, lorsque la rue fut remodelée). Pour le reste, comme partout ailleurs à Londres, les franchises prennent peu à peu le dessus. L'enseigne la plus célèbre est sans conteste Hamleys (p. 134), première boutique de jouets de Londres. Regent Street est également réputée pour ses illuminations de Noël, inaugurées en grande pompe chaque année fin novembre.

⊙ Covent Garden et Leicester Square

NATIONAL GALLERY — MUSÉE

Voir p. 93.

TRAFALGAR SQUARE — PLACE

Voir p. 96.

NATIONAL PORTRAIT GALLERY — MUSÉE

Voir p. 97.

COVENT GARDEN — PLACE

Plan p. 432 (⊖Covent Garden). Première place londonienne construite sur plan, Covent Garden est aujourd'hui envahie de touristes qui viennent faire les boutiques sous les pittoresques arcades, écouter les musiciens ambulants, payer le prix fort aux terrasses des cafés et des bars et, occasionnellement, regarder les numéros de statues vivantes des artistes de rue.

Sur son côté ouest se dresse la **St Paul's Church** (www.actorschurch.org ; Bedford St WC2 ; entrée libre ; ⏲ 8h30-17h30 lun-ven, 9h-13h dim). Le comte de Bedford, qui avait chargé Inigo Jones de concevoir la place, voulait que l'église soit la plus simple possible, guère plus qu'une "grange". L'architecte répondit en érigeant "la plus belle grange d'Angleterre". Considérée depuis longtemps comme l'église des acteurs en raison de son association avec le monde du théâtre, elle contient des plaques commémoratives en l'honneur de personnalités telles que Charlie Chaplin et Vivien Leigh. Le premier spectacle de guignol eut lieu devant l'édifice en 1662, et l'église continue d'accueillir des concerts,

L'HISTOIRE DE COVENT GARDEN

L'histoire de Covent Garden s'inscrit en rupture avec son caractère d'aujourd'hui : au XIIIe siècle, c'était un couvent et son jardin (en anglais, le mot *convent*, qui fut déformé en *covent*, signifie couvent), dépendant de l'abbaye de Westminster et qui devint la propriété de John Russell, le premier comte de Bedford, en 1552. Ses descendants développèrent le quartier, engageant Inigo Jones pour transformer un potager en une place au XVIIe siècle. Il en résulta une élégante place à l'italienne, dont les maisons élevées aux façades harmonisées commencèrent à attirer la haute société convoitant les quartiers résidentiels du centre. Le très animé marché aux fruits et aux légumes, immortalisé dans *My Fair Lady* (sous forme de marché aux fleurs) était le centre névralgique de la place. La bonne société de Londres en quête d'animation, notamment des écrivains tels que Fielding ou Boswell, se retrouvait ici dans les cafés, les théâtres, les tripots et les maisons closes.

Le crime devint monnaie courante, entraînant la formation d'un corps de police bénévole appelé les Bow Street Runners (voir le *Londres georgien*, p. 350). En 1897, Oscar Wilde fut accusé d'attentat à la pudeur par le tribunal de Bow St, aujourd'hui fermé. Un marché aux fleurs dessiné par Charles Fowler fut construit là où se trouve désormais le London's Transport Museum.

Au cours des années 1970, il s'avéra de plus en plus difficile de maintenir le marché aux fruits et légumes en raison de la circulation routière et, en 1974, celui-ci fut déplacé. Les promoteurs immobiliers convoitèrent l'endroit, et il fut envisagé de détruire le marché pour y construire une route. Grâce à la ténacité des habitants qui manifestèrent pendant des semaines, la place fut sauvée et transformée en ce que vous voyez aujourd'hui.

des récitals et des spectacles de danse. La petite cour du fond est idéale pour un pique-nique.

LONDON TRANSPORT MUSEUM — MUSÉE

Plan p. 432 (www.ltmuseum.co.uk ; Covent Garden Piazza WC2 ; adulte/enfant 14 £/gratuit ; ⌚10h-18h sam-jeu, 11h-18h ven ; ⊖Covent Garden). Le musée a rouvert fin 2007, après 22 millions de livres de travaux de rénovation qui ont donné un coup de fouet à la collection existante, allant des bus tirés par des chevaux jusqu'aux transports d'aujourd'hui, en passant par les taxis, les trains et bien d'autres moyens de locomotion. Le musée a en outre rassemblé de nouvelles pièces ayant trait aux réseaux de transports d'autres grandes villes et d'innombrables affiches originales. Il est fascinant de constater que la ville s'est développée grâce à l'amélioration des transports. Les affiches (à partir de 10 £) constituent d'excellents souvenirs.

ROYAL OPERA HOUSE — ÉDIFICE HISTORIQUE

Plan p. 432 (www.roh.org.uk ; Bow St WC2 ; visite guidée 8-10,50 £ ; ⌚visite générale 16h tlj, visite des coulisses 10h30, 12h30, 14h30 lun-ven, 10h30, 11h30, 12h30 et 13h30 sam ; ⊖Covent Garden). Au nord-est de Covent Garden se tient l'étincelant Royal Opera House, presque entièrement refait à neuf. La visite de l'Opéra, au nom pompeux de "Velvet, Gilt & Glamour" ("Velours, or et glamour"), est une visite générale de 45 min de l'auditorium. Les visites de 1 heure 30 vous mènent plus spécifiquement derrière la scène (mais pas forcément dans l'auditorium), où vous découvrirez la fièvre qui précède la préparation, les réglages et les essayages dans l'un des Opéras les plus productifs du monde. Les visites des coulisses varient chaque jour, selon les représentations à l'affiche.

Bien entendu, le meilleur moyen de profiter pleinement des lieux est d'assister à une représentation (p. 130).

LEICESTER SQUARE — PLACE

Plan p. 432 (⊖Leicester Sq). Au moment de nos recherches, Leicester Square, qui avait tant besoin d'un lifting, était enfin en grands travaux afin de redevenir une place séduisante et animée. Si au XIXe siècle, elle était très à la mode, ces dernières décennies, son nom n'évoquait plus qu'incivilités, pickpockets et places de cinéma à prix exorbitant (18 £ !).

La place conservera ses nombreux cinémas et discothèques, et les urbanistes espèrent qu'elle attirera les premières des grosses productions britanniques avec la publicité et les célébrités qui vont avec.

Le chantier qui a débuté en décembre 2010 devrait s'achever en avril 2012, avant les Jeux olympiques. Le petit parc miteux sera remplacé par une place élégante et aérée, mais la statue de Charlie Chaplin et la billetterie (modernisée) subsisteront.

ST MARTIN-IN-THE-FIELDS — ÉGLISE

Plan p. 432 (www.stmartin-in-the-fields.org ; Trafalgar Sq WC2 ; 8h-18h30, concerts en soirée 19h30 ; Charing Cross). Cette église paroissiale royale qui allie magnifiquement les styles classique et baroque a été construite par James Gibbs (1682-1754) en 1726. Elle est réputée pour ses excellents concerts de musique classique, beaucoup donnés à la lueur des bougies. Elle est également très fréquentée par la communauté chinoise (la messe est dite en anglais, en mandarin et en cantonais).

Une modernisation de 36 millions de livres, terminée en 2007, a apporté un nouveau pavillon d'entrée, un agréable café qui accueille une fois par semaine en soirée des concerts de jazz, un foyer, et plusieurs nouveaux espaces à l'arrière de l'église pour l'action caritative envers la communauté chinoise et les sans-abris.

Des fouilles à des fins de restauration ont permis de mettre au jour dans la cour de l'église un sarcophage romain en calcaire de 1,5 tonne renfermant un squelette humain. On trouve également dans cette cour les tombes des artistes du XVIIIe siècle Reynolds et Hogarth.

Whitehall

CHURCHILL WAR ROOMS — MUSÉE

Voir p. 99.

10 DOWNING STREET — ÉDIFICE HISTORIQUE

Plan p. 430 (www.number10.gov.uk ; 10 Downing St SW1 ; Westminster ou Charing Cross). Le chef du gouvernement britannique y possède son bureau officiel depuis que Georges II a cédé la demeure à Robert Walpole en 1732. Il y réside également depuis les grands travaux de rénovation effectués en 1902. Comme l'a déclaré Margaret Thatcher, fille d'épicier : ici, le Premier ministre "habite au-dessus de la boutique".

Bien que représentant une adresse célèbre, le n°10 n'est qu'un petit bâtiment dans une rue ordinaire, ne soutenant guère la comparaison avec la Maison Blanche, par exemple. On ne voit pas grand-chose car la rue a été barricadée par un large portail en fer forgé lorsque Margaret Thatcher était Premier Ministre.

Rompant avec la tradition, Tony Blair s'était installé avec sa famille (il a 4 enfants) dans les locaux un peu plus spacieux du n°11, traditionnellement réservés au chancelier, lequel déménagea au n°10. Gordon Brown, son successeur en 2007, marié et père de 2 enfants, emménagea également au n°11 ; de même que David Cameron avec son épouse et ses 3 enfants, en 2011, après avoir demandé une rénovation. L'ampleur des travaux provoqua la réprobation quand furent publiées les photos de son épouse, Samantha, bavardant avec Michelle

ST GILES-IN-THE-FIELDS, L'ÉGLISE DE TOUTES LES SOUFFRANCES

Construite dans la campagne qui s'étendait autrefois entre la City et Westminster, l'**église St Giles** (Plan p. 432 ; 60 St Giles High St ; 9h-16h lun-ven ; Tottenham Court Rd) attire plus par son histoire, chronique de toute la misère londonienne, que par son architecture.

La structure actuelle est la troisième à occuper le site d'une chapelle construite au XIIe siècle pour la léproserie voisine. Jusqu'en 1547, date de fermeture de celle-ci, les condamnés à mort emmenés à Tyburn (p. 193) pour y être exécutés s'arrêtaient aux portes de l'église et avalaient, pour dernier rafraîchissement, une grande tasse de bière soporifique puisée dans le St Giles's Bowl. À partir de 1650, ils furent enterrés sur le terrain de l'église. C'est également dans les environs de St Giles que débuta la grande peste de 1665. À l'époque victorienne, c'était le quartier le plus sordide de Londres, souvent cité par Dickens. Aujourd'hui, les choses n'ont pas beaucoup changé à en juger par les rues sinistres et les toxicomanes qui errent dans le quartier.

À l'intérieur de l'édifice, notons la présence du pupitre qui fut utilisé pendant 40 ans par John Wesley, fondateur du méthodisme.

Obama dans l'extravagante nouvelle cuisine. La facture s'élevait à 28 000 £.

HORSE GUARDS PARADE SITE HISTORIQUE

Plan p. 430 (⌚relève de la garde à cheval 11h lun-sam, 10h dim ; ⊖Westminster ou St James's Park). Moins courue que celle de Buckingham Palace, la relève de la garde à cheval a lieu quotidiennement au niveau de l'entrée officielle des palais royaux (en face de la Banqueting House). Une version allégée de cette même cérémonie se déroule à 16h lors de la relève des gardes à pied. C'est aussi ici que se tient en juin la cérémonie du Trooping of the Colour, célébrant en grande pompe l'anniversaire officiel de la reine (née en réalité un 21 avril, période de l'année pâtissant d'une météo moins favorable).

Aujourd'hui, ce terrain de manœuvres et ses bâtiments, construits en 1745 pour héberger les "Life Guards" de la reine, sont proposés comme site pour la plage de beach-volley pendant les Jeux olympiques de 2012 (voir www.london2012.com).

BANQUETING HOUSE ÉDIFICE HISTORIQUE

Plan p. 430 (www.hrp.org.uk ; Whitehall SW1 ; adulte/enfant 5 £/gratuit ; ⌚10h-17h lun-sam ; ⊖Westminster ou Charing Cross). Ce bâtiment est l'unique vestige du palais Tudor de Whitehall, qui bordait autrefois Whitehall sur presque toute sa longueur avant de brûler en 1698. Conçu par Inigo Jones à son retour d'Italie, il fut le premier édifice Renaissance d'Angleterre et ne ressemblait à l'époque à aucune autre construction du pays. Apparemment, les Anglais l'ont détesté pendant plus d'un siècle.

Un buste à l'extérieur commémore les événements du 30 janvier 1649 : Charles Ier, accusé de trahison par Cromwell après la guerre civile, fut exécuté sur un échafaud bâti contre une fenêtre du premier étage. Une fois la monarchie rétablie avec Charles II, l'endroit devint inévitablement une sorte de sanctuaire royaliste. Au premier étage, une immense pièce presque vide possède un plafond garni de neuf panneaux peints par Rubens en 1635. Commandés par Charles Ier, ceux-ci représentent le "droit divin" des rois.

La demeure est utilisée de temps à autre pour des banquets officiels et des

LES INCONTOURNABLES SOMERSET HOUSE

En passant sous l'arche qui marque l'entrée de ce chef-d'œuvre palladien, on a du mal à s'imaginer que la magnifique cour, aux 55 fontaines jaillissantes, servait de parking aux fonctionnaires avant les grands travaux de rénovation effectués en 2000 ! Conçue en 1775 par William Chambers pour les administrations royales, elle héberge aujourd'hui deux fabuleux musées.

Immédiatement sur votre droite lorsque vous pénétrez dans l'enceinte de la Somerset House par le Strand, vous verrez la **Courtauld Gallery** (www.courtauld.ac.uk ; adulte/enfant 6 £/gratuit, 10h-14h lun gratuit ; ⌚10h-18h). Si vous n'aimez pas la foule, offrez-vous une visite tranquille dans cet endroit merveilleux pour admirer des toiles de Rubens, Botticelli, Cézanne, Degas, Renoir, Manet, Monet et bien d'autres. Des **présentations** de 15 min portant sur des œuvres ou des thèmes particuliers ont lieu tous les lundis et vendredis à 13h15. Les **Embankment Galleries** accueillent régulièrement des expositions de photographie.

La cour se transforme en hiver en une **patinoire** très fréquentée et l'été s'y déroulent des concerts et d'autres événements, comme le **Summer Screen** (10 soirées cinéma début août). Derrière la résidence, une jolie terrasse ensoleillée et un café surplombent la rive.

À NE PAS MANQUER

- Les chefs-d'œuvre de la Courtauld Gallery
- La patinoire en hiver
- Le cinéma en plein air en été

INFOS PRATIQUES

- plan p. 432
- www.somerset-house.org.uk
- The Strand WC2
- entrée libre dans la cour et sur la terrasse
- ⌚maison 10h-18h, Grande cour 7h30-23h
- ⊖Temple ou Covent Garden

LES INNS OF COURT

Dans la folie urbaine du West End, ce quartier recèle quelques recoins d'un calme presque parfait. Regroupées dans Holborn et Fleet St, les Inns of Court, avec leurs allées tranquilles, leurs vastes étendues et leur atmosphère détendue, forment une sorte d'oasis urbain. Tout avocat à Londres appartient à l'une des quatre Inns, qui comptent parmi leurs anciens membres des noms aussi prestigieux qu'Oliver Cromwell, le Mahatma Gandhi, Charles Dickens ou Margaret Thatcher. Il faudrait toute une vie pour pénétrer les subtilités du protocole des Inns qui rappelle un peu la franc-maçonnerie (les deux organisations datent du XIIIe siècle). Contentez-vous donc de goûter à l'atmosphère romanesque des lieux.

Lincoln's Inn (Plan p. 432 ; Lincoln's Inn Fields WC2 ; domaine 9h-18h lun-ven, chapelle 12h30-14h30 lun-ven ; Holborn). La Lincoln's Inn, la plus pittoresque des quatre, possède une chapelle, une place et des jardins charmants où il fait bon se promener, surtout en début ou en fin de journée, lorsque l'endroit est déserté. Le tribunal, bien que fermé au public, est visible au travers des grilles. Relativement intact, il comprend des bâtiments originaux du XVe siècle, dont la Tudor Lincoln's Inn Gatehouse, dans Chancery Lane. Inigo Jones a prêté son concours au plan de la chapelle, qui date de 1623 et demeure en assez bon état.

Inner Temple et Middle Temple (Plan p. 432 ; King's Bench Walk EC4 ; Temple ou Blackfriars). Depuis le Strand, franchissez face à la Cour royale la porte noire cloutée sur laquelle s'affiche "Middle Temple Lane", et vous vous retrouverez dans un vaste ensemble entourant Temple Church (voir p. 157). L'église fut conçue et construite par les Templiers entre 1161 et 1185. Des jardins et des cours splendides s'offrent à chaque détour. Le week-end, vous devrez généralement entrer par Victoria Embankment.

Staple Inn (Holborn ; Chancery Lane). La façade garnie de boutiques du XVIe siècle représente l'intérêt majeur de la Staple Inn (1589), la dernière des huit Inns of Chancery remplacées par les Inns of Court au XVIIIe siècle. Les bâtiments, essentiellement des reconstructions d'après-guerre, abritent désormais l'Institut d'actuaires et sont officiellement interdits au public (mais un coup d'œil discret ne semble gêner personne). Sur le même trottoir de Holborn, mais plus près de Fetter Lane, se tient la Barnard's Inn, réhabilitée en 1991. Il s'agit de la demeure habitée par Pip et Herbert Pocket dans *Les grandes espérances* de Dickens.

Gray's Inn (Gray's Inn Rd WC1 ; domaine 10h-16h lun-ven, chapelle 10h-18h lun-ven ; Holborn/Chancery Lane). Détruite pendant la Seconde Guerre mondiale, reconstruite, puis agrandie, la Gray's Inn présente moins d'intérêt que la Lincoln's Inn. Néanmoins, ses paisibles jardins restent très plaisants. C'est dans le hall d'origine qu'eut lieu la toute première représentation de *La Comédie des erreurs* de Shakespeare.

concerts ; le reste du temps, elle est accessible au public, sauf lorsqu'elle est louée pour un événement. Mieux vaut s'en assurer à l'avance.

CÉNOTAPHE

MÉMORIAL

Plan p. 430 (Whitehall SW1 ; Westminster ou Charing Cross). Ce cénotaphe (signifiant "tombe vide" en grec), construit en 1920 par Edwin Luytens, est le principal monument britannique dédié aux citoyens du Commonwealth tués pendant les deux guerres mondiales. La reine et d'autres notables y déposent des coquelicots le deuxième dimanche de novembre, Remembrance Sunday (dimanche du Souvenir).

Holborn et Le Strand

GRATUIT COUR ROYALE DE JUSTICE

ÉDIFICE HISTORIQUE

Plan p. 432 (460 The Strand ; 9h-16h30 lun-ven ; Temple). Au croisement du Strand et de Fleet St se dressent la Cour royale de justice, mélange gargantuesque de flèches et de pinacles gothiques et de pierre de Portland lustrée conçu en 1874 par G. E. Street. Ouverte au public, on peut assister à n'importe quelle audience. Une liste des affaires criminelles jugées par la Cour le jour même est affichée dans le grand hall. Les appareils photo restent à l'entrée. Des costumes utilisés pour les audiences sont exposés un peu partout dans le bâtiment.

ST CLEMENT DANES ÉGLISE

Plan p. 432 (www.raf. mod.uk/stclementdanes ; The Strand WC2 ; 9h-16h, sauf jours fériés ; Temple). À 9h, 12h et 15h, le carillon de cette église égrène une vieille comptine anglaise du XVIIIe siècle, *Oranges and Lemons*. De l'édifice érigé par sir Christopher Wren en 1682, seuls les murs et un clocher ajouté par James Gibbs en 1719 survécurent aux bombardements allemands. Après la guerre, l'église fut reconstruite à la mémoire des aviateurs alliés. Aujourd'hui, c'est la chapelle de la Royal Air Force (RAF), et quelque 800 plaques d'ardoise arborant les écussons des différents escadrons sont incrustés dans le dallage de la nef. La statue controversée qui se dresse devant l'église est celle de sir Arthur Harris, l'officier de la RAF responsable des bombardements pendant la dernière guerre qui réduisirent Dresde (ville d'Allemagne orientale) en cendres et firent quelque 25 000 victimes parmi les civils.

LE STRAND RUE

Plan p. 432 (Charing Cross ou Temple). À l'époque de sa construction, à la fin du XIIe siècle, le Strand (qui signifie plage en vieil anglais et en allemand) s'étendait le long de la Tamise. Ses majestueuses maisons de pierre, construites pour la noblesse, comptaient parmi les résidences les plus prestigieuses de par leur emplacement dans une rue reliant la City à Westminster, les deux centres du pouvoir. Ce prestige est demeuré pendant sept siècles, le Premier ministre du XIXe siècle Benjamin Disraeli la qualifiant même de "rue la plus élégante d'Europe". Le quartier abrita l'ancien Cecil Hotel, l'hôtel Savoy, le Simpson's, King's College et la Somerset House.

Les temps modernes ont été moins tendres avec le Strand : la rue est désormais surchargée de bureaux, de bouis-bouis et de boutiques de souvenirs, et malgré la présence du Savoy (en rénovation lors de notre passage), du bâtiment de l'ancien Simpson's et de la magnifique Somerset House qui illuminent la rue, il est difficile de lui trouver autant d'attrait qu'autrefois. Il lui reste tout de même quelques charmes, tels que **Twinings** au n° 216, un salon de thé ouvert par Thomas Twining en 1706, qui serait la plus vieille entreprise de la capitale exerçant au même endroit et détenue par la même famille. C'est également le centre de la philatélie londonienne, avec la Mecque du collectionneur de timbres et de pièces **Stanley Gibbons** au n° 339.

GRATUIT **HUNTERIAN MUSEUM** MUSÉE

Plan p. 432 (www.rcseng.ac.uk/museums ; Royal College of Surgeons, 35-43 Lincoln's Inn Fields WC2 ; 10h-17h mar-sam ; Holborn). La collection de spécimens anatomiques du chirurgien pionnier John Hunter (1728-1793) a inspiré ce musée un peu morbide, peu connu et pourtant fantastique. On y trouve des bizarreries telles que ce squelette de géant de 2,3 m, la moitié du cerveau du mathématicien Charles Babbage, et même le dentier de Winston Churchill. Une rénovation efficace il y a quelques années a estompé le côté sordide de la présentation, et permet désormais d'observer décemment des objets tels que des systèmes digestifs d'animaux, conservés dans du formol conformément aux us de la médecine légale, ou encore cet "organe d'audition" d'une baleine bleue. À l'étage, une exposition de techniques de chirurgie, aussi impressionnante que rebutante. Une visite guidée gratuite est organisée tous les mercredis à 13h.

Marylebone

SHERLOCK HOLMES MUSEUM MUSÉE

Plan p. 428 (www.sherlock-holmes.co.uk ; 221b Baker St ; adulte/enfant 6/4 £ ; 9h30-18h ; Baker St). Le musée est domicilié au 221b Baker St, alors que le célèbre détective aurait résidé dans l'immeuble Abbey National, plus bas dans la rue. Les inconditionnels du héros londonien apprécieront les trois étages de souvenirs victoriens, les fameux chapeaux du détective, les chandelles, les flammes vacillantes dans l'âtre, voire la statue de cire du professeur Moriarty et l'homme à la lèvre retroussée. D'aucuns regretteront toutefois le manque d'informations sur l'auteur, sir Arthur Conan Doyle.

BROADCASTING HOUSE MAISON DE LA RADIO

Plan p. 428 (www.bbc.co.uk/showsandtours ; Portland Pl ; visite guidée adulte/enfant 10/8 £ ; dim ; Oxford Circus) En face de l'église All Souls se dresse le bâtiment depuis lequel la BBC émet depuis 1932, d'où sont encore diffusées la majorité de ses émissions de

LES INCONTOURNABLES WALLACE COLLECTION

Probablement l'une des meilleures petites galeries d'art de Londres, la Wallace Collection nous replonge avec délice dans la vie aristocratique du XVIIIe siècle. Cette somptueuse demeure restaurée de style italianisant renferme un véritable trésor : tableaux, porcelaines, objets d'art et meubles des XVIIe et XVIIIe siècles rassemblés par une même famille sur plusieurs générations et légués à la nation par la veuve de sir Richard Wallace (1818-1890), à la condition qu'ils soient toujours exposés dans le centre de Londres.

Parmi les nombreux trésors de ce musée, citons Rembrandt, Delacroix, Titien, Rubens, Poussin, Velázquez et Gainsborough, exposés dans la superbe **Great Gallery**. À voir également une spectaculaire collection d'armures médiévales et Renaissance (dont certaines peuvent être essayées), de magnifiques chandeliers et un grand escalier passant pour être l'un des plus beaux exemples d'architecture intérieure à la française. Un remarquable audioguide (4 £) vous éclaire sur la pléthore d'objets et de tableaux.

Le musée propose également des expositions temporaires ainsi que des manifestations à thème très prisées et des bals (programme sur le site Web).

Déjeunez dans l'excellent restaurant sous la verrière (le **Wallace**, p. 121) et vous garderez un souvenir inoubliable de cette visite.

À NE PAS MANQUER

- La Great Gallery
- Le mobilier du fameux ébéniste André-Charles Boulle
- *Madame de Pompadour* de François Boucher

INFOS PRATIQUES

- plan p. 428
- www.wallacecollection.org
- Hertford House, Manchester Sq W1
- entré libre
- ⌚10h-17h
- ⊖Bond St

radio. Des visites guidées de 1 heure 30 ont généralement lieu le dimanche. Vous découvrirez le théâtre de la radio et, dans les coulisses, les studios d'enregistrement en direct des diverses chaînes de la BBC.

ALL SOULS CHURCH ÉGLISE

Plan p. 428 (www.allsouls.org ; Langham Pl W1 ; ⌚9h-18h, tlj sauf sam ; ⊖Oxford Circus). Cette charmante église a été bâtie par John Nash, l'architecte de Trafalgar Square, Regent Street et Picadilly Circus. Avec son porche circulaire entouré d'une colonnade et son clocher effilé, elle évoque un temple de la Grèce antique. L'édifice ne plut guère lorsqu'il fut construit, en 1824, comme en témoigne un dessin humoristique de l'époque, signé George Cruikshank, qui montre Nash fort inconfortablement assis sur la pointe de son clocher avec la légende suivante : "*Nashional Taste!!!*". L'All Souls Church, objet de bombardements massifs durant le Blitz, fut rénovée en 1951. Désormais, c'est l'une des églises les plus originales du centre de Londres.

Mayfair

HANDEL HOUSE MUSEUM MAISON-MUSÉE

Plan p. 428 (www.handelhouse.org ; 25 Brook St W1 ; adulte/enfant 6/2 £ ; ⌚10h-18h mar-sam, 10h-20h jeu, 12h-18h dim ; ⊖Bond St). George Frederick Haendel vécut pendant 36 ans, jusqu'à sa mort en 1759, dans ce bâtiment du XVIIe siècle situé dans Mayfair. C'est là qu'il composa ses plus beaux morceaux comme *Water Music*, *Le Messie*, *Zadok the Priest* et *Music for the Royal Fireworks*. La demeure a été transformée en musée fin 2001. Reconstituée à l'image de ce qu'elle devait être à l'époque du grand compositeur d'origine allemande.

À l'étage, dans la salle de répétition et de concerts, sont exposées les premières éditions de ses opéras et oratorios, des portraits de musiciens et de chanteurs qui travaillèrent avec lui et des instruments de musique. Vous aurez peut-être droit à un concert par les musiciens qui répètent ici. Tous les membres du personnel du musée sont des passionnés de Haendel qui connaissent tout de sa vie et de ses œuvres.

Ironie du sort, le n°23 de la même rue (qui fait désormais partie du musée) fut la résidence d'un musicien radicalement différent : le guitariste américain **Jimi Hendrix** (1942-1969) qui y demeura de 1968 à sa mort.

L'accès au musée se fait par Lancashire Court.

OÙ SE RESTAURER

Le West End concentre les restaurants les plus éclectiques, les plus branchés et, tout simplement, les meilleurs de la ville. Toutefois, il faut savoir que les établissements concentrés le long des rues touristiques sont souvent médiocres et que les meilleures adresses se cachent généralement derrière des devantures discrètes, dans des rues secondaires.

Westminster

VINCENT ROOMS — EUROPÉEN MODERNE £

Plan p. 430 (☎7802 8391 ; www.thevincentrooms.com ; Westminster Kingsway College, Vincent Sq SW1 ; plats 6-10,50 £ ; déj 12h-14h lun-ven, dîner certains soirs seulement ; Victoria). Quel bonheur de servir de cobayes aux apprentis chefs du Westminster Kingsway College, où le célébrissime Jamie Oliver a fait ses classes ! Le service est attentionné, l'ambiance étonnamment élégante, tant dans la "Brasserie" que dans l'"Escoffier Room", et la cuisine (avec d'excellents plats pour les végétariens) est splendide et exquise à des prix défiant toute concurrence.

CINNAMON CLUB — INDIEN £££

Plan p. 430 (☎7222 2555 ; www.cinnamonclub.com ; Old Westminster Library, 30 Great Smith St SW1 ; plats 14-32 £ ; fermé dim ; St James's Park). Ambiance de club colonial. La cuisine alliant la tradition indienne à la modernité européenne est somptueuse. Si vous le pouvez, offrez-vous le menu dégustation, véritable aventure culinaire (déj/dîner 45/75 £). Le club propose aussi le petit-déjeuner, de style européen avec des œufs ou indien avec des *uttapam* (crêpes de riz croustillantes, farcies).

Bloomsbury

ABENO — JAPONAIS ££

Plan p. 426 (www.abeno.co.uk ; 47 Museum St WC1 ; plats 7,50-18 £ ; déj et dîner ; Tottenham Court Rd). Ce restaurant discret est spécialisé dans l'*okonomiyaki*, une savoureuse crêpe japonaise, garnie avec les ingrédients de votre choix (viande, divers légumes, œufs, nouilles et fromage) et préparée sur la plaque chauffante de votre table. Vous pourrez aussi commander des classiques comme le *teppanyaki* (mets grillés sur une plaque) et le *yakisoba* (nouilles garnies sautées).

HUMMUS BROS — MOYEN-ORIENTAL £

Plan p. 426 (www.hbros.co.uk ; Victoria House, 37-63 Southampton Row WC1 ; plats 2,50-6 £ ; 11h-21h lun-ven ; Holborn). Cette mini-chaîne propose des bols nourrissants de houmous à accompagner à votre choix de bœuf ou de poulet, et servis avec du pain *pita* bien chaud. Vend aussi à emporter.

CHILLI COOL — CHINOIS £

Plan p. 426 (www.chillicool.com ; 15 Leigh St WC1 ; plats 7-19 £ ; déj et dîner ; Russell St). L'adresse nc paie vraiment pas de mine mais la cuisine est authentique. La clientèle, quasi exclusivement chinoise, se régale joyeusement de marmites, de nouilles *dan dan* ("de tous les jours"), de poulet *gong bao* (sauté aux piments et aux arachides) et d'autres délices du Sichuan.

NORTH SEA FISH RESTAURANT — FISH AND CHIPS ££

Plan p. 426 (7-8 Leigh St WC1 ; plats 9-20 £ ; fermé dim ; Russell St). Forts bons filets de carrelet ou de flétan, frits ou grillés, accompagnés d'énormes portions de frites. Si manger dans la salle sans âme ne vous dit rien, la boutique à emporter est juste à côté.

Fitzrovia

BUSABA EATHAI — THAÏLANDAIS £

Plan p. 426 (www.busaba.com ; 22 Store St WC1 ; plats 7-9 £ ; déj et dîner ; Goodge St). Cette petite chaîne appréciée pour sa délicieuse cuisine bon marché possède plusieurs enseignes dans le West End, mais celle-ci est la plus calme. Le menu décline des

DÉPART : **STATION DE MÉTRO COVENT GARDEN**

ARRIVÉE : **TRAFALGAR SQUARE (STATION DE MÉTRO CHARING CROSS)**

DISTANCE : **4 KM**

DURÉE : **1 HEURE 15**

Promenade à pied

Le West End

Cette promenade au cœur du West End vous conduit des boutiques chics de Covent Garden à Trafalgar Square, via Chinatown et le quartier verdoyant de St James's. De la station de métro Covent Garden, dirigez-vous vers la 1 **Covent Garden Piazza** et laissez-vous distraire par les artistes de rue qui contribuent à l'animation devant l'église St Paul.

Poursuivez dans King St et Garrick St, tournez à gauche dans Long Acre : vous êtes à 2 **Leicester Square**, où passent en avant-première les grands succès du cinéma. Tournez à droite dans Wardour St ; vous apercevrez bientôt sur votre droite les fausses portes orientales de 3 **Chinatown**. Le quartier est très pittoresque lors du Nouvel An chinois, décoré d'une profusion de lanternes.

Prenez à gauche dans 4 **Shaftesbury Ave**. C'est là que se concentrent la plupart des prestigieux théâtres du West End. Des acteurs hollywoodiens se sont produits ici, sans oublier l'acteur britannique Daniel Radcliffe, devenu célèbre avec Harry Potter. À l'extrémité de l'avenue, 5 **Piccadilly Circus** regorge de gigantesques enseignes lumineuses, de boutiques et de touristes.

Éloignez-vous de Picadilly Circus vers l'élégante avenue de 6 **Piccadilly**, qui prend déjà les airs aristocratiques de St James's et de Mayfair, tout proches. Vous pourrez pousser la porte de 7 **St James's Piccadilly**, la seule église que sir Christopher Wren construisit sur un sol vierge. Plus loin, vous verrez la majestueuse Burlington House, qui abrite la 8 **Royal Academy of Arts** , puis vous passerez devant le prestigieux 9 **Ritz**.

À gauche, entrez dans 10 **Green Park**, un petit parc tranquille aux chênes séculaires, éclairé le soir par d'anciens becs de gaz. 11 **Buckingham Palace** s'impose derrière le magnifique Canada Gate.

Descendez le 12 **Mall**, grandiose, à la droite duquel s'étend le ravissant 13 **St James's Park**. La vue sur le palais de Buckingham et le proche Whitehall est magnifique. Au bout du Mall, la colonne Nelson domine 14 **Trafalgar Square** , avec à l'arrière-plan la National Gallery. Passez du côté sud pour admirer Big Ben.

LES INCONTOURNABLES
MADAME TUSSAUD'S

Ce musée incroyablement kitsch au prix exorbitant, reste l'un des plus courus de la ville. On s'y presse pour se faire prendre en photo auprès de célébrités : Kate Moss, Lady Gaga, David et Victoria Beckham, la reine, le prince Charles et bien d'autres. Mais si vous préférez les politiciens, vous pourrez serrer la main de Barack Obama, de Tony Blair, ou du maire de Londres, Boris Johnson.

L'endroit est honteusement commercial, regorgeant de boutiques et d'occasions de dépenser dans chaque salle (en-cas, simulateur de Formule 1, atelier de moulage en cire de votre main, impression de votre personnage préféré sur une tasse ou un tapis brosse, etc.).

Ce musée a une longue et intéressante histoire. Sa fondatrice Marie Tussaud (suisse d'origine) commença par façonner des masques mortuaires de personnages exécutés pendant la Révolution française. Arrivée à Londres en 1803, elle exposa une trentaine de ses œuvres sur Baker St, non loin de l'emplacement actuel du bâtiment, qui renferme le musée de cire depuis 1885.

Le musée remporta un franc succès à l'époque victorienne, car les modèles présentés constituaient pour les visiteurs la seule possibilité de voir des personnages qui avaient défrayé la chronique, la photographie étant alors peu répandue.

À NE PAS MANQUER

- Lady Gaga
- La reine
- David et Victoria Beckham
- Barack Obama

INFOS PRATIQUES

- plan p. 428
- www.madame-tussauds.com
- Marylebone Rd NW1
- adulte/enfant 29/25 £
- 9h30-17h30 sept à mi-juil, 9h-19h mi-juil à août
- Baker St

classiques parfaitement exécutés tels le *pad thai* (nouilles sautées), des curries verts et rouges, de savoureuses soupes aux nouilles, d'excellents calmars ou le "Jungle Curry". Le lieu n'est pas propice aux longs dîners en tête-à-tête, mais c'est une très bonne option pour un excellent repas rapide.

HAKKASAN CHINOIS £££

Plan p. 426 (7927 7000 ; www.hakkasan.com ; 8 Hanway Pl W1 ; plats 9,50-42 £ ; Tottenham Court Rd). Ce restaurant en sous-sol, caché dans une ruelle, brille par sa renommée, ses cocktails délicieux et sa cuisine chinoise très recherchée. Son ambiance, aux lumières rouges tamisées, est idéale pour les soirées galantes ou entre amis, tandis que le bar invite à s'attarder sur un cocktail créatif. Pour dîner dans la salle d'apparat, vous devrez réserver longtemps à l'avance. Pour éviter ce désagrément, préférez comme les sages Londoniens, l'heure du déjeuner et la salle moins guindée du lounge Ling Ling.

FINO ESPAGNOL ££

Plan p. 426 (www.finorestaurant.com ; 33 Charlotte St (entrée sur Rathbone St) W1 ; tapas 4-17 £ ; déj lun-ven, dîner lun-sam ; Goodge St ou Tottenham Court Rd). Plébiscité à juste titre par la critique, cet établissement représente la bonne cuisine espagnole. Installé dans une magnifique salle en sous-sol, Fino se veut un restaurant de tapas différent. Pour un festival d'imagination et de saveurs espagnoles, essayez les topinambours cuisinés à la menthe, la tortilla aux crevettes et à l'ail sauvage ou le foie gras avec sa confiture de piments.

ROKA JAPONAIS ££

Plan p. 426 (7580 6464 ; www.rokarestaurant.com ; 37 Charlotte St W1 ; plats 15-24 £ ; déj et dîner ; Goodge St ou Tottenham Court Rd). Prenez place sur des bancs en bois pour un dîner décontracté composé de savoureux mets grillés sous vos yeux sur le *robatayaki* (gril) qui occupe le centre de l'espace. Déco moderne, toute d'acier et de verre.

RASA SAMUDRA INDIEN ££

Plan p. 426 (www.rasarestaurants.com ; 5 Charlotte St W1 ; plats 8-14 £ ; fermé dim ; Goodge St ou Tottenham Court Rd). Ce restaurant rose bonbon à deux pas d'Oxford St fait la part belle aux fruits de mer que l'on trouve au Kerala (à la pointe méridionale de l'Inde), sans pour autant délaisser les plats végétariens plus classiques (8 sur 14 plats principaux proposés). Les soupes de poisson sont excellentes, les pains délicieux et les divers curries magnifiquement épicés. Il existe cinq autres restaurants Rasa à Londres.

St James's

INN THE PARK — BRITANNIQUE ££

Plan p. 430 (☎7451 9999 ; www.inntheparkcom ; St James's Park SW1 ; plats 13,50-18,50 £ ; ⏱8h-23h ; ⊖Trafalgar Sq). Ce magnifique café-restaurant en bois dans St James's Park (p. 104) propose thé et gâteaux, ainsi qu'un menu d'inspiration traditionnelle britannique, qui change chaque mois. Le toit-terrasse avec vue sur l'une des fontaines du parc et les majestueux édifices de Whitehall, est parfaite au printemps et en été. Rien ne vaut un dîner sur place, lorsque le parc a retrouvé son calme et qu'il est à peine éclairé.

Soho et Chinatown

YAUATCHA — CHINOIS ££

Plan p. 422 (www.yauatcha.com ; 15 Broadwick St W1 ; dim sum 4-16 £ ; ⏱déj et dîner ; ⊖Oxford Circus). L'immeuble Ingeni, récompensé par un prix d'architecture, abrite ce prestigieux établissement en deux parties, dédié aux *dim sum* (raviolis chinois salés ou sucrés). L'étage est un havre de paix à l'ambiance bleutée, loin du chaos du marché de Berwick Street. Le rez-de-chaussée offre une ambiance plus chic, éclairé par une constellation d'étoiles lumineuses au plafond. Dans l'un ou l'autre, vous dégusterez un délicieux menu *dim sum* (décliné de 3 façons : à la vapeur, frits et *cheung fun* – crêpe de farine de riz fourrée de viande, de fruits de mer ou de légumes) ainsi que d'une fabuleuse gamme de thés.

MOOLI'S — INDIEN £

Plan p. 422 (www.moolis.com ; 50 Frith St W1 ; wrap 5 £ ; ⏱12h-22h lun-mer, 12h-23h30 jeu-sam, fermé dim ; ⊖Tottenham Court Rd ou

LES MEILLEURS AFTERNOON TEAS DE LONDRES

L'*afternoon tea* (généralement servi entre 15h et 17h) est l'équivalent du goûter. Naturellement, le thé (ou le café) est présent, accompagné de sa farandole de délicieuses pâtisseries ! Le *cream tea* s'accompagne de scones servis avec de la crème très épaisse et de la confiture, tandis que l'*afternoon tea* est un repas en soi comprenant des mini-sandwichs, des pâtisseries et des scones joliment présentés sur un plateau à étages. Voici quelques-unes des meilleures adresses de la ville où déguster un *afternoon tea*. Les hôtels de luxe tels le Ritz et le Claridges le proposent également, mais vous devrez réserver au moins 6 semaines à l'avance.

Dean Street Townhouse (Plan p. 422 ; www.deanstreettownhouse.com ; 69-71 Dean St W1 ; *afternoon tea* 16 £ ; ⏱tlj ; 📶 ⊖Tottenham Court Rd). Difficile de trouver plus agréable pour un *afternoon tea* que ce salon. L'ambiance à l'ancienne est douillette et les pâtisseries divines. En été, quelques tables sont installées dans la rue.

Bea's of Bloomsbury (Hors plan p. 426 ; www.beasofbloomsbury.com ; 44 Theobalds Rd WC1 ; *afternoon tea* 15 £ ; ⏱tlj ; ⊖Holborn ou Chancery Lane). Bea's s'est fait un nom grâce à ses cupcakes, avant d'offrir un *afternoon tea* complet. Le café est petit mais original avec sa jolie déco et sa cuisine ouverte. À 10 min du British Museum.

Wolseley (Plan p. 430 ; ☎7499 6996 ; www.thewolseley.com ; 160 Piccadilly W1 ; cream/afternoon tea 9/21 £ ; ⏱tlj ; ⊖Green Park). L'ancien showroom de voitures Bentley a fait place à une opulente brasserie viennoise où l'on aperçoit souvent des célébrités. Aussi somptueux que le décor, l'*afternoon tea* s'accompagne d'un thé spécialement sélectionné par Wolseley.

Portrait (p. 121). Le prestigieux restaurant de la National Portrait Gallery propose un *Champagne cream tea* (30 £), naturellement servi avec une coupe de champagne, et la vue sur les toits de Londres.

5th View (p. 118). Vue sur Westminster, scones et confitures maison composent cet *afternoon tea* sophistiqué (15 £).

Leicester Sq). Véritable bouffée d'air frais parmi les restaurants sur le pouce, ce sympathique petit restaurant propose une délicieuse recette maison de *roti* (pain indien tendre et délicieux) farcis de viande, de *paneer* (fromage) et de pois chiches. Les chutneys, le *lassi* à la mangue (boisson au yaourt) et la limonade sont également maison. Bonne sélection de bières en bouteille.

BOCCA DI LUPO ITALIEN ££

Plan p. 422 (☎7734 2223 ; www.boccadilupo.com ; 12 Archer St W1 ; plats 8,50-17,50 £ ; ⌚déj et dîner lun-sam, déj dim ; ⊖Piccadilly Circus). Bocca di Lupo niche son élégante sophistication dans une rue sombre de Soho. La carte propose des spécialités de toute l'Italie et vous pouvez commander tous les plats principaux en petite ou grande portion. Bon choix de vins italiens et desserts fantastiques. Mieux vaut réserver.

KOYA NOUILLES JAPONAISES £

Plan p. 422 (www.koya.co.uk ; 49 Frith St W1 ; plats £7-14 ; ⌚déj et dîner lun-sam ; ⊖Tottenham Court Rd ou Leicester Sq). Arrivez tôt ou tard si vous ne voulez pas faire la queue. Dans cet excellent restaurant japonais, les Londoniens se régalent d'authentiques *udon* (épaisses nouilles de blé servies dans un bouillon chaud ou avec une sauce froide). Service efficace et prix raisonnables.

SPUNTINO AMÉRICAIN ££

Plan p. 422 (http://spuntino.co.uk ; 61 Rupert St W1 ; plats 8-12 £ ; ⌚lun-sam 11h-minuit, 11h-23h dim ; ⊖Piccadilly Circus). Ce nouveau bar-restaurant fait un tabac à Soho. La cuisine créative entre l'Amérique et l'Italie assure son succès. Goûtez de bons vieux classiques comme les macaronis au fromage, les hamburgers, et les sandwichs au beurre de cacahuète, revisités à la mode du XXIe siècle. Arrivez tôt pour le dîner car l'établissement ne prend pas de réservation.

NORDIC BAKERY SCANDINAVE £

Plan p. 422 (www.nordicbakery.com ; 14a Golden Sq W1 ; plats 4-5 £ ; ⊖Piccadilly Circus). Cet endroit sombre, tout en boiseries, est idéal pour échapper au chaos de Soho. Après un sandwich au poisson fumé scandinave, vous pourrez prendre un café/thé et gâteau l'après-midi. Les petits pains à la cannelle sont très appréciés au petit-déjeuner.

5TH VIEW INTERNATIONAL ££

Plan p. 422 (www.5thview.co.uk ; 5e ét., Waterstone's Piccadilly, 203-206 Piccadilly W1 ; plats 9-15 £ ; ⌚9h-21h lun-sam, 9h-17h dim ; ⊖Piccadilly Circus). Depuis le Waterstone's Piccadilly, la vue sur Westminster est enchanteresse. Ajoutez une salle à l'ambiance décontractée mais sophistiquée, de la bonne cuisine, et vous avez un joyau. Nous avons apprécié entre autres le mezze libanais et autres plateaux d'antipasti à partager.

BAR SHU CHINOIS ££

Plan p. 422 (www.bar-shu.co.uk ; 28 Frith St W1 ; plats 8-20 £ ; ⌚déj et dîner ; ⊖Leicester Sq). On raconte qu'un homme d'affaires de Chengdu, capitale de la province du Sichuan (Chine), en visite à Londres, trouva les restaurants chinois si fades qu'il décida d'ouvrir son propre établissement avec 5 chefs de son pays. Le résultat : une authentique cuisine sichuanaise relevée de piments fumés, et de l'ingrédient roi de cette cuisine, le poivre de Sichuan. Le service est un peu brusque mais les plats délicieux et copieux.

MILDRED'S VÉGÉTARIEN £

Plan p. 422 (www.mildreds.co.uk ; 45 Lexington St W1 ; plats 9-10 £ ; ⌚fermé dim ✎ ⊖Oxford Circus). La table végétarienne la plus créative du centre de Londres est bondée à l'heure du déjeuner. N'hésitez donc pas à partager une table pour déguster la terrine de fenouil braisé et pois chiches, la potée de lentilles du Puy, des ragoûts éthiopiens, des salades délicieusement exotiques (et généreuses) et des légumes sautés. Également, des plats végétaliens et sans gluten, et bon choix de vins bio.

VEERASWAMY INDIEN £££

Plan p. 422 (☎7734 1401 ; www.veeraswamy.com ; 1er ét, 99 Regent St (entrée sur Swallow St). W1 ; plats 16-25 £ ; ⌚déj et dîner ; ⊖Piccadilly Circus). Cet établissement sélect, ouvert en 1926, se targue d'être le plus ancien restaurant indien du Royaume-Uni. Même direction que le Masala Zone (p. 247), la qualité de la cuisine est remarquable. Parmi les grandes réussites et favoris de la clientèle, le *biryani* d'agneau d'Hyderabad longuement mijoté et le bar à la mode du Kerala. Réservation recommandée.

ANDREW EDMUNDS EUROPÉEN MODERNE ££

Plan p. 422 (☎7437 5708 ; 46 Lexington St W1 ; plats 10-18 £ ; ⌚déj et dîner ; ⊖Piccadilly

SEXE, DROGUE ET ROCK 'N' ROLL : L'HISTOIRE DE SOHO

L'identité de Soho s'est forgée au fil des nombreuses vagues d'immigration. Le développement résidentiel débute au XVIIe siècle, après que le Grand Incendie a ravagé la majeure partie de la ville. Un afflux de réfugiés grecs et huguenots puis, au XVIIIe siècle, d'Italiens, de Chinois et autres artisans et radicaux, remplacent les bourgeois de Soho, qui partent s'installer à Mayfair. Au cours du siècle suivant, Soho n'est guère qu'un bidonville dont les habitants pauvres sont fréquemment frappés par le choléra. Malgré tout, l'ambiance cosmopolite de Soho attire les écrivains et les artistes, et le quartier surpeuplé devient un centre de divertissement où restaurants, tavernes et cafés se multiplient.

Au XXe siècle, une nouvelle vague d'immigrants européens s'installe. Pendant les deux décennies qui suivent la Seconde Guerre mondiale, Soho devient alors une enclave bohème. Le fameux club de Ronnie Scott's (p. 131), situé à l'origine sur Gerrard St, rythme le quartier de ses accents jazz, tandis que des géants tels que Jimi Hendrix, les Rolling Stones et Pink Floyd font leurs premières scènes au légendaire Marquee Club, autrefois sur Wardour St. La réputation miteuse de Soho le précède, mais lorsque les centaines de prostituées du "Square Mile" sont chassées de la rue pour finir dans des vitrines, il devient le "quartier rouge" de la ville, royaume de la pornographie, des boîtes de strip-tease et des clubs louches. Peu après, c'est la libération gay, et dès les années 1980, Soho devient le centre de la scène gay de Londres, tel qu'on le connaît aujourd'hui. Ce quartier dégage un véritable esprit de communauté, palpable notamment le samedi et le dimanche matin, quand il prend des allures de village.

Circus). Voici un petit restaurant douillet qu'on aimerait trouver partout à Soho. La carte, mélange de cuisine française (confit de canard) et européenne rustique (penne au fromage de chèvre) est un véritable régal. C'est l'une des meilleures adresses de Soho, la réservation est donc impérative.

STAR CAFÉ — CAFÉ £

Plan p. 422 (www.thestarcafe.co.uk ; 22 Great Chapel St W1 ; plats 6-9 £ ; ⏲7h-16h lun-ven ; ⊖Tottenham Court Rd). Ce café extrêmement chaleureux donne la sensation que rien n'a changé depuis son ouverture en 1933. Il est surtout connu pour ses petits-déjeuners, notamment le Tim Mellor Special, composé de saumon fumé et d'œufs brouillés.

HIX — BRITANNIQUE MODERNE ££

Plan p. 422 (www.hixsoho.co.uk ; ☎7292 3518 ; 66-70 Brewer St W1 ; plats 16-37 £ ; ⏲déj et dîner ; ⊖Piccadilly Circus). Dans son restaurant, le chef britannique Mark Hix met à l'honneur les produits de saison. La carte décline des spécialités britanniques revisitées (*fish and chips*, pudding au caramel mou) et des choses plus rares comme la langue d'agneau ou le mulet à la crème de chou-fleur. Une collection d'art éclectique (dont des œuvres de Tracy Emin et Damian Hirst) tient lieu de décor.

POLPETTO — ITALIEN ££

Plan p. 422 (www.polpetto.co.uk ; à l'étage de la French House, 49 Dean St W1 ; petites assiettes 5-13 £ ; ⏲déj et dîner lun-sam ; ⊖Piccadilly Circus ou Leicester Sq). Ce modeste et splendide bistrot italien sert de petites assiettes de viande, de poisson et de légumes dans la tradition des bars à vins vénitiens. Selon votre appétit, vous en commanderez trois ou quatre à partager à deux. Cela revient un peu cher mais les gens des médias de Soho ne jurent que par lui.

ARBUTUS — EUROPÉEN MODERNE ££

Plan p. 422 (☎7734 4545 ; www.arbutusrestaurant.co.uk ; 63-64 Frith St W1 ; plats 16-20 £ ; ⏲déj et dîner ; ⊖Tottenham Court Rd). Le restaurant étoilé au Michelin propose une délicieuse cuisine britannique qui met l'accent sur les produits saisonniers et le niveau ne cesse de s'améliorer. Essayez des plats aussi inventifs que le hamburger de calmar et maquereaux, les ris de veau et artichauts et les "pieds et paquets" (tripes de mouton farcies et pieds de porc)... et ne manquez pas le menu déjeuner de trois plats à seulement 16,95 £, ou 17,95 £ pour un dîner de trois plats avant ou après le théâtre. Réservation indispensable.

GAY HUSSAR — HONGROIS ££

Plan p. 422 (☎7437 0973 ; www.gayhussar.co.uk ; 2 Greek St W1 ; plats 13-18 £ ; ⏲fermé dim ;

⊖Tottenham Court Rd). La salle lambrissée renvoie au Soho des années 1950, époque où l'on aimait encore dîner dans un cadre grand style. Les plats sont riches et les portions gargantuesques, comme la cuisse de canard rôtie et ses légumes ou le "Gypsy quick dish", un médaillon de porc aux oignons et aux poivrons verts. Un déjeuner de 2/3 plats revient à 19/22 £.

FERNANDEZ & WELLS ESPAGNOL £

Plan p. 422 (www.fernandezandwells.com ; 43 Lexington St W1 ; plats 4-14 £ ; ⌚11h-22h lun-ven, 12h-22h sam, 14h-22h dim ; ⊖Oxford Circus). Cet enseigne apporte les saveurs de l'Espagne à Soho, en proposant des déjeuners simples et des dîners de *jamón*, charcuterie et assiettes de fromage accompagnés de vin de qualité. Les sandwichs au chorizo grillé sont parfaits pour un déjeuner sur le pouce. L'endroit est souvent très fréquenté, avec une ambiance tranquille et des places en terrasse.

PRINCI ITALIEN £

Plan p. 422 (www.princi.co.uk ; 135 Wardour St W1 ; plats 6-9 £ ; ⌚7h-minuit lun-sam, 7h-22h dim ; 📶 ; ⊖Oxford Circus ou Tottenham Court Rd). Voici un restaurant où l'on entre souvent par hasard, attiré par les appétissants gâteaux et pains. Vous vous retrouverez à table à savourer des gnocchis au pesto, suivis d'une part de tiramisu. Le Princi est irrésistible ! Les prix sont raisonnables et vous serez bien servi toute la journée.

BARRAFINA ESPAGNOL ££

Plan p. 422 (☎7813 8016 ; www.barrafina.co.uk ; 54 Frith St W1 ; tapas 5-10 £ ; ⌚déj et dîner ; ⊖Tottenham Court Rd). Les tapas sont toujours meilleures en Espagne, mais la qualité des produits justifie leur prix, un peu élevé pour des amuse-gueules censé simplement accompagner les boissons. Outre les *gambas al ajillo* (crevettes à l'ail ; 7,50 £), essayez le tartare de thon et les cailles rôties servies avec de l'aïoli. L'adresse n'est pas idéale pour les groupes car on est installé au bar.

SPICE MARKET ASIATIQUE ££

Plan p. 422 (www.spicemarketlondon.co.uk ; 10 Wardour St W1 ; plats 10,50-24 £, formule déjeuner/dîner 18/48 £ ; ⌚déj et dîner ; ⊖Leicester Sq ou Piccadilly Circus). Très moderne, cet établissement allie les différentes saveurs de l'Asie du Sud-Est. La cuisine est bonne et à prix raisonnables vu l'emplacement.

MILK BAR CAFÉ £

Plan p. 422 (3 Bateman St W1 ; plats 4-6 £ ; ⌚8h-19h lun-ven, 9h-18h sam et dim ; ⊖Tottenham Court Rd). Ce minuscule bar sert l'un des meilleurs petits-déjeuners du centre de Londres, avec de grandes omelettes, des *beans on toast* maison, du porridge, des crêpes aux fruits et au miel, etc., la plupart à moins de 5 £. Le café est également délicieux et le thé servi dans des tasses anciennes dépareillées.

KULU KULU JAPONAIS £

Plan p. 422 (www.kulukulu.co.uk ; 76 Brewer St W1 ; sushi 2-4 £ ; ⌚déj et dîner lun-sam ; ⊖Piccadilly Circus). Une adresse simple et animée, juste en retrait de Piccadilly Circus, qui offre parmi les meilleurs sushis sur tapis roulant de Londres et les moins chers. Choix standard (*maki* de thon ou saumon, tempura de crevette, poulet *teriyaki*, etc.) mais fraîcheur et saveur irréprochables. S'il y a du monde, on ne vous accorde que 45 min.

NEW WORLD CHINOIS £

Plan p. 422 (1 Gerrard Pl W1 ; plats 7-10 £ ; ⌚déj et dîner ; ⊖Leicester Sq). Si vous avez une grosse envie de *dim sum*, les 3 étages du New World ne vous décevront pas. Toutes les bonnes vieilles recettes traditionnelles sont à votre portée, sur le chariot qui passe et repasse dans la salle à manger : du *ha gau* (ravioli aux crevettes) au *pai gwat* (travers de porc à la vapeur).

Covent Garden et Leicester Square

♥ BEN'S COOKIES BOULANGERIE £

Plan p. 432 (www.benscookies.com ; 13A The Piazza, Covent Garden WC2 ; cookie 1,50 £ ; ⌚10h-20h lun-sam, 11h-19h dim ; ⊖Covent Garden). Sans doute les meilleurs cookies de toute l'histoire de la biscuiterie. Choisissez entre 18 sortes (triple chocolat, cacahuètes, flocons d'avoine et raisins secs, chocolat et orange...). Les fournées se suivent régulièrement dans la journée, vous aurez sûrement la chance d'en goûter des tous chauds !

RESTAURANTS DE MUSÉES

National Dining Rooms (Plan p. 432 ; www.peytonandbyrne.co.uk ; Sainsbury Wing, National Gallery, Trafalgar Sq WC2 ; plats 15 £ ; ⏲10h-17h30 sam-jeu, jusqu'à 20h30 ven ; ⊖Charing Cross). Le chef Oliver Peyton voulait que ce restaurant de la National Gallery soit "fièrement et résolument britannique". Une excellente idée ! Pour un déjeuner léger, la carte propose un vaste choix de fromages du pays. Pour un vrai repas, le menu régional, changeant chaque mois, met à l'honneur les spécialités des îles britanniques. La boulangerie confectionne toute la journée tourtes et pâtisseries pour de délicieuses collations le matin ou l'après-midi.

Portrait (Plan p. 432 ; ☎7312 2490 ; www.npg.org.uk/visit/food-and-drink/restaurant.php ; 2e ét, National Portrait Gallery, St Martin's Pl WC2 ; plats 14-29 £ ; ⏲déj 11h45-15h tlj, dîner jeu-sam 17h30-20h15 ; ⊖Charing Cross). Ce restaurant superbement situé, au-dessus de la fascinante National Portrait Gallery (p. 97), avec une vue sur Trafalgar Sq et Westminster, est l'endroit idéal pour un bon déjeuner après une visite de la galerie. Mais nous vous recommandons vivement de venir pour le brunch (uniquement le week-end) ou l'*afternoon tea* (tous les jours). Les horaires d'ouverture du restaurant sont malheureusement limités, on ne peut dîner que le jeudi et le vendredi (assez tôt). Réservation conseillée.

Wallace (Plan p. 428 ; www.peytonandbyrne.co.uk/the-wallace-restaurant ; Hertford House, Manchester Sq W1 ; plats 15-22 £ ; ⏲petit-déj, déj et dîner ; ⊖Bond St). Peu de restaurants jouissent d'un emplacement aussi idyllique que cette brasserie française ! Installée dans la cour de la Wallace Collection (p. 113), elle propose une cuisine moderne mettant à l'honneur les produits de saison. Le menu du jour de deux ou trois plats est à 22/26 £.

GREAT QUEEN STREET
BRITANNIQUE ££

Plan p. 432 (☎7242 0622 ; 32 Great Queen St WC2 ; plats 9-18 £ ; ⏲déj et dîner lun-sam, déj dim ; ⊖Covent Garden ou Holborn). Parmi les meilleures adresses de Covent Garden, le Great Queen St est le jumeau de l'**Anchor & Hope** (p. 174) à Waterloo. Saisonnière (et renouvelée quotidiennement), la carte met l'accent sur la qualité des produits et le côté roboratif des plats – il y a toujours de délicieux ragoûts et potées, des rôtis et des plats de poisson simples. L'ambiance est animée, avec un petit bar à l'étage inférieur. Bonne carte des vins. Il est essentiel de réserver.

BAOZI INN
CHINOIS £

Plan p. 432 (25 Newport Ct WC2 ; plats 6-7 £ ; ⏲fermé dim ; ⊖Leicester Sq). Le petit frère du Bar Shu (p. 118) a sa propre personnalité et une carte originale (et bon marché). Décoré dans un style rétro jouant la carte du kitsch façon Chine populaire, avec de vieux chants communistes chinois en fond sonore, il propose de la cuisine chinoise de rue de qualité, avec des plats comme les nouilles *dan dan* au porc épicé et *baozi* (petits pains farcis à la vapeur) confectionnés chaque jour. Une vraie perle dans un Chinatown souvent peu fiable.

SCOOP
GLACES £

Plan p. 432 (www.scoopgelato.com ; 40 Shorts Gardens WC2 ; glaces 3-5 £ ; ⏲12h-23h ; ⊖Covent Garden). Les week-ends d'été, la file d'attente s'étire dans la rue. Tous les ingrédients sont naturels et les portions généreuses. Parfums traditionnels comme pistache, chocolat, ou créations plus originales tels biscuit ou thé vert.

MONMOUTH COFFEE COMPANY
CAFÉ £

Plan p. 432 (www.monmouthcoffee.co.uk ; 27 Monmouth St WC2 ; pâtisseries à partir de 2,50 £ ; ⏲8h-18h30 lun-sam ; ⊖Tottenham Court Rd ou Leicester Sq). La vocation première de Monmouth est de vendre des grains de café de tous les pays du monde, mais il dispose aussi de quelques alcôves en bois au fond de la boutique où vous pourrez déguster les précieux nectars, accompagnés de gâteaux provenant des pâtisseries du quartier.

ROCK & SOLE PLAICE
FISH AND CHIPS £

Plan p. 432 (47 Endell St WC2 ; plats 10 £ ; ⏲déj et dîner ; ⊖Covent Garden). Simplicité est le maître-mot de cet établissement : tables de bois sous les arbres (en été) et déco sans chichis à l'intérieur. Les poissons (cabillaud, églefin ou raie) légèrement passés dans la pâte à frire avant d'être plongés dans l'huile sont délicieux et accompagnés d'une généreuse portion de frites. À manger sur place ou à emporter.

WAHACA MEXICAIN £

Plan p. 432 (www.wahaca.com ; 66 Chandos Pl WC2 ; plats 7-10 £ ; ⌚12h-23h lun-sam, jusqu'à 22h30 dim ; ⊖Covent Garden). Cette charmante *cantina* propose une cuisine assez authentique. Partagez des en-cas tels tacos, tostadas, *quesadillas* ou commandez des plats plus sophistiqués tels que poisson grillé au chili ou salade de fruits de mer. Sélection de 12 téquilas.

GIACONDA DINING ROOM EUROPÉEN MODERNE ££

Plan p. 432 (☎7240 3334 ; www.giacondadining.com ; 9 Denmark St ; plats 6,50-19,50 £ ; ⌚mar-ven déj et dîner, dîner sam ; ⊖Tottenham Court Rd). Une pièce minuscule près de Charing Cross Rd où l'on sert l'une des meilleures cuisines du quartier, avec de bons plats européens tels confit de canard, gnocchis gratinés, steak tartare et poisson du jour. La carte des vins est correcte et les clients ont droit à une carafe d'eau pétillante. Service sympathique.

J SHEEKEY POISSON ET FRUITS DE MER £££

Plan p. 432 (☎7240 2565 ; www.j-sheekey.co.uk ; 28-32 St Martin's Ct WC2 ; plats 15-42 £ ; ⌚déj et dîner ; ⊖Leicester Sq). Perle de la scène culinaire londonienne, ce restaurant très chic remonte à 1896. Il dispose de quatre vastes pièces lambrissées et élégantes, où vous pourrez déguster de délicieux poissons finement cuisinés. Autre attrait : son bar à huîtres, prisé avant ou après le dîner. Formule déjeuner (3 plats) le week-end à 26,50 £.

CANELA PORTUGAIS ET BRÉSILIEN £

Plan p. 432 (www.canelacafe.com ; 33 Earlham St WC2 ; plats 8-9 £ ; ⌚déj et dîner ; ⊖Covent Garden). Ce petit café sert de savoureux plats portugais et brésiliens. Le café fort en arômes, accompagné d'un bâton de cannelle, est également excellent. Essayez le délicieux *pão de queijo,* un pain au fromage servi avec une généreuse salade, ou la *feijoada,* le ragoût aux haricots et porc fumé.

PRIMROSE BAKERY CAFÉ £

Plan p. 432 (www.primrosebakery.org.uk ; 42 Tavistock St WC2 ; gâteaux 3 £ ; ⌚10h30-19h lun-sam, 12h-17h dim ; ⊖Covent Garden). Cette petite boulangerie est spécialisée dans le cupcake. Elle en propose trente, à déguster autour d'une théière dans le minuscule café.

RULES BRITANNIQUE ££

Plan p. 432 (www.rules.co.uk ; 35 Maiden Lane WC2 ; plats 18-28 £ ; ⌚déj et dîner lun-sam ; ⊖Covent Garden). Fondé en 1798, ce restaurant est le plus ancien de Londres. Rules s'est spécialisé dans la cuisine du gibier (entre mi-août et janvier, on y sert des milliers d'oiseaux provenant de son domaine), mais le poisson figure aussi au menu. Les puddings traditionnels, comme les *trifles* et les *treacles*, sont accompagnés de crème anglaise.

ASSA CORÉEN £

Plan p. 432 (53 St Giles High St WC2 ; plats 6-11 £ ; ⌚fermé dim ; ⊖Tottenham Court Rd). Le meilleur des 3 restaurants coréens situés derrière l'immeuble Centre Point, Assa attire par ses petits prix une clientèle de jeunes Asiatiques sympathiques qui se régalent de soupes de nouilles et de *bibimbab* (riz dans un bol brûlant, recouvert de fines tranches de bœuf et de légumes salés, le tout agrémenté de pâte de soja pimentée). Le puissant *soju* (le saké coréen) est aussi de la partie.

Holborn et Le Strand

ASADAL CORÉEN ££

Plan p. 432 (www.asadal.co.uk ; 227 High Holborn WC1 ; plats 7-18 £ ; ⌚fermé déj dim ; ⊖Holborn). Les amateurs de cuisine coréenne qui aimeraient un peu de sophistication seront comblés par ce restaurant à côté de la station de métro Holborn. Les *kimchi* (choux chinois pimentés servis en condiment) sont relevés à point. Quant aux grillades (7 à 11,50 £) à cuire sur votre table chauffante et au *bibimbab* (riz dans un bol brûlant recouvert de fines tranches de bœuf, de légumes salés et de pâte de soja pimentée), ce sont les meilleurs de la ville.

SHANGHAI BLUES CHINOIS £££

Plan p. 432 (☎74041668 ; www.shanghaiblues.co.uk ; 193-197 High Holborn WC1 ; plats 15-52 £ ; ⊖Holborn). L'ancienne bibliothèque St Giles abrite désormais un des restaurants chinois les plus sélects de Londres. Très impressionnante, la décoration intérieure sombre évoque un Shanghai impérial revu au goût du jour. La carte est tout aussi surprenante, notamment par ses *dim sum* "new style" servis en amuse-bouche, le canard *pipa* (canard laqué) ou la poitrine de porc cuite deux fois. Le choix de thés (certains très rares) est également vaste. Jazz live en soirée le vendredi et le samedi.

KIMCHEE CORÉEN £

(www.kimchee.uk.com ; 71 High Holborn WC1 ; plats 7-8 £ ; 11h30-23h ; Holborn). Du nom des fameux condiments, cet établissement allie un vaste intérieur zen aux couleurs neutres et une trépidante cuisine ouverte. Les plats d'un bon rapport qualité/prix sont excellents. Partagez comme en Corée un barbecue au charbon de bois et tous les petits plats qui vont avec.

Marylebone

PROVIDORES & TAPA ROOM FUSION £££

Plan p. 428 (7935 6175 ; www.theprovidores.co.uk ; 109 Marylebone High St W1 ; plats 18-26 £ ; déj et dîner ; Baker St ou Bond St). Un restaurant sur deux niveaux : au rez-de-chaussée (sans réservation) d'irrésistibles tapas (2,80-15 £) ; à l'étage, une élégante salle à manger à l'ambiance feutrée, où sont servis des plats fusion exceptionnels. Le filet de bœuf aux champignons shiitake en saumure du Sichuan, carottes glacées au piment, purée d'oignon, croutons de brioche aux noix et beurre béarnaise est un régal ! Et que dire des Saint-Jacques écossaises grillées déposées sur l'enveloppe de *nori* (feuille d'algue) d'un rouleau de crevettes grises en tempura, accompagné de *hijiki* (algue), d'un sambal (condiment malaisien) à la chair de coco et d'un *dashi* (bouillon japonais) au tapioca ! Fantastique brunch le samedi et le dimanche.

LOCANDA LOCATELLI ITALIEN £££

Plan p. 428 (7935 9088 ; www.locandalocatelli.com ; 8 Seymour St W1 ; plats 14-33 £ ; déj et dîner ; Marble Arch). Ce restaurant tranquillement glamour, dans un hôtel sans grand intérêt de Marble Arch, est l'une des tables les plus courues de Londres. Locatelli est connu pour ses pâtes, qui sont divines mais tout de même chères (plats 20-25 £). Cela ne semble toutefois pas gêner l'élégante clientèle internationale. Réservation nécessaire.

PING PONG CHINOIS £

Plan p. 428 (www.pingpongdimsum.com ; 10 Paddington St W1 ; dim sum à partir de 3 £, menu 10-15 £ ; déj et dîner ; Baker St). Cette chaîne à la mode sert des *dim sum* toute la journée. Les clients cochent sur une petite grille comment ils les préfèrent, à la vapeur, grillés ou sautés. Les paniers de bambou arrivent peu après. Les fleurs des thés parfumés qui s'ouvrent joliment lors de l'infusion suscitent l'admiration.

FISHWORKS POISSON ET FRUITS DE MER ££

Plan p. 428 (www.fishworks.co.uk ; 89 Marylebone High St ; plats 12,50-25 £ ; déj et dîner ; Baker St). Vous entrerez dans ce restaurant par la poissonnerie où la marée est toujours de première fraîcheur. Goûtez les spécialités anglaises telles la sole de Douvres, la raie du Devon, les huîtres de Cornouailles, ou optez pour un homard breton, un steak de thon ou une soupe de poissons de Méditerranée.

IL BARETTO ITALIEN ££

Plan p. 428 (www.ilbaretto.co.uk ; 43 Blandford St W1 ; plats 10-32 £ ; déj et dîner ; Baker St ou Bond St). Une trattoria sans prétention qui semble séduire les Londoniens avec ses bonnes pizzas au feu de bois et ses plats simples comme les pennes à la sauce tomate et saucisse.

LE PAIN QUOTIDIEN CAFÉ £

Plan p. 428 ; www.lepainquotidien.com ; 72-75 Marylebone High St W1 ; plats 5-11 £ ; 7h-21h lun-ven, 8h-21h sam, 8h-19h dim ; Baker St). Ce café de la chaîne belge, au style simple et épuré, propose de belles salades fraîches, des soupes et des tartines. Le petit-déjeuner est délicieux (muesli, pains, fruits en conserve), ainsi que l'*afternoon tea* aux succulentes pâtisseries (notamment des tartelettes aux fruits à se damner !).

GOLDEN HIND FISH AND CHIPS £

Plan p. 428 (73 Marylebone Lane W1 ; plats 6,90-10,90 £ ; fermé déj sam et tout le dim ; Bond St). Un classique du genre : robustes tables et bancs de bois, où les ouvriers du bâtiment côtoient les hommes d'affaires. Et de la bassine à friture digne d'un musée sortent les meilleurs *fish and chips* de Londres.

MARCHÉS DE FRUITS ET LÉGUMES DU WEST END

Berwick Street Market (Plan p. 422 ; Berwick St W1 ; 9h-17h lun-sam ; Piccadilly Circus ou Oxford Circus). Au sud d'Oxford St et parallèle à Wardour St, ce marché de fruits et légumes occupe le même emplacement depuis les années 1840. L'endroit idéal pour faire des emplettes en vue d'un pique-nique ou acheter des plats préparés.

Marylebone Farmers Market (Plan p. 428 ; parking de Cramer St ; 10h-14h dim ; Baker St). Ce marché hebdomadaire est le plus grand de la ville avec une quarantaine de producteurs provenant de différents lieux, dans un rayon de 150 km du Grand Londres. Cher mais charmant, il est le reflet de la population locale.

NATURAL KITCHEN — CAFÉ £

Plan p. 428 (www.thenaturalkitchen.com ; 77-78 Marylebone High St W1 ; plats 8-13 £ ; 8h-20h lun-ven, 9h-19h sam, 9h-18h dim ; Bond St). Une adresse correcte et pratique pour faire une pause entre deux magasins sur Marylebone High Street. La boutique bio – avec ses produits frais, ses viandes, vins et produits divers – dispose d'un café au 1er étage. Petits-déjeuners d'un bon rapport qualité/prix (3-5 £), et déjeuners légers à base de sandwichs chauds, salades et quiches maison.

REUBENS — JUIF ££

Plan p. 428 (www.reubensrestaurant.co.uk ; 79 Baker St W1 ; plats 10-24 £ ; 11h30-16h et 17h30-22h dim-jeu, jusqu'à 20h ven ; Baker St). Ce café-restaurant très central offre tous les délices de la cuisine ashkénaze, dont le *gefilte fish* (poisson farci), les *latkes* (galettes de pommes de terre) et le fameux bœuf salé. On peut aussi y déjeuner d'un repas plus élaboré (et substantiel). Prix élevés, mais tout est certifié kasher.

Mayfair

LE BOUDIN BLANC — FRANÇAIS £££

Plan p. 428 (7499 3292 ; www.boudinblanc.co.uk ; 5 Trebeck St W1 ; plats 18-27 £ ; déj et dîner ; Green Park). L'un des meilleurs restaurants français de Londres, avec des viandes cuites à la perfection, des sauces alléchantes et des portions copieuses. Imbattable pour les frites de ce côté de la Manche, il propose aussi 500 vins. Pas étonnant qu'il soit toujours plein !

GORDON RAMSAY AT CLARIDGE'S — BRITANNIQUE £££

Plan p. 428 (7499 0099 ; www.gordonramsay.com ; 55 Brook St W1 ; déjeuner 3 plats/dîner 30/80 £ ; déj et dîner ; Bond St). L'association du plus grand hôtel et du chef le plus réputé de Londres est exceptionnelle. Installez-vous dans la superbe salle à manger Art déco pour une expérience mémorable : les raviolis de langouste à la thaïlandaise, aux épices, citronnelle et coco et le Saint-Pierre au chorizo servi avec des pommes de terre et un velouté d'asperges et de morilles vous feront tourner la tête. Le chariot de fromages, français ou britanniques, est de même fabuleux. Le menu de dégustation (6 plats) est à 80 £.

WILD HONEY — EUROPÉEN MODERNE £££

Plan p. 428 (7758 9160 ; www.wildhoney-restaurant.co.uk ; 12 St George St W1 ; plats 20-25 £ ; déj et dîner ; Oxford Circus ou Bond St). Cette adresse reçoit constamment de bonnes critiques pour sa cuisine et son vin, sa splendide salle à manger lambrissée et son service professionnel. La carte de saison propose des plats inventifs, comme la salade de crabe aux pêches blanches et amandes, et d'autres plus classiques comme le faux-filet de bœuf avec os à moelle et légumes primeurs, le tout cuit à la perfection.

NOBU — JAPONAIS £££

(7447 4747 ; www.noburestaurants.com ; 1er ét., Metropolitan Hotel, 19 Old Park Lane W1 ; plats 12-33 £ ; Hyde Park Corner). Une réservation des mois à l'avance s'impose pour manger ici (ou résignez-vous à un dîner à 18h ou 22h si vous appelez quelques jours à l'avance). Le restaurant est l'objet de pressions depuis des années pour qu'il arrête de servir du thon rouge, mais toutes les protestations sont restées lettre morte. Néanmoins, une ligne dans sa carte précise que le thon rouge étant une espèce menacée, il était conseillé de demander "une alternative" Quel que soit votre avis sur la question, il est indéniable que la cuisine japonaise de Nobu est divine (les saint-jacques sont gigantesques), mais chères. Le décor est minimaliste, le service discret et efficace.

VILLANDRY EUROPÉEN MODERNE ££

Plan p. 428 (www.villandry.com ; 170 Great Portland St W1 ; plats 12-24 £ ; fermé dîner dim ; Great Portland St). Cet excellent restaurant de cuisine moderne européenne, aux forts accents français, se double d'une très bonne épicerie fine (sans oublier un bar) ; la fraîcheur et la qualité des ingrédients sont donc garanties. Savourez un cassoulet ou l'un des nombreux plats de poisson du jour.

GREENHOUSE EUROPÉEN MODERNE £££

Plan p. 428 (7499 3331 ; www.greenhouse-restaurant.co.uk ; 27a Hay's Mews W1 ; menu déj 2/3 plats 25/29 £, menu dîner 3 plats 65 £ ; déj lun-ven, dîner lun-sam ; Green Park). Au fond d'un superbe "jardin" sculpté, le Greenhouse (la serre) offre l'une des meilleures cuisines de Mayfair, servie avec simplicité. Ses ris de veau aux noisettes et le lièvre aux truffes noires sont un régal. Le menu dégustation (80 £) s'adresse aux esprits aventureux ou aux appétits d'ogre. Les petits extras gratuits – des amuse-gueule aux petits fours sucrés en passant par le sorbet entre les plats – sont si nombreux que vous ne décollerez sans doute plus de votre chaise.

MOMO MAROCAIN £££

Plan p. 422 (7434 4040 ; www.momoresto.com ; 25 Heddon St W1 ; plats £18-25, menu déj 2/3 plats 15/19 £ ; fermé déj dim ; Piccadilly Circus). Chaleureux et exubérant, ce restaurant marocain convient à toutes les occasions, des dîners romantiques aux folles soirées de bureau. Après la *kémia*, tentez la délicieuse pastilla (tourte au pigeon parfumée à la noix de muscade). Pendant les mois les plus chauds, la petite rue tranquille devient une agréable terrasse.

EL PIRATA ESPAGNOL ££

Plan p. 440 (7491 3810 ; www.elpirata.co.uk ; 5-6 Down St W1 ; tapas 5-8 £ fermé dim ; Green Park). Tapas et plats traditionnels comme la paella. Si vous hésitez pour les tapas, optez pour l'un des deux menus. La carte des vins d'Espagne est une des meilleures de Londres.

SAKURA JAPONAIS £

Plan p. 422 (23 Conduit St W1 ; plats 7-12 £ ; Oxford Circus). À toute heure du jour, vous trouverez quelque chose à votre goût dans ce restaurant japonais authentique : sushis et sashimis (2-5 £), *tempura* (beignets de crevettes, poisson et légumes), *sukiyaki* (fondue à base de viande de bœuf) et formules variées (9-24 £). En face, un petit centre commercial japonais comprend une épicerie, un café-restaurant et un pub.

OÙ PRENDRE UN VERRE ET FAIRE LA FÊTE

Au cours de la dernière décennie, l'East End est devenu le dernier endroit à la mode. Le West End, détrôné, n'en reste pas moins fabuleux pour une escapade nocturne – ses soirées du vendredi et du samedi sont excitantes et décadentes, surtout aux abords de Soho, Leicester Square et Covent Garden où il y a beaucoup de monde, d'alcool et des rickshaws dans les rues jusqu'au petit matin.

Bloomsbury et Fitzrovia

NEWMAN ARMS PUB

Plan p. 426 (www.newmanarms.co.uk ; 23 Rathbone St W1 ; Goodge St ou Tottenham Court Rd). C'est une toute petite pièce qui sert depuis 150 ans d'excellentes bières aux habitués du coin. George Orwell et Dylan Thomas y avaient leurs habitudes, et des scènes du *Voyeur* de Michael Powell y ont été tournées en 1960. Excellent restaurant de tourtes à l'étage.

QUEEN'S LARDER PUB

Plan p. 426 (www.queenslarder.co.uk ; 1 Queen Sq WC1 ; Russell St). Sur une jolie place au sud-est de Russell Square, ce pub doit son nom ("garde-manger de la reine") à la reine Charlotte, épouse de Georges III dit le "roi fou", qui louait une partie du cellier pour y entreposer des aliments spéciaux destinés à son mari qui se faisait soigner à proximité. Ce pub est petit mais particulièrement cosy. Bancs à l'extérieur et bon restaurant à l'étage.

MUSEUM TAVERN PUB

Plan p. 426 (49 Great Russell St WC1 ; ⊖Tottenham Court Rd ou Holborn). Karl Marx venait boire une pinte après une journée de travail dans la salle de lecture du British Museum, tout comme George Orwell après des heures d'écriture dans ce pub traditionnel et chaleureux.

LAMB PUB

(94 Lamb's Conduit St WC1 ; ⊖Russell St). Le bar central en acajou et les superbes paravents victoriens (appelés "snob screens", ils permettaient à de richissimes clients de boire sans être dévisagés par le bas peuple !) constituent le principal atout du Lamb depuis 1729. Trois siècles plus tard, ce pub est toujours aussi apprécié, notamment pour sa bonne sélection de bières Young's. À 5 min du métro Russell Square ; descendez Guilford St et tournez à droite à hauteur de Guilford Pl.

LORD JOHN RUSSELL PUB

Plan p. 426 (91 Marchmont St WC1 ; ⊖Russell St). Pub idéal si vous êtes nostalgique de votre vie d'étudiant ou à l'affût d'une bière bon marché. Salle unique comme c'était la tradition, mais bel espace extérieur dans les anciennes écuries.

BRADLEY'S SPANISH BAR BAR

Plan p. 426 (42-44 Hanway St W1 ; ⊖Tottenham Court Rd). Dans une déco vaguement espagnole, le Bradley propose de vraies boissons ibériques : San Miguel, Cruzcampo, *tinto de verano* (vin rouge avec de la limonade), sans oublier la sangria. Les clients sélectionnent dans le vieux juke-box à vinyles des morceaux de rock.

TEMPUS BAR BAR

Plan p. 426 (Hotel Russell, Russell St WC1 ; ⊖Russell St). Niché derrière l'imposante façade gothique victorienne de l'Hotel Russell, le Tempus au grandiose décor édouardien et au service à table, change agréablement des pubs traditionnels. Ses prix sont un peu exagérés mais le choix de cocktails et de vins ne laisse pas à désirer et vous trouverez normalement une place assise.

Soho et Chinatown

♥ EXPERIMENTAL COCKTAIL CLUB BAR À COCKTAILS

Plan p. 422 (www.experimentalcocktailclublondon.com ; 13A Gerrard St W1 ; ⏲18h-3h lun-sam, 17h-minuit dim ; ⊖Leicester Sq ou Piccadilly Circus). Cette adresse de la nuit, autrefois malfamée, est aujourd'hui un fabuleux bar à cocktails. L'intérieur est aussi sophistiqué que les cocktails à base de liqueurs rares et originales (Vodka Ketel One infusée au *shiso* (périlla de Nankin) qui lui donne sa couleur violette, Téquila Ocho Blanco au piment oiseau...). Martinis et champagnes exceptionnels (Billecart, Krug) et sirops de fruits maison. Entrée 5 £ après 23h.

ACADEMY BAR À COCKTAILS

Plan p. 422 (www.labbaruk.com ; 12 Old Compton St W1 ; ⏲16h-minuit lun-sam, jusqu'à 22h30 dim ; ⊖Leicester Sq ou Tottenham Court Rd). L'Academy est réputée depuis longtemps dans Soho pour ses coktails, parmi les meilleurs de la ville. La carte est impressionnante.

WHITE HORSE PUB

Plan p. 422 (45 Rupert St W1 ; ⊖Piccadilly Circus ou Leicester Sq). Au cœur de l'animation de Soho, ce pub charmant répond à toutes vos attentes : personnel sympathique, boissons bon marché (il est affilié à la brasserie indépendante Sam Smith) et bel intérieur traditionnel. L'étage est particulièrement cosy et en général plus calme que le rez-de-chaussée.

FRENCH HOUSE BAR

Plan p. 422 (www.frenchhousesoho.com ; 49 Dean St W1 ; ⊖Leicester Sq ou Piccadilly Circus). Bar légendaire de Soho (doté d'un bon restaurant en sous-sol) qui fut le repaire des Forces françaises libres pendant la guerre. On dit que de Gaulle y venait souvent. Vous pourrez y boire du Ricard, du vin français ou une Kronenbourg et rencontrer des personnages hauts en couleur.

EDGE BAR GAY

Plan p. 422 (www.edgesoho.co.uk ; 11 Soho Sq W1 ; ⏲jusqu'à 1h lun-sam ; ⊖Tottenham Court Rd). Dominant Soho Square du haut de ses trois étages, l'Edge est le plus grand bar gay de Londres, animé chaque soir de la semaine. Il y a des danseurs, des

INTERVIEW

LONDRES GAY

Le journaliste freelance Stephen Unwin nous fait partager les adresses où il s'amuse le plus à Londres. Stephen est l'un des dirigeants de Jake, un réseau social d'une communauté gay et lesbienne décomplexée, et le rédacteur adjoint de *The Briefing*, l'hebdomadaire en ligne du réseau.

Soirées en semaine et après-midi du week-end

J'aime m'attarder au **Boheme Bar & Kitchen** (Plan p. 422 ; www.bohemekitchen.co.uk ; 19-21 Old Compton St W1 ; 11h-1h lun-mer, jusqu'à 3h jeu-sam, jusqu'à minuit dim ; Leicester Sq) et y manger à une table à l'extérieur en regardant passer les gens.

Pour les restaurants, je recommande **Polpetto** (p. 119) mais j'aime aussi l'ambiance sexy et rugueuse du **Spuntino** (p. 118).

Les "After-Work"

Le **Duke of Wellington** (Plan p. 422 ; 77 Wardour St W1 ; Leicester Sq) est un pub décontracté à l'ambiance à l'ancienne, parfait pour un verre. À la sortie des bureaux, les employés se mêlent au reste de la population dans les bars du quartier. J'aime aussi le balcon du **Yard** (p. 128).

Jusqu'au petit matin

La soirée **Room Service** (p. 59) du jeudi au Diu marche très bien. C'est un des rares endroits où l'on peut voir des gogo dancers sexy et désinhibés. Des DJ connus du monde entier assurent l'ambiance.

La soirée Horse Meat à l'**Eagle** (p. 288) à Vauxhall, le dimanche et surtout les jours fériés, est une bonne idée. Il faut faire la queue au moins une heure, ce qui fait déjà partie de la fête, tout le monde boit et fait connaissance.

Mon quartier préféré toutefois est Shoreditch. Pour vraiment vous amuser, commencez la soirée au **George & Dragon** (p. 211) ou au **Nelsons Head** (p. 230), puis vers minuit rejoignez le **Joiners Arms** (p. 230), pas très reluisant mais toujours survolté en raison de sa musique du tonnerre !

serveurs costumés, de la bonne musique et généralement une bonne ambiance. En raison de sa proximité avec Oxford Street, les hétérosexuels sont nombreux.

CANDY BAR
BAR LESBIEN

Plan p. 422 (www.candybarsoho.com ; 4 Carlisle St W1 ; jusqu'à minuit dim-jeu, jusqu'à 2h ven et sam ; Tottenham Court Rd). Cet excellent bar est depuis des années au centre du petit monde lesbien londonien et ne semble pas s'essouffler. Animé la majeure partie de la semaine, il est quasi exclusivement féminin (l'entrée peut toutefois être accordée à un homme s'il est accompagné de deux femmes) et c'est une excellente adresse pour un premier contact avec la scène lesbienne de Londres.

MADAME JO JO'S
CLUB

Plan p. 422 (www.madamejojos.com ; 8 Brewer St W1 ; Leicester Sq ou Piccadilly Circus). Cet illustre cabaret en sous-sol flamboyant de rouge et d'un kitsch dépenaillé est à son apogée le vendredi lors des soirées Burlesque Idol et des soirées Kitsch Cabaret le samedi. La soirée Lost & Found du samedi est tout aussi légendaire, et c'est une clientèle cool de breakeurs, de danseurs de jazz et de simples noctambules qui viennent s'y amuser. Soirée drag-queen le mercredi.

VILLAGE
GAY

Plan p. 422 (www.village-soho.co.uk ; 81 Wardour St W1 ; 16h-1h lun-sam, jusqu'à 23h30 dim ; Piccadilly Circus ou Leicester Sq). Rare qu'il n'y ait pas une soirée au Village, quel que soit le jour de la semaine. Ce peut être du karaoké, de la disco ou des gogo dancers. Et si vous n'en pouvez plus d'attendre l'ouverture du club, allez faire votre numéro sur la piste de danse en bas, avec bien sûr, une barre de pole dance.

FRIENDLY SOCIETY
GAY

Plan p. 422 (79 Wardour St W1 ; 18h-23h lun-jeu, jusqu'à minuit ven et sam, jusqu'à 22h30 dim ; Piccadilly Circus). Sans conteste l'un des bars gay les plus sympathiques et détendus de Soho qui, contrairement à tant d'autres, n'a pas adopté de politique de sélection à l'entrée ni la formule club privé. Une foule amusante et enthousiaste s'y retrouve en début de soirée pour un verre sous le regard de poupées Barbie SM et au son de DJ mixant en live.

COACH & HORSES PUB

Plan p. 422 (29 Greek St W1 ; ⊖Leicester Sq). Ce petit pub animé conserve l'atmosphère un peu bohème du vieux Soho et une clientèle d'habitués constituée de piliers de bar, d'écrivains, de plumitifs, de touristes et d'individus trop ivres pour lever la tête du comptoir.

YARD GAY

Plan p. 422 (www.yardbar.co.uk ; 57 Rupert St W1 ; ⊖Piccadilly Circus). Cette institution de Soho accueille une clientèle hétéroclite. Une adresse sans trop de prétention, idéale pour prendre un verre ou commencer la soirée. Des DJ mixent dans le loft à l'étage quasiment tous les soirs, et la cour qui lui donne son nom accueille une foule sympathique.

PROFILE GAY

Plan p. 422 (www.profilesoho.com ; 84-86 Wardour St W1 ; ⊖Piccadilly Circus ou Leicester Sq). À mi-chemin entre le *diner* américain et bar typique de Soho, le Profile propose des cocktails éclectiques à la vodka Absolut, des vins décevants, de la bière à la pression et d'onctueux milk-shakes dangereusement alcoolisés. Au menu, classiques américains tels les hamburgers et la salade César. Happy hour de 16h à 19h tous les jours.

LOOP BAR BAR

Plan p. 428 (www.theloopbar.co.uk ; 19 Dering St W1 ; entrée 10 £ après 22h ; ⏲jusqu'à 3h jeu-sam, fermé dim ; ⊖Oxford Circus). Juste en retrait d'Oxford Circus, trois étages dédiés au divertissement : un bar au rez-de-chaussée, un autre en sous-sol avec alcôves en cuir et chandeliers, et au deuxième sous-sol, le Groovy Wonderland, une discothèque aux pistes clignotantes et force boules disco.

LO PROFILE GAY

Plan p. 422 (www.gaydarprofile.com ; 84-86 Wardour St W1 ; ⏲22h-4h ven et sam ; ⊖Piccadilly Circus ou Leicester Sq). Un dernier né sur la scène gay, déjà très réputé pour ses gogo dancers, sa machine à fumée et son ciel étoilé multicolore. L'ambiance décolle à 23h quand les habitués du Profile Bar, situé au-dessus, descendent en masse.

JOHN SNOW PUB

Plan p. 422 (39 Broadwick St W1 ; ⊖Oxford Circus ou Piccadilly Circus). C'était l'un des pubs les plus prisés de Soho, mais après l'expulsion en avril 2011 d'un couple gay qui s'embrassait, sa popularité est en berne. C'est dommage pour ce pub classique, sans musique, juste le brouhaha des conversations et un bon choix de bières pas chères de la brasserie indépendante Sam Smith.

ENDURANCE PUB

Plan p. 422 (90 Berwick St W1 ; ⊖Oxford Circus ou Piccadilly Circus). Adresse favorite de beaucoup dans Soho, l'Endurance propose un jukebox rétro (bon choix de tubes indé), du bon vin, des bières pression et une cuisine correcte. Le dimanche est souvent très calme. Le soir, les clients aiment se répandre dehors ; pendant la journée vue intéressante sur le trépidant marché de Berwick Street (p. 124).

KU BAR FRITH ST GAY

Plan p. 422 (25 Frith St ; ⏲jusqu'à minuit ven et sam ; ⊖Leicester Sq). Les soirées, un peu moins folles qu'au Lisle Street Bar, ont la faveur d'une clientèle gay un peu plus âgée et plus élégante.

MILK & HONEY COCKTAIL BAR

Plan p. 422 (☎7065 6840 ; www.mlkhny.com ; 61 Poland St W1 ; ⊖Leicester Sq ou Piccadilly Circus). Ce havre de paix sélect, peu éclairé, est un club privé qui ouvre ses portes aux non-membres les soirs de la semaine (avant 23h). Il est impératif de téléphoner pour réserver sa table pour une durée de 2 heures. L'endroit est idyllique si vous aimez le calme et les boissons sophistiquées, mais peut tourner au cauchemar si vous préférez les endroits simples.

Covent Garden et Leicester Square

HEAVEN GAY

Plan p. 432 (www.heavennightclub-london.com ; Villiers St WC2 ; ⏲23h-6h lun, 23h-4h jeu et ven, 22h-5h sam ; ⊖Embankment ou Charing Cross). Sous les arches de Charing Cross Station, ce club gay établi de longue date et très prisé a toujours proposé de bonnes soirées. La soirée Popcorn du lundi (ambiance clubbing et ouverte à tous) est certainement la meilleure de la capitale pendant la semaine. Autres soirées : jeudi (G-A-Y Porn Idol), vendredi (G-A-Y Camp Attack) et samedi (plain ol' G-A-Y).

LAMB & FLAG PUB

Plan p. 432 (33 Rose St WC2 ; ⊖Covent Garden ou Leicester Sq). Toujours aussi fréquenté qu'il y a 350 ans. Vous devrez fendre la joyeuse compagnie rassemblée dehors pour approcher du bar. Le cadre est charmant : l'entrée principale se situe en haut d'une minuscule rue pavée. Vous trouverez une autre entrée dans une petite ruelle rappelant l'Angleterre victorienne.

SALISBURY PUB

Plan p. 432 (90 St Martin's Lane WC2 ; ⊖Leicester Sq). Face au luxueux St Martin's Lane Hotel, le Salisbury offre tout ce que son vis-à-vis n'a pas : de la chaleur, des siècles d'histoire et un merveilleux cadre de pub britannique traditionnel. Vaste choix de bières : blondes britanniques ou continentales rares telles la Stella Black et l'Estrella Damn.

SPORTS CAFE BAR

(www.thesportscafe.com ; 80 Haymarket SW1 ; ⏲lun-sam 12h-15h, jusqu'à 22h30 dim ; ⊖Piccadilly Circus). Pour ne pas rater un match, les amateurs de hockey, de football américain, de base-ball ou de football iront au Sports Cafe. Les murs de ce vaste espace sur 2 niveaux, avec 4 bars, sont tapissés d'écrans géants, de posters et de toute une bimbeloterie sportive. Plutôt calme dans la journée, l'ambiance devient tapageuse le soir car le bar est autorisé à servir de l'alcool tard.

KU BAR LISLE ST GAY

Plan p. 432 (www.ku-bar.co.uk ; 30 Lisle St WC2 ; ⏲12h-15h lun-sam, jusqu'à 22h30 dim ; ⊖Leicester Sq). Avec son intérieur chic et son programme de folles soirées au sous-sol (disco, cabaret, DJ...), cette enseigne du Ku Bar, attire les jeunes gays qui ont envie de s'amuser. Soirée étudiante le lundi.

CROSS KEYS PUB

Plan p. 432 (31 Endell St WC2 ; ⊖Covent Garden). Recouvert de vigne vierge, ce pub attire surtout des habitués, adeptes de pintes de Young's et de petits plats épicés. Aux beaux jours, habitués, joueurs de machines à sou et cols blancs de Covent Garden débordent joyeusement sur le trottoir et parmi les quelques tables extérieures.

FREUD BAR

Plan p. 432 (198 Shaftesbury Ave WC2 ; ⏲jusqu'à 1h jeu et sam, jusqu'à 2h ven ; ⊖Covent Garden). Commencez votre tournée des bars ici, car vous n'aurez aucune chance de descendre cet escalier (une échelle plutôt) après quelques verres. C'est un petit bar-café-galerie, situé en sous-sol dont les murs servent de vitrine aux artistes confirmés ou en devenir. La déco, peu reluisante, et les clients à l'allure bohème sont parfaitement dans le ton. Les cocktails sont généreux et fantaisistes, mais la bière est vendue seulement en bouteille.

Holborn et le Strand

GORDON'S WINE BAR BAR À VINS

Plan p. 432 (www.gordonswinebar.com ; 47 Villiers St WC2 ; ⊖Embankment ou Charing Cross). Le Gordon's est victime de son succès. On y obtient rarement une table, à moins d'arriver avant la sortie des bureaux (vers 18h). Cette sombre caverne propose des vins capiteux, français et du nouveau monde, à prix raisonnable et à déguster avec pain, fromage et olives.

PRINCESS LOUISE PUB

Plan p. 432 (208 High Holborn WC1 ; ⊖Holborn). Cet établissement de style victorien datant de la fin du XIXe siècle est splendidement décoré. Le bar central en forme de fer à cheval est grandiose et les alcôves en bois permettent aux clients de s'isoler. Il n'y a que des bières Sam Smith et à seulement 2 £ la pinte, pas étonnant que certains fassent durer le plaisir ici !

SEVEN STARS PUB

Plan p. 432 (53-54 Carey St WC2 ; ⊖Holborn ou Temple). Bien que bondé de juristes à la sortie des bureaux, ce minuscule pub est assez méconnu. Situé derrière la Cour royale de justice (p. 111), c'est l'endroit idéal pour une authentique ale à accompagner de plats de gibier.

POLSKI BAR BAR

Plan p. 432 (11 Little Turnstile WC1 ; ⏲fermé dim ; ⊖Holborn). Ce bar propose plus de

60 sortes de vodka, aromatisées au café, aux fruits ou encore au blé, sans oublier la version kasher, et la *slivowica* (alcool de prune). La cuisine polonaise flatte aussi les papilles, mais il est dommage que l'intérieur soit si froid.

Marylebone

PURL — BAR À COCKTAILS

Plan p. 428 (☎7935 0835 ; www.purl-london.com ; 50-54 Blandford St W1 ; ⊖Baker St). Dans son décor rétro, ce fabuleux repaire souterrain propose des cocktails originaux, aux noms mystérieux (What's Your Poison? ou Mr Hyde's No 2 par exemple), ainsi qu'un punch du jour. L'éclairage tamisé crée une ambiance feutrée, propice aux chuchotements, qui ajoutent encore à l'ambiance secrète des lieux. Réservation recommandée.

PRINCE REGENT — PUB

Plan p. 428 (www.theprinceregentw1.co.uk ; 71 Marylebone High St W1 ; ⊖Baker St). Couleurs flamboyantes, sièges confortables, miroirs dorés. Les boissons (ale du jour, nombreuses bières pression et vins) et les plats sont bons. La petite rue sert de terrasse.

MARYLEBONE — PUB

Plan p. 428 (www.themarylebonelondon.com ; 93 Marylebone High St W1 ; ⊖Baker St). Ce pub haut de gamme aux prix exagérés compense par ses concerts (mardi, jeudi) et ses soirées DJ (samedi). L'intérieur sophistiqué, gris pâle et mobilier léger, est agréable à l'œil.

Mayfair

PUNCH BOWL — PUB

Plan p. 428 (www.punchbowllondon.com ; 41 Farm St W1 ; ⊖Bond St). Ce pub, dont l'un des propriétaires est le réalisateur Guy Ritchie, attire une jeune clientèle et branchée. Pas de pintes ordinaires ici mais de la bière en fût, des vins et des whiskies de qualité. L'intérieur a gardé son décor du XVIIIe siècle (panneaux en bois, corniches...), sauf la salle à manger à l'arrière, beaucoup plus moderne.

GUINEA — PUB

Plan p. 428 (www.theguinea.co.uk ; 30 Bruton Pl W1 ; ⊖Green Park ou Bond St). Un pub tranquille et convivial dans le quartier le plus chic de Londres, aux airs de club pour gentlemen. Lourd mobilier ancien et bon choix de bières. Les places assises sont rares mais si vous réussissez à vous poser, commandez la fameuse tourte, spécialité du restaurant à l'arrière.

OÙ SORTIR

12 BAR — MUSIQUE LIVE

Plan p. 432 (www.12barclub.com ; Denmark St WC2 ; ⊙19h-3h lun-sam, jusqu'à 12h30 dim ; ⊖Leicester Sq). Petit, intime, et dépouillé, le 12 Bar est une de nos adresses préférées pour les concerts, donnés chaque soir. On y écoute surtout de la musique indé, allant du folk aux influences jazzy, en passant par le punk et métal. Entrée 7 £.

ROYAL OPERA HOUSE — OPÉRA

Plan p. 432 (www.roh.org.uk ; Bow St WC2 ; ⊖Covent Garden). La rénovation de 210 millions de livres a été un succès, et la perspective de passer la soirée à l'Opéra est réjouissante. Si le moderne est venu étoffer le programme, le ballet classique et l'opéra lui confèrent toujours tout son souffle, et l'ensemble des œuvres est d'une qualité remarquable.

Les matinées en milieu de semaine sont généralement bien moins chères que les soirées, et les places à visibilité réduite peuvent coûter 7 £ seulement. On y trouve à partir de 10h des places pour le jour même (une par personne pour les 67 premiers de la file) entre 8 et 40 £. Les places à moitié prix ne sont proposées qu'occasionnellement. Les places à prix plein coûtent environ 20 £.

COMEDY STORE — SPECTACLES COMIQUES

Plan p. 422 (www.thecomedystore.co.uk ; Haymarket House, 1a Oxendon St SW1 ; ⊖Piccadilly Circus). C'est l'un des premiers établissements du genre créés à Londres, et toujours l'un des meilleurs. Si l'endroit a quelque chose de l'usine à comiques, il accueille de très grands noms. Ne manquez pas le mercredi et le dimanche le plus fameux spectacle d'improvisation de la capitale, Comedy Store Players, avec la merveilleuse Josie Lawrence, et les jeudis, vendredis et samedis, la soirée Best in Stand Up où vous assisterez au meilleur du comique à Londres. Place autour de 20 £.

PRINCE CHARLES CINÉMA

Plan p. 422 (www.princecharlescinema.com ; Leicester Pl WC2 ; ⊖Leicester Sq). Vous trouvez que les tarifs de Leicester Sq sont du racket ? Vous avez raison. Attendez que le film soit sorti depuis quelques jours et arrive au Prince Charles, le cinéma le meilleur marché du centre de Londres (5,50 ou 6.50 £ pour les non-membres et 8-10 £ pour les films en exclusivité). Il s'y déroule aussi des mini-festivals, des rencontres avec des réalisateurs et des projections de fameuses comédies musicales telles *Grease*, *The Sound of Music* et *Rocky Horror Picture Show*.

PIZZA EXPRESS JAZZ CLUB JAZZ

Plan p. 422 (www.pizzaexpresslive.com ; 10 Dean St W1 ; ⊖Tottenham Court Rd). Un authentique temple du jazz, d'une qualité constante. S'y produisent des artistes prometteurs et des grands noms : Norah Jones, Jamie Cullum et Amy Winehouse ont tous joué ici à leurs débuts. Entrée ente 15 et 20 £.

RONNIE SCOTT'S JAZZ

Plan p. 422 (www.ronniescotts.co.uk ; 47 Frith St W1 ; ⊖Leicester Sq). Ronnie Scott ouvrit tout d'abord ce club dans Gerrard St, en 1959, avant de s'installer six ans plus tard à cette adresse où il s'est taillé la réputation de meilleur club de jazz du Royaume-Uni. Ce fut longtemps le seul endroit du pays où écouter du jazz moderne et des maîtres comme Miles Davis, Charlie Parker, Thelonious Monk, mais aussi Ella Fitzgerald, Count Basie ou Sarah Vaughan. On y a même vu des groupes de rock, comme The Who. Le club a connu des hauts et des bas, mais il entretient sa magnifique renommée en accueillant toujours de grands noms et des étoiles montantes. Ambiance géniale, mais ne comptez pas bavarder pendant les concerts. Les videurs sont parfois d'une impolitesse sidérante, le service est lent, mais le Ronnie Scott's a toujours été coutumier du fait. Comptez entre 18 et 40 £ pour l'entrée.

SOHO THEATRE THÉÂTRE

Plan p. 422 (www.sohotheatre.com ; 21 Dean St W1 ; ⊖Tottenham Court Rd). Le Soho Theatre s'est bâti une superbe réputation en montant des comédies de qualité écrites par toute une nouvelle génération d'auteurs. Il accueille également les plus grands humoristes. Place autour de 10-20 £.

BORDERLINE SALLE DE CONCERTS

Plan p. 422 (http://venues.meanfiddler.com/borderline/home ; Orange Yard W1 ; ⊖Tottenham Court Rd). Passé l'entrée style tex-mex, on trouve au sous-sol une petite salle bondée de 275 places qui joue dans la cour des grands, comme en témoignent les inscriptions sur les murs (un vrai livre d'or) : pléthore d'autres groupes indé moins connus se sont produits ici. La clientèle, tout aussi éclectique, compte dans ses rangs de nombreux critiques musicaux et chasseurs de têtes des maisons de disques.

THE PLACE DANSE

Plan p. 426 (www.theplace.org.uk ; 17 Duke's Rd WC1 ; ⊖Euston Square). Cet établissement, berceau de la danse moderne britannique, programme surtout des spectacles contemporains et expérimentaux, parfois provocateurs. Derrière la façade de la fin de l'ère victorienne se cache une salle rénovée de 300 places, un café à l'ambiance bohème, et six studios de danse. The Place parraine un concours annuel de danse, le Place Prize, visant à récompenser de nouveaux grands talents de la danse. Places entre 5 £ et 15 £.

CURZON SOHO CINÉMA

Plan p. 422 (www.curzoncinemas.com ; 99 Shaftesbury Ave W1 ; ⊖Leicester Sq ou Piccadilly Circus). La programmation met à l'affiche le meilleur du cinéma britannique, européen, international et américain alternatif. Le Curzon organise régulièrement des débats avec des réalisateurs, des projections de courts métrages et des mini-festivals, et possède à l'étage un café, le Konditor & Cook proposant des thés et des pâtisseries délicieuses, ainsi qu'un bar très confortable.

WIGMORE HALL MUSIQUE CLASSIQUE

Plan p. 428 (www.wigmore-hall.org.uk ; 36 Wigmore St W1 ; ⊖Bond St). Cette salle est l'une des meilleures de la ville, non seulement grâce à son acoustique fantastique, son magnifique décor Art nouveau et la grande variété des concerts et des récitals qu'on y donne, mais aussi grâce à l'exceptionnelle qualité des représentations. Construite en 1901 pour être la salle des récitals des pianos Bechstein, elle demeure l'une des salles de référence dans le monde pour la musique de chambre. Les cafés-concerts du dimanche matin (tarif plein/réduit 12/10 £) et les concerts du midi (à 13h) le lundi (adulte/séniors 12/10 £) sont tous deux d'excellente qualité. Les concerts en première peuvent coûter jusqu'à 50 £.

AMUSED MOOSE SOHO SPECTACLES COMIQUES

Plan p. 422 (www.amusedmoose.com ; Moonlighting, 17 Greek St W1 ; ⊖Tottenham Court Rd). Cette salle, parmi les meilleures de Londres, a les faveurs du public comme des comiques, notamment parce que le chahut y est "inacceptable" et les spectacles "adaptés à un premier rendez-vous" dans la mesure où le premier rang ne risque pas l'humiliation.

LONDON COLISEUM OPÉRA

Plan p. 432 (www.eno.org ; Coliseum, St Martin's Lane WC2 ; ⊖Leicester Sq ou Charing Cross). Le Coliseum est le siège de l'English National Opera (ENO), célèbre pour avoir modernisé le genre ; tous les opéras joués ici sont chantés en anglais. Après plusieurs années de traversée du désert, l'ENO reçoit de meilleures critiques et accueille un public bien plus vaste. Construit en 1904 et joliment restauré un siècle plus tard, le bâtiment est très impressionnant. Cinq cents places à 10 £ et moins sont disponibles pour les représentations en semaine. L'English National Ballet se produit régulièrement au Coliseum.

100 CLUB MUSIQUE LIVE

Plan p. 426 (www.the100club.co.uk ; 100 Oxford St W1 ; ⊖Tottenham Court Rd). Cette salle légendaire a toujours fait la part belle au jazz, mais elle se frotte aujourd'hui au swing et au rock. Sa scène fut au centre de la révolution punk comme de l'indé des années 1990. Des sessions de danse swing et des concerts de jazz sont régulièrement organisés, avec parfois la venue de grands noms.

DONMAR WAREHOUSE THÉÂTRE

Plan p. 432 (www.donmarwarehouse.com ; 41 Earlham St WC2 ; ⊖Covent Garden). "Théâtre de l'homme qui pense", le petit Donmar Warehouse met régulièrement à l'affiche des productions inventives et intéressantes, comme *Maison de poupée*, d'Ibsen, avec Gillian Anderson, et *Hamlet*, avec Jude Law.

ICA CINEMA CINÉMA

Plan p. 430 (www.ica.org.uk ; Nash House, The Mall SW1 ; ⊖Charing Cross ou Piccadilly Circus). L'Institute of Contemporary Arts (ICA) est un vrai sanctuaire pour les amateurs de cinéma indépendant. Il programme toujours des productions introuvables ailleurs, telles que les derniers films indépendants américains, des reprises, des projections nocturnes et des documentaires rares. Les deux salles sont assez petites, mais plutôt confortables.

SHOPPING

Inutile de présenter le West End aux amateurs de shopping. Oxford St est un paradis pour certains (un cauchemar pour d'autres), réunissant toutes les chaînes du monde, de Marks & Spencer à H&M, en passant par TopShop et Gap. Covent Garden compte son lot de franchises, mais à taille plus humaine, et abrite aussi des boutiques indépendantes, notamment vintage. Outre la mode, le West End compte d'excellents magasins de disques indépendants, surtout à Soho.

Westminster et St James's

PENHALIGON'S PARFUMERIE

Plan p. 430 (www.penhaligons.com ; 16-17 Burlington Arcade W1 ; ⊖Piccadilly ou Green Park). Penhaligon's vous propose une expérience nouvelle en matière d'achat de parfum : les employés vous interrogeront sur vos senteurs préférées et vous présenteront les parfums qui ont assuré le succès de la marque et les nouvelles créations. Parfums traditionnels, parfums d'intérieur, produits pour le bain et le corps composent la gamme de ses produits, tous confectionnés dans le Devon.

FORTNUM & MASON ALIMENTATION

Plan p. 430 (www.fortnumandmason.co.uk ; 181 Piccadilly W1 ; ⊖Piccadilly Circus). La plus ancienne épicerie de Londres a fêté son tricentenaire en 2007 en ne sacrifiant rien à la modernité – le personnel est encore en queue-de-pie à l'ancienne. Le grand hall au chic indétrônable déborde toujours de paniers de friandises, de confitures et de multiples variétés de thé. L'élégant bar à vins du rez-de-chaussée est l'œuvre du créateur du Wolseley (voir l'encadré p. 117). Luxueux accessoires de cuisine, cadeaux et parfums occupent les autres étages.

D R HARRIS COSMÉTIQUES

Plan p. 430 (www.drharris.co.uk ; 29 St James's St SW1 ; ⌚fermé dim ; ⊖Green Park). Chimiste et parfumeur depuis 1790 (D R Harris fut pharmacien royal auprès du prince de Galles), ce magasin vend des produits aussi mystérieux que de la cire à moustache ou des gouttes pour les yeux pour combattre les effets des nuits blanches. Mieux encore, il fabrique son propre remède contre la gueule de bois : une décoction amère à base de plantes appelée "Pick-Me-Up" ("remonte-moi").

TAYLOR OF OLD BOND STREET COSMÉTIQUES

Plan p. 430 (www.tayloroldbondst.co.uk ; 74 Jermyn St SW1 ; ⌚fermé dim ; ⊖Green Park). Depuis le milieu du XIXe siècle, cette boutique vend toutes sortes de rasoirs, blaireaux et savons de rasage parfumés.

SHEPHERDS CADEAUX

Plan p. 430 (www.bookbinding.co.uk ; 76 Rochester Row SW1 ; ⌚fermé dim ; ⊖Victoria). Les amateurs de belle papeterie, de boîtes en cuir, d'élégants albums et de ravissants papiers artisanaux adoreront ce relieur.

MINAMOTO KITCHOAN ALIMENTATION

Plan p. 422 (www.kitchoan.com ; 44 Piccadilly W1 ; ⌚fermé dim ; ⊖Piccadilly Circus). Entrer dans cette confiserie japonaise est une expérience inoubliable. Les *wagashi* (bonbons japonais) concoctés avec diverses sortes de riz et de haricots sont en forme de cerises rouge vif ou de bouquets de haricots verts. À déguster avec un thé vert ou à emporter.

Bloomsbury et Fitzrovia

BANG BANG EXCHANGE VÊTEMENTS VINTAGE

Plan p. 426 (www.myspace.com/bangbang exchange ; 21 Goodge St W1 ; ⊖Goodge St). Vous possédez des vêtements de créateurs dont vous ne voulez plus ? Bang Bang s'occupe de tout – échange, achat, vente.

GAY'S THE WORD LIVRES

Plan p. 426 (http://freespace.virgin.net/gays.theword ; 66 Marchmont St WC1 ; ⌚10h-18h30 lun-sam, 14h-18h dim ; ⊖Russell St or King's Cross). Cette institution du Londres gay propose des livres que plus personne n'a en stock depuis au moins 30 ans, ainsi qu'un grand choix de littérature gay et lesbienne et de magazines.

JAMES SMITH & SONS BIJOUX ET ACCESSOIRES

Plan p. 432 (www.james-smith.co.uk ; 53 New Oxford St WC1 ; ⌚fermé dim ; ⊖Tottenham Court Rd). Difficile de trouver parapluies et cannes plus élégants que ceux vendus derrière cette belle vitrine et grâce au mauvais temps typiquement britannique, cette enseigne a encore de beaux jours devant elle.

Soho et Chinatown

JOY MODE

Plan p. 422 (www.joythestore.com ; 162-170 Wardour St W1 ; ⊖Oxford Circus ou Tottenham Court Rd). Joy propose des vêtements de chaînes et vintage, d'excellente facture : robes en soie, fabuleuses chemises pour homme et T-shirts pour les deux. S'y mêlent des gadgets originaux tels que canard-radio flottant et moules à glaçons en forme de dollar et d'euro.

TOPSHOP & TOPMAN MODE

Plan p. 422 (www.topshop.co.uk ; 36-38 Great Castle St W1 ; ⊖Oxford Circus). Topshop innove constamment en collaborant avec de jeunes créateurs et certaines célébrités, comme Kate Moss et sa collection à succès. Un étage entier est dédié aux accessoires (barrettes, collants, lunettes de soleil, etc.). Et si les 5 niveaux vous intimident, vous pouvez prendre rendez-vous avec un styliste qui vous conseillera gratuitement.

URBAN OUTFITTERS MODE

Plan p. 422 (www.urbanoutfitters.co.uk ; 200 Oxford St W1 ; ⊖Oxford Circus). L'enseigne américaine la plus hype du moment propose une mode branchée pour homme et femme. Lingerie romantique, sacs à main et chaussures pile dans la tendance de la saison, T-shirts et espace créateurs (Paul et Joe Sister, Red Label de Vivienne

Westwood, Hussain Chalayan et See by Chloé, entre autres), mais aussi des articles de maison, des livres et des gadgets originaux.

PROWLER ACCESSOIRES GAY

Plan p. 422 (www.prowler-stores.co.uk ; 5-7 Brewer St W1 ; ⏲11h-22h lun-ven, 10h-22h sam, 12h-20h dim ; ⊖Piccadilly Circus). Le grand magasin Prowler de Soho est une Mecque du shopping gay, avec livres, magazines, vêtements et "accessoires art de vivre", mais aussi un rayon "adultes" discret avec la sélection habituelle de DVD et magazines spécialisés.

ALGERIAN COFFEE STORES CAFÉ

Plan p. 422 (www.algcoffee.co.uk ; 52 Old Compton St W1 ; ⏲fermé dim ; ⊖Leicester Sq). Un délicieux arôme de café fraîchement moulu chatouille vos narines dans cette boutique qui offre une immense variété de thés et de cafés.

VINTAGE HOUSE BOISSONS

Plan p. 422 (42 Old Compton St W1 ; ⏲9h-23h lun-ven, 9h30-23h sam, 12h-22h dim ; ⊖Leicester Sq). Paradis des amateurs de whisky, ce magasin stocke plus de 1 000 variétés de pur malt, du doux Macallan au tourbeux Lagavulin. Il propose également une vaste gamme d'alcools que vous ne trouveriez pas dans une boutique ordinaire.

MARSHMALLOW MOUNTAIN MODE VINTAGE

Plan p. 422 (www.marshmellowmountain.com ; Kingly Ct, 49 Carnaby St W1 ; ⊖Oxford Circus) Robes excentriques bien choisies et chaussures somptueuses, cette adresse est l'une de nos préférées.

BEYOND THE VALLEY MODE

Plan p. 422 (www.beyondthevalley.com ; 2 Newburgh St W1 ; ⊖Oxford Circus). L'une des meilleures adresses du centre de Londres pour découvrir les nouveaux talents de la mode, au travers de vêtements, bijoux, accessoires et œuvres d'art présentés dans un ravissant magasin. La salle à l'arrière, est une mini-galerie qui accueille régulièrement des expositions.

AGENT PROVOCATEUR LINGERIE

Plan p. 422 (www.agentprovocateur.com ; 6 Broadwick St W1 ; ⊖Oxford Circus). Cette enseigne, appartenant à Joseph Corre (fils de Vivienne Westwood), propose corsets, nuisettes et soutiens-gorge à la fois sexy et provocants pour tous les goûts et toutes les tailles.

HAMLEYS JOUETS

Plan p. 422 (www.hamleys.com ; 188-196 Regent St W1 ; ⊖Oxford Circus). C'est peut-être le magasin de jouets le plus grand au monde et certainement le plus célèbre. Ce mille-feuille géant pour enfants se compose ainsi : les jeux vidéo au sous-sol, les dernières modes qui agitent les cours d'école au rez-de-chaussée, les kits scientifiques au 1er, les jouets préscolaires au 2e, les jouets pour filles au 3e, les modèles réduits de voitures au 4e et, enfin, l'univers Lego et son café au 5e.

LIBERTY GRAND MAGASIN

Plan p. 422 (www.liberty.co.uk ; Great Marlborough St W1 ; ⊖Oxford Circus). Mélange irrésistible de styles contemporains dans une ambiance vieux jeu façon Tudor, ce grand magasin comporte un immense rayon de cosmétiques et un impressionnant rayon lingerie. Vous ne pouvez partir de Londres sans avoir acheté les fameux tissus Liberty, à des prix en conséquence.

AQUASCUTUM MODE

Plan p. 422 (www.aquascutum.co.uk ; 100 Regent St W1 ; ⊖Piccadilly Circus). Bien que la boutique ait été récemment rénovée, ses imperméables, foulards, sacs et chapeaux demeurent de facture traditionnelle. Imperméables de style classique pour hommes, lignes épurées, mode et beauté pour les femmes : le chic naturel du très haut de gamme.

Covent Garden et Leicester Square

URBAN OUTFITTERS MODE

Plan p. 432 (www.urbanoutfitters.co.uk ; 42-56 Earlham St WC2 ; ⊖Covent Garden) Autre boutique de cette chaîne ultrabranchée décrite p. 133.

NEAL'S YARD DAIRY ALIMENTATION

Plan p. 432 (www.nealsyarddairy.co.uk ; 17 Shorts Gardens WC2 ; ⏲fermé dim ; ⊖Covent Garden). Preuve que les Anglais peuvent supporter les fromages odorants, cette boutique en présente plus de 70 variétés, dont des labels fermiers indépendants.

MAGASINS DE MUSIQUE INDÉPENDANTS

Si les Britanniques sont les plus gros acheteurs de disques au monde, il reste à espérer que les magasins de musique londoniens, en proie aux difficultés de la concurrence, parviendront à survivre sans se faire phagocyter par les grandes chaînes. Voici une sélection des meilleurs du West End.

Sister Ray (Plan p. 422 ; www.sisterray.co.uk ; 34-35 Berwick St W1 ; ⊖Oxford Circus). Magasin spécialisé dans la musique expérimentale, innovante et indépendante.

Ray's Jazz (Plan p. 422 ; 2e étage, Foyle's, 113-119 Charing Cross Rd WC2 ; ⊖Oxford Circus ou Tottenham Court Rd). Cet endroit serein et paisible au personnel accueillant et serviable est l'une des meilleures boutiques de jazz de tout Londres.

Sounds of the Universe (Plan p. 422 ; www.soundsoftheuniverse.com ; 7 Broadwick St W1 ; ⊖Oxford Circus ou Tottenham Court Rd). Magasin du label Soul Jazz Records qui produit une excellente musique soul, reggae, funk et de très bons albums de dub. CD et vinyles, plus quelques 45 tours d'époque.

Harold Moore's Records (Plan p. 422 ; www.hmrecords.co.uk ; 2 Great Marlborough St W1 ; ⊖Oxford Circus ou Tottenham Court Rd). Le meilleur magasin de musique classique de Londres propose un vaste choix de vinyles, de CD et de DVD, ainsi qu'une section jazz au sous-sol.

Reckless Records (Plan p. 422 ; www.reckless.co.uk ; 30 Berwick St W1 ; ⊖Oxford Circus ou Tottenham Court Rd). Il a changé souvent de nom, mais jamais vraiment d'esprit. Il stocke toujours des disques et des CD neufs et d'occasion de musique indépendante ou *mainstream* (punk, soul, disco, etc.).

Phonica (Plan p. 422 ; www.phonicarecords.co.uk ; 51 Poland St W1 ; ⊖Tottenham Court Rd ou Oxford Circus). Un magasin sympathique où l'on trouve beaucoup de house, d'électro et de hip-hop, mais aussi du reggae, du jazz et du rock en passant par le dub.

On the Beat (Plan p. 426 ; 22 Hanway St W1 ; ⊖Tottenham Court Rd). Le personnel de cette maison saura vous guider dans sa spécialité : la musique des années 1960 et 1970.

Condiments, pickles, confitures et chutneys sont également disponibles.

MOLTON BROWN — COSMÉTIQUES

Plan p. 432 (www.moltonbrown.co.uk ; 18 Russell St WC2 ; ⊖Covent Garden). Fabuleusement odorant, Molton Brown – fournisseur attitré des boutique-hotels et des restaurants élégants – propose des produits de soin qui bichonnent aussi bien les peaux masculines que féminines. Vous pouvez également demander un soin du visage, acheter du maquillage et des accessoires pour la maison. .

APPLE STORE — ÉLECTRONIQUE

Plan p. 432 (www.apple.com/uk/retail/coventgarden ; 1-7 The Piazza WC2 ; ⌚9h-21h lun-sam, 12h-18h dim ; ⊖Covent Garden). Voici le temple des "Mac addict" – iPads, iPods, portables et ordinateurs de bureau, tous alignés dans ce gigantesque magasin blanc. Ateliers et forums hebdomadaires vous aident à mieux connaître votre matériel Apple et les iMacs en présentation sont autant de base de navigation gratuite sur Internet.

TED BAKER — MODE

Plan p. 432 (www.tedbaker.com ; 9-10 Floral St WC2 ; ⊖Covent Garden). L'ancien tailleur de Glasgow a développé sa propre marque, très élégante. Son point fort, les tenues habillées homme et femme : costumes sobres et robes dans des matières originales aux impressions audacieuses. Belle collection sport également (jeans, tenues de plage, etc.).

FORBIDDEN PLANET MEGASTORE — LIVRES

Plan p. 432 (www.forbiddenplanet.com ; 179 Shaftesbury Ave WC1 ; ⊖Covent Garden ou Tottenham Court Rd). Un immense stock de BD, d'ouvrages de science-fiction, d'horreur et de fantastique. Le paradis pour les adeptes de mangas et de littérature non conventionnelle.

PAUL SMITH — MODE

Plan p. 432 (www.paulsmith.co.uk ; 40-44 Floral St WC2 ; ⊖Covent Garden). Le meilleur de la mode classique britannique avec une touche d'innovation. Dans ce magasin organisé comme un dressing, vous pourrez accéder directement aux rayons de costumes et chemises. Paul Smith habille aussi les femmes de vêtements bien ajustés, dans un style androgyne et presque masculin.

LUCY IN DISGUISE MODE VINTAGE

Plan p. 432 (www.facebook.com/LucyInDisguiseLondon ; 10-13 Kings Street WC2 ; ⊖Covent Garden). Ouverte en 2010 par la chanteuse Lily Allen, Lucy in Disguise est une boutique vintage haut de gamme. La collection mélange haute couture (Yves St Laurent et Chanel sont plutôt bien représentés) et stylistes inconnus. L'abondance de tenues des années 1980 est telle qu'on croirait pénétrer dans le dressing room de la série *Dallas* ou *Santa Barbara*.

SPACE NK COSMÉTIQUES

Plan p. 432 (www.spacenk.co.uk ; 32 Shelton St WC2 ; ⊖Covent Garden). Spécialisé dans les crèmes pour la peau, Space NK stocke les marques Dr Hauschka, Eve Lom, Chantecaille, Kiehl's et Phyto, et les gammes anti-âge comme 24/7 et Dr Sebagh. D'Anthony à Kiehl's, les hommes ont également le choix.

BENJAMIN POLLOCK'S TOYSHOP JOUETS

Plan p. 432 (www.pollocks-coventgarden.co.uk ; 1er ét, 44 Covent Garden Market WC2 ; ⊖Covent Garden). Magasin de jouets consacré à l'univers théâtral et traditionnel : théâtres de papier victoriens, marionnettes en bois et à gaine, ours en peluche anciens, un peu fragiles pour jouer.

POSTE MISTRESS CHAUSSURES

Plan p. 432 (61-63 Monmouth St WC2 ; ⊖Leicester Sq ou Covent Garden). Pour tous les fétichistes de la chaussure, une merveilleuse collection pour femmes signée Emma Hope, Vivienne Westwood, Miu Miu et Dries Van Noten. Bien que soldées, elles ne sont pas à la portée de toutes les bourses.

Marylebone

CATH KIDSTON MODE ET ARTICLES POUR LA MAISON

Plan p. 428 (www.cathkidston.co.uk ; 51 Marylebone High St W1 ; ⊖Baker St). Cath Kidston remet les motifs floraux et les années 1950 à la mode (robes au-dessus du genou, taille marquée, cardigans, châles et pyjamas rétro). Propose également une gamme d'articles pour la maison.

MONOCLE SHOP ACCESSOIRES

Plan p. 428 (www.monocle.com ; 2a George St W1 ; ⊖Bond St). Ce magasin est un temple du chic discret. Certes, les prix de la plupart des objets dépassent le budget annuel de la majorité des visiteurs, mais les amateurs de design minimaliste de qualité (vélos, vêtements, sacs, etc.) ne regretteront pas leur visite. De belles éditions originales sont également en vente, ainsi que d'admirables photographies.

Mayfair

THE STING MODE

Plan p. 422 (www.thesting.nl ; 1 Piccadilly Circus W1 ; ⌚10h-22h lun-sam, 12h-18h dim ; ⊖Piccadilly Circus). Nouvel arrivé sur la scène de la mode, The Sting se décrit comme un "réseau de marques". La majorité de ses vêtements sont en effet des marques européennes peu connues au Royaume-Uni. Sur 3 étages, aussi bien pantalons de jogging, T-shirts fluo que robes élégantes, chemisiers à froufrous et chemises de qualité.

ABERCROMBIE & FITCH MODE

Plan p. 422 (www.abercrombie.com ; 7 Burlington Gardens W1 ; ⊖Piccadilly Circus). Les vêtements confortables d'Abercrombie (jeans, hauts en jersey, tricots douillets, chemises en coton bien coupées) semblent ne jamais se démoder, à des prix plutôt élevés. Cette boutique n'a pas désempli depuis la minute de son ouverture et le week-end la queue vers la caisse s'étire au rez-de-chaussée. La boutique a des allures de night-club : musique disco à plein tube, éclairage d'ambiance, parfums capiteux et vendeurs torse-nu.

APPLE STORE ÉLECTRONIQUE

Plan p. 422 (www.apple.com/uk/retail/regentstreet ; 235 Regent St W1 ; ⌚9h-21h lun-sam, 12h-18h dim ; ⊖Oxford Circus). Un autre magasin-phare d'Apple. Ateliers quotidiens.

SELFRIDGES GRAND MAGASIN

Plan p. 428 (www.selfridges.com ; 400 Oxford St W1 ; ⊖Bond St). Derrière ses vitrines

LES MEILLEURES LIBRAIRIES DU WEST END

Daunt Books (Plan p. 428 ; www.dauntbooks.co.uk ; 83-84 Marylebone High St W1 ; ⊖Baker St). Datant de l'époque édouardienne, lambrissée de chêne avec de superbes lucarnes, c'est l'une des plus jolies librairies de la capitale. Deux niveaux : le rez-de-chaussée déborde de littérature en tout genre et le sous-sol de livres de voyage.

London Review Bookshop (Plan p. 426 ; www.lrb.co.uk ; 14 Bury Pl WC1 ; ⊖Russell Sq ou Holborn). La librairie du magazine littéraire *London Review of Books* ne stocke pas des piles de livres, simplement deux ou trois exemplaires de titres variés. Elle organise souvent des discussions avec des auteurs très en vue. Le charmant **café** vous permet de vous plonger dans vos nouvelles acquisitions.

Foyle's (Plan p. 422 ; www.foyles.co.uk ; 113-119 Charing Cross Rd WC2 ; ⊖Tottenham Court Rd). C'est la meilleure et la plus légendaire des librairies de Londres, où l'on déniche les titres les plus obscurs. Le ravissant **café** est situé au 1er étage et le magasin de musique **Ray's Jazz** (voir l'encadré p. 135) au 3e étage. En 2011, Foyle a acheté **Grant & Cutler**, la plus grande librairie de langues étrangères du Royaume-Uni, dont le vaste catalogue est maintenant disponible au 1er étage.

Stanford's (Plan p. 432 ; www.stanfords.co.uk ; 12-14 Long Acre WC2 ; ⊖Leicester Sq ou Covent Garden). Spécialisée depuis un siècle et demi dans les cartes, les guides et la littérature de voyage, la doyenne des librairies de voyage vaut à elle seule le détour.

Waterstone's (Plan p. 422 ; www.waterstones.com ; 203-206 Piccadilly W1 ; ⊖Piccadilly Circus). Cette chaîne de mégastores est la plus grande librairie d'Europe et s'enorgueillit d'un personnel compétent. Elle propose régulièrement des lectures d'ouvrages par leurs auteurs. Le magasin comprend 4 niveaux de livres, un café au sous-sol, et le **5th View** (p. 118), fabuleux bar-restaurant sur le toit-terrasse.

Gosh! (Plan p. 426 ; www.goshlondon.com ; 39 Great Russell St WC1 ; ⊖Tottenham Court Rd). Romans graphiques, mangas, bandes dessinées (Tintin et Astérix) et livres pour enfants, l'endroit idéal pour trouver un cadeau pour un enfant ou un adolescent.

inventives conçues par des artistes internationaux, voici le grand magasin le plus branché et le plus animé de Londres, connu pour l'incroyable diversité de ses produits, mais aussi pour ses shows de promotion. Toutes les tendances de la mode sont représentées, avec des créateurs britanniques comme Boudicca, Luella Bartley, Emma Cook, Chloé et Missoni. À un espace alimentation incomparable s'ajoute le plus grand rayon parfumerie d'Europe.

MULBERRY — ACCESSOIRES

Plan p. 428 (41-42 New Bond St W1 ; ⏲fermé dim ; ⊖Bond St). Souples et voluptueux, les sacs Mulberry sont le symbole de l'élégance. La marque, qui s'est modernisée récemment, marche sur les talons d'autres créateurs britanniques comme Burberry et Pringle.

POSTE — CHAUSSURES

Plan p. 428 (10 South Molton St ; ⊖Bond St). Dans l'une des rues les plus en vogue de Londres, cette boutique ultratendance destinée aux hommes amateurs de belles chaussures propose de tout, des baskets vintage à l'importation italienne raffinée.

VIVIENNE WESTWOOD — MODE

Plan p. 422 (www.viviennewestwood.com ; 44 Conduit St W1 ; ⏲fermé dim ; ⊖Bond St ou Oxford Circus). La femme qui a habillé la génération punk affirme aujourd'hui que "la mode est ennuyeuse" et qu'elle ne pense plus du tout ce qu'elle disait autrefois. Personnalité controversée, elle continue de dessiner des vêtements plus audacieux, innovants et provocateurs que jamais : bustiers inspirés du XIXe siècle, volants, talons compensés et motifs écossais en abondance.

BURBERRY — MODE

Plan p. 428 (www.burberry.com ; 21-23 New Bond St SW1 ; ⊖Bond St). Connu pour ses versions innovantes de modèles classiques (trench aux couleurs vives, pantalons kaki à larges poches), son célèbre tissu écossais beige et son look soigné, Burberry est souvent copié par les chaînes de prêt-à-porter.

JOHN LEWIS GRAND MAGASIN

Plan p. 428 (www.johnlewis.co.uk ; 278-306 Oxford St W1 ; ⊖Oxford Circus). Ici, l'accent est mis sur des produits – articles de maison, vêtements, bagages – plus à l'épreuve du temps que dans l'air du temps. L'espace consacré aux tissus est superbe.

STELLA MCCARTNEY MODE

Plan p. 428 (www.stellamccartney.co.uk ; 30 Bruton St W1 ; fermé dim ; ⊖Bond St). Des modèles aux lignes vaporeuses et épurées, une approche "éthique" en matière de mode (ni cuir ni fourrure) dans l'air du temps, et une demeure victorienne de 2 étages servant de vitrine minimaliste pour les dernières collections de la créatrice. Selon son degré de dévotion et son porte-monnaie, on s'y sent immédiatement à l'aise ou au contraire totalement déplacé.

WRIGHT & TEAGUE BIJOUX

Plan p. 430 (www.wrightandteague.com ; 35 Dover St W1 ; fermé dim ; ⊖Green Park). Ravissants bracelets en or et en argent, colliers, bagues pour homme et femme, tous élégants et abordables. Wright et Teague se sont rencontrés à la St Martins School of Art il y a plus de 20 ans et vivent toujours ensemble.

KURT GEIGER CHAUSSURES

Plan p. 428 (www.kurtgeiger.com ; 65 South Molton St W1 ; ⊖Bond St). Magasin de chaussures pour homme et femme qui allie mode, qualité et prix abordables. Parmi les marques représentées, Birkenstock, Chloé, Hugo Boss, Marc Jacobs, Paul Smith et United Nude.

BUTLER & WILSON ACCESSOIRES

Plan p. 428 (www.butlerandwilson.co.uk ; 20 South Molton St SW1 ; ⊖Bond St). Une ambiance voluptueuse du Shanghai des années 1920 règne dans le magasin principal de Butler & Wilson, où des bijoux, des sacs à main, des T-shirts et des bibelots sont vendus sous des lanternes rouges et le regard de mannequins de cire chinois.

RIGBY & PELLER LINGERIE

Plan p. 422 (www.rigbyandpeller.com ; 22a Conduit St W1 ; fermé dim ; ⊖Oxford Circus). Ce vieil établissement confectionne la lingerie de la reine, et son service de couture et de retouche – ouvert au commun des mortels – est légendaire. Faites-vous prendre vos mesures – plus d'un client y a appris qu'il portait la mauvaise taille depuis des années. Des sous-vêtements et des maillots de bain standards sont également en vente.

La City

Notre sélection

❶ Admirer les joyaux de la Couronne, se délecter des récits lugubres des Yeoman Warders et revivre des siècles d'histoire dans l'incomparable **tour de Londres** (p. 141).

❷ Tendre l'oreille pour entendre de lointains chuchotements dans la coupole de la **Cathédrale St Paul** (p. 147), et profiter d'une vue extraordinaire sur Londres.

❸ Plonger dans l'histoire de la ville dans l'excellent **Museum of London** (p. 154).

❹ Imaginer Londres en flammes en grimpant les marches du **Monument** (p. 152).

❺ Contempler l'architecture ultramoderne du **30 St Mary Axe** (p. 151) et de la **Lloyd's of London** (p. 151).

Pour un plan plus détaillé, reportez-vous p. 438

Bons plans Lonely Planet

Conçu par Jean Nouvel, **One New Change** (www.onenewchange.com ; Cheapside EC2 ; ⊖St Paul's), un centre commercial récemment ouvert, accueille surtout les grandes marques habituelles. Mais si l'on emprunte l'ascenseur jusqu'au sixième étage, on jouit d'une vue imprenable sur le dôme de la cathédrale St Paul et sur toute la ville.

Le top des restaurants

- Sweeting's (p. 159)
- Café Below (p. 159)
- Restaurant at St Paul's (p. 159)
- City Càphê (p. 159)

Voir détails p. 159

Le top des bars et cafés

- Vertigo 42 (p. 160)
- Black Friar (p. 160)
- Volupté (p.161)

Voir détails p. 160

Les plus belles églises

- St Bartholomew-the-Great (p. 155)
- St Stephen Walbrook (p. 152)
- Temple Church (p. 157)

Voir détails p. 150

Découvrir la City

La City est d'une incroyable richesse, et les sites à visiter sont innombrables. On peut commencer par les plus connus : la tour de Londres et la cathédrale St Paul – en prévoyant si possible environ une demi-journée pour chaque lieu et en arrivant tôt pour éviter de faire la queue. La visite des autres grands sites peut se faire au gré d'une balade plus aléatoire qui permettra de découvrir des coins secrets et de faire halte dans les nombreuses églises du quartier.

Près de 300 000 personnes travaillent dans la City, dont seulement 8 000 vivent sur place. Pour vous rendre compte de l'activité frénétique qui y règne, venez en semaine, lorsque tout est ouvert. Le soir, les employés retournent à leurs banlieues et les rues se vident très vite. L'ambiance change radicalement le week-end, devenant propice à la contemplation. Si tout ou presque est fermé jusqu'au lundi matin, les principaux sites touristiques restent en revanche ouverts le samedi ou le dimanche.

Vivre comme un Londonien

- **Barbican** (p. 155) Une institution culturelle, réputée pour ses spectacles de danse, de théâtre, de musique et ses expositions. On peut aussi y prendre un café ou y déjeuner.
- **Un verre en hauteur** Rien de tel que de goûter au luxe en sirotant une coupe de champagne au sommet d'un des plus hauts gratte-ciel de Londres, au Vertigo 42 (p. 160).
- **Cabaret** La vie nocturne n'est certes pas le point fort de la City, mais Volupté (p. 161) attire une clientèle tirée à quatre épingles grâce à ses spectacles de cabaret et de "New Burlesque", ainsi qu'à ses nuits vintage.

Depuis/vers la City

- **Métro** De nombreuses lignes se croisent à la City, si bien que l'on n'est jamais loin d'une d'entre elles. St Paul's (Central Line) et Bank (Central, Northern, DLR et Waterloo & City) sont les stations les plus pratiques, mais Blackfriars (Circle et District), Barbican (Circle, Metropolitan et Hammersmith & City) et Tower Hill (Circle et District) sont également utiles pour accéder à des sites plus éloignés.
- **Bus** Pour circuler vers l'est depuis Oxford Circus en passant par St Paul's, Bank et Liverpool St, prendre le 8 ; de Piccadilly Circus via Fleet St et la Tour, préférer le 15. Le 11 part de Liverpool St et passe par Bank et Mansion House pour rejoindre Chelsea. Le 26 suit le même itinéraire dans la City mais bifurque ensuite vers Waterloo.

RICHARD I'ANSON / LONELY PLANET IMAGES ©

LES INCONTOURNABLES
TOUR DE LONDRES

Voici l'authentique noyau de la ville, à l'histoire aussi lugubre et sanglante que fascinante. La tour de Londres doit absolument figurer en première place sur votre liste de visites. Cette tour, dont la construction a démarré sous le règne de Guillaume le Conquérant (1066-1087), était d'abord conçue comme un château. Elle a servi de palais, de forteresse, d'arsenal ou d'hôtel de la Monnaie, mais reste surtout célèbre pour son macabre passé de prison et de lieu d'exécution. En dépit du prix toujours plus élévé des billets et des hordes de touristes qui l'assiègent, elle vaut vraiment le détour.

On pourrait passer des journées entières dans la Tour sans en avoir épuisé ses richesses ; mieux vaut prévoir au moins une demi-journée de visite et préparer son itinéraire : le nôtre commence par une fascinante visite avec les Yeoman Warders (p. 142).

Chapel Royal of St Peter ad Vincula

La Chapel Royal of St Peter ad Vincula (Saint-Pierre-aux-Liens) est le point d'orgue de la visite guidée (celle-ci étant le seul moyen d'y accéder). C'est un rare exemple d'architecture religieuse Tudor, et le lieu où étaient inhumés les condamnés décapités sur l'échafaud, comme Anne Boleyn, Catherine Howard ou Lady Jane Grey. De nombreux monuments en hommage à d'illustres occupants de la Tour y trônent.

Le site de l'échafaud de Tower Green

Parmi ceux qui, dans leur malheur, ont eu la chance de mourir ici plutôt que de subir l'affront d'une exécution à Tower Hill : Anne Boleyn et Catherine Howard, toutes

À NE PAS MANQUER

- La visite guidée des Yeoman Warders
- Les joyaux de la Couronne
- White Tower et St John's Chapel
- Le site de l'échafaud de Tower Green
- Les corbeaux de la Tour
- Le palais médiéval

INFOS PRATIQUES

- plan p. 438
- www.hrp.org.uk
- Tower Hill EC3
- adulte/enfant 19,80/10,45 £ ; audioguides 4 £
- 9h-17h30 mar-sam, 10h-17h30 dim-lun, fermé tlj 16h30 nov-fév, dernière entrée 30 min avant fermeture
- Tower Hill

LES YEOMAN WARDERS

Les 35 Yeoman Warders sont de véritables icônes londoniennes. Ils gardent la Tour depuis 1485. Pour prétendre au poste, il faut avoir servi au moins 22 ans dans les Forces armées britanniques. Tous résident dans la Tour. On les appelle familièrement "beefeaters", peut-être à cause des énormes portions de bœuf qu'on leur servait autrefois. En 2007, Moira Cameron est devenue la première femme à les rejoindre. S'ils sont officiellement chargés de veiller sur la Tour et sur les joyaux de la Couronne la nuit, leur tâche principale est de guider les touristes, pour qui ils prennent volontiers la pose. Ces visites, passionnantes et souvent très amusantes, partent de la Middle Tower toutes les 30 minutes de 10h à 15h30 (14h30 l'hiver).

Le New Armouries Cafe, reconnaissable par ses briques rouges et situé à l'angle sud-est de la cour intérieure, propose plats chauds et sandwichs.

deux accusées d'adultère ; Jane Rochford, dame d'honneur de Catherine Howard ; Margaret Pole, comtesse de Salisbury, descendante de la maison de York; Lady Jane Grey, 16 ans, rivale de Mary Ire, fille d'Henry, pour l'accession au trône ; William, Lord Hastings ; et Robert Devereux, comte d'Essex, ancien favori de la reine Elisabeth Ire. Dans le cas de Devereux, les autorités redoutaient peut-être aussi un soulèvement populaire en sa faveur. Une sculpture commandée à l'artiste Brian Catling, composée de deux disques sur lesquels repose un oreiller en verre, et accompagnée d'un poème, fait désormais office de mémorial. À gauche du site de l'échafaud se dresse la Beauchamp Tower, où des prisonniers de marque ont griffonné des messages de détresse.

Les joyaux de la Couronne

À l'est de cette chapelle et au nord de la White Tower se trouve le bâtiment le plus prisé, pris d'assaut par les visiteurs : les **Waterloo Barracks**, qui abritent les joyaux de la Couronne. On passe d'abord devant quelques séquences du couronnement de la reine Elisabeth II, accompagnées d'une musique de circonstance, avant de parvenir à la chambre forte (observer les portes d'entrée, qui semblent pouvoir résister à une attaque nucléaire). Une fois à l'intérieur, on peut contempler un ensemble de sceptres, plateaux, orbes et, bien sûr, couronnes royales. Un tapis roulant défile lentement devant la dizaine de couronnes qui constituent les pièces maîtresses de l'exposition. On évoquera surtout la couronne impériale d'État (Imperial State Crown), d'une valeur de 27,5 millions de livres sterling, sertie de diamants (2 868 exactement), de saphirs, d'émeraudes, de rubis et de perles, et la couronne de platine de la défunte reine mère, sertie du célèbre diamant Koh-I-Noor (Montagne de Lumière) de 105 carats. Entouré de légendes, ce précieux caillou du XIVe siècle a été revendiqué par l'Inde et l'Afghanistan. Il a la réputation de conférer un immense pouvoir à son propriétaire, à condition qu'il s'agisse d'une femme (les hommes seraient condamnés à mourir dans d'atroces souffrances). Une nouvelle présentation devrait être prête pour le Jubilé d'argent de la Reine en juin 2012, mais la date exacte de ce changement était encore inconnue à l'heure de la rédaction de ce guide. Cette altération permettra de réduire les files d'attente.

Derrière les Waterloo Barracks, la Bowyer Tower fut la prison de George, duc de Clarence, frère et rival d'Édouard IV. Une légende tenace, mais peut-être non fondée, veut qu'il ait été noyé dans un tonneau de malmsey (vin de Madère).

White Tower

La White Tower, dont la construction a été entreprise en 1078, a été la première tour de Londres. Elle a servi de palais et de forteresse. Elle dominait à l'époque de manière écrasante les modestes habitations des paysans qui entouraient les murs du château. Comme à St John's Chapel, on y trouve quelques vestiges d'architecture normande, dont un âtre et des lieux d'aisance. Mais l'intérieur de la tour est surtout notable pour la collection de canons, d'armes à feu et d'armures pour hommes et chevaux des Royal Armouries. Parmi les pièces les plus remarquables, citons au 1er étage l'armure d'Henri VIII, spécialement forgée pour la forte corpulence du monarque alors quadragénaire. Au deuxième étage, voir l'impressionnante armure de 2 m réalisée pour John of Gaunt, et la petite armure d'enfant confectionnée pour le prince Henry, fils de Jacques Ier. Au troisième étage, voir la hache et le billot utilisés pour la dernière exécution à Tower Hill (1747), ainsi qu'une exposition ludique et interactive.

St John's Chapel

Cette chapelle, qui date de 1080, est un des plus beaux exemples d'architecture romane en Angleterre, avec ses plafonds voûtés, ses arches et ses 12 piliers de pierre. C'est ici que l'inconsolable Henri VII fit exposer le corps de son épouse Elisabeth d'York, morte en couches en 1503 : il y demeura 12 jours entouré de cierges. La chapelle a également servi à entreposer des archives, mais des services religieux y ont à nouveau lieu tout au long de l'année.

Les corbeaux de la Tour

Selon la légende, Charles II, échaudé par les malheurs consécutifs de la peste et du Grand Incendie, aurait exigé que des corbeaux restent en permanence dans la Tour : s'ils devaient partir, le royaume s'effondrerait. C'est sur la pelouse entre la Wakefield Tower et la White Tower qu'on trouve les fameux corbeaux. Ils sont en général huit sur place, et leurs ailes ont été rognées pour rassurer les superstitieux. Tous ont leur propre nom. Ils vivent ici beaucoup plus longtemps que dans la nature. Leur repas, composé de morceaux de viande, est un spectacle impressionnant.

Le palais médiéval

À l'intérieur de St Thomas' Tower, on peut se faire une idée des appartements d'Édouard Ier. C'est ici que les archéologues sont parvenus à remonter aux

À VOIR AUSSI

En entrant dans la Tour, on traverse **les douves**, qui furent asséchées au XIXe siècle, après plusieurs épidémies de choléra. Une belle herbe tendre a pris la place de l'eau dans le fossé. **Bell Tower** apparaît face à l'entrée : elle abrite les cloches sonnant le couvre-feu. Thomas More, homme politique et auteur de *Utopie*, y fut emprisonné en 1534, puis exécuté pour avoir refusé de reconnaître Henri VIII comme le nouveau chef suprême de l'Église d'Angleterre à la place du pape.

En remontant Water Lane, on parvient à la célèbre **Traitors' Gate** (porte des Traîtres), la porte par laquelle entraient les prisonniers conduits ici en bateau. En face se trouve **Bloody Tower** et son impressionnante herse. Elle doit son sinistre surnom à l'épisode des "Princes de la Tour" : pour barrer leur accession au trône, Édouard V et son jeune frère y furent emprisonnés puis assassinés. La culpabilité de leur oncle Richard III n'a jamais pu être prouvée, mais on lui attribue ce crime. À l'intérieur, on peut voter pour son suspect favori ! Une exposition s'intéresse aussi à l'explorateur sir Walter Raleigh, que la capricieuse Élisabeth Ire condamna à trois séjours ici, dont l'un dura plus de dix ans (1604-1616).

À L'ASSAUT DE LA TOUR

Il y a en général moins de monde en fin d'après-midi mais ne remettez pas votre visite à trop tard. Commencez par une visite guidée d'une heure avec les Yeoman Warders (*beefeaters*) : le prix est inclus dans celui du billet d'entrée. On passe un bon moment et c'est la seule façon d'accéder à la **Chapel Royal of St Peter ad Vincula** 1 où la visite se termine. En sortant de la chapelle, on se trouve face au **site de l'échafaud de Tower Green** 2. Le bâtiment situé immédiatement à gauche est celui des Waterloo Barracks, qui conservent les **joyaux de la Couronne** 3. Il vaut mieux choisir un moment propice pour aller les admirer tranquillement : c'est le clou de la visite. Des tapis roulants font défiler lentement les visiteurs devant la dizaine de couronnes qui constituent les pièces maîtresses de l'exposition, mais on peut faire un deuxième passage sans problème. Il faudra prévoir beaucoup de temps pour la visite de la **White Tower** 4, l'édifice principal de la Tour, en commençant par l'exposition des armures royales. En montant au deuxième étage, ne pas manquer **St John's Chapel** 5. On y trouve les célèbres **corbeaux** 6 sur la pelouse devant la White Tower. On se dirige ensuite vers les tours qui formaient le **palais médiéval** 7 afin d'emprunter la promenade de l'**East Wall Walk** 8 qui permet de découvrir les impressionnants remparts. S'il reste du temps, on peut fureter un peu partout, la Tour renferme de nombreux trésors cachés !

COUPE-FILE

- **Acheter** son billet à l'avance sur Internet ou au City of London Information Centre, situé dans le cloître de la cathédrale Saint-Paul.
- **Historic Royal Palaces** : en devenant membre de l'association (1 an, 43 £) vous pouvez vous épargner l'attente et visiter la Tour (ainsi que quatre autres palais londoniens) autant de fois que vous le souhaitez.

MIKE BOOTH/ALAMY ©

Chapel Royal of St Peter ad Vincula
Cette chapelle abrite les dépouilles de membres de la famille royale et d'aristocrate exécutés ici. Certains reposent sous l'autel.

Le site de l'échafaud de Tower Green
Sept personnes, dont trois reines (Anne Boleyn, Catherine Howard et Jane Grey), ont perdu la tête ici sous le règne des Tudors, épargnant au roi l'embarras d'une exécution publique à Tower Hill. Une sculpture de Brian Catling immortalise désormais le lieu.

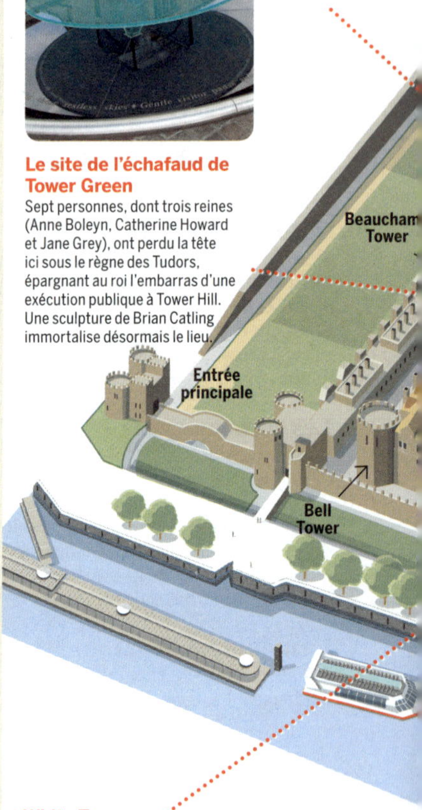

White Tower
La majeure partie de cette tour est consacrée à une collection retraçant cinq siècles d'armures royales, dont celle, impressionnante, de l'imposant roi Henri VIII.

PAWEL LIBERA IMAGES/ALAMY ©

t John's Chapel

emeurée aussi
obre qu'elle l'était à
époque normande,
ette chapelle située
u 2e étage de la White
ower est la plus
ncienne de Londres
ncore debout (1080).

TOM HANLEY/ALAMY

Joyaux de la Couronne

Portés par Sa Majesté lors de cérémonies officielles, les joyaux sont conservés ici le reste du temps. Parmi les 23 578 pièces, admirez le Cullinan (530 carats) qui orne le Sceptre royal, une partie seulement du plus gros diamant jamais découvert... jusqu'en 1985.

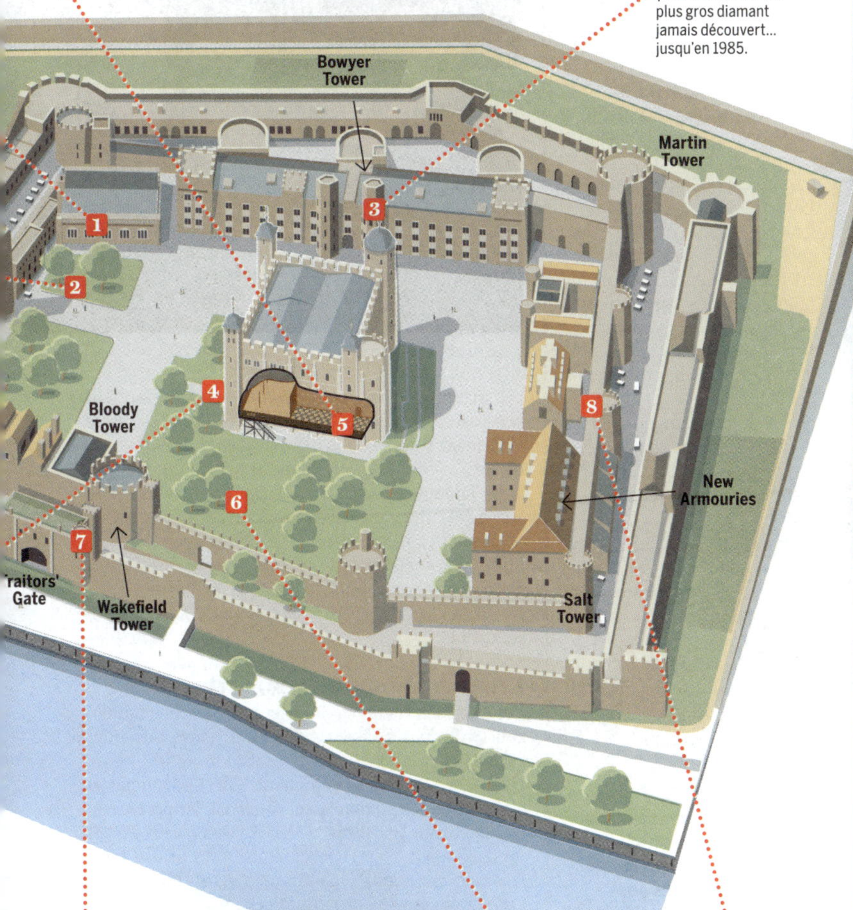

Palais médiéval

Cette partie de la
Tour a été construite
à partir de 1220
pour loger les
rois d'Angleterre.
Reconstitutions
des appartements
d'Édouard Ier
(1272-1307) dans St
Thomas's Tower et
de la salle du trône
au dernier étage de
Wakefield Tower.

ENIGMA/ALAMY

Les corbeaux

C'est sur cette pelouse que se trouvent les célèbres corbeaux nourris à la viande crue. Selon la légende, si les corbeaux quittaient la Tour, le royaume serait en péril.

East Wall Walk

Un parcours à l'intérieur des remparts de Salt Tower (XIIIe siècle) à Martin Tower (qui hébergeait autrefois les joyaux de la Couronne) en passant par Broad Arrow Tower et Constable Tower.

CÉRÉMONIES À LA TOUR DE LONDRES

Comme il se doit dans un édifice ainsi marqué par l'histoire, certains rituels ancestraux sont scrupuleusement maintenus, dont quelques-uns sont ouverts au public. La Ceremony of the Keys (remise des clés) a lieu tous les soirs : la porte principale est verrouillée selon un rituel très précis, le même depuis plus de sept siècles, qui débute à 21h53 tapantes et s'achève à 22h. La cérémonie n'eut que 30 min de retard lorsqu'une bombe tomba sur la tour de Londres pendant la Seconde Guerre mondiale. Signe évident de la fameuse maîtrise de soi britannique ! On peut assister gratuitement à la cérémonie (entrée à 21h30), mais un cérémonial tout aussi ancien veut qu'on fasse la demande des très précieux tickets par la poste. Pour plus de détails, consulter le site Internet de la Tour.

Mieux vaut assister à l'ouverture officielle de la Tour, chaque jour à 9h. Les clés sont remises par un garde militaire à un Yeoman Warder. Comme il n'y a pas encore foule, c'est un excellent moment pour venir, même s'il faut attendre 10h pour commencer la visite le dimanche et le lundi.

Yeoman Warders

constructions d'origine à travers les transformations successives. En face de la Thomas's Tower s'élève la Wakefield Tower, construite par Henri III entre 1220 et 1240. Son étage supérieur, auquel on accède via la St Thomas's Tower, a été richement meublé d'un trône et d'un immense candélabre, afin de restituer au mieux l'aspect de cette antichambre du palais à l'époque d'Édouard Ier. Il est presque certain que Henri VI y fut assassiné pendant la guerre des Deux-Roses (XVe siècle) entre les maisons de Lancaster et de York.

Promenade sur les remparts

Les énormes remparts intérieurs de la Tour ont été construits par Henri III en 1220 pour consolider la défense du château. Ils font 36 m de large. L'East Wall Walk (promenade sur les remparts) est un parcours jalonné de tours sur la partie est, qui débute à Salt Tower (XIIIe siècle), qui servait probablement à entreposer le salpêtre utilisé pour fabriquer la poudre. La Broad Arrow Tower et la Constable Tower proposent chacune une petite exposition. Le parcours se termine à Martin Tower, où l'on peut voir d'anciennes couronnes, conçues pour que les pierres puissent en être retirées. La plus vieille est celle de George Ier, surmontée du globe et de la croix de la couronne de Jacques II. C'est dans la Martin Tower que le colonel Thomas Blood tenta de dérober les joyaux de la Couronne en 1671, déguisé en prêtre.

CHRISTER FREDRIKSSON / LONELY PLANET IMAGES ©

LES INCONTOURNABLES
CATHÉDRALE SAINT-PAUL

Bénéficiant d'une situation privilégiée sur les hauteurs de Ludgate Hill, lieu de culte depuis plus de 1 400 ans, la cathédrale St Paul est l'un des édifices les plus majestueux de Londres. Pour les Londoniens, l'immense coupole qui perce au milieu des gratte-ciel bien plus hauts de la City est depuis 300 ans un symbole de résistance et de fierté. Voir le chef-d'œuvre de sir Christopher Wren de l'intérieur et grimper dans le dôme pour profiter de la vue époustouflante sur Londres sont des expériences grisantes.

Achevée en 1710 (date parfois contestée), la cathédrale, qui arbore fièrement le plus grand dôme de la capitale, est la cinquième église élevée sur ce site. La rénovation de grande ampleur qui s'est terminée en 2010 en l'honneur de son 300e anniversaire a donné à la cathédrale une très fière allure. L'un des moyens les plus pratiques pour la visiter est de suivre la visite guidée de 30 minutes, qui comprend l'accès à l'escalier en colimaçon et à la chapelle de St Michel et St George. Il y a en principe 4 visites par jour (10h45, 11h15, 13h30 et 14h). Réservez au guichet qui se trouve juste après l'entrée. Vous pouvez aussi demander une présentation plus courte. Pour ceux qui souhaitent aller à leur propre rythme, des audioguides de 45 minutes sont disponibles gratuitement à l'entrée (en plusieurs langues).

À NE PAS MANQUER

- L'ascension à la coupole
- Le chœur
- Les tombeaux de l'amiral Nelson et du duc de Wellington

INFOS PRATIQUES

- plan p. 149
- www.stpauls.co.uk
- St Paul's Churchyard EC4
- adulte/enfant 14,50/5,50 £
- 8h30-16h30 lun-sam, dernière entrée 16h

La coupole

Malgré l'histoire fascinante et l'architecture intérieure grandiose de l'édifice, les visiteurs privilégient souvent l'ascension à la coupole et la vue époustouflante sur Londres. Constituée en fait de trois coupoles imbriquées les unes dans les autres, elle a fait la renommée de l'architecte Wren. Les 528 marches réparties sur trois étages conduisent au sommet. À la

POUR UNE PAUSE

Dans la crypte, on peut manger léger au **Cafe at St Paul's** (www.restaurantatstpauls.co.uk ; plats 5,65-7,40 £ ; ⏲9h-17h lun-sam, 12h-16h dim) ou déjeuner à l'excellent **Restaurant at St Paul's** (p. 159). L'accès à la **boutique** (⏲8h30-17h lun-sam, 10h-16h30 dim) est libre, et se fait par la porte située sur le côté, sous le transept nord. Bon à savoir pour utiliser les toilettes, s'abriter par mauvais temps, ou profiter d'un bon repas !

Pour fêter son 300e anniversaire, Saint-Paul a subi de longues et onéreuses rénovations. La cathédrale est ainsi désormais propre comme un sou neuf, mais près de l'immense portail ouest (qui n'est ouvert que pour les grandes occasions), on peut observer une partie du mur tel qu'il était avant les travaux (préservé sous verre), et constater à quel point Saint-Paul avait souffert des outrages du temps !

porte ouest du transept sud, 30 m et 257 marches plus haut, on accède à la galerie intérieure circulaire. Il s'agit de la **Whispering Gallery** (galerie des murmures), ainsi nommée parce que le moindre mot chuchoté près d'un mur s'entend sur le mur opposé, distant de 32 m. En gravissant encore 119 marches, on atteint la **Stone Gallery** (galerie de pierre), dont la plateforme extérieure a été occultée par des piliers et autres dispositifs de sécurité. Plus raides et plus étroites que les précédentes, les 152 marches d'acier restantes conduisent à la **Golden Gallery** (galerie d'or). Le jeu en vaut vraiment la chandelle : à 85 m au-dessus de la ville, vous bénéficierez d'une imprenable vue à 360°.

L'intérieur

Quand on remet les pieds sur terre, sur le sol en damier noir et blanc, St Paul ne manque pas non plus de grandeur. Juste en dessous de la coupole se trouvent une boussole et une **épitaphe** rédigée pour Wren par son fils : *Lector, si monumentum requiris, circumspice* (Lecteur, si tu cherches son tombeau, regarde autour de toi). L'aile nord abrite le grandiose **Duke of Wellington Memorial** (1875). Dans la chapelle du transept nord figure le célèbre tableau de Holman Hunt, **La Lumière du monde**, représentant le Christ frappant à une porte envahie par la végétation qui, symboliquement, ne peut être ouverte que de l'intérieur. On est saisi par l'éblouissant **chœur**, aux voûtes et aux plafonds resplendissants de mosaïques dans des tons verts, bleus, rouges et or, ainsi que par le **maître-autel**. Les sculptures d'une finesse inouïe des stalles latérales sont dues à Grinling Gibbons et les grilles en fer forgé qui séparent les bas-côtés de l'autel sont de Jean Tijou (tous deux ont également travaillé à Hampton Court Palace). Derrière l'autel, surmonté d'un baldaquin massif en chêne doré, l'**American Memorial Chapel** est dédiée aux 28 000 soldats américains basés au Royaume-Uni qui périrent pendant la Seconde Guerre mondiale.

Une **statue en marbre du poète John Donne**, qui fut doyen de Saint-Paul, se trouve sur le côté sud du déambulatoire.

La crypte

Sur le côté est des transepts nord et sud, des escaliers descendent à la crypte et à la **chapelle de l'OBE** (Order of the British Empire) où des offices religieux sont célébrés pour des membres de l'Ordre. La crypte rassemble les monuments d'environ 300 sommités militaires, dont Florence Nightingale et Lord Kitchener, tandis que le duc de Wellington et l'amiral Nelson sont tous les deux enterrés ici, ce dernier reposant dans un sarcophage noir placé exactement sous le centre de la coupole. Sur les murs autour, des plaques commémorent le sacrifice des sujets du Commonwealth britannique disparus au cours des divers conflits armés du XXe siècle.

La crypte contient aussi le **tombeau de Wren**, ainsi que des mémoriaux dédiés à l'architecte Edwin Lutyens, au peintre Joshua Reynolds et au poète William Blake. Quatre petits films sont projetés dans l'**oculus**, qui a ouvert en 2010 dans l'ancien trésor (l'audioguide est nécessaire pour avoir le son). Si vous ne vous sentez pas le courage de monter dans la coupole, vous pourrez au moins la voir à l'écran.

L'extérieur

Juste à l'extérieur du transept nord se dresse un **monument** au peuple de Londres. Très simple, il rend hommage aux 32 000 civils tués (et aux 50 000 autres qui furent gravement blessés) à Londres pendant la Seconde Guerre mondiale. Également sur votre gauche se situe la **Temple Bar**, l'une des portes d'origine de la ville. Cette arche de pierre médiévale enjambait autrefois Fleet St à un endroit signalé par un griffon, mais elle fut déplacée dans le Middlesex en 1878. Après la remise à neuf de Paternoster Sq en 2003, elle fit un retour trimphal dans le centre de Londres.

CATHÉDRALE SAINT-PAUL

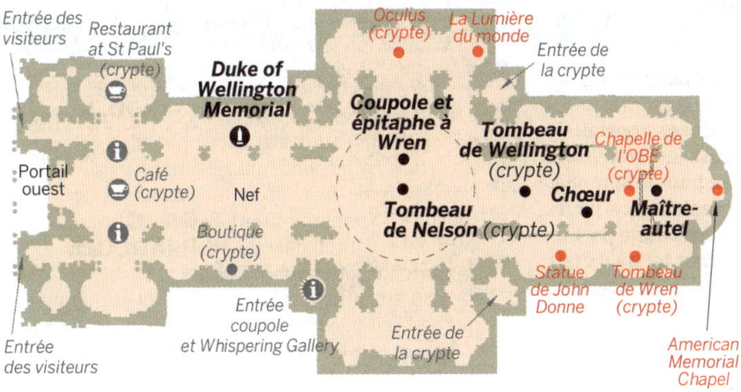

Rez-de-chaussée et crypte

À VOIR

LA TOUR DE LONDRES — MONUMENT HISTORIQUE

Voir p. 141.

CATHÉDRALE SAINT-PAUL — ÉDIFICE RELIGIEUX

Voir p. 147

GRATUIT ALL HALLOWS-BY-THE-TOWER — ÉGLISE

Plan p. 438 (www.ahbtt.org.uk ; Byward St EC3 ; 8h-18h lun-ven, 10h-17h sam-dim ; Tower Hill). Une église nommée All Hallows ("tous les saints") existe sur cet emplacement depuis 675, et la partie la plus intéressante des lieux est incontestablement l'étonnante crypte (*undercroft*) saxonne. Elle conserve un sol recouvert de dalles romaines antiques, les murs de l'église saxonne du VIIe siècle, des pièces de monnaie ainsi que diverses références à l'histoire locale. Le reste de l'édifice, reconstruit après sa destruction pendant la Seconde Guerre mondiale, s'avère assez plaisant. La flèche de cuivre a été rajoutée en 1957. À noter, la chaire provenant d'une église de Wren, sur Cannon St, également détruite pendant la guerre, et les superbes fonts baptismaux du XVIIe siècle, œuvre du sculpteur Grinling Gibbons. D'avril à septembre, visites guidées gratuites de 20 minutes, tous les jours à 14h.

TRINITY SQUARE GARDENS — JARDINS

Plan p. 438 (Tower Hill). Dans ces jardins, situés à l'ouest de la station de métro Tower Hill, se dressait jadis l'échafaud éponyme, site de nombreuses exécutions jusqu'en 1747. Désormais bien plus paisibles, ils accueillent un mémorial d'Edwyn Lutyens, qui rend hommage aux marins victimes de la Première Guerre mondiale. Noter à la sortie de la station de métro un gigantesque **cadran solaire** en bronze, qui illustre l'histoire de Londres de l'an 43 à 1982. Sur une pelouse jouxtant le passage souterrain principal, on aperçoit un fragment du **mur médiéval** construit sur des fondations romaines et, devant celui-ci, une statue moderne de l'empereur Trajan (règne 98–117). À l'autre extrémité du tunnel, sur la droite, se dresse une poterne du XIIIe siècle. D'autres vestiges du **mur romain**, assortis

LES INCONTOURNABLES
TOWER BRIDGE

Après Big Ben, le Tower Bridge est sans doute l'emblème de Londres le plus connu dans le monde. Vu de près, ce pont ne déçoit pas. Ses tours néogothiques et ses suspensions de couleur bleue attirent d'emblée le regard. Construit en 1894 pour combler l'absence d'un point de passage à l'est, il fut doté d'un mécanisme de bascule, révolutionnaire pour l'époque, permettant de dégager la voie aux bateaux en 3 minutes. Si le port de Londres n'est plus aujourd'hui qu'un souvenir, le pont n'est pas désaffecté pour autant et se lève encore environ 1 000 fois par an et jusqu'à 10 fois par jour l'été.

On peut y voir la **Tower Bridge Exhibition**, qui explique le fonctionnement du pont. Ceux que ces considérations techniques n'intéressent pas pourront toujours profiter de la vue sur la Tamise. Un ascenseur mène au sommet, à 42 m au-dessus du fleuve, où on peut se promener sur des passerelles (*walkways*) donnant des deux côtés. En descendant, on marque quelques arrêts avant de continuer vers les salles des machines (*engine rooms*), où sont prodiguées de nouvelles explications sur la mécanique ainsi que quelques montages interactifs et petits films.

À NE PAS MANQUER

- La levée du pont

INFOS PRATIQUES

- plan p. 438
- 7940 3984 pour les horaires de levée du pont ou consulter le site Internet
- www.towerbridge.org.uk
- Tower Bridge Rd SE1
- adulte/enfant 8/3,40 £
- 10h-18h30 avr-oct, 9h30-18h nov-mars, dernière entrée 1h avant la fermeture
- Tower Hill

d'un panneau explicatif, sont également visibles non loin du métro, sur le parvis du **Grange Hotel** (8-14 Cooper's Row).

GRATUIT ST OLAVE'S — ÉGLISE

Plan p. 438 (www.sanctuaryinthecity.net ; 8 Hart St EC3 ; 9h-17h lun-ven, fermé en août ; Tower Hill). Nichée à l'angle de la paisible Seething Lane, St Olave's fut construite au milieu du XVe siècle et restaurée dans les années 1950. Le plus célèbre de ses fidèles fut le chroniqueur Samuel Pepys (1633-1703), enterré ici avec son épouse Elizabeth. Dickens a affectueusement affublé l'église d'un sobriquet "St Ghastly Grim" (Sainte Sinistre) à cause des crânes qui surplombent l'entrée, mais c'est aujourd'hui un lieu bien agréable.

30 ST MARY AXE (LE CORNICHON) — ÉDIFICE MODERNE

Plan p. 438 (www.30stmaryaxe.co.uk ; 30 St Mary Axe EC3 ; Aldgate/Bank). Surnommé Le Cornichon (The Gherkin) en raison de sa forme particulière, le 30 St Mary Axe – c'est son nom officiel – demeure le gratte-ciel le plus distinctif de Londres. Bien que légèrement moins haut que la NatWest Tower voisine, il domine toute la ville. Ce "cornichon érotico-futuriste" est devenu l'un des emblèmes de Londres, au même titre que Big Ben ou le London Eye.

Construit en 2002-2003 selon un projet maintes fois primé de Norman Foster, il est le premier gratte-ciel écologique de Londres. L'architecte a réparti les bureaux en spirale autour de jardins paysagés intérieurs. Les fenêtres s'ouvrent et la végétation renouvelle l'air des pièces, réduisant ainsi au minimum le recours à la climatisation. Le principal combustible est le gaz, un éclairage basse consommation est utilisé et la conception de l'immeuble maximise l'entrée de la lumière naturelle, limitant la consommation d'électricité. Vous ne pourrez malheureusement pas vous en rendre compte vous-même, le bâtiment étant fermé au public.

LLOYD'S OF LONDON — ÉDIFICE MODERNE

Plan p. 438 (www.lloyds.com ; 1 Lime St EC3 ; Aldgate/Bank). Pendant qu'à l'intérieur les courtiers de cette compagnie de réputation internationale assurent tout, des cosmonautes aux jambes des stars de Hollywood, à l'extérieur les passants tombent en admiration devant les conduites en inox et les escaliers de l'édifice. L'œuvre de Richard Rogers, un des architectes du Centre Pompidou à Paris, offre par son audacieux postmodernisme un contraste saisissant avec son vénérable voisin, le Leadenhall Market. Vous ne pourrez qu'observer les ascenseurs de verre filer à toute allure le long de la façade de la Lloyd's, l'accès à l'ensemble du bâtiment est strictement réservé aux employés.

LEADENHALL MARKET — MARCHÉ

Plan p. 438 (www.leadenhallmarket.co.uk ; Whittington Ave EC3 ; espaces publics 24h/24, horaires des boutiques variables ; Bank). Pénétrer sous le couvert de cette petite enclave victorienne sur Gracechurch St, donne la sensation de faire une voyage dans le temps. Un marché se tient sur ce site depuis l'époque romaine, mais l'architecture visible aujourd'hui date de la fin du XIXe siècle. Même les restaurants et les magasins modernes y ont adopté le style postindustriel. Le marché fait une apparition sous le nom de "chemin de Traverse" dans *Harry Potter à l'école des sorciers.*

GRATUIT BANK OF ENGLAND MUSEUM — MUSÉE

Plan p. 438 (www.bankofengland.co.uk ; Bartholomew Lane EC2 ; 10h-17h lun-ven ; Bank). Lorsque William III déclara la guerre à la France au XVIIe siècle, il se rendit vite compte qu'il n'avait pas les fonds nécessaires pour financer ses armées. Un négociant écossais du nom de William Paterson eut alors l'idée de créer une banque de fonds collectifs qui servirait à prêter de l'argent au gouvernement. C'est ainsi que naquirent, en 1694, la Bank of England... et la notion de dette nationale. La banque prit vite de l'envergure et vint s'installer sur ce site en 1734. Pendant la crise financière de la fin du XVIIIe siècle, une caricature fit son apparition représentant l'institution comme une vieille femme hagarde. C'est probablement ce qui lui valut le surnom de "Old Lady of Threadneedle St". Aujourd'hui, la Bank of England est chargée de maintenir l'intégrité de la livre sterling et du système financier britannique. La splendide structure d'origine, conçue par sir John Soane, fut malheureusement démolie au début du XXe siècle et remplacée par un bâtiment à visée plus utilitaire.

Le musée retrace l'évolution de la monnaie et l'histoire de cette vénérable institution. Même s'il n'égale pas les grands musées de Londres, il a le mérite de présenter le Bank

Stock Office, une reconstitution d'après-guerre de la banque de Soane, remplie de mannequins en costumes d'époque placés derrière les guichets en acajou d'origine. Les autres salles regorgent d'objets en tout genre : photographies, pièces de monnaie, lingots d'or (vous pourrez en soulever un : il pèse son poids) et mousquets utilisés autrefois pour défendre la banque.

ROYAL EXCHANGE — ÉDIFICE HISTORIQUE

Plan p. 438 (www.theroyalexchange.com ; Royal Exchange EC3 ; ⌚10h-23h lun-ven ; ⊖Bank). À la jonction de Threadneedle St et de Cornhill à l'est se dresse l'imposant édifice à colonnades du Royal Exchange. C'est le troisième bâtiment construit sur le site choisi à l'origine, en 1564, par Thomas Gresham. Le bâtiment n'est plus une institution financière depuis les années 1980 : il abrite aujourd'hui des boutiques haut de gamme ainsi qu'un café (Royal Exchange Grand Café & Bar, p. 160) et un restaurant (Sauterelle, p. 159).

MANSION HOUSE — ÉDIFICE HISTORIQUE

Plan p. 438 (www.cityoflondon.gov.uk ; visite guidée tarif plein/réduit 6/4 £ ; ⌚visite 14h mar ; ⊖Bank). Entre King William St et Walbrook se dresse l'imposante Mansion House, résidence officielle du Lord Mayor de Londres. Œuvre de George Dance l'Ancien, elle fut érigée au milieu du XVIIIe siècle. Elle n'est pas ouverte au public, sauf lors de la visite guidée hebdomadaire, qui part à 14h le mardi, devant le porche de St Stephen Walbrook. Le nombre de participants est limité à 40 ; pour les billets, les premiers arrivés sont les premiers servis. L'intérieur, somptueux, comprend une impressionnante collection d'art et une fabuleuse salle de banquet.

GRATUIT ST STEPHEN WALBROOK — ÉGLISE

Plan p. 438 (www.ststephenwalbrook.net ; 39 Walbrook EC4 ; ⌚10h-16h lun-ven ; ⊖Bank). Cette église se trouve dans Walbrook, après la City of London Magistrates Court. Considérée par beaucoup comme la plus belle réalisation de Christopher Wren dans la City, son coup d'essai avant de s'attaquer à la cathédrale St Paul. Seize piliers à chapiteaux corinthiens soutiennent la coupole et le plafond, tandis que son vaste espace central est occupé par un gros bloc de pierre grise-ocre, un autel moderne conçu par le sculpteur Henry Moore, surnommé "le Camembert" par ses détracteurs.

GRATUIT ST MARY WOOLNOTH — ÉGLISE

Plan p. 438 (⌚9h30-16h30 lun-ven ; ⊖Bank). Au croisement de Lombard St et de King William St, l'église St Mary Woolnoth,

LES INCONTOURNABLES
MONUMENT

Cette immense colonne conçue en 1677 par sir Christopher Wren et Robert Hooke, tout simplement appelée le Monument, fut érigée en mémoire du Grand Incendie de Londres (1666), qui eut de lourdes conséquences sur l'histoire de Londres. Des dizaines de milliers d'habitants se retrouvèrent à la rue et une grande partie de la ville fut détruite.

Il s'agit d'une immense colonne dorique en pierre de Portland, de 4,5 m de large et 60,6 m de haut (ce qui correspond à la distance exacte qui la sépare de la boulangerie de Pudding Lane où l'incendie aurait démarré). Elle est surmontée d'une urne de bronze doré d'où s'échappent des flammes. À l'époque de sa construction, le Monument dominait toute la ville.

Après avoir gravi les 311 marches d'un impressionnant escalier en colimaçon, vos efforts seront récompensés par une vue panoramique exceptionnelle sur Londres. De retour en bas, on vous remet un certificat attestant que vous avez accompli l'ascension !

À NE PAS MANQUER

- La vue panoramique
- Le certificat au retour de l'ascension

INFOS PRATIQUES

- plan p. 438
- www.themonument.info
- Monument St EC3
- adulte/enfant 3/1,50 £
- ⌚9h30-17h30, dernière entrée à 17h
- ⊖Monument

érigée par Nicholas Hawksmoor, est reconnaissable à ses tours jumelles. Achevée en 1727, c'est la seule église que l'architecte a bâtie dans la City. Ses colonnes corinthiennes préfigurent Christ Church qu'il réalisa à Spitalfields.

GRATUIT ST MARY-LE-BOW — ÉGLISE

Plan p. 438 (www.stmarylebow.co.uk ; Cheapside EC2 ; ⏲7h30-18h lun-mer, ferme à 18h30 jeu et 16h ven ; ⊖Bank/St Paul's). Autre chef-d'œuvre de Christophe Wren, St Mary-le-Bow fut construite en 1673. On dit que la portée de ses cloches détermine qui est cockney et qui ne l'est pas, une zone qui devait être bien plus grande qu'aujourd'hui avant que le trafic n'envahisse la ville. Sa flèche délicate constitue l'une des plus belles réalisations de l'architecte et elle possède d'étonnants vitraux modernes.

TEMPLE DE MITHRA — RUINES

Plan p. 438 (Queen Victoria St ; ⊖Bank). À une courte distance de Queen Victoria St, se trouvent les vestiges du temple de Mithra (IIIe siècle). Le site fut mis au jour dans les années 1950 à l'occasion de la construction de Bucklersbury House, un immeuble de bureaux dans Walbrook St. Il fut déplacé peu après à son emplacement actuel. Il n'y a hélas pas grand-chose à voir ; si vous vous intéressez à ce dieu perse, mieux vaut aller au Museum of London (p. 154) où sont exposés des objets trouvés dans le temple. À l'heure où nous publions ce guide, le rapatriement des vestiges sur leur site original est envisagé dans le cadre de la rénovation du quartier de Walbrook.

GRATUIT GUILDHALL — ÉDIFICE HISTORIQUE

Plan p. 438 (www.cityoflondon.gov.uk ; Gresham St EC2 ; ⏲9h-17h, fermé lors d'événements officiels, fermé dim oct-avr ; ⊖Bank ou St Paul's). Au cœur du fameux "Square Mile" (autre nom donné au quartier de la City en raison de sa superficie), Guildhall est demeuré le siège du gouvernement de la City depuis près de 800 ans. Le bâtiment actuel, datant du début du XVe siècle, est le seul bâtiment séculier en pierre à avoir résisté au Grand Incendie de 1666. Il a pourtant été sévèrement endommagé et a ensuite souffert des bombardements en 1940.

Il faut se rendre à la réception pour visiter l'impressionnant **Great Hall** (mieux vaut appeler à l'avance, car il est souvent fermé à l'occasion d'événements officiels), où sont exposés les bannières et blasons des 12 principales guildes (ou vénérables compagnies), qui régnaient autrefois en maîtres sur la City. C'est dans cette vaste salle garnie d'imposants chandeliers et de pièces religieuses que l'on élit encore aujourd'hui le Lord Mayor et les Sherifs. Parmi les œuvres à voir, les statues de Winston Churchill, de l'amiral Nelson, du duc de Wellington et des deux Premiers ministres Pitt l'Ancien et le Jeune. Dans la galerie des Ménestrels, à l'extrémité ouest, les statues des géants bibliques Gog et Magog, considérés comme les gardiens de la ville, sont des copies modernes des originaux du XVIIIe siècle détruits pendant le Blitz. Les vitraux du Guildhall furent également mis en pièces dans les bombardements, mais un vitrail moderne, dans l'angle sud-ouest, détaille l'histoire de la City. On y verra notamment Dick Whittington, premier Lord Mayor de Londres, en compagnie de son fameux chat.

Les bâtiments à l'ouest abritent les bureaux de la Corporation of London, ainsi que la **Guildhall Library** (Aldermanbury EC2 ; ⏲9h30-17h lun-sam), bibliothèque fondée vers 1420 selon les dernières volontés de Richard "Dick" Whittington. Elle est spécialisée dans l'histoire de Londres et les études sur la vie locale. C'est également ici que se trouve le **Clockmakers' Museum** (www.clockmakers.org ; entrée libre), qui possède une collection de plus de 700 horloges et montres, dont certaines ont plus de 500 ans. Le musée ferme une heure ou deux par semaine, le temps de remonter les horloges.

GRATUIT GUILDHALL ART GALLERY ET AMPHITHÉÂTRE ROMAIN — GALERIE

Plan p. 438 (www.guildhall-art-gallery.org.uk ; Guildhall Yard EC2 ; expositions temporaires payantes ; ⏲10h-17h lun-sam, 12h-16h dim ; ⊖Bank). La galerie de la City of London brosse un panorama fascinant de "Square Mile" et des événements politiques marquants pour l'histoire de la ville au cours des derniers siècles à travers une collection de peintures datant des XVIIIe et XIXe siècles. Ne manquez pas la vaste frise qui a pour thème la victoire britannique lors du siège de Gibraltar en 1782, *The Defeat of the Floating Batteries* (1791), qui fut mise à l'abri en 1941, un mois avant qu'une bombe allemande ne tombe sur la galerie. Elle est restée dans les réserves pendant 50 ans, puis a été brillamment restaurée en 1999.

Arrivée plus récemment, la statue de l'ex-Premier ministre Margaret Thatcher a dû être exposée derrière une vitrine de protection. La Dame de fer avait été décapitée à coup de batte de cricket dès son installation en 2002. Aujourd'hui, après quelques délicates opérations cervicales, elle a retrouvé sa place aux côtés de ses pairs, mais son héritage n'en demeure pas moins controversé.

Toutefois l'intérêt majeur du musée réside dans les soubassements du bâtiment, où se cachent les vestiges archéologiques de l'amphithéâtre romain de Londres (le colisée). Découverts en 1988, à l'occasion de la reconstruction de la galerie (l'originale ayant été détruite pendant la guerre), ils furent immédiatement inscrits au Patrimoine et le nouvel édifice fut érigé au-dessus. Seules subsistent certaines parties des murs de pierre longeant l'entrée est. Les gradins manquants sont recréés grâce à une projection en 3D qui figure également les silhouettes des spectateurs et des gladiateurs. Les cris de la foule augmentent en intensité lorsqu'on atteint la scène centrale, au bout du tunnel d'entrée... une figuration de l'ambiance qui régnait dans l'amphithéâtre à l'époque de Londinium. À l'extérieur, on peut imaginer l'échelle de la construction grâce à des repères marqués sur le parvis du Guildhall.

GRATUIT ST LAWRENCE JEWRY ÉGLISE

Plan p. 438 (www.stlawrencejewry.org.uk ; Gresham St EC2 ; 8h-16h ; Bank). Lorsque l'on contemple l'église officielle de la Corporation of London, extrêmement bien conservée, on a du mal à croire qu'elle fut presque entièrement détruite au cours de la Seconde Guerre mondiale. Avec ses murs d'albâtre immaculés et ses dorures, elle fait honneur à sir Christopher Wren, qui la fit bâtir en 1677, ainsi qu'à ceux qui plus tard

LES INCONTOURNABLES
MUSEUM OF LONDON

Un des meilleurs musées de la ville. Le visiteur est convié à un fascinant voyage dans le temps, du village anglo-saxon à la métropole du XXIe siècle. La première salle, *London Before London* (Londres avant Londres) redonne vie aux anciens campements établis sur le site. Suit la période romaine, évoquée par de nombreuses maquettes. Le reste de l'étage est consacré aux périodes saxonne, médiévale, Tudor et Stuart, jusqu'au Grand Incendie de 1666. De là, on descend vers les galeries modernes, inaugurées en 2010. Dans la section *Expanding City* (L'expansion de la ville), on peut voir de superbes habits et bijoux, les murs couverts de graffitis d'une cellule de prison de 1750 et le *Rhinebeck Panorama*, une aquarelle saisissante de Londres au début du XIXe siècle. Après un petit tour dans les *Pleasure Gardens* (jardins du plaisir), on débouche sur la reconstitution d'une rue d'époque victorienne. À ne pas manquer dans les salles des périodes les plus récentes : un taxi de 1908, un ascenseur Art déco du magasin Selfridges et une pompe à eau qui donne un aperçu saisissant des dangers du système d'approvisionnement en eau insalubre d'autrefois. Les témoignages sur la vie à Londres pendant la Seconde Guerre mondiale sont particulièrement émouvants. Dans la dernière salle, voir le somptueux carrosse du Lord Mayor. À noter aussi, une belle boutique, et deux cafés.

À NE PAS MANQUER

- La promenade victorienne
- *Rhinebeck Panorama*
- La cellule de la prison de Wellclose Square
- Le Londres romain
- *London Before London*

INFOS PRATIQUES

- plan p. 438
- www.museumoflondon.org.uk
- London Wall EC2
- gratuit
- 10h-18h
- Barbican ou St Paul

en assurèrent la restauration. Sur le buffet d'orgue à l'extrémité nord, on remarquera les armoiries de la City of London. La Commonwealth Chapel arbore les drapeaux de toutes les nations membres. Des concerts de piano y ont lieu le lundi à 13h, ainsi que des récitals d'orgue le mardi à la même heure (gratuits).

Comme son nom l'indique, cette église s'élève dans l'ancien quartier juif, dont le centre était Old Jewry, la rue située au sud-est. Le quartier a malheureusement été le théâtre d'un pogrom : quelque 500 juifs y furent massacrés en 1262, lors d'un soulèvement populaire "punitif" contre un usurier juif. En 1290, Édouard Ier expulsa vers les Flandres toute la communauté juive de Londres, qui ne revint pas avant la fin du XVIIe siècle.

BARBICAN — ÉDIFICE HISTORIQUE

Plan p. 438 (www.barbican.org.uk ; Silk St EC2 ; ⏲centre culturel 9h-23h lun-sam, 12h-23h dim ; 📶 ; ⊖Barbican ou Moorgate). Les avis des Londoniens sont très partagés sur l'architecture de ce vaste complexe immobilier et culturel bâti au cœur de la City. Le Barbican doit son nom au mur de fortification romain qui protégeait Londinium à cette époque, mais son architecture est un pur produit des années 1960-1970. Construit sur une immense surface dévastée par les bombardements de la Seconde Guerre mondiale, le complexe ouvrit ses portes progressivement entre 1969 et 1982. Il faut admettre que cette citadelle de béton brut ne pouvait être, selon l'expression anglaise, "la tasse de thé" de tout le monde. Bien qu'il ait été classé bâtiment le plus laid de la capitale selon des sondages récents, beaucoup de Londoniens apprécient sa cohésion et son ambition, qui était d'intégrer **St Giles Cripplegate**, l'église de la paroisse de Shakespeare, de créer une sorte de "meilleur des mondes" agrémenté d'espaces publics ornés de lacs et de petites pièces d'eau. Après une rénovation de 7 millions de livres en 2005, le Barbican jouit d'une cote de popularité nettement supérieure à celle de l'autre colosse moderniste de Londres, South Bank Centre. Les architectes des milieux branchés ont toujours apprécié les appartements du Barbican, et ceux des trois grandes tours qui jouxtent le complexe comptent parmi les plus recherchés de la capitale. La **visite architecturale** guidée (8 £ ; ⏲mer, jeu, sam et dim, consulter site Internet pour les horaires) donne un éclairage passionnant sur la conception du complexe et permet de mieux en apprécier l'esthétique.

Le Barbican reste le plus grand centre culturel londonien (voir p. 161), grâce notamment au Barbican Hall, à ses deux théâtres, à son cinéma, et à ses deux galeries réputées, la **Barbican Gallery** (⏲11h-20h ven-mar, jusqu'à 18h mer et 22h jeu), et **Curve** (⏲11h-20h ven-mer, 11h-22h jeu). Le complexe possède aussi trois restaurants, dont l'excellent self-service **Barbican Foodhall** (⏲9h-20h30 lun-sam, 11h-20h dim), qui propose un choix appétissant de plats chauds, sandwichs, gâteaux et pâtisseries. Nombreuses tables à l'intérieur et sur la terrasse donnant sur le lac.

ST BARTHOLOMEW-THE-GREAT — ÉGLISE

Plan p. 438 (www.greatstbarts.com ; West Smithfield EC1; tarif plein/réduit 4/3,50 £ ; ⏲8h30-17h lun-ven, 10h30-16h sam et 8h30-20h dim ; ⊖Farringdon ou Barbican). Datant de 1123, cette spectaculaire église normande constituait une partie du monastère des chanoines augustiniens avant de devenir la paroisse de Smithfield en 1539, à la suite des mesures hostiles au monarchisme prises par Henri VIII. L'église se dresse à l'angle du domaine du St Bart's Hospital, du côté le plus proche de Smithfield Market. Ses authentiques voûtes normandes, ses pierres noircies et usées, ses sculptures en bois sombre et son éclairage tamisé y font régner une atmosphère de quiétude surannée. C'est ici que le peintre William Hogarth fut baptisé et que le politicien Benjamin Franklin fit son apprentissage en tant qu'imprimeur. Le fait que plusieurs scènes du film oscarisé *Shakespeare in love*, certaines parties de *Quatre Mariages et un enterrement* et *Sherlock Holmes* y aient été tournées est une autre raison du succès des lieux. Les équipes chargées du repérage des sites de tournage ne l'ont pas choisie au hasard : St Bartholomew-the-Great figure parmi les lieux de culte les plus étonnants de la capitale. Charmant petit **café** dans le cloître (⏲10h-16h lun-ven, 9h30-13h30 et 17h15-18h30 dim, fermé sam).

SMITHFIELD MARKET — MARCHÉ

Plan p. 438 (www.smithfieldmarket.com ; West Smithfield EC1 ; ⏲3h-12h lun-ven ; ⊖ Farringdon). Smithfield est le dernier marché à viande du centre de Londres. Il aurait été jadis un pré où l'on menait paître les animaux, d'où son nom. Son histoire toutefois est loin d'évoquer des souvenirs pastoraux.

Il fut construit sur le champ de foire de St Bartholomew, de sinistre renommée, car on y brûlait des sorcières. C'est aussi à cet endroit qu'on exécuta en 1305 le leader de l'indépendance écossaise William Wallace (une grande plaque sur le mur de St Bart's Hospital, au sud du marché, rappelle l'événement), puis en 1381 Wat Tyler, l'instigateur de la révolte des Paysans. Dickens dresse de ce lieu un tableau horrible dans *Oliver Twist*. Ce marché constituait autrefois les bas-fonds de Londres, jonchés d'entrailles et d'excréments d'animaux. Aujourd'hui, c'est une annexe très chic de Clerkenwell, comptant d'innombrables bars et restaurants. Le marché lui-même occupe un bâtiment splendide. C'est avant 7h que l'animation bat son plein.

GOLDEN BOY OF PYE CORNER — MONUMENT

Plan p. 438 (angle Cock Lane et Giltspur St ; ⊖ St Paul's ou Farringdon). Cette petite statue à l'effigie d'un garçon corpulent faisant face au St Bartholomew's Hospital, porte une inscription quelque peu étrange : "À la mémoire de l'incendie de Londres provoqué par le péché de gourmandise en 1666". Tout s'éclaire lorsque l'on sait que le Grand Incendie démarra dans une boulangerie située dans Pudding Lane, avant de s'éteindre enfin à Pye (Pie) Corner (*pie* signifie tarte en anglais), où la statue se dresse aujourd'hui. Beaucoup interprétèrent ce signe comme un châtiment que Dieu infligea aux Londoniens pour leur gloutonnerie.

GRATUIT CENTRAL CRIMINAL COURT (OLD BAILEY) — ÉDIFICE HISTORIQUE

Plan p. 438 (www.cityoflondon.gov.uk ; angle Newgate St et Old Bailey St ; ⌚généralement 10h-13h et 14h-16h lun-ven ; ⊖St Paul's). On dit souvent que la réalité dépasse la fiction. En effet, lorsque vous aurez assisté à un procès à l'Old Bailey, plus aucune série judiciaire télévisée ne trouvera grâce à vos yeux. Bien sûr, il est trop tard pour voir le romancier Jeffrey Archer se faire inculper pour parjure. Trop tard aussi pour assister à l'annulation de la peine de prison injustifiée requise contre la bande des Quatre de Guildford, à la suite d'un attentat terroriste de l'IRA. Trop tard encore pour assister à la condamnation de Peter Sutcliffe, l'éventreur du Yorkshire. Cependant, l'Old Bailey demeure synonyme de crime spectaculaire et de notoriété. Même si vous assistez à un procès relativement ordinaire, le simple fait de vous retrouver à l'endroit où des célébrités, tels les frères jumeaux Kray et Oscar Wilde (dans un bâtiment antérieur à celui-ci), ont comparu, est un événement en soi.

Vous aurez le choix entre 18 tribunaux : ce sont dans les plus anciens (1, 2, 3, 4) que se déroulent en général les affaires les plus intéressantes. Appareils photo, matériel vidéo, téléphones portables, grands sacs, nourriture et boissons sont interdits à l'intérieur et il n'y a ni vestiaires, ni casiers. Mieux vaut donc ne rien emporter, sauf peut-être quelque chose qui puisse vous servir de coussin (une veste, par exemple), car les places assises ne sont pas très confortables. Pour assister à un procès médiatique, présentez-vous de bonne heure.

La Central Criminal Court a été surnommée "Old Bailey" en raison de la rue dans laquelle elle se dresse : baillie signifiait "cour fortifiée" en français normand. Le bâtiment actuel a ouvert ses portes en 1907, sur les sites de l'ancienne Old Bailey et de la Newgate Prison. Curieusement, l'effigie de la justice tenant un glaive et une balance, au-dessus de la coupole en cuivre, n'a pas les yeux bandés (synonyme d'impartialité). Un manquement à la tradition qui aura inspiré plus d'une remarque sarcastique venant du banc des accusés.

HOLBORN VIADUCT — VIADUC

Plan p. 438 (⊖St Paul's ou Farringdon). Cet imposant viaduc de fer fut édifié en 1869 dans le but d'embellir le quartier et de relier Holborn à Newgate St, en enjambant la vallée creusée autrefois par la Fleet. Ses quatre statues de bronze représentent le commerce et l'agriculture (au nord), les sciences et les beaux-arts (au sud).

GRATUIT ST ANDREW HOLBORN — ÉGLISE

Plan p. 438 (www.standrewholborn.org.uk ; Holborn Viaduct EC4 ; ⌚9h-17h lun-ven ; ⊖Chancery Lane). Cette église, qui occupe le coin sud-est de Holborn Circus, est mentionnée pour la première fois au Xe siècle. Reconstruite par Wren en 1686, elle est la plus vaste de ses églises paroissiales. L'intérieur fut gravement endommagé par les bombardements de la Seconde Guerre mondiale, si bien que l'essentiel du décor actuel remonte au XVIIe siècle et provient d'autres églises.

DR JOHNSON'S HOUSE — MAISON-MUSÉE

Plan p. 438 (www.drjohnsonshouse.org ; 17 Gough Sq EC4 ; adulte/enfant 4,50/1,50 £ ;

⌚11h-17h30 lun-sam mai-sept, 11h-17h lun-sam oct-avr ; ⊖Chancery Lane ou Blackfriars). Cette splendide maison georgienne, bâtie en 1700, est l'une des rares en ville à avoir été si bien préservée. Aujourd'hui, la petite place où elle se dresse, étouffée par d'immenses immeubles de bureaux, n'est pas facile à trouver. Si elle a été conservée, c'est avant tout parce qu'elle était la demeure du grand Samuel Johnson, auteur du premier vrai dictionnaire d'anglais et de cette phrase célèbre : "Lorsqu'un homme en a assez de Londres, c'est qu'il en a assez de la vie".

Le musée ne rend pas vraiment justice à l'esprit brillant du Dr Johnson, mais la paisible demeure est merveilleusement préservée. Les nombreux tableaux le représentant, lui et ses disciples, dont son domestique noir Francis Barber et son secrétaire-biographe James Boswell, ne renseignent guère, hélas, sur cette personnalité hors du commun. Un objet plus révélateur sans doute est la chaise qu'il occupait dans le pub du quartier, l'Old Cock Tavern sur Fleet St. Un exemplaire de la première édition du dictionnaire de 1755 est également exposé.

Une vidéo assez ennuyeuse et des brochures racontent comment le lexicographe et six employés ont élaboré dans le grenier, pendant son séjour ici de 1748 à 1759, le premier dictionnaire d'anglais. Les enfants adoreront les costumes de cérémonie de l'époque georgienne exposés au dernier étage. Dans le grenier, on peut aussi voir des expositions temporaires.

De l'autre côté de Gough Sq, une statue du chat de Johnson se tient au-dessus de la citation complète, expliquant pourquoi un homme qui en a assez de Londres en a aussi assez de l'existence : "Car Londres a tout ce que la vie peut apporter ".

GRATUIT ST BRIDE'S, FLEET STREET — ÉGLISE

Plan p. 438 (www.stbrides.com ; St Bride's Lane EC4 ; ⌚8h-18h lun-ven, horaires variables sam, 10h-18h30 dim ; ⊖St Paul's ou Blackfriars). Bien que Rupert Murdoch ait délocalisé l'industrie de la presse à Wapping dans les années 1980, cette petite église près de Fleet St demeure "l'église des journalistes". La première presse du pionnier de l'imprimerie en Angleterre, William Caxton, fut installée dans la cour de l'église après sa mort en 1500. Des bougies ont brûlé ici dans les années 1990 pour les reporters John McCarthy et Terry Anderson qui furent longtemps otages au Liban, et, parmi d'autres plaques commémoratives récentes, une plaque rend hommage à tous les journalistes morts en Irak. St Bride's revêt également un intérêt sur le plan architectural. Conçue par sir Christopher Wren en 1671, elle est surmontée d'une flèche (ajoutée en 1703) qui aurait inspiré la première pièce montée. L'histoire de l'église, des alentours et de l'imprimerie est relatée dans la crypte, avec une présentation claire et intéressante. Des visites guidées (5 £) permettant l'accès à l'ossuaire sont organisées certains mardis à 15h (consulter les dates sur le site Internet).

TEMPLE CHURCH — ÉGLISE

Plan p. 438 (www.templechurch.com ; Temple EC4 ; 3 £ ; ⌚habituellement 14-16h mer-dim, vérifier par téléphone ou Internet ; ⊖Temple ou Chancery Lane). Cette magnifique église se dresse dans les murs du temple érigé par les légendaires Templiers, ordre de moines-soldats fondé au XIIe siècle pour protéger les pèlerins en route vers Jérusalem. L'Ordre s'installa ici vers 1160, abandonnant son ancienne résidence de Holborn. Aujourd'hui, cette vaste oasis piétonnière comprenant de beaux bâtiments et de charmants espaces verts accueille deux Inns of Court (sièges des chambres des avocats officiant dans la ville), le Middle Temple et le Lesser Temple.

Temple Church présente une structure bien particulière : la nef circulaire (consacrée en 1185 et bâtie sur le modèle de l'église du Saint-Sépulcre à Jérusalem) jouxte le chœur (édifié en 1240), centre de l'église actuelle. Considérablement endommagées par une bombe en 1941, ces deux parties ont été très bien restaurées. Leur principal intérêt réside dans les effigies en pierre grandeur nature des neuf chevaliers qui ornent le sol de la nef circulaire. Parmi eux, le comte de Pembroke, qui fit office de médiateur entre le roi Jean et les barons rebelles et accéléra ainsi la signature de la Grande Charte en 1215. Ces dernières années, l'église est devenue un lieu de pèlerinage d'un autre genre : les lecteurs du *Da Vinci Code* y affluent en masse.

Vérifier les horaires d'ouverture à l'avance, car ils changent fréquemment. En semaine, l'accès le plus simple s'effectue via Fleet St, puis Inner Temple Lane. Le week-end, l'entrée se fait par Victoria Embankment.

DÉPART **ST BARTHOLOMEW-THE-GREAT**
ARRIVÉE **30 ST MARY AXE**
DISTANCE **2,5 KM**
DURÉE **2 HEURES**

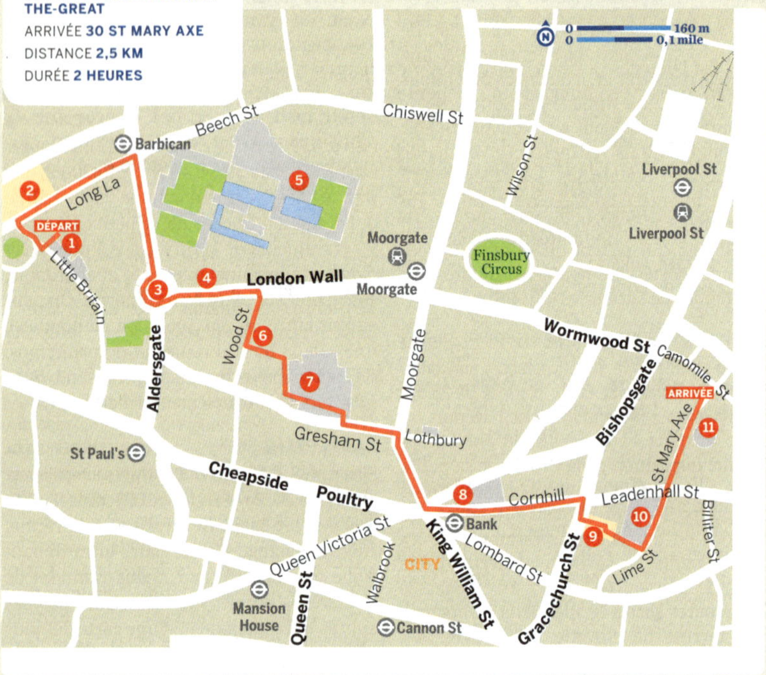

Promenade à pied

La City

La City est un concentré d'histoire inégalé à Londres : cette promenade en donne un bon aperçu. L'itinéraire commence à ❶ **St Bartholomew-the-Great**, une église du XIIe siècle dont l'atmosphère a séduit de nombreux cinéastes. Franchir l'enceinte de style Tudor et se diriger à droite vers la halle victorienne du ❷ **Smithfield Market**. Descendre ensuite Long Lane puis tourner à droite vers Aldersgate St. Prendre à droite au rond-point, et monter l'escalier au niveau du panneau indiquant le ❸ **Museum of London**. Une fois sur la passerelle, explorer les salles du musée ou bifurquer vers la droite pour contempler les ruines de ❹ **l'enceinte romaine** et, derrière, les tours et balcons du ❺ **Barbican**, reconnaissables entre mille. Suivre le marquage au sol sur la passerelle pour voir le complexe du Barbican de plus près, ou tourner à droite à Pizza Express et descendez au rez-de-chaussée par l'ascenseur. Prendre à droite Wood St, où se trouve une tour, unique vestige de ❻ **St Alban's**, une église de sir Christopher Wren qui fut détruite pendant la Seconde Guerre mondiale. Tourner ensuite à gauche sur Love Lane puis prendre à droite Aldermanbury : l'impressionnant bâtiment du ❼ **Guildhall** (XVe siècle) se dresse sur la gauche. Traverser la cour et continuer vers l'est sur Gresham St, puis prendre à droite Prince's St : on entre dans l'effervescence commerciale du croisement de Bank. Derrière la statue équestre du duc de Wellington, les principaux bâtiments sont recensés sur une pyramide métallique. À partir du ❽ **Royal Exchange**, suivre Cornhill et prendre à droite Gracechurch St. Tourner à gauche vers le superbe ❾ **Leadenhall Market**, situé sur le site du forum antique. En sortant à l'autre bout, on tombe nez à nez sur le gigantesque escalier métallique du gratte-ciel ❿ **Lloyd's of London**. Tourner à gauche vers Lime St, où s'élève ⓫ **30 St Mary Axe**, alias le "Gherkin". Construit presque 900 ans après St Bartholomew-the-Great, il atteste de l'inépuisable capacité de renouvellement de Londres.

OÙ SE RESTAURER

Les restaurants du cœur financier de Londres s'adressent bien entendu à une clientèle d'affaires et, à quelques exceptions près, il peut être difficile de trouver où se restaurer le week-end, voire même un soir en semaine. Mais les quartiers voisins de Shoreditch, Spitalfields et Clerkenwell offrent un bon choix de restaurants. En semaine, les stands du marché Leadenhall Market (p. 151) offrent quantité de délices de toutes sortes, des nouilles brûlantes aux montagnes de surcreries (11h-16h).

SWEETING'S

POISSON ET FRUITS DE MER ££

Plan p. 438 (www.sweetingsrestaurant.com ; 39 Queen Victoria St EC4 ; plats 12,50-25 £ ; déj lun-ven ; Mansion House). Depuis sa création dans les années 1830, Sweeting's est une institution de la City. Avec sa petite salle, son carrelage au sol et ses étroits comptoirs derrière lesquels attendent des garçons en tablier blanc, l'atmosphère n'a guère changé. À la carte figurent divers plats de poisson de qualité irréprochable et de toutes sortes (grillés, frits ou pochés), une terrine de crevettes au beurre, des anguilles, et la fameuse spécialité maison, la *fish pie* (tourte au poisson, 13,50 £).

CAFÉ BELOW

CAFÉ £

Plan p. 438 (www.cafebelow.co.uk ; Église St Mary-le-Bow, Cheapside EC2 ; plats 8-12 £; 7h30-21h lun-ven ; ; Mansion House). Ce café-restaurant d'ambiance est situé dans la crypte d'une des églises les plus célèbres de Londres. Du petit-déjeuner au dîner, les menus offrent un bon rapport qualité/prix, avec de bons petits plats comme les croquettes de poisson et le sandwich au bifteck le midi, et le filet de daurade ou la tarte filo aux courgettes le soir. Excellent choix de plats végétariens. L'été, des tables sont disposées dans la cour arborée qui jouxte l'église.

RESTAURANT AT ST PAUL'S

BRITANNIQUE MODERNE ££

Plan p. 438 (www.restaurantatstpauls.co.uk ; Cathédrale St Paul, Cimetière St Paul EC4 ; déj 2/3 plats 21,50/25,95 £ ; 12h-15h ; ; St Paul's). Pas facile d'être à la hauteur d'un tel cadre (la crypte de la cathédrale St Paul), mais ce restaurant s'en tire plutôt bien. Le menu propose notamment une terrine de poulet au citron et au thym ou des côtelettes de porc gratinées au fromage. Sont aussi servis un déjeuner express d'un bon rapport qualité/prix (15 £, verre de vin compris) et le traditionnel *afternoon tea* (jusqu'à 16h30 lun-sam).

CITY CÀPHÊ

VIETNAMIEN £

Plan p. 438 (www.citycaphe.com ; 17 Ironmonger Lane EC2 ; plats 3,85-6,40 £ ; 11h30-15h lun-ven ; Bank). Situé dans une ruelle calme qui donne sur Cheapside, ce petit café attire les travailleurs de la City grâce à une *street food* vietnamienne excellente et abordable, à déguster sur place ou à emporter. On peut choisir entre un *pho* (bouillon de nouilles), une salade ou des rouleaux de printemps, ou opter pour les classiques sandwichs *banh mi*, tout simplement délicieux.

SAUTERELLE

FRANÇAIS MODERNE £££

Plan p. 438 (7618 2483 ; www.sauterelle-restaurant.co.uk ; Royal Exchange EC3 ; plats 18-31 £ ; lun-ven ; Bank). La mezzanine du raffiné Royal Exchange sert de cadre ultra-romantique aux saveurs non moins raffinées de Sauterelle, où de jolis plats aux arômes subtils s'accompagnent d'une carte des vins riche et de qualité. Belle vue plongeante sur la cour intérieure du bâtiment. Menus (2/3 plats 20/23,50 £) d'un bon rapport qualité/prix.

BAR BATTU

FRANÇAIS ££

Plan p. 438 (7036 6100 ; www.barbattu.com ; 48 Gresham St EC2 ; plats 11,50-24,50 £ ; 11h30-23h lun-ven ; ; Bank). Ce bar à vins intimiste se distingue par sa large sélection de vins de petits producteurs (vinification artisanale). Les serveurs aident volontiers le client à choisir. L'accompagnement n'est pas mal non plus : exquis boudin noir, sole grillée au citron... On peut aussi se contenter d'un petit en-cas ou d'une assiette de charcuterie.

WINE LIBRARY

EUROPÉEN MODERNE ££

Plan p. 438 (7481 0415 ; www.winelibrary.co.uk ; 43 Trinity Sq EC3 ; formules 17,25 £ ; 11h30-15h lun, 11h30-20h mar-ven ; Tower Hill). Une adresse idéale dans la City pour un déjeuner léger. On choisit soi-même sa bouteille qu'on paie au prix de détail normal (majoré de 7,25 £ de droit de bouchon). Une délicieuse assiette de pâtés, fromages et salades l'accompagnera. Mieux vaut réserver pour le déjeuner.

BON À SAVOIR

LE LABYRINTHE DU BARBICAN

Tenter de se repérer à l'intérieur du Barbican peut s'avérer frustrant ! Sur un site dévasté par les bombardements de la Seconde Guerre mondiale, les architectes Chamberlin, Powell et Bon ont conçu un complexe plus tourné vers l'intérieur que vers la ville, qui était à l'époque un champ de ruines. Le résultat : une sorte de forteresse accueillant 4 000 habitants, où les citoyens sont censés se déplacer aisément, au-dessus du trafic routier. Mais une fois à l'intérieur, on a vite fait de se perdre. À la station de métro Barbican, des escaliers mènent aux passerelles, où un marquage au sol (jaune) indique la direction du centre culturel. Mais pour s'y rendre plus directement, mieux vaut traverser le tunnel de Beech St pour accéder à l'entrée (récemment ajoutée) de Silk St.

WHITE SWAN PUB & DINING ROOM PUB GASTRONOMIQUE ££

Plan p. 438 (www.thewhiteswanlondon.com ; 108 New Fetter Lane EC4 ; plats pub 9,95-14,95 £ ; lun-ven ; ; Chancery Lane). Ressemblant à tous les autres pubs de la City depuis la rue, l'intérieur du White Swan est tout sauf quelconque : l'élégant bar au sous-sol propose une excellente cuisine de pub à déguster sous l'œil attentif des trophées de chasse ; le restaurant à l'étage propose une carte britannique classique, avec beaucoup de viande (repas 2/3 plats 26/29,75 £).

ROYAL EXCHANGE GRAND CAFÉ & BAR EUROPÉEN MODERNE ££

Plan p. 438 (www.danddlondon.com ; Royal Exchange EC3 ; plats 12-16,50 £ ; 8h-23h lun-ven ; Bank). Dans ce café installé au milieu de la cour couverte de la splendide Royal Exchange Bank, vous n'aurez que l'embarras du choix : petits-déjeuners, salades, sandwichs, huîtres (à partir de 11 £ les 6) ou confit de canard (13 £).

OÙ PRENDRE UN VERRE ET FAIRE LA FÊTE

VERTIGO 42 BAR

Plan p. 438 (7877 7842 ; www.vertigo42.co.uk ; Tower 42, 25 Old Broad St EC2 ; 12h-16h30 et 17h-23h lun-ven, 17h-23h sam ; Liverpool St ou Bank). Perché au 42e étage d'une tour de 183 m de hauteur, ce bar offre une vue panoramique sur la ville, particulièrement impressionnante par ciel dégagé et au coucher du soleil. Bien sûr, ce cadre exceptionnel se paye au prix fort : vin au verre à partir de 9,20 £, champagne et cocktails à partir de 14 £. Le menu est par ailleurs limité. Réservation nécessaire. Service de sécurité zélé.

BLACK FRIAR PUB

Plan p. 438 (174 Queen Victoria St EC4 ; Blackfriars). On pourrait croire que Frère Tuck vient juste de sortir de ce vieux pub situé au nord de la station de métro Blackfriars. L'intérieur est en effet composé d'un méli-mélo d'objets datant de 1905. La décoration évoque le monastère dominicain qui occupait jadis le site. Bon choix de bières (ales et amères). Ouvert le week-end, ce qui est rare dans le quartier.

COUNTING HOUSE PUB

Plan p. 438 (50 Cornhill EC3 ; lun-ven ; ; Bank ou Monument). On dit que les anciennes banques, avec leurs comptoirs et leurs coffres-forts au sous-sol, font d'excellents pubs. C'est sans doute pour cela que ce pub est installé dans l'ancien siège de la National Westminster, avec sa coupole en verre et son beau bar. Très prisé pour son choix de *real ales* et ses tourtes (9,75 £).

EL VINO BAR À VINS

Plan p. 438 (www.elvino.co.uk ; 47 Fleet St EC4 ; 8h30-22h lun-ven ; Blackfriars ou Temple). Véritable institution, ce bar à vins appartenant à une petite chaîne attire avocats et autres juristes des Royal Courts of Justice situées en face. Il possède l'une des meilleures cartes des vins de la City et la boutique attenante pratique des prix raisonnables.

YE OLDE CHESHIRE CHEESE PUB

Plan p. 438 (Wine Office Ct, 145 Fleet St EC4 ; lun-sam ; Blackfriars). On accède à ce pub historique par une allée étroite donnant dans Fleet St. Il a eu comme clients, entre autres, le Dr Johnson, Thackeray et Dickens. Il a du coup un petit côté musée, avec sciure sur le sol et dédale de salles. En bref : une adresse incontournable.

YE OLDE WATLING PUB

Plan p. 438 (29 Watling St EC4 ; lun-ven ; Mansion House). Cette petite rue derrière la cathédrale Saint-Paul évoque un village, dont le centre serait ce vieux pub avec son beau bar en bois, occupé sans discontinuer dès 17h. On peut manger sur place et goûter les *real ales* proposées avant d'en commander.

OÙ SORTIR

BARBICAN SALLE DE CONCERTS

Plan p. 438 (7638 8891 ; www.barbican.org.uk ; Silk St EC2 ; Moorgate ou Barbican). Le Barbican joue la carte de la différence, et son programme est toujours ambitieux et imaginatif. Ce complexe mythique héberge le remarquable London Symphony Orchestra et le plus méconnu BBC Symphony Orchestra. Les plus grands musiciens du monde classique viennent régulièrement s'y produire. La scène contemporaine n'est pas en reste, avec une programmation de grande qualité en jazz, folk, world et soul. La danse est également à l'honneur, et le festival multidisciplinaire **Barbican International Theatre Events** (www.barbican.org.uk/theatre) propose d'excellentes représentations et accueille des compagnies dramatiques du monde entier comme des troupes expérimentales nationales. Côté cinéma, il y a toujours quelque chose d'intéressant à l'affiche. Voir un film ici est du reste un vrai plaisir car on a une vision parfaite d'où que l'on soit.

VOLUPTÉ CABARET

Plan p. 438 (www.volupte-lounge.com ; 7-9 Norwich St EC4 ; à partir de 11h30 mar-ven et de 19h30 samedi ; ; Chancery Lane). Superbe petit cabaret dans une rue en retrait de Fleet St, Volupté propose une affiche variée : New Burlesque (parodie de cabaret), vaudeville, spectacles comiques et musique live sont au programme. Une fois par mois, le Black Cotton Club offre un voyage dans la mode et la musique des années 1920. Le week-end, voir le Tea & Tassels ou l'Afternoon Tease, une alternative osée au traditionnel *afternoon tea*, avec de la musique live et des artistes de cabaret et de New Burlesque.

SHOPPING

SILVER VAULTS ARGENTERIE

Plan p. 438 (www.thesilvervaults.com ; 53-64 Chancery Lane WC2 ; 9h-17h30 lun-ven, 9h-13h sam ; Chancery Lane). Les boutiques installées dans ces chambres fortes souterraines incroyablement sécurisées possèdent la plus importante collection d'argent au monde rassemblée sous un seul toit. Les boutiques sont spécialisées dans différentes gammes d'objets en argent, des couverts aux cadres, en passant par quantité de bijoux. La qualité des produits est remarquable, mais on peut aussi visiter cet extraordinaire endroit sans acheter.

South Bank

WATERLOO | BANKSIDE | SOUTHWARK | BOROUGH | BERMONDSEY

Notre sélection

❶ Tout le monde en parle et vous allez enfin comprendre pourquoi en prenant le temps d'explorer la collection unique de la **Tate Modern** (p. 164).

❷ La ville s'étend à vos pieds tandis que vous vous balancez doucement dans le fameux **London Eye** (p. 169).

❸ Les produits gastronomiques de **Borough Market** (p. 176) stimulent vos sens et émoustillent vos papilles.

❹ En faisant une pause au **Skylon** (p. 173) ou à **Oxo Tower Restaurant & Brasserie** (p. 174), vous jouissez d'une vue unique sur la Tamise et la ville. À moins de jeter l'ancre au **Anchor Bankside** (p. 177).

❺ Assister à une représentation de théâtre élisabéthain, debout sur le parterre, au **Shakespeare's Globe** (p. 168).

Pour un plan plus détaillé, reportez-vous p. 436

Découvrir South Bank

Si autrefois on n'y mettait les pieds que pour courir les expos, désormais South Bank est un quartier à visiter absolument. Les quais sont une succession de sites incontournables, en commençant par le London Eye. Puis, on traverse SouthBank Center jusqu'à la Tate Modern en passant par la Millenium Bridge et le fameux Shakespeare's Globe. Plus loin, on trouve des pubs, de nombreuses boutiques animées, une cathédrale et l'un des marchés alimentaires les plus réputés de Londres. Un panorama impressionnant s'ouvre au loin tandis que d'étourdissantes architectures s'érigent sur les deux rives de la Tamise.

D'est en ouest, le long des quais, se déploient des images de cartes postales que l'on admire en se baladant. À mi-chemin entre le London Eye et le Tower Bridge, la Tate Modern est sans conteste la visite la plus importante, qui occupera amplement une journée entière. Disposer de 2 ou 3 jours pour découvrir South Bank est l'idéal, mais si le temps manque, un seul suffira mais au pas de course !

Vivre comme un Londonien

➡ **Balades** Faites votre marché à Borough Market (p. 176) puis arrêtez-vous dans la cour de Southwark Cathedral (p. 172) avant d'aller déjeuner d'un *fish and chips* au Masters Super Fish (p. 174) ou d'aller prendre une pinte au George Inn (p. 177).

➡ **Musées** Rendez-vous aux nocturnes de la Tate Modern (p. 164) les vendredis et samedis (jusqu'à 22h). C'est le meilleur moment pour éviter l'affluence.

➡ **Théâtre** Allez applaudir une pièce de Shakespeare au fameux Globe (p. 168). Le National Theatre (p. 169), l'Old Vic (p. 179) et le Young Vic (p. 179) font aussi salle comble.

Depuis/vers South Bank

➡ **Métro** South Bank est accessible par la Jubilee Line, avec les stations Waterloo, Southwark, London Bridge et Bermondsey desservent le quartier. La Northern Line dessert London Bridge et Waterloo (Bakerloo Line marque aussi l'arrêt à Waterloo).

➡ **Bus** La ligne Riverside RV1 parcourt South Bank et Bankside, reliant entre eux les sites les plus importants (entre Covent Garden et Tower Gateway).

➡ **À pied** Partez de la City pour rejoindre South Bank en traversant le Tower Bridge. Du West End, empruntez le Westminster Bridge ou tout autre pont piétonnier.

➡ **Vélo** Enfourchez un vélo Barclays (p. 391) !

Bons plans Lonely Planet

Pour découvrir les principaux sites, empruntez la Silver Jubilee Walk et le sentier qui suit la Tamise (Thames Path), en vous offrant toutefois quelques incursions à l'écart des berges pour profiter des boutiques, pubs ou restaurants que nous vous recommandons.

Le top des restaurants

➡ Anchor & Hope (p. 174)
➡ Laughing Gravy (p. 174)
➡ Skylon (p. 173)
➡ Magdalen (p. 174)

Voir détails p. 173 ➡

Le top des bars et cafés

➡ Rake (p. 177)
➡ George Inn (p. 177)
➡ Anchor Bankside (p. 177)
➡ Scootercaffe (p. 177)
➡ Baltic (p. 176)

Voir détails p. 176 ➡

Le top des sites

➡ Tate Modern (p. 164)
➡ London Eye (p. 169)
➡ Borough Market (p. 176)
➡ Le Globe (p. 168)
➡ London Bridge Experience et London Tombs (p. 171)
➡ Sea Life London Aquarium (p. 169)

Voir détails p. 169 ➡

LES INCONTOURNABLES
TATE MODERN

L'engouement du public pour cet extraordinaire musée d'art moderne ne semble pas près de retomber, une décennie après son ouverture. La Tate Modern a une telle importance dans le paysage artistique qu'elle compte plus de 50 millions de visiteurs. C'est l'un des sites les plus visités de Londres et sa renommée mondiale va encore s'accroître avec l'extension des espaces d'exposition courant 2012 : deux colossaux réservoirs souterrains de la centrale sont en cours de transformation. Les visiteurs devront toutefois attendre 2016 pour l'inauguration de l'étrange bâtiment de 11 étages.

Centrale électrique

Ce monumental bâtiment de 200 m de long (4,2 millions de briques) en impose. La reconversion en l'an 2000 de cette centrale désaffectée en musée d'art a été une véritable réussite. La Tate Modern est encensée tout autant pour son architecture que pour ses expositions d'art moderne. Le projet d'extension prévoit aussi une construction en briques, mais les parois du bâtiment seront à claire-voie pour laisser filtrer à l'extérieur l'éclairage des salles d'exposition.

Turbine Hall

La rampe d'accès de Holland St, l'entrée principale, conduit à la salle monumentale de 3 300 m² baptisée la salle des Turbines. Ce gigantesque espace, qui abritait les turbines de la centrale, est désormais dévolu à des expositions temporaires de grande envergure. Le sens des proportions laisse sans voix, (prenez l'entrée côté fleuve qui réserve une vue impressionante depuis le 1er étage). Certains

À NE PAS MANQUER

- Turbine Hall
- *Vénus endormie* (Paul Delvaux)
- Les toiles de Mark Rothko
- *Whaam!* (Roy Lichtenstein)

INFOS PRATIQUES

- plan p. 436
- informations et réservations 7887 8000
- www.tate.org.uk/modern
- Bankside SE1
- gratuit, suggestion de participation 3 £, expositions temporaires de 8-10 £
- 10h-18h dim-jeu, 10h-22h ven et sam
-
- St Paul's, Southwark ou London Bridge

critiques d'art ont reproché à la Tate d'être populiste, notamment dans sa section dédiée à l'art participatif (comme *Test Site*, les diapos de fête foraine de Casten Höller ; *Shibboleth*, l'énorme fissure dans le sol de Doris Salcedo ; ou la sculpture géométrique à escalader de Morris). Mais d'autres ont vu dans cette démarche une volonté de rendre l'art plus acessible. Il est désormais interdit de fouler l'œuvre de Ai Weiwei, *Sunflower Seeds*. Certains visiteurs emportaient en effet les graines de tournesol factices peintes à la main de cet immense tapis pour les revendre par la suite.

Collection permanente

La collection permanente occupant les niveaux 3 et 5 est présentée à la fois par thème et par ordre chronologique. Plus de 60 000 œuvres tournent régulièrement, les conservateurs disposent de tableaux de Georges Braque, Henri Matisse, Piet Mondrian, Andy Warhol, Mark Rothko et Jackson Pollock, ainsi que des pièces de Joseph Beuys, Damien Hirst, Rebecca Horn, Claes Oldenburg et Auguste Rodin.

Niveau 3 : Peinture et sculpture surréalistes des années 1940 et 1950

Poetry and Dream transporte dans le monde surréaliste des paysages mentaux d'Yves Tanguy ou Max Ernst. Ne manquez pas la *Vénus endormie* de Paul Delvaux, une œuvre érotique envoûtante. **Material Gestures** est un panorama d'œuvres américaines, d'Alberto Giacometti à Francis Bacon, en passant par Victor Pasmore. La série de toiles de Mark Rothko, exposée dans la salle 3 est fascinante.

Niveau 5 : Dynamisme et art révolutionnaire

Cet étage présente l'avant-garde du début du XXe siècle et plus particulièrement les mouvements cubiste, futuriste et vorticiste (courant spécifiquement britannique). **States of Flux** s'ouvre sur une mise en parallèle audacieuse : *Formes uniques de la continuité dans l'espace* d'Umberto Boccioni et *Whaam!* de Roy Lichtenstein, œuvre réalisée 50 ans plus tard. La salle 12 présente une réplique par Richard Hamilton de l'énigmatique *Grand vVrre* de Duchamp (*La Mariée mise à nu par ses célibataires, même*). **Energy and Process** donne à voir plusieurs œuvres emblématiques de l'Arte Povera, art révolutionnaire des années 1960.

Expositions temporaires

Parmi les expositions temporaires (niveau 4), des rétrospectives ont été consacrées à Edward Hopper, Frida Kahlo, August Strindberg, au nazisme et à l'art "dégénéré", aux "mauvais garçons" Gilbert & George, et à Joan Miró. D'autres expositions ont lieu au niveau 2.

RENSEIGNEMENTS

Des audioguides proposant quatre circuits différents sont disponibles moyennant 2 £. Des visites guidées gratuites permettent de voir les pièces les plus importantes, tous les jours à 11h, 12h, 14h et 15h. Des plans du musée sont vendus (1 £) à l'accueil.

En transformant la Bankside Power Station en cet épatant musée d'art moderne, les architectes suisses Herzog et De Meuron ont remporté le prix Pritzker, la plus prestigieuse récompense en architecture. Ils ont conservé la cheminée centrale, rehaussé le bâtiment de deux étages tout de verre habillé et réaménagé la vaste salle des Turbines (Turbine Hall) en un hall d'entrée époustouflant.

TATE À TATE

La navette fluviale **Tate Boat** (www.tate.org.uk/tatetotate ; aller adulte/enfant 5/2,50 £ ; toutes les 40 min 9h57-16h44) relie la Tate Modern (Bankside Pier) au Tate Britain (Millennium Pier). Le bateau au départ du Tate Britain circule de 10h17 à 17h04, tous les jours, également toutes les 40 minutes.

LA TAMISE

L'histoire de Londres est intimement liée à celle de la Tamise. Depuis l'édification du port romain il y a près de 2 000 ans, la ville s'est développée sur les berges du fleuve, y établissant ses plus importants monuments. Les circuits en bateau sont le meilleur moyen de les découvrir.

Les embarcadères sont nombreux sur les deux rives et l'on peut embarquer et débarquer à intervalles réguliers au gré des visites souhaitées. Westminster Pier est le meilleur point de départ pour descendre le fleuve le bateau vous conduit de Westminster la City of London, quartier des affaires qu surplombent d'impertinents gratte-ciel. L rive gauche, jadis mal famée et boudée par le touristes, présente désormais autant d'attrait que son homologue de droite.

Sur les illustrations qui suivent figurent le sites que vous aurez tout le loisir de contem pler pendant votre voyage au fil de l'eau D'ouest en est, vous découvrirez : **Houses o Parliament** 1, **London Eye** 2, **Somerse**

Cathédrale Saint-Paul

Située sur l'emplacement d'une église primitive datant de 604 av. J-C., la cathédrale actuelle a été construite après le grand incendie de 1666. Le chef-d'œuvre de Christopher Wren, est connu pour av accueilli le mariage de Charles et Diana mais surtout pour avoir survécu aux bombardements allemands. Entièrement rénovée lor de son 300ᵉ anniversaire, elle a retrouvé sa beauté originelle.

Somerset House

Ce grand palais néoclassique fait partie des belles demeures aristocratiques qui bordaient la Tamise. Avant la construction de l'embarcadère vers 1860, on accédait au fleuve directement par les arcades situées au niveau de l'eau.

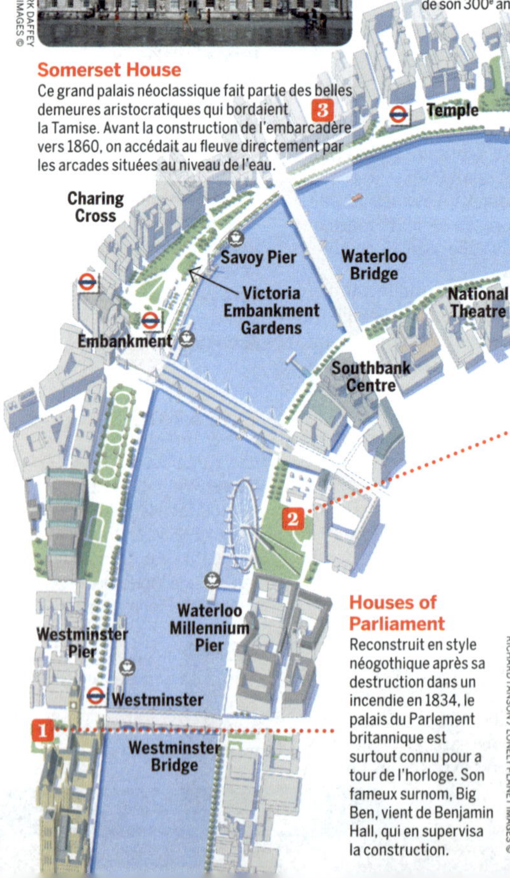

London Eye

La grande roue installée en 2000, au départ à titre provisoire, est vite devenue un repère très apprécié. Le "vol" de 30 minutes permet d'apprécier la ville suspendu à 135 m de hauteur

Houses of Parliament

Reconstruit en style néogothique après sa destruction dans un incendie en 1834, le palais du Parlement britannique est surtout connu pour a tour de l'horloge. Son fameux surnom, Big Ben, vient de Benjamin Hall, qui en supervisa la construction.

House 3, cathédrale Saint-Paul 4, Tate Modern 5, Shakespeare's Globe 6, tour de Londres 7, Tower Bridge 8.

Outre cette navigation sur la partie centrale du fleuve, les bateaux remontent aussi la Tamise jusqu'aux Kew Gardens et Hampton Court Palace, ou descendent vers Greenwich et la Thames Barrier.

NAVETTE FLUVIALE

Les bateaux de la compagnie Thames Clippers ont avant tout été créés pour assurer un service de transport public entre les deux rives, mais ils se révèlent fort utiles pour les visites touristiques. Toutes les 15 minutes, une navette effectue la boucle passant par Embankment, Waterloo, Blackfriars, Bankside, London Bridge et la tour de Londres. D'autres desservent Westminster. L'Oyster Card donne droit à une réduction.

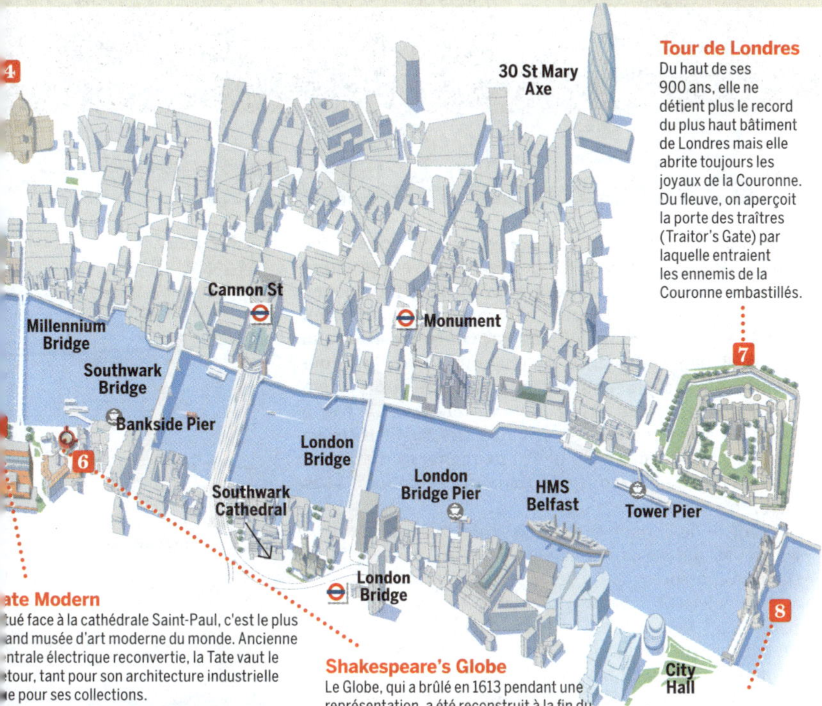

Tour de Londres

Du haut de ses 900 ans, elle ne détient plus le record du plus haut bâtiment de Londres mais elle abrite toujours les joyaux de la Couronne. Du fleuve, on aperçoit la porte des traîtres (Traitor's Gate) par laquelle entraient les ennemis de la Couronne embastillés.

ate Modern

tué face à la cathédrale Saint-Paul, c'est le plus and musée d'art moderne du monde. Ancienne ntrale électrique reconvertie, la Tate vaut le tour, tant pour son architecture industrielle e pour ses collections.

Shakespeare's Globe

Le Globe, qui a brûlé en 1613 pendant une représentation, a été reconstruit à la fin du XXe siècle à quelques centaines de mètres de son emplacement original grâce à la persévérance de l'acteur et réalisateur Sam Wanamaker. Les foules s'y pressent en saison (d'avril à octobre)

Tower Bridge

À ne pas confondre avec le London Bridge, qui se trouve plus en amont, le Tower Bridge, achevé en 1894, est le point de passage à l'est : son mécanisme de bascule, qui fonctionne encore 1 000 fois par an, permet aux grandes embarcations d'accéder aux anciens quais.

DOUG MCKINLAY / LONELY PLANET IMAGES ©

LES INCONTOURNABLES
SHAKESPEARE'S GLOBE

Contrairement aux autres scènes où sont jouées les pièces de Shakespeare, le nouveau Globe est presque la réplique parfaite du théâtre primitif. 600 planches de chêne chevillées (ni clou ni vis dans tout l'édifice), des briques cuites selon les procédés de l'époque Tudor et une couverture de chaume du Norfolk (qui éloignerait les pigeons). Même le plâtre a été mêlé de chaux, de sable et de poils de chèvre. L'arène à ciel ouvert expose les 700 spectateurs du parterre au vrombissement des avions et aux menaces du climat londonien. Malgré tout, ils demeurent debout sous l'averse.

En dépit de l'immense popularité de Shakespeare dans le monde, qui ne faiblit jamais au cours des siècles, le Globe n'était presque qu'un souvenir lointain quand un acteur américain, Sam Wanamaker (devenu plus tard réalisateur), commença à en rechercher les traces en 1949. Le fait que ses fondations aient disparu sous une rangée de maisons georgiennes classées ne le découragea pas. En 1970, il fonda le Globe Playhouse Trust et commença à réunir les fonds nécessaires pour reconstruire un bâtiment à la mémoire de l'ancien théâtre. Le chantier commença en 1987, à quelque 200 m du site original du Globe, mais Wanamaker mourut quatre ans avant son ouverture, en 1997.

Le Shakespeare's Globe comprend la reconstitution du Globe Theatre et, en sous-sol, une galerie d'exposition incluse dans la visite guidée du théâtre (départ toutes les 15 à 30 minutes), sauf les jours de représentation en matinée. Dans ce cas, la visite, moins chère, se déroule au Rose Theatre, à proximité.

À NE PAS MANQUER

- La salle d'exposition et la visite
- L'intérieur du théâtre

INFOS PRATIQUES

- plan p. 436
- ☎7902 1400, réservations 7401 9919
- www.shakespeares-globe.org
- 21 New Globe Walk SE1
- exposition, visite guidée incluse adulte/enfant 11,50/7 £
- exposition 9h-12h30 et 13h-17h lun-sam, 9h-11h30 et 12h-17h dim, fin avr à mi-oct ; 9h-17h mi-oct à fin avr.
- St Paul's ou London Bridge

À VOIR

Waterloo

COUNTY HALL MONUMENT HISTORIQUE

Plan p. 436 (Riverside Bldg, Westminster Bridge Rd SE1; ; Westminster ou Waterloo). Commencé en 1909 mais achevé en 1922, cet imposant bâtiment à la façade ornée de courbes et de colonnes renferme un vaste aquarium et un musée consacré à l'industrie cinématographique.

Le remarquable **Sea Life London Aquarium** (0871 663 1678 ; www.sealife.co.uk ; adulte/enfant 17/12,50 £ ; 10h-18h lun-jeu, 10h-19h ven-dim ;) est l'un des plus grands d'Europe. Les poissons et autres créatures marines sont regroupés en 15 zones selon leur origine géographique (du Pacifique à l'Atlantique) et des eaux tempérées aux eaux tropicales. On peut y voir plus de 40 requins, une colonie de manchots papous et le toujours très remarqué poisson-clown. À voir aussi : la forêt tropicale humide recréée dans l'une des sections.

Le **London Film Museum** (7202 7040 ; www.londonfilmmuseum.com ; adulte/enfant 13,50/9,50 £ ; 10h-17h lun-mer et ven, 11h-17h jeu, 10h-18h sam, 11h-18h dim ;) offre d'excellentes surprises. Il s'intéresse aux films britanniques mais aussi à ceux tournés au Royaume-Uni. On peut donc y voir les décors de *Star Wars* ou des *Indiana Jones*. S'y côtoient objets et accessoires du 7e art, ludique ou tout simplement cultes (comme le costume de Batman de Christian Bale).

NATIONAL THEATRE THÉÂTRE

Plan p. 436 (7452 3000 ; www.nationaltheatre.org.uk ; South Bank SE1 ; ; Waterloo). Cette institution du théâtre britannique (p. 177) comprend 3 auditoriums : l'Olivier, le Lyttelton et le Cottesloe. **Visites des coulisses** de 1 heure 15 proposées (tarif plein/réduit 7,50/6,50 £ ; 6 visites/jour lun-ven, 2/jour sam, 1/jour dim), consulter le site pour les horaires.

Bankside et Southwark

TATE MODERN MUSÉE

Voir p. 164

SHAKESPEARE'S GLOBE THÉÂTRE

Voir p. 168.

LES INCONTOURNABLES
LONDON EYE

Difficile de se rappeler à quoi ressemblait Londres avant que la grande roue, le London Eye (EDF Energy London Eye pour être précis) ne commence à tourner à l'extrémité sud-est des Jubilee Gardens en l'an 2000. Elle a non seulement complètement modifié la ligne d'horizon de South Bank, mais ses 135 m de hauteur font qu'on l'aperçoit depuis d'autres endroits inattendus de cette ville relativement plate (comme Kennington, Mayfair ou Honor Oak Park). Chaque année 3,5 millions de visiteurs prennent place dans l'une de ses 32 nacelles de verre, dont la jauge atteint les 28 personnes, pour un tour ("un vol", comme on dit ici). En juillet, août et durant les vacances scolaires, la file d'attente peut décourager. Pour économiser du temps et de l'argent, il est conseillé d'acheter ses billets en ligne. Un supplément de 10 £ offre l'accès à une file rapide. Dans tous les cas, le London Eye est moins bondé avant 11h et après 15h.

La rotation lente et gracieuse dure 30 minutes et, lorsque le ciel est dégagé, l'une des plus hautes roues du monde offre une vue qui s'étend à 40 km à la ronde. Avec son axe de 23 m, le London Eye pèse 330 tonnes, soit plus de 20 fois le poids de Big Ben.

À NE PAS MANQUER

- Vue sur Hampton Court
- Vue sur la tour de Londres

INFOS PRATIQUES

- plan p. 436
- 0870 500 0600
- www.londoneye.com
- Jubilee Gardens SE1
- adulte/enfant 19/10 £
- 10h-20h30 sept-mar, 10h-21h avr-juin, 10h-21h30 juil-août
- Waterloo

LES INCONTOURNABLES
SOUTHBANK CENTRE

Le plus vieil immeuble du Southbank Centre, le **Royal Festival Hall**, avec sa façade de verre et de pierre de Portland légèrement incurvée, est plus accueillant que ses voisins dont l'architecture brutaliste date des années 1970. En 2007, il s'est offert un lifting à 90 millions de livres avec voies piétonnes, librairies, disquaires, traiteurs et restaurants, comme le Skylon (p. 173).

Au nord, l'austère **Queen Elizabeth Hall** est emblématique du brutalisme. Sa salle de concerts, la deuxième du complexe, accueille des orchestres de chambre, des quartets, des chœurs, des ballets et parfois même des opéras. La **Purcell Room**, de taille plus modeste, sert aussi de salle de spectacles. Au sous-sol du bâtiment, le plancher surélevé offre un spot de skateboard entre des murs couverts de graffitis.

En 1968, les expositions de la **Hayward Gallery** (☎0871 663 2509 ; www.southbankcentre.co.uk ; entrée 7-9 £ ; ⏲10h-18h sam-mer, 10h-20h jeu et ven) divisaient le pays. Aujourd'hui, c'est l'un des meilleurs espaces d'exposition d'art international à Londres. À l'étage, le Waterloo Sunset Pavilion, un centre d'accueil pour enfants et personnes âgées, conçu par Dan Graham, offre une superbe vue sur l'architecture brutaliste du quartier.

À NE PAS MANQUER

- Royal Festival Hall
- Queen Elizabeth Hall
- Hayward Gallery

INFOS PRATIQUES

- plan p. 436
- ☎0871 663 2500
- www.southbankcentre.co.uk
- Belvedere Rd SE1
- entrée libre ; billets pour les performances et expositions
- ⊖Waterloo

MILLENNIUM BRIDGE — PONT

Plan p. 436. L'élégant Millennium Bridge relie la rive sud de la Tamise, à hauteur de la Tate Modern, à la rive nord, au pied de Peter's Hill et de la cathédrale Saint-Paul. Avec ses câbles de suspension surbaissés, l'œuvre de Norman Foster et d'Antony Caro est très spectaculaire, surtout lorsqu'elle est illuminée la nuit par des fibres optiques. La vue sur Saint-Paul côté South Bank est l'une des images emblématiques de Londres.

ROSE THEATRE — THÉÂTRE

Plan p. 436 (☎ 7902 1400 ; www.rosetheatre.org.uk ; 56 Park St SE1 ; adulte/enfant 7,50/4,50 £ ; ⏲13h-17h lun-sam, 12h-17h dim fin avr à mi oct ; 📶 ; ⊖London Bridge). Le Rose, pour lequel Christopher Marlowe et Ben Jonson écrivirent leurs plus belles pièces, et où Shakespeare apprit son art, est unique. Ses fondations d'origine, du XVIe siècle, ont été mises au jour en 1989 sous un immeuble de bureaux et recouvertes d'une couche protectrice de béton. Géré par le Globe Theatre voisin, le Rose est uniquement ouvert au public quand des matinées ont lieu dans le premier, et ne se visite qu'en groupe.

GOLDEN HINDE — BATEAU-MUSÉE

Plan p. 436 (☎ 7403 0123 ; www.goldenhinde.com ; St Mary Overie Dock, Cathedral St SE1 ; adulte/enfant 6/4,50 £ ; ⏲10h-17h30 ; ⊖London Bridge). Certes, on dirait une attraction de parc à thème, et les enfants l'adorent. Mais sitôt sur le pont de cette réplique du fameux vaisseau Tudor de sir Francis Drake, on est immédiatement saisi d'une grande admiration pour l'amiral et son équipage (40 à 60 marins d'assez petite taille : 1 m 60 en moyenne). Ce petit galion hébergea Drake et ses compagnons durant plus de trois ans, de 1577 à 1580, alors qu'ils étaient les premiers navigateurs à effectuer le tour du monde en bateau.

Les billets s'achètent à la **Golden Hinde Shop** (Pickfords Wharf, 1 Clink St SE1). On peut aussi passer la nuit sur le pont moyennant 39,95 £ par personne, avec grog, biscuit de mer (galette au levain), dîner et petit-déjeuner à base de pain et de fromage.

VINOPOLIS — ŒNOLOGIE

Plan p. 436 (☎0870 241 4040, réservations 7940 8300 ; www.vinopolis.co.uk ; 1 Bank End SE1 ; visites 21-38,50 £ ; ⏲14h-22h jeu et ven 12h-22h sam, 12h-18h dim ; 📶 ; ⊖London Bridge). Vinopolis occupe un hectare sous les arcades d'une ancienne voie ferrée. Elle propose un aperçu rapide et intéressant de la viniculture. Sachez toutefois que l'audioguide est indispensable pour comprendre le sens de l'exposition. Le visiteur découvre l'histoire du vin, les vignobles, les variétés de raisin, les caractéristiques régionales et l'harmonie des mets et des vins. Toutes les visites comportent au moins 5 dégustations à différents points du circuit.

CLINK PRISON MUSEUM MUSÉE

Plan p. 436 (☎7403 0900 ; www.clink.co.uk ; 1 Clink St SE1 ; adulte/enfant 5/3,50 £ ; ⏲10h-18h lun-ven, 10h-21h sam-dim ; ⊖London Bridge). Située dans le parc de Winchester Palace, une zone de 32 hectares appelée Liberty of the Clink administrée non pas par la ville mais par les évêques de Winchester, était autrefois un cachot privé où étaient enfermés prostituées, débiteurs, voleurs et même des comédiens.

GRATUIT BANKSIDE GALLERY GALERIE

Plan p. 436 (☎7928 7521 ; www.banksidegallery.com ; 48 Hopton St SE1 ; ⏲11h-18h ; 📶 ; ⊖St Paul's, Southwark ou London Bridge). Siège de la Royal Watercolour Society et de la Royal Society of Painter-Printmakers, cette plaisante galerie à la mode ne possède pas de collection permanente. Ses expositions, qui changent souvent, présentent aquarelles, planches imprimées et gravures (beaucoup sont à vendre). Téléphoner ou consulter le site Internet pour le programme : des artistes viennent parfois présenter leur travail en soirée.

Borough et Bermondsey

LONDON BRIDGE EXPERIENCE ET LONDON TOMBS PARCOURS THÉMATIQUE

Plan p. 436 (☎0800 043 4666 ; www.londonbridgeexperience.com ; 2-4 Tooley St SE1 ; adulte/enfant 23/17 £ ; ⏲10h-17h lun-ven, 10h-18h sam-dim ; ⊖London Bridge). Trois ans d'affilée lauréat du prix "Screamie" qui récompense palais de l'effroi et autres antres des sueurs froides, ce sombre lieu conjugue histoire et hystérie. Le parcours historique démarre sous les voûtes du New London Bridge (1831) et fait revivre les plus célèbres épisodes qu'à vécus la capitale – des Romains aux Vikings, de l'Old London Bridge (1209) de Peter de Colechurch, avec toutes ses échoppes, à l'Américain Robert McCulloch, qui paya 2,50 $US en 1967 pour transporter le pont démantelé jusqu'en Arizona. Les enfants ne vous pardonneraient pas de les priver de cette attraction : le "gardien des têtes" a conservé les têtes embaumées de plusieurs condamnés à mort. La joyeuse visite se poursuit par quelques tombes et charniers. Si les rongeurs qui viennent compléter le tableau de vos angoisses sont des automates, les zombies sont eux incarnés par des acteurs et sont très doués pour faire sursauter les visiteurs. La réservation en ligne permet une réduction de 50% sur le prix du billet.

HMS BELFAST BATEAU-MUSÉE

Plan p. 436 (☎7940 6300 ; www.iwm.org.uk ; Morgan's Lane, Tooley St SE1 ; adulte/enfant 13,50/gratuit ; ⏲10h-18h mar-oct, 10h-17h nov-fév ; 📶 ; ⊖ London Bridge). Avec son pavillon blanc claquant au vent sur la Tamise, le HMS *Belfast* attire les enfants de tous âges que la marine fascine. À l'ouest de l'hôtel de ville (City Hall), ce somptueux navire, baptisé en 1938, a fait ses preuves pendant la Seconde Guerre mondiale en coulant le vaisseau allemand *Scharnhorst*. Il a aussi participé au débarquement de Normandie et à la guerre de Corée. Ses canons à longue portée pouvaient atteindre des cibles situées à 20 km de distance.

La visite du *Belfast* (5 ponts et 4 plateformes) s'avère passionnante, même pour les non-initiés. Le bâtiment livre tous les secrets de la vie à bord, de la salle des machines aux cabines. La salle de commandement a été reconstruite afin de montrer le rôle que joua le navire dans la bataille du cap Nord en 1943, au large de la Norvège. On peut visiter la cabine de l'amiral et s'asseoir dans son fauteuil ; sur le pont supérieur, viser avec les canons, ou boire un petit noir au bien nommé Walrus Cafe.

OLD OPERATING THEATRE MUSEUM & HERB GARRET MUSÉE

Plan p. 436 (☎7188 2679 ; www.thegarret.org.uk ; 9a St Thomas St SE1 ; adulte/enfant 5,90/3,40 £ ; ⏲10h30-16h45 ; ⊖London Bridge). On accède à cet étonnant musée en gravissant les

> **MILLENNIUM BRIDGE**
>
> Le Millennium Bridge était parti d'un mauvais pied : il a dû être fermé trois jours après son ouverture en juin 2000. Des travaux d'une durée de 18 mois ont remédié au problème.

LES INCONTOURNABLES
SOUTHWARK CATHEDRAL

Il ne reste des fondations primitives de cette petite cathédrale que l'**arrière-chœur**. Comportant 4 chapelles, il est situé à l'extrémité est et était rattaché au XIIIe siècle au prieuré de St-Mary-Overie. Si l'on exclut les arcades qui jouxtent la porte sud-ouest, les murs du XIIe siècle, le transept nord et une arche qui appartentait à l'église normande originelle, l'ensemble de la cathédrale date de l'époque victorienne (XIXe siècle).

Immédiatement à gauche du portail sud-ouest, se trouve un fragment de voûte datant du XIIIe siècle, non loin d'intrigants **linteaux** du XVe siècle.

Dans l'aile nord de la nef on peut voir la **tombe de John Gower**, poète du XIVe siècle qui fut le premier à écrire en anglais.

Le **jubé** qui sépare le chœur de la nef date du XVIe siècle. Dans l'aile sud se trouve une sculpture en albâtre vert, le **monument à William Shakespeare**. À l'arrière de celui-ci, une plaque honore **Sam Wanamaker** (1919-1993) non loin d'une **icône** du Christ entourée de cierges votif. Ne pas manquer dans le transept nord la **crédence élisabéthaine**.

À NE PAS MANQUER

- L'arrière-chœur
- La voûte du XIIIe siècle
- Le jubé

INFOS PRATIQUES

- plan p. 436
- ☎7367 6700
- www.southwark.anglican.org/cathedral
- Montague Close SE1
- entrée libre, don 4 £
- 8h-18h lun-ven, 9h-18h sam et dim
- London Bridge

32 marches d'un escalier en colimaçon qui mène à la tour de St-Thomas Church. Toute l'horreur de la médecine hospitalière du XIXe siècle s'y expose. Redécouverte en 1956, cette sordide mansarde servait à l'apothicaire de l'hôpital St Thomas à entreposer ses potions. On aura tout loisir de s'extasier devant les remèdes naturels : bave d'escargot pour les maladies vénériennes, fucus vésiculeux pour le goître et la tuberculose. Sur un plateau sont exposés les couteaux, scies et autres instruments de chirurgie de l'époque. On frémit à imaginer les conditions sommaires de ces amputations-minute pratiquées à vif, quand on ne connaissait ni l'éther ni le chloroforme, ni même les antiseptiques. Une boîte de sciure était placée sous la table pour recevoir le sang et les organes enlevés. Les récits de l'époque décrivent les tabliers des chirurgiens "raides et puants de pus et de sang". Le samedi à 14h, retour sur cette chirurgie d'urgence ; le dimanche à la même heure, sur la fabrication des remèdes de l'époque victorienne. Contactez le musée pour en savoir plus ses soirées "chirurgie à la lueur des lampes à pétrole" (Surgery by Gaslight). Ceux qui se demandent comment on pouvait forcer les malades à monter par l'escalier étroit apprendront que l'entrée se trouvait autrefois à l'étage.

DESIGN MUSEUM MUSÉE DU DESIGN

Plan p. 436 (☎7403 6933, répondeur 0870 833 9955 ; www.designmuseum.org ; 28 Shad Thames SE1 ; adulte/enfant 10 £/gratuit ; 10h-17h45 ; ; Tower Hill ou London Bridge). Dans les salles tout en longueur d'un entrepôt des années 1930, le musée présente une collection de créations de designers contemporains. À la fois populiste et populaires, les dernières expositions ont fait la part belle aux chaussures de Manolo Blahnik comme aux voitures de Formule 1, aux créations graphiques du Hollandais Wim Crouwel comme au Velcro, indéniable miracle de la technologie. Le musée accueille chaque année le Brit Insurance Design Awards, un prix attirubé aux travaux de design les plus novateurs. Le **Blueprint Café** (www.blueprintcafe.co.uk ; 12h-15h et 18h-23h lun-sam, 12h-16h dim) jouit d'une vue magnifique sur le Tower Bridge. En 2014, le musée s'installera dans les locaux de l'ancien **Commonwealth Institute** (Kensington High St W8 ; High St Kensington).

FASHION & TEXTILE MUSEUM MUSÉE DE LA MODE ET DU TISSU

Plan p. 436 (☎7407 8664 ; www.ftmlondon.org ; 83 Bermondsey St SE1 ; adulte/enfant 5 £/gratuit ; ⏰ 11h-18h mer-dim ; 📶 ; ⊖London Bridge). Imaginé par la styliste Zandra Rhodes, ce musée n'a pas de fonds propre. Il organise des expositions temporaires, comme notamment, ces dernières années, une rétrospective de la mode suédoise ou l'histoire des sous-vêtements.

CITY HALL HÔTEL DE VILLE

Le maire et les services municipaux occupent l'hôtel de ville de Londres (☎7983 4100 ; www.london.gov.uk ; The Queen's Walk SE1 ; gratuit ; ⏰8h30-18h lun-jeu, 8h30-17h30 ven ; 📶 ; ⊖Tower Hill ou London Bridge), une création de Foster and Partners inauguré en 2002. Le bâtiment de 45 m de haut, aux parois de verre, a été comparé à toutes sortes d'objets : un oignon, le casque de Dark Vador, un cloporte ou une "gonade de verre". Cette architecture écologique, utilise les eaux pluviales pour sa climatisation. En été, de nombreux spectacles musicaux ou théâtraux ont lieu sur la vaste esplanade qui entoure le bâtiment. Des expositions gratuites sur divers aspects de Londres ont régulièrement lieu à l'intérieur.

OÙ SE RESTAURER

Waterloo

SKYLON EUROPÉEN MODERNE ££

Plan p. 436 (☎ 7654 7800 ; www.skylonrestaurant.co.uk ; 3e ét., Royal Festival Hall, Southbank Centre, Belvedere Rd SE1 ; grill plats 12,50-19,50 £, restaurant menu de 2/3 plats 40/45 £ ; ⏰grill 12h-23h, dej tlj, dîner jusqu'à 22h30 lun-sam; ⊖Waterloo). Situé au dernier étage du Royal Festival Hall, fraîchement rénové, cet établissement comporte une salle réservée aux grillades et un espace gastronomique organisé autour d'un vaste bar (11h-1h).

LES INCONTOURNABLES
LONDON DUNGEON

Sous les arches du pont du chemin de fer de Tooley St, le **Donjon de Londres** fait frémir les foules depuis 1974. Le concept a essaimé : 4 autres donjons ont été créés en Grande-Bretagne et en Europe. La visite débute dans un labyrinthe de miroirs hanté par les âmes perdues (the Labyrinth of the Lost Souls). Viennent ensuite la Grande Peste, une valse avec les fous de Bedlam, une séance dans le salon de Sweeney Todd, le diabolique barbier de Fleet St, et une rencontre avec Jacques l'Éventreur.

Les meilleurs moments sont très vaudevillesques : on s'y voit condamner à mort par un juge à perruque dément, pour des crimes inventés de toutes pièces, ou traverser la Traitor's Gate (la porte des Traîtres) à bord de la barge du bourreau. Embarqué sur le manège Extremis Drop Ride to Doom, on passe à deux doigts du grand saut vers la mort au bout de la corde du pendu. La nouvelle attraction se nomme Vengeance, une "chevauchée laser en 5D" où l'on doit combattre les esprits mauvais revenus de l'enfer.

Afin d'éviter les impressionnantes files d'attente pour ce festival de l'épouvante qui dure 90 minutes, mieux vaut acheter ses billets en ligne (où ils sont par ailleurs moins chers). Les horaires varient selon les saisons : consultez le site Internet.

À NE PAS MANQUER

- La Grande Peste
- Jack l'Éventreur
- Traitor's Gate
- Extremis Drop Ride to Doom

INFOS PRATIQUES

- plan p. 436
- ☎7403 7221, réservations 0871 423 2240
- www.thedungeons.com
- 28-34 Tooley St SE1
- adulte/enfant 23/17 £
- ⏰généralement 10h-17h
- ⊖London Bridge

Chic et meublé avec goût (on admire les chaises des années 1950, vintage sans ostentation) le lieu offre une vue exceptionnelle sur la Tamise et la City à travers d'immenses baies vitrées. Menu le midi en semaine 24,50/28,50 £. Tenue simple mais élégante de rigueur.

OXO TOWER RESTAURANT & BRASSERIE EUROPÉEN MODERNE £££

Plan p. 436 (☎7803 3888 ; www.harveynichols.com/oxo-tower-london ; 8e ét., Barge House St SE1 ; dîner plats 19,50-32,50 £, menu déj 35 £, brasserie 22,50/26,50 £ ; ⏲déj et dîner ⊖Waterloo). La reconversion de l'ancienne Oxo Tower en logements, avec ce restaurant au 8e étage n'a pas été sans effet sur la renaissance de la scène culinaire locale. Lincroyable terrasse vitrée offre sans doute la plus belle vue de tout Londres, que l'on paie, relativement raisonnablement à la brasserie mais davantage au restaurant. La carte est composée pour moitié de spécialités de poisson : sardines grillées au chorizo, bar fumé et sa purée d'aubergines fumé, et pour l'autre d'une cuisine fusion. Végétariens et végétaliens trouveront également leur compte ici. Belle carte des vins.

ANCHOR & HOPE PUB GASTRONOMIQUE ££

Plan p. 436 (36 The Cut SE1 ; plats 11,50-22 £ ; ⏲déj mar-dim, dîner lun-sam ; ⊖Southwark ou Waterloo). Avec un peu de chance, vous n'aurez pas à faire la queue pour goûter aux mets raffinés de ce pub gastronomique – réservations possibles uniquement pour le déjeuner du dimanche, à partir de 14h. La cuisine britannique est succulente : les critiques sont dithyrambiques. En dépit de la tendance nettement carnivore qui fait la réputation du lieu (épaule de porc, épaule d'agneau pré-salé et mijotée 7 h ou jarret de bœuf braisé au soja), les végétariens ne sont pas exclus.

TOPOLSKI CENTURY

Plan p. 436 (☎7620 1275 ; www.topolskicentury.org.uk ; 150-152 Hungerford Arches, Concert Hall Approach SE1 ; entrée libre ; ⏲11h-19h lun-sam, 12h-18h dim ; 📶 ; ⊖Waterloo). Sous le viaduc du Hungerford Bridge se trouve le chef-d'œuvre d'une vie peint par Feliks Topolski (1907-1989), un artiste britannique d'origine polonaise qui a réalisé des fresques sur carton ou toile sur plus de 180 m de long, retraçant l'histoire du XXe siècle depuis sa jeunesse bohème à Varsovie jusqu'à sa mort en 1989. Le Topolski Century est fermé à l'heure où nous écrivons ces lignes. Il se dit qu'il rouvrirait transformé en café, et que certaines parties de l'œuvre sont encore intactes.

MASTERS SUPER FISH FISH AND CHIPS £

Plan p. 436 (191 Waterloo Rd SE1 ; plats 7,25-16 £ ; ⏲lun-sam ; ⊖Waterloo). Cette petite cantine populaire sert du poisson d'une fraîcheur incomparable (acheté le matin à Billingsgate). Elle mise sur la qualité plutôt que sur la décoration. En cas d'overdose de friture, on peut demander son poisson au gril.

Borough et Bermondsey

LAUGHING GRAVY BRITANNIQUE ££

Plan p. 436 (☎ 7998 1707 ; www.thelaughinggravy.co.uk ; 154 Blackfriars Rd SE1 ; plats 8,50-17,50 £ ; ⏲11h-tard lun-ven, 5h30-tard sam, 12h-18 dim ; ⊖Southwark). Ce restaurant baptisé du nom du chien de Laurel et Hardy (également un des innombrables surnoms que l'on donne au whisky) est situé dans une ancienne fonderie. La nouvelle direction de ce lieu très chaleureux a opté pour des valeurs sûres et confié à Michael Facey, le chef, la délicate mission d'adapter les meilleures recettes traditionnelles britanniques à la sauce contemporaine. Résultat : une délicieuse selle de mouton marinée au cidre ou une friture de mulet ainsi que de succulents rôtis le dimanche. L'essayer c'est l'adopter !

MAGDALEN BRITANNIQUE MODERNE ££

Plan p. 436 (www.magdalenrestaurant.co.uk ; 152 Tooley St SE1 ; plats 13,50-21 £, menu 15,50/18,50 £ ; ⏲fermé sam déj et dim ; ⊖London Bridge). Voilà une valeur sûre : dans la belle salle-à-manger (ou aux tables diposées de manière très optimiste en terrasse) on déguste une excellente cuisine traditionnelle revisitée (foie de veau au gril, crème d'oignon à la sauge, haddock fumé en choucroute). L'accueil est chaleureux et le service impeccable.

ROAST BRITANNIQUE MODERNE ££

Plan p. 436 (www.roast-restaurant.com ; 1er ét, Floral Hall, Borough Market, Stoney St SE1 ; plats 14-25 £ ; ⏲fermé dim dîner ; ⊖London Bridge). L'attraction de ce fantastique restaurant situé au-dessus de Borough Market est sa

DÉPART **STATION DE MÉTRO WATERLOO**

ARRIVÉE **STATION DE MÉTRO LONDON BRIDGE**

DISTANCE **2,5 KM**

DURÉE **2 HEURES**

Promenade à pied

South Bank

De l'autre côté du Westminster Bridge, le ❶ **County Hall** (siège du Conseil régional), face aux Houses of Parliament, a été le siège du pouvoir régional entre 1922 et 1986, date à laquelle le Premier ministre Margaret Thatcher a dissout le conseil du Grand Londres. Le bâtiment abrite à présent des musées et des hôtels. Le ❷ **British Film Institute Southbank**, un tantinet tape-à-l'oeil, est la Mecque des cinéphiles et des historiens. Des milliers de films sont projetés dans les 4 salles du bâtiment et on peut en visionner d'autres à la médiathèque. Emprunté par 10 000 piétons tous les jours, le splendide ❸ **Millennium Bridge** de Norman Foster relient les rives nord et sud de la Tamise. Moderne, élégant et utile, cet ouvrage possède toutes les qualités d'une architecture contemporaine réussie. La reconstitution méticuleuse du ❹ **Shakespeare's Globe** se dresse à 230 m du théâtre originel, démoli en 1644. La ❺ **Southwark Cathedral**, typiquement victorienne bien qu'on y trouve quelques vestiges du XIIe siècle. Elle est peu visitée, mais mérite le détour, ne serait-ce que pour le calme qu'elle procure. Une statue de Shakespeare, dont on jouait les pièces à Bankside, y occupe une place de choix. Au-dessus de la salle du conseil municipal, on peut grimper sur les toits équipés de panneaux solaires du ❻ **City Hall** (hôtel de ville) que les Londoniens surnomment l'Œuf, ou plus prosaïquement le Testicule, pour y admirer la vue sur Tower Bridge (p. 150).

LES INCONTOURNABLES
BOROUGH MARKET

Malgré les différentes formes et aspects qu'il a pu connaître, le garde-manger de Londres s'est toujours trouvé à cet emplacement depuis le XIIIe siècle et a fait peau neuve au cours de ces dix dernières années. Gourmets, fins gastronomes, curieux en visite et gourmands de tout poil se retrouvent dans cette confrérie de bons vivants qui a définitivement assis sa renommée.

Les étals de viande bio côtoient ceux des épiceries fines, proposant miel artisanal et pain maison (que l'on n'hésitera pas à vous faire goûter) et les marchands de fruits frais sont au coude-à-coude avec ceux des légumes exotiques. Les stands traiteurs sont biens garnis de saucisses, sandwichs au chorizo, hamburgers et autres plats à emporter qui embaument les allées d'odeurs alléchantes. Les amateurs font la queue devant Neal's Yard Dairy, le fromager, d'autres se massent autour du Monmouth Coffee Company, ou du traiteur espagnol **Brindisa** (www.brindisa.com). On patiente aussi devant chez Roast (p. 174), on achète sa viande à la boucherie Ginger Pig et on boit une bière chez Rake (p. 177). Le marché est totalement bondé le samedi, et il faut arriver tôt pour s'offrir les meilleurs produits.

À NE PAS MANQUER...

- Neal's Yard Dairy
- Brindisa
- La vente à emporter de chez Roast
- Rake

INFOS PRATIQUES

- plan p. 436
- ☎7407 1002
- www.boroughmarket.org.uk
- angle Southwark et Stoney Sts SE1
- ⌚11h-17h mar, 12h-18h ven, 8h-17h sam
- ⊖London Bridge

rôtisserie séparée de la salle par une baie vitrée : on y voit cuire les travers de porc, cochons de lait, volailles et gibiers. L'accent est mis sur les viandes rôties (paleron de bœuf, rognons d'agneau) et les légumes de saison, mais on trouve aussi des plats plus légers, salades et poisson grillé.

Petits-déjeuners savoureux du lundi au samedi. Les jours d'ouverture du Borough Market (jeu-sam), le Roast ne désemplit pas. Si vous n'avez pas le temps d'attendre, vous pouvez acheter des **grillades à emporter** (⌚7h-15h lun-mer, 7h-18h mar-sam), près de l'entrée principale du rdc : panse de porc sauce aux pommes (6 £), sandwich au bacon (3,20 £) ou *"devils on horseback"* (datte fourrée de chutney de mangue et enroulée dans du bacon ; 1,80 £).

THE GARRISON PUBLIC HOUSE — PUB GASTRONOMIQUE ££

Plan p. 436 (www.thegarrison.co.uk ; 99-101 Bermondsey St SE1 ; plats 11,50-16 £ ; ⌚petit-déj, déj et dîner tlj, brunch sam -dim ; ⊖London Bridge). Le Garrison séduit par sa façade carrelée et son ambiance détendue de bistrot de bord de mer. Au sous-sol, séances de cinéma gratuites le dimanche à 19h, avec entractes pour siroter un verre ou deux. Mais c'est avant tout la délicieuse cuisine de ce pub gastronomique qui attire encore et toujours le chaland : couteaux, mouton blackface accompagné de purée maison ou cake citrouille-petits pois-courgettes. Pour éviter l'affluence, venez plutôt en semaine pour le petit-déjeuner (8h-11h30) ou pour le brunch (9h-11h30) le week-end.

CHAMPOR-CHAMPOR — ASIATIQUE ££

Plan p. 436 (www.champor-champor.com ; 62-64 Weston St SE1 ; menu 29,50/33,50 £ ; ⌚déj jeu et ven, dîn lun-sam ; ⊖London Bridge). Dans un restaurant dont le nom signifie en malais "méli-mélo", on ne serez pas surpris de trouver des créations innovantes. Le menu original se réinvente en permanence : anguille grillée, pâtes aux épinards, pigeon aux prunes en cocotte, salade de papaye et citron vert au dessert. Les végétariens n'auront aucun mal à se sustenter. La déco asiatique très éclectique est réjouissante.

CANTEEN — BRITANNIQUE ££

Plan p. 436 (Royal Festival Hall, Belvedere Rd, London SE1 ; plats 8,50-18,50 £ ; ⌚8h-23h lun-ven, 8h-23h sam, 9h-22h dim ; ⊖Waterloo). La maison mise davantage sur une bonne cuisine simple et familiale que sur la déco, plutôt sommaire, mais les jours de soleil, s'attabler en terrasse sous les parasols est un vrai délice. Petit-déj servi toute la journée, *shepherd's pie* (tourte à la viande), steak-frites ou rôti.

M MANZE BRITANNIQUE £

Plan p. 436 (87 Tower Bridge Rd SE1 ; ⏲11h-2h lun, 10h30-2h mar-jeu, 10h-2h15 ven, 10h-2h45 sam ; ⊖London Bridge). En 1902, M Manze, artisan d'origine italienne, a d'abord été glacier avant d'ouvrir un petit bistrot où servir ses produits. Aujourd'hui, une équipe enjouée sert la bonne cuisine maison dont le menu traditionnel des ouvriers : *pie and mash* 3,20 £, tourte et pousse-café 2,25 £. On peut aussi commander ses anguilles en gelée ou vapeur 3,20 £. Il paraît que David Beckham est fan du lieu.

APPLEBEE'S FISH CAFÉ POISSON ET FRUITS DE MER ££

Plan p. 436 (www.applebeesfish.com ; 5 Stoney St SE1 ; plats 13,50-39,50 £, menu 18,50 £ ; ⏲déj et dîner mar-sam ; ⊖London Bridge). Ceux à qui les fruits de mer du Borough Market ont fait tourner la tête vont pouvoir assouvir leurs désirs ici. Tout y est d'une fraîcheur irréprochable. Poissons et fruits de mer figurent sur l'ardoise du jour. La soupe de poisson (9,50 £) est un repas à elle seule.

OÙ PRENDRE UN VERRE ET FAIRE LA FÊTE

Waterloo

BALTIC BAR

Plan p. 436 (www.balticrestaurant.co.uk ; 74 Blackfriars Rd SE1 ; ⏲12h-minuit lun-sam, 12h-22h30 dim ; ⊖Southwark). Ce bar ultrabranché est spécialisé dans la vodka : une cinquantaine de cocktails sont proposés, dont certains à la vodka infusée. La salle de restaurant, claire et spacieuse, au toit de verre et aux jolis murs ambrés, est juste derrière, au cas où vous auriez besoin d'éponger l'alcool…

CONCRETE CAFÉ-BAR

Plan p. 436 (www.southbankcentre.co.uk; Hayward Gallery, Southbank Centre, Belvedere Rd SE1 ; ⏲10h-18h dim et lun, 10h-23h mar-jeu, 10h-1h ven-sam ; ⊖Waterloo). Dans la journée, cet établissement de la Hayward Gallery (p. 170) est un café discret proposant thé et gâteaux à une clientèle d'amateurs d'art. Mais quand vient la nuit, Cendrillon devient *bad girl*, c'est-à-dire en bar de nuit avec bétonneuses en néon rose, DJ et concerts du jeudi au samedi.

KING'S ARMS PUB

Plan p. 436 (25 Roupell St SE1 ; ⊖Waterloo ou Southwark). Quand il n'est pas comble, ce pub de quartier est charmant. Avant de devenir le pub du coin, les locaux servaient de funérarium… Le vaste bar à l'ancienne plein de caractère, où l'on sert un choix important de bières, donne accès à une étrange véranda remplie de bric-à-brac : une cuisine thaïe très correcte y est proposée.

SCOOTERCAFFE CAFÉ-BAR

Plan p. 436 (132 Lower Marsh SE1 ; ⏲10h-23h lun-jeu, 10h-minuit ven-sam ; ⊖Waterloo). Véritable perle au beau milieu de Waterloo, cet ancien atelier de réparation de scooters sert des chocolats chauds succulents dans une ambiance détendue. Le dimanche soir, en alternance, concert ou projection gratuite.

Bankside et Southwark

ANCHOR BANKSIDE PUB

Plan p. 436 (34 Park St SE1 ; ⊖London Bridge). Figurant légitimement dans tous les guides, ce pub, datant du début du XVIIe siècle (mais reconstruit après le Grand Incendie, puis à nouveau au XIXe siècle), offre une superbe vue sur la Tamise depuis sa terrasse. C'est l'adresse la plus connue (et bondée) de Londres.

SWAN AT THE GLOBE BAR

(www.swanattheglobe.co.uk ; 21 New Globe Walk SE1 ; ⊖London Bridge). Le bar-restaurant du théâtre accueille les clients midi et soir (le dimanche, déj seulement). Les tables à

LA PETITE HISTOIRE

LES DICKENS EN PRISON

À Angel Pl, une ruelle donnant sur Borough High St, se tient l'un des murs de brique de la prison Marshalsea. La famille de Charles Dickens y fut enfermée en raison des dettes contractées par son père.

BON À SAVOIR

VIE ET MORT DU GLOBE

Le Shakespeare's Globe d'origine, surnommé le "O de bois" pour sa forme circulaire et son arène à ciel ouvert, a été construit en 1599. Tout allait bien pour le concurrent du Rose Theatre jusqu'à ce jour de 1613 où, au cours d'une pièce sur la vie d'Henri VIII, un tir de canon mit le feu au toit de chaume (qui fut plus tard recouvert de tuiles). Très vite remplacé, les représentations se prolongèrent jusqu'en 1642, date à laquelle les puritains firent fermer les théâtres, antichambres de l'enfer. Le Globe fut détruit deux ans plus tard.

l'étage offrent une vue exceptionnelle sur la Tamise et sur la cathédrale Saint-Paul.

Borough et Bermondsey

GEORGE INN PUB

Plan p. 436 (Talbot Yard, 77 Borough High St SE1 ; ⊖Borough). Cette magnifique demeure datant de 1676 apparaît dans le roman *La Petite Dorrit* de Charles Dickens. C'est la dernière auberge-relais de Londres, d'ailleurs inscrite aux Monuments historiques. Elle est située à l'emplacement de la Tabard Inn (d'où l'adresse de Talbot Yard), où les pèlerins des *Contes de Canterbury* de Chaucer se rassemblaient avant de prendre, bien guillerets, la route du Kent.

RAKE PUB

Plan p. 436 (14 Winchester Walk SE1 ; ⏲12h-23h lun-ven 10h-23h sam ; ⊖London Bridge). Seul pub situé dans Borough Market, c'est aussi le plus petit de Londres. Il propose néanmoins un bon choix de *bitter* et de *real* ales. Les claustrophobes pourront s'accouder à la terrasse de bambou à l'extérieur.

ROYAL OAK PUB

Plan p. 436 (44 Tabard St SE1 ; ⏲12h-23h lun-sam, 12h-18h dim ; ⊖Borough). Ce pub victorien authentique, un peu à l'écart dans une ruelle et tenu par une brasserie indépendante du Sussex, s'adresse aux vrais amateurs de bière. Les fans de littérature seront également comblés : on se trouve à deux pas de l'église St-George-le-Martyr où est célébré le mariage de la Petite Dorrit (alias Amy) dans le roman éponyme de Dickens.

★ OÙ SORTIR

Le National Theatre programme des mises en scène intelligentes et novatrices. En 2013, la Rambert Dance Company s'installera dans ce quartier très artistique.

NATIONAL THEATRE THÉÂTRE

Plan p. 436 (☎7452 3000 ; www.nationaltheatre.org.uk ; South Bank SE1 ; tarif 10-41 £ ; ⊖Waterloo). La salle la plus réputée du pays programme à la fois des pièces classiques et contemporaines, au casting brillant et dans 3 différentes salles (Olivier, Lyttelton et Cottesloe). Nicholas Hytner, le directeur artistique, a cassé les prix des billets et a misé sur des productions phares. Chaque saison réserve de nouvelles surprises, comme dernièrement *War Horse* et ses marionnettes équestres grandeur réelle, *Phèdre* avec l'incomparable Helen Mirren et l'extraordinaire comédie musicale *London Road*, qui met en scène le meurtre de cinq prostituées d'Ipswich...

Des billets Travelex à 12 £ sont disponibles pour certaines représentations en haute saison. Autrement, les places de dernière minute (généralement à 20 £) sont parfois disponibles 90 min avant la représentation. Les étudiants doivent attendre jusqu'à 45 min avant le lever de rideau pour pouvoir acheter une place à 10 £. Sur inscription préalable les amis du théâtre âgés de 16 à 25 ans bénéficient d'entrées à 5 £. On peut obtenir des places debout (5 £) pour les spectacles affichant complet.

SOUTHBANK CENTRE SALLE DE CONCERTS

Plan p. 436 (☎0871 663 2500 ; www.southbankcentre.co.uk ; Belvedere Rd SE1 ; 8-45 £ ; ⊖Waterloo). Le **Royal Festival Hall** (☎7960 4242 ; 6-60 £) est l'une des scènes de concerts les plus importantes de Londres et peut accueillir 3 000 personnes assises. Le cabinet d'architecture Allies and Morrison a utilisé exclusivement les matériaux des années 1950 (béton, cuir et bois) pour cette superbe rénovation qui a coûté 91 millions de livres. L'acoustique est fantastique, la programmation impeccable et des événements ont souvent lieu dans l'ambiance déja animée du foyer. L'éclectisme est au menu des deux autres salles plus modestes du complexe, le **Queen Elizabeth Hall** et la **Purcell Room**. Elles accueillent des compagnies de danse indépendantes, dont le festival **Dance Umbrella** (www.danceumbrella.co.uk) qui y programme régulièrement des soirées.

SHAKESPEARE'S GLOBE THÉÂTRE

Plan p. 436 (☎info 7902 1400, réservations 7401 9919 ; www.shakespeares-globe.org ; 21 New Globe Walk SE1 ; tarif plein/réduit/parterre 15-37.50 £/12-34.50 £/5 £ ; ⊖St Paul's ou London Bridge). Si vous êtes un inconditionnel de Shakespeare et du théâtre, le Globe est fait pour vous. Cet authentique théâtre shakespearien est un bâtiment ovale en bois dont la scène centrale demeure à ciel ouvert. Bien que des spectateurs prennent place sur les gradins en bois qui sont à l'abri du toit (1/3 de l'espace), nombreux sont ceux (jusqu'à 700 personnes) qui choisissent d'imiter les *groundlings* du XVIIe siècle qui restaient debout devant la scène pour huer ou complimenter les acteurs. Il faut bien se couvrir pour résister aux intempéries. Les parapluies sont interdits, mais des imperméables en plastique sont vendus à petit prix.

La saison commence fin avril et se termine mi-octobre, la programmation comporte des pièces de Shakespeare et de ses contemporains, tel Christopher Marlowe. Le directeur artistique du théâtre, Dominic Dromgoole, a décidé d'introduire une ou deux nouvelles pièces à chaque saison. Attention : deux piliers soutenant l'auvent au-dessus de la scène (le "Paradis") gâchent la vue à une grande partie des sièges de la section D. Mieux vaut encore rester debout. Les places debout au parterre sont les moins chères.

MENIER CHOCOLATE FACTORY THÉÂTRE

Plan p. 436 (☎7378 1713 ; www.menierchocolatefactory.com ; 53 Southwark St SE1 ; ⊖London Bridge). Théâtre et chocolat, deux passions bien britanniques, n'ont jamais si bien fait la paire que dans cette ancienne usine de chocolat du XIXe siècle reconvertie en théâtre. Cerise sur le gâteau, on peut acheter des billets d'entrée couplés et dîner dans le très bon restaurant après le spectacle.

BFI SOUTHBANK CINÉMA

Plan p. 436 (☎informations 7928 3535, réservations 7928 3232 ; www.bfi.org.uk ; Belvedere Rd SE1 ; ⊖Waterloo). Passant presque inaperçus sous le viaduc de Waterloo Bridge, le British Film Institute (Institut du film britannique) comporte quatre cinémas passant des milliers de films chaque année, un musée dédié au 7e art et une **médiathèque** (☎7928 3535 ; entrée libre ; ⏲12h-20h mar-dim), où l'on peut visionner des films et des séries cultes des archives nationales du BFI. On y trouve également un espace d'exposition consacré à l'univers du cinéma ainsi qu'une **boutique du cinéma** (livres et DVD ; ☎ 7815 1350), un restaurant et un beau café. Largement consacré au cinéma d'art et d'essai, le BFI

INTERVIEW

DÉCORS LONDONIENS

Rob Howell a remporté plusieurs fois le prix Olivier du meilleur décorateur de théâtre. Il aime sortir quand son travail lui en laisse le loisir. Il nous parle de son Londres à lui.

Les choix de Robert

Pour ma part, le meilleur endroit pour admirer la ligne d'horizon à Londres est le Waterloo Bridge, installé bien au milieu. J'aime m'y perdre dans la contemplation de la Tamise, avec la cathédrale Saint-Paul (p. 147) d'un côté, les Houses of Parliament et Big Ben de l'autre (p. 90). Tout est là : politique, histoire et nature.

Avant une représentation, j'aime aller avec des amis au restaurant près du théâtre où nous travaillons. Si je ne devais citer qu'un restaurant, ce serait le National Dining Rooms (p. 121). Du petit-déjeuner aux cocktails, en passant par les assiettes de charcuterie et de fromage, tout y est excellent. De plus, la salle est superbe, vaste et décorée de très belles pièces.

Pour ce qui est du théâtre, le National Theatre (p. 177) s'impose. Ce complexe comporte 3 salles dont la programmation figure parmi les plus exigeantes et ambitieuses de la ville. Le Royal Court Theatre (p. 199) de Sloane Square est une pépinière de nouveaux talents qui a produit des pièces de grande qualité. C'est d'ailleurs dans ce théâtre qu'ont été découverts les plus grands dramaturges britanniques.

Quand je manque d'inspiration, je me rends à la librairie Foyle's (p. 137). Elle a perdu son délicieux côté ringard, mais j'aime toujours aller y passer quelques heures – et dépenser quelques sous – pour trouver l'inspiration lorsque je m'attèle à certains projets !

MARCHÉ AUX LIVRES DE SOUTHBANK

South Bank Book Market (⌚11h-18h ; Riverside Walk SE1) est une mine inépuisable de livres anciens et d'introuvables. Il s'installe face au BFI Southbank, sous le viaduc du Waterloo Bridge, qu'il pleuve, qu'il vente ou qu'il neige.

organise régulièrement des rétrospectives et c'est l'une des adresses principales du Times BFI London Film Festival, durant lequel sont projetés quelque 300 films de 60 pays différents, dans la dernière quinzaine d'octobre.

OLD VIC THÉÂTRE

Plan p. 436 (☎0844 871 7628 ; www.oldvictheatre.com ; Waterloo Rd SE1 ; ⊖Waterloo). C'est bien la première fois qu'un théâtre londonien choisit un directeur artistique aussi célèbre que Kevin Spacey. Depuis 2003, l'acteur américain s'est lancé dans la programmation théâtrale et a enchaîné les succès. Derniers en date : *Danser à Lughnasa*, de Brian Friel, avec la chanteuse Andrea Corr ; *Richard III* mis en scène par Sam Mendes, l'ancien *big boss* du Donmar Warehouse avec Kevin Spacey dans le rôle-titre. Époustouflant.

YOUNG VIC THÉÂTRE

Plan p. 436 (☎7922 2922 ; www.youngvic.org ; 66 The Cut SE1 ; ⊖ Waterloo). La troupe du Young Vic, une des plus estimées de la capitale, saisit le public aux tripes avec des mises en scène bouleversantes comme *Kafka's Monkey*. Kathryn Hunter y faisait son retour après une tournée mondiale en 2011. Un restaurant charmant vous y accueille sur 2 étages avec une terrasse.

BFI IMAX CINEMA CINÉMA

Plan p. 436 (☎0870 787 2525 ; www.bfi.org.uk/imax ; 1 Charlie Chaplin Walk SE1 ; adulte/enfant à partir de 9/5,75 £ ; ⌚6 projections de 11h à 21h, projection supp à 23h30 sam ; 📶 ; ⊖Waterloo). Le British Film Institute IMAX Cinema projette des documentaires en 2D et en IMAX 3D sur les voyages, l'espace et les animaux, d'une durée de 40 minutes à 1 heure 30, ainsi que des gros succès comme *Star Trek* (la séance pour les DMR et films numériques coûte 13,50/8,75/9,75 £). Le bâtiment en forme de tambour est assis sur des "ressorts" destinés à réduire les vibrations causées par la circulation des voitures au-dessus et du métro au-dessous. La nuit, sa façade change de couleur.

SHOPPING

Si vous êtes fan d'accessoires et d'objets design, rendez-vous à l'Oxo Tower qui regroupe une douzaine de petits magasins très design remplies de bijoux, vêtements et accessoires originaux pour la maison. Le long de Gabriel's Wharf s'alignent aussi quelques belles boutiques et les fashionistas iron faire un tour aux alentours de Bermondsey St.

KONDITOR & COOK SALON DE THÉ-PÂTISSERIE

Plan p. 436 (www.konditorandcook.com ; 22 Cornwall Rd SE1 ; ⌚7h30-18h30 lun-ven, 8h30-15h sam ; ⊖Waterloo). Cette boulangerie élégante prépare de bons pains chauds aux olives, noix et épices mais aussi de délicieux gâteaux parfumés à la lavande et à l'orange, au citron et aux amandes, et d'énormes meringues à la mûre, sans oublier des biscuits (notamment des bonshommes en pain d'épice). Il existe 6 autres K&C, dont un à **Borough Market** (plan p. 436 ; ☎7407 5100 ; 10 Stoney St SE1 ; ⊖London Bridge) et un à **Holborn** (plan p. 74 ; ☎7404 6300 ; 46 Gray's Inn Rd WC1 ; ⊖Chancery Lane).

BERMONDSEY MARKET MARCHÉ AUX PUCES

Plan p. 436 (Bermondsey Sq ; ⌚5h-13h ven ; ⊖Borough ou Bermondsey). La marchandise volée serait vendue ici avant le lever du jour, ce qui explique peut-être pourquoi il ne s'y passe plus grand-chose après. On y trouve de l'argenterie, de la porcelaine ancienne, des tableaux et des bijoux fantaisie.

Kensington et Hyde Park

KNIGHTSBRIDGE | KENSINGTON | HYDE PARK | CHELSEA | BELGRAVIA | VICTORIA | PIMLICO

Notre sélection

❶ Immersion culturelle dans l'époustouflante collection d'arts décoratifs et de design du **Victoria & Albert Museum** (p. 183).

❷ Face-à-face avec le squelette de diplodocus au **Natural History Museum** (p. 187).

❸ **Shopping** (p. 199) intensif dans les grands magasins de Knightsbridge ou les boutiques de King's road (p. 194).

❹ Découverte des mystères de l'univers au **Science Museum** (p. 190).

❺ **Dîner** dans l'un des innombrables et délicieux restaurants de Londres (p. 196).

Pour un plan plus détaillé, reportez-vous p. 440 ➡

Bons plans Lonely Planet

La relève de la garde, un rituel immuable depuis 1660. Le régiment de Horse Guards, garde à cheval personnelle de la reine, quitte la caserne de Hyde Park (Barracks) à 10h32 (9h32 le dimanche). Le défilé a lieu entre Hyde Park Corner, Constitution Hill et le Mall.

Le top des restaurants

- Zuma (p. 196)
- Gordon Ramsay (p. 197)
- Dinner by Heston Blumenthal (p. 196)
- Launceston Place (p. 196)
- Penny Black (p. 197)

Voir détails p. 196

Le top des bars et cafés

- Galvin at Windows (p. 198)
- Drayton Arms (p. 198)
- Orangery (p. 197)
- 606 Club (p. 199)

Voir détails p. 198

Le top des musées

- Victoria & Albert Museum (p. 183)
- Natural History Museum (p. 187)
- Science Museum (p. 190)

Voir détails p. 190

Découvrir Kensington et Hyde Park

La visite des trois musées phares de South Kensington est incontournable : il faut prévoir plusieurs jours pour en faire le tour. Comme ils ouvrent à 10h, nul besoin de se lever aux aurores, mais il est conseillé d'y être pour l'ouverture afin de conserver un minimum d'espace vital. South Kensington, avec des hôtels pour tous les budgets, est d'ailleurs un coin idéal pour poser ses valises.

Les dingues de mode adoreront King's Road ou Sloane St, faire une razzia à Knightsbridge, notamment chez Harrods, puis retrouver calme et volupté au Chelsea Physic Garden.

Après une journée à Hyde Park et aux Kensington Gardens, on comprend pourquoi les Londoniens adorent leurs parcs. Explorer d'abord l'opulente Apsley House avant de traverser le parc (en passant par la rivière Serpentine) pour vous rendre à l'Albert Memorial, au Royal Albert Hall et à Kensington Palace.

Entre Kensington, Knightsbridge et Chelsea, les gourmands ne savent plus où donner de la tête. Il y en a pour tous les goûts : cuisine créative et raffinée, repas sur le pouce ou banquets généreux.

Vivre comme un Londonien

- **Balades** Pause littéraire à la librairie John Sandoe Books (p. 199) ou coude-à-coude pour boire un verre avec les habitués du Drayton Arms (p. 198).
- **Musées** Lors de la nocturne du vendredi le Victoria & Albert Museum (p. 183) est moins bondé que d'habitude.
- **Parcs** Les Londoniens s'y ruent dès que le soleil pointe son nez. Bouquiner sur l'herbe à Hyde Park est un régal (p. 192).

Depuis/vers Kensington et Hyde Park

- **Métro** Kensington et Hyde Park sont facilement accessibles du reste de Londres. Les stations South Kensington, Sloane Square, Victoria, Knightsbridge et Hyde Park Corner les desservent sur les lignes Circle, District, Piccadilly et Victoria.
- **Bus** Le 74 relie South Kensington à Knightsbridge et Hyde Park Corner, le 52 Victoria à High St Kensington, le 360 South Kensington à Sloane Square et Pimlico, et le 11 Fulham Broadway à King's Road, Sloane Square et Victoria.
- **Vélo** Les vélos Barclays (p. 391) sont un moyen commode pour découvrir le quartier.

MAURICE CROOKS / ALAMY©

LES INCONTOURNABLES
VICTORIA & ALBERT MUSEUM

À son ouverture en 1852, Le Victoria & Albert Museum (V&A) s'appelait le Museum of Manufactures. Consacré aux arts décoratifs et à la mode, il possède un fonds de près de 4,5 millions d'objets recueillis au fil des années en Grande-Bretagne et dans le monde, certains datant d'il y a 3 000 ans. Il fait partie du legs que le prince Albert fit à la nation après le succès phénoménal de l'Exposition universelle de 1851, avec pour but d'"améliorer le goût du public en matière de design" et d'"appliquer les beaux-arts aux objets utilitaires". On peut affirmer que cet objectif a été pleinement atteint.

Collection

Les 146 salles abritent la plus vaste collection d'**arts décoratifs** au monde, rassemblant une multitude d'objets, dont d'anciennes céramiques chinoises, des esquisses d'architecture moderniste, des bronzes coréens, des sabres japonais, des cartons de Raphaël, de fascinantes œuvres d'art indien et islamique, des tenues de l'ère élisabéthaine, des vêtements sortis tout droit des derniers défilés de mode parisiens, des bijoux anciens, une radio de poche conçue par Sony en 1985 et bien d'autres surprises.

Entrée

À l'entrée principale sur Cromwell Rd, on passe sous le saisissant grand **lustre** en verre soufflé bleu et jaune de Dale Chihuly. Prendre un plan à l'accueil (gratuit, don suggéré : 1 £). Si cette entrée est trop embouteillée, celles situées dans le métro ou à l'angle d'Exhibition Rd peuvent s'avérer pratiques.

À NE PAS MANQUER

- Le Tigre de Tippu
- La Jewellery Gallery
- Les cartons de Raphaël
- Le tapis d'Ardabil
- Le jubé de Hereford

INFOS PRATIQUES

- plan p. 440
- ☎7942 2000
- www.vam.ac.uk
- Cromwell Rd SW7
- gratuit
- ⏲10h-17h45, 10h-22h ven
- ⊖South Kensington

L'ARCHITECTURE DU V & A

Le musée est une œuvre d'art à part entière : du sol pavé aux plafonds à coupole peinte, et des cages d'escalier carrelées aux décorations murales, tous les détails sont soignés.

Quand, en 1913, les suffragettes menacèrent de s'en prendre aux collections des musées et des galeries, l'administration pensa d'abord en interdire l'accès aux femmes. Finalement, elle choisit de baisser le prix d'entrée afin d'augmenter la fréquentation des musées, les visiteurs devenant eux-mêmes les gardiens des lieux.

VISITES GUIDÉEES

Des visites guidées gratuites de 45 minutes à 1 heure sont proposées. Départ de l'accueil principal toutes les heures entre 10h30 et 15h30.

Niveau 1

Le rez-de-chaussée est consacré pour l'essentiel à l'art indien, chinois, japonais, coréen, du Sud-Est asiatique et européen. La collection de sculptures italiennes de la Renaissance est la plus riche du monde après l'Italie, mais la sculpture française, allemande et espagnole est aussi remarquablement représentée. Une des curiosités les plus visitées du musée, les **Cast Courts** (salle 46a) est un ensemble de saisissants moulages de plâtre rassemblés à l'époque victorienne, tel celui du *David* de Michel-Ange acheté en 1858.

Le **Tigre de Tippu** exposé dans la South Asia Gallery (salle 41) fait frissonner d'effroi : c'est un automate grandeur nature représentant un Européen dévoré par un tigre. La **collection chinoise T.T. Tsui** (salles 44 et 47e) comporte des pièces raffinées comme une veste de femme du plus pur style Art déco (1925-1935) et une exquise porcelaine *sancai* de la dynastie Tang. Dans la **Japan Gallery** (salle 45) une impressionnante armure de style *Dô-Maru*. La **Islamic Middle East Gallery** (salle 42) expose plus de 400 pièces (céramiques, textiles, tapis, verreries, mobilier, des califats du VIIIe siècle à la Première Guerre mondiale. Le **Tapis d'Ardabil**, chef-d'œuvre iranien du XVIe siècle, est le plus vieux du monde. C'est aussi l'un des plus grands.

À voir absolument, les **cartons de Raphaël** (salle 48a) et la **collection de photographies** (salle 38a), l'une des plus importantes du pays : plus de 500 000 images ont été rassemblées depuis 1852.

La **Fashion Room** (salle 40) expose la mode, des costumes élisabéthains aux robes de Vivienne Westwood en passant par les tenues des années 1980 d'Armani et les modèles plébiscités lors des derniers défilés.

Le **John Madejski Garden** (jardin paysager) offre un repos mérité. La jolie cour ombragée permet d'admirer l'architecture de brique rouge du musée. Elle donne en outre accès aux boudoirs, les **Refreshment Rooms** (salles Morris, Gamble et Poynter). Construits au cours des années 1860, ils ont, à l'instar des **Medieval and Renaissance galleries** (1350-1600) à droite de l'entrée principale, été rénovés sous la direction du cabinet d'architectes MUMA (McInnes Usher McKnight Architects).

Niveau 2

Les **British Galleries**, réparties en deux sections, résument les arts décoratifs britanniques des années 1500 à 1900 (au 2e étage : 1500 à 1760 ; au 4e : 1760 à 1900). L'**Henry VIII's writing box** (écritoire d'Henri VIII) se trouve salle 58e ; le monumental lit du XVIe siècle, le **Great Bed of Ware** – on pourrait y dormir à cinq – salle 57.

VICTORIA & ALBERT MUSEUM

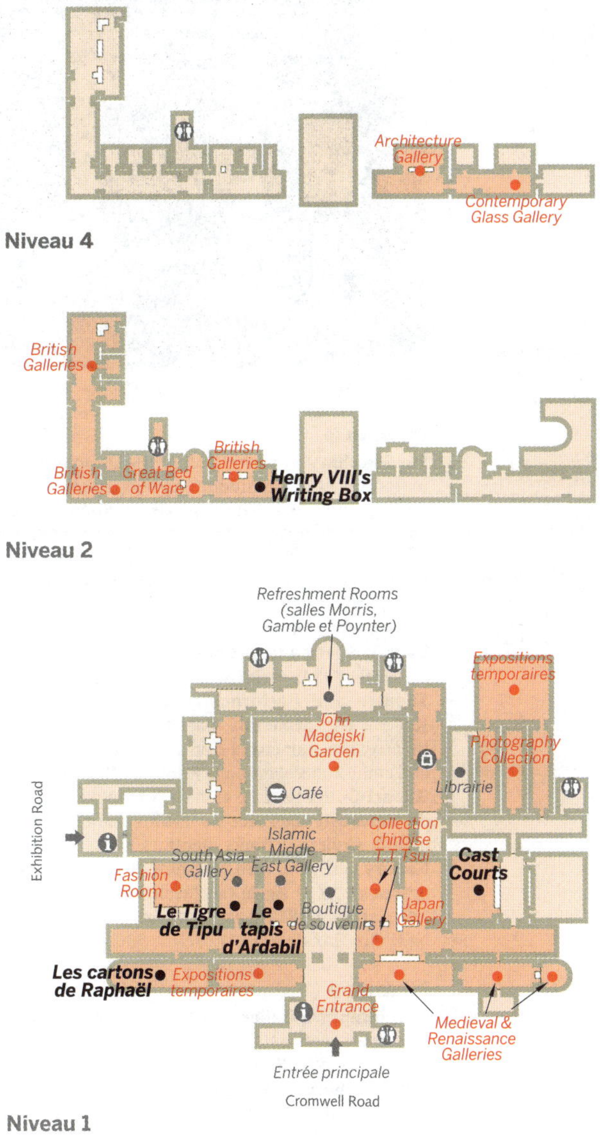

EXPOSITIONS TEMPORAIRES

Les expositions temporaires du V&A sont passionnantes et attirent une foule de visiteurs (entrée à acheter en plus du billet du V&A). Consultez le calendrier sur le site Internet. Un excellent programme de conférences, d'ateliers et d'événements est également proposé, sans oublier la boutique du musée, exceptionnelle.

Les Furniture Galleries, consacrées au mobilier, ouvriront en décembre 2012.

AUTRES SALLES

Les céramiques sont exposées au niveau 6. Les salles d'exposition sur l'Europe du Moyen Âge et de la Renaissance (300-1500) se trouvent au rez-de-chaussée.

Sculptures au Victoria & Albert Museum

Niveau 3

La **Jewellery Gallery** (salles 91-93) explore les matériaux et les techniques du bijou, de l'art subtil de l'Égypte, de la Grèce et de la Rome antique aux éblouissantes tiares et autres créations contemporaines. Le niveau supérieur, auquel on accède par un escalier en colimaçon en verre, est pur scintillement : épées incrustées de pierres précieuses, montres et boîtes en or... La section **Sacred Silver and Stained Glass** (salles 83 et 84) présentent un art liturgique flamboyant. La **Theatre and Performance Gallery** (salles 103-106) est consacrée aux marionnettes et décors de théâtre. Des monceaux d'or, d'argent de mosaïques et d'émaux chatoient dans les salles 70 à 73, dans la **Gilbert Collection**. Le clou de l'étage reste le **Jubé de Hereford** une pièce de ferronnerie de 8 tonnes due à George Gilbert Scott. La **20th Century Gallery** (salles 74 à 76) présente des classiques du design du XXe siècle, de la chaise longue de Le Corbusier au Walkman Sony, en passant par les Nike Air Max de 1992.

Niveau 4

L'**Architecture Gallery** (salles 127 à 128a) explique les divers courants architecturaux grâce à des maquettes et vidéos tandis que la **Contemporary Glass Gallery** (salle 131) éblouit le visiteur. Les British Galleries se poursuivent à cet étage (1760-1900).

LES INCONTOURNABLES
NATIONAL HISTORY MUSEUM

C'est l'un des musées les plus populaires de la capitale. Dans ce bâtiment emblématique, tout témoigne de la passion dont a fait preuve l'époque victorienne pour collectionner, cataloguer et interpréter le monde naturel. Le bâtiment principal en briques de couleur bleu et sable est une autre bonne raison de visiter ce musée dont la collection est réputée dans le monde entier.

Le **squelette de diplodocus** à l'accueil rend incontournable la visite de la **Dinosaur gallery** (galerie des dinosaures) qu'une passerelle impressionnante relie à l'attraction phare du musée, le rugissant tyranosaure animé.

Les **Life galleries** (galeries de la vie) fourmillent de fossiles et d'oiseaux empaillés. Soulagé que le paresseux géant d'Amérique du Nord soit éteint, on peut aller admirer l'architecture dans la salle des **Creepy Crawlies** (bestioles angoissantes), rats, araignées et autres insectes.

Le **Darwin Centre**, "gigantesque cocon", expose 28 millions d'insectes et 6 millions de plantes.

Les **Earth Galleries** (galeries de la Terre), résolument modernes, donnent au musée un coup de jeune. Les murs noirs y scintillent de cristaux et pierres précieuses.

La **Restless Surface Gallery** donne une vision pour le moins empirique de la tectonique des plaques. On peut y vivre, à l'intérieur d'une petite épicerie japonaise, la réplique du **tremblement de Terre de Kobe** de 1995, qui fit 6 000 morts.

Les papillons sont mis à l'honneur dans les **Sensational Butterflies** (adulte/enfant/famille 3,50/3,50/12 £ ; ⏲10h-18h mi avr–mi sept) une tente plantée sur l'East Lawn.

Le **Wildlife Garden** (⏲avr-oct) est un bout de campagne britannique en plein centre-ville, avec un panorama de l'habitat en plaine. On y trouve même une grande prairie, des portails de ferme et une colonie d'abeilles s'activant à produire du miel.

À NE PAS MANQUER

- Le squelette de diplodocus
- La Dinosaur Gallery
- Le Darwin Centre
- Les Earth Galleries
- Le Wildlife Garden

INFOS PRATIQUES

- plan p. 440
- ☎7942 5000
- www.nhm.ac.uk
- Cromwell Rd SW7
- entrée libre
- ⏲10h-17h50
- 📶
- ⊖South Kensington

Victoria & Albert Museum

Le V & A possède une collection d'art décoratif d'exception. Il se distingue par sa scénographie originale et par son fonds très diversifié d'une rare qualité.

Tapis d'Ardabil

1 L'un des plus beaux du monde, une commande du Shah d'Iran Tahmaspthen, achevée en 1540. La finesse de sa réalisation n'a d'égal que que la subtilité de ses motifs.

Jubé de Hereford

2 Cette pièce somptueuse de George Gilbert Scott a été réalisée pour l'ornementation du chœur de la cathédrale de Hereford. Bois, fer, cuivre, laiton et pierre dure se marient avec grâce dans ce décor d'un poids impressionnant.

Mode et costumes

3 Le V & A fait également la part belle aux costumes anciens. De l'ensemble de baptême du XVIIe siècle réalisé au point de Bruxelles à la redingote d'Adam Ant, en passant par une magnifique veste de style Art déco.

L'écritoire de Henri VIII

4 Cette écritoire en bois de châtaignier et de chêne du XVIe siècle a été remaniée plusieurs fois. Parmi les motifs décoratifs principaux figure le blason de Henri VIII, entouré des effigies de Mars et de Vénus tenant Cupidon.

Tigre de Tippu

5 Ce troublant automate du XVIIIe siècle représente un Européen qu'un tigre déchiquette. Lorsque la manivelle est actionnée, un orgue imite les hurlements de l'homme qui agite en vain les bras.

1

4

De haut en bas et de gauche à droite
1. Le tapis d'Ardabil **2.** Le jubé de Hereford **3.** Costumes du groupe The Supremes **4.** L'écritoire de Henri VIII

LOVELYLIGHT / ALAMY©

JEREMY HOARE / ALAMY©

ANDY RAIN/EPA/CORBIS©

À VOIR

Knightsbridge, Kensington et Hyde Park

VICTORIA & ALBERT MUSEUM — MUSÉE

Voir p. 183.

NATURAL HISTORY MUSEUM — MUSÉE

Voir p. 187.

WELLINGTON ARCH — MONUMENT

Plan p. 440 (☎7930 2726 ; www.english-heritage.org.uk ; Hyde Park Corner W1 ; adulte/enfant 3,90/2,30 £, billet combiné Apsley House 7,90/4,70 £ ; ⏲10h-17h mer-dim avr-oct, 10h-16h nov-mar ; 📶 ; ⊖Hyde Park Corner). Ce bel arc de triomphe néoclassique de 1826 fait face à Apsley House, séparé par un petit îlot de verdure de Hyde Park Corner. À l'origine, il se trouvait face au grand portail d'entrée du parc, mais a été déplacé en 1882 lors des travaux d'agrandissement des voies. La même année, on retira aussi la statue équestre disproportionnée qui trônait à son sommet : elle allait être remplacée en 1912 par la plus grande statue de bronze jamais fondue en Europe. Il fallut trois ans pour la réalisation de cette *"Paix descendant sur le quadrige de la guerre"*.

Jusque dans les années 1960, un minuscule commissariat occupait l'espace qui est aujourd'hui devenu un espace d'exposition de trois étages. Le 1er étage est consacré aux **projet des plaques bleues** (voir p. 193) destinées à signaler les monuments historiques. Le 2e évoque les mémoriaux des guerres d'Australie et de Nouvelle-Zélande, alors que le 3e retrace l'histoire des arcs de triomphe à travers le monde. Des terrasses, accessibles en ascenseur, on jouit d'une vue inoubliable sur Hyde Park, Buckingham Palace et le Parlement, et d'autant plus exceptionnelle

LES INCONTOURNABLES
SCIENCE MUSEUM

Les sept étages de ce temple de la science séduisent petits et grands. Au programme, interactivité et expositions pédagogiques.

L'**Energy Hall**, au rez-de-chaussée, résume les innovations de la révolution industrielle. On peut y voir la *Fusée* de Stephenson (une des premières locomotives, 1829). Dans la **Making the Modern World Gallery**, les parents s'attendriront devant le **module de commande d'Apollo 10**.

Au 1er étage, immersion dans le monde du son et dans le bavardage ininterrompu d'Internet, puis silence total… **Listening Post** est une expérience magique.

Au 2e étage, **History of Computing**, retrace le parcours de l'infromatique, de la machine analytique (calculatrice séquentielle) de Charles Babbage aux premiers mastodontes binaires.

Au 3e étage, la **Flight Gallery** (visite gratuite à 13h certains jours) expose planeurs, montgolfières et autres objets volants qui enchantent les enfants.

La très high-tech **Wellcome Wing** projette dans son **cinéma MAX** (10 £) les classiques films d'aventures spatiales et autres attaques de dinosaures en 3D.

Au sous-sol, **The Garden** est assiégé par des bambins en imperméable rouge s'égayant dans les jeux d'eau. Un espace réservé aux moins de 5 ans.

À NE PAS MANQUER

- Le module de commande d'Apollo 10
- La *Fusée* de Stephenson
- Le Listening Post
- La machine analytique de Charles Babbage

INFOS PRATIQUES

- plan p. 440
- ☎0870 870 4868
- www.sciencemuseum.org.uk
- Exhibition Rd SW7
- entrée libre
- ⏲10h-18h
- 📶
- ⊖South Kensington

LES INCONTOURNABLES
APSLEY HOUSE

Cette étonnante demeure renferme des objets consacrés à la vie et à l'époque du duc de Wellington. Il s'agissait jadis du premier bâtiment en vue lorsque l'on pénétrait dans la ville par l'ouest, d'où son surnom de "Number one London". Toujours l'une des plus belles maisons de la capitale, Apsley House fut imaginée par Robert Adam pour le baron Apsley à la fin du XVIIIe siècle, puis vendue au premier duc de Wellington, vainqueur de Napoléon à Waterloo, qui y vécut jusqu'en 1852.

En 1947, la maison fut léguée à la nation, ce qui a dû surprendre les descendants du duc, qui occupent encore un appartement sur place. Aujourd'hui, 10 salles sont ouvertes au public.

Le duc de Wellington a laissé sa trace ici, avec notamment son masque mortuaire et quelques menus souvenirs au sous-sol : une collection de porcelaines de Chine et une autre d'argenterie, un service égyptien, cadeau de divorce de Napoléon à Joséphine (qu'elle refusa).

La cage d'escalier est dominée par une stupéfiante sculpture d'Antonio Canova de 3,4 m de hauteur, représentant un Napoléon aux épaules d'airain dans son plus simple appareil, jugée "trop athlétique" par son modèle. Dans les salles du 1er étage (la Wellington Gallery), on peut voir des tableaux de Velázquez, Rubens, Van Dyck, Brueghel, Murillo et Goya. Ne manquez pas le service en argent offert à Wellington par les Portugais pour commémorer sa victoire sur le "Petit Caporal".

À NE PAS MANQUER

- Le service égyptien
- La statue de Napoléon par Canova
- Les toiles de la Wellington Gallery

INFOS PRATIQUES

- plan p. 440
- www.apsleyhouseguide.co.uk
- 149 Piccadilly W1
- adulte/enfant 6,30/3,80 £
- 11h-17h mer-dim avr-oct, 11h-16h nov-mar
- Hyde Park Corner

lors du défilé annuel **Trooping the Colour** et de la parade aérienne de la Royal Air Force.

GRATUIT SERPENTINE GALLERY — GALERIE

Plan p. 440 (7402 6075 ; www.serpentinegallery.org ; Kensington Gardens W2 ; 10h-18h ; ; Knightsbridge). Qui imaginerait trouver dans ce salon de thé peu avenant de style années 1930, caché dans la verdure des jardins de Kensington, l'une des galeries d'art contemporain les plus importantes de Londres ? Parmi les artistes à l'honneur récemment, citons Damien Hirst, Andreas Gursky, Louise Bourgeois, Gabriel Orozco, Tomoko Takahashi et Jeff Koons.

Chaque année, un architecte majeur (n'ayant jamais rien réalisé au Royaume-Uni) est engagé pour construire un nouveau pavillon d'été, ouvert de mai à octobre. La galerie organise régulièrement projections de films en plein air, conférences et débats. Un nouvel espace d'exposition de 880 m², la **Serpentine Sackler Gallery**, dont l'ouverture est prévue à l'été 2012, sera installé dans l'ancienne cartoucherie de style palladien (1805), le Magazine.

KENSINGTON GARDENS — JARDINS

Plan p. 440 (7298 2000 ; www.royalparks.org.uk ; 6h-crépuscule ; Queensway, High St Kensington ou Lancaster Gate). À l'ouest de Hyde Park, de l'autre côté du lac Serpentine, ces jardins appartiennent au Kensington Palace. Le **Diana, Princess of Wales Memorial Playground**, une aire de jeu située dans l'angle nord-ouest des jardins réserve aux enfants de belles surprises. L'**Elfin Oak** (le Chêne aux elfes), une souche gravée de lutins, gnomes et animaux fantastiques, jouxte l'aire de jeux.

LES INCONTOURNABLES
HYDE PARK

Le parc le plus vaste de Londres s'étend sur quelque 142 hectares de jardins soigneusement entretenus, de vastes étendues sauvages et d'arbres vénérables. Henri VIII confisqua ce parc à l'Église en 1536 pour en faire une chasse royale. Plus tard, il devint le théâtre de duels et d'exécutions et servit d'hippodrome. Premier parc royal ouvert au public au début du XVIIe siècle, il est resté dans les annales pour avoir accueilli l'Exposition universelle de 1851. Pendant la Seconde Guerre mondiale, il fut reconverti en un immense champ de pommes de terre.

L'**Holocaust Memorial Garden** est situé à l'ouest de **Queen Elizabeth Gate** (porte de la Reine Elisabeth) : une stèle dépouillée entourée d'un bosquet rend hommage aux victimes de l'Holocauste. La **Serpentine**, étendue d'eau en forme de L, sépare Hyde Park des Kensington Gardens. Elle accueille le triathlon et le marathon de natation aux Jeux olympiques de 2012.

On peut louer des barques à la **Serpentine boathouse** (☎7262 1330 ; adulte/enfant 30 min 8/4 £, 1h 10/5 £), ou emprunter le **Serpentine solar shuttle boat** (adulte/enfant 2,50/1,50 £), une navette fluviale qui fonctionne à l'énergie solaire et assure la liaison avec la Princess Diana memorial Fountain.

Liberty Drives (☎ 07767 498096 ; gratuit) assure également le transport terrestre des visiteurs sur l'ensemble du parc.

À NE PAS MANQUER

- La Serpentine
- Le Serpentine solar shuttle boat

INFOS PRATIQUES

- plan p. 440
- ☎7298 2000
- www.royalparks.org.uk
- 5h30-minuit
- Hyde Park Corner, Marble Arch, Knightsbridge ou Lancaster Gate

La célèbre **statue de Peter Pan** de George Frampton est proche du lac. De l'autre côté s'élève celle d'**Edward Jenner**, inventeur du vaccin contre la variole.

GRATUIT ALBERT MEMORIAL — MONUMENT

Plan p. 440 (☎7495 0916 ; visite 45 min tarif plein/réduit 6/5 £ ; visite 14h et 15h 1er dim du mois mar-déc ; Knightsbridge ou Gloucester Rd). Situé au sud de Kensington Gardens et face au Royal Albert Hall, ce pompeux édifice victorien rend bien mal hommage au discret mari allemand de la reine Victoria, le prince Albert de Saxe-Cobourt (1819-1861), qui avait explicitement déclaré ne pas vouloir d'un monument. Contre la volonté du prince, George Gilbert Scott fut engagé en 1872 pour édifier ce monument gothique tape-à-l'œil de 53 m de hauteur. La statue dorée de 4,25 m représentant le prince entouré de 187 personnages symbolisant l'Asie, l'Europe, l'Afrique et l'Amérique, les arts, l'industrie et les sciences fut érigée en 1876. Une visite de 45 minutes fait découvrir le mélange éblouissant de céramique, feuilles d'or, marbre et emphase victorienne qui caractérisent ce monument rénové et surmonté d'un crucifix. Il faut enjamber le parapet pour découvrir la *Frise du Parnasse* de 64 m de long qui orne la base du monument.

ROYAL ALBERT HALL — ÉDIFICE HISTORIQUE

Plan p. 440 (☎7589 3203, réservations 0207 589 8212 ; www.royalalberthall.com ; Kensington Gore SW7 ; ; South Kensington). Cet immense amphithéâtre de brique rouge à coupole, orné d'une frise de céramiques de Minton, est la salle de concerts la plus prestigieuse du pays (voir p. 198). Elle accueille chaque été les célèbres Promenade Concerts de la BBC, les Proms. La sonorisation de cette salle de concerts bâtie en 1871 pour accueillir un musée des arts et des sciences tortura les oreilles sensibles pendant 133 ans. De premières améliorations ont été apportées en 1969 avec l'adjonction d'un dispositif anti-réverbération, avant une finalisation des travaux sur l'acoustique en 2004. La **visite guidée** de 1 heure (☎7959 0558 ; tarif plein/réduit 8,50/7,50 £ ; ⏲visites toutes les heures 10h30-16h30 quasi tlj) démarre près du guichet à la porte 12. Il est également possible de **visiter les coulisses** (☎0845 401 5045 ; adulte 12 £) une fois par mois environ, voir le site Internet.

PRINCESS DIANA MEMORIAL FOUNTAIN
FONTAINE-MÉMORIAL

Plan p. 440 (Kensington Gardens W2 ; ⊖Knightsbridge). En face de la Serpentine Gallery des jardins de Kensington et de l'autre côté de West Carriage Drive s'élève une fontaine érigée en 2004 en souvenir de la princesse de Galles. Créée par Kathryn Gustafson, cette fontaine qu'elle qualifie de "Douve sans château" avec ses drapés "imitant un collier" se trouve à l'extrémité sud-ouest de Hyde Park à proximité du Serpentine Bridge. L'eau provenant d'un puits calcaire enfoui à 100 m de profondeur s'écoule sur 545 dalles de granite de Cornouailles.

SPEAKERS' CORNER
LIEU HISTORIQUE

Plan p. 440 (⊖ Marble Arch). Le coin nord-est de Hyde Park est traditionnellement réservé aux acrobaties rhétoriques et aux grandes déclamations. C'est le seul endroit du Royaume-Uni où des manifestants peuvent se réunir sans autorisation officielle. Cette mesure fut instaurée en 1872 après les graves émeutes au cours desquelles, 17 ans auparavant, 150 000 personnes s'étaient insurgées contre le Sunday Trading Bill et avaient été réprimées par la police embusquée à Marble Arch. Le Speakers' Corner fut jadis fréquenté par Karl Marx, Lénine, George Orwell et William Morris. Si un sujet vous tient à cœur, vous pouvez vous aussi venir haranguer la foule le dimanche... mais il y fort à craindre que vous aurez pour tout public des SDF ou des fanatiques religieux.

MARBLE ARCH
MONUMENT

Plan p. 440 (⊖ Marble Arch). Ce grand arc de triomphe blanc de John Nash, qui a donné son nom au quartier, a été érigé en 1827 à l'entrée de Buckingham Palace. Jugé trop modeste pour le palais, il a été déplacé en 1857. Il faut savoir que seuls sont autorisés à franchir le portail central les membres de la famille royale et la King's Troop Royal Horse Artillery. Marble Arch abrite 3 salles (accès interdit au public) qui ont servi de poste de police jusqu'en 1950. Une plaque sur le rond-point indique l'endroit où se dressait autrefois le trépied de la potence de **Tyburn Tree**. Entre 1571 et 1783, pas moins de 50 000 personnes y auraient été exécutées, la plupart ayant auparavant croupi un temps dans la tour de Londres (p. 141). Au cours du XVIe siècle, de nombreux catholiques y furent exécutés et le site devint un lieu de pèlerinage.

GRATUIT TYBURN CONVENT
COUVENT

Plan p. 440 (☎ 7723 7262 ; www.tyburnconvent.org.uk ; 8 Hyde Park Pl W2 ; ⏲6h30-20h30, visite de la crypte 10h30, 15h30 et 17h30 tlj ; ⊖Marble Arch). Un couvent fut fondé ici en 1903, non loin de Tyburn Tree. La crypte renferme les reliques de quelque 105 martyrs, ainsi que des peintures commémorant leur vie et leur mort. Une communauté fermée de religieuses bénédectines y est encore établie.

BROMPTON ORATORY
ÉGLISE

Plan p. 440 (☎ 7808 0900 ; www.bromptonoratory.com ; 215 Brompton Rd SW7 ; ⏲7h-20h ; ⊖South Kensington). Cette église catholique romaine, également connue comme London Oratory et St Philip Neri, a été bâtie en 1884. Seule la cathédrale de Westminster (inachevée) la surpasse en taille. Le décor intérieur de cet édifice de style baroque italien regorge de marbres et de sculptures ; beaucoup ont d'ailleurs été importés d'Italie. Les messes y sont envoûtantes, avec encens et service en grande pompe, tout particulièrement pour la messe en latin du dimanche (11h). Curieusement, le KGB se servait de ce lieu saint comme boîte à lettres pendant la Guerre froide. La liste d'attente pour les mariages est d'environ 6 mois. Cinq messes par jour en semaine ; 4 le samedi et 7 le dimanche de 7h à 20h.

GRATUIT MICHELIN HOUSE
ARCHITECTURE

Plan p. 440 (81 Fulham Rd SW3 ; ⊖South Kensington). Même si vous n'allez pas dîner chez Bibendum (p. 196), il ne faut pas

PLAQUES BLEUES

Le projet Blue Plaques Scheme de l'association English Heritage commémore, depuis près de 150 ans, le lien entre un édifice et une personne célèbre au moyen d'une plaque ronde en céramique bleue.

LES INCONTOURNABLES KENSINGTON PALACE

Le palais, construit en 1605, devint la résidence royale sous Guillaume et Marie d'Orange et le resta jusqu'à ce que George III soit couronné et choisisse de loger à Buckingham Palace.

Au cours des XVIIe et XVIIIe siècles, des travaux furent entrepris sous la direction de sir Christopher Wren ou de William Kent. La réouverture des jardins et du palais (une prestigieuse rénovation est encore en cours à l'heure où nous écrivons ce guide) est prévue pour mars ou avril 2012. La **Royal Ceremonial Dress Collection** (collection de robes de cérémonie) reste un incontournable.

La somptueuse **Cupola Room** recueille les faveurs des visiteurs. La reine Marie Ire recevait ses visiteurs dans les **Queen's Apartments**.

La **King's Gallery** sert d'écrin à une partie de la collection royale, dont la seule toile connue de Van Dyck consacrée à un sujet classique.

Dans la **King's Drawing Room**, on peut admirer **Vénus et Cupidon** par Giorgio Vasari (1511-1574) et jouir d'une magnifique vue sur le parc et les jardins.

Le **Sunken Garden** est à son apogée en été. L'Orangery attenante (p. 197) est un lieu parfait bien qu'un peu guindé pour prendre le thé. Un nouveau bar est prévu dans le palais rénové.

À NE PAS MANQUER

- La Royal Ceremonial Dress Collection
- La Cupola Room
- La King's Gallery
- Les Queen's Apartments

INFOS PRATIQUES

- plan p. 440
- ☎0844 482 7777
- www.hrp.org.uk
- adulte/enfant 12,50/6,25 £, accès gratuit au parc et aux jardins
- 10h-18h mar-sept, 10h-17h oct-fév
- Queensway, Notting Hill Gate ou High St Kensington

manquer la visite de la Michelin House. Construit pour Michelin par François Espinasse entre 1905 et 1911, cet édifice brouille les frontières entre Art nouveau et Art déco. Les vitraux représentant la joviale mascotte de la firme clermontoise sont contemporains. Les originaux, retirés dès le début des hostilités pour être mis à l'abri des obus de la Seconde Guerre mondiale, ont disparu. Le magnifique hall d'entrée est orné de céramiques figurant des automobiles du début du XXe siècle.

Chelsea et Belgravia

KING'S ROAD RUE

Plan p. 440 (Sloane Sq ou South Kensington). Au XVIIe siècle, Charles II installa à Chelsea un nid d'amour pour sa maîtresse Nell Gwyn, une vendeuse d'oranges devenue actrice au Drury Lane Theatre. Pour revenir à Hampton Court Palace, il empruntait un chemin de ferme qui prit bientôt le nom de King's Rd. À la pointe de la mode durant les psychédéliques années 1960 et les anarchiques années 1970, la rue demeure toujours un lieu en vogue (quoique de façon plus empruntée).

Au bout de la rue, en arrivant à Sloane Sq, **Saatchi Gallery** (☎7823 2363 ; www.saatchi-gallery.co.uk ; Duke of York's HQ, King's Rd SW3 4SQ ; entrée libre ; 10h-18h) accueille des expositions temporaires sur 6 500 m^2.

CHELSEA PHYSIC GARDEN JARDIN BOTANIQUE

Plan p. 440 (☎7352 5646 ; www.chelseaphysicgarden.co.uk ; 66 Royal Hospital Rd SW3 ; adulte/enfant 8/5 £ ; 12h-17h mar-ven, 12h-22h mer juil-août, 12h-18h dim avr-oct ; ; Sloane Sq). Ce petit bijou naturel, créé en 1676 par l'Apothecaries' Society pour permettre aux étudiants de travailler sur les plantes médicinales et leurs propriétés curatives, compte parmi les plus anciens jardins botaniques d'Europe. On y trouve de nombreuses essences et espèces : plantes carnivores et iris des marais y côtoient un chêne-liège venu du Portugal et des fougères. Le jardin de plantes médicinales et aromatiques inclut des espèces entrant dans les pharmacopées traditionnelles australienne, chinoise, indienne, néo-zélandaise et nord-américaine. Voir aussi les plantes à parfum et l'aromathérapie. L'entrée se fait par Swan Walk. Visite gratuite 3 fois par jour, conférences et cours de phytothérapie.

GRATUIT ROYAL HOSPITAL CHELSEA — MONUMENT

Plan p. 440 (☎7881 5200 ; www.chelsea-pensioners.co.uk ; Royal Hospital Rd SW3 ; ⌚10h-12h et 14h-16h, fermé dim oct-mar ; 📶 ; ⊖Sloane Sq). Conçue par Christopher Wren, cette superbe structure fut construite en 1692 pour accueillir les anciens combattants, fonction qu'elle remplit avec dignité depuis le règne de Charles II. Aujourd'hui, elle abrite encore plusieurs centaines de vétérans, connus sous le nom de Chelsea Pensioners, reconnaissables, en certaines occasions, à leurs manteaux bleu foncé l'hiver et à leurs redingotes écarlates l'été.

Le musée possède une immense collection de médailles de guerre léguées par d'anciens résidents et vous pourrez jeter un coup d'œil au réfectoire de l'hôpital (Great Hall), au porche Octagon, à la chapelle et aux cours. Les horaires d'ouverture varient considérablement dans l'année, mais les portes ouvrent généralement à 10h et ferment entre 16h30 et 20h30 du lundi au samedi (ouverture à 14h le dimanche).

CARLYLE'S HOUSE — ÉDIFICE HISTORIQUE

Plan p. 440 (☎7352 7087 ; www.nationaltrust.org.uk ; 24 Cheyne Row SW3 ; adulte/enfant 5,10/2,60 £ ; ⌚11h-17h mer-dim mar à oct ; ⊖Sloane Sq). Thomas Carlyle, éminent historien de l'époque victorienne, habita dans cette maison de 1834 à sa mort, en 1881. Il y emménagea alors que cette partie de Londres était encore en pleine campagne. Construite en 1708, la maison de la reine Anne a été conservée telle qu'elle était en 1895, époque à laquelle elle était devenue le premier sanctuaire littéraire de Londres. Lorsque Carlyle y résidait, elle était fréquentée par des hôtes prestigieux comme Chopin, Tennysson ou Dickens.

Dans son bureau mansardé et insonorisé, il écrivit sa célèbre *Histoire de la Révolution française* ; selon la légende, une employée de maison aurait accidentellement jeté au feu le manuscrit achevé, obligeant Carlyle à le réécrire entièrement.

GRATUIT NATIONAL ARMY MUSEUM — MUSÉE

Plan p. 440 (☎ 7881 2455, 7730 0717 ; www.nam.ac.uk ; Royal Hospital Rd SW3 ; ⌚10h-17h30 ; 📶 ; ⊖Sloane Sq). Les quatre étages de ce musée sont consacrés à l'histoire de l'armée britannique, vue par le regard de ses troupes. Parmi les moments-clés figurent la vie au temps des "Redcoats" (jusqu'à la Révolution américaine, c'est ainsi qu'on désignait les soldats britanniques) et l'affrontement décisif des troupes à Waterloo. Une pièce-maîtresse : le squelette du cheval de Napoléon. Dans la section consacrée à l'histoire contemporaine au 4e étage, on peut voir notamment les casques (assez Dark Vador) des feddayins qui ont assuré la garde rapprochée de Saddam Hussein en 2003.

CHELSEA OLD CHURCH — ÉGLISE

Plan p. 440 (☎7 795 1019 ; angle Cheyne Walk et Old Church St SW3 ; ⌚durant les messes et de 14h à 16h mar, mer et jeu, 13h30-17h30 dim ; 📶 ; ⊖Sloane Sq). Cette église se dresse derrière une statue de bronze de Thomas More (1477-1535). On peut y voir des éléments originaux comme la More Chapel : la dépouille de Thomas More serait enterrée dans l'église, mais sa tête, après avoir été exhibée sur le London Bridge repose aujourd'hui à Canterbury dans St-Dunsdan's Church. À l'extrémité ouest de l'aile sud, ne manquez pas les livres enchaînés (ceci, bien sûr, pour éviter les vols).

Victoria et Pimlico

CATHÉDRALE DE WESTMINSTER — ÉDIFICE RELIGIEUX

Plan p. 440 (☎7798 9055 ; www.westminstercathedral.org.uk ; Victoria St SW1 ; entrée gratuite, exposition tarif plein/réduit 5/2,50 £, billet joint avec la tour 8/4 £, tour seule 5/2,50 £ ; ⌚cathédrale 7h-19h, tour 9h30-12h30 et 13h-17h tlj avr-nov, jeu-dim déc-mar, exposition 9h30-17h lun-ven, 9h30-18h sam et dim ; 📶 ; ⊖Victoria). Reconnaissable à ses rayures rouges et blanches de brique et de pierre, la cathédrale dessinée par John Francis Bentley en 1896 est l'archidiocèse des églises catholiques romaines de Grande-Bretagne et du Pays de Galles. C'est un remarquable exemple d'architecture néobyzantine. La décoration intérieure est restée inachevée faute d'argent pour poursuivre une fois le gros œuvre réalisé (moyennant 7 ans de travaux).

La **chapelle du Saint-Sacrement** et quelques rares parties de l'édifice sont ornées de mosaïques d'inspiration byzantine et mêlent une centaine de marbres différents. Ailleurs, les murs sont nus. Le coût de décoration des murs de briques pour la seule chapelle St-Georges a été estimé à 500 000 £.

Les **14 Stations du Chemin de Croix** (1918), bas-reliefs très réputés d'Eric Gill, et l'atmosphère sombre et prenante en font un lieu de paix contrastant avec le bruit de la circulation extérieure. Du **clocher** haut de 83 m (accessible en ascenseur), la vue est époustouflante. Il y a six offices quotidiens du dimanche au vendredi et cinq le samedi.

OÙ SE RESTAURER

On ne s'étonnera pas de trouver les meilleures tables dans les hôtels les plus huppés ou les très chics établissements de Chelsea, Belgravia et Knightsbridge. Le quartier chic et cosmopolite de South Kensington n'est pas en reste non plus, avec ses cuisines d'origine européenne.

Knightsbridge, Kensington et Hyde Park

LAUNCESTON PLACE

EUROPÉEN MODERNE ££

Plan p. 440 (☎ 7937 6912 ; www.launcestonplace-restaurant.co.uk ; 1a Launceston Pl W8 ; menu déj dim déj et dîner 18/24/42 £ ; ⏲fermé lun déj ; ⊖Gloucester Rd ou Kensington High St). Ce restaurant particulièrement photogénique situé dans une rue pittoresque de Kensington peuplée de maisons édouardiennes est le comble du chic. La cuisine du chef Tristan Welch, un poulain de Marcus Wareing, est aussi succulente qu'agréable à voir. Les audacieux (qui en ont les moyens) essaieront le menu dégustation (52 £).

ZUMA

JAPONAIS £££

Plan p. 440 (☎ 7584 1010 ; www.zumarestaurant.com ; 5 Raphael St SW7 ; plats 15-75 £ ; ⊖Knightsbridge). Renaissance du traditionnel *izakaya*, le bar à saké décontracté où l'on peut boire et manger, Zuma respire le style et la sophistication. Le décor japonais traditionnel (pierre et bois) y prend des tonalités résolument contemporaines. La salle *kotatsu*, privatisable, reçoit les groupes. On déguste également sushis, sashimis et les très esthétiques *robata* (grillades) devant la cuisine ouverte. Comme tout *izakaya* qui se respecte, Zuma propose 40 sakés différents.

DINNER BY HESTON BLUMENTHAL

BRITANNIQUE MODERNE £££

Plan p. 440 (☎ 7201 3833 ; www.dinnerbyheston.com ; Mandarin Oriental Hyde Park, 66 Knightsbridge SW1 ; menu déj 28 £, plats 32-72 £ ; ⏲déj et dîner ; ⊖Knightsbridge). Installé au rez-de-chaussée du Mandarin oriental, le nouveau restaurant le plus attendu de ces dernières années parachève un tour de force gastronomique en offrant aux gourmands un voyage dans l'histoire culinaire britannique (avec ce qu'il faut de modernité) : bouillon d'agneau (vers 1730) est une véritable explosion de saveurs ; le cabillaud au cidre (vers 1940) un délice absolu. Si vous vous aventurez à commander à la carte, l'addition peut-être très salée. Le design des lieux est sublime : de la cuisine aux murs de verre au mécanisme d'horloge suspendu au plafond en passant par la vue sur le parc. Réservation nécessaire.

RACINE

FRANÇAIS ££

Plan p. 440 (☎ 7584 4477 ; www.racine-restaurant.com ; 239 Brompton Rd SW3 ; plats 15,75-29,75 £, menu déj 15,50/17,75 £ ; ⊖Knightsbridge ou South Kensington). La cuisine régionale française est à l'honneur dans cette agréable brasserie. Au menu : tête de veau (17,75 £) ou lapin à la moutarde (16,75 £). Une bonne, donc peut-être un peu lourde, cuisine française avec des sauces excellentes.

BIBENDUM

EUROPÉEN MODERNE £££

Plan p. 440 (☎ 7589 1480 ; www.bibendum.co.uk ; Michelin House, 81 Fulham Rd SW3 ; plats déj 21-29,50 £, menu déj 26,50/30 £ ; ⏲déj et dîner ; ⊖South Kensington). Installé dans la Michelin House (p. 193), ce restaurant propose une cuisine créative et raffinée dans sa vaste salle baignée d'une lumière que colorent les vitraux modernes. Au rez-de-chaussée, à l'Oyster Bar, on est au premières loges face au magnifique foyer du bâtiment pour déguster de délicieuses huîtres sauvages (12 £ la demi-douzaine).

MIN JIANG CHINOIS £££

Plan p. 440 (☎7361 1988 ; www.minjiang.co.uk ; 10e ét., Royal Garden Hotel, 2-24 Kensington High St W8 ; plats 10,50-48 £ ; ⊖Kensington High St). Des fruits de mer au canard laqué (demi/entier 27,50/53,50 £), tout ici est cuit au feu de bois. Le Min Jiang (rivière qui coule dans la région du Sichuan) propose une carte variée aux plats finement épicés et qui ose des incursions vers la cuisine mongole avec un sauté d'autruche que vous dégusterez en admirant le palais et les jardins de Kensington.

KAZAN TURC ££

Plan p. 440 (☎7233 7100 ; (www.kazan-restaurant.com ; 93-94 Wilton Rd SW1 ; plats 11,95-15,95 £, menu 25,95-39,95 £ ; ⊖Victoria). On s'y délecte de mezze, brochettes et *karniyarik* (aubergines farcies à l'agneau). La décoration sans apprêt permet de se concentrer sur la saveur et la fraîcheur des mets, en gardant un œil sur les danseuses du ventre qui se produisent de temps en temps. Le service est très à l'écoute. Propose aussi des fruits de mer et des plats végétariens.

TOM'S KITCHEN EUROPÉEN MODERNE ££

Plan p. 440 (☎ 7349 02 02 ; www.tomskitchen.co.uk ; 27 Cale St SW3 ; plats 13,90-30 £ ; ⏲8h-11h et 12h-15h lun-ven, 10h-16h sam et dim, 18h-23h tlj ; ⊖South Kensington). Tom Aikens, chef très renommé, prépare une nourriture de qualité supérieure. Ses petits-déjeuners et ses pancakes lui ont déjà valu de nombreux prix.

ORANGERY CAFÉ ££

Plan p. 440 (www.hrp.org.uk ; Kensington Palace, Kensington Gardens W8 ; plats 9,50-14 ; ⏲10h-18h mars-sept, 10h-17h oct-fév ; ⊖Queens way, Notting Hill Gate ou High St Kensington). L'Orangery, nichée dans un jardin d'hiver du XVIIIe siècle dans le parc du palais de Kensington, est le lieu idéal pour un midi ensoleillé. On y (re)découvre le grand art du thé : compter 14,85 £ pour déguster le Signature Orange Tea et 33,75 £ pour tremper ses lèvres dans l'exquis Tregothnan English Tea.

DAQUISE POLONAIS £

Plan p. 440 (☎7589 6117 ; 20 Thurloe St SW7 ; plats 6,50-13,50 £, menu déj 9,50 £ ; ⊖South Kensington). Ce café-restaurant polonais populaire offre à des prix très raisonnables un beau choix de vodkas et des spécialités comme le *bigos* (un ragoût de porc aux choux) ou les *pierogi* (raviolis).

BYRON HAMBURGERS £

Plan p. 440 (www.byronhamburgers.com ; 300 King's Rd SW3 ; plats 6,50-8,75 £ ; ⊖Sloane Sq). Byron donne au hamburger ses lettres de noblesse. Le Classic (180 g de bœuf Angus) nourrit déjà son homme, mais pour 3,75 £ de plus, on peut doubler la dose.

Chelsea et Belgravia

GORDON RAMSAY EUROPÉEN MODERNE £££

Plan p. 440 (☎ 7352 4441 ; www.gordonramsay.com ; 68 Royal Hospital Rd SW3 ; menu déj/dîner 45/90 £ ; ⏲déj et dîner lun-ven ; ⊖Sloane Sq). L'un des meilleurs restaurants du Royaume-Uni et le plus pérenne détenteur de trois étoiles au Michelin. L'expérience est absolument délectable, de la mise en bouche aux truffes. Mais vous n'aurez pas le temps de goûter à tout, car les réservations s'enchaînent avec la précision d'une horloge suisse. Réserver pour le plus tard possible est peut-être une solution. Le menu dégustation (6 plats) est à 120 £.

PENNY BLACK BRITANNIQUE ££

Plan p. 440 (www.thepennyblack.com ; 212 Fulham Rd SW10 ; plats 14-25 £ ; ⏲12h-15h et 18h-23h mar-sam, 12h-22h30 dim ; ⊖West Brompton ou Gloucester Rd). Sous la férule du grand chef Jan Chanter, ce restaurant contemporain aux accents raffinés est une fête pour les sens. Les produits sont locaux, de toute première fraîcheur, artistiquement présentés et servis avec une grande maîtrise. Le bœuf Wellington et son gratin de fenouil et pommes de terre est mémorable. Il faut garder un peu de place pour les succulents desserts. Les enfants se délecteront du fameux *toad-in-the-hole* (littéralement, crapaud dans le trou), plat composé de saucisses cuites au four dans une pâte et servies avec purée, légumes et sauce.

RASOI VINEET BHATIA INDIEN £££

Plan p. 440 (☎7225 1881 ; www.rasoi-uk.com ; 10 Lincoln St SW3 ; menu 21/27/32 £; ⏲déj ven-dim, dîner tlj ; ⊖Sloane Sq). Ceux qui parviennent à dénicher ce somptueux restaurant dans les environs de King's Road auront l'impression d'être reçus comme des invités de marque. Dans cette magnifique demeure de Chelsea, on fait la connaissance de la grande cuisine indienne, les assiettes sont dressées avec goût, y compris le festin végétarien de 7 plats (79 £). Réserver bien à l'avance.

Victoria et Pimlico

ROUSSILLON FRANÇAIS £££

Plan p. 440 (☎7730 5550 ; www.roussillon.co.uk ; 16 St Barnabas St SW1 ; menu déj/dîner 35/55 £ ; ⏰fermé sam déj et dim ; ⊖Sloane Sq). Dans une petite rue tranquille à deux pas de Pimlico Rd, Roussillon (une étoile au Michelin) propose, dans un cadre sobre et élégant, des produits du terroir britanniques cuisinés à la française. Il n'y a pas de carte, on fait son choix parmi 4 à 6 entrées suivies d'autant de plats au déjeuner comme au dîner. On peut aussi essayer le menu dégustation de 8 plats (48-58 £ au déjeuner, 75 £ au dîner). Le menu Légumes (65 £) donne à la cuisine végétarienne ses lettres de noblesse.

HUNAN CHINOIS ££

Plan p. 440 (☎7730 5712 ; 51 Pimlico Rd ; déj/dîner 28,80/41,80 £ ; ⊖Sloane Sq). Ouvert en 1982, Hunan est la quintessence de la cuisine créative. Ici, pas de carte : on donne quelques indications et on laisse le *dachu* (chef) composer. Si vous manquez d'imagination, on vous conseillera les spécialités : les tripes de porc mijotées aux épices chinoises par exemple. Il faut savoir que le restaurant emprunte son nom à la province chinoise où la cuisine décline le piment (fort) sous toutes ses formes (c'est aussi la province de naissance de Mao Tsé-Toung). Menu dégustation végétarien.

OÙ PRENDRE UN VERRE ET FAIRE LA FÊTE

GALVIN AT WINDOWS BAR À COCKTAILS

(www.galvinatwindows.com ; London Hilton de Park Lane, 28e ét., 22 Park Lane W1 ; ⏰10h-13h lun-mer, 10h-15h jeu-sam, 10h-23h dim ; ⊖Hyde Park Corner). Résolument élégant, ce bar est situé à proximité de Hyde Park. On y sirote d'exquis cocktails (13,50 à 15,25 £) en commentant la vue exceptionnelle, surtout au crépuscule, confortablement lové dans les sièges en cuir.

DRAYTON ARMS PUB

Plan p. 440 (www.thedraytonarmssw5.co.uk ; 153 Old Brompton Rd SW5 ; ⏰midi-minuit lun-ven, 10h-minuit sam-dim ; ⊖West Brompton ou South Kensington, 🚌430). Ce grand pub victorien de quartier est aussi beau à l'intérieur qu'à l'extérieur avec ses détails Art nouveau (vrilles et fioritures au-dessus des fenêtres et de la porte), ses œuvres d'art contemporain et son fantastique plafond à caissons. La clientèle est éclectique. Bon choix de vins et de bières.

NAG'S HEAD PUB

Plan p. 440 (53 Kinnerton St SW1 ; ⊖Hyde Park Corner). Non loin de Knightsbridge, dans une ruelle tranquille, ce charmant établissement datant du début du XIXe siècle offre un décor excentrique (avec des gravures de cricket d'époque), un comptoir particulièrement bas et il n'accepte pas les téléphones portables. Une idée de génie !

QUEEN'S ARMS PUB

Plan p. 440 (30 Queen's Gate Mews SW7 ; ⊖Gloucester Rd). On ne parlerait pas de ce pub s'il était situé ailleurs, mais il est là ! Dans une ruelle tranquille près de Queen's Gate, il attire les nombreux étudiants qui vivent dans le quartier, ainsi que les mélomanes se rendant au Royal Albert Hall (ci-dessous), situé à deux pas. Il faut aussi citer les quatre pompes à bière traditionnelles et le menu (gourmand) très correct.

OÙ SORTIR

ROYAL ALBERT HALL SALLE DE CONCERTS

Plan p. 440 (☎information 7589 3203, réservations 7589 8212 ; www.royalalberthall.com ; Kensington Gore SW7 ; billets 5-150 £, tickets pour les Proms 5-75 £ ; ⊖South Kensington). Cette salle victorienne splendide accueille, entre autres, des concerts de musique classique et de rock. Cependant, le Royal Albert Hall est surtout connu pour les Proms organisés par la BBC. Il est possible de réserver, mais de mi-juillet à mi-septembre, les mélomanes désargentés font la queue pour des places debout ou pour les "promenading tickets" à 5 £, vendus 1 heure avant le lever de rideau. Sinon, la vente et le retrait des billets se fait à la porte n° 12, côté sud du hall.

ROYAL COURT THEATRE THÉÂTRE

Plan p. 440 (☎7565 5000 ; www.royalcourttheatre.com ; Sloane Sq SW1 ; billets gratuit-25 £ ; ⊖Sloane Sq). Aussi apprécié pour ses mises en scène contemporaines que pour ses représentations classiques, le Royal Court fait partie des théâtres les plus progressistes de Londres. Son directeur artistique inspiré, Dominic Cooke, a découvert des auteurs dramatiques de tout premier plan. Tarifs réduits de 6 à 10 £, 10 £ pour tous le lundi (4 billets debout à 10 pennies au Jerwood Theatre Downstairs) ; 8 £ pour les moins de 26 ans. Places de dernière minute en vente 1 heure avant les spectacles (généralement sans réduction particulière).

CADOGAN HALL SALLE DE CONCERTS

Plan p. 440 (☎7730 4500 ; www.cadoganhall.com ; 5 Sloane Tce SW1 ; billets 10-40 £ ; ⊖Sloane Sq). Résidence du Royal Philharmonic Orchestra, le Cadogan Hall est une salle qui importante pour la musique classique. Des concerts de rock ou de jazz et ballets y sont parfois programmés.

CINÉ LUMIÈRE CINÉMA

Plan p. 440 (☎7073 1350; www.institut-francais.org.uk ; 17 Queensberry Pl SW7 ; ⊖South Kensington). Ciné Lumière dépend de l'Institut français de South Kensington. Sa vaste salle Art déco accueille 300 cinéphiles pour une programmation variée de films français et étrangers sous-titrés en anglais. C'est ici qu'a lieu le London Spanish Film Festival.

606 CLUB CLUB DE JAZZ

(☎7352 5953 ; www.606club.co.uk ; 90 Lots Rd SW10 ; ⊙19h-tard lun-jeu et dim, 20h-tard ven-sam, 12h30-16h certains dim ; ⊖Fulham Broadway ou Earl's Court). Autrefois installé au numéro 606 de King's Road, le club, en changeant d'adresse, n'a rien perdu de sa qualité. Incontournable pour tout amateur de jazz qui se respecte depuis les années 1980, le 606 accueille des musiciens contemporains, en majorité britanniques, dans une petite cave cachée derrière un mur de brique des plus anonymes. Le club ouvre souvent jusqu'à 2h. Le week-end, il faut consommer au restaurant pour entrer (réservation recommandée). Pas de vente de billet à l'entrée, mais le concert est facturé avec les consommations (12 £ lun-jeu, 10 £ dim).

SHOPPING

Fréquenté par célébrités, mannequins et autres personnes fortunés, ce quartier allie élégance, luxe, raffinement et grands magasins de légende... Même les friperies de King's Road se piquent de haute couture.

♥ **HARRODS** GRAND MAGASIN

Plan p. 440 (☎7730 1234 ; www.harrods.com ; 87-135 Brompton Rd SW1 ; ⊙10h-20h lun-sam, 11h30-18h dim ; ⊖Knightsbridge). À la fois populaire et chic, bondé à toute heure, Harrods attire autant les visiteurs à petits budgets comme les plus aisés. L'ascenseur égyptien est un monument du kitsch avec un décor qui semble emprunté à *Indiana Jones* : des sphinx à l'effigie de l'ancien propriétaire des lieux, Mohamed al Fayed, à la fontaine votive de Lady Di, on nage en eaux surréalistes. Sans parler des étiquettes aux prix littéralement renversants. L'épicerie du magasin est un voyage à elle seule.

♥ **JOHN SANDOE BOOKS** LIVRES

Plan p. 440 (☎7589 9473 ; www.johnsandoe.com ; 10 Blacklands Tce SW3 ; ⊙9h30-17h30 lun-sam, 9h30-19h30 mer 12h-18h dim ; ⊖Sloane Sq). À l'opposé des supermarchés de la culture, cette petite librairie enchante ses fidèles clients depuis des décennies. On y trouve les grands classiques et des petits bijoux moins connus, choisis par des libraires qui connaissent leur métier.

LIMELIGHT MOVIE ART AFFICHES DE FILM

Plan p. 440 (☎7751 5584 ; www.limelightmovieart.com ; 313 King's Rd SW3 ; ⊙11h30-18h lun-sam; ⊖Sloane Sq ou South Kensington). Voici le paradis des collectionneurs fous et des grands nostalgiques. Quelques exemples d'achats : une affiche encadrée de *Docteur Folamour* (850 £) ou l'original de 1979 d'*Alien* (475 £) ou de *James Bond contre Dr No* (385 £ non encadrée).

CONRAN SHOP DESIGN

Plan p. 440 (☎7589 7401 ; Michelin House, 81 Fulham Rd SW3 ; ⊙10h-18h lun, mar et ven, 10h-19h mer-jeu, 10h-18h30 sam, 12h-18h dim ; ⊖South Kensington). À l'intérieur de l'emblématique Michelin House, cette fabuleuse boutique de design vaut le détour. Elle fourmille d'idées : de l'ex-libris raffiné aux cadeaux rigolos pour les enfants, en passant par les meubles extravagants et les montres branchées du moment.

CHURCH'S CHAUSSURES

Plan p. 440 (☎7589 9136 ; www.church-footwear.com ; 143 Brompton Rd SW3 ; ⏲10h30-18h30 lun-sam, 12h-18h dim ; ⊖Knightsbridge). Chacun devrait posséder un objet de qualité sur lequel il peut compter pour la vie. La confection d'une seule paire de Church's peut demander jusqu'à 2 mois de travail… et c'est pourquoi vous n'aurez jamais payé aussi cher pour des chaussures. Le vrai luxe amoureusement fabriqué à Northampton et une réputation sans tâche depuis des décennies.

RIPPON CHEESE STORES FROMAGES

Plan p. 440 (☎7931 0628 ; www.ripponcheese.com ; 26 Upper Tachbrook St SW1 ; ⏲8h-17h30 lun ven, 8h30-17h sam ; ⊖Victoria ou Pimlico). Un arôme entêtant vous assaille à proximité de la boutique aux 500 fromages britanniques et européens. Et comme on goûte avant d'acheter, on adore !

HARVEY NICHOLS GRAND MAGASIN

Plan p. 440 (☎7235 5000 ; www.harveynichols.com ; 109-125 Knightsbridge SW1 ; ⏲10h-20h ou 21h lun-sam, 11h30-18h dim ; ⊖Knightsbridge). Dans ce temple de la haute couture, on trouve les meilleurs denims de la capitale, des sacs Chloé et Balenciaga, mais aussi un immense rayon parfumerie avec des marques de choix, de très beaux bijoux et un fantastique restaurant, le Fifth Floor.

LULU GUINNESS MODE

Plan p. 440 (☎7823 4828 ; www.luluguinness.com ; 3 Ellis St SW1 ; ⏲10h-18h lun-ven, 11h-18h sam ; ⊖Sloane Sq). Accessoires extravagants et furieusement tendance allant du petit sac en forme de bouche sensuelle aux parapluies fantaisie.

BUTLER & WILSON ACCESSOIRES

Plan p. 440 (☎7352 3045 ; www.butlerandwilson.co.uk ; 189 Fulham Rd ; ⏲10h-18h lun, mar et jeu-sam , 10h-19h mer, 12h-18h dim ; ⊖South Kensington). Bijoux tête-de-mort, bracelets bling-bling et colliers à tomber raide. Voir p. 138.

Clerkenwell, Shoreditch et Spitalfields

CLERKENWELL | SHOREDITCH | HOXTON | SPITALFIELDS

Notre sélection

❶ Se promener dans les rues magnifiquement préservées du **Spitalfields** georgien (p. 208), avant de plonger dans l'effervescence de Brick Lane, d'explorer Banglatown et de faire le tour des bars, cafés et magasins à la mode de l'Old Truman Brewery.

❷ Enfiler une paire de jeans slim et goûter aux cocktails et à l'ambiance festive de **Shoreditch** (p. 211).

❸ Faire un choix cornélien parmi les délices culinaires d'**Exmouth Market** (p. 205).

❹ Pénétrer dans les salons d'antan au **Geffrye Museum** (p. 204).

❺ Profiter d'un dimanche ensoleillé pour faire le tour des marchés dans le quartier de **Brick Lane** (p. 214).

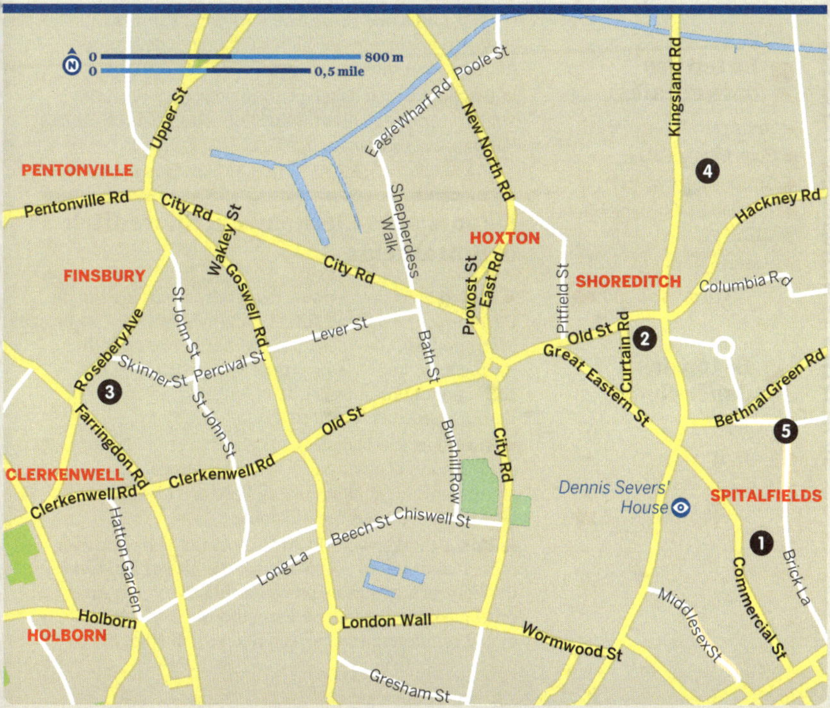

Pour un plan plus détaillé, reportez-vous p. 444

Bons plans Lonely Planet

Parti pour une nuit blanche ? Aquarium et Fabric restent ouverts au moins jusqu'à l'aube. Brick Lane Beigel Bake sert des bagels toute la nuit, et prendre le petit-déjeuner au pub est possible au Fox & Anchor, qui ouvre ses portes à 7 heures (lun-ven). Des bus de nuit circulent sur toutes les grandes lignes, et les métros à Old St, Farringdon et Liverpool St démarrent entre 5h et 6h (dim 7h-7h30).

Le top des restaurants

- Moro (p. 205)
- Leila's Shop (p. 207)
- St John (p. 205)
- Viet Grill (p. 209)
- Les Trois Garçons (p. 207)

Voir détails p. 205

Le top des bars et cafés

- Jerusalem Tavern (p. 210)
- Book Club (p. 211)
- Golden Heart (p. 214)
- Worship St Whistling Shop (p. 212)
- Mason & Taylor (p. 212)

Voir détails p. 210

Le top des dance-floors

- Fabric (p. 210)
- Cargo (p. 212)
- XOYO (p. 213)

Voir détails p. 210

Découvrir Clerkenwell, Shoreditch et Spitalfields

Ces trois quartiers postindustriels réhabilités au nord-est de la ville sont réputés pour leur vie nocturne particulièrement animée. En journée, shopping, visites et promenades sont agréables puisqu'ici la foule n'est jamais très dense. Partout et à toute heure, vous pourrez vous restaurer ou vous désaltérer dans d'excellents cafés, restaurants et bars. Si Clerkenwell et Spitalfields ont eux aussi de quoi attirer les noctambules, Shoreditch reste le quartier de la fête par excellence. Et quoi de mieux pour se remettre des excès de la nuit qu'une promenade dominicale dans Spitalfields ?

Vivre comme un Londonien

- **Manger vietnamien ou… vietnamien** Faites votre choix au "Pho Mile", l'alignement de restaurants de Kingsland Rd, parmi les innombrables restaurants (p. 209).
- **Des soirées pas comme les autres** Jouez au baby-foot au Bar Kick (p. 212), essayez-vous au dessin au Book Club (p. 211), ou laissez vous tenter par un film à la belle étoile sur le toit du Queen of Hoxton (p. 213).
- **Après-midi shopping** En arpentant Redchurch St (p. 211), faites une pause café à Allpress Espresso (p. 208) et suivez les dernières tendances de la mode dans les boutiques de créateurs.
- **Breakfast** Rien de tel qu'un copieux petit-déjeuner ! Vous n'avez que l'embarras du choix. Nos préférés : Leila's Shop (p. 207), Caravan (p. 205) et Luxe (p. 210).

Depuis/vers Clerkenwell, Shoreditch et Spitalfields

- **Métro** Pour Clerkenwell, descendre à Farringdon ou Barbican sur les lignes Circle, Hammersmith & City et Metropolitan. Old St est desservi par la Northern line (branche de Bank). À Liverpool St, sur Central Line, correspondance pour la City et le West End, ainsi que Bethnal Green et Stratford à l'est.
- **Train** Les arrêts de Shoreditch High St et Hoxton, sur le London Overground, sont bien situés. Les trains continuent au nord vers Dalston et Highbury & Islington, et au sud vers Wapping.
- **Bus** À Clerkenwell et Old St, le 55 fait la liaison avec Oxford St et le 243 avec Waterloo. Le 38, sur son trajet de Victoria à Islington, passe par Rosebery Ave, arrêt pratique pour se rendre à Exmouth Market. Les lignes 8 et 242 remontent toutes deux Shoreditch High St.

À VOIR

Clerkenwell

CHARTERHOUSE
MONUMENT HISTORIQUE

Plan p. 444 (www.thecharterhouse.org ; Charterhouse Sq EC1 ; 10 £ ; visites guidées 14h15 mer avr-août ; Barbican/Farringdon). Il faut réserver près de 6 mois à l'avance pour pouvoir pénétrer dans cette ancienne chartreuse, dont la pièce maîtresse est une salle Tudor dotée d'une charpente à blochets restaurée. Les visites guidées de 2 heures attirent une foule nombreuse. Elles débutent à la loge du XIVe siècle, sur Charterhouse Sq, puis traversent la Preachers' Court, la Master's Court, le Great Hall et la Great Chamber, où la reine Elisabeth Ire séjourna à plusieurs reprises.

Ce monastère fut fondé en 1371 par les chartreux, l'ordre le plus strict de l'Église romaine : les moines s'abstiennent de manger de la viande et font vœu de silence, vœu seulement interrompu trois heures le dimanche. Durant la Réforme, les protestants pendirent trois de ces prieurs à Tyburn (p. 193) et envoyèrent une douzaine de moines à Newgate, où ils moururent de faim enchaînés. En 1537, l'édifice fut confisqué par Henri VIII, avant d'être racheté en 1611 par Thomas Sutton, alors "le roturier le plus riche d'Angleterre". Sutton ouvrit une maison pour les gentlemen démunis ; elle loge aujourd'hui la trentaine de personnes (qu'on appelle "frères") responsables des visites guidées.

Pour réserver vos places, faites une demande par e-mail (charterhouseec1@aol.com). On peut aussi choisir de visiter la chapelle durant l'Open House Weekend (week-end portes ouvertes).

GRATUIT ST JOHN'S GATE
MUSÉE/MONUMENT HISTORIQUE

Plan p. 444 (Farringdon). Étonnamment, cette porte médiévale barrant St John's Lane est d'époque. Au XIIe siècle, pendant les croisades, les chevaliers de Saint-Jean-de-Jérusalem (l'ordre militaire et religieux des hospitaliers) installèrent un prieuré sur ce site qui s'étendait à l'origine sur près de 4 ha. La porte fut construite en 1504 pour rehausser l'entrée du prieuré. Si la plupart des bâtiments furent détruits lorsque Henri VIII décida de fermer les couvents du pays entre 1536 et 1540, la porte subsista et connut par la suite un destin original. Sous le règne de la reine Anne, le père de William Hogarth y ouvrit sans grand succès un café où l'on parlait latin. Après sa restauration, au XIXe siècle, elle abritait l'Old Jerusalem Tavern, lieu de rencontre des artistes et des écrivains, dont Dickens. À l'intérieur, on peut visiter le **Museum of the Order of St John** (www.museumstjohn.org.uk ; St John's Lane EC1 ; 10h-17h lun-sam), qui retrace l'histoire de l'ordre (voir les quelques armures de chevaliers, des pièces assez rares) et la fondation de St John's Ambulance, créé au XIXe siècle pour promouvoir l'assistance aux malades et revenir à la vocation hospitalière initiale de l'ordre.

De l'autre côté de la rue se trouve la crypte normande de l'**ancien prieuré** (gratuit ; 10h-15h lun-sam), où l'on peut voir l'imposante statue en albâtre d'un chevalier castillan (1575) et un monument assez endommagé figurant le squelette du dernier prieur, William Weston, enveloppé d'un linceul. On y apprend un peu plus sur l'histoire du site, et le petit jardin est ravissant.

On peut participer à la **visite guidée** (donation recommandée ; 11h-14h30 mar, ven et sam), qui permet de voir, outre la porte et les vestiges restaurés de l'église, la somptueuse salle capitulaire (Chapter Hall) de 1902 où l'ordre se réunit encore aujourd'hui.

BUNHILL FIELDS
CIMETIÈRE

Plan p. 444 (Bunhill Row EC1 ; 7h30 -19h lun-ven, 9h30-19h sam-dim avr-sept, 9h30-16h oct-mar ; Old St). Ce cimetière situé un peu à l'extérieur des murs de la villle sert de lieu de sépulture depuis plus de 1 000 ans (le nom "Bunhill" viendrait du surnom plutôt macabre de "Bone Hill", la colline des os). C'est sans doute le cimetière "mécréant" (n'appartenant pas à l'église anglicane) le plus célèbre du pays. Vous pourrez y voir les tombes de géants littéraires comme Daniel Defoe, John Bunyan ou William Blake. Très agréable pour une promenade, c'est l'un des rares espaces verts dans cette zone très construite. De l'autre côté de City Rd, à l'est du cimetière, se trouve la **Wesley's Chapel**, construite en 1778, résidence, lieu de travail et de prière de John Wesley, fondateur de l'Église méthodiste.

Shoreditch et Hoxton

GRATUIT **WHITE CUBE GALLERY** MUSÉE

Plan p. 444 (www.whitecube.com ; 48 Hoxton Sq N1 ; 10h-18h mar-sam ; Old St). Jay Jopling, galeriste des stars du Brit Art quand le mouvement était à son firmament, a gagné sa réputation dans les années 1990 en exposant des artistes alors inconnus comme Damien Hirst, Antony Gormley ou Tracey Emin. Ce "cube" de Hoxton Sq porte bien son nom et, même si la galerie fait désormais partie de l'establishment, il est toujours intéressant d'aller voir les dernières expositions. Il existe une autre White Cube Gallery (p. 104) à St James's.

Spitalfields

BRICK LANE RUE

Plan p. 444 (Shoreditch High St/Liverpool St). Rue pleine de vie, de couleurs et d'animation, Brick Lane est un saisissant concentré d'histoire, de cultures et de modernité. Elle se trouve aujourd'hui au cœur du quartier surnommé Banglatown, fief d'une communauté bengali prospère. La partie sud de la rue est une succession de restaurants de curries, de boutiques de saris et de tissus et de supermarchés indiens. La qualité des curries locaux ayant hélas fortement baissé, mieux vaut se rabattre sur les restaurants indiens de Whitechapel (p. 225).

Juste après Hanbury St, se dressent de part et d'autre de la rue les anciens bâtiments de l'**Old Truman Brewery**, autrefois la plus grande brasserie de Londres. La demeure du directeur, sur la gauche, est de 740. L'ancienne Vat House et son campanile hexagonal, en face, datent du début du XIXe siècle, et l'Engineer's House, de 1830. La brasserie cessa sa production en 1989. Dans les années 1990, les locaux ont abrité une multitude de labels musicaux indépendants, de boutiques, de clubs et de bars. Au nord, Brick Lane montre un autre visage, avec ses magasins de vêtements, ses boutiques de bagels (qui comptent parmi les meilleures de la ville) et ses nombreux bars et cafés.

LES INCONTOURNABLES
GEFFRYE MUSEUM

Cet hospice du XVIIIe siècle, à la façade couverte de lierre, et au grand jardin aromatique très soigné, a été transformé en musée en 1914, dans un lieu qui était alors un centre névralgique de l'industrie du meuble. Le musée retrace l'histoire de l'architecture d'intérieur de la classe moyenne aisée anglaise, de l'époque élisabéthaine jusqu'à la fin du XIXe siècle. Une extension postmoderne fut ajoutée en 1998. Elle abrite plusieurs pièces du XXe siècle (un appartement des années 1930, une pièce style années 1950, des meubles et un loft londonien contemporain parsemé de meubles suédois en kit) ainsi qu'une galerie accueillant des expositions temporaires, une boutique et un restaurant. À l'instar du musée où l'on observe l'évolution de l'agencement intérieur à travers les siècles, les jardins sont organisés de manière chronologique.

Il ne faut pas manquer de voir l'**appartement meublé** (*almhouse interior*, la pièce unique et privative d'un résident de l'hospice) reconstitué avec un infini souci du détail historique, comme ce journal d'époque laissé ouvert sur la table du petit-déjeuner (adulte/moins de 16 ans 2 £/gratuit). Le décor est toutefois si fragile que les **visites guidées** n'ont lieu que cinq fois par mois (2,50 £ ; visites de 1h, toutes les heures 11h-15h 1er sam, 1er et 3e mer, 2e et 4e jeu du mois).

À NE PAS MANQUER

- Le jardin aromatique (avr-oct)
- La reconstitution de l'intérieur de l'hospice

INFOS PRATIQUES

- plan p. 444
- www.geffrye-museum.org.uk
- 136 Kingsland Rd E2
- entrée libre
- 10h-17h mar-sam, 12-17h dim
- Hoxton

BRICK LANE GREAT MOSQUE MOSQUÉE

Plan p. 444 (Brick Lane Jamme Masjid ; www.bricklanejammemasjid.co.uk ; 59 Brick Lane E1 ; ⊖Shoreditch High St/Liverpool St). La mosquée de Brick Lane est le meilleur exemple de tous les brassages de population qu'a connus le quartier au cours des derniers siècles. Construit en 1743, ce lieu de culte fut d'abord une église protestante, la New French Church for the Huguenots puis, en 1819, une chapelle méthodiste, avant de devenir en 1898 une Grande Synagogue pour les réfugiés juifs en provenance de Russie et d'Europe centrale. Enfin, en 1976, changeant à nouveau de confession, il devint la Grande Mosquée.

CHRIST CHURCH SPITALFIELDS ÉGLISE

Plan p. 444 (www.christchurchspitalfields.org ; Commercial St E1 ; ⏲11h-16h mar, 13h-16h dim ; ⊖Shoreditch High St et Liverpool St). C'est dans cette église aujourd'hui restaurée, à l'angle de Commercial St et de Fournier St, pratiquement en face du marché de Spitalfields, que de nombreux tisserands allaient se recueillir. Conçue par Nicholas Hawksmoor et achevée en 1729, cette magnifique structure de style baroque anglais arbore un clocher élancé surmontant un porche porté par quatre belles colonnes toscanes.

GRATUIT **19 PRINCELET ST** MUSÉE

Plan p. 444 (www.19princeletstreet.org.uk ; 19 Princelet St E1 ; ⏲restreints et variables ; ⊖Shoreditch High St ou Liverpool St). Édifiée en 1719, cette superbe maison de ville huguenote appartenait à une famille de tisserands prospères avant de devenir un lieu d'accueil pour les immigrants, dont des familles polonaises et irlandaises. Les juifs érigèrent une synagogue dans le jardin en 1869. Fidèle à son passé multiculturel, elle héberge désormais un musée de l'Immigration et de la Diversité dont les expositions, soigneusement pensées, s'adressent aux adultes comme aux enfants. Le bâtiment ayant hélas besoin de sérieux travaux de restauration, il n'ouvre qu'exceptionnellement (une dizaine de fois par an) : consulter les dates sur le site pour ne pas manquer la visite.

OÙ SE RESTAURER

En plus d'un grand nombre d'excellents cafés et restaurants, le quartier possède plusieurs marchés dont l'offre culinaire est riche et variée : brownies délicieusement moelleux, curries thaïs épicés, *burritos* remplis à ras bord... Voir en particulier **Exmouth Market** (⏲12h-15h jeu-ven ; ⊖Farringdon ou Angel), **Whitecross St Market** (⏲11h-15h lun-ven ; ⊖Old St), ainsi que **Brick Lane** et les rues environnantes (p. 215).

Clerkenwell

MORO FUSION ££

Plan p. 444 (☎7833 8336 ; www.moro.co.uk ; 34-36 Exmouth Market EC1 ; plats 15,50-19,50 £ ; 📶 ; ⊖Farringdon ou Angel). Spécialités de cuisine mauresque, qui allient influences espagnoles, portugaises et nord-africaines. Quinze ans après son ouverture, Moro rafle encore des prix. Le restaurant est toujours plein (il faut réserver), et la cuisine y est généralement succulente. Le menu, qui change régulièrement, propose des plats tels que le poulet cuit au feu de bois à la *chermoula* (sauce à base de coriandre et divers épices) ou l'agneau grillé à la crème d'ail.

ST JOHN BRITANNIQUE ££

Plan p. 444 (☎3301 8069 ; www.stjohnrestaurant.co.uk ; 26 St John St EC1 ; plats 17-23,80 £ ; ⏲fermé dim soir ; ⊖Farringdon). Ce classique londonien est d'une merveilleuse simplicité. Son bar ouvre sur une salle étonnamment petite où l'on déguste à la bonne franquette la cuisine hors pair du chef Fergus Henderson. Comptant parmi les adresses qui ont incité les Londoniens à redécouvrir leur passé culinaire, elle est réservée aux gourmets qui n'ont pas froid aux yeux. La spécialité maison est la salade à la moelle persillée, à faire suivre de l'un des savoureux plats du jour (porc Middle White aux blettes et à la moutarde, par exemple, ou pigeon aux petits pois et au bacon). Le traditionnel pudding est aussi succulent.

CARAVAN BRASSERIE ££

Plan p. 444 (☎833 8115 ; www.caravanonexmouth.co.uk ; 11-13 Exmouth Market EC2 ; petits plats 4,50-8 £, plats 12,50-16 £ ; ⏲8h-22h30 lun-ven, 10h-22h30 sam-dim ; 📶 ; ⊖Farringdon). Restaurant à l'ambiance relax, où l'on peut manger ou boire un verre toute la journée. Grand choix de plats aux influences parfois exotiques et aux ingrédients savamment sélectionnés. Le café, torréfié au sous-sol, est fameux. Par temps ensoleillé, des tables

LES INCONTOURNABLES
DENNIS SEVERS' HOUSE

Cette drôle de maison emplie d'un bric-à-brac doit son nom à l'artiste américain excentrique, aujourd'hui décédé, qui en entreprit la restauration, transformant le lieu en une sorte de "scène de nature morte". Severs a vécu ici jusqu'à sa mort en 1999 à la manière des occupants du XVIIIe siècle.

En effet, on pénètre aujourd'hui dans un fabuleux décor georgien qui semble réellement habité par une famille de tisserands huguenots, nombreux dans le quartier de Spitalfields au XVIIIe siècle. On peut observer des reliefs de repas et les lits défaits, sentir les odeurs provenant de la cuisine et entendre les parquets craquer, comme si les habitants venaient tout juste de quitter les lieux. Ils restent pourtant invisibles. Chacune des dix pièces recrée une époque différente de l'histoire de la maison entre 1724 et 1914. De la cave aux chambres à coucher, cet intérieur illustre à la fois les fonctions originelles de chaque pièce et les aléas de l'histoire du quartier.

Si l'attraction s'avère des plus fascinantes le jour, les visites *Silent Night* qui ont lieu tous les lundis soir à la lueur des bougies sont encore plus impressionnantes.

À NE PAS MANQUER

- Les visites *Silent Night*
- Le chat de la maison

INFOS PRATIQUES

- plan p. 444
- ☎ 7247 4013
- www.dennisseverhouse.co.uk
- 18 Folgate St E1
- dim/lun/lun soir 8/5/12 £
- ⏲12h-16h dim, 12h-14h le lun suivant 1er et 3e dim du mois, 18h-21h lun
- ⊖Liverpool St

sont disposées sur les terrasses donnant sur Exmouth Market.

MORITO TAPAS £

Plan p. 444 (☎7278 7007 ; 32 Exmouth Market EC1 ; tapas 4-6 £ ; wifi ; ⊖Farringdon ou Angel). Cette succursale de l'incontournable Moro (p. 205) est un authentique bar à tapas espagnol. On peut y manger au bar, en terrasse, où à l'intérieur, à l'une des petites tables. Ambiance cool et conviviale, mais le lieu est souvent bondé. Les cuisiniers s'affairent à préparer de délicieuses grillades ainsi que d'autres plats plus élaborés ou des en-cas. Rien à redire sur la qualité, mais les portions ne sont pas si généreuses qu'on vous l'annonce. Réservation possible pour le déjeuner, mais pas le soir.

LOOK MUM NO HANDS CAFÉ £

Plan p. 444 (www.lookmumnohands.com ; 49 Old St EC1 ; plats 4-8 £ ; ⏲7h30-22h lun-ven, 10h-20h sam-dim; wifi ; ⊖Old St). Ce café-bar-atelier de réparation est prisé par les cyclistes, mais ils sont loin d'être les seuls à venir déguster les excellentes tartes maison et les salades dans une salle claire et spacieuse, qui donne sur Old St. Plats du jour, sandwichs, gâteaux, pâtisseries et bon café sont également disponibles. Quelques tables pour manger dehors. Antivols de vélo prêtés sur demande.

MEDCALF BRITANNIQUE ££

Plan p. 444 (☎7833 3533 ; www.medcalfbar.co.uk ; 40 Exmouth Market EC1 ; plats 12,50-16,50 £ ; ⏲fermé dim soir ; wifi ; ⊖Farringdon ou Angel). Medcalf offre l'un des meilleurs rapports qualité/prix d'Exmouth Market. Installée dans une ancienne boucherie de 1912, cette adresse propose des classiques britanniques innovants et bien préparés, comme le crabe sauvage du Dorset ou le *Welsh rarebit* (toast au fromage).

MODERN PANTRY FUSION ££

Plan p. 444 (☎7553 9210 ; www.themodernpantry.co.uk ; 47-48 St John's Sq EC1 ; plats 15-20 £ ; ⏲8h-23h lun-sam, 10h-20h dim ; wifi ; ⊖Farringdon). Cet hôtel particulier georgien de trois étages au cœur de Clerkenwell est l'un des restaurants les plus en vue à l'heure actuelle avec sa magnifique carte, presque aussi agréable à lire qu'à déguster. Le mariage des ingrédients est subtil et inattendu : onglet de bœuf mariné à la sauce miso-tamari, ou escalope de veau panée au panko et au parmesan. Le petit-déjeuner est également excellent, malgré des portions plutôt petites. Réservation recommandée.

BISTROT BRUNO LOUBET FRANÇAIS MODERNE ££

Plan p. 444 (☎7324 4455 ; www.bistrotbrunoloubet.com ; The Zetter, 86-88 Clerkenwell Rd EC1 ; plats 16-21,50 £ ; ⌚à partir de 7h30 ; 📶 ; ⊖Farringdon). Cet hôtel-restaurant qui surplombe St John's Square bénéficie du savoir-faire d'un chef réputé, Bruno Loubet. Il confectionne des plats généreux où les saveurs des produits de qualité irréprochable se mêlent avec audace. Une belle carte des vins et un service impeccable.

COACH & HORSES PUB GASTRONOMIQUE ££

Plan p. 444 (www.thecoachandhorses.com ; 26-28 Ray St EC1 ; plats 10,50-16,50 £ ; ⌚fermé sam midi et dim soir ; 📶 ; ⊖Farringdon). Un des meilleurs pubs gastronomiques de Clerkenwell, qui garde un vrai cachet et attire une clientèle de gourmets aisés grâce à de délicieux plats, renouvelés tous les jours.

ST ALI CAFÉ £

Plan p. 444 (www.stali.co.uk ; 27 Clerkenwell Rd EC1 ; plats 5,75-15 £ ; ⌚7h-18h lun-ven, 10h-17h sam-dim ; ⊖Farringdon). Ce café australien, une légende pour les amateurs de café de Melbourne, a ouvert ici sa première succursale anglaise. Le café est torréfié sur place, et le choix ne manque pas. Le menu est tout aussi alléchant. Les plats s'inspirent des cuisines du monde entier et sont préparés avec des ingrédients soigneusement sélectionnés.

EAGLE PUB GASTRONOMIQUE ££

Plan p. 444 (☎7837 1353 ; 159 Farringdon Rd EC1 ; plats 9,50-18 £ ; ⌚fermé dim soir ; ⊖Farringdon). Le premier *gastropub* de Londres a changé de propriétaires, mais reste une excellente adresse pour prendre un verre et grignoter, en particulier au déjeuner, lorsque l'établissement est relativement calme. On choisit le menu sur l'ardoise devant laquelle s'affairent les cuisiniers au travail derrière le bar.

CLARK'S BRITANNIQUE £

Plan p. 444 (46 Exmouth Market EC1 ; plats 3,50-5,50 £ ; ⌚10h45-16h lun-sam ; ⊖Farringdon ou Angel). Une des célèbres boutiques de *pie and mash* de Londres (tourtes de bœuf servies avec de la purée, une institution de l'East End), qui officie depuis 1910. Décor traditionnel : alcôves, bancs de bois et murs carrelés.

Shoreditch et Hoxton

♥ LEILA'S SHOP CAFÉ £

Plan p. 444 (17 Calvert Ave E2 ; plats 5-7 £ ; ⌚10h-18h mer-dim ; ⊖ Shoreditch High St). Un peu à l'écart dans une avenue en plein renouveau, Leila's Shop mise sur un style bobo campagnard. Pour le petit-déjeuner, de magnifiques œufs au jambon dans leur petit poêlon indidivuel. Les sandwichs sont confectionnés avec des produits frais de qualité supérieure, la limonade est maison et le café excellent. Décor fleuri, grandes baies vitrées et tables à l'extérieur complètent le très beau tableau. Dans la boutique attenante, vous pourrez acheter des légumes et des fruits de saison ultrafrais, ainsi que de la charcuterie, du pain et du fromage.

LES TROIS GARÇONS FRANÇAIS MODERNE £££

Plan p. 444 (☎7613 1924 ; www.lestroisgarcons.com ; 1 Club Row E1 ; 2/3 plats 39,50/45,50 £; ⌚fermé dim soir ; ⊖Shoreditch High St). Ce pub victorien rénové vous accueille dans un décor kitsch à souhait où le moindre

BON À SAVOIR

LES FRONTIÈRES DE SHOREDITCH

Hoxditch ? Shoho ? Appellations souvent interchangeables pour les Londoniens, Hoxton et Shoreditch constituent la zone qui s'étend du rond-point de la station de métro Old St à l'entrée de Brick Lane. Le nom de Shoreditch est apparu au XIIe siècle, désignant à l'époque une agglomération qui s'était développée au croisement de deux importantes voies romaines : Kingsland Rd et Old St. Shoreditch était le nom de la paroisse dont le village de Hoxton faisait partie. Aujourd'hui on considère en général que Hoxton est la partie située au nord d'Old St, jusqu'à Kingsland Rd, et que Shoreditch est la partie sud qui s'étend jusqu'à Brick Lane à l'est. Mais personne ne vous en tiendra rigueur si vous confondez les deux !

LE SPITALFIELDS GEORGIEN

Serré autour du marché du même nom et de la superbe Hawksmoor Christ Church, Spitalfields a connu de nombreuses vagues d'immigration au cours du temps : huguenots, juifs, Irlandais ou plus récemment Indiens et Bangladais s'y sont installés, et le quartier reste un des plus cosmopolites de Londres. Brick Lane est aujourd'hui le QG de la communauté bangladaise. Princelet St, Fournier St, Elder St et Wilkes St invitent elles à un voyage dans le passé : ces rues ont autrefois accueilli les huguenots, ces protestants qui ont fui les persécutions en France à partir de la fin du XVIIe siècle et qui pratiquèrent ici leur art du filage de la soie. La vie était rythmée par le cliquetis des métiers à tisser installés dans les greniers de ces grandes demeures. Le quartier devint célèbre pour la qualité de sa soie, qui fut même utilisée pour faire la robe portée par la reine Victoria lors de son couronnement. La visite de Dennis Severs' House (p. 206), ou, si elle est ouverte, de la maison du 19 Princelet St (p. 205), vous permettront de pénétrer dans cet univers. Ne manquez pas le lieu de culte des tisserands, l'impressionnante Christ Church Spitalfields (p. 205).

recoin est occupé par une incroyable ménagerie de peluches et de sculptures animalières, sous un dais de sacs à main suspendus entre les lustres ! Une cuisine française excellente et une armée de serveurs plein de petites attentions mais l'addition est un peu salée. Les menus en semaine (2/3 plats 17,50/22 £) offrent eux un bon rapport qualité/prix.

PRINCESS OF SHOREDITCH — PUB GASTRONOMIQUE ££

Plan p. 444 (☎7729 9270 ; www.theprincessofshoreditch.com ; 76 Paul St EC2 ; plats 10-13 £ ; wifi ; ⊖Old St). Un pub élégant, fréquenté par des cols blancs de la City et des gens des médias. Pas de surprise, mais un plat du jour renouvelé et de qualité, ainsi qu'un service attentif. Une belle carte des vins et un bon choix de bières. On peut aussi manger à l'étage, dans un cadre un peu plus raffiné et pour un peu plus cher (réservation recommandée).

ALBION — BRITANNIQUE £

Plan p. 444 (www.albioncaff.co.uk ; 2-4 Boundary St E2 ; plats 6-11 £ ; ⏱8h-23h ; wifi ; ⊖Shoreditch High St). Au rez-de-chaussée, Albion est à la fois un restaurant spacieux aux allures de cantine chic et un excellent traiteur. La carte propose de bons classiques anglais divinement cuisinés et de délicieux desserts, le tout avec un grand sens du détail, que ce soit dans l'accompagnement en vin ou bière, ou dans la présentation. Le pain est fait maison. Les petits-déjeuners sont un peu plus audacieux qu'ailleurs : on y retrouve notamment du hareng fumé, des rognons et des œufs de cane. Au sous-sol, le restaurant **Boundary** allie cuisine française et britannique, en mettant l'accent sur les poissons, fruits de mer, fromages et charcuteries. La terrasse sur le toit est quant à elle idéale pour prendre un verre au coucher du soleil, si le temps le permet.

EYRE BROTHERS — LUSO-ESPAGNOL ££

Plan p. 444 (☎7613 5346 ; www.eyrebrothers.co.uk ; 70 Leonard St EC2 ; plats 16-21 £ ; ⏱fermé sam midi et dim ; wifi ; ⊖Old St). Dans cet élégant restaurant de Shoreditch, la cuisine ibérique prend des accents africains car les propriétaires ont grandi au Mozambique. C'est très réussi : le porc ibérique, nourri aux glands, est particulièrement succulent. Grand choix de vins portugais et espagnols.

FIFTEEN — ITALIEN ££

Plan p. 444 (☎3375 1515 ; www.fifteen.net ; 15 Westland Pl N1 ; plats 10-21 £ ; wifi ; ⊖Old St). Quinze jeune cuisiniers issus de milieux défavorisés font leur apprentissage aux côtés de professionnels expérimentés pour créer une carte italienne ambitieuse et intéressante. L'ambiance est plutôt détendue dans la trattoria du rez-de-chaussée, le restaurant en sous-sol est plus guindé. Réservation souvent nécessaire.

ALLPRESS ESPRESSO — CAFÉ

Plan p. 444 (www.allpressespresso.com ; 58 Redchurch St E2 ; plats 4-6 £ ; ⏱9h-17h mar-dim ; ⊖Shoreditch High St). Impeccable brûlerie vendant un très bon café torréfié sur place, des pâtisseries et des sandwichs.

Spitalfields

ST JOHN BREAD & WINE BRITANNIQUE ££

Plan p. 444 (☎3301 8069 ; www.stjohnbreadandwine.com ; 94-96 Commercial St E1 ; plats 14-19 £ ; ⏲9h-22h30 lun-sam, 9h-21h dim ; ⊖Liverpool St). Cet établissement est meilleur marché et plus décontracté que son cousin de Clerkenwell, le **St John** (p. 205), mais propose les mêmes spécialités de viande et abats (rillettes de porc, tourte au chevreuil et aux pieds de porc, sanquette) dans un cadre simple mais lumineux et très prisé des créateurs de Spitalfields. Il possède également un excellent choix de fromages britanniques et de puddings.

POPPIES FISH AND CHIPS ££

Plan p. 444 (www.poppiesfishandchips.co.uk ; 6-8 Hanbury St E1 ; plats 9-13 £ ; ⏲11h-23h ; 📶 ⊖Shoreditch High St ou Liverpool St). Reconstitution parfaite d'un *chippy* de l'East End des années 1950, de la décoration d'époque aux tabliers et filets à cheveux qu'arborent les serveuses. En plus des poissons habituels, le menu propose des anguilles en gelée. La sauce tartare et la purée de pois sont faits maison. On peut arroser le tout d'un verre de vin ou de bière. Le *take away* fait fureur.

HAWKSMOOR GRILLADES £££

Plan p. 444 (☎7247 7392; 157 Commercial St E1 ; plats 20-30 £ ; ⏲fermé dim soir ; 📶 ; ⊖Shoreditch High St ou Liverpool St). Il est facile de rater Hawksmoor, qui se fait discret dans une partie peu engageante de Commercial St, mais pour les carnivores, cette adresse spécialisée dans les steaks vaut le détour. Le décor est classieux : bois sombre, briques apparentes et rideaux de velours. Cadre parfait donc pour se régaler de ce qui se fait de mieux en viande anglaise, cuite à la perfection. Les cocktails sont eux aussi impressionnants. Le week-end, excellent brunch (11h-16h sam-dim), lui aussi très porté sur la viande.

NUDE ESPRESSO CAFÉ £

Plan p. 444 (www.nudeespresso.com ; 26 Hanbury St E1 ; plats 2,50-9 £ ; ⏲7h30-17h lun-ven, 10h-18h sam-dim ; ⊖ Shoreditch High St ou Liverpool St). Un coffee-shop sobre et bien tenu, qui sert d'excellents petits-déjeuners et déjeuners aux influences d'Asie et d'Océanie, préparés avec de bons produits de saison. Café maison torréfié à deux pas, sur Brick Lane.

ROSA'S THAÏLANDAIS £

Plan p. 444 (www.rosaslondon.com ; 12 Hanbury St E1 ; plats 7-12.50 £ ; ⊖Shoreditch High St ou Liverpool St). Ce Thaïlandais à la devanture

LE "PHO MILE"

Les réfugiés vietnamiens ont commencé à affluer en Angleterre en 1975, après la guerre du Vietnam, s'installant notamment à Lewisham, Southwark et dans tout le quartier de Hackney. Tandis que certains travaillaient dans le textile et d'autres en usine, des familles ont repris des restaurants et introduit la cuisine vietnamienne traditionnelle à Londres. Kingsland Rd est aujourd'hui célèbre pour son "Pho Mile", une grande concentration de cafés et restaurants vietnamiens, qui servent en général une nourriture authentique et très abordable. Le signe " BYO" (*Bring your own...*) signifie qu'on peut y apporter son propre vin. Voici nos adresses préférées :

Viet Grill (Plan p. 444 ; ☎7739 6686 ; www.vietnamesekitchen.co.uk ; 58 Kingsland Rd E2 ; plats 6,50-10 £ ; ⊖Hoxton). Ce restaurant moderne sur deux étages, à l'éclairage tamisé et au décor colonial, est un des plus chics du quartier. Ambiance effervescente. Lors de notre dernière visite, la salade de mangues au calamar était particulièrement bonne, tout comme les brochettes d'agneau au saké et le fameux *Feudal Roasted Beef* (steak grillé).

Sông Quê (Plan p. 444 ; ☎7613 3222 ; www.songque.co.uk ; 134 Kingsland Rd E2 ; plats 6,70-8,60 £ ; ⊖Hoxton). Il faut s'attendre à faire la queue pour décrocher une table dans ce restaurant extrêmement couru. Le service est frénétique, mais la cuisine est délicieuse et d'un excellent rapport qualité/prix.

Cây Tre (Plan p. 444 (☎7729 8662 ; www.vietnamesekitchen.co.uk ; 301 Old St EC1 ; plats 7-9 £ ; ⊖Old St). Cette succursale du Viet Grill prépare tous les classiques du Vietnam à une clientèle de Vietnamiens et de fêtards d'Hoxton. Les tables sont assez serrées, mais le cadre est simplement et joliment décoré. De l'autre côté de la rue, la partie café, **Kêu!** (332 Old St ; sandwichs 4.50 £ ; ⏲8h-20h), dont les sandwichs *bahn mi* sont merveilleux (à manger sur place où à emporter), et qui propose également plats du jour, soupes et salades.

rouge occupe deux étages dans une rue toute proche de Commercial St. On y dîne dans un cadre minimaliste (banquettes basses et tabourets rouges). Ne pas manquer les fameux curries de potiron et les salades fraîches épicées, ainsi que les délicieuses grillades au charbon de bois.

BRICK LANE BEIGEL BAKE
BOULANGERIE-TRAITEUR £

Plan p. 444 (159 Brick Lane E2 ; bagels fourrés 1,50-3,50 £ ; 24h/24 ; Shoreditch High St ou Liverpool St). Difficile de trouver des bagels plus frais ou meilleur marché dans tout Londres ; Il suffit de demander à un chauffeur de taxi (c'est leur halte préférée !). Le dimanche, le lieu est toujours bondé à cause du marché et la nuit, les clubbeurs de Shoreditch affluent.

LUXE
CAFÉ-BAR £

Plan p. 444 (7101 1751 ; www.theluxe.co.uk ; 109 Commercial St E1 ; plats 8-10 £ ; 8h-tard le soir ; ; Liverpool St). Ce café, situé dans le bâtiment de l'Old Flower Market et dont la terrasse donne sur l'Old Spitalfields Market, est la nouvelle adresse londonienne du célèbre chef John Torode. La partie restaurant se trouve au 1er étage (réservation conseillée), avec une cuisine centrale et de très belles alcôves. L'ambiance est plus décontractée au café et bar du rez-de-chaussée tandis que le sous-sol accueille concerts et soirées musicales. Luxe sert de très bons petits-déjeuners, ainsi que des sandwichs et des salades : une excellente option pour le brunch du week-end.

OÙ PRENDRE UN VERRE ET FAIRE LA FÊTE

Clerkenwell

JERUSALEM TAVERN
PUB

Plan p. 444 (www.stpetersbrewery.co.uk ; 55 Britton St EC1 ; lun-ven ; ; Farringdon). Créé en 1703, le JT a été l'un des premiers cafés de Londres. Il offre un cadre éblouissant puisque des parties du décor du XVIIIe siècle sont encore visibles ; mais l'établissement étant aussi minuscule que prisé, mieux vaut arriver tôt pour avoir un siège. On y déjeune plutôt bien, et, en tant qu'unique distributeur londonien de la St Peter's Brewery (située dans le North Suffolk), il propose une variété de bières impressionnante (bières bio, *stouts* crémeuses, bières aromatisées aux fruits ou bières au blé), pour la plupart servies dans des bouteilles vertes qui s'apparentent à des flacons pharmaceutiques.

FABRIC
DISCOTHÈQUE

Plan p. 444 (www.fabriclondon.com ; 77a Charterhouse St EC1 ; 22h-6h ven, 23h-8h sam, 23h-6h dim ; Farringdon). Cet immense club reste au firmament de la nuit londonienne pour de nombreux clubbeurs du monde entier, comme en témoignent les longues files d'attente. C'est un dédale sur trois niveaux, avec trois bars, de nombreux couloirs et des toilettes mixtes. Dans la première salle, une piste de danse "body sonic" pour franchir le mur du son. La clientèle est branchée et bien habillée mais sans excès, et la musique (électro, house, drum'n bass et breakbeat), digne des meilleurs clubs londoniens. Des DJ stars mixent souvent à guichets fermés pour la soirée Fabric Live du vendredi : on y a vu Goldie ou DJ Hype. Le dimanche soir, ne pas rater WetYourSelf! ("Mouillez-vous"), une formidable soirée techno et house.

YE OLDE MITRE
PUB

Plan p. 444 (1 Ely Ct EC1 ; lun-ven ; ; Chancery Lane ou Farringdon). Ce pub historique et chaleureux est dissimulé dans une ruelle près du Hatton Garden (passage situé entre les numéros 8 et 10). Il a été construit pour les domestiques de l'Ely Palace. Un souvenir de la reine Elisabeth Ire y est conservé : un tronc de cerisier autour duquel elle a dansé. Pas de musique ici, seulement le faible écho d'aimables conversations.

FILTHY MACNASTY'S
PUB

Plan p. 444 (www.filthymacnastys.co.uk ; 68 Amwell St EC1 ; ; Angel ou Farringdon). Ce fantastique pub irlandais et bar à whisky se trouve au cœur de "Amwell Village" : c'est comme cela que ses habitants appellent cette rue entre Clerkenwell et Islington. Les deux salles – une fantastique carte de whiskies dans la première et des concerts dans la seconde – attirent une clientèle jeune. Sans parler de la "*filthy food*" (littéralement, nourriture dégueulasse !).

FOX & ANCHOR
PUB

Plan p. 444 (7250 1300 ; www.foxandanchor.com ; 115 Charterhouse St EC1 ; 7h-23h

SHOREDITCH : DU DÉSERT URBAIN AU QUARTIER BRANCHÉ

Le phénomène Shoreditch a commencé à la fin des années 1990 quand toutes sortes de créatifs, chassés par les loyers prohibitifs du West End, se sont mis à acheter des entrepôts dans ce *no man's land* abandonné à son sort après la faillite de l'industrie textile. En quelques années, le quartier s'est embourgeoisé, pullulant de bars ultrachics, de clubs branchés, de galeries et de restaurants pour accueillir la nouvelle population de créatifs, free-lance et professionnels des médias. Pourtant, alors que l'on annonçait l'effondrement de la scène de Shoreditch, ce quartier réhabilité ne cesse de prospérer. De nouvelles constructions redonnent vie à certains des endroits les plus pauvres de Londres, gagnant même les quartiers voisins de Hackney et de Bethnal Green. C'est la zone située immédiatement à l'est de Shoreditch High St, où se trouvait jadis un des pires bidonvilles de Londres (Old Nichol), qui fait actuellement l'objet de toutes les attentions. Une flopée de nouveaux cafés et magasins à la mode a ouvert sur Redchurch St et, un peu plus au nord, Calvert Ave et Boundary St connaissent une transformation similaire.

lun-ven, 8h30-23h sam-dim ; ; Farringdon ou Barbican). Un pub victorien rénové, qui a tout de même conservé trois beaux petits salons d'origine derrière le bar. Le menu propose une cuisine solide et réjouissante, qui profite de la proximité de Smithfield Market. Seuls les courageux feront le déplacement pour l'All Day City Boy Breakfast – un véritable festin de viande, arrosé d'une pinte de *stout* (16,95 £). C'est aussi un bon endroit pour séjourner (p. 331).

THREE KINGS — PUB

Plan p. 444 (7 Clerkenwell Close EC1 ; fermé sam en journée et tout le dim ; ; Farringdon). Pub simple et accueillant, qui attire des habitués chaleureux, séduits par la déco atypique, la bonne musique et l'ambiance sympathique du lieu.

VINOTECA — BAR À VIN

Plan p. 444 (www.vinoteca.co.uk ; 7 St John St EC1 ; fermé dim soir ; ; Farringdon). Avec son décor sobre et élégant, sa carte des vins pantagruélique et son service agréable, cette adresse attire des employés de la City et les créatifs du coin. À la boutique, on peut aussi acheter des bouteilles de tous les vins qui sont servis au bar. Cuisine de style européen moderne, également très bonne.

PRUFROCK — CAFÉ £

Plan p. 444 (www.prufrockcoffee.com ; 23-25 Leather Lane EC1 ; 8h-18h lun-ven, 10h-16h sam ; ; Chancery Lane ou Farringdon). Tenu par Gwilim Davis, champion du monde 2009 du "World Barista", cet établissement spacieux et tranquille est un temple dédié au café. Admirez l'équipement sophistiqué (on se croirait dans un laboratoire) et demandez au personnel, très calé, de vous conseiller dans votre choix de café filtre, fait selon une méthode spécialement conçue pour tirer le meilleur de chaque variété de grain.

Shoreditch et Hoxton

BOOK CLUB — BAR-DISCOTHÈQUE

Plan p. 444 (www.wearetbc.com ; 100 Leonard St EC2 ; 8h-minuit dim-mer, 8h-2h jeu-sam ; ; Old St). Cet ancien entrepôt victorien a été reconverti en un inventif lieu de vie, accueillant. Spacieux, avec ses grandes baies vitrées et un sous-sol aménagé en bar, il propose toutes sortes d'activités originales : slam, cours de danse ou de dessin d'après modèle. Programme varié de soirées musicales (punk, ska, pop années 1960, électro, house, disco). Tables de ping-pong et billard. Petit-déjeuner servi à partir de 8h ; on peut manger à toute heure.

GEORGE & DRAGON — BAR GAY

Plan p. 444 (2-4 Hackney Rd E2 ; Shoreditch High St ou Old St). Jadis pub local un peu louche, le George a été repris et décoré avec les antiquités de la grand-mère du propriétaire (bois de cerf, queue de raton laveur, vieilles horloges), des images de Cher en carton et des lumières tamisées, faisant de ce simple pub l'épicentre de la scène de Hoxton depuis plus de 10 ans. Ses soirées DJ figurent parmi les meilleures de Londres, avec des spectacles de cabaret sur les rebords de fenêtres. Plaisir et hédonisme garantis. Une clientèle de gens des médias et de jeunes à la pointe de la mode.

À L'HEURE DU COCKTAIL

Mojitos et autres *caipirinhas* sont désormais monnaie courante dans les bars de Shoreditch, mais certaines adresses font du cocktail un art à part entière. Voici quelques unes de nos préférées. Réservation recommandée. Prix en général compris entre 7 et 10 £.

Worship St Whistling Shop (Plan p. 444 ; ☎7247 0015 ; www.whistlingshop.com ; 63 Worship St EC2 ; ⏲12h-1h lun-jeu, 12h-2h ven-sam ; ⊖Old St ou Liverpool St). Bar de style victorien où le cocktail est une affaire quasi scientifique, le Whistling Shop (nom utilisé à l'époque victorienne pour désigner les débits de boissons illicites) sert des mixtures très originales mais parfaitement maîtrisées, conçues dans un laboratoire maison. Essayez la Panacea, le Black Cat Martini ou le Bosom Caresser (à base de lait en poudre pour bébés). Choix incroyable d'alcools de toutes sortes. Le Dram Shop (lieu de débauche à l'ancienne) accueille des fêtes privées, tandis que l'Experience Room est réservée aux plus téméraires.

Happiness Forgets (Plan p. 444 ; ☎7613 0325 ; www.happinessforgets.com ; 8-9 Hoxton Sq N1 ; ⏲17h-23h lun-sam ; 📶 ; ⊖Old St ou Hoxton). Ce bar en sous-sol à l'éclairage tamisé possède une carte qui annonce la couleur : *mixed drinks and mischief* (cocktails et malice). Bon rapport qualité/prix, atmosphère relax et intimiste.

Nightjar (Plan p. 444 ; ☎7253 4101 ; www.barnightjar.com ; 129 City Rd EC1 ; ⏲18h-1h30 mar-mer, 18h-3h30 jeu-sam ; ⊖Old St). Un *speakeasy* (bar clandestin durant la Prohibition) raffiné où des concerts ont lieu tous les jours. La carte des cocktails, bien préparés, se divise en quatre périodes : avant et après la Prohibition, après-guerre et cocktails maison.

Zetter Townhouse (Plan p. 444 ; ☎7324 4545 ; www.thezettertownhouse.com ; 49-50 St John's Sq EC1 ; ⏲8h-1h ; 📶 ; ⊖Farringdon). Bar à cocktails de l'hôtel Zetter Townhouse (p. 331), au décor excentrique : fauteuils douillets, animaux empaillés et luminaires en pagaille. La carte des cocktails s'inspire de l'histoire des distilleries de quartier. Recettes d'antan et ingrédients maison (comme la liqueur d'ortie) sont utilisés pour créer des boissons originales.

Callooh Callay (Plan p. 444 ; ☎7739 4781 ; www.calloohcallaybar.com ; 65 Rivington St EC2 ; ⏲18h-minuit dim-mer, 18h-1h jeu-sam ; ⊖Old St). Le décor excentrique de ce lieu est inspiré par le *nonsense* poétique du *Jabberwocky* de Lewis Carroll. Tentez le cocktail Ale of Two Cities, clin d'œil à Dickens. N'hésitez pas à ouvrir la porte de l'armoire située au fond du bar !

Loungelover (Plan p. 444 ; ☎7012 1234 ; www.lestroisgarcons.com ; 1 Whitby St E1 ; ⏲18h-0h dim-jeu, 18h-1h ven-sam ; 📶 ; ⊖ Liverpool St ou Shoreditch High St). Une institution de Shoreditch au look de bric-à-brac très étudié et aux superbes cocktails.

Un superbe juke-box. Ce n'est pas ici qu'il faut venir pour prendre un verre au calme. Le lieu est souvent bondé le week-end.

MASON & TAYLOR

BAR

Plan p. 444 (www.masonandtaylor.co.uk ; 51-55 Bethnal Green Rd E1 ; 📶 ; ⊖Shoreditch High St). Situé à la lisière de Banglatown et de Shoreditch, ce bar à bières au décor design sert une quantité incroyable de bières en fût et en bouteille. Des brasseurs londoniens de la nouvelle génération sont notamment à l'honneur, comme Kernel ou Camden Town. Dégustation possible (3 ou 6 galopins). Le personnel est agréable et compétent. La nourriture y est bonne.

BAR KICK

BAR

Plan p. 444 (www.cafekick.co.uk ; 127 Shoreditch High St E1 ; 📶 ; ⊖Old St ou Shoreditch High St). Grand frère du **Café Kick** (Plan p. 444 ; 43 Exmouth Market, EC1 ; ⊖Farringdon ou Angel) de Clerkenwell, ce lieu se rapproche plus du “style Shoreditch”. Comme il restait de la place après l'installation des quatre baby-foot, les patrons ont casé des sofas en cuir, des tables et des chaises toutes simples.

CARGO

DISCOTHÈQUE

Plan p. 444 (www.cargo-london.com ; 83 Rivington St EC2 ; ⏲12h-1h lun-jeu, minuit-3h ven, 18h-3h sam, midi-minuit dim ; ⊖Old St ou Shoreditch High St). L'un des clubs londoniens les plus éclectiques, avec trois espaces aménagés (piste de danse, bar et terrasse extérieure) sous les arcades en brique du chemin de fer. La programmation musicale est innovante et variée, et fait la part belle aux groupes qui montent. On peut manger à toute heure.

PLASTIC PEOPLE DISCOTHÈQUE

Plan p. 444 (www.plasticpeople.co.uk ; 147-149 Curtain Rd EC2 ; ⊖Old St). Un club exigu, avec un bar et une piste de danse dont la sono, selon les experts, n'a absolument rien à envier à celle des plus grands. Les vendredis et samedis, des DJ comme Kieran Hebden, Kode 9 ou Mr Scruff prennent les commandes lors de long sets qui privilégient house et électro.

XOYO DISCOTHÈQUE

Plan p. 444 (www.xoyo.co.uk ; 32-37 Cowper St EC2 ; ⊖Old St). Gérée par des professionnels de la musique, cette salle impressionnante accueille concerts et DJ pointus, ainsi que des expositions. Programme éclectique – avec entre autres rock indépendant, hip-hop, électro ou dubstep – qui attire un public de jeunes *hipsters* en jean slim et de noctambules moins jeunes.

QUEEN OF HOXTON BAR

Plan p. 444 (www.queenofhoxton.com ; 1-5 Curtain Rd EC2 ; ⏲jusqu'à 2h jeu-sam ; 📶 ; ⊖Liverpool St). Bar au style industriel chic, qui possède une salle de jeux et, au sous-sol, propose une programmation musicale variée. On y vient surtout pour la grande terrasse sur le toit, joliment décorée avec des fleurs, des guirlandes et même un bassin à poissons ! Vue exceptionnelle sur la ville. Les **projections en plein air** remportent un grand succès (www.rooftopfilmclub.com ; ⏲ juin-sep).

DREAMBAGSJAGUARSHOES BAR À DJ

Plan p. 444 (www.jaguarshoes.com ; 32-36 Kingsland Rd E2 ; ⏲12h-1h ; ⊖Old St ou Hoxton). Ce bar porte le nom des boutiques dont il occupe aujourd'hui les locaux, avec une nonchalance on ne peut plus caractéristique du chic de Shoreditch. À l'intérieur, la salle minuscule est pleine de canapés et de tables en Formica, avec un DJ dans un coin et des expositions sur les murs couverts de graffitis. On peut commander d'excellentes pizzas chez Due Sardi, juste à côté.

RED LION PUB

Plan p. 444 (www.redlionhoxtonst.com ; 41 Hoxton St N1 ; ⏲17h-23h lun-ven, 12h-23h sam-dim ; 📶 ; ⊖Old St ou Hoxton). Notre adresse favorite pour un verre avant de sortir à Hoxton. Il est géré par la même équipe que le 333. Tout en étant à deux pas de Hoxton Sq, l'endroit est assez reculé, dans une ruelle, ce qui lui permet d'éviter les foules. Des DJ officient en bas tandis que les clients se répandent sur le trottoir, une pinte à la main. Intérieur très kitsch où habitués et jeunes branchés se côtoient en bonne harmonie. La terrasse du toit rencontre un franc succès.

CATCH CLUB

Plan p. 444 (www.thecatchbar.com ; 22 Kingsland Rd E2 ; ⏲18h-minuit lun-mer, 18h-2h jeu-sam, 19h-1h dim ; ⊖Old St ou Shoreditch High St). Il ne paie pas de mine, mais c'est l'une des meilleures adresses de Shoreditch. À l'étage, musique éclectique (années 1990, funk, hip-hop…) et excellente programmation live, alternant novices et valeurs sûres. Au sous-sol (entrée gratuite), l'ambiance est à la fête avec des DJ mêlant musiques en top des charts, électro et techno.

HORSE & GROOM PUB-DISCOTHÈQUE

Plan p. 444 (www.thehorseandgroom.net ; 28 Curtain Rd EC2 ; ⏲12h-minuit lun-mer, 12h-2h jeu et dim, 12h-4h ven-sam ; ⊖Liverpool St). Dans une petite rue qui ne paye pas de mine, ce lieu à l'ambiance décontractée, avec deux salles intimistes, organise des soirées musicales (disco, house, funk, soul, etc.).

333 DISCOTHÈQUE

Plan p. 444 (www.333mother.com ; 333 Old St EC1 ; ⊖Old St). Le vétéran de Hoxton n'est plus ce qu'il était, mais le club attire encore beaucoup d'habitués. Il organise encore d'excellentes soirées rock indé, électro, dubstep et hip-hop. A l'étage, un bon établissement distinct, le **Mother Bar** (⏲20h-3h), dispose d'un salon et d'une piste de danse, et accueille une clientèle de noctambules bon enfant. Fermeture tardive.

MACBETH PUB

Plan p. 444 (www.themacbethuk.co.uk ; 70 Hoxton St N1 ; ⏲11h-1h lun-jeu, 17h-2h ven-dim ; 📶 ; ⊖Hoxton). Installé dans une rue qui échappe encore à la “boboïsation”, cet énorme pub à deux pas au nord de Hoxton Sq est une institution qui dure dans une scène locale où tout change très vite. Tenue par des musiciens, cette adresse intimiste accueille nouveaux talents et plus grands noms sur la scène du sous-sol. Il y a un second bar à l'étage et une grande terrasse sur le toit.

INTERVIEW

UN CAFÉ PAS COMME LES AUTRES

Chantal Hill, musicienne londonienne, vit à Hoxton, où elle découvre régulièrement de nouvelles adresses. Voici son repaire du moment :

Le choix de Chantal

Avant d'y entrer, je pensais que le **Bridge** (Plan p. 444 ; 15 Kingsland Rd E2 ; 12h-1h dim-jeu, 12h-2h ven-sam ; ; Old St ou Hoxton) était un café comme tant d'autres, peut-être un peu plus chic, mais j'ai découvert un lieu magique. On y vend bien du café et quelques en-cas, mais le clou de la boutique est sans aucun doute la caverne d'Ali Baba qui se trouve à l'étage. C'est un salon-boudoir qui semble avoir été agencé par l'enfant caché de Louis XIV et d'une vieille tante excentrique folle de chats. Le bar du bas est lui décoré à l'italienne. On peut y contempler le joueur de base-ball Joe DiMaggio en pleine action au-dessus de la porte et un fantastique coffre ancien. Bière, vin et autres alcools sont aussi proposés. Une vraie trouvaille !

OLD BLUE LAST — PUB

Plan p. 444 (www.theoldbluelast.com ; 38 Great Eastern St EC2 ; jusqu'à minuit lun-mer, 0h30 jeu et dim, 1h30 ven-sam ; ; Old St ou Shoreditch High St). Cet antique et très beau pub attire une clientèle de jeunes branchés de Hoxton. On doit ce coup de jeune au magazine *Vice*, bible de la branchitude, que dirige le propriétaire des lieux. Old Blue Last organise quelques-unes des meilleures soirées de Shoreditch, et le juke-box balance pas mal de bons sons.

EAST VILLAGE — DISCOTHÈQUE

Plan p. 444 (www.eastvillageclub.co.uk ; 89 Great Eastern St EC2 ; Old St). Les amateurs de house de tout Londres affluent dans ce club en sous-sol, en particulier lors de soirées spéciales où jouent les meilleurs musiciens de New York. D'autres soirées font la part belle à d'autres genres : disco, dancehall, dubstep ou drum'n'bass.

AQUARIUM — DISCOTHÈQUE

Plan p. 444 (www.clubaquarium.co.uk ; 256-264 Old St EC1 ; Old St). Piscine et Jacuzzi (serviettes fournies sur place) constituent les principales attractions de ce grand club tape-à-l'œil, qui reste souvent ouvert tard dans la nuit (parfois jusqu'à 9h). Les DJ passent surtout de la house et de la techno. Clientèle lambda mais bien habillée. Baskets à proscrire.

Spitalfields

GOLDEN HEART — PUB

Plan p. 444 (110 Commercial St E1 ; Liverpool St). Des clients évidemment branchés se mêlent dans un cadre qui, en revanche, ne l'est pas. Si l'établissement est connu pour être le rendez-vous de la crème du monde artistique londonien, nous avons surtout apprécié de discuter avec Sandra, la célèbre propriétaire, qui parle avec tous et s'assure que tout se passe bien.

TEN BELLS — PUB

Plan p. 444 (www.tenbells.com ; 84 Commercial St E1 ; Liverpool St). Cet emblématique pub victorien, doté de grandes baies vitrées et de belles céramiques murales, est idéal pour prendre un verre après une promenade dans Spitalfields Market. Jack l'Éventreur y aurait repéré certaines de ses victimes, mais la clientèle d'aujourd'hui est plus recommandable, et plutôt branchée.

93 FEET EAST — DISCOTHÈQUE

Plan p. 444 (www.93feeteast.co.uk ; 150 Brick Lane E2 ; 17h-23h lun-jeu, 17h-1h ven-sam, 15h-22h30 dim ; Liverpool St ou Shoreditch High St). Ce haut lieu des soirées à Brick Lane est repérable à sa longue file d'attente. Une cour, trois grandes salles, une terrasse bondée chaque après-midi ensoleillé et une clientèle décontractée d'East London. Certaines soirées sont excellentes, telle la très courue Slipped Disco le vendredi. Les tranquilles après-midi Fuse Party du dimanche sont gratuits, avec barbecue dans la cour et des tas de DJ prêts à passer sur le gril du mix à l'intérieur. Pour éviter la queue, procurez-vous votre billet à l'avance sur le site Internet.

VIBE BAR — BAR À DJ

Plan p. 444 (www.vibe-bar.co.uk ; Old Truman Brewery, 91-95 Brick Lane E1 ; jusqu'à tard ven-sam ; ; Liverpool St ou Shoreditch High St). Ancien épicentre des nuits de Hoxton, le Vibe est à la foi un bar, un club et un jardin avec étals de restauration rapide. Surtout prisé dans les années 1990, l'établissement est néanmoins resté populaire. Il est très agréable en été. Concerts la plupart du temps et DJ les autres soirs dans l'intérieur spacieux.

OÙ SORTIR

SADLER'S WELLS DANSE

Plan p. 444 (☎0844 412 4300 ; www.sadlerswells.com ; Rosebery Ave EC1 ; ⊖Angel). Le théâtre date de 1683, mais a été entièrement reconstruit en 1998 ; c'est aujourd'hui l'établissement le plus éclectique et le plus moderne qui soit en matière de danse, avec toutes sortes de spectacles de danse expérimentale du monde entier. Le Lilian Baylis Studio accueille des productions plus modestes.

COMEDY CAFÉ SPECTACLES COMIQUES

Plan p. 444 (☎7739 5706 ; www.comedycafe.co.uk ; 66-68 Rivington St EC2 ; ⏲mar-sam; ⊖Old St ou Shoreditch High St). Une salle de premier plan qui accueille de bons comédiens. C'est parfois laborieux et un peu farfelu, mais la scène, ouverte aux amateurs le mercredi, offre de bons moments de détente.

SHOPPING

C'est l'endroit où découvrir des boutiques sympas et explorer les marchés qui regorgent de vêtements vintage ou signés de jeunes créateurs en vogue. D'innombrables boutiques vous attendent dans le secteur de Brick Lane, de Cheshire St, Hanbury St et de l'Old Truman Brewery dans Dray Walk. En décembre, une grande exposition présente les dernières créations, vêtements, bijoux et œuvres d'art au Shoreditch Town Hall (voir www.eastlondondesignshow.co.uk). Clerkenwell est surtout réputé pour ses joailliers. Pour les bijoux classiques et les pierres non serties, une balade dans le quartier des diamantaires s'impose à **Hatton Garden** (plan p. 444 ; www.hatton-garden.net ; ⊖Chancery Lane).

♥ **SPITALFIELDS MARKET** MARCHÉ

Plan p. 444 (www.oldspitalfieldsmarket.com ; Commercial St, entre Brushfield St et Lamb St E1 ; ⏲10h-16h dim-ven ; ⊖ Liverpool St). Un des meilleurs marchés de Londres, où les commerçants écoulent leurs marchandises depuis le début du XVIIe siècle. Le marché couvert qu'on voit aujourd'hui date du XIXe siècle et il a été rénové en 2006. Ouvert 6 jours/7, il se consacre chaque jour à une spécialité. Les plus courues sont le jeudi (antiquités), le vendredi (mode) et le dimanche, pic de fréquentation hebdomadaire, avec ses étals de vêtements, bijoux, alimentation et disques.

ROUGH TRADE EAST MUSIQUE

Plan p. 444 (www.roughtrade.com ; Dray Walk, Old Truman Brewery, 91 Brick Lane E1 ; ⏲8h-20h lun-ven, 11h-19h sam-dim ; ⊖Liverpool St). Vaste magasin de musique, avec un impressionnant choix de CD et vinyles de tous genres, et un rayon librairie intéressant. Les vendeurs, dont les recommandations éclairées figurent en bonne place, se feront un plaisir de vous aider. Bon café à l'entrée du magasin. Des concerts sont régulièrement organisés sur place.

TATTY DEVINE BIJOUX ET ACCESSOIRES

Plan p. 444 (www.tattydevine.com ; 236 Brick Lane E2 ; ⏲11h-18h mar-dim ; ⊖Shoreditch High St).

UN DIMANCHE AU MARCHÉ

Le dimanche, les marchés sont légion dans l'est londonien. Voilà un parcours shopping coloré et économique idéal. Il peut commencer au **marché aux fleurs de Columbia Road** (p. 232) et se poursuivre vers le sud. Au **Brick Lane Market** (plan p. 444 ; ⏲8h-15h dim ; ⊖Shoreditch High St), qui s'étend sur une grande superficie dans les rues alentour, on trouve des objets de quincaillerie, diverses babioles, des vêtements bon marché ou d'occasion. On peut aussi y jouer au *carrom* (billard indien). À deux pas de Brick Lane, faire un tour au **Backyard Market** (plan p. 444 ; www.backyardmarket.co.uk ; ⏲11h-17h sam-dim ; ⊖Shoreditch High St), dont les étals sont remplis de vêtements vintage, de céramiques et de meubles. Un peu plus au sud, de l'autre côté de Brick Lane, se trouve le **Sunday UpMarket** (plan p. 444 ; www.sundayupmarket.co.uk ; ⏲10h-17h dim), avec ses magnifiques vêtements de jeunes créateurs, des disques et des objets d'artisanat. L'excellent *food hall* propose de la nourriture du monde entier, des plats végétariens éthiopiens aux délices culinaires japonais. S'il vous reste encore de l'énergie, terminez la balade par un tour au **Spitalfields Market**.

Les astucieux bijoux d'Harriet Vine et Rosie Wolfenden sont très populaires auprès des jeunes Londoniens. Créations uniques, parmi lesquelles des colliers aux motifs inspirés par une faune et une flore très diverses, ou des moustaches ! Superbe également, un collier en Plexiglas à son nom (sur commande, 27,50 £).

LABOUR & WAIT ARTICLES POUR LA MAISON

Plan p. 444 (www.labourandwait.co.uk ; 85 Redchurch St E2 ; ⌚11h-18h mar-dim ; ⊖Liverpool St ou Shoreditch High St). Une gamme à la fois simple et fonctionnelle, à l'élégance classique. Labour & Wait est le spécialiste des objets fabriqués à l'ancienne par des artisans indépendants : timbales d'écolier, cafetière en émail, magnifiques couvertures en laine d'agneau, plumeaux en autruche véritable et outils de jardinage. Attention, horaires d'ouverture limités.

LADEN SHOWROOM MODE

Plan p. 444 (www.laden.co.uk ; 103 Brick Lane E1 ; ⊖Liverpool St ou Shoreditch High St). Officieusement, Laden donne le *la* du *streetwear* façon Hoxton. Ce fut l'un des secrets les mieux gardés de Londres, mais des célébrités fréquentant l'endroit ont fait sa réputation. Les créations (homme/femme) des nombreux stylistes indépendants représentés ici sont très demandées.

ABSOLUTE VINTAGE VINTAGE

Plan p. 444 (www.absolutevintage.co.uk ; 15 Hanbury St E1 ; ⌚11h-19h ; ⊖Liverpool St/Shoreditch High St). On trouve ici une montagne de chaussures vintage de toutes les tailles et de toutes les couleurs. Des paires de créateurs côtoient celles tout droit sorties des placards de grand-mères. Vêtements homme et femme à l'arrière du magasin.

MAGMA LIVRES

Plan p. 444 (www.magmabooks.com ; 117-119 Clerkenwell Rd EC1 ; ⌚lun-sam ; ⊖ Farringdon). Un magasin très apprécié pour ses livres, magazines, T-shirts et tout ce qui est à l'avant-garde du design. Idéal pour dénicher un cadeau très graphique.

ECONE BIJOUX ET ACCESSOIRES

Plan p. 444 (www.econe.co.uk ; 41 Exmouth Market EC1 ; ⌚lun-sam ; ⊖Farringdon ou Angel). Le couple qui tient cette boutique, Jos et Alison Skeates, vend de magnifiques collections contemporaines de créateurs anglais et internationaux sur le trépidant Exmouth Market.

START MODE

Plan p. 444 (www.start-london.com ; 42-44 Rivington St ; ⊖Old St ou Shoreditch High St). "La rencontre de la mode et du rock'n'roll" : tel est le credo des trois boutiques de l'ancienne guitariste de The Fall, Brix Smith-Start, rockeuse culte et amatrice de vêtements *girly*. Les grandes marques telles que Mulberry et Helmut Lang sont ici très présentes, mais la propriétaire est aussi très fière de sa superbe collection de jeans. Tout aussi excellente, **Start Menswear** (plan p. 444 ; 59 Rivington St), de l'autre côté de la rue. La troisième adresse, **Mr Start** (plan p. 444 ; 40 Rivington St), propose un service tailleur sur mesure pour hommes.

PRESENT MODE

Plan p. 444 (www.present-london.com ; 140 Shoreditch High St E1 ; ⊖Old St/Shoreditch High St). Tout pour le gentleman à la page : vêtements de créateurs, chaussures, livres ou accessoires pour le vélo. Excellent café aussi.

NO-ONE MODE

Plan p. 444 (www.no-one.co.uk ; 1 Kingsland Rd E2 ; ⊖Old St ou Shoreditch High St). Tenue par les propriétaires du très branché **Dreambagsjaguarshoes** (p. 213), cette boutique occupe le bar Old Shoreditch Station. On trouve des créations Eley Kishimoto, Peter Jensen et d'autres marques ultratendance pour homme et femme, avec accessoires de mode et chaussures du même acabit.

123 BETHNAL GREEN ROAD MODE

Plan p. 444 (www.123bethnalgreenroad.co.uk ; 123 Bethnal Green Rd E2 ; ⌚11h30-19h ; ⊖Old St ou Shoreditch High St). Un magasin sur trois étages dans un imposant immeuble d'angle de la fin du XIXe siècle. Des créations de Dr Noki cohabitent avec celles signées par le maison, 123. Ces deux marques produisent des articles originaux à partir de matériaux recyclés. Au rez-de-chaussée se trouvent d'autres vêtements et des articles de la maison. Café-bar au sous-sol.

LESLEY CRAZE GALLERY BIJOUX ET ACCESSOIRES

Plan p. 444 (www.lesleycrazegallery.co.uk ; 33-35a Clerkenwell Green EC1 ; ⌚mar-sam ; ⊖Farringdon). Considérée comme un des hauts lieux européens pour la joaillerie contemporaine et artistique, cette galerie propose des bijoux en métal discrets et parfois coûteux. Vous trouverez également un choix de bracelets, de broches et de bagues à tous les prix.

L'East End et les Docklands

WHITECHAPEL | BETHNAL GREEN | HACKNEY | MILE END | VICTORIA PARK | HACKNEY WICK | STRATFORD | WAPPING | LIMEHOUSE | DOCKLANDS

Notre sélection

❶ Le **parc olympique** (p. 222) pour son architecture novatrice, la majesté des paysages environnants et même la faune sauvage de ces anciennes mouillères de l'East London.

❷ Le parfum entêtant des roses sur le marché le plus odorant de Londres, celui de **Columbia Rd** (p. 232).

❸ La découverte des paysages contrastés et de l'histoire haute en couleur des **Docklands** (p. 224).

❹ Imaginer la vie d'un marin du XVIIe siècle lors d'un petit tour au cœur de **Wapping** (p. 223).

❺ Cap sur **Whitechapel** (p. 219), pour une immersion dans le Londres multiculturel et un authentique repas du Bangladesh.

Pour un plan plus détaillé, reportez-vous p. 446

Bons plans Lonely Planet

C'est en longeant l'eau que l'on s'imprègne le mieux de l'atmosphère du quartier. Partez à pied ou à vélo de Regent's Canal, au sud du Broadway Market, et suivez le canal jusqu'à Limehouse. Au niveau du Victoria Park, bifurquez à l'est afin de rejoindre Hackney Wick et le parc olympique. Vous pouvez aussi prendre le Thames Path et le remonter jusqu'aux St Katharine Docks.

Le top des restaurants

- Wapping Food (p. 229)
- Formans (p. 229)
- Tayyabs (p. 225)
- E Pellici (p. 227)
- Gun (p. 229)

Voir détails p. 225

Le top des bars et cafés

- Dove Freehorse (p. 230)
- Grapes (p. 231)
- Carpenter's Arms (p. 230)
- Royal Inn on the Park (p. 230)
- Palm Tree (p. 230)

Voir détails p. 229

Les sites historiques

- Museum of London Docklands (p. 224)
- Sutton House (p. 220)
- Ragged School Museum (p. 221)
- House Mill (p. 222)

Voir détails p. 219

Découvrir l'East End et les Docklands

Vastes espaces, l'East End et les Docklands ne proposent pas à proprement parler de visite incontournable. On y va pour se plonger dans une atmosphère unique. La création de la ligne de métro aérien a désenclavé le quartier. À voir : le parc olympique et Hackney, les Docklands et la Limehouse ou encore Whitechapel d'où on peut faire un petit saut à Bethnal Green. Partout, on trouvera des cafés pour dîner au calme et siroter quelques verres – l'East End, où l'indolence se fait art de vivre.

Vivre comme un londonien

- **London Fields** Les samedis ensoleillés, les "East Enders" de tous les âges font des emplettes au Broadway Market (p. 232) avant d'organiser un pique-nique impromptu à London Fields (p. 220) ou, pour les plus sportifs, d'aller piquer une tête dans le *lido*.
- **Whitechapel Gallery** Dépourvue d'une collection permanente, la galerie (p. 219) est tenue de renouveler continuellement ses expositions. Pour des nourritures plus terrestres, attablez-vous chez Tayyabs (p. 225).
- **Cabaret et club** Des drag-queens au burlesque interlope aux oiseaux de nuit les plus originaux qui soient, les noctambules ont toujours une bonne raison de se rendre à la Bistrothèque (p. 231) ou au Bethnal Green Working Men's Club (p. 230).

Depuis/vers l'East End et les Docklands

- **Métro** La Central Line dessert Bethnal Green, Mile End et Stratford depuis le West End et la City.
- **Métro aérien** Au départ de Camden et Highbury, la ligne aérienne assure une liaison rapide vers Hackney, Hackney Wick et Stratford. Un embranchement relie Dalston ainsi que Whitechapel et Wapping, plus au sud.
- **DLR** Au départ de Tower Gateway ou de Bank, la Docklands Light Railway vous emmène à Limehouse et à Docklands, ainsi qu'à la gare Stratford, d'où partent trains locaux et nationaux.
- **Bus** Le 55, qui arrive d'Oxford St, est pratique pour aller à Hackney, tout comme le 38 venant de Victoria via Islington. Le 277 relie Hackney aux Docklands via Victoria Park.
- **Train** Jonction rapide vers London Fields, Cambridge Heath ou Stratford depuis Liverpool St. Le réseau express vous dépose à St Pancras (avec le train Javelin pendant les Jeux) ou à Stratford International en 7 minutes.
- **Bateau** Pendant les jeux (27 juillet-12 août 2012), une navette fluviale relie Limehouse au parc olympique.

À VOIR

Whitechapel

WHITECHAPEL BELL FOUNDRY — FONDERIE DE CLOCHES

Plan p. 446 (www.whitechapelbellforndry.co.uk ; 32-34 Whitechapel Rd E1 ; visite 11 £/pers ; ⌚visites 10h et 13h30 certains mer et sam, boutique 9h30-16h15 lun-ven ; ⊖Aldgate East ou Whitechapel). Présente sur ce site de Whitechapel depuis 1738, cette fonderie de cloches était déjà en activité en 1570, mais ailleurs dans le quartier. Elle produisit notamment Big Ben (1858) et la Liberty Bell (cloche de la liberté, 1752) de Philadelphie, aux États-Unis. Après le 11 septembre 2001, une nouvelle cloche y a été fondue pour la Trinity Church de New York. Les visites guidées durent 1 heure 30 (25 personnes au maximum ; voir le site Internet pour la réservation) et il arrive qu'elles affichent complet un an à l'avance. En semaine, une petite exposition très complète est librement accessible dans l'entrée. La boutique vend des souvenirs.

WHITECHAPEL ROAD — RUE

Whitechapel High St, principale artère de l'East End, bourdonne de langues asiatiques, africaines et moyen-orientales, et ses boutiques animées vendent aussi bien des en-cas indiens que des tissus nigériens ou des bijoux turcs, tandis que se côtoient, avec plus ou moins de facilités, les innombrables communautés du quartier. S'il reste chaotique et pauvre, l'endroit n'en demeure pas moins plein de vie. Une expérience à ne pas manquer. À quelques pas de la station de métro Whitechapel, vous trouverez l'imposante **East London Mosque** (www.eastlondonmosque.org.uk ; 46-92 Whitechapel Rd E1), et derrière elle, la **Great Synagogue** (Grande Synagogue ; 41 Fieldgate St), édifiée en 1899. En descendant Fieldgate

LES INCONTOURNABLES
WHITECHAPEL GALLERY

Installée dans un bâtiment Art nouveau depuis 1899, cette galerie avant-gardiste s'est étendue à la bibliothèque voisine en 2009, doublant sa surface d'exposition, avec un total de dix galeries. Fondée par le philanthrope Canon Samuel Barnett à la fin du XIXe siècle pour ouvrir la population de l'Est londonien à l'art, elle s'est fait connaître en exposant indifféremment artistes établis ou émergents, dessinateurs de bandes dessinées ou architectes avec, entre autres grands noms, Jackson Pollock (sa première exposition au Royaume-Uni), Gary Hume, Robert Crumb ou Mies van der Rohe. C'est ici qu'a été exposé pour la première fois le *Guernica* de Picasso en 1939. Les expositions, aux thèmes ambitieux, changent tous les deux mois (consultez le programme sur le site Internet) et la galerie accueille aussi des concerts, des lectures poétiques, des débats et des projections de films jusqu'à tard le jeudi. Et ne manquez pas les fantastiques "sculptures sociales" qui occupent différents espaces (éphémères) un peu partout – on en trouve jusqu'au toit de l'immeuble. L'accueil fournit, en échange d'une carte bancaire laissée en caution, un audioguide, *The Missing Voice (Case Study B)* de Janet Cardiff. Il vous mènera dans les petites rues adjacentes, une expérience surréaliste et passionnante où art et paysage urbain se mêlent avec bonheur. Autres atouts : l'excellente librairie, la Whitechapel Gallery Dining Room (p. 225), et le café très design au niveau de la mezzanine.

À NE PAS MANQUER...

- Les sculptures sociales
- La librairie
- Un repas dans la "Dining Room"

INFOS PRATIQUES

- plan p. 446
- www.whitechapelgallery.org
- 77-82 Whitechapel High St E1
- gratuit
- ⌚11h-18h mar-dim, 11h-21h jeu
- ⊖Aldgate East

CABLE STREET

Cable St, au sud de Commercial Rd, est une large voie qui a emprunté son nom aux cordes de chanvres qu'on y enroulait avant de les charger sur des bateaux. Une bataille y a eu lieu en 1936. Elle opposa les "chemises brunes" d'Oswald Mosley, un fasciste britannique qui se lançait à l'assaut du quartier, à des centaines de personnes, d'origines et de métiers divers – juifs, communistes, dockers, syndicalistes ou simples habitants –, solidairement unies contre ces troupes séduites par les idées du parti hitlérien. Au n°236 de la rue, les murs de l'hôtel de ville, St George's Town Hall, sont ornés de représentations de ces émeutes. L'église qui se dresse derrière, **St George-in-the-East** (www.stgite.org.uk ; 16 Cannon St Rd E1), fut construite en 1729 par Nicholas Hawksmoor. Elle fut lourdement abîmée lors du Blitz, après lequel il n'en demeura que l'ossature, et abrite aujourd'hui un chœur moderne.

St, la massive **Tower House** (81 Fieldgate St E1) était une auberge avant d'être rachetée par un marchand de sommeil puis divisée en appartements. Joseph Staline comme les écrivains Jack London et George Orwell y logèrent. Ce dernier en décrit d'ailleurs le fonctionnement dans son *Dans la dèche à Paris et à Londres* (1933).

Whitechapel Rd elle-même contient quelques adresses tristement célèbres, en particulier le **Blind Beggar Pub** (337 Whitechapel Rd E1), où le célèbre gangster Ronnie Kray tua d'un coup de feu George Cornell en 1966, lors d'une guerre des gangs pour le contrôle du crime organisé dans l'East End. Kray fut emprisonné à vie et mourut en 1995. Après le croisement avec Cambridge Heath Rd, l'histoire de ce quartier traditionnellement pauvre prend un tour plus philantropique. On y verra ainsi une statue de **William Booth**, fondateur de l'Armée du Salut en 1865, et les **Trinity Green Almshouses**, petites maisons construites pour les marins blessés et les vétérans en 1695. Perpendiculaires à la rue, les deux rangées de maisons font face à une étendue champêtre et à une chapelle dotée d'une tour de l'horloge.

Bethnal Green et Hackney

GRATUIT V&A MUSEUM OF CHILDHOOD — MUSÉE

Plan p. 446 (www.vam.ac.uk/moc ; angle Cambridge Heath et Old Ford Rds E2 ; 10h-17h45 ; wifi ; Bethnal Green). Installé dans un bâtiment rénové de l'époque victorienne déplacé de South Kensington en 1866, ce musée de l'Enfance, annexe du Victoria & Albert Museum, séduira aussi bien les enfants – avec ses salles d'activités et ses espaces interactifs, parmi lesquels une boîte à déguisement et un bac à sable – que les adultes nostalgiques, venus admirer les jouets anciens, de l'ours en peluche au Meccano®, de la maison de poupée au Lego® en passant par les jeux vidéo. Café agréable au rez-de-chaussée.

SUTTON HOUSE — MONUMENT

Plan p. 446 (www.nationaltrust.org.uk/suttonhouse ; 2 et 4 Homerton High St E9 ; adulte/enfant 3/1 £ ; 10h-17h jeu-ven, 12h-17h sam-dim, fermé jan ; Hackney Central, 394). Abandonnée, puis investie par des squatteurs dans les années 1980, cette demeure fut baptisée Bryk Place lors de sa contruction en 1535 par un éminent courtisan d'Henri VIII, sir Ralph Adleir. Placée sous la tutelle du National Trust, elle fut magnifiquement restaurée – et sauvée de la destruction. La première salle historique, le Linenfold Parlour, est une vraie splendeur : ses lambris de chêne Tudor ont été sculptés de manière à ressembler à des tentures. Parmi les autres pièces intéressantes figurent la Great Chamber, toute lambrissée, le bureau victorien, le parloir georgien et l'étrange reconstitution d'une cuisine d'époque tudor. Sur place se trouvent un bon café et une boutique.

À l'ouest de Sutton House, dans les jardins de la St John's Church, la **St Augustine's Tower** (www.hhbt.org.uk ; Mare St E8), du XIIIe siècle, est tout ce qu'il reste d'une église démolie en 1798. Le dernier dimanche du mois, de 14h30 à 16h30, on peut grimper les 135 marches de la tour pour accéder à son sommet. C'est gratuit et la vue vaut largement l'effort.

LONDON FIELDS — PARC

Plan p. 446 (www.hackney.gov.uk/cp-londonfields ; London Fields, 55 ou 277).

Bande verdoyante au cœur du très urbain Hackney, London Fields servait autrefois de pâturage. Repaire des citadins du quartier, ce parc est particulièrement fréquenté les week-ends ensoleillés – un petit tour au Broadway Market (voir p. 232) permet de pique-niquer ensuite à bon compte. Le **London Fields Lido** (www.hackney.gov.uk/c-londonfields-lido ; London Fields Westside E8 ; adulte/enfant 4,10/2,45 £ ; ⏲horaires habituels 6h30-20h), une ancienne piscine qui fonctionna de 1930 à 1980, a rouvert en 2006, à la grande joie des habitants de Hackney qui s'y pressent en été. Deux aires de jeux et un bon pub complètent les loisirs du parc.

Mile End et Victoria Park

VICTORIA PARK — PARC

Plan p. 446 (www.towerhamlets.gov.uk ; ⏲lever-coucher du soleil ; ⊖Mile End, 🚌277 ou 425). Équivalent de Regent's Park mais côté East End, cette étendue verdoyante de 87 ha abrite des lacs, des fontaines, un terrain de bowling, un parc à daims et des courts de tennis. Victoria Park fut le premier parc public à voir le jour dans l'East End en 1845, suite à une pétition de 30 000 signatures présentée à la reine Victoria par le député local. Au début du XXe siècle, ce fut le Speaker's Corner de l'East End. Pendant la Seconde Guerre mondiale, il ferma ses portes au public pour devenir un site de l'artillerie anti-aérienne et un camp de prisonniers de guerre italiens et allemands. Au moment de la rédaction de ce guide, la coquette somme de 12 millions de livres lui avait été allouée, afin d'améliorer les lacs, de créer une piste de skate-board ainsi qu'un bâtiment renfermant café, salle commune et bureaux dans la partie est du parc.

GRATUIT RAGGED SCHOOL MUSEUM — MUSÉE

Plan p. 446 (www.raggedschoolmuseum.org.uk ; 46-50 Copperfield Rd E3 ; ⏲10h-17h mer-jeu, 14-17h 1er dim du mois ; ⊖Mile End). Il ravira les enfants comme leurs parents. Ce musée d'histoire sociale abrite la reproduction d'une salle de classe victorienne (avec bancs et tables en bois, ardoises, craies, encriers et bouliers) et d'une cuisine de l'East End. À l'époque victorienne, le mot *ragged* (qui signifie "en haillons") désignait les vêtements habituellement déchirés et sales des écoliers, d'où le nom du musée. Ce dernier rend aussi hommage au Dr Joseph Barnardo, qui fonda la première école gratuite pour les petits pauvres de l'East End, dans ce même bâtiment, au cours des années 1870. L'école ferma ses portes en 1908, mais une reconstitution de l'ambiance victorienne, aussi rêche que stricte, a lieu le premier dimanche

LE PÈRE DE LA "BOXE SCIENTIFIQUE"

Daniel Mendoza (1764-1836), le père de la "boxe scientifique", qui se surnommait lui-même "Mendoza le Juif", fut le premier boxeur aux poings nus à utiliser vitesse et stratégie sur le ring. Né à Aldgate, il quitta l'école à 13 ans pour faire des petits boulots, comme porteur, s'attirant des sarcasmes (on le traitait d'*outsider*) qui le poussaient à la bagarre. Il fut finalement découvert par le "gentleman boxer" Richard Humphreys, de vingt ans son aîné, qui le prit sous son aile et commença à l'entraîner. Mendoza développa un style de combat radicalement opposé à la norme d'alors, selon laquelle les deux combattants se faisaient face et se tapaient dessus jusqu'à ce que l'un des deux s'effondre.

Mendoza entama une carrière pleine de succès sur le ring, mais il finit par se disputer avec son mentor. Son combat le plus célèbre fut un règlement de compte entre les deux, en 1788. Alors que Mendoza s'apprêtait à administrer le coup de grâce, l'assistant de Humphreys lui attrapa la main. Le moment a été immortalisé dans la gravure *Foul Play*, exposée à la National Portrait Gallery (p. 97). Mendoza combattit Humphreys "à la régulière" deux fois encore, remportant la victoire à chaque fois.

Mendoza fut le premier sportif de l'histoire britannique à être élevé au rang d'idole – un véritable David Beckham du XVIIIe siècle. Il amassa (et perdit) une fortune, écrivit ses mémoires ainsi qu'un livre, *The Art of Boxing* (L'Art de la boxe), et fréquenta les puissants de ce monde (y compris des membres de la famille royale). On vendit même des images et des bibelots à son effigie. Et, plus important encore, il fit avancer la cause des juifs dans ce pays qui ne les tolérait que depuis un siècle. Les gens découvrirent qu'un juif pouvait et savait se défendre – et gagner.

LE COCKNEY ET SES RIMES

Traditionnellement, le terme cockney s'applique à ceux qui ont été bercés dès la naissance par le son des Bow Bells (les cloches de St Mary-le-Bow, à Cheapside, p. 153). Or, peu de personnes vivent désormais dans ce qui est devenu la City, et les cockneys sont donc les résidents de la zone plus à l'est, l'East End. Le mot est aussi souvent utilisé pour décrire quelqu'un qui parle l'*Estuary English* (dans lequel on ne prononce pas les "t" et les "h" et qui fait beaucoup usage des coups de glotte – le son des deux "t" de "bottle"). En fait, le cockney est avant tout connu pour son argot rimé. Les marchands de rues de Londres l'ont probablement inventé pour se parler sans être compris par la police. Selon un code établi, des locutions rimées remplacent des noms communs et des verbes. Ainsi "*going up the apples and pears*" veut dire grimper les escaliers ("*up the stairs*"), "*trouble and strife*", épouse ("*wife*"), "*telling porky pies*", mentir ("*telling lies*") et "*would you Adam and Eve it ?*", le croiriez-vous ? ("*Would you believe it ?*"). Avec l'habitude, le deuxième mot qui rime est abandonné. Très peu de gens, s'il en existe encore, parlent le cockney pur, mais beaucoup le comprennent. Vous le trouverez encore dans des expressions comme "*use your loaf*" ("utilisez votre pain", *loaf*, entendu au sens de tête), "*ooh, me plates of meat*" ("oh, mes plats de viande"... mes pieds) ou "*e's me best china*" ("où est ma meilleure assiette de porcelaine"... mon pote).

du mois. Adultes et enfants y apprennent lecture, orthographe et arithmétique sous la férule d'une âpre Miss Perkins, de 14h15 à 15h30 (don apprécié 2 £). Un minuscule café-boutique vend ardoise et craie et l'équipe du musée se montre prodigue en informations précieuses.

HOUSE MILL — MONUMENT HISTORIQUE

Plan p. 446 (www.housemill.org.uk ; Three Mill Lane E3 ; tarif plein/réduit 3/1,50 £ ; ⏲11h-16h dim mai-oct, 1er dim seulement mar, avr et déc ; ⊖Bromley-by-Bow). Dernier des trois moulins qui se dressaient jadis sur cette petite île de la rivière Lea, le House Mill (1776) fonctionna comme écluse régulant la marée et moulut du grain pour une distillerie proche jusqu'en 1941 (le clocher qui lui fait face a été transformé en immeuble de bureaux). Des visites, à la demande, d'environ 45 minutes, vous emmènent dans ses 4 étages qui relatent l'histoire des industries traditionnelles de l'East End. Petit café et boutique sur place. Pour trouver le moulin, prenez à gauche après les escaliers qui mènent hors de la station de métro et engagez-vous dans le tunnel. Au sommet de l'escalier, tournez à droite en contrebas de la colline, puis à nouveau à droite en direction du Tesco et une troisième fois pour suivre le Three Mill Lane.

TOWER HAMLETS CEMETERY PARK — CIMETIÈRE

Plan p. 446 (www.towerhamletscemetery.org ; Sorthern Grove E3 ; ⏲8h-crépuscule ; ⊖Mile End ou Bow Rd). Ouvert en 1841, ce cimetière de 13 ha fut le dernier de la série des Magnificent Seven, nom donné aux cimetières créés en banlieue – dont Highgate et Abney Park, à Stoke Newington – sur décret du Parlement pour faire face à la rapide augmentation de la population londonienne. Quelque 270 000 âmes y trouvèrent le repos, jusqu'à ce que plus personne n'y soit accepté en 1966 et qu'il soit transformé en parc et réserve naturelle en 2001. Aujourd'hui, on vient s'y promener et regarder les monuments victoriens envahis par le lierre. Des visites guidées de 2 heures ont généralement lieu à 14h le 3e dimanche du mois.

MILE END PARK — PARC

Plan p. 446 (www.towerhamlets.gov.uk ; ⊖Mile End). Ce parc de 36 ha forme une étroite coulée verte entre Burdett Rd, Grove Rd et le Regent's Canal. Superbement réaménagé en l'an 2000, il intègre une piste de karting, un centre pour les enfants, un mur d'escalade couvert et un stade. Sa pièce maîtresse reste toutefois le "pont vert", de l'architecte Piers Gough, planté d'arbres et de buissons, qui enjambe la bruyante Mile End Rd.

⊙ Hackney Wick et Stratford

OLYMPIC PARK — PARC OLYMPIQUE

Plan p. 446 (www.london2012.com/olympic-park ; ⊖Stratford ou Hackney Wick). La Lower Lea Valley alimente Londres en biens de toutes origines depuis des temps anciens. L'histoire commença avec les moulins des moines cisterciens au Ier siècle et se poursuivit jusqu'au XIXe siècle, lorsque les produits acheminés par voies fluviale ou ferroviaire arrivaient de tout le Royaume-Uni. Un long déclin s'ensuivit et le lieu fut laissé à l'abandon. Jusqu'en 2008 et le début de la construction du parc olympique. Dès lors, cette partie de l'East End vit commencer de grands travaux. Dans l'idée de créer les infrastructures sportives des jeux de 2012 mais aussi de développer et de régénérer un quartier en déshérence. Plus de 30 ponts nouveaux furent ainsi construits sur la Lea, les canaux furent nettoyés et les sols dépollués.

L'essentiel du Queen Elizabeth Olympic Park – nom que portera le site olympique à partir de 2013 – est bien entendu l'**Olympic Stadium** (stade olympique), où 80 000 spectateurs peuvent assister aux événements sportifs (la capacité sera descendue à 60 000 après les jeux). L'**Aquatics Centre**, par lequel entreront les visiteurs en provenance de Stratford, est l'œuvre de l'architecte Zaha Hadid. Il cache deux bassins olympiques et un bassin de plongeon. Le **Velodrome** (qu'on surnomme ici le Pringle®) fait l'objet d'éloges incessants depuis sa construction : beau, fonctionnel, on lui attribue toutes les qualités. La tour **ArcelorMittal Orbit**, haute de 115 m et d'où l'on peut admirer l'ensemble du parc olympique, est une création de l'artiste Anish Kapoor.

Dans la partie nord du parc, des mouillères aujourd'hui asséchées forment un environnement plus sauvage que les jardins et l'aménagement paysager de la moitié sud du parc, qui abrite les principaux sites. Pour remplir toutes les promesses faites en matière d'urbanisme, le parc, qui doit en théorie accueillir le public à partir de 2013, ne sera réellement finalisé que d'ici 25 ans.

Wapping et Limehouse

WAPPING — QUARTIER

Plan p. 446 (⊖Wapping). Le quartier fut un repaire de marchands d'esclaves, de marins en bordée et de prostituées. Les imposants entrepôts de Wapping, bâtis au début du XIXe siècle, donnent un aperçu de ce passé sulfureux. Rien ne le signale, mais en contrebas des escaliers (Wapping New Stairs), à proximité des locaux de la police maritime, l'**Execution Dock** était un lieu de supplices : les pirates condamnés y étaient pendus, puis leur cadavre était enchaîné à un poteau et laissé là durant trois cycles de marées pour qu'il soit nettoyé de tout péché. Le Captain Kidd Pub entretient la mémoire du pirate du même nom, qui subit ce traitement en 1701 (p. 231).

LIMEHOUSE — QUARTIER

Plan p. 446 (DLR Limehouse ou Westferry). Limehouse ne présente pas d'intérêt particulier, si ce n'est qu'il fut le premier Chinatown de Londres à la fin du XIXe siècle, fondé par quelque 300 marins débarqués du sud de la Chine. Son nom apparaît également dans *Le Portrait de Dorian Gray* d'Oscar Wilde (1891), quand le protagoniste passe dans le quartier en quête d'opium. Aujourd'hui, le site le plus remarquable est **St Anne's, Limehouse** (www.stanneslimehouse.org ; angle Commercial Rd et Three Colt St E1), la première église conçue par Nicholas Hawksmoor (1725). Elle peut encore se targuer de posséder le plus haut clocher de la ville (60 m). En fait, la Trinity House (service des phares britanniques) l'utilise toujours comme repère pour aider les bateaux à naviguer sur la Tamise – ce qui explique le drapeau blanc de la Royal Navy qui flotte à son sommet.

ST KATHARINE DOCKS — PORT

Plan p. 446 (www.skdocks.co.uk ; ⊖Tower Hill). L'accès au quartier d'entrepôts de Wapping se fait par ce port, construit en 1828 après la destruction de 1 250 logements "insalubres", ce qui fit quelque 11 300 sans-abri. C'est aujourd'hui une marina pour yachts de luxe, entourée de cafés, de restaurants

L'EAST END SUR L'EAU

Pour voir l'East End d'un œil neuf, le mieux est de découvrir le quartier au fil de l'eau, le temps d'une balade en bateau sur les canaux et voies navigables. **Water Chariots** (www.water-chariots.co.uk ; approx avr-oct) propose des croisières ainsi qu'un service de navettes entre Limehouse et le parc olympique pendant les Jeux olympiques.

LES INCONTOURNABLES
MUSEUM OF LONDON DOCKLANDS

Lorsque vous pénétrez dans cet entrepôt de 1802 réhabilité, ayant servi à stocker le sucre, le rhum et le café, ne vous attendez pas à un simple récit sur les docks : le musée retrace l'histoire complète de la Tamise depuis l'arrivée des Romains en l'an 43. Les passages les plus intéressants sont ceux consacrés à la Seconde Guerre mondiale ainsi qu'à la transformation controversée des Docklands des années 1980 et aux bouleversements sociaux qui l'ont accompagnée. Autre atout de ce musée bien conçu : son équipe très informée et aimable.

La visite commence au 3e étage (prenez l'ascenseur jusqu'en haut), avec le campement romain Londinium, et se poursuit chronologiquement jusqu'au rez-de-chaussée. La maquette de l'ancien London Bridge est saisissante. Sailortown, évocation du Londres de la moitié du XIXe siècle – rues pavées, bars, auberges et Chinatown – constitue un véritable voyage dans le temps à l'instar de London, Sugar & Slavery (Londres, sucre et esclavage), qui décrit le rôle de la capitale dans la traite des esclaves et le commerce transatlantique.

Les enfants ne s'ennuient pas. La galerie Mudlarks leur offre l'opportunité d'explorer l'histoire de la Tamise, de se rêver scaphandrier d'un jour ou de construire une maquette de Canary Wharf. Les expositions temporaires sont habituellement payantes. Bon café sur place.

À NE PAS MANQUER

- Sailortown
- London, Sugar & Slavery
- Les docks pendant la guerre
- New Port New City
- La maquette du London Bridge

INFOS PRATIQUES

- plan p. 421
- www.museumindocklands.org.uk
- No 1 Warehouse, West India Quay E14
- entrée libre
- ⌚10h-18h
- ⊖Canary Wharf ou DLR West India Quay

et de charmantes boutiques des années 1980. C'est le point de départ idéal pour se lancer dans l'exploration de Wapping et de Limehouse.

Docklands

ISLE OF DOGS QUARTIER

Plan p. 421 (DLR Westferry, West India Quay, Canary Wharf). La question de savoir si cette zone est bel et bien une île reste très disputée. À proprement parler, il s'agit d'une péninsule de terre sur la rive nord de la Tamise. Cependant, si l'on exclut les routes et les liaisons de transport, elle pourrait *presque* être séparée du rivage au niveau de West India Docks. Et les étymologistes débattent encore de l'origine de *dogs* dans l'appellation de cette île. Selon certains, le nom viendrait des chenils royaux qui s'y trouvaient sous le règne de Henri VIII. D'autres affirment qu'il s'agirait d'une altération du mot flamand *dijk* (digues), lequel fait référence au travail qu'accomplirent en ce lieu les ingénieurs flamands au XIXe siècle.

La pièce maîtresse de l'Isle of Dogs est la **Canary Wharf Tower** de Cesar Pelli, qui la domine de ses 244 m de hauteur depuis 1991. Elle est désormais encadrée des buildings HSBC, Bank of America, Barclays, Morgan Stanley ou le Crédit Suisse. Le développement du quartier, parfois taxé d'anarchique, fait polémique chez les Londoniens qui l'accusent d'être sans âme. Quoi qu'il en soit, Canary Wharf vaut néanmoins le détour.

GRATUIT **MUDCHUTE PARK & FARM** FERME PÉDAGOGIQUE

Plan p. 421 (www.mudchute.org ; ⌚ferme 9h-17h mar-dim ; DLR Mudchute). C'est par une allée arborée que vous découvrirez Mudchute Park si vous y accédez depuis Eastferry Rd, et vous serez surpris de découvrir vaches et moutons, paîssant et broutant en liberté sur 13 ha d'herbe dense et verdoyante. Certes, le spectacle surprend, si près des gratte-ciel de Canary Wharf. Les animaux, en particulier les lamas, enchanteront les enfants. Un café sert de copieux petit-déjeuners et déjeuners.

OÙ SE RESTAURER

Le multiculturalisme règne dans l'East End. Résultat : c'est le quartier ad hoc pour goûter des cuisines venues de tous les horizons, souvent authentiques et d'un bon rapport qualité/prix. L'embourgeoisement du quartier est allé de pair avec l'installation d'une flopée de *gastropubs* et de tables plus haut de gamme, voire susceptibles de gagner une étoile au fameux guide rouge. Aussi les petits cafés chics pullulent, mais rassurez-vous : il existe encore de nombreuses cantines pour prendre une tasse de thé et goûter aux plaisirs de la tourte d'antan et de la friture sous toutes ses formes. Un conseil : laissez-vous porter par les multiples saveurs qui s'échappent des établissements le long de Columbia Rd, sur Broadway Market et dans les rues du "Hackney Village", au nord du Victoria Park.

Whitechapel

TAYYABS INDIEN, PAKISTANAIS £

Plan p. 446 (☎7247 9543 ; www.tayyabs.co.uk ; 83-89 Fieldgate St E1 ; plats 6,50-10 £ ; midi-minuit ; Whitechapel). Les délicieux effluves qui flottent dans ce restaurant animé (pour ne pas dire bondé) le distinguent de ses concurrents de Brick Lane. Servis dans des assiettes brûlantes, les chiches-kebabs, les *masala* de poisson et autres entrées venues du Penjab sont succulents, de même que les *dhal, naan* et *raita* qui les accompagnent. Plats du jour également préparés. Tayyab est si couru qu'on y fait la queue.

CAFÉ SPICE NAMASTÉ INDIEN ££

Plan p. 446 (☎7488 9242 ; www.cafespice.co.uk ; 16 Prescot St E1 ; plats 14-19 £ , menu déj 15,95 £ ; fermé déj sam-dim ; Tower Hill ou DLR Tower Gateway). Le chef Cyrus Todiwala a pris possession d'un ancien tribunal à 10 minutes à pied de Tower Hill et l'a transformé en un "carnaval" de couleurs. Aujourd'hui, le service et l'ambiance sont tout aussi flamboyants que les murs. Vous vous délecterez ici de spécialités parsies ou de Goa. Le *dhansaak* (ragoût d'agneau accompagné de riz et de lentilles ; 14,95 £) est sublime, mais que dire des plats *tandoori* et du curry de grosses crevettes à la mode de Goa ! En plus : les *chutneys* sont maison et le petit jardin derrière la salle est ouvert lorsqu'il fait beau.

WHITECHAPEL GALLERY DINING ROOM EUROPÉEN MODERNE ££

Plan p. 446 (☎7522 7896 ; www.whitechapel-gallery.org ; 77-82 Whitechapel High St E1 ; plats 12-15 £ ; déj mar-dim, dîner mer-sam ; Aldgate East). Au cœur de la nouvelle aile de la Whitechapel Gallery (p. 219), cette "salle à manger", aussi petite que charmante, est dirigée d'une main de fer par Angela Hartnett. La carte décline les plats en grandes et petites assiettes pour les appétits d'oiseau et les faims d'ogre. Réservation recommandée.

MIRCH MASALA INDIEN, PAKISTANAIS £

Plan p. 446 (www.mirchmasalarestaurant.co.uk ; 111-113 Commercial Rd E1 ; plats 4,50-11 £ ; Whitechapel). "Piment et épices", qui appartient à une petite chaîne basée dans l'épicentre de la cuisine indienne à Londres, Southall, est une bonne alternative à Tayyabs, plus calme, mais avec une cuisine quasiment du même niveau. Commencez par des crevettes *tikka* (9 £), suivi d'un *masala karella* (du concombre amer en curry ; 5 £) et d'un *karahi* (ragoût de viande).

LE LUNDI AU SOLEIL

L'East End fourmille d'endroits, à la fois originaux et décalés, à visiter. Ceci expliquant cela, la plupart ont des horaires irréguliers et sont fermés le lundi, à l'instar d'un certain nombre de restaurants, cafés et boutiques du quartier. Les parcs, les canaux et les ruelles se transforment alors en un milieu propice à l'exploration. Les pubs ne manquent pas pour se reposer de la promenade. Fort heureusement, le V&A Museum of Childhood (p. 220) et le Museum of London Docklands (p. 224) sont ouverts tous les jours.

DÉPART **STATION DE BETHNAL GREEN**
ARRIVÉE **PARC OLYMPIQUE**
DISTANCE **4,5 KM**
DURÉE **2 HEURES**

Promenade à pied
L'East End

Pour découvrir l'ancien et le nouvel East End en toute tranquillité, prenez la sortie Museum of Childhood et remontez en direction du nord. Suivez la première rue à droite jusqu'à Cyprus Pl. En raison de son industrialisation et de la proximité des docks, le quartier a été lourdement bombardé durant la Seconde Guerre mondiale, mais face à vous se dressent des immeubles qui sont les purs produits de la reconstruction d'après-guerre. Bien préservée, 1 **Cyprus St** donne vie à une version victorienne de Bethnal Green. Redescendez ensuite sur la gauche jusqu'à Old Ford Rd.

Au-dessus de Regent's Canal s'étire 2 **Victoria Park**, créé dans les années 1840 pour améliorer les conditions de vie des habitants du quartier. Prenez le chemin qui descend vers le lac puis tournez à gauche jusqu'aux 3 **Dogs of Alcibiades**, répliques des statues canines qui trônaient là depuis 1912. Prenez à droite puis de nouveau à droite à la fin de la route. Marchez en direction du Royal Inn. Traversez la route pour atteindre la section est du parc avant de tourner à droite et de découvrir le 4 **Burdett-Coutts Memorial** (1862). Ce mémorial restauré récemment est un cadeau d'Angela Burdett-Coutts, une philanthrope richissime.

De là, rendez-vous au lac et prenez la sortie sud-est. Traversez la route pour emprunter le chemin jouxtant le pub Top O the Morning après avoir traversé le canal au premier pont que vous verrez. 5 **Hackney Wick**, qui a connu de grands travaux pour les Jeux olympiques, a vu ses entrepôts envahis par des artistes. Profitez d'une pause au Counter Cafe ou chez Formans pour admirer le stade et jeter un œil aux expositions. Le 6 **parc olympique** et, à travers lui, le futur de l'East End s'étendent alors sous vos yeux.

KOLAPATA BANGLADAIS £

Plan p. 446 (www.kolapata.co.uk ; 222 Whitechapel Rd E1 ; plats 4,50-9,95 £ ; Whitechapel). Ce modeste restaurant est une référence pour goûter la cuisine du Bangladesh. Le *haleem* (agneau aux lentilles épicées) et la *sarisha elish* (poisson cuit avec des graines de moutarde, des oignons et du piment vert) sont des valeurs sûres.

Bethnal Green et Hackney

E PELLICI CAFÉ £

Plan p. 446 (332 Bethnal Green Rd E2 ; assiettes 5-7,80 £ ; 7h-16h lun-sam ; Bethnal Green, 8). S'il y a peu de raisons de s'aventurer en contrebas de Bethnal Green Rd, ce petit café d'inspiration italienne en fait partie. L'accueil y est si chaleureux que l'endroit est devenu le repaire des habitants du quartier. La décoration d'origine (1900) fait du E Pellici un monument historique. Le petit-déjeuner, gargantuesque, et les plats italiens et anglais calmeront les plus affamés.

VIAJANTE FUSION £££

Plan p. 446 (www.viajante.co.uk ; Patriot Sq E2 ; menu dégustation déj 28-70 £, dîner 65-90 £ ; déj mer-dim, 18h-21h30 lun-dim ; ; Bethnal Green). On ne s'attendrait pas à trouver dans le complexe Town Hall Hotel & Apartments (accès par Cambridge Heath Rd) un restaurant étoilé au guide Michelin. La salle marie harmonieusement l'architecture édouardienne au design contemporain. Nuno Mendes invente des plats où les ingrédients se mêlent avec élégance dans une explosion de saveurs. Le service est parfait. Moins cher et moins guindé, mais tout aussi créatif, le **Corner Room** (plats 10-12 £), est un restaurant situé au 1er étage (réservation impossible).

CLIMPSON & SONS CAFÉ £

Plan p. 446 (www.webcoffeeshop.co.uk ; 67 Broadway Market E8 ; assiettes 4-6,50 £ ; 8h-17h ; London Fields, 55 ou 277). Petit, sobre et chaleureux, ce café s'est installé dans les locaux d'une ancienne boucherie – dont il a d'ailleurs gardé le nom. Le café est torréfié tout près, les sandwichs, pâtisseries et plats sans prétention (salades et couscous remarquables) sauront vous rassasier.

LAXEIRO TAPAS ££

Plan p. 446 (7729 1147 ; www.laxeiro.co.uk ; 93 Columbia Rd E2 ; tapas 4,50-8,95 £, paella 21,50-24,50 £ ; déj et dîner mar-sam, 9h-17h dim ; Hoxton). Décoration soignée, accueil impeccable et portions généreuses sont les principaux atouts du lieu. Le mouton grillé est un délice, mais on peut aussi y savourer une paella à partager. En été, cap sur la terrasse qui donne sur une rue pittoresque.

LITTLE GEORGIA GÉORGIEN £

Plan p. 446 (87 Goldsmith's Row E2 ; assiettes 4-8 £ ; fermé lun soir ; Cambridge Heath, 55). Charmante enclave caucasienne au cœur d'East London, ce restaurant simple sur 2 niveaux est le lieu idéal pour vous initier à la cuisine de Géorgie. Les mezze pour 2 ou 4 convives ne déçoivent pas, tout comme les plats classiques inscrits à la carte : les *nigziani* (poivrons rouges ou aubergines farcis aux noix, aux fines herbes et aux légumes grillés), le *satsivi* de poulet à la sauce aux noix et les *hachapuri* (pain au fromage). Belle gamme de salades et sandwichs, et petits-déjeuners excellents.

GREEN PAPAYA VIETNAMIEN £

Plan p. 446 (191 Mare St E8 ; plats 6,50-8,50 £ ; dîner mar-dim ; London Fields, 55 ou 277). Ce petit restaurant de quartier, simple et accueillant, sert depuis des générations une cuisine vietnamienne de qualité à Hackney. Fruits de mer et repas végétariens également possibles.

F. COOKE BRITANNIQUE £

Plan p. 446 (9 Broadway Market ; plats 3-4 £ ; 10h-19h ; Cambridge Heath, 55). Vous regrettez de n'avoir pu connaître le quartier avant son embourgeoisement ? Attablez-vous chez Cooke qui cuisine des tourtes servies avec de la purée, le menu ouvrier par excellence, depuis 1900. Les murs sont couverts de photos de famille et le sol de sciure, pour un vrai voyage dans le temps.

FRIZZANTE CAFÉ £

Plan p. 446 (www.frizzanteltd.co.uk ; Hackney City Farm, 1a Goldsmith's Row E2 ; plats 4-9 £ ; 10h-16h30 mar, mer et ven-dim, 7h-22h jeu ; ; Cambridge Heath, 55). Ce restaurant primé propose une excellente cuisine italienne à côté de l'une des quelque six fermes pédagogiques que compte Londres. Soirée hebdomadaire dédiée à l'agritourisme avec plats campagnards au menu.

LES DOCKLANDS, HIER ET AUJOURD'HUI

À contempler les gratte-ciel ultra-modernes qui dominent aujourd'hui l'Isle of Dogs et le Canary Wharf, on a du mal à imaginer que, du XVIe au milieu du XXe siècle, ce site fut le centre du plus grand port du monde, la plaque tournante de l'Empire britannique et de son énorme commerce planétaire. C'est ici que les cargos venus des quatre coins du monde déchargeaient leurs marchandises, apportant des emplois à une communauté ouvrière très soudée. Cette prospérité prit fin lorsque les bombardements du Blitz endommagèrent gravement les docks.

Après la Seconde Guerre mondiale et la fin de l'Empire, les docks de Londres n'étaient plus en mesure de répondre aux transformations technologiques et politiques d'après-guerre. De gigantesques navires et porte-conteneurs exigeaient des ports en eau profonde et de nouvelles techniques de chargement et déchargement. À partir du milieu des années 1960, les docks fermèrent les uns après les autres, aussi vite qu'ils avaient ouvert. Le nombre des dockers passa de 50 000 en 1960 à environ 3 000 en 1980.

La métropole financière qui existe aujourd'hui commença par la London Docklands Development Corporation (LDDC), un organisme créé par le gouvernement Thatcher pendant la période audacieuse des années 1980 pour désengorger la City. Cet ensemble assez artificiel vécut des débuts difficiles : les grands blocs d'immeubles n'attiraient guère de locataires, le Docklands Light Railway – principal moyen de transport – connut de sérieux problèmes de mise en route et la célèbre Canary Wharf Tower dut être sauvée de la banqueroute à deux reprises. Aujourd'hui, cependant, plusieurs groupes de presse et géants financiers, comme Citigroup et HSBC, s'y sont installés et possèdent leurs propres immeubles.

Les Docklands sont un monde de contrastes : un paysage dominé par des édifices futuristes associé à un passé chargé d'histoire.

GALLERY CAFE — CAFÉ £

Plan p. 446 (www.stmargaretshorse.org.uk ; 21 Old Ford Rd E2 ; assiettes 3,80-5,90 £ ; 10h-18h ; ; Bethnal Green). À deux pas du Museum of Childhood, le Gallery Cafe occupe le sous-sol d'un bel immeuble georgien. Il y sert des plats végétariens et végétaliens divins. Terrasse accueillante ouverte les jours ensoleillés, et programmation de concerts (jazz, musique du monde et musique acoustique) ou de films (voir le site web).

Mile End et Victoria Park

FISH HORSE — FISH AND CHIPS £

Plan p. 446 (www.fishorse.co.uk ; 126-128 Lauriston Rd E9 ; plats 8,50-12,50 £ ; 12h-22h ; Mile End, puis 277). Associant un restaurant de poisson et de fruits de mer à une friterie, cet établissement est typiquement le genre d'adresse que l'on aimerait avoir dans son quartier. Poissons et crustacés d'une fraîcheur indéniable sont proposés aussi bien à emporter que sur place (une ardoise annonce l'origine du poisson). La bisque de homard et les huîtres de Colchester sont des valeurs sûres, tout comme la copieuse *fish pie* (tourte au poisson).

NAMÔ — VIETNAMIEN £

Plan p. 446 (8533 0639 ; www.namo.co.uk ; 178 Victoria Park Rd E9 ; plats 8,50-9 £ ; 12h-22h30 ; Mile End, puis 277). On y déguste une sélection de plats vietnamiens dans un décor charmant. La terrasse couverte, au toit ouvrant, est la réponse adéquate aux étés anglais.

LOAFING — CAFÉ £

Plan p. 446 (www.loafing.co.uk ; 79 Lauriston Rd E9 ; assiettes 4-5 £ ; 9h-18h ; Mile End, puis 277). Petit établissement de quartier, où l'on vient goûter des cafés et des thés rares, se régaler de délicieux gâteaux servis sur des assiettes dépareillées, ou plus simplement d'un sandwich. La terrasse et les larges fenêtres en font un lieu propice à l'observation des passants ; le jardin à l'arrière est parfait pour se relaxer.

PAVILION — CAFÉ £

Plan p. 446 (www.the-pavilion-cafe.com ; angle Old Ford et Grove Rds E3 ; plats 4,50-8 £ ; 8h30-17h ; Mile End, puis 277). Superbe endroit donnant sur le lac ornemental du Victoria Park. Il sert des petits-déjeuners et des déjeuners à base d'ingrédients locaux, ainsi qu'un excellent café.

Hackney Wick et Stratford

FORMANS POISSON ET FRUITS DE MER ££

Plan p. 446 (☎8525 2365 ; www.formans.co.uk ; Stour Rd E3 ; plats 12-19,50 £ ; ⊙dîner jeu-ven, déj et dîner sam, 12h-17h dim ; 📶 ; ⊖Hackney Wick). H. Forman et Fils cuisinent tout ce que l'océan compte de comestible depuis 1905. Le moins qu'on puisse dire, c'est qu'ils maîtrisent leur partition. Exproprié lors de la construction du parc olympique, le restaurant occupe maintenant un bel immeuble aux murs rose saumon. On y déguste d'excellents poissons fumés ainsi que des plats de crustacés ou de poissons originaires pour certains des îles britanniques. Des délices à accompagner d'un cru choisi dans la carte des vins (anglais) et spiritueux. Il est aussi possible de partager un plateau plus simple au bar. Le fumoir voisin et la galerie à l'étage méritent le coup d'œil. Vue imprenable sur le stade.

COUNTER CAFE CAFÉ £

Plan p. 446 (www.thecountercafe.co.uk ; 7 Roach Rd E3 ; assiettes 4,50-8 £ ; ⊙7h30-17h lun-ven, 9h-17h sam-dim ; 📶 ; ⊖Hackney Wick). À la même adresse que le Stour Space qui programme de nombreuses expositions artistiques, ce café (avec vue sur le stade olympique) sert de savoureux petits-déjeuners, avec un café d'une qualité rare, mais aussi des tourtes et des sandwichs qui calmeront les plus gros appétits. Les meubles dépareillés avec goût en ont fait un lieu de rendez-vous pour les artistes du quartier.

HACKNEY PEARL CAFÉ £

(www.thehackneypearl.com ; 11 Prince Edward Rd E9 ; déj assiettes 5-7,50 £, dîner plats 10-13 £ ; ⊙10h-23h mar-sam, jusqu'à 17h dim ; 📶 ; ⊖Hackney Wick). Ce petit coin de paradis est à l'image du quartier : inoubliable. Dans un décor fait de meubles de récup', l'équipe est accueillante, le service agréable, les repas et les cafés irréprochables. Larges baies vitrées et terrasse créent un décor relaxant pour le petit-déjeuner ou le déjeuner, parfois pour le dîner, avec un menu court mais régulièrement renouvelé et des plats végétariens.

Wapping et Limehouse

WAPPING FOOD EUROPÉEN MODERNE ££

Plan p. 446 (☎7680 2080 ; www.thewappingproject.com ; The Wapping Project, Wapping Hydraulic Power Station, Wapping Wall E1 ; plats 14-21 £ ; 📶 ; ⊖Wapping). Décoration soignée pour ce restaurant niché au cœur d'une centrale hydraulique reconvertie en salle d'exposition et de spectacle. Ambiance postindustrielle assurée. La carte change tous les jours et suit les saisons – c'est toujours bon signe. Au menu, par exemple : *pancetta* et onglet accompagné de betteraves et de raifort. Laissez-vous tenter par les vins australiens, choisis par le propriétaire, lui-même originaire d'Australie. Le Wapping Project (⊙12h-22h lun-ven, 10h-22h sam), dont le restaurant fait partie, réserve de belles surprises avec des expos sans cesse renouvelées.

Docklands

GUN PUB GASTRONOMIQUE ET CUISINE PORTUGAISE £££

Plan p. 421 (☎7515 5222 ; www.thegundocklands.com ; 27 Coldharbour E14 ; plats 15-27 £ ; 📶 ; ⊖Canary Wharf). Au fond d'une petite rue pavée, cet ancien pub de docker du XVIIIe siècle prétend avoir été le lieu de rendez-vous secret entre l'amiral Nelson, héros de Trafalgar, et lady Emma Hamilton (d'où les indications sur les portes des toilettes). Une petite salle à l'arrière donne sur la Tamise. L'été, le restaurant extérieur **A Grelha** (plats 15-28 £) ravira vos papilles – des poissons grillés en provenance du Billingsgate Fish Market voisin ou les très portugaises *cataplana* et *espetadas* (brochettes) sont au menu. Appelez avant de venir si le beau temps n'est pas au rendez-vous.

OÙ PRENDRE UN VERRE ET FAIRE LA FÊTE

Whitechapel

RHYTHM FACTORY DISCOTHÈQUE

Plan p. 446 (www.rhythmfactory.co.uk ; 16-18 Whitechapel Rd E1 ; ⊖Aldgate East). Branché sans tomber dans l'élitisme, le Rhythm

Factory est un club où se produisent divers groupes musicaux et DJ qui ont en commun de créer une ambiance surchauffée.

INDO PUB

Plan p. 446 (133 Whitechapel Rd E1 ; ⌚jusqu'à 1h dim-jeu, 3h ven-sam ; 📶 ; ⊖Whitechapel). Face à la mosquée d'East London, ce petit pub à la patine authentique est animé par une équipe sympathique, qui sert verres de bière et pizzas roboratives (5-7 £) aux nombreux clients. Installez-vous dans l'un des fauteuils Chesterfield éventrés, sous l'unique fenêtre, pour admirer les tableaux qui cherchent preneur, accrochés aux murs. DJ set le week-end et de bons groupes certains soirs.

Bethnal Green et Hackney

DOVE FREEHORSE PUB

Plan p. 446 (www.belgianbars.com ; 24-28 Broadway market E8 ; 📶 ; 🚆Cambridge Heath, 🚌55). Ce pub est impressionnant à la fois par la taille de ses locaux et par sa carte de bières trappistes en provenance de Belgique, pour certaines aromatisées aux fruits. On les déguste à l'extérieur quand le temps le permet, ou lové dans un siège devant un jeu de société le reste du temps. Le Dove Freehorse prépare aussi volontiers une nourriture digne d'un *gastropub*.

CARPENTER'S ARMS PUB

Plan p. 446 (www.carpentersarmsfreehorse.com ; 73 Cheshire St E2 ; 📶 ; ⊖Shoreditch High St, 🚆Bethnal Green). Après une balade shopping dans Cheshire St, faites halte dans ce superbe pub. Plutôt fameux – il a appartenu aux frères Kray, des parrains locaux, dans les années 1960 –, le Carpenter's Arms a été rénové avec goût. Il combine désormais une architecture traditionnelle avec des éléments de déco contemporaine, ce qui en fait un lieu tendance et cosy. On y déguste un beau choix de bières et des petits plats savoureux, installé en terrasse ou dans la salle à l'arrière.

BETHNAL GREEN WORKING MEN'S CLUB DISCOTHÈQUE

Plan p. 446 (www.workersplaytime.net ; 42-44 Pollard Row E2 ; ⌚20h-2h certains soirs seulement ; ⊖Bethnal Green). Comme son nom l'indique, il s'agit d'un authentique club ouvrier qui a ouvert ses portes à tous les oiseaux de nuit, excentriques de tout poil ou travestis. Tous viennent se déhancher sur une piste de danse digne de boums d'adolescents, dans un décor plutôt chatoyant.

ROYAL OAK PUB

Plan p. 446 (www.royaloaklondon.com ; 73 Columbia Rd E2 ; ⌚à partir de 16h lun-jeu, à partir de 12h ven-dim ; ⊖Hoxton). Entre boiseries et comptoir travaillé, on sirote un verre de bitter ou de vin de qualité (ce qui est assez rare pour être noté). Jardin à l'arrière et nourriture remarquable. C'est le dimanche qu'il fait le plein, lorsque le célèbre marché aux fleurs (p. 232) prend place juste devant.

NELSONS HEAD GAY

Plan p. 446 (www.nelsonshead.com ; 32 Horatio St E2 ; ⌚à partir de 16h lun-sam, 9h-23h dim ; ⊖Hoxton). Petit pub sans prétention au décor saugrenu, le Nelson Head ouvre ses portes à une clientèle joyeusement bigarrée. On se surprend à fredonner d'inavouables chansons.

JOINERS ARMS GAY

Plan p. 446 (www.joinershoreditch.com ; 116-118 Hackney Rd E2 ; ⌚17h-3h ; ⊖Hoxton, 🚌55). Le Joiners est le seul pub-club d'Hoxton à la clientèle exclusivement gay et lesbienne. De jeunes branchés s'y réunissent pour danser et jouer au billard.

Mile End et Victoria Park

ROYAL INN ON THE PARK PUB

Plan p. 446 (111 Lauriston Rd E9 ; 📶 ; ⊖Mile End, puis 🚌277). À l'orée nord de Victoria Park, cette excellente adresse, qui fut autrefois le pub des employés des transports de Londres, propose une demi-douzaine de bonnes bières à la pression (des ales anglaises, à la fermentation haute, ou des *lagers* tchèques), des tables en extérieur devant et un jardin à l'arrière. Toujours animé par une clientèle typique de Hackney mi-branchée, mi-interlope.

PALM TREE PUB

Plan p. 446 (127 Grove Rd E3 ; ⌚jusqu'à 2h ven-sam, 1h dim ; ⊖Mile End, 🚌277). Le Palm est plus qu'un pub, c'est une expérience, la quintessence du East End sur le Regent's Canal. Les habitants du quartier s'y réunissent, qu'ils soient étudiants désargentés ou jeunes branchés plus aisés. Côté décor, papier peint et photos de crooners aux murs. Derniers atouts : les nouvelles ales à goûter chaque semaine et les concerts de jazz chaque vendredi et samedi à partir de 21h30.

BRITANNIA PUB

Plan p. 446 (www.thebritanniapub.co.uk ; 360 Victoria Park Rd E9 ; ; Homerton, 388). Ce spacieux *gastropub*, assorti d'un *beer garden* sur le parc et d'un barbecue qui fonctionne à plein régime les week-ends d'été, propose une belle variété d'alcools.

Hackney Wick et Stratford

KING EDWARD VII PUB

Hors plan p. 446 (www.kingeddie.co.uk ; 47 Broadway E15 ; Stratford). Bâti au XIXe siècle, ce bistrot plaisant comporte plusieurs salles organisées autour d'un bar, toutes plus belles les unes que les autres. La terrasse ombragée à l'arrière, le beau choix de vins et d'ales et les plats revigorants en font un incontournable.

Wapping et Limehouse

GRAPES PUB

Plan p. 421 (www.grapeslondon.co.uk ; 76 Narrow St E14 ; DLR Limehouse). Un des pubs historiques de Limehouse puisqu'on vendait vraisemblablement déjà de l'alcool ici en 1583. Fuyez le Grapes si vous aimez les grands espaces ; en revanche, courez-y si l'accueil chaleureux est pour vous une condition sine qua non !

PROSPECT OF WHITBY PUB

Plan p. 446 (7481 1095 ; 57 Wapping Wall E1 ; Tower Hill, puis 100). Autrefois nommé la Devil's Tavern, le Whitby existerait depuis 1520, ce qui ferait de lui le plus ancien débit de boissons en bord de fleuve de Londres. Incontestablement touristique, il possède une terrasse sur l'avant, des fenêtres donnant sur la Tamise, un bon restaurant à l'étage et fait des flambées dans ses cheminées en hiver. Ne manquez pas le beau bar en étain – Samuel Pepys y soupa un soir.

CAPTAIN KIDD PUB

Plan p. 446 (7480 5759 ; 108 Wapping High St E1 ; Liverpool St ou Tower Hill, puis 100). Avec ses grandes fenêtres, son joli jardin et sa maquette de potence rappelant la pendaison du pirate éponyme non loin de là, en 1701, ce pub au bord de l'eau est une adresse populaire de Wapping. Habilement conçu, il a en fait été construit dans les années 1980.

WHITE SWAN GAY

Plan p. 446 (www.bjswhiteswan.com ; 556 Commercial Rd E14 ; DLR Limehouse). Ce pub où l'on peut se défouler sur la vaste piste de danse et se détendre en buvant un verre incarne l'esprit de l'East End. Mercredi soir, place aux strip-teaseurs amateurs. Soirées karaoké et cabaret. Joue essentiellement les grands classiques et de la pop dansante.

OÙ SORTIR

WILTON'S THÉÂTRE

Plan p. 446 (7702 2789 ; www.wiltons.org.uk ; 1 Graces Alley E1 ; Tower Hill ou DLR Tower Gateway). Magnifique survivant des salles de concerts victoriennes, le Wilton a une programmation aussi variée qu'exigeante – du comique à la musique classique en passant par le théâtre et l'opéra. La **visite guidée** (6 £ ; 15h et 18h lun ; 1 heure) vous en apprendra plus sur l'intéressante histoire de l'édifice. Le **Mahogany Bar** (17h-23h lun-ven) permet de s'immerger dans cette ambiance, sans pour autant assister à un spectacle.

BISTROTHEQUE CABARET-BAR

Plan p. 446 (8983 7900 ; www.bistrotheque.com ; 23-27 Wadeston St E2 ; Bethnal Green, Cambridge Heath). Cet ancien entrepôt est devenu le point de ralliement de tout ce que Londres compte comme amateurs de drag-queens. À l'étage, le restaurant, élégant, comblera vos petits creux. Ne manquez pas la salle Napoléon et son ambiance de décadence flamboyante : murs sombres (les panneaux en chêne proviennent d'une demeure seigneuriale du Northumberland) et sièges en peluche. Les cocktails sont réussis et l'accueil cordial.

HACKNEY EMPIRE THÉÂTRE

Plan p. 446 (8985 2424 ; www.hackneyempire.co.uk ; 291 mare St E8 ; Hackney Central, 38 ou 277). La programmation de ce music-hall édouardien (1901) embrasse un large spectre. Du théâtre militant à l'humour et à l'opéra, il y a en littéralement pour tous les goûts. L'Empire est aussi le théâtre où se jouent les meilleures pantomimes à Noël.

SHOPPING

Les boutiques et les galeries sur Columbia Rd – la plupart n'ouvrent que le week-end – et les échoppes du Broadway Market ou de Cheshire St sont des commerces indépendants à la pointe de la mode. Si vous êtes à la recherche de magasins plus classiques, vous ne pourrez que trouver chaussure à votre pied au Westfield Stratford City, le plus grand centre commercial de centre-ville en Europe. Un autre centre commercial (mêmes boutiques et restaurants) vous attend sous les gratte-ciel de Canary Wharf.

MARCHÉ AUX FLEURS DE COLUMBIA ROAD — MARCHÉ

Plan p. 446 (www.columbiaroad.info ; 8h-15h dim ; Hoxton). Débordant de vie et de couleurs, ce marché hebdomadaire vend fleurs coupées, plantes en pot, bulbes et graines. Nul besoin de dépenser de l'argent pour s'y divertir. Tâchez d'arriver tôt pour ne pas subir l'affluence ou à la fermeture pour acheter un beau bouquet de fleurs invendues. Le marché s'étend de Gossett St au pub Royal Oak.

BROADWAY MARKET — MARCHÉ

Plan p. 446 (www.broadwaymarket.co.uk ; 9h-17h sam ; London Fields, 55 ou 277). Un marché se tient ici depuis le XIXe siècle, mais on y vend aujourd'hui surtout des livres, des disques, des vêtements vintage et des productions artisanales, qu'elles se mangent ou non.

JONES DAIRY — ÉPICERIE FINE

Plan p. 446 (www.jonesdairy.co.uk ; 23 Ezra St E2 ; 9h-13h ven-dim ; Hoxton). Ouverte en 1902, cette boutique n'a pas changé depuis sa création, ou presque. On y trouve des fromages fins, du pain, du café, du thé, des confitures et des biscuits. Parfait pour préparer un pique-nique. Petit café en arrière-salle.

BEYOND RETRO — VINTAGE

Plan p. 446 (www.beyondretro.com ; 110-112 Cheshire St ; Shoreditch High St, Bethnal Green). Un vaste choix de vêtements vintage, de perruques, de chaussures ou de lingerie, le tout rassemblé dans un entrepôt aux allures de loft.

CARHARTT OUTLET STORE — MODE

Plan p. 446 (www.thecarharttstore.co.uk ; 18 Ellingfort Rd E8 ; Hackney Central, London Fields). Vestes à capuche, sweats et jeans urbains branchés. Boutique un peu isolée dans une rue résidentielle sous les arcades du pont où passent les trains, au nord de la station London Fields. Sonnez avant d'entrer.

BURBERRY OUTLET SHOP — MODE

Plan p. 446 (29-31 Chatham Pl E9 ; Hackney Central, 55). Cette boutique s'est spécialisée dans les produits d'occasion de la célèbre marque britannique, passée du ringard au top de la branchitude. 30% moins cher qu'ailleurs. Accueil assez réfrigérant.

Hampstead et North London

KING'S CROSS | EUSTON | REGENT'S PARK | CAMDEN | HAMPSTEAD | HIGHGATE | ISLINGTON | STOKE NEWINGTON | DALSTON

Notre sélection

❶ Le superbe parc de **Hampstead Heath** (p. 241), qui permet de profiter de la vue panoramique sur Londres depuis Parliament Hill, de faire le plein de culture dans la splendide Kenwood House, puis de se remettre de ses émotions installé confortablement dans un canapé du pub Garden Gate.

❷ Du shopping et un déjeuner à **Camden Market** (p. 240), avant une agréable promenade au bord de Regent's Canal.

❸ Les trésors de la **British Library** (p. 235), source de connaissance inépuisable.

❹ Un après-midi enrichissant à méditer sur la vie, la mort et l'art à la **Wellcome Collection** (p. 238), suivie d'un bon verre de vin au merveilleux Somers Town Coffeehouse (p. 248).

❺ Une sortie à **Dalston** (p. 251), réputé pour ses excellents kebabs et ses soirées branchées.

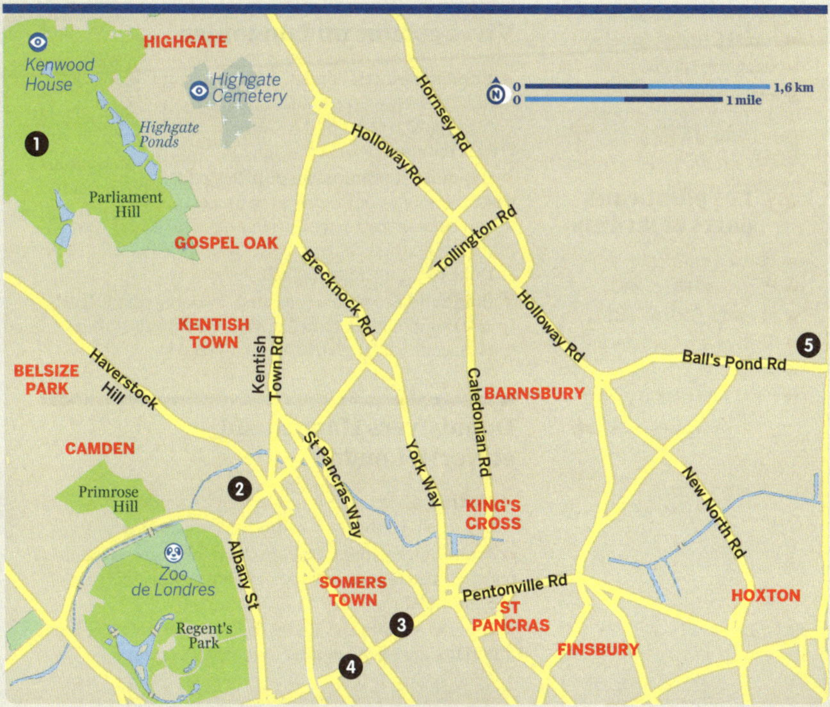

Pour un plan plus détaillé, reportez-vous p. 451, p. 448 et p. 452

Bons plans Lonely Planet

À North London, les parcs sont rois. N'oubliez pas de consacrer quelques heures à profiter de ces espaces verts. Emportez un pique-nique, et faites comme les Londoniens : passez au pub au retour !

Le top des restaurants

- Ottolenghi (p. 246)
- Manna (p. 246)
- Mangal Ocakbasi (p. 248)
- Gaucho Grill (p. 245)
- Market (p. 244)

Voir détails p. 243

Le top des bars et cafés

- Edinboro Castle (p. 249)
- Garden Gate (p. 250)
- Proud Camden (p. 249)
- Boogaloo (p. 250)
- Bull (p. 250)

Voir détails p. 248

Les plus beaux parcs et jardins

- Hampstead Heath (p. 241)
- Primrose Hill (p. 240)
- Regent's Park (p. 238)
- Abney Park Cemetery (p. 242)
- Alexandra Park (p. 244)

Voir détails p. 238

Découvrir Hampstead et North London

North London est vaste. Une semaine ne serait pas de trop pour explorer les parcs, visiter les différents sites, profiter des pubs gastronomiques et de la vie nocturne. Si vous manquez de temps, des choix avisés s'imposent.

Hampstead Heath et Camden Market doivent figurer dans vos priorités. Camden reste incontournable pour son énergie grisante, tandis que Hampstead Heath est plutôt l'occasion d'une magnifique excursion – vous y verrez comment les Londoniens des quartiers nord passent leur week-end. Autres sites vivement recommandés : la Wellcome Collection et la British Library, facilement accessibles grâce à leurs emplacements plus centraux.

Cette partie de Londres étant majoritairement résidentielle, c'est le week-end qu'elle connaît le plus d'animation. En semaine, sauf peut-être à la Wellcome Collection et à la British Library, vos visites seront généralement très calmes.

Quartier plutôt aisé, North London est apprécié des jeunes (Camden, Islington, Dalston), des familles (Hampstead, Highgate, Stoke Newington) et des stars (Primrose Hill). La vie nocturne y est partout très riche : bars excentriques et tendance à Dalston, excellents pubs à Hampstead ou Islington et lieux de concerts exceptionnels à Camden.

Vivre comme un Londonien

- **Concerts** North London est le berceau du rock indé dans la ville. Les fans affluent au Barfly (p. 252), au Forum (p. 252) et au Bull & Gate (p. 252) pour y voir les étoiles montantes de la musique alternative.
- **Déjeuner dominical au pub** Des pubs gastronomiques ont repris avec un certain succès le flambeau de cette institution anglaise. Parmi nos préférés : Garden Gate (p. 250), Edinboro Castle (p. 249) et Duke of Cambridge (p. 247).
- **Baignade** Les *ponds* (bassins) de Hampstead Heath (p. 241) sont ouverts toute l'année, et certains y vont tous les jours, qu'il pleuve ou qu'il vente !

Depuis/vers Hampstead et North London

- **Métro** La Northern Line s'arrête à Camden, Hampstead, Highgate et Islington (Angel).
- **Train** L'Overground traverse North London d'est en ouest. Pratique pour certains quartiers sans métro, comme Dalston.
- **Bus** De nombreuses lignes font la jonction entre les différents quartiers, et avec le centre de Londres.

DOUG MCKINLAY / LONELY PLANET IMAGES ©

LES INCONTOURNABLES
BRITISH LIBRARY

En 1998, la British Library emménagea dans un bâtiment flambant neuf situé entre les stations de métro King's Cross et Euston, non sans susciter quelques critiques. Les détracteurs de l'édifice, d'un coût de 500 millions de livres (alors le plus cher du Royaume-Uni), lui reprochaient les lignes droites de sa façade en brique rouge conçue par Colin St John Wilson qui, selon le prince Charles, rappellerait celle d'un "bâtiment des services secrets". Cela dit, même ceux qui n'apprécient guère l'extérieur de l'édifice ne peuvent rien trouver à redire à son intérieur, exceptionnellement spacieux et serein.

Principale bibliothèque du pays, elle recueille les dépôts légaux des publications britanniques et irlandaises, et conserve une copie de chaque exemplaire, ainsi que des manuscrits historiques, des livres et des cartes du British Museum (la Bodleian Library d'Oxford University et la Cambridge University Library ont les mêmes fonctions).

La British Library, qui héberge de remarquables collections permanentes, organise aussi régulièrement des expositions sur divers auteurs, genres et thèmes (science-fiction, recensement, etc.) à partir de son immense fonds.

À NE PAS MANQUER

- King's Library
- Sir John Ritblat Gallery
- L'exposition philatélique
- Les visites guidées

INFOS PRATIQUES

- plan p. 448
- www.bl.uk
- 96 Euston Rd NW1
- gratuit
- 9h30-18h lun et mer-ven, jusqu'à 20h mar, 17h sam, 11h-17h dim
- King's Cross St Pancras

King's Library

Au cœur du bâtiment se niche la merveilleuse King's Library, riche des 65 000 volumes de la collection du roi George III, installée dans une étonnante **tour de verre** de 6 étages, haute de 17 m.

Cette collection est considérée comme l'une des plus importantes de la Renaissance. Elle a été léguée à la nation par le fils du roi, George IV, en 1823. Conservée à l'origine au British Museum, dans la King's Library Gallery, construite à cet effet, elle fut endommagée par une bombe pendant la Seconde Guerre mondiale puis transférée à la Bodleian Library

POUR UNE PAUSE

Dans la British Library, toute la restauration est remarquablement assurée par la chaîne **Peyton & Byrne**, du chef irlandais Oliver Peyton. Au 1er étage, le **restaurant** (9h30-17h lun-ven, 9h30-16h sam) offre une vue spectaculaire sur la tour de la King's Library et prépare de bons plats comme des sautés au wok. Le **café** (tlj) du rez-de-chaussée sert boissons chaudes, pâtisseries et sandwichs. L'**Espresso Bar** (Euston Rd ; tlj) fait de même, mais propose en plus des churros frais.

Ce que vous verrez de la British Library n'est que la partie émergée de l'iceberg. Sous vos pieds se trouvent 4 niveaux où sont entreposées les collections de la bibliothèque, soit près de 300 km de rayonnages ! La bibliothèque contient actuellement 14 millions de livres, 920 000 journaux et magazines, 58 millions de brevets, et environ 3 millions d'enregistrements sonores.

WI-FI GRATUIT

L'ensemble du bâtiment bénéficie du Wi-Fi gratuit (vous devez être enregistré pour pouvoir l'utiliser).

d'Oxford, pour être finalement relogée à Londres en 1998, à l'ouverture de la nouvelle British Library.

Sir John Ritblat Gallery

C'est ici que sont conservés les documents les plus précieux et célèbres. La collection couvre pratiquement trois millénaires d'histoires et comprend entre autres manuscrits, écrits religieux, cartes, partitions musicales, autographes et chroniques.

Parmi les principaux textes religieux rares, signalons le **Codex Sinaiticus**, première version complète du Nouveau Testament, rédigé en grec au IVe siècle ; une **Bible de Gutenberg** (1455), premier livre occidental imprimé à l'aide de caractères mobiles ; et des **textes sacrés jaïns**, somptueusement illustrés.

Il y a aussi des documents historiques, comme l'un des quatre derniers exemplaires en circulation de la **Magna Carta** (1215), la charte qui a posé les bases des droits de l'homme en droit anglais. Le **dernier journal du Capitaine Scott**, de moindre importance historique mais non moins poignant, comporte un récit de la mort de son accompagnateur, l'explorateur Lawrence Oates.

La littérature n'est pas en reste, avec le **premier folio de Shakespeare** (1623) et des manuscrits de célèbres auteurs britanniques (comme Lewis Carroll, Jane Austen, George Eliot ou Thomas Hardy). Les mélomanes apprécieront les **premières chansons des Beatles**, écrites à la main, et des partitions originales d'œuvres de Haendel, Mozart et Beethoven.

Exposition philatélique

Cette exposition de timbres, à côté de la John Ritblat Gallery, provient de collections commencées au XIXe siècle et comporte aujourd'hui plus de 80 000 pièces, dont des timbres fiscaux et postaux, de la papeterie et des cachets inauguraux de presque tous les pays à différentes époques.

Visites guidées

Des **visites guidées** (01937 546 546 ; adulte/enfant 8/6,50 £ ; 1 heure ; 15h lun, mer, ven, 10h30 et 15h sam) vous font découvrir les espaces publics de la bibliothèque, dont une qui vous conduit dans l'une des **salles de lecture** (11h30 et 15h dim). La visite inclut un intéressant compte-rendu sur l'édifice, son architecture controversée et le rôle joué par la bibliothèque dans la vie publique.

D'autres circuits, dont des visites gratuites des **salles de lecture** (11h lun, mer et ven) expliquant le système de classement des ouvrages, ou des visites des ateliers de conservation, sont aussi régulièrement organisés. Réservation recommandée pour toutes les visites.

HELENA SMITH / LONELY PLANET IMAGES ©

LES INCONTOURNABLES
ZOO DE LONDRES

Fondés en 1828, ces jardins zoologiques comptent parmi les plus vieux du monde – c'est même ici qu'est né le mot "zoo". Le parc met actuellement l'accent sur la conservation, l'éducation et la reproduction, en choisissant d'accueillir moins d'espèces et de donner plus d'espace aux animaux.

La dernière nouveauté est **Penguin Beach**, un vaste enclos joliment aménagé comportant un bassin qui permet d'avoir une belle vue sous l'eau. Cette enceinte fait partie intégrante du programme de reproduction des manchots de Humboldt et du Cap et des gorfous dorés et sauteurs.

Ne manquez pas non plus **Gorilla Kingdom**, un projet comprenant un programme de protection des gorilles au Gabon et en République démocratique du Congo. Le zoo compte quatre gorilles qui vivent sur leur propre "île".

Pour être au plus près des animaux, rendez-vous au très bel espace **Clore Rainforest Lookout and Nightzone**, qui recrée un environnement de forêt tropicale sud-américaine. Ouistitis, singes, roussettes et consorts circulent librement parmi les visiteurs dans une atmosphère très humide. Nous avons aussi beaucoup aimé **Butterfly Paradise**, salle à température élevée où des myriades de papillons volètent de fleur en fleur.

Assister aux repas des différents animaux (répartis sur toute la journée) reste un grand moment, tout comme les conférences qui permettent d'en savoir plus sur les mygales mangeuses d'oiseaux, les singes-écureuils ou les oiseaux prédateurs.

L'intérieur est lui aussi très riche, avec un **aquarium**, la **Reptile House**, ou encore un bâtiment nommé Bugs où fourmillent les insectes.

Le zoo réaménage ou construit constamment des enclos. Le prochain grand projet, dont l'ouverture est prévue pour Pâques 2013, est un enclos pour les tigres, cinq fois plus grand que l'actuel, qui recréera les conditions de la jungle de Sumatra.

À NE PAS MANQUER

- Penguin Beach
- Gorilla Kingdom
- Butterfly Paradise
- Clore Rainforest

INFOS PRATIQUES

- plan p. 452
- www.zsl.org/london-zoo
- Outer Circle, Regent's Park NW1
- adulte/enfant 19/15 £, don faculatif de 2 £ pour la protection des espèces menacées
- 10h-16h nov-mars, 10h-17h30 avr à mi-juil et sept-oct, 10h-18h mi-juil à août
- Regent's Park ou Camden Town

À VOIR

North London est une nébuleuse de petits quartiers, des anciens villages qui ont été peu à peu absorbés par la métropole au fil des siècles. Si King's Cross fut jadis l'un des lieux les plus sordides de la capitale, l'ouverture de la magnifique gare internationale St Pancras et la réhabilitation de la zone située derrière la gare (elle devrait accueillir l'Université de Londres en 2014) en font un quartier de plus en plus prisé. Le reste de North London n'a pas à souffrir de tels problèmes d'image : avec ses beaux parcs, ses vues sur la ville et de remarquables pubs, c'est un endroit parfait pour passer une journée tranquille.

King's Cross et Euston

BRITISH LIBRARY ÉDIFICE CULTUREL

Voir p. 235.

LONDON CANAL MUSEUM MUSÉE

Plan p. 448 (www.canalmuseum.org.uk ; 12-13 New Wharf Rd N1 ; adulte/enfant 4/2 £ ; 10h-16h30 mar-dim et jours fériés ; King's Cross St Pancras). Ce musée original et intéressant est aménagé dans un ancien entrepôt de glace (doté d'un puits profond où la marchandise gelée était stockée). Construit dans les années 1860, il retrace l'histoire de Regent's Canal, décrit le commerce de la glace et l'évolution des crèmes glacées à travers des représentations, des photographies, des expositions et des documentaires d'archives. Ce commerce était très développé à Londres à la fin de l'époque victorienne. En 1899, quelque 35 000 tonnes de glace furent importées de Norvège. Derrière le musée, vous pouvez accéder au quai où sont amarrées des péniches. L'étage, dans les écuries, est consacré à l'histoire du transport fluvial en Angleterre.

Regent's Park

ZOO DE LONDRES ZOO

Voir p. 237.

LES INCONTOURNABLES WELLCOME COLLECTION

La Wellcome Collection se présente comme une "destination pour les incorrigibles curieux", formule qui résume plutôt bien l'esprit d'une institution qui approfondit les liens entre médecine, science, vie et art. Cela paraît bien sérieux, mais le génie du musée réside dans sa manière accessible de présenter les choses. Dans un bâtiment moderne et aéré, la présentation interactive est variée, et inclut des interviews de chercheurs, de médecins et de patients, ainsi que des œuvres d'art représentant la médecine, des modèles d'organes humains, etc.

Le cœur de la collection permanente est constitué par la collection d'objets du monde entier de sir Henry Wellcome (1853-1936). Ce pharmacien, entrepreneur et collectionneur fasciné par la médecine a amassé plus d'un million d'objets provenant de diverses civilisations autour des thèmes de la vie, de la naissance, de la mort et de la maladie.

Le musée présente aussi de remarquables expositions temporaires sur les frontières de la médecine moderne, sa place dans la société et son histoire. Parmi les meilleures ces dernières années, certaines se sont penchées sur le sommeil et les rêves, la poussière, les drogues ou le cœur. Une exposition controversée a présenté une série de portraits en noir et blanc d'individus photographiés avant et après leur mort.

À NE PAS MANQUER

- Les expositions temporaires
- La collection de sir Henry Wellcome

INFOS PRATIQUES

- plan p. 426
- www.wellcome-collection.org
- 183 Euston Rd NW1
- gratuit
- 10h-18h mar-sam, 10h-22h jeu, 11h-18h dim
- Euston Sq ou Euston

BOUCHE-À-OREILLE

PROMENADE AU BORD DU REGENT'S CANAL

Les canaux, autrefois indispensables à la vie économique de la capitale, figurent désormais parmi les lieux de promenade préférés des Londoniens qui, le temps d'une balade, y oublient la foule et les embouteillages. Le chemin de halage de Regent's Canal est particulièrement intéressant pour les visiteurs car il constitue un raccourci aisé – et fort agréable – pour traverser North London.

Vous pouvez par exemple vous rendre de Little Venice (p. 259) à Camden (p. 240), en moins d'une heure ; sur votre chemin, vous verrez Regent's Park (p. 238), le zoo de Londres (p. 237), Primrose Hill (p. 240), de belles villas dessinées par l'architecte John Nash et d'anciens entrepôts industriels reconvertis en immeubles d'habitation très demandés. Comptez 15-20 minutes de Camden à Regent's Park, et de 25 à 30 minutes de Regent's Park à Little Venice. Tout est bien indiqué, et on peut quitter le chemin en de nombreux endroits.

Pour en savoir plus sur les canaux, faites un saut au London Canal Museum, à King's Cross (p. 238), pour connaître leur intéressante histoire.

REGENT'S PARK

PARC

Plan p. 452 (www.royalparks.gov.uk ; 🕓5h-crépuscule ; ⊖Baker St ou Regent's Park). Regent's Park est le plus élaboré des parcs londoniens. Il fut créé aux environs de 1820 par John Nash, qui prévoyait d'y construire des palais destinés à l'aristocratie. Si son projet ne fut jamais mené à bien (comme tant d'autres à cette époque), il suffit de voir les bâtiments construits le long de l'Outer Circle, et surtout les demeures de style palladien décorées de stuc érigées sur Cumberland Tce, pour se faire une idée de ce que l'architecte aurait pu réaliser.

À l'instar de beaucoup d'autres parcs londoniens, celui-ci fut d'abord un terrain de chasse royal, puis une terre agricole, avant d'être réaménagé en lieu de détente et de loisirs au cours du XVIIIe siècle. Aujourd'hui, Regent's Park est un havre de paix en plein cœur de la capitale, organisé mais décontracté, animé mais paisible, londonien et cosmopolite tout à la fois. Parmi ses nombreuses attractions figurent le zoo de Londres, le Regent's Canal au nord (un lac d'agrément) et un théâtre en plein air dans les Queen Mary's Gardens, où Shakespeare est à l'honneur durant les mois d'été. On y trouve également des étangs et des parterres de fleurs colorés, des roseraies au paroxysme de leur beauté au mois de juin, et des terrains de foot, de rugby et de volley. Des matchs de softball (sorte de base-ball simplifié) sont par ailleurs organisés en été.

À l'ouest du parc se dresse le **London Central Islamic Centre & Mosque** (www.icuk.org ; 146 Park Rd NW8 ; ⊖Marylebone), un imposant édifice blanc à la coupole scintillante. À condition d'enlever vos chaussures et de vous vêtir décemment, vous pourrez y pénétrer. Mais l'intérieur est d'une sobriété extrême.

LORD'S

STADE DE CRICKET

Hors plan p. 452 (www.lords.org ; St John's Wood Rd NW8 ; visites guidées adulte/enfant 15/9 £ ; 🕓visites guidées hors matchs 10h, 12h et 14h avr-sep ; ⊖St John's Wood). Cette “maison du cricket” est incontournable pour tous les amateurs de ce sport anglais par excellence : réservez pour assister aux meilleurs matchs, mais ne vous privez pas des visites guidées (90 minutes), passionnantes et pleines d'anecdotes, qui permettent de voir le terrain et les installations.

Le circuit comprend notamment la fameuse Long Room, où les membres du club assistent aux matchs entourés des portraits de grandes vedettes du jeu, et le musée qui réunit de nombreux souvenirs et attirera les fans, jeunes ou moins jeunes. C'est ici que se trouve la célèbre petite urne contenant les Cendres (*Ashes*), trophée le plus disputé du cricket, actuellement aux mains des Anglais.

Le terrain lui-même est dominé par le spectaculaire centre de presse, une construction dont la forme rappelle celle d'un gigantesque radio-réveil. Ne manquez pas non plus la célèbre girouette personnifiée par un vieil homme baptisé “Father Time”, ni le superbe Mound Stand très moderne en forme de tente. Lors des Jeux olympiques de 2012, Lord's accueillera les épreuves de tir à l'arc.

LES INCONTOURNABLES
CAMDEN MARKET

Bien qu'il ait cessé depuis longtemps d'être à la mode, le marché de Camden attire le chiffre impressionnant de 10 millions de visiteurs par an et se classe en tête du palmarès des sites touristiques de Londres.

Les stands d'artisanat regroupés à l'origine autour de Camden Lock (une écluse sur Regent's Canal) s'étendent dorénavant sous différentes formes sur toute la distance séparant les stations de métro Camden Town et Chalk Farm, au nord.

Le marché se divise en quatre zones principales – **Buck Street Market**, **Lock Market**, **Canal Market** et **Stables Market** –, qui semblent ne faire qu'une lorsque la foule est au rendez-vous. On y trouve un peu de tout : vêtements (de qualité inégale) en abondance, sacs, bijoux, artisanat, bougies, encens, ainsi qu'une myriade d'objets décoratifs. Pour plus de détails, voir p. 253.

Il y a des dizaines de stands alimentaires au Lock Market et au Stables Market ; quasiment toutes les gastronomies du monde sont représentées, de la cuisine française à l'argentine et de la japonaise à l'antillaise. La qualité est variable, mais c'est généralement plutôt bon et peu coûteux. À déguster sur les grandes tables communes ou au bord du canal.

À NE PAS MANQUER

- Lock Market
- Stables Market
- Un en-cas sur les stands alimentaires

INFOS PRATIQUES

- plan p. 452
- Camden High St NW1
- 10h-18h
- Camden Town ou Chalk Farm, Camden Rd

Camden

PRIMROSE HILL QUARTIER

Plan p. 452. Niché entre l'opulence de Regent's Park et Camden à l'esprit alternatif, ce petit quartier est un endroit où tous les Londoniens aimeraient vivre, s'il n'était pas franchement hors de prix. Avec ses boutiques indépendantes (déco d'intérieur, livres, vêtements pour enfants, accessoires pour animaux de compagnie… et pas une chaîne en vue), ses excellents restaurants et de bons pubs, Primrose Hill possède une ambiance de village assez rare.

Autre atout majeur : la proximité du magnifique **parc** du même nom, avec sa vue imprenable sur Londres. Il est envahi par les pique-niqueurs les week-ends d'été, mais en semaine, on y croise surtout des nounous et des promeneurs de chiens, ce qui en fait un endroit idéal pour faire une balade tranquille ou une pause sandwich.

Parmi les illustres résidents du coin : les top-models Kate Moss et Agyness Deyn, les acteurs Jude Law, Helena Bonham-Carter, Sienna Miller et bien d'autres. Le *celebrity-spotting* est un sport très pratiqué ici !

Hampstead et Highgate

N°2 WILLOW ROAD MAISON

Plan p. 451 (2 Willow Rd NW3 ; adulte/enfant 6/3 £ ; 12h-17h mer-sam mars-oct, visites guidées 11h, 12h, 13h et 14h ; Hampstead, Hampstead Heath). Les amateurs d'architecture moderne iront jeter un œil à cette maison, partie centrale d'un bâtiment constitué de trois habitations, conçue par Ernö Goldfinger en 1939 pour en faire sa résidence familiale. Beaucoup trouveront qu'elle ressemble étrangement à l'architecture omniprésente des années 1950. Si cette ressemblance est évidente aujourd'hui, Goldfinger fit figure de précurseur à l'époque où il créa le 2 Willow Road. Les édifices bâtis ultérieurement n'en sont souvent que de pâles imitations.

L'intérieur, avec ses espaces de rangement ingénieusement conçus, son éclairage astucieux (lucarnes), et sa collection d'œuvres d'art d'Henry Moore, de Max Ernst et de Bridget Riley, est accessible à tous. Les explications données par le personnel sont passionnantes. Entrée avec visite guidée jusqu'à 15h. Passé cette heure, les visites libres sont permises.

FENTON HOUSE
ÉDIFICE HISTORIQUE

Plan p. 451 (Windmill Hill, Hampstead Grove NW3 ; adulte/enfant 7/3 £ ; ⏲11h-17h mer-dim mars-oct ; ⊖Hampstead). Fenton House est l'une des plus anciennes maisons de Hampstead. Ayant appartenu à un marchand à la fin du XVIIe siècle, elle est agrémentée d'un très joli jardin clos, comprenant une roseraie et un verger, et renferme une belle collection de porcelaines et d'instruments de musique à clavier, dont un clavecin de 1612 sur lequel joua Haendel. On peut également y voir des tapisseries brodées datant du XVIIe siècle et des meubles originaux de style georgien. L'intérieur est très évocateur, grâce aux meubles georgiens d'origine et à des œuvres d'art d'époque, dont des broderies du XVIIe siècle.

KEATS HOUSE
ÉDIFICE HISTORIQUE

Plan p. 451 (www.keatshouse.org.uk ; Wentworth Pl, Keats Grove NW3 ; adulte/enfant 5 £/gratuit ; ⏲13h-17h mar-dim mai-oct, ven-dim nov-avr ; ⊖Hampstead, ⓡHampstead Heath). Cette élégante demeure de style Régence, qui a rouvert mi-2009 après des travaux de réaménagement, a hébergé l'enfant prodige des poètes romantiques de 1818 à 1820. Entouré de généreux amis, John Keats se laissa convaincre par Charles Armitage Brown de venir faire une retraite ici. Il y rencontra sa fiancée, Fanny Brawne, qui habitait la maison voisine. Assis sous le prunier du jardin (aujourd'hui remplacé), il écrivit en 1819 son poème le plus célèbre, *Ode to a Nightingale* (*Ode à un rossignol*). La maison, meublée de manière austère, donne une bonne idée de la vie à l'époque de Keats.

GRATUIT BURGH HOUSE
MUSÉE

Plan p. 451 (www.burghhouse.org.uk ; New End Sq NW3 ; ⏲12h-17h mer-ven et dim ; ⊖Hampstead). Si vous êtes dans le quartier, faites un détour par ce manoir de la fin du XVIIe siècle de style Queen Anne qui abrite le Hampstead Museum, consacré à l'histoire locale, une petite galerie d'art et le charmant **Buttery Garden Café** (⏲11h-17h30 mer-sam) où l'on déjeune correctement et pour un prix raisonnable (sandwichs 5 £).

HIGHGATE WOOD
PARC

Plan p. 451 (Archway Rd ; ⏲7h30-crépuscule ; ⊖Highgate). S'étendant sur plus de 28 ha

LES INCONTOURNABLES
HAMPSTEAD HEATH

Avec ses vastes forêts et ses prairies ondoyantes, Hampstead Heath paraît à mille lieues de la City (mais n'en est en fait qu'à quelques kilomètres). Ses 320 ha, en majorité des bois, des collines et des champs, accueillent près de 180 espèces d'oiseaux, 23 espèces de papillons, des couleuvres et des chauves-souris, ainsi qu'une flore très riche. Cette "niche écologique" est un lieu merveilleux pour se promener. Particulièrement agréable, le sommet de **Parliament Hill**, avec sa vue panoramique sur toute la ville, est un rendez-vous prisé des amateurs de cerfs-volants. On peut aussi monter en direction de North Wood ou se perdre dans West Heath.

Si vous n'aimez pas la marche à pied, vous pourrez vous rabattre sur les **étangs**, qui sont autant de bassins pour se baigner ; voir p. 255.

Quelques secteurs ont également été aménagés pour le football, le cricket et le tennis. Les amateurs d'art se précipiteront à la **Kenwood House** (p. 242), mais n'oublieront pas de s'arrêter en chemin pour admirer les **sculptures d'Henry Moore et de Barbara Hepworth**.

Une fois que vous avez eu votre dose de grand air et/ou de culture, faites comme les Londoniens, et dirigez-vous vers l'un des excellents pubs du quartier (p. 250) pour y prendre une pinte bien méritée.

À NE PAS MANQUER

- La vue depuis Parliament Hill
- La promenade dans les bois
- La baignade dans les étangs
- Kenwood House
- Les sculptures d'Henry Moore et de Barbara Hepworth

INFOS PRATIQUES

- plan p. 451
- ⊖Hampstead, ⓡGospel Oak ou Hampstead Heath, 🚌214 ou C2 arrêt Parliament Hill Fields

LES INCONTOURNABLES
KENWOOD HOUSE

Cette somptueuse demeure néoclassique se dresse à l'extrémité nord du parc, au milieu de superbes jardins paysagers menant à un non moins superbe lac, autour duquel se déroulent des concerts classiques en été (voir p. 252).

La demeure fut retouchée par Robert Adam au XVIIIe siècle. Elle échappa aux griffes des promoteurs grâce à Lord Iveagh Guinness, qui la légua à la nation en 1927. Le legs d'Iveagh, tel qu'il est connu, comprend une série de prestigieux tableaux signés Rembrandt (dont plusieurs autoportraits), Constable, Turner, Hals, Vermeer et Van Dyck, et constitue l'une des plus belles petites collections d'art du pays.

Le grand escalier de Robert Adam et la bibliothèque, l'une des 14 pièces ouvertes au public, méritent un détour. La Suffolk Collection occupe le 1er étage. Elle comporte des portraits jacobéens réalisés par William Larkin, ainsi que certains portraits royaux des Stuart de Van Dyck et Lely. **Visites guidées** (tarif plein/réduit 2/1 £) tous les jours à 14h30.

Situé dans ce qui fut autrefois l'aile des domestiques de Kenwood House, le **Brew House Café** propose une restauration délicieuse, des en-cas aux menus complets (plats autour de 7,50 £). Très grande terrasse agréable dans le jardin.

À NE PAS MANQUER

- L'autoportrait de Rembrandt
- *Hampstead Heath* de John Constable
- Les concerts d'été de Kenwood House
- La promenade dans les jardins paysagers

INFOS PRATIQUES

- plan p. 451
- Hampstead Lane NW3
- gratuit
- 11h30-16h
- Archway ou Golders Green, puis 210

dans une ancienne forêt, ce parc constitue un merveilleux lieu de promenade à tout moment de l'année. Il abrite une faune nombreuse : près de 70 espèces d'oiseaux y ont été recensées, ainsi que 5 types de chauves-souris, 12 sortes de papillons et 80 d'araignées. On y trouve aussi une immense clairière centrale, destinée aux activités sportives, une aire de jeux très fréquentée et un parcours de découverte pour les plus jeunes. S'ajoutent à cela des activités proposées à l'année, de la fauconnerie à l'observation des chauves-souris.

Islington

ESTORICK COLLECTION OF MODERN ITALIAN ART GALERIE

Plan p. 448 (www.estorickcollection.com ; 39a Canonbury Sq N1 ; adulte/enfant 5 £/gratuit ; 11h-18h mer-sam, 12h-17h dim ; Highbury & Islington). Installée dans un immeuble georgien classé, l'Estorick Collection concerne essentiellement le futurisme (*futurismo* en italien), un mouvement artistique italien du début du XXe siècle, avec des œuvres d'artistes réputés comme Giacomo Balla, Umberto Boccioni, Gino Severini et Ardengo Soffici.

La collection de peintures, de dessins, d'eaux-fortes et de sculptures amassée par l'écrivain et marchand d'art américain Eric Estorick et son épouse Salome comprend également des dessins et un tableau de l'illustre Amedeo Modigliani. Bien conçues, les expositions temporaires ont présenté nombre de mouvements artistiques du XXe siècle, ainsi que des artistes moins connus d'Italie et d'ailleurs. Le musée comprend aussi une bibliothèque bien fournie, un café et une boutique.

Stoke Newington

ABNEY PARK CEMETERY CIMETIÈRE

(www.abney-park.org.uk ; Stoke Newington Church St N16 ; 8h-crépuscule ; Stoke Newington, 73, 106, 149, 243, 276, 476). Surnommé à tort le "Highgate des pauvres", cet endroit magique fut racheté et aménagé par une société privée en 1840. Il était destiné à servir de cimetière pour pallier le manque de concessions dans le centre de Londres. Premier cimetière pour les dissidents de l'Église anglicane, il renferme les tombes de nombreux presbytériens, quakers et baptistes influents. Parmi eux, le fondateur de l'Armée du Salut, William Booth, dont l'imposante pierre tombale vous accueille à l'entrée de Church St.

Laissé à l'abandon depuis les années 1950 et envahi par la végétation, le cimetière est devenu un sanctuaire pour les oiseaux et les plantes, mais aussi un lieu de drague gay et le repaire de certains junkies de Hackney. En plein cœur du cimetière, la chapelle abandonnée semble tout droit sortie d'un film d'horreur, et il règne sur les lieux une atmosphère presque surnaturelle.

Dalston

EASTERN CURVE GARDEN — PARC

Plan p. 448 (http://dalstongarden.site11.com ; 13 Dalston Lane E8 ; 11h-18h ; Dalston Junction/Dalston Kingsland). Ce joli jardin illustre bien l'esprit des projets de réhabilitation de Dalston. Tout est fait par et pour les gens du quartier, et le résultat est d'une indéniable réussite. Des manifestations et des ateliers divers et variés (jardinage, construction d'une serre ou de bancs pour les jardins, après-midi pizza au feu de bois...) se tiennent presque tous les jours.

Les occupants du jardin ont construit une promenade et un jardin potager sur une voie ferrée désaffectée. Un endroit agréable pour s'asseoir un moment ou rencontrer des habitants.

RIDLEY ROAD MARKET — MARCHÉ

Plan p. 448 (Ridley Rd E8 ; 8h30-18h lun-sam ; Dalston Kingsland ou Dalston Junction). Très apprécié de sa clientèle multiculturelle, ce marché est surtout intéressant pour sa grande variété de fruits et légumes exotiques, ses viandes de choix ou ses tissus colorés. Sans oublier un bric-à-brac classique de babioles en plastique, de vêtements bon marché et d'accessoires pour téléphone portable.

OÙ SE RESTAURER

North London est une mine d'or en matière de restaurants. Des pubs historiques aux restaurants chics s'adressant à la clientèle de certains des quartiers résidentiels les plus recherchés de la capitale, les choix ne manquent pas. Si Islington n'est plus le cœur gastronomique de la capitale, il n'en abrite pas moins nombre d'excellentes tables. Ailleurs, la palette est vaste, allant de la cuisine afghane à la grecque, en passant par les tables russe et turque.

King's Cross et Euston

MESTIZO — MEXICAIN ££

Plan p. 452 (www.mestizomx.com ; 103 Hampstead Rd NW1 ; plats 10-20 £ ; déj et dîner ; Warren St). Si pour vous, cuisine mexicaine rime avec tacos et haricots farineux, vous allez être agréablement surpris. Dans ce vaste restaurant-bar à tequila, très attrayant, vous trouverez quantité de mets, des *quesadillas* aux *enchiladas* farcies. Encore plus tentantes sont des spécialités comme le *pozole,* une épaisse soupe de maïs frais avec de la viande, et plusieurs préparations de *mole,* poulet ou porc cuit dans une riche sauce au chocolat.

RAVI SHANKAR — INDIEN £

Plan p. 426 (133-135 Drummond St NW1 ; plats 6-10 £ ; déj et dîner ; Euston ou Euston Sq). Une adresse fiable pour le *bhel poori* (préparation végétarienne à base de riz soufflé et de légumes) sur Drummond St. Une bonne solution de repli si vous n'obtenez pas de table à Diwana (p. 246).

BILLET COMBINÉ

Pour ceux qui veulent visiter N°2 Willow Rd et Fenton House (nous le recommandons !), un billet combiné (9 £) permet d'économiser quelques livres. Comptez 15 minutes de marche bucolique dans Hampstead pour aller de l'une à l'autre.

Camden

MARKET BRITANNIQUE MODERNE ££

Plan p. 452 (www.marketrestaurant.co.uk ; 43 Parkway NW1 ; plats 10-14 £ ; fermé dim soir ; Camden Town). Cet époustouflant restaurant est une ode à une cuisine anglaise simple et excellente, mâtinée de quelques influences continentales. L'espace est sobre et aéré. Les murs aux briques apparentes, les tables en acier et les chaises en bois qui composent le décor reflètent cette simplicité. Le menu fait des merveilles avec une cuisine classique : coquelet rôti et ses petits légumes de saison, ou carrelet entier au beurre de câpres accompagné de frites.

YORK & ALBANY BRASSERIE ££

Plan p. 452 (www.gordonramsay.com/yorkandalbany ; 127-129 Parkway NW1 ; plats 13-19 £ ; petit-déj, déj et dîner ; Camden Town). Cette brasserie chic, qui fait partie de l'empire culinaire de Gordon Ramsay, sert des plats classiques aux accents méditerranéens : cuisse de lapin rôtie aux pommes de terre et aux anchois au citron, ou épaule d'agneau confite et sa polenta. Les pizzas au feu de bois sont également remarquables. Les mets sont parfaits et le cadre décontracté : on peut manger au bar, dans la salle ou dans la partie restaurant, plus select.

BAR GANSA ESPAGNOL ££

Plan p. 452 (7267 8909 ; www.bargansa.co.uk ; 2 Inverness St NW1 ; tapas 5 £ ; 10h-0h30 dim-mer, jusqu'à 1h30 jeu-sam ; Camden Town). Cette adresse rouge et jaune vif est une institution de Camden, et sa popularité ne se dément pas. On y mange principalement des tapas, qui attirent nombre de petits groupes d'amis. Les plats traditionnels, comme la paella *valenciana*, comptent parmi les principales spécialités maison. Flamenco live le lundi soir. Le lieu ferme tard (0h30 ou 1h30) et fonctionne aussi en tant que bar.

MANGO ROOM ANTILLAIS ££

Plan p. 452 (www.mangoroom.co.uk ; 10-12 Kentish Town Rd NW1 ; plats 10-13 £ ; déj et dîner ; Camden Town). Avec son délicieux décor pastel et son service aimable, Mango Room propose une expérience carribéenne décontractée. Les spécialités sont excellentes, notamment le bar grillé sauce au lait de coco et poivre doux, le poisson salé accompagné d'*ackee* (fruit jaune de la Jamaïque qui fait penser à des œufs brouillés) et le curry de chèvre pimenté et parfumé à point. Très bon accompagnement musical : ska des années 1950 et vieux disques de reggae.

VAUT LE DÉTOUR

ALEXANDRA PARK & PALACE

Érigé en 1873, l'**Alexandra Palace** devait être le pendant du Crystal Palace. Hélas, il fut entièrement détruit par un incendie 16 jours seulement après son inauguration. Encouragés par les chiffres de fréquentation, les investisseurs décidèrent de le reconstruire. Il rouvrit ainsi à peine deux ans plus tard. Malgré son théâtre, son musée, sa salle de lecture, sa bibliothèque et son grand hall, renfermant l'un des orgues les plus imposants du monde, l'Alexandra Palace ne put rivaliser avec le Crystal Palace. Des prisonniers de guerre allemands y furent détenus pendant la Première Guerre mondiale et, en 1936, c'est là que fut enregistrée la toute première émission télévisée du monde – une émission de variétés appelée *Here's Looking at You*. Le palais fut victime d'un nouvel incendie en 1980, mais reconstruit une troisième fois et rouvert en 1988. Aujourd'hui, "Ally Pally" (surnom affectueux donné au palais) sert de centre de conférences et de lieu d'exposition. Il a été doté de nouvelles infrastructures, dont une patinoire couverte, des manèges (en été) et le panoramique Phoenix Bar & Beer Garden. Des soirées club et des concerts sont aussi régulièrement organisés.

Idéal pour une sortie en famille, le parc environnant s'étend sur quelque 196 ha. On y trouve des jardins publics, une réserve naturelle, un enclos pour les cervidés et divers équipements sportifs (lac de canotage, espace golf *pitch-and-putt* et skate parc). Un marché des producteurs a lieu le dimanche.

Nombre de Londoniens viennent profiter de la vue panoramique sur la ville. Le feu d'artifice tiré ici à l'occasion de la Bonfire Night (p. 29) fait partie des plus spectaculaires de Londres.

LES INCONTOURNABLES
HIGHGATE CEMETERY

Surtout connu pour être le lieu de sépulture de Karl Marx, de George Eliot (le pseudonyme de la romancière de l'époque victorienne Mary Ann Evans) et d'autres éminents mortels, le Highgate Cemetery s'étend sur un domaine de 20 ha ponctué de tombeaux de famille victoriens, décorés à l'extrême. Le cimetière est divisé en deux par Swain's Lane. Du côté est, vous pourrez visiter la **tombe de Karl Marx**. C'est la partie ouest, la plus sauvage de ce dédale victorien, qui constitue l'attrait principal des lieux. Pour la visiter, vous devrez suivre une **visite guidée** (☎8340 1834 ; adulte/enfant 7/3 £ ; 1 heure ; ⏲13h45 lun-ven, toutes les heures 11h-15h sam-dim nov-mars, jusqu'à 16h avr-oct) – les enfants de moins de huit ans ne sont pas admis. Celle-ci vous conduira à travers un labyrinthe de chemins sinueux pour atteindre le **Circle of Lebanon**, où les tombes sont disposées en cercle et dominées par un majestueux cèdre du Liban. Les guides vous indiqueront volontiers les différent symboles ainsi que les tombes occupées par de célèbres défunts.

Le cimetière fonctionne toujours, et la dernière célébrité à l'avoir rejoint est le dissident russe Alexandre Litvinenko, décédé en 2006 dans des circonstances dramatiques, après avoir absorbé un isotope radioactif du polonium 210 versé dans son thé à l'hôtel Mayfair.

À NE PAS MANQUER

- La tombe de Karl Marx
- La visite du cimetière ouest
- Le Circle of Lebanon

INFOS PRATIQUES

- plan p. 451
- ☎8340 1834
- www.highgate-cemetery.org
- Swain's Lane N6
- adulte/enfant 3 £/ gratuit
- ⏲10h-17h lun-ven, 11h-17h sam-dim avr-oct, fermeture à 16h tlj nov-mars
- ⊖Highgate

MARINE ICES ITALIEN £

Plan p. 452 (www.marineices.co.uk ; 8 Haverstock Hill NW3 ; plats 7-15 £ ; ⏲déj et dîner mar-dim ; ⊖Chalk Farm). Cette institution de Chalk Farm était au départ un glacier (une *gelateria* sicilienne, pour être précis), mais elle sert aussi aujourd'hui des plats salés, notamment des pizzas et de copieuses assiettes de pâtes. Essayez tout de même une de leurs excellentes glaces (on vous conseille vivement les parfums noix de coco des Antilles et noix au sirop d'érable). Le week-end, une longue file d'amateurs se forme dans Haverstock Hill.

BELGO NOORD BELGE ££

Plan p. 452 (www.belgo-restaurants.co.uk ; 72 Chalk Farm Rd NW1 ; plats 9-16 £ ; ⏲ 12h-23h ; ⊖Chalk Farm). Cette branche d'une chaîne de restauration belge sert de très bonnes moules-frites (12 £), que l'on peut arroser d'une des nombreuses bières de la carte.

HACHÉ HAMBURGERS £

Plan p. 452 (www.hacheburgers.com ; 24 Inverness St NW1 ; plats 7-13 £ ; ⏲12h-22h dim-mer, 12h-23h jeu-sam ; ⊖Camden Town). Une succursale du restaurant du même nom à Fulham (p. 304).

Hampstead et Highgate

GAUCHO GRILL GRILL £££

Plan p. 451 (☎7431 8222 ; www.gauchorestaurants.co.uk ; 64 Heath St NW3 ; plats 15-52 £ ; ⏲12h-23h lun-sam, 10h-23h dim ; ⊖Hampstead). Avis aux carnivores : voici l'un des meilleurs restaurants de steaks à Londres. Cette chaîne argentine possède plusieurs adresses en ville, mais celle-ci présente l'avantage d'être moins bondée que les autres, car située dans un quartier résidentiel. Bon plan : partager le Gaucho Sampler (89,95 £) à trois ou quatre pour goûter différents morceaux de bœuf. On apprécie aussi la décoration moderne et pimpante, même si le revêtement en peau de vache des chaises n'est pas très confortable !

LES MEILLEURS RESTAURANTS VÉGÉTARIENS DE NORTH LONDON

North London dément admirablement les clichés sur la supposée pauvreté de la cuisine végétarienne, avec des adresses créatives et délicieuses dont vous sortirez amplement rassasié. Parmi les restaurants cités ci-dessous, notez qu'Addis n'est pas végétarien à proprement parler, mais il réserve une large place aux plats de légumes et de céréales, une constante de la cuisine éthiopienne.

Manna (plan p. 452 ; 7722 8082 ; www.mannav.com ; 4 Erskine Rd NW1 ; plats 11-14 £ ; déj sam-dim, dîner mar-dim ; Chalk Farm). Caché dans une rue discrète de Primrose Hill, cette superbe petite adresse concocte avec succès une cuisine végétarienne inventive. La carte affiche des plats aussi tentants que le korma "vert", le gâteau de risotto aux pois et à l'ail sauvage et de superbes desserts. Également d'excellents mets végétaliens. La présentation des plats est très soignée : salades en éventail, plats en forme de pyramide... Réservation généralement indispensable.

Diwana Bhel Poori House (plan p. 426 ; www.diwanabhelpoori.co.uk ; 121-123 Drummond St ; plats 7-9 £ ; midi-minuit ; Euston ou Euston Sq). Sans doute l'un des meilleurs restaurants indiens végétariens de Londres. Diwana est spécialisé dans le *bhel poori* de Bombay (un en-cas aigre-doux à la fois tendre et croustillant) et les *dosa* (crêpes de riz fourrées). Essayez les *thali*, délicieux assortiments de plats légers, surtout faits avec des légumes (7 à 9 £). Le buffet à volonté du déjeuner (7 £) est mémorable.

Woodlands (plan p. 451 ; 7794 3080 ; www.woodlandsrestaurant.co.uk ; 102 Heath St NW3 ; plats 7-19 £ ; déj ven-sam, dîner lun-sam ; Hampstead). La chaîne Woodlands qui proclame "Que la végétation nourrisse les nations" entend prouver que la cuisine végétarienne du sud de l'Inde peut être aussi inventive que ses concurrentes à base de viande. Et, en effet, la carte est convaincante.

Rasa (7249 0344 ; www.rasarestaurants.com ; 55 Stoke Newington Church St N16 ; plats 4-6 £ ; déj sam-dim, dîner tlj ; Stoke Newington, puis 73). Principal restaurant de la chaîne Rasa, ce restaurant végétarien d'Inde du Sud est le plus célèbre de Stoke Newington et constitue l'une des tables les plus appréciées de la capitale. Service sympathique, ambiance paisible, prix raisonnables et excellente cuisine à l'influence keralaise. Le copieux menu Keralan Feast (16 £) est à réserver aux plus affamés !

Addis (plan p. 448 ; www.addisrestaurant.co.uk; 40-42 Caledonian Rd N1 ; plats 8-11 £ ; déj et dîner ; King's Cross St Pancras). Cet établissement animé sert des plats éthiopiens relevés comme l'*ayeb be gomen* (fromage blanc mélangé avec des épinards et des épices) et le *fuul musalah* (fèves concassées sautées au beurre clarifié avec feta et falafel). Cette cuisine se déguste sur un pain souple et rond, au goût légèrement acide, l'*injera*. La clientèle se compose surtout d'Éthiopiens et de Soudanais, ce qui est plutôt bon signe.

WELLS TAVERN
PUB GASTRONOMIQUE ££

Plan p. 451 (7794 3785 ; www.thewellshampstead.co.uk ; 30 Well Walk NW3 ; plats 10-16 £ ; déj et dîner ; Hampstead). Ce *gastropub* prisé, à la décoration étonnamment moderne (comparé à son extérieur plus traditionnel), est un cadeau des dieux à Hampstead. La carte propose des plats raffinés, typiquement britanniques : saucisses du Cumberland, purée et sauce aux oignons, voire un simple rôti de porc avec tous ses accompagnements. Le week-end, il faut se battre pour trouver une table – mieux vaut réserver.

LA GAFFE
ITALIEN £

Plan p. 451 (www.lagaffe.co.uk ; 107-111 Heath St NW3 ; plats 7-15 £ ; déj jeu-dim, dîner tlj ; Hampstead). Ce confortable restaurant familial occupe un cottage du XVIIIe siècle devenu un hôtel réputé de Hampstead. Ne vous laissez pas rebuter par le cadre pseudo-italien : on y mange très bien. Les plats de pâtes, en particulier, sont excellents (on peut avoir des portions XL à raison de 2 £ supplémentaires). En semaine, le menu déjeuner (3 plats) est à 12,50 £.

Islington

OTTOLENGHI
ITALIEN ££

Plan p. 448 (7288 1454 ; www.ottolenghi.co.uk ; 287 Upper St N1 ; plats 7-12 £ ; 8h-23h lun-sam,

9h-19h dim ; ⊖Highbury & Islington ou Angel). La meilleure des nombreuses adresses d'Upper Street : un superbe espace tout blanc qui mérite le détour ne serait-ce que pour voir les merveilleux pains et gâteaux dans l'épicerie. Le mieux reste toutefois de prendre place à table. Au déjeuner, vous n'aurez qu'à choisir parmi les plats proposés sur le comptoir. En soirée, on peut commander à la carte et partager des petits plats de style fusion. Le brunch du week-end est fantastique, mais il faut généralement attendre qu'une table se libère. Réservation obligatoire en soirée.

GEORGIAN IBERIAN RESTAURANT RUSSE ££

Plan p. 448 (www.iberiarestaurant.co.uk ; 294-296 Caledonian Rd ; plats 8,50-16 £ ; dîner mar-dim, déj sam-dim ; ⊖Caledonian Rd ou Highbury & Islington). Le quartier n'est certes pas très animé, mais ce restaurant justifie à lui seul les 10 minutes de marche que vous aurez à faire depuis Islington. La cuisine géorgienne incorpore des saveurs de la Russie voisine (ingrédients fumés, haricots, noix, chou, aneth) et du Moyen-Orient (mezze, pain méditerranéen et quantité d'épices). La nourriture est délicieuse et les serveurs sont les plus sympathiques de North London.

LE MERCURY FRANÇAIS £

Plan p. 448 (www.lemercury.co.uk ; 140a Upper St N1 ; plats 8 £ ; déj et dîner ; ⊖Angel ou Highbury & Islington). Un excellent restaurant français, bon marché et très populaire. Le Mercury semble avoir trouvé la formule gagnante : ambiance romantique, avec de petites tables éclairées à la bougie et plantes dans toute la salle, et une cuisine succulente à des prix imbattables (essayez le magret de canard rôti au vin rouge). L'adresse est bien connue des Londoniens ; mieux vaut réserver.

DUKE OF CAMBRIDGE PUB GASTRONOMIQUE ££

Plan p. 448 (www.dukeorganic.co.uk ; 30 St Peter's St N1 ; plats 13-19 £ ; déj et dîner ; ⊖Angel). Le premier pub certifié bio du Royaume-Uni est l'endroit idéal pour échapper à la foule, car il est niché au fond d'une rue secondaire en retrait d'Essex Rd, où les passants s'arrêtent rarement. Fantastique choix de bières à la pression, belle carte des vins et menu bio intéressant, avec un côté méditerranéen. Vous pouvez manger côté pub pour un repas tranquille ou préférer le restaurant situé à l'arrière, où le service est plus formel (réservation conseillée en soirée).

AFGHAN KITCHEN AFGHAN £

Plan p. 448 (35 Islington Green N1 ; plats 7 £ ; déj et dîner mar-sam ; ⊖Angel). Ce joli petit établissement sur 2 étages, l'un des meilleurs rapports qualité/prix d'Islington, sert des mets afghans traditionnels comme le *qurma suhzi gosht* (agneau mijoté aux épinards) et le *qurma e mahi* (ragoût de poisson). On y trouve aussi un vaste choix de plats végétariens comme le *borani kado* (mélange de potiron et de yaourt) et le *moong dall* (*dhal* aux lentilles). Le soir, les plats sont accompagnés de pain frais maison au lieu de riz.

MASALA ZONE INDIEN ££

Plan p. 448 (www.masalazone.com; 80 Upper St N1 ; plats 8-12 £ ; déj et dîner; ⊖Angel). Ce restaurant spacieux avec une terrasse au bord d'Upper St est l'un des meilleurs restaurants indiens pour petits budgets de Londres. Dans un cadre résolument moderne, dégustez ses fameux *thali*, ou des viandes au *tandoor* (au four) ou grillées. Il y a désormais plusieurs succursales dans la capitale.

MORGAN M FRANÇAIS £££

Plan p. 448 (☎7609 3560 ; www.morganm.com ; 489 Liverpool Rd N1 ; menu déj/dîner 28/43 £ ; dîner mar-sam, déj mer-ven et dim ; ⊖Highbury & Islington). Cet ancien pub d'Highbury reconverti en restaurant gastronomique a conservé un cadre traditionnel mais la cuisine est résolument moderne et française. Les menus sont remarquables, allant du menu du midi (2 plats) au festin gastronomique du menu dégustation du soir (6 plats).

BREAKFAST CLUB CAFÉ £

Plan p. 448 (www.thebreakfastclubangel.com ; 31 Camden Passage N1 ; plats 3-9 £ ; 8h-22h lun-ven, 9h30-22h sam-dim ; ⊖Angel). Comme son nom ne l'indique pas, on ne sert pas que des petits-déjeuners ici (3-8,30 £), même si beaucoup de noctambules viennent s'y ressourcer après une nuit blanche. Sandwichs, salades et de bonnes *pies* sont servis dans un décor aéré et original. Service très souriant, et accompagnement musical relax et de qualité.

RODIZIO RICO BRÉSILIEN £££

Plan p. 448 (www.rodiziorico.com ; 77-78 Upper St N1 ; 24 £/pers ; dîner lun-dim, déj sam-dim ; ⊖Angel). Restaurant brésilien où l'on mange à volonté, apprécié des amateurs de viandes grillées au grand appétit. Gastronomes ou végétariens s'abstenir ! On se sert d'abord au buffet à salades avant de retourner à sa table, où un flot continu de serveurs vient approvisionner les clients en brochettes. Chacun reçoit un carton bicolore. Pour être resservi (à volonté), il faut laisser le côté vert visible, et une fois repu (ou au bord de l'explosion !) passer au rouge.

GALLIPOLI MOYEN-ORIENT ££

Plan p. 448 (www.gallipolicafe.com ; 102 Upper St N1 ; plats 10-15 £ ; déj et dîner ; Angel ou Highbury & Islington). De bons plats turcs, libanais et méditerranéens sont servis ici à des prix raisonnables (grand choix de mezze et de kebabs). Mais le restaurant est souvent bondé (c'est particulièrement rude les vendredis et samedis soir, lorsque les clients viennent fêter des anniversaires) et la musique très forte.

Stoke Newington

BLUE LEGUME CAFÉ £

(101 Stoke Newington Church St N16 ; plats 5-12 £ ; 9h30-23h lun-sam, 9h30-18h dim ; Stoke Newington, 73). Cet établissement animé possède des tables en mosaïques et une déco plutôt hippie, avec une jolie serre à l'arrière et des tables dans la rue. Le petit-déjeuner est à juste titre réputé. Carte méditerranéenne pour le déjeuner et soirée paella hebdomadaire.

Dalston

MANGAL OCAKBASI TURC £

Plan p. 448 (www.mangal1.com ; 10 Arcola St E8 ; plats 5-12 £ ; midi-minuit ; Dalston Kingsland). Mangal est la quintessence du restaurant à *ocakbasi* (gril turc, sorte de super-barbecue). Dans un espace exigu et enfumé, on sert de superbes mezze, des côtes d'agneau grillées, de la caille et un assortiment de kebabs à tomber. Il n'y a pas de carte : il faut aller faire son choix au comptoir à viandes. Mangal, établi ici depuis plus de 20 ans, est toujours aussi fréquenté ! Il est possible de prendre un plat à emporter si vous ne trouvez pas de table.

A LITTLE OF WHAT YOU FANCY BRITANNIQUE ££

Plan p. 448 (www.alittleofwhatyoufancy.info ; 464 Kingsland Rd E8 ; plats 9-18 £ ; 9h-23h mar-ven, 10h-24h sam, 12h-18h dim, 19h-23h lun ; Dalston Junction, 149). Ce petit restaurant coquet est une bouffée d'oxygène dans un quartier plus connu pour ses kebabs que pour sa gastronomie. Le décor vintage est sobre et cette philosophie du "less is more" se retrouve dans l'assiette (même si les portions sont fort honorables) : soupes, tartes et risottos sont simples mais divins.

CAFÉ OTO CAFÉ £

Plan p. 448 (www.cafeoto.co.uk ; 18-22 Ashwin St E8 ; plats 5-7 £ ; 9h30-17h30 lun-ven, 10h30-17h30 sam-dim ; Dalston Junction ou Dalston Kingsland, 149, 38). Cette salle de concerts alternative réputée est un superbe café en journée. Un couple nippo-britannique en est propriétaire, et sur la carte, les wraps *teriyaki* cohabitent avec des soupes traditionnelles. Choix de boissons tout aussi éclectique : saké et whisky japonais côtoient des bières Kernel (une microbrasserie londonienne).

OÙ PRENDRE UN VERRE ET FAIRE LA FÊTE

Camden Town est l'un des quartiers bénis par le dieu de la fête du nord de Londres, avec plus de bars, de pubs et de musique que vous ne pouvez en espérer. Les collines de Hampstead sont un paradis pour les inconditionnels des vieux pubs, tandis que le branché Dalston est actuellement le coin le plus cool pour prendre un verre dans la capitale.

King's Cross

SOMERS TOWN COFFEEHOUSE PUB

Plan p. 448 (www.somerstowncoffeehouse.co.uk ; 60 Chalton St NW1 ; King's Cross St Pancras). Ce magnifique "bistrot pub" pourrait se définir comme un croisement entre bistrot à la française et pub anglais. On y trouve par conséquent un grand choix de bières et de vins (français, évidemment). Le bâtiment, remarquable avec son intérieur boisé, dispose de deux terrasses.

CAMINO BAR

Plan p. 448 (www.camino.uk.com ; Regent Quarter, dans une ruelle donnant sur Caledonian Rd N1 ; King's Cross St Pancras). Cette nouvelle adresse a ouvert dans le cadre de la réhabilitation de Regent Quarter. Elle connaît un franc succès auprès des espagnols de Londres, ce qui lui confère une certaine authenticité. Boissons typiquement espagnoles : Cava, bière pression Estrella, ainsi qu'une longue liste de vins ibériques. La cour est prise d'assaut l'été. Dommage que la nourriture ne soit pas à la hauteur de l'ambiance.

BIG CHILL HOUSE BAR À DJ

Plan p. 448 (www.bigchill.net ; 257-259 Pentonville Rd N1 ; jusqu'à minuit dim-mer, 1h jeu, 3h ven-sam ; King's Cross St Pancras). Un bar qui s'étend sur 3 étages (plus une superbe terrasse), tenu par les gérants du festival et du label Big Chill. De bons DJ et groupes s'y produisent. Sélection musicale toujours variée et cosmopolite, sono fantastique, et entrée libre la plupart des soirs. Possibilité de restauration toute la journée, avec notamment de bons hamburgers.

EGG DISCOTHÈQUE

Plan p. 448 (www.egglondon.net ; 5-13 Vale Royal N1 ; 22h-7h ven, 22h-11h sam-dim ; King's Cross St Pancras ou Caledonian Rd). Un agencement superbe, avec 3 salles (sur 3 étages), un jardin et deux magnifiques terrasses sur le toit (pour fumeurs à cran). Musique house, dance, techno et drum'n'bass. *After* avec petit-déjeuner le dimanche matin. Le week-end, navette gratuite de 22h à 2h toutes les 30 minutes au départ de l'American Carwash sur York Way.

RUBY LOUNGE BAR À DJ

Plan p. 448 (33 Caledonian Rd N1 ; jusqu'à minuit jeu, 2h ven-sam ; King's Cross St Pancras). King's Cross s'embourgeoise petit à petit. Autrefois fréquenté uniquement par des fêtards endurcis (ou des prostituées et des junkies), il se transforme en un quartier comptant trois Starbucks au mètre carré. Mais le Ruby Lounge n'a pas dit son dernier mot et ne se laissera pas déloger. C'est une bonne adresse avec son intérieur chaleureux, d'excellents DJ et une clientèle venant ici en début de soirée.

Camden

EDINBORO CASTLE PUB

Plan p. 452 (www.edinborocastlepub.co.uk ; 57 Mornington Tce NW1 ; Camden Town). Bonne adresse, ce vaste pub paisible exhale une ambiance qui évoque plutôt Primrose Hill que Camden. Outre sa carte très complète et son superbe mobilier qui invite à la détente, il dispose d'une immense terrasse, parfaite les soirs d'été. Mais l'atout principal de ce pub est son énorme *beer garden*, doté d'un barbecue et d'un baby foot, et équipé de guirlandes pour les longues soirées d'été.

PROUD CAMDEN BAR

Plan p. 452 (www.proudcamden.com ; The Horse Hospital, Stables Market, Chalk Farm Rd NW1 ; jusqu'à 1h30 lun-mer, 2h30 jeu-sam, 0h30 dim ; Camden Town ou Chalk Farm). L'un des meilleurs bars de Camden a pris ses quartiers dans l'ancien Horse Hospital, où l'on soignait les chevaux qui se blessaient en tirant des péniches sur le Grand Union Canal tout proche. Les écuries ont été transformées en alcôves privatives, où on peut boire, jouer au baby-foot ou assister à des événements sportifs sur grand écran. La grande salle principale (voir p. 252) accueille groupes et DJ, et des œuvres d'art habillent les murs. Parfait en été, lorsque la terrasse est ouverte.

LOCK TAVERN PUB

Plan p. 452 (www.lock-tavern.co.uk ; 35 Chalk Farm Rd NW1 ; jusqu'à 1h ven-sam ; Chalk Farm ou Camden Town). Ce bâtiment noir est une institution de Camden. Nous l'aimons pour plusieurs raisons : l'intérieur est confortable, la terrasse sur le toit est un excellent endroit pour observer la foule du marché, la nourriture est bonne et la bière coule à flots. Le week-end, groupes et DJ viennent mettre de l'animation.

CROWN & GOOSE PUB

Plan p. 452 (www.crownandgoose.co.uk ; 100 Arlington Rd NW1 ; jusqu'à 2h ven-sam ; Camden Town). Un de nos pubs préférés. Éclairée par de grandes fenêtres, la salle carrée possède un bar central en bois ainsi que des murs verts très *british* parsemés de miroirs aux cadres dorés. Fréquenté par une clientèle branchée sans ostentation, il mêle convivialité, plats de qualité et un beau choix de bières bon marché.

BAR VINYL BAR À DJ

Plan p. 452 (www.barvinyl.com ; 6 Inverness St NW1 ; jusqu'à 1h jeu-sam ; Camden Town). Bar Vinyl est le centre névralgique des jeunes urbains de Camden. On y trouve des DJ cool, une boutique de disques et des graffitis sur les murs. L'ambiance est très sympathique. Côté ambiance : bondé et très animé le week-end, plus calme en semaine, mais la musique est toujours excellente. Happy hour tous les soirs entre 17h et 19h.

BLACK CAP GAY

Plan p. 452 (www.faucetinn.com/blackcap ; 171 Camden High St NW1 ; ⌚12h-2h lun-jeu, jusqu'à 3h ven-sam, 1h dim ; ⊖Camden Town). Ce vaste endroit sympathique est le haut lieu gay de Camden, dont les clients viennent de tout North London. Terrasse extérieure très agréable. À l'étage, le Shufflewick Bar possède une ambiance de pub ; au sous-sol, un club programme des spectacles de cabaret hilarants et passe de la bonne musique dance.

QUEEN'S PUB

Plan p. 452 (www.thequeensprimrosehill.co.uk ; 49 Regent's Park Rd NW1 ; ⌚11h-23h ; ⊖Camden Town ou Chalk Farm). Peut-être parce qu'on est à Primrose Hill, l'intérieur ressemble plus à un café qu'à un pub. Bonne adresse cependant, avec une belle carte de vins, d'ales et de *lagers*. Aspect non négligeable : on peut observer de jolis gens en sirotant une bière – des acteurs comme Jude Law et des fashionistas de Primrose Hill viennent régulièrement se désaltérer ici.

Hampstead et Highgate

BOOGALOO BAR

Plan p. 451 (www.theboogaloo.org ; 312 Archway Rd N6 ; ⌚jusqu'à 1h jeu, 2h ven-sam ; ⊖Highgate). “Le juke-box numéro 1 à Londres”, voilà ce que le Boogaloo se targue d'être, et comment il a été décrit dans les médias locaux, grâce à son juke-box régulièrement reprogrammé par des célébrités, qui passe notamment les dix chansons préférées de Nick Cave, Sinead O'Connor, Howie B et Bobbie Gillespie pour ne citer qu'eux. De quoi faire la fête avec, en plus, des concerts tous les soirs de la semaine. Les passionnés de musique ne regretteront pas le détour.

GARDEN GATE PUB

Plan p. 451 (www.thegardengatehampstead.co.uk ; 14 South End Rd NW3 ; ⌚12h-23h ; 🚉Hampstead Heath). Ce cottage du XIXe siècle est un petit bijou niché à l'extrémité sud de Hampstead Heath. Le *beer garden* est magnifique. L'intérieur est quant à lui très confortable, avec ses tables en bois sombre, ses chaises rembourrées de couleur turquoise et quelques canapés antédiluviens. On y sert Pimm's et limonade l'été et vin chaud l'hiver : idéal après une longue promenade dans le parc. La nourriture est également excellente.

SPANIARD'S INN PUB

Plan p. 451 (www.thespaniardshampstead.co.uk ; Spaniards Rd NW3 ; ⌚11h-23h ; ⊖Hampstead puis 🚌21). Cette merveilleuse taverne date de 1585. Dick Turpin, dandy et bandit de grand chemin, fréquentait souvent le lieu. D'autres noms plus illustres, tels Dickens, Shelley, Keats et Byron, ont également succombé à son charme. Le grand jardin est divin, mais la nourriture y est trop chère et plutôt décevante.

HOLLY BUSH PUB

Plan p. 451 (22 Holly Mount NW3 ; ⌚11h-23h ; ⊖Hampstead). Un pub magnifique qui vous fera envier les résidents privilégiés de Hampstead. Son intérieur victorien d'origine, son emplacement tranquille en haut de la colline et sa cheminée vous retiendront sûrement plus longtemps que prévu. Situé au-dessus de Heath St, il est accessible par les Holly Bush Steps.

FLASK TAVERN PUB

Plan p. 451 (77 Highgate West Hill N6 ; ⌚11h-23h ; ⊖Highgate). Prisée le week-end, cette adresse est fantastique pour terminer une promenade dans Hampstead Heath ou Highgate Wood. En été, la grande cour accueille les clients venus déguster de délicieux burgers accompagnés de bières. En hiver, ils se réfugient dans la salle douillette où ils savourent le célèbre rôti dominical de la maison.

Islington

BULL PUB

Plan p. 448 (www.thebullislington.co.uk ; 100 Upper St N1 ; ⌚jusqu'à minuit mer-jeu, 1h ven-sam ; ⊖Angel ou Highbury & Islington). Un des pubs les plus animés d'Islington. On y sert 27 sortes différentes de *lagers*, de *real ales* (bières traditionnelles), bières fruitées ou au froment et au cidre, ainsi qu'un grand choix de vins et autres boissons. La mezzanine est en général plus tranquille que la salle du bas, mais les soirs de week-end, vous aurez du mal à trouver une table libre.

CASTLE
PUB

Plan p. 448 (www.geronimo-inns.co.uk/thecastle ; 54 Pentonville Rd N1 ; ⌚jusqu'à minuit ven-sam ; ⊖Angel). Superbe pub traditionnel, avec plancher en bois, papier peint de créateur, canapés et bibliothèques. Bons mets de type *gastropub*, bon choix d'ales et de *lagers*, et en plus, il y a une terrasse sur le toit !

PUBLIC HOUSE
BAR

Plan p. 448 (www.boutiquepubs.com ; 54 Islington Park St N1 ; ⌚jusqu'à minuit dim-jeu, 1h ven-sam ; ⊖Highbury & Islington). Ce joli bar ajoute une séduisante touche de boudoir/new burlesque dans un quartier plus connu pour ses pubs bruyants que pour sa sophistication. Tout est remarquable ici : les cocktails savamment préparés (avec des ingrédients de saison), la carte, exquise, et la longue liste de digestifs (eaux-de-vie, whiskys, vins de dessert).

BARRIO NORTH
BAR À DJ

Plan p. 448 (www.barrionorth.com ; 45 Essex Rd N1 ; ⌚jusqu'à 2h ven-sam, fermé lun ; ⊖Angel ou Highbury & Islington). Ce bar à cocktails et à DJ est un des plus sympathiques d'Islington. Ambiance, décor et musique résolument latino, avec quelques pincées de Londres et de New York (s'il y a des places libres, installez-vous dans la caravane au milieu du bar). Les cocktails sont sans pareil, avec des recettes de tout le continent américain, des Caraïbes et d'Europe. “Amigo Hour” entre 17h et 20h.

JUNCTION
PUB

Plan p. 448 (2a Corsica St N5 ; ⌚jusqu'à 1h ven-sam ; ⊖Highbury & Islington). Ce vaste pub aux allures d'entrepôt ne brille pas par son charme, mais l'endroit est néanmoins sympathique. Il est très apprécié des fans d'Arsenal, et c'est donc un excellent lieu pour voir un match. Les soirées foot font le plein et l'ambiance y est extraordinaire. De nombreuses tables disponibles, ainsi qu'un *beer garden*. Bonnes pizzas (deux pour le prix d'une le mardi).

Stoke Newington

AULD SHILLELAGH
PUB

(www.theauldshillelagh.com ; 105 Stoke Newington Church St N16 ; 🚌73). Voici l'un des meilleurs pubs irlandais de Londres, et ses piliers de comptoir ne nous contrediront pas. Le personnel est efficace, la Guinness excellente, et les spectacles live sont fréquents et variés. On peut profiter d'un rayon de soleil dans le *beer garden*.

FOX REFORMED
BAR

(www.fox-reformed.co.uk ; 176 Stoke Newington Church St N16 ; ⌚jusqu'à minuit ; 🚆Stoke Newington, 🚌73). Possédant toutes les qualités d'un bon bar – patron sympathique, clients fidèles, bons plats, bons vins, bonnes bières et joli jardin –, le Fox ne désemplit pas depuis plus de 20 ans. L'ambiance calme et les plateaux d'échecs et de backgammon qui invitent à la détente l'après-midi ajoutent à son charme.

Dalston

♥ PASSING CLOUDS
DISCOTHÈQUE

Plan p. 448 (www.passingclouds.org ; 1 Richmond Rd E8 ; ⌚22h-4h ven-sam, horaires variables lun-ven ; 🚆Dalston Junction ou Dalston Kingsland, 🚌243, 76). Passing Clouds est une adresse qui vaut le détour. On y organise des fêtes mythiques qui durent jusqu'au petit matin. La musique est à dominante *world*, avec de fortes influences africaines. Des groupes d'afrobeat sont régulièrement invités. Le bœuf (*jam session*) du dimanche soir (à partir de 21h) est réputé. Les soirées mêlent DJ et concerts, attirant une foule cosmopolite typiquement londonienne. Pour le décor : bar de fortune, lanternes colorées et détails tropicaux. L'ambiance est extraordinaire.

BAR 23
BAR

Plan p. 448 (23 Stoke Newington Rd N16 ; ⌚jusqu'à 1h dim-jeu, 2h ven-sam ; 🚆Dalston Kingsland ou Dalston Junction, 🚌76, 149). Des stars de cinéma ornent les murs de ce bar à première vue ordinaire, tenu par des Turcs, dans la zone la plus tendance de Dalston. En soirée, une clientèle sympathique afflue, attirée par les DJ et les boissons servies jusque tard.

DALSTON SUPERSTORE
BAR À DJ

Plan p. 448 (117 Kingsland High St E8 ; ⌚jusqu'à 2h ; 🚆Dalston Kingsland ou Dalston Junction, 🚌76, 149). Cet espace industriel sur deux niveaux, à l'ambiance new-yorkaise, est ouvert toute la journée, mais c'est le soir que l'ambiance monte, avec des soirées musicales organisées au sous-sol et des DJ en haut.

LONDON ROCKING !

North London est le temple du rock indé : nombreux sont les groupes célèbres qui ont fait leurs gammes dans les bars grunge du quartier. Voici une sélection de salles qui proposent certains des meilleurs concerts de la ville. Elles ouvrent en général vers 19h30 – les groupes ne montent souvent sur scène qu'à partir de 21h – et ferment vers 2h, mais les horaires varient évidemment en fonction des soirées.

Barfly (Plan p. 452 ; www.barflyclub.com ; Monarch, 49 Chalk Farm Rd NW1 ; Chalk Farm ou Camden Town). Cette salle authentiquement grunge, versée dans le rock indé, est réputée pour servir de tremplin aux artistes rêvant de percer. Le Barfly a une prédilection pour le rock britannique et américain, et propose régulièrement des soirées organisées par la radio alternative Xfm. La salle est si petite que vous aurez l'impression que le groupe ne joue que pour vous.

Electric Ballroom (Plan p. 452 ; www.electricballroom.co.uk ; 184 Camden High St NW1 ; Camden Town). Une des salles historiques de Camden, qui officie depuis 1938. De nombreux grands groupes et musiciens ont joué en ses murs, de Blur à Paul McCartney en passant par The Clash et U2. Des soirées sont organisées le vendredi (Sin City – rock et metal) et le samedi (Shake – tubes dance fédérateurs des années 1970-1990).

Forum (Plan p. 451 ; www.meanfiddler.com ; 9-17 Highgate Rd NW5 ; Kentish Town). On trouve facilement le chemin du Forum (ex-Town & Country Club) en suivant la file de vendeurs de billets à la sauvette qui part de la station de métro. Un endroit très apprécié pour voir de nouveaux big bands, et la salle, de taille moyenne, avec fauteuils d'orchestre et mezzanine, offre à la fois espace et intimité.

Bull & Gate (Plan p. 451 ; www.bullandgate.co.uk ; 389 Kentish Town Rd NW5 ; Kentish Town). La meilleure adresse pour découvrir des talents prometteurs, qui n'ont pas encore signé : cette salle légendaire, à l'ancienne, continue d'attirer des habitués impatients d'entendre un nouveau son – à quand la prochaine révélation ?

JAZZ BAR DALSTON
BAR À COCKTAILS

Plan p. 448 (4 Bradbury St N16 ; jusqu'à 1h lun-jeu, 3h ven-sam, minuit dim ; Dalston Kingsland ou Dalston Junction, 76, 149). C'est le meilleur bar de Dalston, une trouvaille inattendue à deux pas du chaos de Dalston Junction. Ce n'est pas un bar jazz, mais un bar à cocktails. Les habitants sympathiques et branchés du quartier s'y retrouvent le week-end pour danser sur du hip-hop, du R'n'B et du reggae.

OÙ SORTIR

PROUD CAMDEN
CONCERTS

Plan p. 452 (www.proudcamden.com ; The Horse Hospital, Stables Market, Chalk Farm Rd NW1 ; jusqu'à 1h30 lun-jeu, 2h30 ven-sam, 0h30 dim ; Camden Town ou Chalk Farm). Une adresse très tendance, où les branchés du quartier viennent admirer le coucher du soleil sur la terrasse et profiter des concerts en plein air l'été. Une excellente adresse du nord de Londres, qui combine concerts et expositions. Incontournable l'été, lorsque la terrasse est ouverte. Voir aussi p. 249.

KENWOOD HOUSE
CONCERTS

Plan p. 451 (www.picnicconcerts.com ; Hampstead Lane NW3 ; Archway ou Golders Green, puis 210). Assister à un concert en plein air dans les jardins de la Kenwood House de Hampstead a pendant des années été la clé d'un été réussi à Londres. Aujourd'hui, les Picnic Concerts (concerts pique-niques) sponsorisés par English Heritage sont consacrés autant au jazz (Ray Davies, Gypsy Kings, Jools Holland) qu'à la pop (Simply Red) ou à la musique classique et l'opéra.

Des concerts ont lieu les vendredis et samedis soir entre fin juin et fin août : apportez un pique-nique, vous passerez une soirée splendide. Un grand feu d'artifice est tiré à la fin du dernier concert.

KOKO
SALLE DE CONCERTS

Plan p. 452 (www.koko.uk.com ; 1a Camden High St NW1 ; 19h-23h dim-jeu, 19h-4h ven-sam ; Mornington Cres). L'ex-Camden Palace légendaire où jouèrent en leur temps Charlie Chaplin, les Goons, les Sex Pistols et Ryan Adams, est devenu le Koko, réputé pour être l'une des meilleures salles de concerts de Londres : Madonna y est passée en 2006 avec sa tournée *Confessions on a Dance Floor*, et Prince y a donné un concert surprise en 2007. Le lieu compte une piste de danse et des balcons décadents, et séduit une clientèle branchée indé lors du Club NME du vendredi. Concerts quasiment tous les soirs de la semaine.

CAFÉ OTO — CONCERTS

Plan p. 448 (www.cafeoto.co.uk ; 18-22 Ashwin St E8 ; 20h-1h ; Dalston Junction ou Dalston Kingsland, 149, 38). L'un des bars à concerts les plus originaux et intéressants de la capitale, installé dans un atelier d'imprimeur reconverti. L'établissement se consacre à la promotion de nouveaux talents et de musiciens sortant des sentiers battus. Vous y trouverez de nombreuses stars japonaises de musique expérimentales, de jazz ou de pop, ainsi que des légendes rock et folk des années 1960.

ROUNDHOUSE — SPECTACLES DIVERS

Plan p. 452 (www.roundhouse.org.uk ; Chalk Farm Rd NW1 ; Chalk Farm). Théâtre avant-gardiste dans les années 1960, puis adresse rock, la Roundhouse est ensuite un peu tombée dans l'oubli, faute de repreneurs. Elle n'a rouvert que plusieurs années après et propose d'excellents concerts et spectacles divers, du cirque à la *stand-up comedy* en passant par le slam et l'impro. La forme arrondie du bâtiment, unique, est souvent mise à profit par les metteurs en scène.

RIO CINEMA — CINÉMA

Plan p. 448 (www.riocinema.org ; 107 Kingsland High St E8 ; Dalston Kingsland). Dans le quartier de Dalston, le Rio est un cinéma qui programme des film d'art et d'essai, des classiques et les dernières productions. C'est aussi *le* cinéma des festivals peu connus, comme l'East End Film Festival, en avril, et le Turkish Film Festival (festival du film turc), en décembre. Des rencontres avec des réalisateurs sont organisées régulièrement. Asif Kapadia, un natif de l'East End, est venu ainsi présenter ses films, dont *Senna*, son documentaire à succès sur Ayrton Senna, en 2011.

EVERYMAN HAMPSTEAD — CINÉMA

Plan p. 451 (www.everymancinema.com ; 5 Holly Bush Vale NW3 ; Hampstead). Votre rêve est de posséder votre propre salle de cinéma ? Pour vous en approcher, rendez-vous au Everyman. Ses deux auditoriums sont équipés de fauteuils confortables où vous pourrez vous prélasser en regardant un film, une tasse de thé ou un verre de vin à la main. La programmation est variée, allant de *Singing in the rain* à de grosses productions actuelles, en passant par des opéras filmés.

VORTEX JAZZ CLUB — JAZZ

Plan p. 448 (www.vortexjazz.co.uk ; 11 Gillet St N16 ; Dalston Kingsland ou Dalston Junction, 73). Le Vortex a une bonne programmation de musiciens britanniques, américains et européens. Il invite aussi des musiciens,

CAMDEN MARKET : OÙ TROUVER QUOI ?

Camden Market est divisé en quatre zones distinctes. Les objets vendus y sont globalement similaires, mais chacune a ses spécialités et ses particularités.

Stables Market (plan p. 452 ; Chalk Farm Rd NW1 ; 8h-18h sam-dim ; Chalk Farm). Juste de l'autre côté des Railway Arches, en face de Hartland Rd, les Stables, la meilleure partie du marché, accueillent des marchands d'antiquités, d'artisanat asiatique, de tapis, de tapisseries, de meubles en pin et de vêtements vintage.

Lock Market (Plan p. 452 ; www.camdenlockmarket.com ; Camden Lock Pl NW1 ; 10h-18h tlj ; Camden Town). Situé au niveau de l'écluse du canal. On y vend divers types de produits alimentaires, des objets en céramique, des meubles, des tapis orientaux, des instruments de musiques et des vêtements de créateur.

Canal Market (Plan p. 452 ; angle Chalk Farm Rd et Castlehaven Rd NW1 ; 10h-18h jeu-dim ; Chalk Farm ou Camden Town). Au-dessus du pont du canal, Canal Market propose un bric-à-brac cosmopolite. Cette partie du marché a été touchée par un incendie en 2008. De vieux scooters ont été transformés en sièges le long du canal !

Buck Street Market (Plan p. 452 ; angle Camden High St et Buck St NW1 ; 9h-17h30 jeu-dim ; Camden Town). Ce marché couvert abrite des stands d'habits, de bijoux et d'attrape-touristes divers. C'est le plus proche du métro, mais le moins intéressant des quatre.

CAMDEN PASSAGE

À ne pas confondre avec Camden Market, Camden Passage est une petite rue commerçante spécialisée dans les objets anciens et rares. Elle se situe à Islington, non loin du croisement d'Upper St et d'Essex Rd. Un **marché d'antiquaires** (plan p. 448 ; Camden Passage N1 ; 7h-14h mer, 8h-16h sam ; Angel) s'y tient deux fois par semaine. Les vendeurs sont des connaisseurs et il est difficile d'y faire de bonnes affaires !

La rue comporte aussi de nombreux magasins vintage ou de brocante, ainsi que quelques cafés excellents.

chanteurs et compositeurs de jazz. La salle est petite : pensez à réserver.

LOWDOWN AT THE ALBANY — SPECTACLES COMIQUES

Plan p. 452 (www.lowdownatthealbany.com ; 240 Great Portland St W1 ; Great Portland St ou Regent's Park). Cette salle en sous-sol de 100 places accueille spectacles comiques (*stand-up* ou sketchs), avant-premières du Festival d'Édimbourg et pièces de théâtre. Le pub situé juste au-dessus, The Albany, est une bonne adresse pour prendre un en-cas et une bière avant les spectacles. Programme sur le site Internet.

ARCOLA THEATRE — THÉÂTRE

Plan p. 448 (www.arcolatheatre.com ; 27 Arcola St E8 ; Dalston Kingsland ou Dalston Junction, 73). La situation de l'Arcola dans l'East End rend le théâtre un peu difficile d'accès, mais on y afflue pour assister à ses pièces qui témoignent d'une programmation novatrice et audacieuse, aux choix éclectiques, que le directeur Mehmet Ergen programme depuis la fondation de l'Arcola en 2000.

À l'affiche : des productions internationales d'avant-garde (comme les œuvres de jeunes dramaturges turcs, suédois et autrichiens), mais aussi le Grimeborn, un festival de musique et d'opéra tenu en août/septembre – l'événement est diamétralement opposé au célèbre festival d'opéra de Glydenbourne qui se tient à la même époque de l'année.

UNION CHAPEL — SPECTACLES DIVERS

Plan p. 448 (www.unionchapel.org.uk ; Compton Tce N1 ; Highbury & Islington). Installée dans une vieille église toujours en activité, cette adresse figure parmi les plus charmantes et les plus accueillantes, avec des concerts (principalement acoustiques) entre les offices et une soirée comédie chaque mois. C'est ici que Björk fit un concert inoubliable, à la lumière des chandelles, en 1999.

HAMPSTEAD THEATRE — THÉÂTRE

(www.hampsteadtheatre.com ; Eton Ave NW3 ; Swiss Cottage). Le Hampstead, théâtre londonien préféré du comédien Ewan Mc Gregor, est également connu pour dénicher de nouvelles pièces et propulser les metteurs en scène émergents. En 1960, il mettait à l'affiche la nouvelle œuvre de Harold Pinter, ce qui prouve que ce théâtre sait reconnaître de loin une pièce de qualité. Plus récemment, il a accueilli la nouvelle version de l'*Ecstasy* de Mike Leigh, dont le succès fut tel qu'elle a dû être transferée sur les planches du West End.

JAZZ CAFÉ — CONCERTS

Plan p. 452 (www.jazzcafe.co.uk ; 5 Parkway NW1 ; Camden Town). Contrairement à ce que l'enseigne laisse entendre, ce club verse dans l'éclectisme. C'est un restaurant branché, style industriel, avec des concerts de jazz environ une fois par semaine, le reste du temps étant consacré aux musiques afro, funk, hip-hop, R&B et soul. Une clientèle fidèle de bobos vient y écouter de grands noms.

LONDON'S LITTLE OPERA HOUSE AT THE KING'S HEAD THEATRE — OPÉRA

Plan p. 448 (www.kingsheadtheatre.com ; 115 Upper St N1 ; Angel). Ce pub-théâtre exemplaire, au cœur du quartier festif d'Islington, s'est récemment recentré sur la musique en accueillant la troupe OperaUpClose, qui produit des nouvelles interprétations de classiques de l'opéra tels que *La Bohème*, *Le Barbier de Séville* ou *Così fan tutte*.

O2 ACADEMY ISLINGTON — SALLE DE CONCERTS

Plan p. 448 (www.o2academyislington.co.uk ; N1 Centre, 16 Parkfield St N1 ; Angel). Beaucoup déplorent le manque de charme de l'Islington Academy (dans un centre commercial), mais les affiches de haut vol font l'unanimité : Franz Ferdinand, Kings of Leon et même Eminem se sont produits ici. L'acoustique est excellente et la salle attire un public de connaisseurs. Juste à côté, la Bar Academy 2 invite des groupes méconnus, une excellente occasion de découvrir de nouveaux talents.

SHOPPING

L'imposant marché de Camden regorge de prêt-à-porter bon marché et de babioles pour touristes (voir p. 240), ce qui n'empêche pas de se laisser tenter par les boutiques de vêtements qui bordent Camden High Street.

GILL WING — CADEAUX

Plan p. 448 (www.gillwing.co.uk ; 190 Upper St N1 ; ⊖Highbury & Islington). Les boutiques joliment individualisées de Gill Wing sont un incontournables de cette partie d'Upper St – le magasin de chaussures est apprécié, celui de cadeaux est particulièrement sympathique, mais on aime surtout l'élégant magasin d'articles de cuisine qui fait rêver tous les apprentis-chefs d'Islington.

ANNIE'S VINTAGE COSTUMES & TEXTILES — VINTAGE

Plan p. 448 (www.anniesvintageclothing.co.uk ; 12 Camden Passage N1 ; ⊖Angel). L'un des magasins rétro les plus enchanteurs de la capitale, avec robes et tenues divines, à la Garbo. De nombreux créateurs viennent ici chercher l'inspiration. Vous en croiserez peut-être un !

PAST CARING — ARTICLES POUR LA MAISON

Plan p. 448 (76 Essex Rd N1 ; 12h-18h lun-sam ; ⊖Angel). Remplie d'un bric-à-brac d'objets rétro d'occasion, des cendriers aux 33 tours en passant par des mannequins et de la porcelaine criarde, cette merveilleuse boutique semble tout droit sortie des années 1970.

HOUSMANS — LIVRES

Plan p. 448 (www.housmans.com ; 5 Caledonian Rd N1 ; ⊖King's Cross St Pancras). Une librairie radicale, établie de longue date, qui propose des livres introuvables chez la plupart des libraires. L'endroit idéal pour faire le plein de livres politiques et sociaux. Le propriétaire est un puits de connaissances sur les environs.

SPORTS ET ACTIVITÉS

HAMPSTEAD HEATH PONDS — BAIGNADE

Plan p. 451 (Hampstead Heath, Gordon House Rd NW5 ; adulte/tarif réduit 2/1 £ ; Gospel Oak ou Hampstead Heath, 214, C2 ou 24). Ces trois étangs situés au beau milieu du magnifique parc du même nom sont des lieux de baignade souvent un peu frisquets mais très bucoliques, entourés d'arbres. L'étang des hommes est un lieu de rencontre gay populaire (et un endroit magnifique pour se baigner). Celui des femmes, isolé, est plus tranquille. L'étang mixte est parfois bondé, et son cadre n'est pas des plus transcendants.

Les étangs des hommes et des femmes sont ouverts toute l'année et surveillés par un maître-nageur. Les horaires d'ouverture varient selon la saison, de 7 ou 8h à 15h30 l'hiver et jusqu'à 20h30 au milieu de l'été. L'étang mixte est lui uniquement accessible aux membres en hiver. Même si elle peut paraître sale, la qualité de l'eau est testée quotidiennement selon des critères très stricts.

PARLIAMENT HILL LIDO — BAIGNADE

Plan p. 451 (Hampstead Heath, Gordon House Rd NW5 ; adulte/tarif réduit 2/1 £ ; 7h-12h sep-avr, 7h-18h mai-août ; Gospel Oak, 214 ou C2). Plus conventionnel que les étangs, cette piscine en plein air de Hampstead Heath est idéal pour une baignade matinale rafraîchissante pendant les mois d'été. Il attire un public sympatique et fidèle d'habitués du quartier et dispose d'un bassin pour enfants et d'un solarium.

LORD'S — CRICKET

Hors plan p. 452 (www.lords.org ; St John's Wood Rd NW8 ; ⊖St John's Wood). Le "foyer du cricket" est un véritable lieu de pèlerinage. Siège du Marylebone Cricket Club, il accueille test-matchs, épreuves internationales et finales des tournois britanniques. Pour plus de détails sur Lord's, voir p. 239.

Notting Hill et West London

NOTTING HILL | WESTBOURNE GROVE | HIGH STREET KENSINGTON | EARL'S COURT | WEST BROMPTON | SHEPHERD'S BUSH | HAMMERSMITH | ST JOHN'S WOOD | MAIDA VALE | PADDINGTON | BAYSWATER

Notre sélection

❶ Un samedi après-midi à chiner sur les étals du **marché de Portobello Road** (p. 259) proposant de beaux vêtements vintage, des antiquités, et une fabuleuse cuisine de rue.

❷ Un verre au **Waterway** (p. 263) pour un moment de détente le long du Grand Union Canal.

❸ Une **croisière** (p. 259) de Little Venice à Camden sur Regent's Canal.

❹ Une nuit onéreuse mais inoubliable au **Kensington Roof Gardens** (p. 264).

❺ Le film du moment à l'**Electric Cinema** (p. 264), la plus vieille salle du Royaume-Uni, confortablement installé dans un sofa pour deux avec un verre de vin.

Pour un plan plus détaillé, reportez-vous p. 454 et p. 456

Découvrir West London

Une ou deux raisons attirent les voyageurs à West London : le marché de Portobello (l'attrait principal) ou les nombreux hôtels qui émaillent le quartier.

West London est plutôt pauvre en sites touristiques, mais, si vous disposez de temps, consacrez au moins une demi-journée au marché aux puces de Portobello et une autre à une promenade le long du Grand Union Canal en direction de Little Venice, en emportant votre pique-nique. Profitez aussi des pubs au bord de l'eau.

Si vous séjournez sur place, vous trouverez d'excellents restaurants et des lieux de divertissement qui vous éviteront de rejoindre le West End (si proche toutefois qu'on peut facilement s'y rendre). Notting Hill offre la plus grande concentration de bons restaurants de Londres, auxquels s'ajoutent de petits bijoux à Hammersmith, Shepherd's Bush et Earl's Court, quartiers qui méritent eux aussi une visite.

En matière de vie nocturne, l'effervescence se concentre à Notting Hill et Shepherd's Bush, tandis que Kensington abrite l'un des clubs les plus étonnants de la capitale. Les autres quartiers s'assoupissent dès la fermeture des pubs à 23h.

Vivre comme un Londonien

- **Marchés de fruits et légumes** De nombreux résidents de Notting Hill font leur marché à Portobello Road (p. 259), qu'affectionnent particulièrement les touristes. Le marché de Shepherd's Bush (p. 266) est également une bonne adresse.
- **Promenade au bord de l'eau** Le week-end, les familles apprécient les sorties à Little Venice (p. 259) sur les deux sentiers qui longent le canal.
- **Soins thermaux à petits prix** Le Porchester Spa (p. 267), géré par le Westminster Council, est moins cher que les spas conventionnels. Les résidents de cette municipalité payent encore moins cher et sont donc nombreux à en profiter après le travail.

Depuis/vers West London

- **Métro** La Central Line, qui traverse Londres d'ouest en est, dessert Queensway (Bayswater), Notting Hill Gate et Shepherd's Bush. Pour Paddington, Westbourne Grove, et la lisière ouest de Shepherd's Bush, vous devrez emprunter la très lente Hammersmith & City Line. Earl's Court et Hammersmith sont sur la rapide Piccadilly Line.
- **Vélo Barclays** Pratiques pour aller d'un quartier à l'autre, ces vélos vous attendent un peu partout dans West London.

Bons plans Lonely Planet

Pour profiter pleinement du marché de Portobello, marchez entre les deux stations de métro Notting Hill Gate et Ladbroke Rd. La foule s'écoule plutôt dans le sens Notting Hill-Ladbroke Grove.

Le top des restaurants

- Gate (p. 261)
- Tatra (p. 261)
- Taquería (p. 260)
- Tendido Cero (p. 261)

Voir détails p. 260

Le top des bars et cafés

- Troubadour (p. 265)
- Windsor Castle (p. 264)
- Dove (p. 263)
- Waterway (p. 263)
- Beach Blanket Babylon (p. 263)

Voir détails p. 263

Les visites guidées

- BBC Television Centre (p. 258)
- Regent's Canal en bateau (p. 259)
- Linley Sambourne House en costume d'époque (p. 258)

Voir détails p. 258

À VOIR

Notting Hill et Westbourne Grove

MUSEUM OF BRANDS, PACKAGING AND ADVERTISING — MUSÉE

Plan p. 454 (www.museumofbrands.com ; 2 Colville Mews, Lonsdale Rd W11 ; adulte/enfant 6,50/2,25 £ ; 10h-18h mar-sam, 11h-17h dim ; Notting Hill Gate). Trouvaille inattendue en plein cœur de Notting Hill, le musée des marques et de la publicité est l'œuvre du designer Robert Opie, qui collectionne les objets publicitaires depuis l'âge de 16 ans. Assez peu moderne, mais attirant, il intéresse surtout les Britanniques nostalgiques de tous âges qui y retrouvent des produits familiers. Au fond du musée, des expositions sponsorisées montrent l'évolution dans le conditionnement de certaines marques bien connues comme le talc pour bébé Johnson's, la Guinness, les cornflakes Kellogg's et les chocolats Cadbury.

High Street Kensington

LEIGHTON HOUSE — RÉSIDENCE

Plan p. 456 (www.leightonhouse.co.uk ; 12 Holland Park Rd W14 ; adulte/enfant 5/3 £ ; 10h-17h30 mer-lun ; High St Kensington). Sise dans une rue tranquille proche du Holland Park et conçue en 1866 par George Aitchison, la Leighton House a été la demeure de lord Frederic Leighton (1830-1896), peintre du retour à l'Antiquité gréco-romaine en Angleterre. Le rez-de-chaussée est décoré dans un style orientaliste, à l'image de l'Arab Hall, une merveille rajoutée en 1879 et tapissée de carreaux de céramique bleus et verts provenant de Rhodes, du Caire, de Damas et d'Iznik, en Turquie. Au centre, une fontaine émet un doux murmure. Même les moucharabiehs garnissant les fenêtres et la galerie viennent de Damas. La maison renferme des toiles préraphaélites de Burne-Jones, Watts, Millais et de lord Leighton lui-même.

BBC TELEVISION CENTRE

Si la production télévisée vous intéresse, voilà l'occasion rêvée de visiter un vaste complexe de **studios et de bureaux** (hors plan p. 456, www.bbc.co.uk/tours ; Wood Lane W12 ; visites guidées adulte/enfant 9,95/7,75 £ ; visites guidées lun-sam ; White City) depuis lesquels sont diffusés les programmes de la BBC dans le monde entier. Il est indispensable de réserver pour les visites guidées obligatoires (2 heures), sachant que les moins de 9 ans ne sont pas admis. Vous découvrirez les BBC News et Weather Centres ainsi que les studios où sont préparées les émissions. Et, qui sait, vous aurez peut-être la chance d'apercevoir une célébrité.

LINLEY SAMBOURNE HOUSE — RÉSIDENCE

Plan p. 456 (www.rbkc.gov.uk/linleysambournehouse ; 18 Stafford Tce W8 ; adulte/enfant 6/1 £ ; visites guidées 11h15 et 14h mer, 11h15, 13h, 14h15, 15h30 sam et dim mi-sept à mi-juin ; High St Kensington). Nichée derrière Kensington High St, c'était la demeure du dessinateur de *Punch* et photographe amateur Linley Sambourne et de sa femme Marion de 1875 à 1914. Les propriétaires n'ont jamais modifié la décoration ni enlevé quoi que ce soit. Les visiteurs pourront donc voir une maison confortable, caractéristique de celle d'une famille moyenne de l'époque victorienne, avec boiseries foncées, tapis turcs et vitraux. Neuf pièces sont ouvertes à la visite, uniquement dans le cadre des visites guidées de 1 heure 30. (Le week-end, le guide revêt un costume d'époque, sauf à la première visite.)

Earl's Court et West Brompton

BROMPTON CEMETERY — CIMETIÈRE

Plan p. 456 (www.royalparks.gov.uk ; Old Brompton Rd SW5 ; 8h-crépuscule tlj ; West Brompton ou Fulham Broadway). Ce cimetière figure parmi les sept qui furent créés au début du XIXe siècle, au moment où explosait la démographie de Londres. Vaste étendue, entre Fulham Rd et Old Brompton Rd, il abrite d'un côté une chapelle flanquée de colonnades calquées sur Saint-Pierre de Rome. La résidente la plus célèbre du cimetière est Emmeline Pankhurst, pionnière de la lutte pour le droit de vote des femmes en Grande-Bretagne. L'endroit a également inspiré bon nombre des personnages de Beatrix

LES INCONTOURNABLES
PORTOBELLO ROAD MARKET

Ce marché est tout aussi emblématique de Londres que les marchés de Camden et de Spitalfields. On y vend fruits et légumes, cuisine de rue, antiquités, vêtements hauts en couleur et babioles en tous genres. Bien que les boutiques le long de Portobello Road soient ouvertes tous les jours et que les stands de fruits et légumes (d'Elgin Cres à Talbot Rd) ne ferment que le dimanche, c'est le samedi que l'endroit est le plus animé, quand les antiquaires déballent leur trésor (de Chepstow Villas à Elgin Cres). C'est aussi le plus grand jour du marché de la mode (Westway à Portobello Road et jusqu'à Ladbroke Rd), bien que nombre de stands soient ouverts le vendredi et le dimanche.

Dans les stands de mode vintage et "neuve" de Westway, vous trouverez aussi accessoires, chaussures, bijoux et CD. Plus sophistiquée, la **Portobello Green Arcade** (281 Portobello Rd W10 ; ⌚tlj) propose des créations originales de couturiers et de bijoutiers.

Si vous continuez sur Portobello Road vers Golborne Rd (réputée pour ses boutiques de mobilier et de vêtements vintage), vous arriverez à la section du "produits neufs", où sont regroupés des articles de cuisine, tout un bric-à-brac et d'autres étals de fruits et légumes, ainsi que des marchandises d'occasion malgré le nom de cette section.

À NE PAS MANQUER

- Le marché de la mode
- Les créateurs de la Portobello Green Arcade
- Les étals de fruits et légumes
- Le marché des antiquités

INFOS PRATIQUES

- plan p. 454
- Portobello Rd W10
- ⌚8h-18h lun-mer, 9h-13h jeu, 7h-19h ven et sam, 9h-16h dim
- ⊖Notting Hill Gate ou Ladbroke Grove

Potter. Ayant passé son enfance dans les environs avant d'aller vivre dans le Nord, celle-ci a repris de nombreux noms de défunts reposant au cimetière de Brompton pour les immortaliser dans ses livres. C'est le cas, par exemple, de M. Nutkin, M. McGregor, Jeremiah Fisher, Tommy Brock – et même d'un certain Peter Rabbitt…

Des visites guidées gratuites de 1 heure 30, partent à 14h le dimanche de South Lodge, près de l'entrée dans Fulham Rd.

St John's Wood et Maida Vale

LITTLE VENICE CANAL

Plan p. 454. Certainement inspiré par les belles résidences, les canaux bordés d'arbres et les barques colorées, le poète Robert Browning donna le joli nom de "Petite Venise" à la jonction entre Regent's Canal et Grand Union Canal.

Ces canaux remontent au début du XIXe siècle, lorsque le gouvernement décida de développer de nouveaux moyens de transport dans le pays. Les péniches halées par des chevaux étaient idéales pour transporter de gros volumes de marchandises, tels le charbon, le grain et la glace.

Ces embarcations ont depuis longtemps disparu et les chevaux ont fait place sur les chemins de halage aux piétons et cyclistes, mais il flotte toujours sur Little Venice un air bucolique. C'est un point d'amarrage important pour d'étroites embarcations (beaucoup sont des habitations permanentes) où l'esprit de la marine fluviale reste vivant.

LONDON WATERBUS COMPANY CROISIÈRE

Plans p. 454 et p. 452 (www.londonwaterbus.co.uk ; 2 Middle Yard, Camden Lock NW1 ; adulte/enfant aller 6,90/5,70 £, aller-retour 9,90/7,90 £ ; ⌚durée 1 heure 10h-17h avr-sept ; ⊖Warwick Ave ou Camden Town). Cette péniche couverte effectue des croisières de 1 h 30 sur le Regent's Canal, de Little Venice à Camden Lock, en passant par Regent's Park et London Zoo. C'est une façon très agréable de passer quelques heures. On peut embarquer pour un aller ou un

CARNAVAL DE NOTTING HILL

Chaque année, pendant 3 jours, le dernier week-end d'août, Notting Hill vibre aux rythmes du calypso, du ska, du reggae et de la soca à l'occasion du **Notting Hill Carnival** (www.nottinghill-carnival.co.uk). Lancé en 1964 par la communauté afro-caribéenne afin de célébrer sa culture et ses traditions, il est devenu le plus grand festival de rue en Europe (jusqu'à 1 million de participants) et l'événement le plus attendu de l'année à Londres.

Le carnaval célèbre les cinq arts principaux : la "mas" (de mascarade) ou grand défilé en costumes ; le "pan" (terme créole pour *steel bands*, percussions métalliques) ; la musique calypso ; les *sound systems* statiques (du reggae au *drum and bass*) et les *sound systems* mobiles. La mas, qui marque l'apogée du carnaval, se déroule habituellement le lundi. Le défilé se termine vers 21h, mais la fête continue très tard dans les bars, les restaurants et chaque maison du quartier.

La cuisine est aussi la reine du carnaval, avec quantité de stands offrant des spécialités des Caraïbes et la participation de chefs médiatiques comme Levi Roots.

aller-retour. Départs moins fréquents en dehors de la haute saison ; consultez le site.

OÙ SE RESTAURER

Notting Hill et Westbourne Grove

TAQUERÍA MEXICAIN £

Plan p. 454 (www.taqueria.co.uk ; 139-143 Westbourne Grove W11 ; tacos 5,50-7,50 £ ; fermé dim ; Bayswater ou Notting Hill Gate). Cette petite adresse sans prétention à l'ambiance chaleureuse, confectionne les tacos les plus frais de Londres. Elle adhère en outre à une éthique de respect de l'environnement : œufs, poulet et porc proviennent d'élevages britanniques en plein air, le poisson est certifié MSC (le Marine Stewardship Council, qui prône la pêche durable), et le lait et la crème sont uniquement bio.

MARKET THAI THAÏLANDAIS £

Plan p. 454 (1er ét, 240 Portobello Rd W11 ; plats 6,50-14 £ ; Ladbroke Grove). Ravissant restaurant qui occupe le 1er étage du Market Bar, tout en étant indépendant, et plus raffiné. Le personnel est serviable et la cuisine délicatement épicée. Entrée par Lancaster Rd.

ARANCINA ITALIEN £

Plan p. 454 (www.arancina.co.uk ; 19 Pembridge Rd W11 ; plats 2,70-5,20 £ ; 7h30-22h ; Notting Hill Gate). Sur le chemin du marché de Portobello, une bonne odeur de pizza sortant du four et la Fiat 500 orange dans la vitrine vous attireront. Vous vous y régalerez de fantastiques en-cas siciliens comme les *arancini* (boulettes de riz farcies ; 2 £) et de desserts crémeux tels les *cannoli siciliani* (rouleaux à la ricotta).

ELECTRIC BRASSERIE EUROPÉEN MODERNE ££

Plan p. 454 (www.electricbrasserie.com ; 191 Portobello Rd W11 ; plats 12,50-36 £ ; Ladbroke Grove ou Notting Hill Gate). Les résidents aisés et branchés de Notting Hill se délectent de la cuisine moderne britannique et européenne de cette brasserie, aussi bien au petit-déjeuner (5-10 £) qu'à l'heure du brunch du week-end, du déjeuner ou du dîner. Ici, la langouste accompagnée de frites (36 £) est très en vogue !

MEDITERRANEO ITALIEN ££

Plan p. 454 (www.mediterraneo-restaurant.co.uk ; 37 Kensington Park Rd W11 ; plats 13-22 £ ; Ladbroke Grove). Vous ne trouverez pas plus authentique cuisine italienne qu'au Mediterraneo. Les pâtes sont maison et le veau est à l'honneur (une viande rarement présente sur une table anglaise) avec, entre autres, une escalope au marsala divine ! Les chefs utilisent en saison la truffe noire ou blanche.

E&O ASIATIQUE ££

Plan p. 454 (www.rickerrestaurants.com ; 14 Blenheim Cres W11 ; plats 9,50-28 £ ; Ladbroke Grove). Cette adresse de Notting Hill propose une cuisine fusion asiatique dans un décor minimaliste noir et blanc raffiné. Vous pourrez déguster vos *dim sum* (3,75-7,75 £) au bar si aucune table n'est disponible en soirée.

DAYLESFORD CUISINE BIO ££

Plan p. 454 (www.daylesfordorganic.com ; 208-212 Westbourne Grove W11 ; plats 10-15 £ ; 8h30-19h lun-sam, 10h-16h dim ; Westbourne Park). À Notting Hill, cette ferme du Gloucestershire a sa boutique qui vend aussi des produits d'autres fournisseurs bio, associée à un traiteur et à un restaurant proposant de même exclusivement des spécialités bio telles le *beef burgers*, les soupes et l'agneau de printemps aux petits légumes.

KENSINGTON PLACE EUROPÉEN MODERNE ££

Plan p. 454 (www.kensingtonplace-restaurant.co.uk ; 201-209 Kensington Church St W8 ; plats 13-22 £ ; Notting Hill Gate). La décoration intérieure est un peu impersonnelle, mais la cuisine ne manque pas d'âme. Les produits de la mer sont à l'honneur, venus de la poissonnerie voisine, partageant le menu avec des viandes et de bonnes spécialités végétariennes.

GEALES FISH AND CHIPS ££

Plan p. 454 (www.geales.com ; 2 Farmer St W8 ; formule déj mar-ven 11,95 £, plats 8-26,95 £ ; fermé déj lun ; Notting Hill Gate). Ouvert depuis 1939, Geales est réputé pour son succulent poisson, roi du menu. L'emplacement tranquille en retrait de l'agitation de Notting Hill Gate est agréable. Si l'on se régale toujours autant du poisson dans sa pâte croustillante, on regrette de devoir payer un supplément pour les frites qui ne sont pas comprises dans la formule-déjeuner. Terrasse sur le trottoir.

COW PUB GASTRONOMIQUE ££

Plan p. 454 (www.thecowlondon.co.uk ; 89 Westbourne Park Rd W2 ; plats 7,50-21£ ; Westbourne Park ou Royal Oak). Les fruits de mer et crustacés ont la part belle aussi bien à l'étage qu'au rez-de-chaussée : huîtres irlandaises, *fishcakes* de haddock, pâtes aux couteaux et perce-pierre (fenouil marin).

CHURRERÍA ESPAÑOLA CAFÉ £

Plan p. 454 (177-179 Queensway W2 ; plats 5,95-8,95 £ ; 8h-20h lun-ven, à partir de 21h sam et dim ; Bayswater). Ce café à la devanture ouverte sert un vaste choix de plats bon marché, des petits-déjeuners anglais à une sélection de tapas espagnoles (2,50 à 6,50 £).

Earl's Court et West Brompton

TENDIDO CERO ESPAGNOL ££

Plan p. 456 (7370 3685 ; www.cambiodetercio.co.uk ; 174 Old Brompton Rd SW5 ; tapas 3,75-20 £ ; Gloucester Rd). Cette adresse élégante, à mi-chemin entre South Kensington et Earl's Court, est sans doute le restaurant espagnol le plus branché en dehors de la péninsule Ibérique. L'adresse étant fréquentée, il y a deux services. Mieux vaut donc toujours réserver.

MR WING CHINOIS ££

Plan p. 456 (www.mrwing.com ; 242-244 Old Brompton Rd SW5 ; plats 12-35 £ ; Earl's Court ou West Brompton). Un restaurant chinois élégant à la carte très variée, *dim sum*, barbecues cantonais, délices du Nord tels le canard croustillant canard parfumé. Jazz live du jeudi au samedi soir.

Shepherd's Bush et Hammersmith

GATE VÉGÉTARIEN ££

Plan p. 456 (8748 6932 ; www.thegate.tv ; 51 Queen Caroline St W6 ; plats 10,50-13,50 £ ; déj lun-ven, dîner lun-sam ; Hammersmith). Considéré par beaucoup comme l'un des meilleurs restaurants végétariens de la ville, cette table n'est pas très bien située, derrière le Hammersmith Apollo. Toutefois, la cuisine inventive (aubergines sauce *teriyaki*, *wonton* aux shiitakés, *laksa* au potiron et cannellonis à la roquette), le personnel très sympathique et l'ambiance décontractée méritent le périple. Réservation essentielle.

TATRA POLONAIS ££

Plan p. 456 (www.tatrarestaurant.co.uk ; 2 Goldhawk Rd W12 ; plats 8,90-15,50 £ ; ven-dim, dîner tlj ; Goldhawk Rd). Malgré la forte présence de Polonais dans le West London, les restaurants polonais haut de gamme restent rares. Tatra est l'une des grandes exceptions. La carte affiche les spécialités habituelles, ainsi que des délices moins connus, comme la *kaszanka* (sorte de boudin noir grillé servi avec un toast et de la

INTERVIEW

LE CARNAVAL DE NOTTING HILL

Codirecteur du Notting Hill Carnival, Ancil Barclay travaille sur le carnaval depuis 27 ans. Originaire de l'île de Trinidad, l'événement fait partie pour lui de son patrimoine génétique.

Soyez acteur et non spectateur

Les spectateurs ne réalisent pas assez qu'ils peuvent se joindre au défilé dans un char. Nous vendons des **billets tout compris** (www.nottinghill-carnival.co.uk) qui permettent de participer à la parade pendant deux jours dans un char, avec nourriture et boissons, et même un costume (100 £) ! Il ne reste plus qu'à être de joyeuse humeur et prévoir des chaussures confortables. C'est notre plus grand désir d'encourager les non-Caribéens à nous rejoindre.

Appréciez le carnaval plus calmement

Pour vraiment profiter du carnaval, arrivez tôt. Allez à la tente Calypso, mangez, et, encore mieux, venez le jour des enfants : le dimanche, en général plus calme.

Où aller quand ce n'est pas carnaval

J'aime l'atmosphère du restaurant thaïlandais **Garden & Grill** (Plan p. 454 ; www.thairiver.co.uk/portobello.html ; 235a Portobello Rd W11 ; plats 6-9 £ ; ⊖Notting Hill Gate ou Ladbroke Grove). Le balcon surplombe Portobello Rd, où c'est tous les jours un peu carnaval. La cuisine est néanmoins meilleure au Market Thai (p. 260).

pomme) et un risotto de *kasza* (gruau de sarrasin) et champignons sauvages.

BLAH BLAH BLAH VÉGÉTARIEN £

Plan p. 456 (www.blahvegetarian.com ; 78 Goldhawk Rd W12 ; plats 8,95-10,95 £ ; ⏲fermé dim ; ⊖Goldhawk Rd). Cette institution du végétarisme londonien séduit depuis de nombreuses années grâce à des plats inventifs et bien préparés, servis dans un décor décontracté et joyeux. Les spécialités font le tour du monde (curry des Caraïbes, *schnitzel* d'aubergine, pâtes, etc.). Vous pouvez apporter votre bouteille (droit de bouchon, 1,45 £/pers).

RIVER CAFÉ ITALIEN £££

Plan p. 456 (☎7386 4200 ; www.rivercafe.co.uk ; Thames Wharf, Rainville Rd W6 ; plats 12-35 £ ; ⏲fermé dîner dim ; ⊖Hammersmith). La cuisine simple et précise met l'accent sur la qualité des ingrédients de saison, choisis avec une exigence implacable. Le menu change chaque jour. La réservation est indispensable car l'endroit reste plus que jamais l'une des adresses préférées des habitants de Fulham.

ESARN KHEAW THAÏLANDAIS ££

Plan p. 456 (www.esarnkheaw.com ; 314 Uxbridge Rd W12 ; plats 6,95-16,50 £ ; ⏲déj lun-ven, dîner tlj ; ⊖Shepherd's Bush). Ce merveilleux restaurant thaïlandais à l'intérieur éclatant de vert est spécialisé dans la cuisine de l'Esarn (ou Issan), région au nord-est du royaume dont les habitants mâchent des piments comme on mâche du chewing-gum. Les saucisses maison de l'Esarn et la salade de papaye verte (*som tom*) sont sublimes.

PATIO POLONAIS ££

Plan p. 456 (www.patiolondon.com ; 5 Goldhawk Rd W12 ; plats 8,50-14,90 £, menu avec verre de vodka 16,50 £ ; ⏲déj lun-ven, dîner tlj ; ⊖Shepherd's Bush ou Goldhawk Rd). Ce restaurant confortable, encombré de bibelots et d'antiquités, propose une cuisine polonaise assez authentique. Il est tenu par une aimable matriarche qui a l'œil sur tout !

St John's Wood et Maida Vale

SUMMERHOUSE EUROPÉEN MODERNE ££

Plan p. 454 (☎7286 6752 ; www.frgroup.co.uk ; Grand Union Canal, face au 60 Blomfield Rd W9 ; plats 14-18,50 £ ; ⏲avr-oct ; ⊖Warwick Ave). Cet établissement impressionne plus par sa merveilleuse terrasse au bord de l'eau que par sa cuisine. Un beau soir d'été, c'est cependant l'endroit idéal pour se détendre.

Paddington et Bayswater

PEARL LIANG CHINOIS ££

Plan p. 454 (www.pearlliang.co.uk ; 8 Sheldon Sq W2 ; plats 7-28 £ ; ⊖Paddington). Considéré par certains comme le meilleur établissement chinois de Londres, ce restaurant élégant est situé dans le nouveau quartier au bord de l'eau de Sheldon Sq. Il propose une cuisine chinoise modernisée. Les *dim sum* (2,50-3,50 £) sont succulents, mais le décor déçoit, ainsi que la musique de fond.

COUSCOUS CAFÉ MAROCAIN ££

Plan p. 454 (7 Porchester Gardens W2 ; plats 9,95-15,95 £ ; ⊖Bayswater). Les amateurs de cuisine marocaine apprécieront cet établissement confortable en sous-sol qui confectionne à merveille les mets populaires en provenance d'Afrique du Nord, notamment les couscous, tajines et *pastillas*. Les serveurs sont peut-être un peu trop empressés. Essayez l'assiette de kémia (petite/grande 6,95/11,95 £). On sert de l'alcool mais vous pouvez apporter votre bouteille (pas de droit de bouchon).

OÙ PRENDRE UN VERRE ET FAIRE LA FÊTE

Notting Hill et Westbourne Grove

EARL OF LONSDALE PUB

Plan p. 454 (277-281 Portobello Rd W11 ; ⊖Notting Hill Gate ou Westbourne Park). Malgré sa situation en plein milieu du marché de Portobello Road, ce bar est assez calme en journée, fréquenté par un mélange de vieux habitués et de jeunes branchés. Il possède une fantastique arrière-salle dotée de canapés et de cheminées, ainsi qu'un jardin.

BEACH BLANKET BABYLON BAR

Plan p. 454 (www.beachblanket.co.uk ; 45 Ledbury Rd W11 ; ⊖Notting Hill Gate). Un bar vraiment fabuleux, aux motifs baroques et rococo qui plantent le décor pour des nuits décadentes. C'est l'une des adresses favorites des princes William et Harry et des privilégiés des quartiers royaux. Sortez votre portefeuille et votre plus belle tenue.

PRENDRE UN VERRE AU BORD DE L'EAU

Avec ses canaux et la Tamise, West London ne manque pas de bars pittoresques au bord de l'eau.

Dove (Plan p. 456 ; 19 Upper Mall W6 ; ⊖Hammersmith ou Ravenscourt Park). Café et pub du XVIIe siècle, le Dove est entré au *Guinness des Records* en 1989 pour son bar, le plus petit d'Angleterre (mais il y a des espaces plus vastes, dont une terrasse, un salon et un jardin d'hiver). Il offre une belle vue sur la Tamise depuis le charmant intérieur en bois sombre, mais s'il fait beau, essayez d'obtenir une place dans le jardin.

Waterway (Plan p. 454 ; www.frgroup.co.uk ; 54 Formosa St W9 ; ⏲12h-1h ; ⊖Warwick Ave). Ne venez pas ici pour le choix de bières ni pour la cuisine, très onéreuse : ce pub, à deux pas du Grand Union Canal dans Little Venice, brille essentiellement par sa situation. Rien de tel qu'un pub au bord de la Tamise pour se détendre un après-midi de week-end.

Old Ship (Hors plan p. 456 ; 25 Upper Mall W6 ; ⊖Hammersmith ou Ravenscourt Park). Situé sur un chemin de halage, cet excellent pub possède une vue sur le méandre paisible du fleuve en direction de Putney. Il est également fréquenté en semaine, surtout au printemps et en été, pour son espace de restauration en plein air, sa terrasse et son balcon au 1er étage.

Grand Union (Plan p. 454 ; www.grandunionlondon.co.uk ; 45 Woodfield Rd W9 ; ⊖Westbourne Park). Cuisine gastronomique moderne, cachet rustique et emplacement splendide avec terrasse au bord du Grand Union Canal font de ce pub un endroit fabuleux pour s'attarder sur quelques pintes à l'aller ou au retour du marché de Portobello.

NOTTING HILL ARTS CLUB CLUB

Plan p. 454 (www.nottinghillartsclub.com ; 21 Notting Hill Gate W11 ; ⊖Notting Hill Gate). Ce petit club en sous-sol qui cultive la musique underground, attire une foule ouverte à toutes les expériences musicales. La célèbre soirée mensuelle du jeudi, Yo-Yo, où Lily Allen rencontra son producteur Mark Ronson, est l'une des meilleures pour le R'n'B, le boogie des années 1980, le hip-hop, le ragga et d'autres sets live.

High Street Kensington

KENSINGTON ROOF GARDENS DISCOTHÈQUE

Plan p. 456 (www.roofgardens.virgin.com ; 99 Kensington High St W8 ; ⊖Kensington High St). Au sommet d'un immeuble discret dominant Kensington High St, se cache l'une des adresses les plus enchanteresses de Londres. Il s'agit d'un night-club entouré de 0,6 ha de jardins, sur trois thèmes différents : un magnifique jardin espagnol inspiré par l'Alhambra de Grenade, des jardins Tudor pleins de recoins aux fleurs odorantes et les bosquets abritant des arbres séculaires et quatre flamants roses.

Ouverts seulement de mai à septembre, les jardins ont chacun un bar et accueillent souvent des concerts. Dans le club couvert (ouvert toute l'année), de la musique disco fait danser la jeunesse dorée jusqu'au petit matin.

Ce cadre fantastique est bien sûr très exclusif. Vous vous ferez d'abord inscrire sur la liste des invités (entrée 25 £), puis la consommation est à 10 £, mais une fois n'est pas coutume. Habillez-vous pour briller et ce sera l'expérience de votre vie ! Entrée dans Derry St.

WINDSOR CASTLE PUB

Plan p. 456 (www.thewindsorcastlekensington.co.uk ; 114 Campden Hill Rd W8 ; ⊖Notting Hill Gate). Les recoins de cette merveilleuse taverne relativement isolée entre Notting Hill et Kensington High St respirent l'histoire et le charme. Avec son cadre traditionnel, sa cheminée, son agréable jardin et ses habitués le plus souvent sympathiques, c'est un lieu qui vaut le détour.

CHURCHILL ARMS PUB

Plan p. 456 (119 Kensington Church St W8 ; ⊖Notting Hill Gate). Apprécié aussi bien des Londoniens que des touristes, ce pub est réputé pour ses souvenirs liés à Winston Churchill et quantité de babioles exposées au mur. Le jardin d'hiver attenant sert, depuis 20 ans, une excellente cuisine thaïlandaise (plats 6-10 £).

CINÉMAS INDÉPENDANTS

Si vous aimez le cinéma, vous apprécierez de l'ambiance très originale des salles indépendantes de West London. Rencontres occasionnelles avec des réalisateurs, sofas confortables et boissons, on se sent comme à la maison. Les places sont un peu plus chères que dans les salles grand public, mais cela en vaut la peine. On souhaiterait que tous les cinémas soient ainsi !

Electric Cinema (Plan p. 454 ; www.electriccinema.co.uk ; 191 Portobello Rd W1 ; ⊖Ladbroke Grove ou Notting Hill Gate). Le plus vieux cinéma du Royaume-Uni a équipé sa salle de luxueux fauteuils en cuir, de repose-pieds et de tablettes pour boissons et nourriture. À côté, l'Electric Brasserie (p. 260), haut de gamme.

Gate Picturehouse (Plan p. 454 ; www.picturehouses.co.uk ; 87 Notting Hill Gate W1 ; ⊖Notting Hill Gate). La salle unique du Gate se distingue par l'une des plus jolies décorations Art déco de tous les cinémas londoniens. Elle est aussi très à la pointe dans sa programmation, avec rencontres de réalisateurs et projections d'opéras en direct du Glyndebourne Festival.

Coronet (Plan p. 454 ; www.coronet.org ; 103 Notting Hill Gate W8 ; ⊖Notting Hill Gate). C'est ici que Hugh Grant mange du pop-corn en contemplant Julia Roberts sur grand écran dans *Coup de foudre à Notting Hill*. Le splendide décor édouardien, avec balcon et loges privées, rappelle les heures de gloire du 7e art, lorsqu'il était facile de remplir une salle de 400 places à chaque séance.

Earl's Court et West Brompton

TROUBADOUR BAR

Plan p. 456 (www.troubadour.co.uk ; 265 Old Brompton Rd SW5 ; 9h-minuit ; Earl's Court). Bob Dylan et John Lennon se sont produits ici, et ce sympathique café-bar reste, plusieurs décennies après, une adresse un peu bohème merveilleusement tranquille. Le bar accueille toujours des concerts (folk, blues) presque tous les soirs et ouvre sur un joli jardin en été. La carte des vins offre un vaste choix (le Troubadour gère un club d'amateurs de vins et a sa boutique à côté).

ATLAS PUB

Plan p. 456 (www.theatlaspub.co.uk ; 16 Seagrave Rd SW6 ; West Brompton). Ce confortable pub de l'époque victorienne attire une clientèle locale jeune avec ses *real* ales, son excellente cuisine et sa ravissante cour. Au menu du *gastropub* figurent essentiellement des plats d'inspiration méditerranéenne (8-15 £).

Shepherd's Bush et Hammersmith

GREEN ROOM BAR

Plan p. 456 (www.greenroom-london.co.uk ; 45a Goldhawk Rd W12 ; 17h-23h30 lun-ven, 12h-23h30 sam et dim ; Goldhawk Rd ou Shepherd's Bush). Ce vaste entrepôt, ancienne usine d'embouteillage de lait, offre une nouvelle atmosphère aux soirées de Shepherd's Bush. Concerts réguliers (du jazz aux DJ sets), 6 billards américains et d'appétissants hamburgers.

St John's Wood et Maida Vale

PRINCE ALFRED PUB

Plan p. 454 (5a Formosa St W9 ; Warwick Ave). On ne fait guère mieux en matière de pub. Conçu à l'époque victorienne, où les gens étaient séparés selon leur classe sociale et leur sexe, le bar semi-circulaire est divisé en cinq superbes niches, dont chacune possède sa petite porte. Le pub attire toujours une clientèle locale fidèle, qui, en grande partie, préfère l'étonnante Formosa Dining Room à l'étage.

WESTFIELD SHOPPING CENTRE

Les promoteurs n'ont pas lésiné sur ce gigantesque centre commercial. Outre quelque 300 boutiques (toutes des franchises), on trouve au **Westfield** (plan p. 456 ; http://uk.westfield.com/london ; 10h-21h lun-mer, jusqu'à 22h jeu et ven, 9h-21h, 12h-18h dim) des restaurants (à nouveau, uniquement des chaînes), des bars et un cinéma. Cet espace démesuré et clinquant accueille régulièrement des événements tels défilés de mode ou dédicaces de livres.

Ce qui le distingue peut-être d'un banal centre commercial de quartier, c'est The Village, une aile entièrement dédiée aux grands noms de la mode, de Louis Vuitton à Jimmy Choo, en passant par Prada et Tiffany & Co.

WARRINGTON PUB

Plan p. 454 (93 Warrington Cres W9 ; Warwick Ave ou Maida Vale). Cet ancien hôtel et maison de passe est aujourd'hui un pub Art nouveau de caractère. L'immense bar de type saloon, avec son comptoir hémisphérique recouvert de marbre et posé sur une base en acajou sculpté, et son imposant vitrail de Tiffany est fabuleux pour goûter l'une des nombreuses bières. Terrasse à disposition.

OÙ SORTIR

O2 SHEPHERD'S BUSH EMPIRE SALLE DE CONCERTS

Plan p. 456 (www.o2shepherdsbushempire.co.uk ; Shepherd's Bush Green W12 ; Shepherd's Bush). Des artistes de qualité se produisent dans cette charmante salle de taille moyenne (2 000 places), tels que PJ Harvey ou Antony and the Johnsons, et il s'y passe toujours quelque chose. Regrettons cela dit que la salle ne soit pas en pente – si l'on est petit, mieux vaut débourser un peu plus pour s'installer au balcon.

BUSH THEATRE

THÉÂTRE

Plan p. 456 (www.bushtheatre.co.uk ; 7 Uxbridge Rd W12 ; ⊖Shepherd's Bush). Ce théâtre du West London est réputé pour encourager de nouveaux talents. Il doit son succès, durant les trois dernières décennies, à des pièces d'auteur tels que Jonathan Harvey, Conor McPherson, Stephen Poliakoff et Mark Ravenhill. Étant devenu trop petit pour son ambitieuse programmation, il s'est installé ici récemment.

OPERA HOLLAND PARK

OPÉRA

Plan p. 456 (www.operahollandpark.com ; Holland Park W8 ; ⊖High St Kensington). Prenez place sous cette voûte de 800 places, érigée chaque été pour une saison de neuf semaines au milieu de Holland Park, et appréciez le décor grandiose. La programmation mêle noms à succès et œuvres plus rares (voire obscures), attirant un public varié.

RIVERSIDE STUDIOS

ARTS DU SPECTACLE

Plan p. 456 (www.riversidestudios.co.uk ; Crisp Rd W6 ; ⊖Hammersmith). Autrefois studio de télé et de cinéma où furent tournés des classiques comme *Dr Who*, le Riverside présente aujourd'hui des spectacles divers, du cirque au théâtre, en passant par la comédie. C'est aussi un cinéma d'art et d'essai.

EARL'S COURT EXHIBITION CENTRE

ÉVÉNEMENTS SPORTIFS

Plan p. 456 (www.eco.co.uk ; Warwick Rd SW5 ; ⊖Earl's Court). Ce centre polyvalent accueille des événements sportifs, des salons et des concerts. En 2012 s'y dérouleront les matchs de volley des Jeux olympiques.

SHEPHERD'S BUSH MARKET

Ce **marché** (Plan p. 456 ; ⌚9h30-17h lun-mer, ven et sam, jusqu'à 13h jeu) de fruits et légumes, s'étend sous les lignes Hammersmith & City et Circle Line, entre les stations de Goldhawk Rd et de Shepherd's Bush. Il est prisé des Africains et des Afro-Caribéens : mangues, fruits de la passion, gombos, bananes plantains, patates douces et autres délices exotiques s'empilent sur les étals.

SHOPPING

BOOKS FOR COOKS

LIVRES

Plan p. 454 (www.booksforcooks.com ; 4 Blenheim Cres W11 ; ⌚10h-18h mar-sam ; ⊖Ladbroke Grove). Pour les gastronomes qui se sentent l'âme aventureuse ou exotique, voici tous les secrets des chefs, célèbres ou non. Il y a même un café où l'on peut goûter des recettes, à l'heure du déjeuner ou du thé.

RELLIK

VINTAGE

Plan p. 454 (www.rellikondon.co.uk ; 8 Golborne Rd W10 ; ⊖Westbourne Park). Située au pied de la Trellick Tower, cette horrible tour de béton brut aujourd'hui classée, le Rellik est une friperie pour fashionistas. Elle stocke des modèles des années 1920 aux années 1980, parmi lesquels on tombe parfois sur un manteau Yves Saint-Laurent, un ensemble Chloé ou une robe Ossie Clark. Une malle aux trésors pour les amateurs !

SPICE SHOP

ALIMENTATION

Plan p. 454 (www.thespiceshop.co.uk ; 1 Blenheim Cres W11 ; ⊖Ladbroke Grove). Il s'échappe de cette boutique des parfums de curry fraîchement moulu, d'herbes aromatiques et d'épices plus rares. Parmi ses centaines d'épices, toutes plus exotiques les unes que les autres, vous trouverez aussi des mélanges tout prêts (pour les *fajitas,* la cuisine jamaïcaine ou cajun, etc.).

CERAMICA BLUE

ARTICLES POUR LA MAISON

Plan p. 454 (www.ceramicablue.co.uk ; 10 Blenheim Cres W11 ; ⊖Ladbroke Grove). Un magasin de porcelaine accueillant qui propose de la vaisselle colorée en provenance de plus d'une douzaine de pays, comme, entre autres, des tasses à thé japonaises ou des plateaux décorés de dessins ethniques sud-africains et de splendides nappes provençales.

RETRO WOMAN

VINTAGE

Plan p. 454 (20 Pembridge Rd W11 ; ⊖Notting Hill Gate). Plus fripe que vintage, mais très prisé, Retro Woman possède un immense stock de vêtements et un choix de chaussures tout aussi impressionnant.

RETRO MAN

VINTAGE

Plan p. 454 (34 Pembridge Rd W11 ; ⊖Notting Hill Gate). Le pendant de Retro Woman pour les hommes élégants : chemises, cravates, chapeaux mous et pantalons d'antan.

ORSINI VINTAGE

Plan p. 456 (76 Earl's Court Rd W8 ; ⊖Earl's Court). Cette petite boutique, magnifique et sympathique, est l'une des meilleures de la ville. Un peu excentrée, elle vaut cependant le détour pour ses articles uniques. Retouches possibles.

AL SAQI LIVRES

Plan p. 454 (www.alsaqibookshop.com ; 26 Westbourne Grove W2 ; ⊖Bayswater). Installé dans un beau bâtiment surmonté d'une dizaine de bustes, ce magasin s'est spécialisé dans les livres en anglais sur le monde arabe et l'Islam. La librairie publie aussi ses propres livres.

ROUGH TRADE MUSIQUE

Plan p. 454 (130 Talbot Rd W11 ; ⊖Ladbroke Grove). Avec ses raretés underground, alternative et vintage, ce berceau du label de musique punk éponyme demeure le paradis des accros du vinyle qui regrettent l'époque antérieure aux CD (également en vente) et aux lecteurs MP3.

SPORTS ET ACTIVITÉS

PORCHESTER SPA SPA

Plan p. 454 (Porchester Centre, Queensway W2 ; entrée 24 £ ; ⏲10h-22h ; ⊖Bayswater ou Royal Oak). Occupant un magnifique immeuble Art déco, ce spa se distingue des autres. Géré par le Westminster Council, il est simple, fréquenté principalement par les résidents qui recherchent la détente que leur procure ses remarquables équipements (piscine de 30 m, sauna finlandais en bois, deux salles de vapeur, trois bains turcs et un immense bain). Il propose une gamme de soins à prix raisonnables : massages et soins divers pour le corps (homme et femme).

Les jours des femmes sont les mardis, jeudis et vendredis, ainsi que le dimanche de 10h à 16h. Les lundis, mercredis et samedis sont réservés aux hommes. Les couples sont les bienvenus de 16h à 22h le dimanche.

K SPA SPA

Plan p. 456 (www.k-west.co.uk ; Richmond Way W12 ; ⊖Shepherd's Bush). C'est au K Spa, qui contribue à la réputation du K West Hotel (p. 334), qu'il faut venir pour une agréable séance de soins, très zen (bougies et musique relaxante). Il offre une piscine hydrothérapique, un bain de vapeur à l'eucalyptus, un sauna et le *snow paradise* (une salle de neige pour faire comme les Finlandais !) , ainsi qu'une longue liste de soins.

Greenwich et South London

GREENWICH | CHARLTON | WOOLWICH | LAMBETH | BRIXTON | BATTERSEA | WANDSWORTH | CLAPHAM | KENNINGTON | OVAL | STOCKWELL | DULWICH | FOREST HILL

Notre sélection

❶ Le panorama sur Londres depuis la statue du général Wolfe à **Greenwich Park** (p. 270), face au **Royal Observatory** (p. 270).

❷ Un déjeuner sur le pouce après avoir fouillé les étals et déniché les bonnes adresses du **Greenwich Market** (p. 283).

❸ Les trésors de l'exceptionnel **National Maritime Museum** (p. 273), à Greenwich.

❹ L'éclectique collection de l'**Horniman Museum** (p. 279) et ses jardins.

❺ L'excentrique **Brixton Village** (p. 289) pour flâner, faire les boutiques et manger un morceau.

Pour plus de détails sur ces quartiers, voir les plans p. 460, p. 462 et p. 463

Découvrir Greenwich et South London

Le fossé existentiel entre North et South London demeure abyssal. Pourtant, de plus en plus d'habitants du Nord se laissent tenter par le Sud, ses charmes bucoliques et son rythme paisible. La pittoresque Greenwich (prononcez *grinnitch*) n'est pas avare en architecture majestueuse. Ses parcs et ses musées attirent également un flot croissant de visiteurs. Avec ses splendides Royal Observatory et National Maritime Museum, Greenwich sera l'un des points d'orgue de votre séjour londonien. Prévoyez une journée entière pour le découvrir, surtout si vous envisagez de descendre le fleuve jusqu'à la Thames Barrier, en passant par l'étonnant O2 Arena.

Ne négligez pas la trépidante Brixton pour autant, de même que Clapham, ses restaurants et ses bars haut de gamme. Pour sa part, Battersea bénéficie d'un parc somptueux tandis que Lambeth abrite l'un des meilleurs musées de la capitale. Après une visite dans l'une des remarquables galeries de Dulwich ou de Forest Hill, vous pourrez siroter une pinte de bière dans le charmant Dulwich Village. Eltham n'est pas en reste avec un bâtiment Art déco qui jouxte un palais Tudor du XIVe siècle.

Vivre comme un Londonien

- **Autour d'un verre** Séduisant mélange de splendeur victorienne et de vibrations caribéennes, l'Effra (p. 286) constitue la référence en matière de pub à Brixton.
- **Musique live et discothèques** Le Plan B (p. 287) et le Dogstar (p. 286), sont appréciés des clubbeurs.
- **Achats** Brixton Village (p. 289), branché et bohème, est devenu l'un des centres névralgiques de la ville. Les magasins de vêtements rétro de Greenwich sont plus abordables que leurs homologues du West End.

Depuis/vers Greenwich et South London

- **Métro, DLR et train** La majorité des sites de Greenwich sont accessibles depuis la station DLR de Cutty Sark. Pour gagner du temps, prenez un train depuis Charing Cross ou London Bridge jusqu'à la gare de Greenwich.
- **À pied** Si vous arrivez à Greenwich depuis les Docklands, n'hésitez pas à emprunter le tunnel piétonnier sous le fleuve (p. 286).
- **Bus** Les bus n°177 ou n°180 rallient la Thames Barrier depuis Greenwich. À Forest Hill, la ligne P4 relie l'Horniman Museum et la Dulwich Picture Gallery.
- **Bateau** Les bateaux de la Thames Clipper (p. 390) desservent Greenwich et Woolwich Arsenal depuis le London Eye Millennium Pier.

Bons plans Lonely Planet

En octobre, vous pourrez vous amuser à soulager Greenwich Park de sa fabuleuse réserve de châtaignes (ramassez uniquement celles tombées par terre). Pour rallier les Docklands depuis Greenwich de façon agréable, empruntez le tunnel piétonnier qui passe sous la Tamise (p. 286).

Le top des restaurants

- Franco Manca (p. 283)
- Chez Bruce (p. 284)
- Honest Burgers (p. 283)
- Nevada Street Deli (p. 282)
- Old Brewery (p. 282)
- Trinity (p. 285)

Voir détails p. 282

Le top des bars et cafés

- Greenwich Union (p. 285)
- Draft House (p. 287)
- Cutty Sark Tavern (p. 286)
- Effra (p. 286)
- Old Brewery (p. 286)

Voir détails p. 285

Les visites guidées

- National Maritime Museum (p. 273)
- Ranger's House (Wernher Collection ; p. 271)
- Imperial War Museum (p. 276)
- Horniman Museum (p. 279)
- Dulwich Picture Gallery (p. 281)
- Astronomy Centre au Royal Observatory (p. 270)

Voir détails p. 273

BRILLIANT PHOTOGRAPHY / ALAMY©

LES INCONTOURNABLES

ROYAL OBSERVATORY ET GREENWICH PARK

Parmi les sites les plus visités de la capitale, l'Observatoire royal vous convie à l'étude des mers et des astres au cœur de Greenwich Park, le plus ancien parc royal de Londres. Le méridien de Greenwich, défini quelque peu arbitrairement en 1884, traverse l'observatoire. Il sert à mesurer la longitude (égale à zéro sur ce méridien) et scinde le globe terrestre en deux hémisphères, est et ouest. L'institution trône sur les hauteurs du parc, avec son panorama exceptionnel et ses 73 ha de végétation.

Royal Observatory

À la suite d'importants travaux de rénovation, pour un montant de 15 millions de livres, le très intéressant Royal Observatory est désormais divisé en deux.

Flamsteed House et Meridian Courtyard

Il convient de payer son écot pour accéder à la partie nord, consacrée à la mesure du temps. En 1675, Charles II ordonna la construction de **Flamsteed House**, l'observatoire originel dessiné par Christopher Wren, sur les fondations de Greenwich Castle. Il abrite la magnifique Octagon Room et ses pièces d'horlogerie. Dans Flamsteed House, des galeries sont également dédiées à la définition de la longitude et au comptage du temps.

À l'extérieur, la ligne du méridien de Greenwich sépare le globe terrestre entre l'est et l'ouest, ce qui permet aux visiteurs de chevaucher allègrement les deux hémisphères dans la **Meridian Courtyard**. Chaque jour à 13h, depuis 1833, la balle rouge du temps située en haut de l'Observatoire royal tombe inlassablement pour marquer le temps qui passe.

À NE PAS MANQUER

- Meridian Courtyard
- Flamsteed House
- Astronomy Centre
- Panorama depuis la statue du général Wolfe
- Collection d'art de la Ranger's House

INFOS PRATIQUES

- Royal Observatory
- plan p. 463
- ☎8858 4422
- www.nmm.ac.uk/places/royal-observatory
- Greenwich Park, Blackheath Ave SE10
- adulte/- de 16 ans 10 £/gratuit, centre astronomique gratuit
- ⌚10h-17h
- 🚉Greenwich ou DLR Cutty Sark

Astronomy Centre et Peter Harrison Planetarium

La partie sud de l'observatoire renferme l'**Astronomy Centre**, instructif et gratuit, où vous pourrez toucher du doigt un fragment de la météorite Gibeon, vieille de 4,5 milliards d'années. Entre autres points d'intérêt, le Centre astronomique permet de découvrir un planétaire mécanique (modèle réduit du système solaire, à l'exception d'Uranus et de Neptune) de 1780, des documentaires retraçant l'histoire de l'astronomie, une édition originale du *Principia Mathematica* de Newton, sans oublier la possibilité d'observer la Voie lactée dans de multiples longueurs d'onde.

Le clou de la visite reste le **Peter Harrison Planetarium** (☎8312 8565; www.nmm.ac.uk/astronomy ; adulte/enfant 6,50/4,50 £ ; ⊙toutes les heures 12h45-15h45 lun-ven, 11h-16h15 sam-dim). Unique planétarium de Londres, il projette la voûte céleste en totalité sur sa coupole au moyen d'un appareil laser numérique.

Greenwich Park

Ce **parc** (plan p. 463 ; ☎8858 2608 ; www.royal parks.gov.uk ; ⊙lever-coucher du soleil, voitures autorisées à partir de 7h ; Greenwich ou Maze Hill, DLR Cutty Sark) est l'un des plus charmants îlots de verdure de Londres, avec sa roseraie, ses allées et son panorama spectaculaire depuis la **statue du général Wolfe**, face à l'observatoire. Couvrant 73 ha au total, le plus ancien parc royal clos de la capitale fut partiellement réalisé par André Le Nôtre, qui conçut les jardins du château de Versailles. L'endroit comporte des sites historiques, dont un salon de thé près de l'observatoire, un café situé derrière le National Maritime Museum, ainsi qu'un enclos à cerfs. Sans oublier des courts de tennis au sud-ouest et un lac non loin de la Queen's House, parfait pour les balades en barque. En octobre, on ramasse les châtaignes au sol.

Ranger's House (Wernher Collection)

À l'extrémité sud-ouest de Greenwich Park, cette élégante villa georgienne (plan p. 463 ; ☎8853 0035 ; www.english-heritage.org.uk ; Greenwich Park, Chesterfield Walk SE10 ; adulte/enfant 6,30/3,80 £ ; ⊙visites 11h30 et 14h30 lun-ven, 11h-17h dim début avr-sept), construite en 1723, abritait autrefois le gardien du parc. Elle expose aujourd'hui une collection de 700 œuvres d'art (tableaux du Moyen Âge et de la Renaissance, porcelaine, argenterie et tapisseries), rassemblées par Julius Wernher (1850-1912), d'origine allemande, qui fit fortune dans les mines de diamants d'Afrique du Sud au XIXe siècle. La **collection de bijoux** de la Renaissance espagnole est la plus belle d'Europe, et la **roseraie** devant la maison laisse bouche bée.

ATTENTAT À L'OBSERVATOIRE

Le 15 février 1894, le Royal Observatory fut la cible d'un attentat, sans conséquences pour le bâtiment, perpétrer par Martial Bourdin, un anarchiste français de 26 ans.Si les motivations de Bourdin restent mystérieuses, l'attentat passa à la postérité sous la plume de Joseph Conrad, dans son roman *L'Agent secret*.

À la suite de l'adoption de son méridien lors de la Conférence internationale de Washington en 1884, Greenwich devint le standard mondial des longitudes et du calcul du temps, en remplacement des multiples méridiens précédents. La candidature de Greenwich bénéficia du fait que les États-Unis avaient déjà adopté le Greenwich Mean Time (GMT, ou temps moyen de Greenwich). De plus, la plupart des cartes maritimes commerciales reconnaissaient déjà Greenwich comme le méridien zéro. Basé sur la rotation de la Terre, GMT a pourtant été remplacé en 1972 par le Temps universel coordonné (UTC), réputé encore plus précis.

LES INCONTOURNABLES
OLD ROYAL NAVAL COLLEGE

Lorsque le roi Guillaume et la reine Marie chargèrent Christopher Wren, en 1692, de construire un hôpital et un hospice pour les anciens combattants de la marine, l'architecte décida de le diviser en deux corps afin de ne pas obstruer la vue du fleuve depuis la Queen's House, au sud, le chef-d'œuvre miniature d'Inigo Jones. Prévu initialement pour les blessés de la bataille de La Hague, dont les Anglais sortirent vainqueurs contre les Français en 1692, l'hôpital fut construit sur le site de l'Old Greenwich Palace, Placentia, où Henri VIII vit le jour en 1491. En 1869, le bâtiment fut transformé en un collège naval. Aujourd'hui, l'Old Royal Naval College n'a de maritime que le nom puisqu'il abrite l'University of Greenwich et le Trinity College of Music.

À NE PAS MANQUER

- Painted Hall
- Nelson Room
- Chapelle

INFOS PRATIQUES

- plan p. 463
- ☎8269 4747
- www.oldroyalnavalcollege.org
- King William Walk SE10
- entrée libre
- Greenwich ou DLR Cutty Sark

Painted Hall

Le **Painted Hall** (⌚10h-17h), logé dans le King William Building, est l'une des plus belles salles de banquet d'Europe. Les peintures murales décoratives d'un style "baroque allégorique" sont l'œuvre de James Thornhill, à qui l'on doit aussi la coupole de la cathédrale Saint-Paul. La peinture murale du Lower Hall représente l'intronisation de Guillaume et de Marie entourés des symboles de la vertu. Aux pieds de Guillaume, on peut voir Louis XIV vaincu, soumis, un drapeau roulé à la main. Quelques marches plus haut, voici l'Upper Hall, dont le mur occidental représente George Ier et sa famille. Les enfants peuvent s'amuser à identifier les quelque 180 créatures qui peuplent les peintures du maître anglais.

À côté du hall supérieur, la **Nelson Room** fut conçue à l'origine par Nicholas Hawksmoor. En janvier 1806, c'est ici que le corps du héros de la marine britannique reposa avant ses funérailles à Saint-Paul. Aujourd'hui, la salle abrite une réplique en plâtre de la statue de la colonne Nelson de Trafalgar Sq, et des objets concernant l'amiral. Si vous regardez la cour depuis la fenêtre, vous verrez que les pavés représentent l'Union Jack (drapeau britannique).

Une **visite guidée** (☎8269 4791 ; adulte/enfant 5 £/gratuit ; ⌚visites 11h30 et 14h) de 1 heure 30 part du Painted Hall pour vous conduire dans des lieux habituellement fermés au public : la crypte jacobéenne de l'ancien palais de Placentia, et la Skittle Alley (salle de jeu de quilles) victorienne, vieille de 140 ans, avec ses énormes quilles et boules de bois, sculptées à la main.

Chapelle

Le Queen Mary Building abrite la magnifique **chapelle** (⌚10h-17h lun-sam, 12h30-17h dim), où l'on distingue des motifs inspirés par la Grèce antique et l'histoire navale. Sa décoration évoque le style rococo. Son extrémité est dominée par un tableau du XVIIIe siècle signé de l'artiste américain Benjamin West représentant le sauvetage de saint Paul après le naufrage de Malte (*The Preservation of St Paul after Shipwreck at Malta*). La chapelle doit aussi sa renommée à son orgue et cela vaut la peine de venir le premier dimanche du mois à 15h pour le **récital** gratuit (50 minutes) ou le dimanche à 11h pour l'eucharistie.

"Découvrir Greenwich"

La nouvelle exposition **Discover Greenwich** (The Pepys Bldg, King William Walk ; ⌚10h-17h ; gratuit), passablement intéressante, plonge dans l'histoire de Greenwich à travers une série de maquettes et d'activités interactives, essentiellement destinées aux enfants. L'office du tourisme de Greenwich se trouve ici. Pour vous restaurer, visitez l'Old Brewery (p. 283) à côté.

À VOIR

Greenwich

ROYAL OBSERVATORY

Voir p. 270

GREENWICH PARK

Voir p. 271

GRATUIT QUEEN'S HOUSE BÂTIMENT HISTORIQUE

Plan p. 463 (☎8858 4422, renseignements par boîte vocale ☎8312 6565 ; www.nmm.ac.uk/places/queens-house ; Romney Rd SE10 ; ⏲10h-17h ; 🚉Greenwich ou DLR Cutty Sark ; 📶). Cet édifice fut d'abord baptisé House of Delight (maison de charme), un nom qui lui sied à merveille. Premier bâtiment palladien construit par l'architecte Inigo Jones après son retour d'Italie, son extérieur s'avère nettement plus attrayant que la collection d'art qu'il contient, même si celle-ci comprend quelques œuvres de Turner, Holbein, Hogarth et Gainsborough. Entamé en 1616 pour Anne du Danemark, épouse de Jacques Ier, le bâtiment ne fut achevé qu'en 1638 pour devenir la résidence de Charles Ier et de la reine Henrietta Maria. Le majestueux **Great Hall** en est la salle principale, superbe espace cubique doté d'un sol carrelé ouvragé datant de 1637. À l'origine, le plafond était décoré de neuf peintures d'Orazio Gentileschi. Un escalier hélicoïdal, le splendide **Tulip Staircase** (des tulipes ornent la balustrade en fer forgé), mène à une galerie au niveau 2 qui expose des tableaux et portraits marins provenant des collections du National Maritime Museum. Ne manquez pas le très moderne *Sixty Degrees South* d'Herbert Barnard John Everett.

CUTTY SARK BATEAU

Plan p. 463 (☎8858 2698; www.cuttysark.org.uk ; Cutty Sark Gardens SE10 ; 🚉Greenwich ou DLR Cutty Sark). Emblématique de Greenwich, le

LES INCONTOURNABLES NATIONAL MARITIME MUSEUM

Ce musée, qui conte la longue et palpitante histoire maritime de la Grande-Bretagne, constitue l'un des sites majeurs de Greenwich. L'institution s'est agrandie avec l'ouverture de l'aile Sammy Ofer fin 2011.

Les expositions sont organisées de façon thématique. Parmi les pièces phares, citons la **Miss Britain III** datant de 1933 (le premier navire à avoir dépassé les 100 miles par heure en pleine mer) et la **péniche d'or**, longue de 19 m, construite en 1732 pour le prince de Galles Frédéric, et dont l'énorme hélice est visible au niveau 1. Vous pourrez également contempler l'uniforme que l'amiral Horatio Nelson portait lorsqu'il fut abattu (comme la balle qui le blessa), ainsi qu'une réplique du canot de sauvetage à bord duquel l'explorateur polaire Ernest Shackleton et une poignée de ses hommes prirent place après le naufrage de l'*Endurance* lors de leur mission épique en Antarctique. Les vitraux restaurés du **Baltic Exchange**, détruits par l'IRA en 1992, sont désormais dédiés aux victimes de la Seconde Guerre mondiale.

L'exposition **Your Ocean**, au niveau 1, explore le milieu marin sous différents angles – la science, l'histoire, la santé... – sans oublier de s'interroger sur l'avenir des mers. Au niveau 2, les enfants adoreront mettre à feu un canon à l'exposition *All Hands*, ou faire rentrer un bateau-citerne au port en utilisant un véritable simulateur de bord. Les visites guidées sont programmées à 12h, 13h et 15h ; rendez-vous au pied de la grande hélice.

À NE PAS MANQUER

- La péniche d'or du prince de Galles, Frédéric
- L'uniforme de l'amiral Nelson
- *Miss Britain III*
- Les vitraux du *Baltic Exchange*

INFOS PRATIQUES

- plan p. 463
- ☎8858 4422
- www.nmm.ac.uk
- Romney Rd SE10
- gratuit
- ⏲10h-17h
- 🚉Greenwich ou DLR Cutty Sark

Parcs et jardins

Il suffit de regarder une carte pour être frappé par les espaces verts omniprésents à Londres. La ville détient en effet l'un des plus beaux patrimoines arborés du monde et ses parcs sont généralement soignés et accessibles en toutes saisons.

Hyde Park

1 Probablement le plus célèbre des parcs londoniens, Hyde Park étonne par sa variété végétale. La Serpentine marque la frontière avec un autre grand parc, les Kensington Gardens.

Victoria Park

2 Nommé d'après sa royale bienfaitrice, et récemment réhabilité, Victoria Park est l'un des parcs les plus agréables de l'Est londonien. L'été, il accueille de nombreux concerts et festivals.

Kew Gardens

3 Pour apprécier les Kew Gardens, il suffit d'aimer l'architecture, la promenade et la beauté en général. Les enfants adoreront la passerelle aérienne et le patinage en hiver.

Richmond Park

4 Grandiose étendue de végétation ponctuée d'étangs, le royal Richmond Park est connu pour ses sublimes panoramas et sa population de cerfs. Il est parfait pour une immersion hors des nuisances citadines.

Greenwich Park

5 Vallonné et divisé par le fameux méridien, l'élégant Greenwich Park offre un point de vue sans pareil depuis ses hauteurs. Le plus ancien parc royal clos abrite également une harde de cerfs.

1

4

Dans le sens des aiguilles d'une montre, à partir de la gauche, en haut

1. Hyde Park (p. 192) 2. Victoria Park (p. 221) 3. Princess of Wales Conservatory, Kew Gardens (p. 296) 4. Richmond Park (p. 298)

DOUG MCKINLAY/LONELY PLANET IMAGES ©

TRAVIS DREVER/LONELY PLANET IMAGES ©

DOUG MCKINLAY/LONELY PLANET IMAGES ©

LES INCONTOURNABLES
IMPERIAL WAR MUSEUM

Gardé par deux impressionnantes pièces d'artillerie navale du XIVe siècle, ce fascinant musée est logé dans l'ancien Bethlehem Royal Hospital, ou Bedlam. Bien que l'institution mette l'accent sur les interventions militaires des forces de sa Majesté ou du Commonwealth au XXe siècle, elle envisage le terme de "guerre" au sens large. Le musée abrite la moto de Lawrence d'Arabie, un **missile V-2 allemand**, un tank Sherman ou encore une réplique hyperréaliste de **Little Boy**, la bombe atomique larguée sur Hiroshima.

La **Trench Experience**, au niveau inférieur, vous plonge dans le terrible quotidien des tranchées de la Somme durant la Première Guerre mondiale. Plus effrayante encore, la **Blitz Experience** vous conduit dans un abri durant une attaque aérienne en pleine Seconde Guerre mondiale, puis dans les rues dévastées de l'East End.

Au 1er étage, la **Secret War** abrite quantité de curiosités utilisées par les services secrets britanniques, comme ces semelles de caoutchouc moulées en forme de pied, portées sous les bottes pour laisser de fausses empreintes sur les plages ennemies.

Les étages supérieurs renferment les deux sections les plus émouvantes de l'ensemble : la **Holocaust Exhibition** (déconseillée aux moins de 14 ans) au 3e étage, et la terrible **Crimes against Humanity** au 2e.

À NE PAS MANQUER

- Salle consacrée à l'Holocauste
- Salle consacrée aux crimes contre l'Humanité
- Blitz Experience
- German V-2
- Spitfire

INFOS PRATIQUES

- plan p. 462
- www.iwm.org.uk
- Lambeth Rd SE1
- gratuit
- 10h-18h
- Lambeth North

dernier des grands clippers qui naviguèrent entre l'Angleterre et la Chine au XIXe siècle est censé accueillir des visites dès le printemps 2012, après les lourds dégâts causés par un incendie. Heureusement, la moitié du mobilier et des équipements, dont le mât, avait été retirée pour restauration avant d'être la proie des flammes.

FAN MUSEUM MUSÉE DES ÉVENTAILS

Plan p. 463 (8305 1441, 8858 7879 ; www.fan-museum.org ; 12 Crooms Hill SE10 ; adulte/enfant 4/3 £ ; 11h-17h mar-sam, 12h-17h dim ; Greenwich ou DLR Cutty Sark ;). Unique au monde, ce musée possède une magnifique collection de pièces en ivoire, en écaille, en plumes de paon ou en tissu plié, ainsi que des versions kitsch alimentées par piles et d'immenses éventails ornementaux gallois. Les expositions temporaires au 1er étage sont souvent d'excellente facture. Consultez le site Internet pour suivre des cours de fabrication d'éventails. La demeure georgienne du XVIIIe siècle dispose également d'un jardin de style japonais agrémenté d'une **orangerie** (thé complet/léger 5/6 £ ; 15h-17h mar et dim), décorée de belles fresques en trompe-l'œil, qui sert l'*afternoon tea* deux fois par semaine.

GRATUIT **ST ALFEGE CHURCH** ÉGLISE

Plan p. 463 (www.st-alfege.org ; Church St SE10 ; 10h-16h lun-sam, 13h-16h dim ; Greenwich ou DLR Cutty Sark). Conçue par Nicholas Hawksmoor en 1714 pour remplacer un bâtiment du XIIe siècle, cette splendide église paroissiale abrite une fresque restaurée de James Thornhill (qui décora aussi le Painted Hall du Royal Naval College et la cathédrale Saint-Paul).

O2 SALLE DE CONCERTS

Plan p. 421 (8463 2000, réservations 0844 856 0202 ; www.theo2.co.uk ; Millennium Way SE10 ; North Greenwich). Large de 380 m, l'O2 a coûté 750 millions de livres à construire et son entretien revient chaque année à 5 millions de livres. Il a accueilli de grands événements, comme les concerts de Madonna, Prince, Justin Timberlake ou Barbra Streisand dans son **O2 Arena** de 23 000 places, ainsi que des groupes de soul, pop et jazz dans l'**IndigO2** (2 350 places). Des manifestations sportives et de célèbres expositions (*Toutankhamon et l'âge d'or des pharaons* ou encore la controversée *Body Worlds*, qui présentait des cadavres humains écorchés et conservés avec de la silicone) y ont également eu lieu, et plusieurs bars, clubs et restaurants s'y sont installés. Durant les Jeux olympiques, ce complexe accueillera les épreuves de basket-ball et de gymnastique sous le nom de North Greenwich Arena.

BRITISH MUSIC EXPERIENCE MUSÉE

(☎0844 847 1761 ; www.britishmusicexperience.com ; Millennium Way SE10 ; adulte/enfant 15/12 £ ; ⏲11h-19h30 ; ⊖North Greenwich). Notre attraction préférée dans la "bulle" de l'O2 retrace l'histoire de la musique populaire britannique de 1945 à aujourd'hui. L'endroit regorge de reliques pop, de la Rickenbacker 330 de l'ancien Jam Paul Weller aux fripes de David Bowie époque Station to Station. Filmez-vous à la guitare, apprenez quelques pas de danse avec un professeur virtuel avant de monter sur scène devant une foule (filmée) en délire.

Charlton et Woolwich

FIREPOWER (ROYAL ARTILLERY MUSEUM) MUSÉE

(☎8855 7755 ; www.firepower.org.uk ; Royal Arsenal, Woolwich SE18 ; adulte/enfant 5,30/2,50 £ ; ⏲10h30-17h mer-dim ; DLR Woolwich Arsenal, ⊖North Greenwich puis 🚌161 ou 472, DLR Cutty Sark puis 🚌177 ou 180). Le bruyant Firepower est une explosive démonstration de l'évolution

VAUT LE DÉTOUR

THAMES BARRIER

Ce barrage futuriste vise à protéger Londres des inondations. En ces temps où le niveau des mers augmente et où se produisent de brusques marées, la ville dépend de plus en plus de son écluse. Achevée il y a trente ans, le barrage est constitué de dix portes amovibles de la taille d'un immeuble de cinq étages, amarrées à neuf piliers en béton. Le toit argenté des pylones abrite les mécanismes permettant d'actionner les portes en cas de crue excessive. L'ensemble offre une vision surréaliste de créature gigantesque et étincelante enjambant le fleuve.

Cette barrière artificielle est indispensable car le niveau des eaux monte (jusqu'à 60 cm par siècle), alors que le lit du fleuve rétrécit. En outre, le bassin tend à s'incliner légèrement au sud-est, en raison d'un phénomène géologique appelé "rebond isostatique". La combinaison de ces trois facteurs crée un risque d'inondation majeur dans la capitale.

Deux fois par jour, la Tamise connaît des marées hautes et basses tout à fait modestes, tandis qu'une marée plus forte se produit tous les 15 jours. Il y a danger lorsque celle-ci coïncide avec une importante houle, qui repousse des tonnes d'eau vers l'amont du fleuve. Les écluses ont été construites pour éviter le débordement du fleuve et l'inondation des zones d'habitation proches. Aujourd'hui, les écologistes parlent déjà de la nécessité de mettre en place un mécanisme de barrage plus grand, plus large et plus proche de l'embouchure du fleuve, avant que l'écluse actuelle n'arrive en bout de course en 2030.

Nous vous conseillons de voir l'écluse lorsqu'elle est levée. Ce qui se produit lors du contrôle des mécanismes, qui a lieu chaque mois. Pour en connaître les dates et les horaires, contactez le **Thames Barrier Information Centre** (☎8305 4188 ; 1 Unity Way SE18 ; adulte/enfant 3,50/2 £ ; ⏲10h30-17h avr-sept, 11h-15h30 oct-mars ; ⊖North Greenwich, puis 🚌472 ou 161 ou 🚆Charlton, puis 🚌472).

Si vous venez du centre de Londres, prenez un train jusqu'à la gare de Charlton depuis Charing Cross ou London Bridge. Ensuite, il vous faudra longer Woolwich Rd jusqu'à Eastmoor St, qui part au nord vers le centre. Si vous venez de Greenwich, prenez le bus 177 ou 180 dans Romney Rd et descendez à l'arrêt Thames Barrier (près d'Holborn College, dans Woolwich Rd). La station de métro la plus proche est North Greenwich, d'où vous pouvez prendre le bus 472 ou 161. Des bateaux font également la liaison avec l'écluse, mais ils n'accostent pas là. Pour plus de détails, voir p. 394.

ARCHITECTURE DE GREENWICH

Greenwich abrite un extraordinaire enchevêtrement de bâtiments classiques ; tous les grands architectes du siècle des Lumières y ont laissé leur marque, en grande partie grâce au mécénat royal. Au début du XVIIe siècle, Inigo Jones érigea l'une des premières demeures Renaissance d'Angleterre, la Queen's House, encore intacte aujourd'hui. Charles II, qui appréciait particulièrement le quartier, demanda à sir Christopher Wren d'y bâtir le Royal Observatory et une partie du Royal Naval College, que John Vanbrugh acheva au début du XVIIe siècle.

de l'artillerie. La History Gallery en retrace l'histoire, de la catapulte à l'ogive nucléaire, tandis que le show multimédia *Field of Fire* vous invite à partager 15 minutes durant le sort des artilleurs, depuis la Grande Guerre jusqu'au conflit bosniaque. Le musée comporte un hall d'artilleries, bourré d'armes et de véhicules du XXe siècle. Vous pourrez vous essayer au tir ou au pilotage de tank télécommandé dans la Camo Zone (1,50 £ par activité, 4,50 £ les quatre).

GRATUIT GREENWICH HERITAGE CENTRE — MUSÉE

(www.greenwichheritage.org ; Royal Arsenal, Artillery Sq SE18 ; 9h-17h mar-sam ; DLR Woolwich Arsenal, North Greenwich puis 161 or 472, DLR Cutty Sark puis 177 ou 180). Si vous avez visité Firepower et que vous souhaitez en savoir plus sur la riche histoire de Greenwich, ce centre situé juste à côté retrace l'histoire du Royal Arsenal et des Woolwich Dockyards. Les témoignages télévisés d'anciens employés et d'habitants sont particulièrement intéressants. Ne manquez pas les *Millennium Embroideries*, huit panneaux brodés datant de 1998 représentant des périodes clés de l'histoire locale, des Celtes à la fin du XXe siècle. Il devrait y en avoir au moins une d'exposée.

Lambeth

LAMBETH PALACE — BÂTIMENT HISTORIQUE

Plan p. 462 (Palace Rd SE1 ; Lambeth North). La superbe loge Tudor en brique rouge qui jouxte l'église St Mary-at-Lambeth commande l'accès au Lambeth Palace, résidence londonienne de l'archevêque de Canterbury. Si le palais n'est généralement pas ouvert au public, les jardins le sont parfois. Pour plus de détails, renseignez-vous auprès d'un office du tourisme (p. 398).

GARDEN MUSEUM — MUSÉE

Plan p. 462 (7401 8865 ; www.gardenmuseum.org.uk ; St Mary-at-Lambeth, Lambeth Palace Rd SE1 ; tarif plein/réduit 7/6 £ ; 10h30-17h dim-ven, 10h-16h sam ; Lambeth North). Logé dans l'église St Mary-at-Lambeth, ce paisible musée est remarquable pour son charmant **jardin labyrinthe**, réplique d'un jardin du XVIIe siècle, aux topiaires formant des entrelacs élaborés. Les mordus de jardinage apprécieront les expositions dédiées aux Tradescant, père et fils, jardiniers de Charles Ier puis de Charles II au XVIIe siècle. Globe-trotters et grands collectionneurs de plantes exotiques, ils rapportèrent l'ananas à Londres. Les autres préféreront peut-être rendre hommage au captain William Bligh (le fameux capitaine du *Bounty*), enterré ici (il vécut et mourut près de là, au 100 Lambeth Rd). L'excellent café sert des plats végétariens. Le musée accueille également des expositions temporaires et propose des visites guidées le dernier mardi du mois, à 14h.

FLORENCE NIGHTINGALE MUSEUM — MUSÉE

Plan p. 462 (7620 0374 ; www.florence-nightingale.co.uk ; St Thomas's Hospital, 2 Lambeth Palace Rd SE1 ; tarif plein/réduit 5,80/4,80 £ ; 10h-17h ; Westminster ou Waterloo ;). Attenant au St Thomas's Hospital, ce petit musée récemment rénové conte l'histoire de Florence Nightingale (1820-1910), courageuse héroïne de guerre, qui emmena une équipe d'infirmières en Turquie en 1854 pendant la guerre de Crimée. Elle y travailla à l'amélioration des conditions de vie des soldats avant de revenir à Londres pour fonder une école d'infirmières à St Thomas en 1859. Elle devint si populaire que des photographies de la gentille "dame à la lampe", dans le style de cartes de base-ball, étaient vendues de son vivant. Nombre de ses détracteurs révisionnistes la taxent d'"administratrice rusée avide de publicité". Elle fut, certes, l'une des premières célébrités du monde moderne, mais il est indéniable qu'elle a amélioré les conditions d'existence de milliers de soldats sur les champs de bataille et sauvé quelques vies au passage. Difficile d'imaginer exploit plus glorieux. L'entrée comprend la location d'un audioguide.

Battersea et Wandsworth

BATTERSEA PARK PARC

Plan p. 460 (www.batterseapark.org ; lever-coucher du soleil ; Battersea Park). Outre ses sculptures d'Henry Moore et de Barbara Hepworth, ses 50 ha d'espaces verts s'étendent entre l'Albert Bridge et le Chelsea Bridge. L'apparence paisible du lieu cache un passé trouble. En effet, c'est là que le roi Charles II fut victime d'une tentative d'assassinat en 1671 et qu'un duel opposa le duc de Wellington à un adversaire l'accusant de trahison en 1829. La **Peace Pagoda**, érigée en 1985 par une communauté bouddhiste japonaise à la mémoire d'Hiroshima, raconte les quatre étapes de la vie du Bouddha.

La récente rénovation du parc a permis le réaménagement paysager du XIXe siècle, et les splendides terrasses au bord de l'eau ont été embellies. En outre, les jardins du Festival of Britain, dont les spectaculaires Vista Fountains, ont été restaurés. Le parc comporte aussi des lacs, de nombreuses infrastructures sportives (terrains de football synthétiques en particulier), une galerie d'art, la **Pump House Gallery** (plan p. 460 ; 8871 7572 ; www.wandsworth.gov.uk/gallery ; Battersea Park SW11 ; gratuit ; 11h-17h mer-jeu-dim, 11h-16h ven-sam), ainsi qu'un petit **zoo pour enfants** (plan p. 460 ; 7924 5826 ; www.batterseaparkzoo.co.uk ; adulte/enfant 7,95/6,50 £ ; 10h-17h30 avr-oct, jusqu'à 16h30 nov-mars). Les adeptes du vélo couché, adultes ou enfants, s'adresseront à **London Recumbents** (7498 6543 ; 7-15 £/h ; sam-dim toute l'année, tlj vacances scolaires), au nord-est du parc.

BATTERSEA POWER STATION SITE HISTORIQUE

Plan p. 460 (www.batterseapowerstation.com ; Battersea Park). Passée à la postérité grâce à la pochette de l'album *Animals* des Pink Floyd, cette centrale électrique est l'un des bâtiments les plus connus de la capitale. Conçue par Giles Gilbert Scott en 1933 avec

LES INCONTOURNABLES
HORNIMAN MUSEUM

Fort de la collection originale du riche marchand de thé Frederick John Horniman, ce musée est une véritable île aux trésors. Vous pourrez y admirer un morse empaillé, de gracieuses méduses, une statue en papier mâché de la déesse Kali, à l'air féroce, ainsi qu'une exposition d'instruments de musique.

Au rez-de-chaussée et au 1er étage, la **Natural History Gallery** vous convie à observer sa collection de squelettes d'animaux et de spécimens conservés dans le formol. Lorsque 16 heures sonnent à la splendide **horloge des apôtres** (*apostle clock*), ces derniers passent devant Jésus tandis que seul Judas se détourne de lui. Les enfants raffolent de la boutique du rez-de chaussée et de la ruche visible dans la **Nature Base** (section naturaliste).

Au niveau inférieur du rez-de-chaussée se trouve l'**African Worlds Gallery**. À côté, la **Music Gallery** expose toutes sortes d'instruments, des castagnettes égyptiennes vieilles de 3 500 ans aux premiers claviers britanniques, en passant par les gamelans indonésiens et les percussions ghanéennes. Des écrans tactiles et des vidéos vous permettent d'en entendre le son et de les voir à l'œuvre. Au sous-sol, l'**aquarium** (adulte/enfant 2/1 £) est petit mais très moderne. Le café, partiellement installé dans l'étonnant conservatoire, est magnifique, tout comme les **jardins** (7h30-crépuscule lun-sam, à partir de 8h dim), qui s'étendent à flanc de côteau sur 6,5 ha. Contactez le musée pour plus de détails sur les Nuits au Horniman.

À NE PAS MANQUER

- Aquarium
- Galerie de la musique
- Jardins et conservatoire
- Horloge des apôtres
- Section naturaliste
- Boutique

INFOS PRATIQUES

- 8699 1872
- www.horniman.ac.uk
- 100 London Rd SE23
- gratuit
- 10h30-17h30
- Forest Hill

deux cheminées (deux autres ont suivi en 1955), la centrale a cessé son activité en 1983. Depuis, elle a fait l'objet de plusieurs projets de réhabilitation qui ont tous échoué. Son avenir aujourd'hui n'a jamais été aussi incertain.

WANDSWORTH COMMON JARDIN PUBLIC

(Wandsworth Common/Clapham Junction). Plus sauvage et plus vert que son voisin de Clapham, Wandsworth Common est investi, lorsque le temps s'y prête, par des couples avec poussette. Dans la partie ouest, vous apercevrez un ensemble charmant de rues connues sous le nom de "**toast rack**" (porte-toasts) en raison de leur alignement. Les rues de Baskerville, Dorlcote, Henderson, Nicosia, Patten et Routh sont bordées de maisons georgiennes. La plaque bleue au 3 Routh Rd indique qu'ici vivait l'ancien Premier ministre David Lloyd George.

Clapham

CLAPHAM COMMON JARDIN PUBLIC

Plan p. 460 (Clapham Common). Magnifique espace vert situé au cœur du quartier de Clapham, ce jardin accueille en été de nombreux événements en plein air (voir http://claphamhighstreet.co.uk) et sportifs. La principale voie qui la traverse, Clapham High St, commence à la périphérie nord-est du parc. Elle est bordée de nombreux bars, restaurants et boutiques qui font la renommée de Clapham. Cependant, pour une simple promenade, il est plus agréable d'explorer les rues plus chics de **Clapham Old Town**, à une courte distance au nord-ouest de la station de métro, et de **Clapham Common North Side**, au nord-ouest du parc.

À l'ouest, vous apercevrez la **Holy Trinity Church** (1776), toute en brique et en pierre. Elle hébergea un temps la Clapham Sect, une communauté de riches chrétiens évangéliques très active entre 1790 and 1830, parmi lesquels figurait William Wilberforce, l'un des grands leaders de la cause anti-esclavagiste. Ces évangéliques militaient également contre le travail des enfants et pour la réforme des prisons.

Kennington, Oval et Stockwell

KENNINGTON PARK PARC

Plan p. 462 (Oval). Cet espace vert peu attrayant affiche une longue tradition de rébellion. Terrain communal où tous avaient le droit d'entrer, il constituait le Speaker's

LES INCONTOURNABLES
ELTHAM PALACE

Cette maison Art déco fut construite entre 1933 et 1937 par le marchand de textiles Stephen Courtauld (du Courtauld Institute of Art) et sa femme Virginia. L'impressionnant hall d'entrée avec son dôme et son immense tapis circulaire à motifs géométriques, les salles de bains en marbre et les installations électriques sophistiquées attestent que le couple avait autant de goût que de fortune. Il avait par ailleurs, en guise d'animal domestique, un lémurien. On peut voir au cours de la visite la cage chauffée de cette bête du nom de "Mah-jongg". Des **visites guidées** (12,30 £ avec entrée ; 1 heure ; 11h30 et 14h), axées sur l'Art déco, sont programmées d'avril à octobre – mieux vaut réserver).

Le palais royal bâti à cet emplacement en 1305 fut un temps la maison d'enfance d'Henri VIII, avant que les Tudors ne partent pour Greenwich. Il n'en reste que peu de vestiges, hormis le Great Medieval Hall, restauré. Sa très belle charpente est généralement placée en troisième position après celles du Westminster Hall (p. 90) et du Hampton Court Palace (p. 293). Les 8 ha de jardin comprennent un jardin de rocailles et une douve avec un pont-levis qui fonctionne.

À NE PAS MANQUER

- Hall d'entrée
- Salle à manger

INFOS PRATIQUES

- www.english-heritage.org.uk
- 10h-17h dim-mer avr-oct, 11h-16h dim-mer nov-déc, fev-mars, fermé fin déc-jan
- Eltham

Corner du sud de Londres. Au XVIIIe siècle, les rebelles jacobites qui tentaient de restaurer la monarchie Stuart y furent pendus, éviscérés et écartelés. Aux XVIIIe et XIXe siècles, des prédicateurs y haranguaient les foules. John Wesley, fondateur du méthodisme et militant anti-esclavage, aurait ainsi attiré quelque 30 000 fidèles. Après le grand rassemblement chartiste du 10 avril 1848 (au cours duquel des millions d'ouvriers réclamèrent les mêmes droits de vote que les classes moyennes), la famille royale fit promptement clôturer le parc.

OVAL STADE DE CRICKET

Plan p. 462 (☎0871 246 1100 ; www.kiaoval.com ; Surrey County Cricket Club SE11 ; tests internationaux 15-103 £, matchs de County 12-20 £ ; ⌚réservations 9h30-12h30 et 13h30-16h lun-ven avr-sept ; ⊖Oval). Domicile du Surrey County Cricket Club, le Brit Oval est le second terrain de cricket de Londres après le Lord's (p. 239). Outre les matchs du Surrey, il accueille régulièrement des tests-matchs internationaux. La saison débute en avril et se termine en septembre.

Brixton

BRIXTON QUARTIER

Les années "Windrush", (d'après le nom des navires qui conduisirent de nombreux immigrés antillais au Royaume-Uni après la seconde Guerre mondiale), ont façonné Brixton de façon définitive. Le déclin économique et la dégradation des relations entre la police et la minorité noire, entraînèrent une vague d'émeutes en 1981, 1985 et 1995.

Depuis, en dépit d'une nouvelle flambée de violence en août 2011, l'ambiance s'est très nettement améliorée. La hausse du prix des logements a éveillé l'intérêt des agents immobiliers, et des enclaves bourgeoises jouxtent désormais les rues les plus délabrées. Parmi les sites les plus populaires de Brixton, outres les excellents clubs et restaurants, citons le fantastique Brixton Village (p. 289), rendez-vous incontournable des gourmets et des chasseurs de bonnes affaires, et le Brixton Market (p. 290).

Dulwich et Forest Hill

DULWICH PICTURE GALLERY GALERIE

(☎8693 5254 ; www.dulwichpicturegallery.org.uk ; Gallery Rd SE21 ; adulte/enfant 5 £/gratuit ; ⌚10h-17h mar-ven, 11h-17h sam-dim ; 🚉West Dulwich ; 📶). Il s'agit de la galerie d'art publique la plus ancienne du Royaume-Uni. Elle fut conçue par sir John Soane entre 1811 et 1814 pour abriter la collection de tableaux du Dulwich College, parmi lesquels des toiles de Raphaël, Rembrandt, Rubens, Reynolds, Gainsborough, Poussin, Lely, Van Dyck et bien d'autres. C'est un lieu magnifique et plein de charme, mais les 12 salles n'offrent guère de place pour exposer les œuvres, et il est difficile d'admirer les tableaux à loisir. Choix inhabituel, les collectionneurs, Noel Desenfans et le peintre sir Peter Francis Bourgeois, ont choisi d'illuminer ce sanctuaire par une lumière mystérieuse que créent des vitres teintées disposées entre les tableaux. Dans la Wolfson Room, ne manquez pas le *Pont dans un paysage italien* d'Adam Pynacker, pour son utilisation magistrale de la lumière. La galerie, qui a fêté son bicentenaire en 2011, a proposé de remarquables expositions temporaires (supplément de 4 £), incluant des œuvres de Norman Rockwell et de Paul Nash. Des **visites guidées** gratuites du musée sont proposées à 15h les samedis et dimanches. Derrière, un café déborde sur des jardins exquis parsemés de bancs. Contactez la galerie pour plus de détails sur les cours d'art.

Le musée est à 10 minutes à pied de la gare de West Dulwich. Pour vous y rendre, prenez Gallery Rd, qui débute presque en face de la gare, puis remontez-la vers le nord. Pratique, le bus P4 relie la galerie au Horniman Museum (p. 279).

CHAPELLE DU CHRIST

Appartenant à la fondation Edward Alleyn, cette ancienne chapelle d'une école londonienne, l'Alleyn's College of God's Gift, est sublime : désormais dans la Dulwich Picture Gallery, la **Christ's Chapel** (⌚13h30-16h30 mar) date du XVIIe siècle. Toute en boiseries, elle arbore une impressionnante reproduction de la *Transfiguration* de Raphaël. Plannifiez bien votre venue car elle n'est ouverte que le mardi après-midi, pendant 2 heures.

DULWICH PARK PARC

(College Rd, SE21 ; ⌚8h-crépuscule ; 🚉West Dulwich, North Dulwich). Avec ses hectares de

VAUT LE DÉTOUR

DANSON HOUSE ET RED HOUSE

Ces deux maisons historiques situées à Bexleyheath, à l'Est d'Eltham, valent assurément le détour. De **Danson House** (☎8303 6699 ; www.dansonhouse.org.uk ; Danson Park, Bexleyheath DA6 ; adulte/enfant/tarif réduit 6 £/gratuit/5 £ ; ⏲11h-17h mer, jeu, dim et lun férié fin mars-oct ; 11h-17h mar, jeu, dim et lun férié juin-août ; 🚆Bexleyheath, puis 20 min à pied au sud-ouest), magnifique villa palladienne de 1766, on admirera les bas-reliefs et les fresques de la salle à manger, ode à l'amour et au romantisme, la bibliothèque et la salle de musique, avec son orgue en état de fonctionnement, le vertigineux escalier en colimaçon et les cuisines victoriennes (ouvertes occasionnellement). Le jardin anglais est superbe et vous pouvez louer des barques pour sillonner le grand lac de Danson Park.

De l'extérieur, la **Red House** (☎8304 9878 ; www.nationaltrust.org.uk ; 13 Red House Lane, Bexleyheath DA6 ; adulte/enfant 7,20/3,60 £, jardins uniquement adulte/enfant 50p/gratuit ; ⏲11h-17h mer-dim mars-fin nov, 11h-17h ven-dim fin nov- fin dec ; 🚆Bexleyheath, puis 20 min à pied au sud), une maison de brique rouge construite en 1859 par l'architecte victorien William Morris, ressemble à une maison de pain d'épice. Les 9 chambres ouvertes au public portent toutes les caractéristiques du style Arts and Crafts, un mouvement qu'affectionnait Morris : un peu d'art gothique ici, du symbolisme religieux là, un rayon de soleil style Art nouveau ailleurs. Le mobilier conçu par Morris et par le décorateur de la maison Philip Webb est mis en valeur, tout comme le sont les tableaux et les vitraux d'Edward Burne-Jones. L'entrée se fait avant 13h30 et la visite guidée est obligatoire (réservation impérative). Les jardins ont été dessinés par Morris pour "habiller" la demeure. Remarquez le puits au toit conique qui s'inspire des séchoirs à houblon du Kent voisin.

végétation et ses populaires vélos couchés, Dulwich Park fait partie des parcs les plus coquets et agréables de Londres. Pour louer l'un de ces étranges et novateurs vélocypèdes, adressez-vous à **London Recumbents** (☎8299 6636 ; Ranger's Yard, Dulwich Park ; 7-15 £/h ; ⏲10h-crépuscule), près de l'Old College Gate, à l'ouest du parc. L'aire de jeu ravira les enfants et les amateurs d'exercices physiques. Votre balade terminée, sortez du parc par l'Old College Gate, à l'Ouest, et rejoignez College Rd pour découvrir la Dulwich Picture Gallery et le charmant Dulwich Village.

OÙ SE RESTAURER

Si le choix de restaurants n'est pas aussi vertigineux qu'au nord de la Tamise, on mange toutefois très bien à South London. Brixton propose des pizzas fabuleuses, et Brixton Village a la réputation d'accueillir d'excellentes tables – la renaissance du quartier attire en effet quantité de bons restaurants et cafés. Sans compter que certains établissements à Battersea, Wandsworth ou Clapham valent aussi, à eux seuls, le déplacement.

Greenwich

NEVADA STREET DELI — ÉPICERIE FINE £

Plan p. 463 (www.nevadastreetdeli.co.uk ; 8 Nevada St, SE10 ; ⏲9h-18h ; sandwichs 3,75-4 £ ; DLR Cutty Sark). Certes, les rares tables en terrasse sont prises d'assaut au moindre rayon de soleil, mais ce charmant lieu en forme de biseau propose d'excellents sandwichs (au bacon en particulier), des petits-déjeuners en continu, des tartines grillées aux champignons ou au gravlax (recette scandinave à base de saumon cru), des assiettes de délicieuses saucisses maisons, déclinées en plusieurs variétés (saumon fumé, épinard ou feta), ou tout simplement une bonne tasse de café fumant.

INSIDE — EUROPÉEN MODERNE ££

Plan p. 463 (☎8265 5060 ; www.insiderestaurant.co.uk ; 19 Greenwich South St SE10 ; plats 12,50-17,75 £, menus déj 2/3 plats 12,95/17,95 £, soir 17,95/22,95 £ ; ⏲fermé dim soir et lun ; DLR/🚆Greenwich). Malgré ses murs blancs, ses œuvres d'art moderne et ses nappes en lin, l'Inside est un endroit tout à fait décontracté. C'est aussi l'une des meilleures tables de Greenwich. La carte, abordable, offre des plats délicieux, comme la soupe de potiron et de lentilles rouges ou le bar sauvage poêlé, ainsi que d'excellents crumbles à la pomme et à la rhubarbe en dessert.

GREENWICH MARKET — MARCHÉ £

Plan p. 463 (www.greenwichmarket.net ; Greenwich Market, SE10 ; ⌚11h-17h30 mer-sam-dim ; DLR Cutty Sark). Parfait pour un repas exotique sur le pouce tout en flânant entre les étals du marché. Les mercredis, samedis et dimanches, goûtez à une foule de délicieux mets à emporter, tapas espagnols, curries thaïlandais, sushis, beignets polonais, crêpes, churros brésiliens, saucisses fumées de Louisiane, *chivitos* uruguayens, et autres gourmandises. Laissez vos narines guider votre choix et dégustez le tout avec un petit verre de cidre fermier.

OLD BREWERY — BRITANNIQUE MODERNE ££

Plan p. 463 (☎3327 1280 ; Pepys Bldg, Old Royal Naval College, SE10 ; plats 11,50-26 £ ; ⌚café 10h-17h tlj, restaurant 18h-23h tlj, sauf 18h-22h30 dim ; DLR Cutty Sark). Brasserie en activité, avec ses splendides cuves de cuivre de 1 000 litres et son puits de lumière, l'Old Brewery est l'endroit rêvé après une journée de visite à Greenwich. Situé à deux pas de l'exposition Discover Greenwich, ce café se transforme en restaurant le soir avec un choix de mets délicieux s'appuyant sur les meilleurs ingrédients de saison. Le bar tout en briques (p. 286) est un parfait prologue au dîner.

TAI WON MEIN — CHINOIS £

Plan p. 463 (39 Greenwich Church St, SE10 ; ⌚11h30-23h30 ; plats à partir de 4.95 £). Le personnel peut paraître blasé mais le "Grand bol de nouilles" (traduction cantonaise de l'enseigne) sert de colossales portions de nouilles, pour ceux qui ont survécu à une journée titanesque à Greenwich. Les saveurs sont simples mais fraîches, et les nouilles aux fruits de mer vous feront rugir de plaisir !

SPREAD EAGLE — FRANÇAIS ££

Plan p. 463 (☎8853 2333 ; www.spreadeaglerestaurant.co.uk ; 1-2 Stockwell St SE10 ; menu sam-dim 2/3 plats 12,95/15,95 £, déj/soir menu lun-ven 2/3 plats 16,50/19,50 £ ; DLR Cutty Sark). Un élégant restaurant aux accents français, en face du Greenwich Theatre, dans ce qui fut jadis le relais de la diligence de Londres.

Brixton

♥ FRANCO MANCA — ITALIEN £

Plan p. 460 (☎7738 3021 ; www.francomanca.co.uk ; 4 Market Row SW9 ; plats 4-6 £; ⌚12h-17h lun-sam ; ⊖Brixton). Élue meilleure pizzeria de Londres à la quasi-unanimité, Franco Manca, il faut donc éviter la foule du déjeuner et du samedi. L'endroit utilise son propre levain, produit à l'étage avec une farine qui vient directement de Naples, et un four à bois tout en tuffeau. La provenance de chacun des ingrédients est indiquée et le choix de six pizzas, pour un prix raisonnable, suffit amplement. Les légumes sont achetés à un petit épicier de Londres, l'huile d'olive bio est fabriquée dans des *fincas* espagnoles et siciliennes, le fromage vient du Somerset, les tomates de Ligurie (Italie) et la viande d'un boucher londonien indépendant. La bière et le vin sont bio (respectivement du Sussex et du Piedmont) et la limonade est faite maison. L'endroit est simple mais les pizzas sont extraordinaires (et bon marché). Il existe une autre enseigne à Chiswick (p. 304).

♥ HONEST BURGERS — BURGERS £

Plan p. 460 (www.honestburgers.co.uk ; Unit 12, Brixton Village, Coldharbour Lane SW9 ; burgers à partir de 6,50 £ ; ⌚12h-16h mar-mer-dim, 12h-16h et 18h-22h jeu-sam ; ⊖Brixton). Cette maison du burger a pris le train de Brixton Village en marche et recueilli un véritable plébiscite pour ses

FERMES URBAINES

Au sud de la Tamise, il existe une ou deux fermes pédagogiques (p. 33) visant à familiariser les petits citadins à la vie au grand air. Ces établissements peuplés d'animaux connaissent généralement plus de succès auprès des gens du quartier que des touristes, ce qui rend leur visite originale. L'entrée est gratuite (contribution appréciée) et beaucoup comportent un centre éducatif.

- **Surrey Docks Farm** (☎7231 1010 ; www.surreydocksfarm.org.uk ; South Wharf, Rotherhithe St SE16 ; ⌚10h-17h mar-dim ; ⊖Rotherhithe). Ferme urbaine en activité sur 1 ha.
- **Vauxhall City Farm** (Plan p. 462 ; ☎7582 4204 ; www.vauxhallcityfarm.org ; 165 Tyers St SE11 ; ⌚10h30-16h mer-dim ; ⊖Vauxhall). Plus de 80 animaux et équitation.

VAUT LE DÉTOUR

CRYSTAL PALACE PARK

Baptisé d'après le prodigieux palais de verre et de fer érigé pour l'Exposition universelle de 1851, ce gigantesque **parc** (⊖Crystal Palace, 🚆Crystal Palace) est l'occasion d'une exploration inoubliable. Conçu par Joseph Paxton, le palais, qui fut le premier édifice à proposer des toilettes modernes pour 1 penny, fut détruit en 1936 lors d'un spectaculaire incendie. En quelques heures, l'édifice fut réduit en cendres et les poissons rouges de ses bassins ornementaux littéralement "bouillis" selon le *Times*. Devant le désastre, Winston Churchill déclara : "C'est la fin d'une époque." En effet, le Crystal Palace n'est plus qu'un lointain souvenir. N'en subsistent que la terrasse victorienne et ses sculptures aujourd'hui abimées, parmi lesquelles des sphinx usés par les intempéries. Dominée par une tour émettrice haute de 219 m, ce parc est en revanche un paradis pour les enfants. Partez à la chasse des **dinosaures en pierre** (sculptés par Benjamin Waterhouse Hawkins en 1854), comprenant la fameuse représentation fantaisiste de l'Iguanodon, dans la partie sud-est du parc. Jetez un coup d'œil à la version restaurée du labyrinthe, amusante bien que très moyenne (l'original, le plus grand labyrinthe de Londres, datait de 1870). Enfin, dans la partie ouest, prenez le temps de faire le tour des vestiges victoriens qui soutinrent le palais pendant plus de 80 ans. Pour en savoir plus, rendez-vous dans le **Crystal Palace Museum** (www.crystalpalacemuseum.org.uk ; ⏲11h-16h30 sam-dim ; gratuit) sur Anerley Hill. Pour rallier le Crystal Palace depuis Rotherhithe, Forest Hill ou Honor Oak Park, prenez un Overground pour Crystal Palace Station.

viandes juteuses et ses frites au romarin. L'ensemble mérite quelques minutes d'attente, ce qui n'est pas rare car l'endroit compte environ 30 tables et ne fait pas de réservations.

ROSIE'S DELI CAFÉ — CAFÉ £

Plan p. 460 (www.rosiesdelicafe.com ; 14e Market Row SW9 ; plats 4-6 £ ; ⏲9h30-17h30 lun-sam ; ⊖Brixton). Prenez place sur l'une des chaises dépareillées de ce café très aimé des Brixtoniens, tenu avec amour par Rosie Lovell. Charmante, elle est devenue une véritable célébrité au Brixton Market et au-delà grâce à son nouveau livre de cuisine, *Spooning With Rosie*. Elle fait sortir de sa cuisine de fantastiques gâteaux et biscuits, mais aussi des quiches, des wraps, des ciabattas, des sandwichs et des tourtes au bœuf et aux rognons.

FEDERATION COFFEE — CAFÉ £

Plan p. 460 (Unit 46, Brixton Village SW9 ; ⏲8h-17h lun-ven, 10h-17h sam, 9h30-16h dim ; ⊖Brixton). Parmi les dernières révélations de Brixton Village, le très branché Federation Coffee propose des gâteaux et un café fabuleux (torréfié par les soins de Nude Espresso ; p. 209) dans un environnement impeccable. Le lieu parfait pour prendre le pouls d'un Brixton Village en plein renouveau.

ASMARA — ÉRYTHRÉEN £

Plan p. 460 (☎7737 4144 ; 386 Coldharbour La SW9 ; plats 6,50-9 £, menu 6/7 plats 27/28 £ ; ⏲17h30-tard ; ⊖Brixton). Le restaurant Asmara, sans prétention, est une petite surprise. Sa carte privilégie les mets épicés originaires d'Érythrée (plats de viande mais aussi végétariens et végétaliens), que l'on mange à l'aide d'*injera* (sorte de grande crêpe fermentée – légèrement acide –, que l'on partage généralement). Le personnel en costume traditionnel ajoute une touche colorée au délicieux *messob*, un repas de viande traditionnel (32 £ pour deux), suivi de la cérémonie du café.

Battersea et Wandsworth

♥ CHEZ BRUCE — FRANÇAIS £££

(☎8672 0114; www.chezbruce.co.uk ; 2 Bellevue Rd SW17 ; menu 3-4 plats 27,50-35 £ ; 🚆Wandsworth Common). Bien qu'étoilé au Michelin, Chez Bruce privilégie la simplicité de l'accueil. Derrière une facade rustique, près du parc de Wandsworth, se cache un intérieur chic et moderne. La carte des vins est renversante et la cuisine tout bonnement sublime.

BUTCHER & GRILL — BRITANNIQUE ££

Plan p. 460 (www.thebutcherandgrill.com ; 39-41 Parkgate Rd SW11 ; plats 6,50-48,50 £ ; ⏲fermé dim soir ; ⊖Sloane Sq, puis 🚌19 ou 319 ; 👪). Cette combinaison d'une boucherie et d'un grill est rafraichissante. Tout le monde n'aime pas forcément voir sa viande sous un jour aussi cru, mais la qualité des ingrédients, le grand choix de sauces et le point de vue depuis la salle à manger (tout en brique et tuyauterie apparente) font vite oublier ce détail. Concerts de jazz et de blues occasionnels.

SANTA MARIA DEL SUR ARGENTIN ££

Plan p. 460 (www.santamariadelsur.co.uk ; 129 Queenstown Rd SW8 ; plats 10-23 £ ; déj sam-dim, dîner tlj ; Queenstown Rd ou Battersea Park, 77, 137 ou 345). Régale les carnivores avec ses viandes et ses saucisses grillées (avec quelques plats végétariens). Goûtez l'une des *parrilladas* (assortiment de grillades ; 18-27,50 £/pers) à partager.

Clapham

TRINITY BRITANNIQUE £££

Plan p. 460 (7622 1199 ; www.trinityrestaurant.co.uk ; 4 The Polygon, SW4 ; menu 3 plats 20 £, plats 17-45 £ ; Clapham Common). Baptisée d'après l'église voisine, l'élégant restaurant d'Adam Byatt est un lieu délectable à deux pas du jardin public de Clapham. Le personnel, attentif et discret, vous propose une solide carte des vins et un menu extrêmement créatif. Le carrelet et les moules de Cornouailles, ou encore la bavette cuite à feu doux, sont un délice pour le palais. Célébrité locale, le Trinity compte de nombreux fidèles et organise des ateliers culinaires. Réservation conseillée.

MACARON BOULANGERIE-PÂTISSERIE £

Plan p. 460 (22 The Pavement, SW4 ; 7h30-19h lun-ven, 8h-19h sam, 9h-19h dim ; Clapham Common). Cette charmante boulangerie de style parisien vous accueille avec son sens de l'hospitalité, ses larges baies et une floppée de chaises donnant sur le jardin public de Clapham. Les pains, viennoiseries, pâtisseries et glaces rivalisent de goût et de fraîcheur. Les visiteurs d'un jour l'apprécient tout autant que les habitants du quartier.

Kennington, Oval et Stockwell

LOBSTER POT POISSON ET FRUITS DE MER

Plan p. 462 (www.lobsterpotrestaurant.co.uk ; 3 Kennington Lane SE11 ; plats 16-23 £ ; tlj sauf lun ; Kennington ou Elephant & Castle). Ce charmant restaurant français, niché dans un *no man's land* au sud d'Elephant & Castle, vous fera mordre à l'hameçon à coup de poissons et fruits de mer délicatement préparés à la française (avec force beurre et ail). Le menu dégustation de 8 plats avec/sans homard coûte 50/45 £.

KENNINGTON TANDOORI INDIEN ££

Plan p. 462 (www.kenningtontandoori.com ; 313 Kennington Rd SE11 ; plats 7,95-13,95 £ ; Kennington). Ce petit restaurant de curries a la faveur des membres du Parlement de l'autre côté du fleuve.

Dulwich et Forest Hill

PIZZA EXPRESS PIZZA £

(8693 9333 ; 94 Dulwich Village, SE21 ; 11h30-23h dim-jeu, 11h30-minuit ven-sam ; plats 6,95-11,50 £ ;). Après une pause culturelle dans la Dulwich Picture Gallery ou sportive dans Dulwich Park, ce charmant restaurant sur 2 étages vous accueillera au cœur du paisible Dulwich Village. Quand d'autres enseignes changent de mains à grande vitesse, celle-ci a prouvé qu'elle était là pour durer. Les enfants sont les bienvenus et le service est efficace. Réservation conseillée.

OÙ PRENDRE UN VERRE ET FAIRE LA FÊTE

Si vous cherchez un pub tout droit sorti d'un récit de Dickens, ce quartier s'impose – et procure en plus de merveilleuses vues. Nous vous conseillons d'éviter les nouveaux bars du secteur et de plutôt vous en tenir aux pubs traditionnels.

Greenwich

GREENWICH UNION PUB

Plan p. 463 (www.greenwichunion.com ; 56 Royal Hill SE10 ; DLR Cutty Sark). L'endroit, primé à

FESTIVAL MUSICAL

Le **Greenwich International Early Music Festival and Exhibition** (www.earlymusicfestival.com), le plus important rendez-vous de musique ancienne au monde, se déroule à l'Old Royal Naval College en novembre.

de multiples reprises, propose 6 ou 7 bières issues de microbrasseries locales (bière à la framboise et bière de froment notamment), ainsi qu'une solide carte d'ales à la pression et de bières en bouteille. L'endroit est étroit et accueillant, avec de vieux fauteuils en cuir élimés, un jardin d'hiver et un *beer garden*.

CUTTY SARK TAVERN — PUB

Plan p. 463 (www.cuttysarktavern.co.uk ; 4-6 Ballast Quay SE10 ; DLR Cutty Sark, 177 ou 180). Abritée dans une charmante demeure georgienne donnant sur la Tamise, avec bow-window et poutres en bois, le Cutty Sark est l'un des derniers pubs indépendants de Greenwich. Choisissez parmi la demi-douzaine d'ales (conditionnées en fût) à la pression et laissez-vous séduire par la terrasse en bord de fleuve. L'endroit est à 15 minutes de la station DLR ou accessible en bus depuis Trafalgar Rd (comptez quelques minutes de marche vers le nord).

TRAFALGAR TAVERN — PUB

Plan p. 463 (www.trafalgartavern.co.uk ; 6 Park Row SE10 ; 12h-23h lun-jeu, jusqu'à minuit ven-sam, 22h30 dim ; DLR Cutty Sark). Léché par les eaux de la Tamise, ce pub caverneux donnant directement sur le fleuve est imprégné d'histoire. Dickens l'a fréquenté et l'utilisa pour la scène du petit-déjeuner du mariage dans *L'Ami commun*. Les Premiers ministres Gladstone et Disraeli venaient y manger la fameuse friture de la maison, à une époque où le début de la saison était attendu avec tant d'impatience que le Parlement suspendait ses séances pour une journée. Si possible, offrez-vous une place devant la grande baie vitrée.

TUNNEL PIÉTONNIER

Achevé en 1902, ce tunnel historique sous la Tamise, long de 370 m (plan p. 463), est l'occasion d'une promenade originale entre l'Isle of Dogs et Greenwich. Les ascenseurs (en travaux au moment de la rédaction de ce guide) menant au tunnel fonctionnent de 7h à 19h du lundi au samedi et de 10h à 17h30 le dimanche. En dehors de ces horaires vous devrez descendre (et gravir !) entre 88 et 100 marches (accessibles 24h/24).

OLD BREWERY — BAR

Plan p. 463 (Pepys Bldg, Old Royal Naval College, SE10 ; 11h-23h lun-sam, 12h-22h30 dim ; DLR Cutty Sark). Idéalement situé dans l'enceinte de l'Old Royal Naval College, ce bar tout en briques est géré par la Meantime Brewery. L'établissement vend sa propre bière à la pression, l'Imperial Pale Ale (brassée sur place), ainsi que 50 autres variétés houblonnées, trappistes belges, bières fruitées, parfumées ou fumées, que vous pouvez siroter dans la petite cour adjacente.

MAYFLOWER — PUB

(7237 4088 ; 117 Rotherhithe St SE16 ; Rotherhithe). Au nord-ouest de Deptford, à Rotherhithe, ce pub du XVe siècle porte aujourd'hui le nom du navire qui amena les Pères pèlerins en Amérique en 1620. Le bateau appareilla de Rotherhithe, et le capitaine, Christopher Jones, aurait tracé son itinéraire ici, un verre de bière à la main. Petite terrasse à l'arrière d'où l'on peut contempler la Tamise.

Brixton

Brixton demeure l'un des quartiers les plus vivants pour prendre un verre dans le sud de Londres.

EFFRA — PUB

Plan p. 460 (38A Kellet Rd SW2 ; Brixton). Derrière la façade noir, or et crème se cache un vieux pub délicieux qui vous fera ressentir mieux que tout autre les vibrations de la carribéenne Brixton. Au menu, carte jamaïcaine épicée, piliers de bar hauts en couleur et concerts de jazz en soirée. Dehors, vous trouverez un ravissant jardin planté de palmiers, tandis que l'intérieur est tout en splendeur victorienne, même si défraîchie.

DOGSTAR — BAR À DJ

Plan p. 460 (7733 7515 ; www.antic-ltd.com/dog star ; 389 Coldharbour Lane SW9 ; 16h-23h mar, 16h-2h mer-jeu, 16h-4h ven, 12h-4h sam, 12h-22h30 dim ; Brixton). Institution locale de longue date, cet établissement possède au sous-sol un bar à DJ, toujours envahi d'une foule de jeunes de South London. La déco du bar principal, un ancien pub, est informelle – sofas confortables et tables en bois – et il n'y a pas de code vestimentaire. Aussi, faites comme les clubbeurs brixtoniens, frayez-vous un passage à travers le bar pour rallier le club de house à l'étage.

PLAN B DISCOTHÈQUE

Plan p. 460 (☎7737 7372 ; www.planb-london.com ; 418 Brixton Rd, SW9 ; ⊖Brixton). Vibrant au rythme de son énorme sound system, ce club imaginatif s'est imposé sur la scène nocturne de Brixton avec une programmation éclectique allant du hip-hop à l'électro, en passant par le dubstep, le dancehall, le r'n'b, la house et la musique old school.

BABALOU BAR

Plan p. 460 (www.babalou.net ; St Matthew's Church, Brixton Hill SW2 ; ⏲19h-2h mer-jeu, jusqu'à 5h ven-sam ; ⊖Brixton). Le Bug Bar, situé dans la crypte d'une église, s'est métamorphosé en bar-lounge-club aux soirées et aux cocktails fabuleux. L'architecture néogothique est réchauffée par quelques touches nord-africaines et de petites alcôves discrètes habillées de velours rouge.

Battersea et Wandsworth

LOST SOCIETY BAR

Plan p. 460 (www.lostsociety.co.uk ; 697 Wandsworth Rd SW8 ; ⏲17h-minuit lun-mar, jusqu'à 1h jeu-sam, jusqu'à 2h ven-sam ; 🚆Wandsworth Rd, Battersea Park ou Queenstown Rd). Bar fantastique doté de 6 salles au glamour digne des années 1920 et au luxe typique du Wandsworth d'aujourd'hui. Le jardin à l'arrière accueille de nombreuses soirées en été. Des DJ mettent l'ambiance le week-end.

Clapham

Avec ses restaurants, ses épiceries fines et son côté chic, Northcote Rd compte toute une série de pubs et de bars de premier plan. Vous pouvez aussi trinquer dans le distingué centre historique de Clapham, de l'autre côté du Clapham Common.

♥ **DRAFT HOUSE** PUB

(☎7924 1814 ; www.drafthouse.co.uk ; 94 Northcote Rd, SW11 ; ⏲12h-23h lun-ven, 10h-23h sam, 12h-22h30 dim ; 🚆Clapham Junction ⊖Clapham South ; 👪). Avec ses 18 ales, brunes et blondes à la pression et ses 50 variétés de bières en bouteille, le Draft House, situé au coin de Salcott Rd, ne plaisante pas. Ce remarquable établissement de la très chic Northcote Rd, ou se mêlent harmonieusement classes moyenne et plus aisée, propose un menu en fonction des ingrédients de saison (servi toute la journée), ainsi que de délicieux brunchs et burgers (menu enfants). Les affiches rétro des années 1960 et 1970 suggèrent une longue histoire, mais l'endroit n'est au contraire ouvert que depuis 2009. Terrasse extérieure.

PRINCE OF WALES PUB

Plan p. 460 (38 Old Town SW4 ; ⏲17h-23h lun-mer, 17h-minuit jeu, 17h-1h ven, 13h-1h sam, 13h-23h dim ; ⊖Clapham Common). Si l'on peut se lasser de ces pubs qui accrochent toutes sortes d'objets au plafond et aux murs, le Prince of Wales n'est pas de ceux-là. Contrairement à celle de nombre de ses homologues, la décoration constitue un ensemble authentique plutôt qu'un bric-à-brac hétéroclite. On y sert régulièrement des *real* ales (bières traditionnelles anglaises).

SO.UK BAR

Plan p. 460 (www.soukclapham.co.uk ; 165 Clapham High St SW4 ; ⏲20h-tard lun, 18h-tard mar-dim ; ⊖Clapham Common). Le so.uk, de style marocain, élégant et aéré, sert des cocktails originaux et des alcools forts. Dans cet endroit très fréquenté, on croise des visages connus de Clapham sur fond de house, de soul, d'électro et de funk.

TWO BREWERS GAY

Plan p. 460 (www.the2brewers.com ; 114 Clapham High St SW4 ; ⏲12h-2h dim-jeu, 12h-4h ven-sam ; ⊖Clapham Common ou Clapham North). Si Clapham exhale un parfum de proche banlieue, High St en particulier, l'historique Two Brewers n'en reste pas moins l'un des meilleurs bars gays de Londres. L'endroit est fréquenté par une clientèle locale décontractée, qui vient siroter un verre en toute quiétude la semaine et danser ou assister aux spectacles de cabaret le week-end.

Kennington, Oval et Stockwell

AREA GAY

Plan p. 462 (www.areaclublondon.com ; 67-68 Albert Embankment SE1 ; ⏲22h30-6h sam ; ⊖Vauxhall). Haut lieu des nuits gay londoniennes mais ouvert à tous, l'Area se définit comme "polysexuelle" et organise des soirées parmi les plus inventives de la capitale.

RVT GAY

Plan p. 462 (☎7820 1222 ; www.rvt.org.uk ; 372 Kennington Lane SE11 ; ⏲19h-minuit lun-mer-jeu, 18h-minuit mar, 21h-2h ven, 21h-2h sam, 14h-minuit dim ; ⊖Vauxhall). Rugueuse, la Royal Vauxhall

Tavern se révèle à l'usage le parfait antidote à la foule des établissements proprets qui jalonnent le "village gay" de Vauxhall. Le Duckie du samedi soir (www.duckie.co.uk), un fabuleux spectacle indé, est considéré à juste titre comme l'une des meilleures soirées londoniennes. Ne manquez pas les après-midi S.L.A.G.S. du dimanche, et consultez le site Internet pour les événements à venir, des soirées cabaret aux avant-premières pour le festival Edinburgh Fringe.

HOIST GAY

Plan p. 462 (☎7735 9972 ; www.thehoist.co.uk ; Arches 47C, South Lambeth Rd SW8 ; 🕒21h-2h mer, 20h-minuit jeu, 22h-3h ven, 22h-4h sam, 22h-2h dim ; ⊖Vauxhall). Parmi les plus fameux clubs fétichistes d'Europe, le Hoist fait partie des incontournables pour les garçons en cuir et en uniforme. Le code vestimentaire, très strict, préconise les bottes, le latex, le cuir ou l'uniforme. Liste des soirées fétichistes sur le site Internet.

EAGLE GAY

Plan p. 462 (☎7793 0903 ; www.eaglelondon.com ; 349 Kennington La SE11 ; 🕒21h-2h lun-jeu, jusqu'à 3h ven-dim, jusqu'à 4h sam ; ⊖Vauxhall). Ce fabuleux temple gay, bonne option face à la plus musclée RVT (p. 287), alterne les ambiances en semaine et le week-end, avec les soirées Tonker le vendredi et le légendaire Horse Meat Disco du dimanche soir.

Dulwich et Forest Hill

CROWN & GREYHOUND PUB

(www.thecrownandgreyhound.co.uk ; 73 Dulwich Village, SE21 ; North Dulwich, West Dulwich). Situé au cœur du paisible Dulwich Village, ce pub imposant disposant d'un vaste jardin est l'endroit rêvé pour déguster une pinte de bière ou l'excellent rôti du dimanche. Jadis, l'endroit était divisé en deux établissements : le Crown pour les classes aisées, le Greyhound pour les autres. Aujourd'hui, tout un chacun peut venir profiter de son cadre chaleureux.

FIRE CLUB

Plan p. 462 (☎0790 503 5682 ; www.fireclub.co.uk ; South Lambeth Rd SW8 ; 🕒22h-4h ; ⊖Vauxhall). Confirmant la réputation de nouvel épicentre de la vie nocturne londonienne, le grandiose Fire organise les temps forts du week-end à Vauxhall : soirées A:M le vendredi, Later on le dimanche après-midi, puis Orange dans la nuit du dimanche.

OÙ SORTIR

Début septembre, Greenwich accueille le Greenwich Comedy Festival (www.greenwichcomedyfestival. co.uk ; p. 28), le plus important festival du rire de la capitale, au sein de l'Old Royal Naval College.

BATTERSEA ARTS CENTRE THÉÂTRE

Plan p. 460 (☎7223 2223 ; www.bac.org.uk ; Lavender Hill SW11 ; ⊖Clapham Common, Clapham Junction, 77, 77A ou 345). Logé dans un ancien hôtel de ville, ce chaleureux théâtre de quartier vous accueille en toute simplicité. Après la représentation, l'équipe et les comédiens viennent se mêler au public au bar. Pour les auteurs dramatiques, c'est un vivier de nouveaux talents. Le célèbre programme Scratch du directeur artistique David Jubb est un excellent exercice pour se familiariser avec le processus d'écriture : une pièce en cours d'écriture est jouée auprès d'un public de plus en plus nombreux jusqu'à ce qu'elle soit achevée. Les parents conduiront leurs enfants (jusqu'à 5 ans) au café **The Bee's Knees** (🕒10h-17h lun-ven ; gratuit), où ils trouveront jouets, jeux, livres et musique à disposition.

LABAN DANSE

Plan p. 463 (☎information 8691 8600, réservations 8469 9500 ; www.laban.org ; Creekside SE8 ; 6-15 £ ; Deptford Bridge, DLR Greenwich). Cette école de danse indépendante organise des

VAUT LE DÉTOUR

MINISTRY OF SOUND

Plan p. 462 (☎7378 6528 ; www.ministryofsound.com ; 103 Gaunt St SE1 ; 🕒22h30-6h ven, minuit-9h sam ; ⊖Elephant & Castle). Ce club légendaire (quatre bars, quatre pistes de danse), doublé d'une marque commerciale internationale, avait vu sa réputation se flétrir au début des années 2000, mais la venue de DJ de renom lui a valu un retour en grâce. Il y a des nuits Gallery Trance le vendredi, mais on apprécie surtout les Saturday Sessions (samedi), qui rassemblent la crème de la crème de la house, de l'électro et de la techno.

représentations avec ses élèves, mais aussi des spectacles de fin d'études et des productions de la troupe permanente de l'école, la Transitions Dance Company, sans compter les prestations d'autres compagnies. L'école est logée dans un bâtiment qui coûta la coquette somme de 23 millions de livres et qui fut dessiné par les architectes de la Tate Modern (p. 164), Herzog et de Meuron.

UP THE CREEK — SPECTACLES COMIQUES

Plan p. 463 (☎8858 4581 ; www.up-the-creek.com ; 302 Creek Rd SE10 ; 10-15 £ ; ⏲ven-sam ; Greenwich, DLR Cutty Sark). Ce grand club fut fondé par le légendaire et très regretté Malcolm Hardee. Figure tutélaire et facétieuse du comique britannique, Hardee restera comme l'homme qui vola le gâteau du 40e anniversaire de Freddie Mercury pour le donner à la maison de retraite de son quartier. Hilarité générale dans une ambiance tapageuse et espiègle, avec soirées micro ouvert le jeudi (4 £) et *Sunday specials* le dimanche (www.sundayspecial.co.uk ; 6 £).

RITZY PICTUREHOUSE — CINÉMA

Plan p. 460 (☎0871 704 2065 ; www.picturehouses.co.uk ; Brixton Oval, Coldharbour Lane SW2 ; ⊖Brixton). On craignait que sa rénovation ne fît perdre au Ritzy son style décontracté et son ambiance familiale (quatre nouvelles salles ont été ajoutées dans les années 1990 au bâtiment datant de 1911, ce qui en a fait le plus grand cinéma indépendant de Londres). Mais il a su rester l'un des cinémas les plus appréciés de la capitale, avec une bonne sélection de grosses productions et de films indépendants. Le Ritzy propose une programmation non officielle en marge du Times BFI London Film Festival, et des films alternatifs sont souvent projetés dans l'immense salle d'origine. Cafés branchés au rez-de-chaussée et à l'étage.

CLAPHAM PICTURE HOUSE — CINÉMA

Plan p. 460 (☎0871 902 5727 ; www.picturehouses.co.uk ; 76 Venn St, SW4 ; ⊖Clapham Common). Ce très populaire établissement indépendant passe à la fois des films d'art et d'essai, d'autres plus grand public, des projections dans le cadre de festivals et des films pour enfants. Le bar est des plus agréables mais vous pouvez aussi décider de boire votre verre installé devant l'écran.

BRIXTON WINDMILL

Construit par un certain John Ashby en 1816, il s'agit du **moulin à vent** (Blenheim Gardens SW2 ; ⊖Brixton) le plus proche du centre de Londres. Révolution industrielle aidant, il fut alimenté au gaz et fonctionna jusqu'en 1934. Depuis, de nouvelles voiles et machines lui ont redonné sa vocation originelle. Il est actuellement fermé au public et vous devrez l'admirer de l'extérieur.

O2 ACADEMY BRIXTON — CONCERTS

Plan p. 460 (☎0844 477 2000 boîte vocale ; www.o2academybrixton.co.uk ; 211 Stockwell Rd SW9 ; ⊖Brixton). Difficile de passer une mauvaise soirée ici, tant cet ancien théâtre Art déco (5 000 places) déborde de bonne humeur. La salle est en pente pour que tout le monde voie bien. Concerts monstres, comme ceux de Madonna ou de The Prodigy, mais aussi de taille plus humaine comme Band of Horses, Beady Eye ou DJ Shadow.

O2 — CONCERTS

(☎0871 984 0002 ; www.theo2.co.uk ; Peninsula Sq SE10 ; ⊖North Greenwich). L'une des salles de concerts majeures de la capitale, l'O2 accueille les plus grandes stars (les Rolling Stones, Britney Spears, Prince et bien d'autres) dans son arène de 20 000 places. Billets à partir de 25 £.

SHOPPING

Greenwich est un paradis pour les amateurs de vêtements rétro et de livres d'occasion. L'intéressant Greenwich Market (p. 283) séduit aussi bien les acheteurs déterminés que les flâneurs, de même que Brixton Market, véritable caverne d'Ali Baba. Dans Brixton Village, toutes sortes de boutiques, de cafés et de restaurants se coudoient, proposant des produits allant des tissus africains aux vêtements rétro, en passant par les crabes vivants et autres congres. Les amateurs de produits alimentaires de qualité prendront le chemin de Northcote Rd, à Wandsworth.

♥ BRIXTON VILLAGE — MARCHÉ COUVERT

Plan p. 460 (⏲10h30-18h lun-mer, jusqu'à 22h jeu-sam, 10h30-17h dim ; ⊖Brixton). Complètement régénéré, ce marché a connu une renaissance tardive. Puis, les restaurants et les cafés ont éclos, de même qu'une série de

ROYAL ARTILLERY BARRACKS

Les Royal Artillery Barracks de Woolwich accueilleront les épreuves de tir lors des Jeux de 2012.

boutiques extrêmement originales. En plein cœur du village, **Brick Box** (☎7274 2211), pôle culturel local, organise des manifestations artistiques en soirée. Parmi les magasins valant le détour, citons Sweet Tooth (Unit 66), qui vend des confiseries du monde entier, l'Okido Doodle Shop (Unit 89) et Leftovers (Unit 71), qui proposent de vêtements français rétro. Il y a pléthore de restaurants et de cafés dans le Village, comme Honest Burgers (p. 283) ou Federation Coffee (p. 284).

VILLAGE BOOKS LIVRES

(☎8693 2808 ; 1d Calton Avenue, Dulwich Village, SE21 ; ⏲9h-17h30 lun-sam, 11h-17h dim ; North Dulwich). Dans le minuscule Village Books, Hazel Broadfoot et le personnel vous font profiter de leur savoir encyclopédique et de leurs derniers coups de cœur. Il existe une autre enseigne à Wandsworth (☎8672 4413 ; 6 Bellevue Rd).

BRIXTON MARKET MARCHÉ

Plan p. 460 (www.brixtonmarket.net ; Reliance Arcade, Market Row, Electric Lane & Electric Ave SW9 ; ⏲8h-18h lun-sam, 8h-15h mer ; Brixton). Voici un marché aux parfums entêtants, rassemblant les cultures du monde, où vous arpenterez les allées bordés de stands de bouchers halal, de poissonniers vantant la saveur du tilapia, de vendeurs d'ignames, de mangues, de bananes plantains ou d'un pain d'épices façon jamaïcaine, le *bullah*…

COMPENDIA CADEAUX, SOUVENIRS

Plan p. 463 (☎8293 6616 ; www.compendia.co.uk ; 10 Greenwich Market ; ⏲11h-17h30 ; DLR Cutty Sark). Un magasin rempli jusqu'au plafond de jeux du monde entier, idéal pour les cadeaux à partager – backgammon, échecs, Scrabble, solitaire, le très rapide Mexican Train Domino, le Carrom (très populaire en Asie du Sud et en Inde) ou le Go. Vous pouvez aussi acheter un puzzle Escher ou vous procurer un Frisbee, un cerf-volant, des balles de jonglage ou un diabolo en prévision d'une visite au Greenwich Park.

EMPORIUM MODE

Plan p. 463 (☎8305 1670 ; 330-332 Creek Rd SE10 ; ⏲10h30-18h mer-dim ; DLR Cutty Sark). Du rétro pour elle et lui, avec des vitrines remplies de bijoux fantaisie, de vieux flacons de parfum et de chapeaux de paille et des portants où se mêlent de superbes vestes et blazers.

ROULLIER WHITE ARTICLES DE MAISON, CADEAUX

(☎8693 5150 ; www.roullierwhite.com ; 125 Lordship Lane SE22 ; ⏲10h-18h lun-sam, 11h-17h dim ; East Dulwich). Un magasin très "retour aux vraies valeurs", avec plancher au sol et étagères de style victorien où sont entreposés des ustensiles et des cadeaux provenant de fabricants souvent oubliés (chaussons, verres, serviettes, produits d'entretien). Le magasin vaut le détour, tout comme la trépidante Lordship Lane.

BEEHIVE RÉTRO

Plan p. 463 (☎8858 1964 ; 320-322 Creek Rd, SE10 ; ⏲10h30-18h mar-dim, 10h30-18h 30 sam-dim ; DLR Cutty Sark). Dans ce lieu branché se côtoient vieux vinyles (Bowie, Rolling Stones, soul rétro) et vêtements vintage (robes, chemisiers, vestes en cuir et pardessus).

JOY VÊTEMENTS, CADEAUX

Plan p. 460 (☎7787 9616 ; 432 Coldharbour Lane SW11 ; ⏲10h-19h30 lun-sam, 11h-19h dim ; Brixton). Ce magasin branché offre une grande variété de robes et de chemisiers rétro, de T-shirts tendance, de polos, ainsi qu'une vaste gamme de cadeaux originaux et d'accessoires décalés.

SPORTS ET ACTIVITÉS

BROCKWELL PARK LIDO BAIGNADE

Plan p. 460 (☎7274 3088 ; www.brockwell-lido.com ; Dulwich Rd SE24 ; adulte/enfant 3,10/5,20 £ ; ⏲6h30-19h mi juin-août, en fonction du temps le reste de l'année ; Brixton, Herne Hill). Une superbe piscine en plein air des années 1930, qui attire les foules durant les mois d'été.

THE OVAL CRICKET

Plan p. 462 (☎0871 246 1100 ; www.kiaoval.com ; Surrey County Cricket Club SE11 ; Kennington Oval SE11 ; Oval). L' Oval, bordé par d'impressionnants gazomètres, accueille les matchs de Surrey County. Pour plus de détails sur le Brit Oval, voir p. 281.

Richmond, Kew et Hampton Court

RICHMOND | KEW | PUTNEY | BARNES | FULHAM | CHISWICK | TWICKENHAM | WIMBLEDON

Notre sélection

❶ Les appartements royaux grandioses du **Hampton Court Palace** (p. 293), bijou Tudor au bord de la Tamise, où fantômes et légendes hantent les galeries.

❷ Une excursion aux **Kew Gardens** (p. 296), vaste jardin verdoyant à l'élégante architecture où l'on peut marcher dans la canopée ou s'immerger dans les feuillages tropicaux.

❸ Une escapade loin de la ville dans l'étonnant marais du **London Wetland Centre** (p. 301), habitat exceptionnel pour les oiseaux et les animaux.

❹ Une pinte de bière au **White Cross** (p. 305), un pub historique au bord de la Tamise, tout en surveillant la marée pour ne pas se retrouver coupé du monde.

❺ Une agréable promenade dans les grands espaces verts de Londres, autour de l'immense **Wimbledon Common** (p. 302) ou dans **Richmond Park** (p. 298).

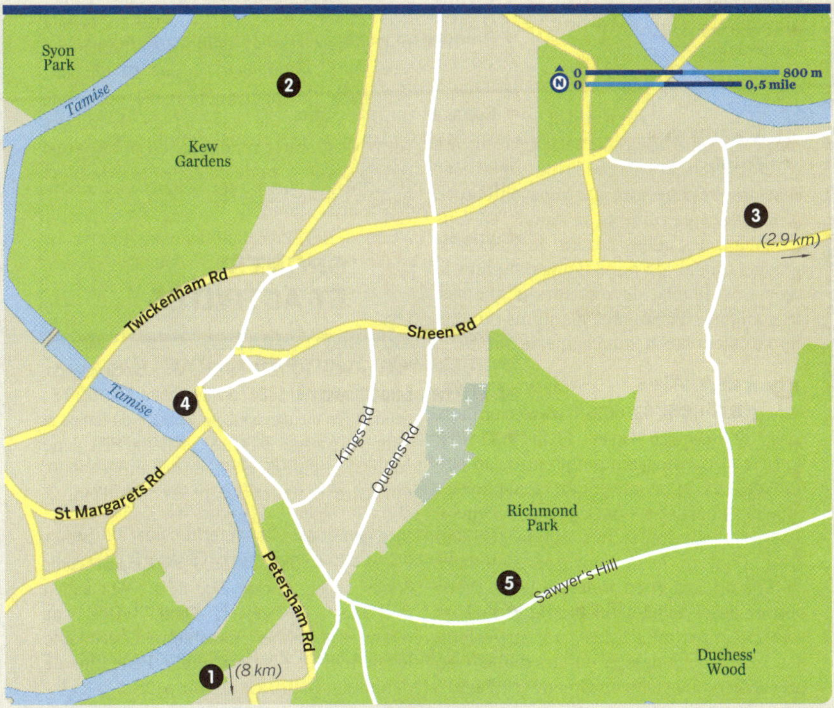

Pour un plan plus détaillé, reportez-vous p. 458

Bons plans Lonely Planet

Une balade sur un tronçon (6,5 km) du merveilleux Thames Path (p. 302) s'offre à vous entre Putney Bridge et Barnes Footbridge. Pendant 1 heure 30 environ, le paysage est exclusivement rural, la seule distraction étant le chant des oiseaux et le murmure de la Tamise. Depuis Barnes Footbridge, la gare de Chiswick est à 1 km au nord-ouest. Vous trouverez des informations détaillées sur le site **Visit Thames** (www.visitthames.co.uk) de la River Thames Alliance.

Le top des restaurants

- Al Boccon di'Vino (p. 303)
- Glasshouse (p. 304)
- Lots Road Pub & Dining Room (p. 304)
- Chez Lindsay (p. 303)

Voir détails p. 303

Le top des pubs

- White Cross (p. 305)
- Ye White Hart (p. 305)
- City Barge (p. 306)
- London Apprentice (p. 306)

Voir détails p. 305

Les visites guidées

- Kew Gardens (p. 296)
- Hampton Court Palace (p. 293)
- Richmond Park (p. 298)
- Petersham Meadows (p. 300)

Voir détails p. 298

Découvrir Richmond, Kew et Hampton Court

Si un seul endroit de Londres mériterait l'appellation de village, ce serait Richmond, avec ses délicieux paysages de verdure en bordure du fleuve et ses cottages blancs. Toutefois, tout le Sud-Ouest, de Putney à Twickenham, est revitalisant comparé au centre de Londres où la densité urbaine est parfois étouffante. Des notes pastorales réjouissent ici et là la vue, et, quand il fait beau, rien n'est plus agréable que de remonter la Tamise, pour découvrir les principaux sites ou se promener sur ses berges, en faisant une pause dans un pub historique. Et si vous tombez sous le charme du Sud-Ouest verdoyant, vous trouverez quelques hôtels exceptionnels à l'accueil sans pareil, où séjourner.

Vous ne viendrez pas dans le coin pour le shopping mais pour les bons restaurants et les pubs qui sont légion. Ici, il faut explorer : en se perdant dans le labyrinthe du splendide Hampton Court Palace, en faisant des trouvailles botaniques à n'en plus finir aux Kew Gardens ou en se baladant dans la nature de Richmond Park. N'oubliez pas votre appareil photo ; vos amis seront sans doute étonnés du charme de cette zone.

Vivre comme un Londonien

- **Prendre un verre** Savourez l'ambiance d'un pub au bord de l'eau comme le White Cross (p. 305) ou le London Apprentice (p. 306).
- **Espaces verts** Richmond Park (p. 298) et Kew Gardens (p. 296) sont des escapades dominicales appréciées de tous les Londoniens ; quand le soleil brille sur Fulham et Putney, la magnifique pelouse de Fulham Palace (p. 299) est prise d'assaut.
- **Vue sur la Tamise** Rejoignez les résidents qui joggent au bord de l'eau, promènent leurs chiens ou prennent le soleil au nord et au sud du Richmond Bridge (p. 300).

Depuis/vers Richmond, Kew et Hampton Court

- **Train et métro** Kew Gardens et Richmond sont situés sur la District Line et le London Overground ; on peut rejoindre la gare ferroviaire de Richmond depuis Clapham Junction. Des trains desservent la gare d'Hampton Court au départ de Waterloo. East Putney, Putney Bridge, Fulham Broadway et Chiswick Park sont sur la District Line.
- **Bateau** Plusieurs fois par jour, des bateaux (p. 394) partent de Westminster Pier pour Kew, et poursuivent jusqu'au Hampton Court Palace (s'arrêtant parfois à Richmond).

LES INCONTOURNABLES
HAMPTON COURT PALACE

Le palais de Hampton Court, du XVIe siècle, est le palais Tudor le plus spectaculaire de la capitale. L'histoire y est palpable partout – des cuisines où l'on peut voir la préparation des mets, aux superbes appartements d'Henri VIII en passant par les extraordinaires jardins qui abritent un labyrinthe vieux de 300 ans. C'est l'une des meilleures excursions au départ de Londres, à ne manquer sous aucun prétexte si l'on s'intéresse à l'Histoire britannique, à l'architecture de style Tudor ou aux jardins paysagers. Prévoyez suffisamment de temps si vous voulez lui faire honneur, sachant que le trajet en bateau depuis le centre de Londres prend déjà une demi-journée.

Histoire du palais

Hampton Court (construit en 1515) n'était pas destiné à l'usufruit d'un monarque mais pour Thomas Wolsey, cardinal et lord chancelier d'Angleterre, qui voulait un palais à la hauteur de son statut. Wolsey n'ayant malheureusement pas convaincu le pape d'autoriser le divorce d'Henri VIII et de Catherine d'Aragon, les relations entre le roi et le chancelier se dégradèrent rapidement. Dans ce contexte, Wolsey se sentit obligé, 15 ans plus tard, d'offrir le palais à Henri VIII, qui n'aimait pas voir quelqu'un rivaliser en puissance avec lui. Accusé malgré tout de haute trahison, le malheureux cardinal mourut avant son jugement en 1530.

Dès qu'il se fut emparé du palais, Henri VIII le fit agrandir, lui ajoutant le Great Hall, l'exquise Chapelle

À NE PAS MANQUER

- Les appartements d'État d'Henri VIII
- Le Great Hall
- La Chapelle royale
- Les appartements du roi
- Les jardins et le labyrinthe
- La galerie hantée
- La Clock Court

INFOS PRATIQUES

- hors plan p. 291
- 0844 482 7777
- www.hrp.org.uk/HamptonCourtPalace
- Hampton Court Rd, East Molesey KT8
- billet tout compris adulte/enfant 15,95/8£
- 10h-18h fin mar-oct, jusqu'à 16h30 nov-fin mars
- Hampton Court

FESTIVAL DE LA BIÈRE ET DU JAZZ

La *real* ale et le jazz s'associent pour un joyeux festival de plein air, fin août, dans le cadre du palais (www.hamptoncourtbeerandjazz.com). Pendant 4 jours environ, l'ambiance est au rendez-vous, quels que soient les caprices de la météo londonienne. Habillez-vous en conséquence.

À la périphérie sud-ouest de Londres, le merveilleux palais d'Hampton Court jouxte les 445 hectares du Bushy Park (www.royalparks.gov.uk), une étendue semi-sauvage peuplée de cerfs et de daims.

LE FANTÔME D'HAMPTON COURT

Arrêtée pour adultère, la 5e épouse d'Henri VIII, Catherine Howard, fut détenue au palais en 1542. Après avoir essayé de s'échapper, elle fut ramenée, hurlant, par ses gardes dans ses appartements, mais son fantôme, dit-on, continue de vociférer dans la galerie hantée (il doit être infatigable car il hante aussi la tour de Londres).

royale et les immenses cuisines. Dès 1540, Hampton Court était l'un des plus grandioses palais d'Europe, mais le roi n'y passait en moyenne que trois semaines par an. Jacques Ier continua d'embellir Hampton Court, puis Charles Ier ajouta un court de tennis et collectionna de magnifiques tableaux, avant de se retrouver prisonnier dans le palais lors de la guerre civile. Après la guerre, le puritain Oliver Cromwell succombant à ses propres penchants royaux y passait ses week-ends dans le confort de l'ancienne chambre de la reine, dispersant au passage la collection d'art de Charles Ier. À la fin du XVIIe siècle, les monarques Guillaume III et Marie II confièrent des agrandissements à sir Christopher Wren. Il en résulte la grandiose architecture actuelle, mélange de styles Tudor et baroque modéré.

Arrivée au palais

En passant par l'entrée principale (porte du Trophée), vous pénétrez dans la **Base Court** puis dans la **Clock Court**, qui doit son nom à la magnifique horloge astronomique du XVIe siècle qui montre le Soleil tournant autour de la Terre. La seconde cour est votre point de départ ; de là, vous pourrez visiter les six ensembles de salles du palais. Derrière la colonnade, vous trouverez également l'**Introductory Exhibition**, indiquant l'emplacement de chaque chose et le fonctionnement de l'ensemble.

State Apartments d'Henri VIII

Les escaliers de l'entrée Anne Boleyn conduisent aux appartements d'État d'Henri VIII. Le **Great Hall**, la plus grande pièce du palais, est tendue de tapisseries et possède ce que l'on considère comme la plus belle charpente à blochets du pays. La salle des Cornes, vestibule orné d'impressionnantes ramures, précède la grande salle des Gardes du roi.

Chapel Royal

En suivant le corridor, vous arrivez à la belle Chapelle royale, construite en neuf mois seulement. À l'origine, le plafond voûté bleu et or était destiné à la Christ Church d'Oxford. Le retable du XVIIIe siècle a été sculpté par Grinling Gibbons.

Tudor Kitchens

Datant de l'époque d'Henri VIII, les cuisines Tudor sont également accessibles par l'entrée Anne Boleyn. On y préparait les repas pour les 1 200 personnes qui peuplaient la maison royale. Les cuisines ont été aménagées de manière à recréer fidèlement l'ambiance de l'époque, avec des "serviteurs" tournant la broche, farcissant des volailles ou glaçant les pâtes d'amandes avec de véritables feuilles d'or.

Ne manquez pas le Great Wine Celler (cellier) où l'on entreposait les 300 tonneaux de bière – et autant de vin – consommés annuellement ici au milieu du XVIe siècle.

King's Apartments

À l'ouest de la colonnade dans la cour de l'Horloge se trouve l'entrée menant aux **Wolsey Rooms** et à la **Young Henri VIII Exhibition**. À l'est de la colonnade, les escaliers montent aux appartements du Roi, achevés par Wren en 1702 pour Guillaume III. La visite des appartements vous guide jusqu'au grand escalier du roi ; peint par Antonio Verrio vers 1700, il flatte le roi en le comparant à Alexandre le Grand. Ne manquez pas non plus la Presence Chamber, dominée par un trône placé devant des tentures écarlates, la grande chambre du Roi, au lit couronné de plumes d'autruche, et le King's Closet, au "trône" tendu de velours (!).

Queen's State Apartments

Marie II, l'épouse du roi Guillaume III, disposait des appartements d'État de la reine auxquels on accède par l'escalier de la reine, décoré par William Kent. Ils n'étaient pas achevés à la mort de la reine en 1694 et ne furent terminés que sous Georges II. La reine Caroline les utilisa entre 1716 et 1737 et c'est sous leur aspect d'alors qu'ils sont présentés aujourd'hui. Comparés aux appartements d'État du roi, ceux de la reine semblent plus austères, bien que le trône de la salle d'Audience de la reine soit aussi imposant que celui du roi.

Georgian Rooms

Valant aussi le coup d'œil, les Salles georgiennes accueillirent le roi Georges II et la reine Caroline lors de leur dernière visite au palais en 1737. Les premières salles étaient destinées au second fils du roi, le duc de Cumberland, dont le lit semble ridiculement petit dans ce cadre grandiose.

Autres salles

Ensuite s'étend la **Cartoon Gallery** où étaient autrefois suspendus les cartons de tapisseries de Raphaël, aujourd'hui au Victoria & Albert Museum (p. 183) et remplacés par des copies du XVIIe siècle.

Suivent ensuite les **Queen's Private Apartments** : son salon et sa chambre à coucher où le couple royal se retirait quand il voulait goûter la solitude. On admirera surtout la Queen's Bathroom, dont la baignoire était posée sur un tissu afin d'éponger tout débordement, et l'Oratory, une belle pièce avec un superbe tapis persan du XVIe siècle.

Les jardins et le labyrinthe

Derrière le palais s'étendent de merveilleux jardins. Ne manquez pas le **Real Tennis Court** des années 1620, où l'on pratiquait le *real tennis*, assez différent du tennis actuel. Les Riverside Gardens, jardins restaurés s'étendant sur une surface de 24 ha, sont de toute beauté. Vous y verrez la **Great Vine**, plantée en 1768, qui produit encore 320 kg de raisin par an. La **Lower Orangery** abrite la série des neuf *Triomphes de César* d'Andrea Mantegna, acquise par Charles Ier en 1629, et la Banqueting House (salle des banquets) destinée à Guillaume III et peinte par Antonio Verrio.

Nul ne devrait quitter Hampton Court sans s'être aventuré dans le **labyrinthe** de charmes et d'ifs de 800 m de long, planté en 1690. Les visiteurs mettent en moyenne 20 minutes pour en atteindre le centre. Cette attraction est comprise dans le droit d'entrée du palais, mais on peut aussi y pénétrer sans visiter le palais (adulte/enfant/famille 3,85/2,75/11 £). La dernière entrée s'effectue à 17h15 en été et à 15h45 en hiver.

ALEX SEGRE / ALAMY©

LES INCONTOURNABLES
KEW GARDENS

Un patchwork de jardins domestiques, abritant quelque 2,5 millions d'arbres ornementaux, couvre 24% de la superficie de Londres ! Si l'on ajoute à cela les parcs publics, la ville est la capitale la plus verte de la planète. Quant aux 121 hectares de jardins de Kew, splendide fruit de l'amour britannique pour la botanique, ils méritent absolument une visite, notamment si vous avez des enfants. Vous ne distinguez pas le sabot de Vénus de l'arbre bouteille de Madagascar, l'arbre à carquois de l'herbe de sang japonaise, peu importe, l'excursion sera riche en découvertes pour chacun.

La collection botanique

Ce jardin public est également un important centre de recherche, doté de la plus riche collection botanique du monde.

Palm House

Si vous arrivez en métro et passez par la porte Victoria, vous parvenez immédiatement à un grand étang surplombé par la serre tropicale, une gigantesque serre emblématique des lieux, datant de 1848. Sa structure en fer, toute en voûtes et surmontée d'un dôme, est recouverte de 700 carreaux de verre. Elle renferme une magnifique collection de plantes tropicales ; les allées dégagées offrent une vue imprenable sur la végétation luxuriante. Au nord-ouest, découvrez la minuscule mais charmante **Waterlily House** (serre des nénuphars ; ⏲mars-déc), la plus chaude de toutes, abritant le gigantesque *Victoria cruziana*.

À NE PAS MANQUER

- Palm House
- Temperate House
- Rhizotron et passerelle de canopée Xstrata
- Princess of Wales Conservatory
- La pagode

INFOS PRATIQUES

- plan p. 458
- www.kew.org
- adulte/enfant 13,90 £/gratuit
- ⏲jardins 9h30-18h30 lun-ven, jusqu'à 19h30 sam et dim avr-août, 9h30-18h sept et oct, 9h30-16h15 nov-fév, serres 9h30-17h30 avr-oct, 9h30-15h45 nov-fév
- Ⓤ/Ⓡ Kew Gardens

Princess of Wales Conservatory

Plus au nord, l'époustouflante serre de la Princesse de Galles abrite des plantes provenant de 10 zones climatiques différentes, du désert à la mangrove marécageuse. Découvrez les plantes cailloux (qui se déguisent en galets pour ne pas être broutées par les animaux), les plantes carnivores, les nénuphars géants, les cactées et une collection d'orchidées tropicales.

Temperate House

La serre tempérée au sud-est des jardins (au nord de la pagode) est la plus grande serre au monde datant de l'époque victorienne, magnifique prouesse architecturale qui abrite une collection de plantes non moins sublime. Non loin, l'**Evolution House** retrace l'évolution des plantes sur 3 500 millions d'années.

Rhizotron et passerelle de la canopée Xstrata

Dans l'**Arboretum**, non loin de la Temperate House, cette fascinante passerelle est très appréciée. Elle vous mène d'abord sous terre, puis à 18 mètres au-dessus du sol dans la canopée, afin que vous puissiez observer en détail la structure des arbres.

Kew Palace

Au nord-ouest des jardins, ce **palais** (adulte/enfant 5,30 £/gratuit ; ⏲10h-17h30 fin mars/oct) en brique rouge, datant de 1631, est la plus petite des résidences royales, connue autrefois sous le nom de Dutch House. George III et sa famille s'y plaisaient beaucoup, et son épouse Charlotte y mourut en 1818. Ne manquez pas les salles georgiennes de 1804 restaurées à l'identique, et la maison de poupées de la princesse Elisabeth.

Autres curiosités

Parmi les autres curiosités, citons l'idyllique **Queen Charlotte's Cottage** (⏲10h-16h sam et dim juil et août), coiffé de chaume, qui était apprécié de George III (déclaré fou) et de son épouse. Plus au nord se trouve la **Marianne North Gallery**, exposant des tableaux sur le thème de la botanique. Marianne North était l'une de ces indomptables femmes voyageuses de l'époque victorienne, qui sillonna les continents de 1871 à 1885 en peignant plantes et arbres. Le résultat de son travail recouvre aujourd'hui les murs de cette petite galerie construite à cet effet. L'**Orangery**, proche du Kew Palace, abrite un restaurant, un café et une boutique.

Comment circuler

Le **petit train Kew Explorer** (adulte/enfant 4/1 £) vous offre une superbe vue sur les jardins. La montée et la descente sont libres aux arrêts tout au long du circuit de 40 minutes.

PAGODE CHINOISE

La célèbre pagode chinoise octogonale de Kew (49,5 m de haut) conçue en 1762 par William Chambers, l'architecte de la Somerset House, est l'un des édifices les plus symboliques des jardins. Pendant la Seconde Guerre mondiale, elle échappa aux bombes qui s'abattirent sur Kew, et fut secrètement utilisée par le ministère de la Défense pour tester la trajectoire des bombes (on découpa des trous dans chaque plancher !).

En 1985, on a enterré dans les fondations du Princess of Wales Conservatory une capsule témoin contenant un échantillon de graines, qui ne sera déterrée qu'en 2085. Elle permettra peut-être alors la culture de plantes qui auraient disparu.

JARDINS BOTANIQUES ROYAUX

Les jardins botaniques royaux de Kew figurent parmi les attractions les plus appréciées de Londres. Ce parc de 120 hectares est très couru au printemps mais ses pelouses, ses jardins à la française et ses serres sont magnifiques en toute saison. Retirez un plan à la billetterie.

À VOIR

Richmond et Kew

RICHMOND PARK PARC

Plan p. 458 (www.royalparks.gov.uk ; entrée libre ; 7h-crépuscule mars-sept, à partir de 7h30 oct-fév ; ⊖/Richmond, puis 65 ou 371). Avec une superficie de plus de 1 012 hectares (le plus grand parc urbain d'Europe), Richmond Park offre une variété de paysages, des jardins à la française aux chênes vénérables en passant par une vue imprenable sur Londres, à une vingtaine de kilomètres. Il est facile d'éviter les quelques routes qui parcourent cette étendue sauvage, et le parc se prête ainsi parfaitement à une promenade paisible ou à un pique-nique, même en été lorsque les rives de Richmond sont parfois prises d'assaut. La magie des lieux est telle que l'on ne sera pas surpris de croiser sous les arbres des hardes de plus de 600 cerfs et de daims remarquablement dociles. Attention, les animaux sont farouches en période de rut (de mai à juillet), et lorsque les biches mettent bas (de septembre à octobre). C'est aussi l'endroit idéal pour les amateurs d'ornithologie, car il offre une grande variété d'habitats. Les amateurs de fleurs visiteront la **Isabella Plantation**, un jardin à l'anglaise créé après la Seconde Guerre mondiale, entre avril et mai lorsque les rhododendrons et les azalées sont en fleurs.

RICHMOND ROYAL

Plusieurs siècles d'histoire royale, quelques belles pièces d'architecture georgienne et un gracieux méandre de la Tamise en ont fait l'un des endroits les plus en vue de Londres, habité par des rock stars vieillissantes et des Londoniens fortunés.

Richmond s'appelait autrefois Sheen, mais Henri VII tomba amoureux du village et lui donna le nom de son comté du Yorkshire. C'est ainsi que débuta une affinité royale qui perdura pendant des siècles. Henri VIII s'appropria le palais d'Hampton Court (p. 293) du cardinal Wolsey, tombé en disgrâce en 1529.

En venant de Richmond, le plus simple est d'entrer par la Richmond Gate ou par Petersham Rd. Muni d'un plan, partez à la découverte du territoire.

Pembroke Lodge (www.pembrokelodge.co.uk ; 9h30-17h30 en été, 9h30-crépuscule en hiver), maison d'enfance de Bertrand Russell, abrite aujourd'hui un café dans un splendide jardin de 13 hectares offrant une belle vue sur le centre de Londres depuis la terrasse.

La vue depuis le haut de Richmond Hill a inspiré peintres et poètes durant des siècles, et son charme agit toujours. C'est la seule vue (on aperçoit la cathédrale Saint-Paul à 16 km de là) du pays à être protégée par une loi.

RICHMOND GREEN PARC

Plan p. 458 (⊖/Richmond). À une courte distance à pied à l'ouest du Quadrant, d'où vous sortez de la station de métro Richmond, se trouve l'immense étendue de Richmond Green avec ses belles demeures et ses charmants pubs. En traversant la pelouse en diagonale, vous parviendrez aux pittoresques vestiges du **Richmond Palace** : l'entrée principale et la loge de brique rouge, de 1501. Au-dessus de la porte d'entrée figurent les armoiries d'Henri VII, à l'initiative de l'ajout de style Tudor du palais, résidence royale à partir de 1125. Elisabeth Ire y est morte en 1603.

HAM HOUSE ÉDIFICE HISTORIQUE

(8940 1950 ; www.nationaltrust.org.uk ; Ham St, Ham TW10 ; tarif variable ; demeure 12h-16h lun-jeu, sam et dim fin mars-oct, jardins 11h-16h jan à mi-fév et nov à mi-déc, 11h-17h mi-fév à oct ; ⊖/Richmond, puis 371 ;). Construite en 1610 et baptisée la "Hampton Court miniature", Ham House fut la demeure du premier et malchanceux comte de Dysart : "bouc émissaire" de Charles Ier, il endossait les punitions résultant de tous les méfaits du roi. L'intérieur est meublé avec toute la splendeur que l'on imagine ; le grand escalier est un exemple magnifique de travail du bois de style Stuart. Admirez les plafonds peints par Antonio Verrio, qui a également travaillé à Hampton Court Palace, et une miniature d'Elisabeth Ire par Nicholas Hilliard. On remarquera d'autres peintures majeures par Constable et Reynolds. Le domaine de Ham House descend en pente jusqu'à la Tamise, et comporte également de

VAUT LE DÉTOUR

SYON HOUSE

Située de l'autre côté de la Tamise depuis les Kew Gardens, **Syon House** (☎8560 0881 ; www.syonpark.co.uk ; Syon Park, Brentford TW7 ; adulte/enfant 10/4 £, jardins uniquement adulte/enfant 5/2,50 £ ; ⏲11h-17h mer, jeu et dim fin mars-oct, jardins 10h30-17h tlj mi-mars à oct, 10h30-créspuscule sam-dim nov à mi-mar ; ⊖/Ⓡ Gunnersbury puis 🚌237 ou 267) était à l'origine une abbaye médiévale, nommée d'après le mont Sion. En 1542, Henri VIII devait dissoudre toutefois la communauté de religieuses de l'ordre de Sainte-Brigitte qui y vivait paisiblement pour transformer l'abbaye en une superbe demeure. En 1547, Dieu eut, selon la communauté, sa vengeance : en route pour les funérailles à Windsor, le cercueil d'Henri VIII fut amené à Syon et vola en éclats pendant la nuit, laissant la dépouille royale à la merci des chiens affamés.

Le manoir où lady Jane Grey a accédé au trône pour son règne de neuf jours en 1553 a été remodelé dans le style néoclassique par Robert Adam au XVIIIe siècle, et présente nombre de ses meubles et lambris de chêne. L'intérieur a été conçu en attribuant des caractéristiques spécifiques à chaque sexe : roses et violets pastel pour la galerie des dames, et imitations de sculptures romaines dans la salle à manger des hommes. Parmi les hôtes de la demeure, citons Thayandanegea (Joseph Brant), le grand chef des Mohawk, et Thomas Percy, membre de la conspiration des Poudres (tentative d'attentat contre Jacques Ier en 1605).

Les 16 hectares de jardin de la propriété, y compris un lac et le Great Conservatory (la Grande serre ; 1820), ont été dessinés par Capability Brown. Le parc de Syon fourmille d'attractions pour les enfants, dont une aire de jeux, un parc aquatique et une pêcherie de truites.

beaux jardins à la française datant du XVIIe siècle. De l'autre côté de la Tamise, accessible par un petit ferry, se trouvent Marble Hill Park et son splendide **manoir** (p. 301). Des **visites guidées** de la demeure ont lieu de 11h30 à 15h30 du lundi au jeudi, ainsi que le samedi et le dimanche, de mi-février à mars, et de 11h30 à 15h le lundi, mardi, samedi et dimanche en novembre. L'endroit est partiellement accessible aux handicapés. Appelez pour plus d'informations.

ST PETER'S CHURCH — ÉGLISE

Plan p. 458 (Church Lane, Petersham TW10 ; entrée libre ; ⏲15h-17h dim ; ⊖/Ⓡ Richmond, puis 🚌65). Bâtie sur un lieu de culte vieux de 1 300 ans, cette merveilleuse église normande date de 1266. L'édifice fascine, ne serait-ce que par ses curieuses loges georgiennes que les propriétaires terriens des environs louaient, tandis que le petit peuple prenait place sur les sièges du transept sud. Adossé au mur nord du chœur, le **Cole Monument** représente l'avocat George Cole, sa femme et leur enfant se prosternant en tenue élisabéthaine – une création inhabituelle pour une église anglaise. Le caveau familial se situe sous le chœur.

Putney et Barnes

PUTNEY ET BARNES — QUARTIERS

Putney est surtout connu comme étant le point de départ de la course universitaire d'aviron opposant Oxford et Cambridge (p. 27), qui a lieu chaque printemps. La meilleure façon de rallier Putney consiste à suivre les panneaux depuis la station de métro Putney Bridge jusqu'au pont piétonnier (parallèle à la voie ferrée). Vous pourrez ainsi admirer les magnifiques maisons bordant le fleuve, avec leurs jardins face aux eaux troubles de la Tamise, tout en évitant jusqu'au dernier moment la peu attrayante High St.

Fulham

GRATUIT FULHAM PALACE — ÉDIFICE HISTORIQUE

(☎7736 8140 ; www.fulhampalace.org ; Bishop's Ave SW6 ; ⏲palais et musée 13h-16h sam-mer, jardins tlj lever-coucher du soleil ; ⊖Putney Bridge ; 📶). Résidence d'été des évêques de Londres de 704 à 1975, ce site est un savant mélange de plusieurs styles architecturaux. Il occupe un magnifique jardin et, jusqu'en 1924, était entouré par le plus long fossé d'Angleterre (un tronçon de 70 m est en restauration). La partie la plus ancienne est la petite porte Tudor en brique rouge, mais le corps du bâtiment actuel date du milieu du XVIIe siècle et fut rebâti au XIXe siècle.

La ravissante cour attire par beau temps les aquarellistes, et le joli **café** (⏲10h-16h lun-ven, 9h-17h sam et dim) du salon donnant à l'arrière sur la magnifique pelouse est un endroit sublime pour un café accompagné d'un *carrot cake*. On trouve aussi un **jardin clos** (en restauration) et, détaché de l'édifice principal, une **chapelle** de style néo-Tudor, érigée par Butterfield en 1866.

Le musée du palais vous en apprendra plus sur l'histoire de l'édifice et de ses hôtes. Les **visites guidées** (☎7610 7164 ; 5 £ ; ⏲14h 2e et 4e dim du mois, 3e mar du mois) passent habituellement par le Great Hall, la chapelle victorienne, la Bishop Sherlock's Room et le musée, et durent environ 1 heure 15. Des promenades dans les jardins (5 £) et des promenades au crépuscule (10 £, réservation indispensable) sont proposées.

Le domaine alentour, d'une surface initiale de 15 hectares mais n'en comptant aujourd'hui plus que 5, forme Bishop's Park. Celui-ci abrite un chemin de promenade ombragé en bordure du fleuve, un terrain de boules sur gazon, des courts de tennis, une roseraie, un café et même une pataugeoire dotée d'une fontaine. La randonnée le long de la longue douve du palais est également agréable. En été, une foire d'art prisée et des festivals de musique se déroulent dans le cadre du palais.

Près de la Tamise, à une courte marche vers le nord-ouest depuis Putney Bridge, le palais est facilement accessible depuis la station de métro de Putney Bridge.

Chiswick

CHISWICK HOUSE ÉDIFICE HISTORIQUE

(www.chgt.org.uk ; Chiswick Park, Burlington Lane W4 ; adulte/enfant/5,50/3,30 £, jardins gratuits ; ⏲demeure 10h-17h dim-mer oct, jardins 7h-crépuscule tlj ; Chiswick ou Turnham Green ;). Ce pavillon néopalladien coiffé d'une coupole octogonale et doté d'un portique à colonnes est une pure merveille. Il fut conçu par le troisième comte de Burlington (1694-1753) au retour de son grand voyage en Italie, dans un élan d'enthousiasme pour l'Antiquité romaine.

À l'intérieur, certaines pièces sont si fastueuses qu'elles en sont presque écrasantes. La coupole à caissons du grand salon a été laissée sans dorure et huit gigantesques peintures ornent les murs. La salle de Velours bleu au magnifique plafond peint par William Kent comporte aussi un portrait d'Inigo Jones, un architecte que lord Burlington admirait beaucoup, surmontant l'une des portes. Des sculptures représentent aussi le dieu de la Végétation, l'Homme vert, sur les marbres des cheminées de la salle de Velours vert.

Lord Burlington dessina aussi les jardins de sa maison, qui forment aujourd'hui Chiswick Park, entourant le pavillon, mais ils ont été profondément remaniés depuis. Ne manquez pas les sphinx de pierre près des cèdres du Liban (un autre sphinx en plomb se trouve près de la tribune inférieure). Chiswick House possède également un excellent café.

La demeure se situe à environ 1,5 km au sud-ouest de la station de métro Turnham Green et à 750 m au nord-est de la gare de Chiswick.

LA TAMISE À RICHMOND

De Twickenham Bridge à Petersham et Ham, les rives de la Tamise sont particulièrement séduisantes. L'animation se concentre autour du **Richmond Bridge**, le plus vieux pont de Londres (1777), qui n'a été élargi pour laisser passer les véhicules qu'en 1937. Juste avant, sur l'un des tronçons les plus jolis de la Tamise, se trouve la minuscule Corporation Island, colonisée par des perruches redevenues sauvages. La jolie promenade jusqu'à Petersham est très prisée lorsque le soleil brille. Si vous recherchez la tranquillité, mieux vaut couper à travers les **Petersham Meadows** – où les vaches paissent encore aujourd'hui – pour rejoindre Richmond Park. Près de Richmond Bridge, plusieurs prestataires, dont **Richmond Boat Hire** (☎8948 8270), louent des skiffs (adulte/enfant 5/2,50 £ l'heure, 15/7,50 £ la journée). Depuis Twickenham Bridge, vous pouvez aussi marcher en direction du nord le long de l'Old Deer Park, passer deux obélisques et grimper sur le **Richmond Lock** (écluse) et sa passerelle piétonnière, datant de 1894.

LES INCONTOURNABLES
LONDON WETLAND CENTRE

Ce centre de 42 hectares est l'un des plus grands centres européens de protection des zones humides situé à l'intérieur des terres, présentant une richesse d'habitats unique. Géré par le Wildfowl & Wetlands Trust (WWT), il a été créé grâce à la transformation de 4 réservoirs victoriens et abrite quelque 180 espèces d'oiseaux et 300 types de papillons

Depuis le centre des visiteurs et l'observatoire vitré surplombant les lacs, des sentiers sinueux et allées de planches guident les visiteurs à travers les terrains et les habitats de ses nombreux résidents : canards, cygnes, oies et foulques, mais aussi butors, hérons et martins-pêcheurs, plus rares. Vous y rencontrerez même une colonie de perruches, qui descendent peut-être d'oiseaux en captivité. Ne ratez pas la **Peacock Tower** (tour du Paon), un poste d'observation de trois niveaux sur la rive est du lac principal. On compte une demi-douzaine d'observatoires répartis dans la réserve, mais celui-ci est le favori des férus d'ornithologie. Les marais sont aussi peuplés de différentes espèces de chauves-souris qui se nourrissent des abondants papillons de nuit, de grenouilles, de crapauds et de serpents. Des **visites guidées** gratuites ont lieu chaque jour, animées par un personnel enthousiaste, à 11h et 14h. Des activités pour les enfants sont également proposées durant le week-end et les vacances scolaires.

À NE PAS MANQUER

- Peacock Tower
- Les visites guidées

INFOS PRATIQUES

- www.wwt.org.uk
- 9h30-18h mars-oct, 9h30-17h nov-fév, jusqu'à 20h jeu juin-fin sept
- P
- Hammersmith puis 283 (Duck Bus), 33, 72 ou 209, ou Barnes

GRATUIT HOGARTH'S HOUSE ÉDIFICE HISTORIQUE

(8994 6757 ; http://www.hounslow.info/arts/hogarthshouse ; Hogarth Lane W4 ; mar-dim 12h-17h ; Turnham Green ; P). Demeure entre 1749 et 1764 de l'artiste et graveur satirique William Hogarth, elle contient ses œuvres les plus célèbres, dont le sinistre *Ruelle du gin*, la série de *Mariage à la mode* et une copie de *La carrière d'un roué*. On pourra également voir les gravures *Avant* et *Après* (1730), commandées par le duc de Montague et portant l'aphorisme mémorable d'Aristote : "*Omne Animal Post Coitum Triste*".

FULLER'S GRIFFIN BREWERY BRASSERIE

(8996 2063 ; www.fullers.co.uk ; Chiswick Lane South W4 ; tarif plein/réduit (avec dégustation) 10/8 £ ; visites guidées toutes les heures 11h-15h lun-ven ; Turnham Green ou Chiswick). Cette brasserie, la seule encore en activité à Londres, plaira à tous les amateurs de bière qui s'intéressent à sa fabrication et à une vraie séance de dégustation (réservée au plus de 18 ans). La brasserie est uniquement accessible dans le cadre d'une visite guidée de 2 heures (4 pers minimum) à réserver par téléphone.

Twickenham

MARBLE HILL HOUSE ÉDIFICE HISTORIQUE

(8892 5115 ; www.english-heritage.org.uk ; Richmond Rd TW1 ; adulte/enfant 5,30/3,20 £ ; visites guidées 10h30 et 12h sam, 10h30, 12h, 14h15 et 15h30 dim avr-oct ; St Margaret's ou Richmond, Richmond ;). Cette demeure majestueuse est un nid d'amour de style palladien du XVIIIe siècle, construit à l'origine pour la maîtresse de Georges II, Henrietta Howard, et occupé plus tard par Mme Fitzherbert, l'épouse secrète de Georges IV. Dans le splendide intérieur georgien, on admire entre autres le papier mural chinois peint à la main de la salle à manger et de belles pièces de mobilier. Le poète participa à la conception du parc qui s'étend jusqu'à la Tamise.

Pour vous y rendre depuis la gare de St Margaret's, tournez à droite dans St Margaret's Rd. À la bifurcation, prenez

PROMENADE : LE THAMES PATH

Le Thames Path National Trail est un long sentier de randonnée qui s'étend sur 294 km entre la source du fleuve à Thames Head, près de Kemble dans les Cotswolds, jusqu'à la Thames Barrier (p. 277). L'itinéraire est magnifique, surtout les tronçons les plus élevés, mais la randonnée entière est réservée aux plus ambitieux. Les autres suivent des tronçons de sentier, comme celui de 25 km entre Battersea et la Thames Barrier (environ 6 heures 30). Voir p. 295 la randonnée plus courte entre Putney et Barnes.

Crown Rd à droite, puis tournez à gauche dans Richmond Rd. Ensuite, bifurquez à droite dans Beaufort Rd et traversez Marble Hill Park jusqu'à la demeure. L'endroit est également facile d'accès par le ferry depuis Ham House (p. 298). Comptez 25 minutes de marche depuis la gare de Richmond.

Accès partiel pour les handicapés. Appelez pour plus d'informations.

GRATUIT ORLEANS HOUSE GALLERY GALERIE D'ART, ÉDIFICE HISTORIQUE

(www.richmond.gov.uk/orleans_house_gallery ; Riverside, Twickenham TW1 ; 13h-17h30 mar-sam, 14h-17h30 dim avr-sept et 13h-16h30 mar-sam, 14h-16h30 dim oct-mars ; Richmond puis 33, 490, H22, R68, R70 ou 290, Twickenham ou St Margarets). Cette attrayante résidence historique au bord de la Tamise, à une courte distance à l'ouest de la Marble Hill House, remonte au XVIIIe siècle. La salle octogonale de style baroque, et les expositions temporaires dans les anciennes écuries sont ses principaux attraits. Un **café** (10h30-17h mer-dim) sert des collations.

Wimbledon

WIMBLEDON COMMON PARC PUBLIC

(www.wpcc.org.uk ; /Wimbledon, puis 93). Succédant immédiatement à Putney Heath, Wimbledon Common s'étend sur une impressionnante superficie (460 ha) au sud-ouest de Londres et forme une merveilleuse étendue de landes et de forêts propice à la marche (le meilleur moyen d'exploration) et aux pique-niques. Découvrez le **Wimbledon Windmill** (www.wimbledonwindmill.org.uk ; Windmill Rd SW19 ; adulte/enfant 2/1 £ ; 14h-17h sam, 11h-17h dim fin mars-oct ; Wimbledon ; P), un moulin à vent de forme octogonale aux parois inclinées datant de 1817, où sont exposées des maquettes en fonctionnement retraçant l'histoire des moulins à vent et du broyage. C'est au cours d'un séjour dans ce moulin que Baden-Powell écrivit une partie de son manuel pour boy-scouts, *Éclaireurs*, en 1908. Juste à côté, le **Windmill Tearooms** (9h-17h30 lun-ven, 9h-18h sam, 9h-18h30 dim) propose thé, café et repas.

Au sud du Common, **Caesar's Camp**, curieusement nommé, est ce qu'il reste d'un ouvrage préhistorique en terre attestant d'une occupation des lieux bien antérieure à l'époque romaine.

WIMBLEDON LAWN TENNIS MUSEUM MUSÉE DU TENNIS SUR GAZON

(8946 6131 ; www.wimbledon.org ; Porte 3, Church Rd SW19 ; adulte/enfant 11/7 £, musée et visite guidée 20/12,50/17 £ ; 10h-17h ; /Wimbledon, puis 93). Ce musée est destiné à un public bien particulier car il relate les moindres détails de l'histoire du tennis, depuis l'invention de la tondeuse à gazon en 1830 et de la balle en caoutchouc dans les années 1850. La présentation est très moderne, avec une multitude de séquences vidéo permettant aux fans de revivre les instants mémorables des championnats. Pendant les tournois, le musée n'est ouvert qu'aux spectateurs en possession d'un billet ; il dispose d'un salon de thé et d'une boutique vendant toutes sortes de souvenirs relatifs au tennis.

BUDDHAPADIPA TEMPLE TEMPLE

(8946 1357 ; www.buddhapadipa.org ; 14 Calonne Rd SW19 ; entrée libre ; temple 9h-18h sam et dim ; jardins 9h-17h tlj ; Wimbledon, puis 93). Surgissant de manière incongrue dans un quartier résidentiel à 1 km du village de Wimbledon, cet authentique temple thaïlandais a été construit par de jeunes bouddhistes britanniques en 1982. Le *wat* (enceinte du temple) comprend un *bot* (chapelle consacrée) décoré de scènes traditionnelles par deux grands artistes thaïlandais. Pensez à ôter vos chaussures avant de pénétrer dans le *bot*. Le temple propose des séances de méditation et des retraites (consultez son site).

Pour y arriver, prenez le métro ou le train pour Wimbledon, puis le bus 93 jusqu'à l'arrêt Wimbledon Parkside. Puis, tournez à droite dans Calonne Rd.

OÙ SE RESTAURER

Richmond

AL BOCCON DI'VINO — ITALIEN £££

Plan p. 458 (☎8940 9060 ; http://nonsolovinoltd.co.uk ; 14 Red Lion St, TW9 ; plats 40 £ ; ⌚déj et dîner jeu-dim, dîner mar-mer ; ⊖/🚆Richmond). Un restaurant vénitien divin, souvent complet, servant l'une des meilleures cuisines italiennes de Londres. Audacieux, il ne possède pas de carte, mais le propriétaire veille au grain. Ne vous inquiétez pas : que ce soit des *pasta fresca ripiena* (pâtes fraîches farcies) ou de l'*agnello al forno* (agneau au four), selon les ingrédients frais du jour, chaque repas est un festin. Réservez bien à l'avance, surtout pour le week-end.

CHEZ LINDSAY — FRANÇAIS ££

Plan p. 458 (☎8948 7473 ; www.chezlindsay.co.uk ; 11 Hill Rise TW10 ; plats 10-20,50 £, déj 2/3 plats 9,75/11,75 £ ; ⊖/🚆Richmond). Ce restaurant est un petit bout de Bretagne posé au pied de Richmond Hill. On y vient pour sa salle à manger meublée avec simplicité, sa saine cuisine bretonne et sa vue sur la Tamise. Les produits de la mer sont à l'honneur, ainsi que les galettes accompagnées d'une myriade de succulentes garnitures, à déguster avec un grand choix de cidres bretons (bruts).

PETERSHAM NURSERIES CAFÉ — EUROPÉEN MODERNE £££

Plan p. 458 (☎8605 3627 ; www.petershamnurseries.com ; Church Lane, en retrait de Petersham Rd TW10 ; plats 18-29 £, menu 2/3 plats mer-ven 23/28 £ ; ⌚déj mar-dim ; ⊖/🚆Richmond, puis 🚌65 ou 371). Dans une serre à l'arrière des pépinières de Petersham, dans un site magnifique, ce café enchanteur rappelle un manoir de campagne. On y trouve des plats de légumes bio en provenance des pépinières, tels les artichauts braisés servis avec une tapenade d'olives noires à la sauge et au citron, et d'autres mets de saison, comme la caille rôtie avec sauce aux noix ou la polenta blanche au poulpe et beurre de Xérès. Il faut réserver bien à l'avance. Il y a aussi un **salon de thé** (⌚10h-16h30 mar-sam, à partir de 11h dim) qui sert des sandwichs, des gâteaux et du thé.

À cause des riverains et des inquiétudes municipales sur la circulation engendrée par la fréquentation du café, les clients doivent s'y rendre à pied en empruntant le chemin de halage qui longe la Tamise ou utiliser les transports publics.

DON FERNANDO'S — ESPAGNOL £

Plan p. 458 (www.donfernando.co.uk ; 27f The Quadrant TW9 ; plats 9-17 £ ; ⌚à partir de midi ; ⊖/🚆Richmond ; 🖉). La famille Izquierdo sert la savoureuse cuisine de son Andalousie natale depuis plus de 20 ans. Le service est enthousiaste et à l'excellente carte des tapas (3,95-7,95 £) s'ajoutent des spécialités culinaires, quelques plats végétariens, des bières espagnoles et du vin, dont du *cava* (vin mousseux).

BILLETS POUR WIMBLEDON

Tous les ans, pendant quelques semaines en juin et juillet, et cela depuis 1877, le monde du sport a les yeux braqués sur Wimbledon, faubourg tranquille au sud de Londres. En 2012, il va sans dire que **Wimbledon** (www.wimbledon.com) accueillera les épreuves de tennis des Jeux olympiques.

Pour le tournoi de Wimbledon, la majorité des billets pour les courts centraux est attribuée par tirage au sort. Les inscriptions pour celui-ci sont ouvertes dès la fin août de l'année précédente, se terminant fin décembre. S'inscrire toutefois ne garantit pas d'avoir un billet. Une quantité de billets pour les courts centraux, les cours périphériques, ainsi que des billets d'entrée au domaine et de dernière minute sont aussi disponibles si vous faites la queue le jour même. Cependant, pour obtenir un billet pour les cours centraux, mieux vaut camper sur place dès la nuit précédente. Pour plus de détails, consultez www.wimbledon.com/championships/tickets.

Kew

GLASSHOUSE EUROPÉEN MODERNE ££

(☎8940 6777 ; www.glasshouserestaurant.co.uk ; 14 Station Pde TW9 ; déj 3 plats 26-32,50 £, dîner 3 plats 39,50 £ ; ⊖/🚆Kew Gardens ; 👪). Un repas dans ce splendide restaurant termine en beauté une journée passée dans les jardins botaniques de Kew. La carte décline des plats traditionnels britanniques qui ont fusionné avec la cuisine européenne moderne. Le week-end, le chef prépare un excellent menu pour les enfants. Le Glasshouse a un jumeau à Wandsworth, Chez Bruce (p. 284).

NEWENS MAIDS OF HONOUR CAFÉ £

(www.theoriginalmaidsofhonour.co.uk ; 288 Kew Rd W9 ; formule thé 6,95 £ ; ⏲9h-18h lun-ven, 8h30-18h sam et dim ; ⊖/🚆Kew Gardens). Ce salon de thé, à deux pas de l'entrée principale des Kew Gardens, doit son nom à un dessert célèbre (3 £) à base de pâte feuilletée, citron, amandes et fromage blanc, qu'aurait concocté la deuxième femme d'Henri VIII, l'infortunée Ann Boleyn. Il faut y goûter au moins une fois.

Putney et Barnes

ENOTECA TURI ITALIEN ££

(www.enotecaturi.com ; 28 Putney High St SW15 ; plats 9,50-22,50 £, déj 2 plats/dîner 16,50/26,50 £ ; ⏲fermé dim ; ⊖Putney Bridge, 🚆Putney). L'Enoteca Turi cultive une élégance discrète associée à un service charmant. Un verre de vin différent est conseillé avec chaque plat, que ce soit des *tagliolini* aux fruits de mer ou une selle d'agneau de printemps.

MA GOA INDIEN ££

(www.ma-goa.com ; 242-244 Upper Richmond Rd SW15 ; plats 8,75-15,50 £, formule 2 plats 10 £ tlj ; ⏲déj mar-ven, dîner lun-dim ; ⊖Putney Bridge, 🚆Putney ; 🍷). Cet établissement est spécialisé dans la subtile cuisine d'influence portugaise de Goa, à travers des plats comme le *chini raan achari* (gigot d'agneau épicé à la cocotte) ou, côté mer, le *Ma's fish caldin* (espadon dans une sauce à la noix de coco, moutarde et fenugrec). Choix de plats végétariens.

CHOSAN JAPONAIS ££

(292 Upper Richmond Rd SW15 ; plats 4-17 £ ; ⏲fermé dim ; ⊖Putney Bridge, 🚆Putney). Excellente cuisine japonaise. Commandez sushis, sashimis, tempura et *kushiage* (brochettes frites de légumes ou de viande) à accompagner d'un verre d'excellent *junmai daiginjo* (un saké raffiné).

Fulham

LOTS ROAD PUB & DINING ROOM PUB GASTRONOMIQUE ££

(www.lotsroadpub.com ; 114 Lots Rd SW10 ; plats 10,50-17 £, menu 2 plats 10 £ dim soir et lun ; ⏲11h-23h lun-sam, 12h30-22h30 dim ; ⊖Fulham Broadway). La lumière entre à flots dans la haute salle lambrissée et glisse sur le bar, où l'on peut commander du vin au verre. Le service est impeccable et la carte, renouvelée régulièrement, propose des plats assez classiques – bœuf, saumon et agneau – mais délicieux. Ne manquez pas le riche pouding au caramel. Les viandes rôties au déjeuner du dimanche sont très prisées, ainsi que le dîner du soir et la formule du lundi, tous à 10 £. Juste à côté, ambiance jazz au 606 Club.

HACHÉ HAMBURGERS £

Plan p. 440 (www.hacheburgers.com ; 329-331 Fulham Rd SW10 ; plats 6,95-12,95 £ ; ⏲12h-22h30 lun-mer, jusqu'à 23h jeu, jusqu' à 23h15 ven et sam, jusqu'à 22h dim ; ⊖Sloane Sq, puis 🚌19 ou 319). Ce sympathique restaurant de Fulham ne cesse de recevoir des louanges pour ses hamburgers au bœuf écossais, cuits à la perfection.

BLUE ELEPHANT THAÏLANDAIS ££

(www.blueelephant.com ; 3-6 Fulham Broadway SW6 ; plats 15-22 £, dim brunch 30 £ ; ⏲déj et dîner ; ⊖Fulham Broadway). Le cadre, le personnel attentionné et, beaucoup plus important, la superbe cuisine de cette institution de Fulham qui possède des adresses dans le monde entier, créent une belle ambiance pour un dîner thaïlandais. On regrettera le côté un peu kitsch, surtout au Blue Bar, justement trop bleu.

Chiswick

FRANCO MANCA PIZZERIA £

(☎8747 4822 ; www.francomanca.co.uk ; 144 Chiswick High Rd W4 ; ⏲12h-23h ; pizzas

4,50-6,95 £ ; ⊖Turnham Green). Sœur jumelle de l'excellente, mais trop petite, pizzeria de Brixton (p. 283). La salle est spacieuse ici et ouverte plus tard. Avec ses belles saveurs et sa qualité constante, c'est un excellent choix de restauration rapide d'un bon rapport qualité/prix.

BOLLO PUB GASTRONOMIQUE ££

(www.thebollohouse.co.uk ; 13-15 Bollo Lane W4 ; ⊙à partir de midi ; menu déj 7,95 £, dîner à la carte ; ⊖Chiswick Park). En lisière de Chiswick/Acton, dans une petite rue, ce *gastropub* remporte un énorme succès. Ce simple bistrot de quartier est devenu une adresse raffinée avec menu de saison et feu de cheminée en hiver. C'est le week-end qu'il est le plus animé, attirant une clientèle d'âge mûr et assez fortunée, à la recherche d'un pub qui fasse aussi restaurant.

OÙ PRENDRE UN VERRE ET FAIRE LA FÊTE

Richmond et Kew

WHITE CROSS PUB

Plan p. 458 (Water Lane TW9 ; ⊖Richmond). Une situation au bord de l'eau, une bonne cuisine et des bières agréables sont le trio gagnant de ce pub installé dans un ancien monastère. Il a deux entrées, l'une pour la marée haute, l'autre pour la marée basse. Lorsque le fleuve est à son plus haut, la Cholmondeley Walk qui longe la Tamise est inondée, et le pub est alors inaccessible sans patauger (il est arrivé que des bateaux aient dû récupérer des fêtards éméchés). Dehors, une ardoise indique les heures de la marée haute et son amplitude.

CRICKETERS PUB

Plan p. 458 (☎8940 4372 ; The Green TW9 ; ⊙à partir de midi ; ⊖/🚆Richmond). Idéalement situé devant le Richmond Green (où s'entraîne sa propre équipe), sur le côté sud, le Cricketers, sympathique et confortable, propose une bonne sélection de bières et de plats de pub. Il est fréquenté par une clientèle hétéroclite qui, quand il fait beau, n'hésite pas à emporter sa chope au bord du Richmond Green.

Putney et Barnes

YE WHITE HART PUB

(The Terrace SW13 ; ⊙jusqu'à minuit ven-sam ; 🚆Barnes Bridge). Si l'immense salle traditionnelle du rez-de-chaussée est accueillante, pendant les mois les plus chauds, on ne peut résister à la tentation de s'installer sur le balcon à l'étage, dans la brise qui monte de la Tamise, ou à une table au bord de l'eau. Le jour de la Boat Race (course d'aviron), les spectateurs envahissent le pub et, bière en main, se pressent aux premières loges.

JOLLY GARDENERS PUB

(61-63 Lacy Rd SW15 ; ⊖Putney Bridge ou 🚆Putney). Le cadre est charmant et éclectique. Il attire une agréable clientèle de trentenaires et propose une sympathique carte des vins ainsi qu'une bonne cuisine (dont les viandes rôties du dimanche).

COAT & BADGE PUB

(www.geronimo-inns.co.uk ; 8 Lacy Rd SW15 ; ⊙jusqu'à minuit ven-sam ; ⊖Putney Bridge ou 🚆Putney). L'ambiance est cosy, la carte, courte mais excellente, la grande terrasse à l'avant agréable et il y a des concerts deux jeudis par mois.

SHIP PUB

(☎8870 9667 ; www.theship.co.uk ; 41 Jew's Row SW18 ; 🚆Wandsworth Town). Bien que situé au bord de la Tamise, le Ship n'offre aucune vue spectaculaire. Néanmoins, l'espace extérieur est vaste, la bière est bonne, le barbecue en été vaut le détour et le bar-véranda est agréable en toutes saisons.

Fulham

FULHAM MITRE PUB

(www.fulhammitre.com ; 81 Dawes Rd SW6 ; ⊖Fulham Broadway). Pub lumineux et aéré doté d'une cour à l'arrière. Il est très animé le soir et le week-end, en particulier à midi.

WHITE HORSE PUB

(1-3 Parson's Green SW6 ; ⊙9h30-11h30 lun-mer et dim, jusqu'à minuit jeu-sam ; ⊖Parsons Green ; 📶). Certaines personnes semblent passer tout leur week-end dans ce pub-bar-discothèque, où l'ambiance ne faiblit jamais. Sympathique aussi pour faire une partie de billard.

Chiswick

CITY BARGE PUB

(27 Strand on the Green W4 ; ⊖Gunnersbury). Ce pub, au pied de la Tamise, existe depuis 1484, bien qu'un bombardement de la Luftwaffe l'ait soudain défiguré. Connu autrefois sous le nom de Navigators Arms, il est divisé en deux bars (choisissez le plus vieux, en bas) et possède une petite terrasse au bord de l'eau.

Twickenham

LONDON APPRENTICE PUB

(www.thelondonapprentice.co.uk ; 62 Church St TW7 ; Isleworth). Ce pub au bord de la Tamise a une histoire qui remonte jusqu'aux Tudors, bien que le bâtiment ne date que du XVIIIe siècle. Henri VIII y aurait rencontré celle qui allait devenir sa cinquième épouse, Catherine Howard. Contrebandiers et bandits de grand chemin figurèrent aussi parmi ses habitués.

BARMY ARMS PUB

(The Embankment TW1 ; Twickenham). Le Barmy Arms est très apprécié et plein à craquer les jours de matchs internationaux, et *tous* les supporters de rugby sont bienvenus. Il est installé juste à côté de l'Eel Pie Island, lieu hippie dont la période de gloire est révolue même s'il attire encore un public baba cool. Cet établissement sert une bonne cuisine de pub que l'on peut déguster dans son charmant jardin.

WHITE SWAN PUB

(www.whiteswantwickenham.com ; Riverside TW1 ; Twickenham). Situé dans l'une des rues les plus typiquement anglaises de Londres, ce pub traditionnel de Twickenham surplombe les flots tranquilles de la Tamise. Outre sa superbe situation, il offre une bonne sélection de bières et une clientèle d'habitués hauts en couleur.

SHOPPING

SMORTIMER & BENNETT ALIMENTATION

(☎8995 4145 ; www.mortimerandbennett.co.uk ; 33 Turnham Green Tce W4 ; 8h30-18h lun-ven, 8h30-17h30 sam ; ⊖Turnham Green). Alléchantes spécialités du monde entier : fromage Saint-Félicien, chocolat Bonnat de Voiron, foie gras, huile d'avocat et autres délices.

CHISWICK FARMERS & FINE FOODS MARKET MARCHÉ

(Masonian Bowls Hall, Duke's Meadow W4 ; 10h-14h dim ; ⊖Turnham Green). Cet excellent marché de producteurs qui se tient le dimanche offre un vaste choix de produits bio.

NORTH END ROAD MARKET MARCHÉ

(9h-17h lun-sam ; ⊖Fulham Broadway ou West Brompton). Idéal pour les fruits et légumes, les vêtements bon marché et les articles pour la maison.

SPORTS ET ACTIVITÉS

TWICKENHAM RUGBY STADIUM STADE DE RUGBY

(☎8892 2000 ; www.rfu.com ; Rugby Rd, Twickenham TW1 ; ⊖Hounslow East, puis 281, Twickenham). Ce stade est le siège de la Fédération anglaise de rugby. Le **musée** présente d'anciens matchs en vidéo et possède une collection de 10 000 articles en rapport avec le rugby. Une visite guidée du stade et du musée (adulte/enfant/famille 14/8/40 £) a lieu à 10h30, 12h, 13h30 et 15h, du mardi au samedi, et à 13h et 15h le dimanche. Il n'y a pas de visite les jours de match et le musée est fermé le lundi.

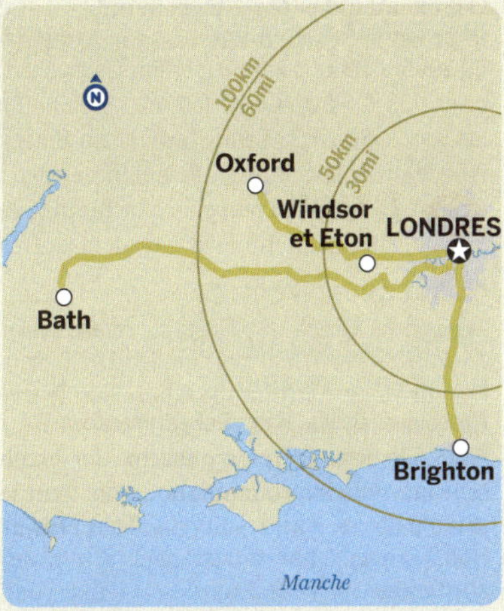

Excursions

Oxford p. 308

Oxford, la plus ancienne ville universitaire du monde, doit son charme non seulement à ses prestigieux *colleges*, mais aussi à sa ravissante architecture et à ses musées de renommée internationale.

Brighton p. 312

Singulier mélange de délabrement et de sophistication, Brighton est la station balnéaire préférée des Londoniens. L'un de ses atouts : un palais d'été, de style pseudo-moghol.

Windsor et Eton p. 315

La prospère Windsor, dominée par son château emblématique de la royauté britannique, est une ville propice aux flâneries. À quelques minutes, Eton est plus paisible.

Bath p. 317

Villégiature à la mode depuis trois siècles, où naissent les tendances, Bath possède tant de chefs-d'œuvre architecturaux que l'ensemble de la ville a été classé au Patrimoine mondial de l'humanité.

Oxford

Le poète victorien Matthew Arnold décrivit Oxford comme une "douce cité aux flèches rêveuses". Aujourd'hui, les flèches dominent toujours cette ville commerçante prospère, qui doit néanmoins faire face aux problèmes sociaux caractéristiques de l'environnement urbain, en particulier une recrudescence de la mendicité en été. Quant aux visiteurs, ils restent fascinés par la superbe architecture et l'atmosphère unique des plus de 35 *colleges* – synonymes d'excellence académique – et de leurs cours et jardins.

La ville s'est développée sur le site d'un village saxon et date du début du XIIe siècle. Elle a formé quelque 26 Premiers ministres du Royaume-Uni, dont Margaret Thatcher, Tony Blair et David Cameron.

Le meilleur

- **site** Pitt Rivers Museum (p. 309)
- **restaurant** Jericho Tavern (p. 309)
- **bar** Turf Tavern (p. 309)

Notre conseil

Le seul moyen de découvrir la Radcliffe Camera, symbole par excellence d'Oxford, est de se joindre à une longue visite guidée de la Bodleian Library (13 £), à 9h30 le mercredi, à 10h le samedi, et à 11h15 et 13h15 le dimanche.

Depuis/vers Oxford

Bus Les bus Oxford Tube (☎772250 ; www.oxfordtube.com) et Oxford Espress (☎785400 ; www.oxfordbus.co.uk) partent toutes les 10 à 30 minutes, 24h/24, depuis la gare routière de Victoria (aller-retour à partir de 16 £). Vous pourrez monter à bord à différents endroits de Londres, notamment à Marble Arch, Notting Hill Gate et Shepherd's Bush. Le trajet dure 1 heure 40.

Train Deux trains par heure (☎0845 748 4950 ; www.nationalrail.co.uk) partent de la gare de Paddington de Londres (aller-retour à partir de 16 £, 1 heure).

Renseignements

- **Indicatif téléphonique** ☎01865
- **Situation** 95 km au nord-ouest de Londres
- **Office du tourisme** (☎252200 ; www.visitoxfordandoxfordshire.com ; 15-16 Broad St ; ⏲9h30-17h lun-sam, 10h-16h dim)

À VOIR

CHRIST CHURCH COLLEGE COLLEGE

(www.chch.ox.ac.uk ; St Aldate's ; adulte/enfant 7,50/6 £ ; ⏲9h-17h30 lun-sam, 14h-17h30 dim). Le plus vaste et le plus grandiose des 38 *colleges* est bien connu des fans d'Harry Potter pour être apparu dans plusieurs volets de la saga cinématographique. Son entrée principale se situe sous la **Tom Tower** (1681), conçue par Christopher Wren, qui abrite une cloche de 7 tonnes, la Great Tom. L'entrée des visiteurs se fait un peu plus loin dans St Aldate's, par le portail en fer forgé des War Memorial Gardens et le Broad Walk. Sa chapelle, **Christ Church Cathedral**, est la plus petite du pays.

AUTRES COLLEGES COLLEGE

Si votre visite à Oxford correspond aux heures d'ouverture des *colleges* (détails sur www.ox.ac.uk/colleges), ne manquez pas les plus importants : le vaste **Magdalen College** (www.magd.ox.ac.uk ; High St ; adulte/enfant 4,50/3,50 £) prononcez *maud-lin* -, au bord de la Cherwell ; **Merton College** (www.merton.ox.ac.uk ; Merton St ; adulte/enfant 2 £/gratuit) avec sa bibliothèque du XIVe siècle où J.R.R. Tolkien écrivit en grande partie *Le Seigneur des anneaux* ; **Trinity College** (www.trinity.ox.ac.uk ; Broad St ; adulte/enfant 2/1 £) et son exquise chapelle ouvragée ; et **Balliol College** (www.balliol.ox.ac.uk ; Broad St ; adulte/enfant 2/1 £) fondé en 1263, qui serait le plus ancien d'Oxford.

BODLEIAN LIBRARY BIBLIOTHÈQUE

(www.bodleian.ox.ac.uk/bodley ; Catte St ; visite 30 min/1 heure 4,50/6,50 £ ; ⏲9h-17h lun-ven, 9h-16h30 sam, 11h-17h dim). Datant du début du XVIIe siècle, la Bodleian Library est la plus ancienne bibliothèque publique du monde, comptant parmi les trois plus grandes d'Angleterre. Elle est reliée par un tunnel à la **Radcliffe Camera** (1749), de style palladien, surmontée du troisième plus grand dôme de Grande-Bretagne, qui sert de salle de lecture aux usagers de la Bodleian.

CAMBRIDGE, QUINTESSENCE DE LA VILLE UNIVERSITAIRE

Si vous avez aimé Oxford, vous adorerez Cambridge. Dotée d'une architecture exquise, baignée d'histoire et de traditions, célèbre pour ses singuliers rituels, Cambridge incarne parfaitement la cité universitaire anglaise. Elle a produit plus de Prix Nobel que n'importe quelle autre institution académique dans le monde. Sont à découvrir la **chapelle de King's College** (www.kings.cam.ac.uk), du XVIe siècle, l'un des plus beaux édifices d'Europe, et **Trinity College** (www.trin.cam.ac.uk), l'un des plus vastes et des plus riches *colleges* parmi les 31 que compte Cambridge, établi par Henri VIII en 1546. Il ne faut pas manquer le riche **Fitzwilliam Museum** (www.fitzmuseum.cam.ac.uk), l'un des premiers musées d'art du Royaume-Uni et la balade sur l'eau en *punt* (voir p. 316), une tradition encore plus forte ici qu'à Oxford. À environ 95 km au nord de Londres, Cambridge est accessible en bus depuis la gare routière de Victoria (aller-retour à partir de 18 £, 2 heures, toutes les 10 min) et en train depuis les gares de Liverpool St (aller-retour à partir de 15 £) et de King's Cross (aller-retour à partir de 21 £). Le trajet en train prend entre 45 minutes et 1 heure 15.

GRATUIT ASHMOLEAN MUSEUM — MUSÉE

(www.ashmolean.org ; Beaumont St ; 10h-18h mar-dim). Le plus ancien musée public de Grande-Bretagne (1683) a bénéficié d'une rénovation de 60 millions de livres. Il abrite de superbes collections qui vont des antiquités égyptiennes à l'art chinois, européen et britannique (Rembrandt, Michel-Ange, Turner ou encore Picasso sont représentés). Un splendide restaurant sur le toit-terrasse offre un beau panorama sur la ville.

GRATUIT AUTRES MUSÉES — MUSÉES

Oxford possède d'autres excellent musées, dont deux hébergés dans le même édifice néogothique victorien dans Parks Rd : l'**Oxford Museum of Natural History** (www.oum.ox.ac.uk ; 10h-17h), célèbre pour ses squelettes de dinosaures et de dodos, et le **Pitt Rivers Museum** (www.prm.ox.ac.uk ; 12h-16h30 lun, 13h-16h30 mar-dim), véritable caverne d'Ali Baba sur 3 niveaux recélant des trésors d'explorateurs tels des sarbacanes, des amulettes, des poupées vaudous et des têtes réduites provenant des Caraïbes, d'Afrique et du Pacifique.

OÙ SE RESTAURER ET PRENDRE UN VERRE

QUOD — INTERNATIONAL ££

(202505 ; www.quod.co.uk ; 92-94 High St ; plats 12-16 £ ; 7h-23h lun-sam, 7h-22h30 dim). Avec son cadre élégant, son ambiance animée et sa bonne cuisine (grillades, poissons et pâtes), le Quod est l'adresse d'Oxford où les étudiants conduisent leurs riches parents venus leur rendre visite. Essayez l'*afternoon tea* (6,95-20,95 £), servi de 15h à 17h30.

JERICHO TAVERN — BRITANNIQUE MODERNE ££

(311775 ; www.thejerichooxford.co.uk ; 56 Walton St ; plats 8-12 £). Ambiance décontractée et concerts à l'étage (c'est là que Radiohead aurait fait ses débuts) dans cet ancien relais de poste, situé juste à l'extérieur des portes de la ville et qui se double d'un pub gastronomique.

EDAMAME — JAPONAIS £

(www.edamame.co.uk ; 15 Holywell St ; plats 6-9 £ ; déj mer-dim, dîner jeu-sam). La file d'attente à la porte est le meilleur indice de la qualité de ce petit resto japonais. Les sushis (jeudi soir seulement ; 2,50-8 £) sont divins. Dernières commandes 20h30.

JERICHO CAFÉ — MÉDITERRANÉEN ££

(www.thejerichocafe.co.uk ; 112 Walton St ; plats 8-12 £ ; 8h-21h30 lun-sam, 8h-20h dim). Ce café convivial sert un déjeuner équilibré et d'excellents plats au dîner, dont des tourtes au poisson, des falafels et des mezze. Salades généreuses et vaste choix de plats végétariens.

TURF TAVERN — PUB

(www.theturftavern.co.uk ; 4 Bath Pl). Caché dans une petite ruelle en retrait d'Holywell St, ce minuscule pub médiéval est un des plus prisés de la ville. Toujours plein, c'est l'un des rares pubs d'Oxford disposant d'une vaste terrasse.

EAGLE & CHILD — PUB

(49 St Giles). C'est dans ce vieux pub à l'atmosphère authentique, que J.R.R. Tolkien,

Oxford

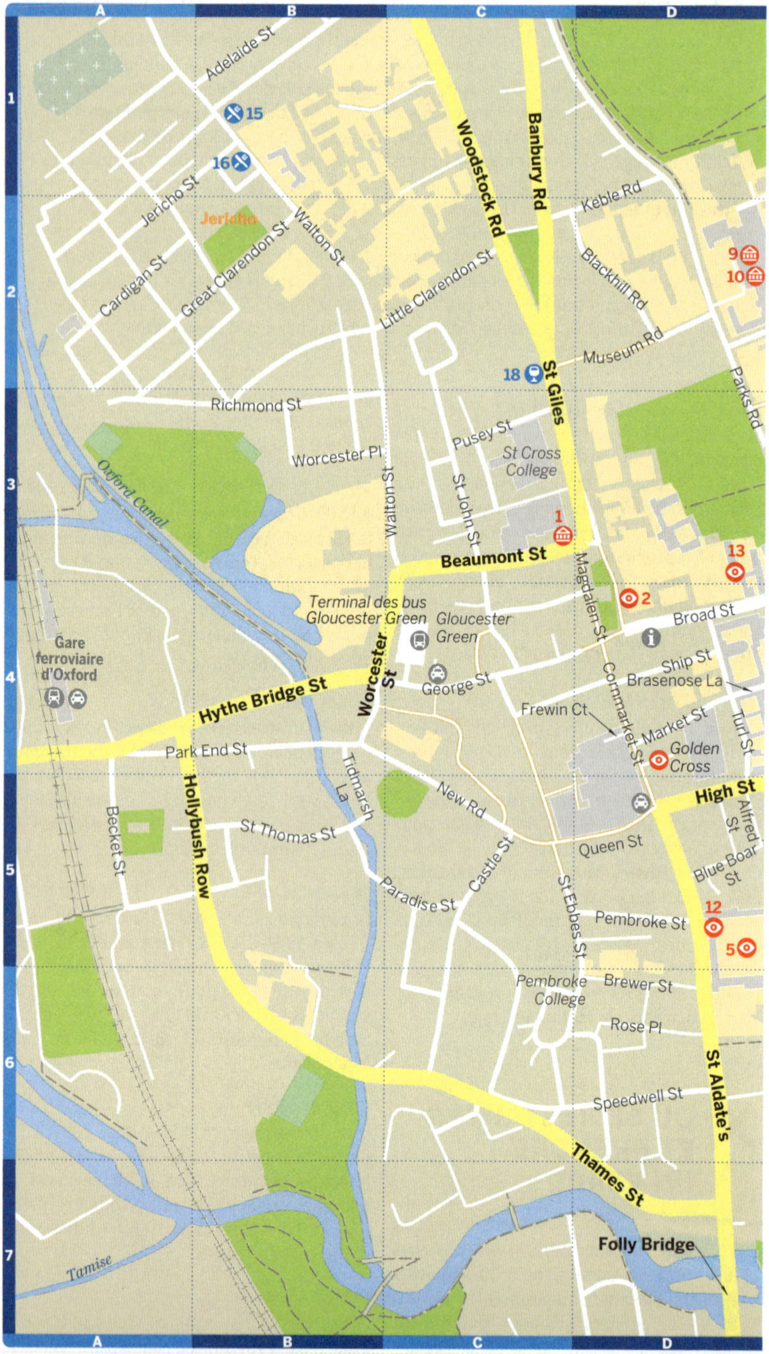
A
B
C
D
1
2
3
4
5
6
7
Adelaide St
15
16
Jericho St
Jericho
Cardigan St
Great Clarendon St
Walton St
Woodstock Rd
Banbury Rd
Keble Rd
Blackhill Rd
9
10
Little Clarendon St
Museum Rd
18
St Giles
Parks Rd
Richmond St
Worcester Pl
Pusey St
St Cross College
Oxford Canal
Walton St
St John St
1
Beaumont St
13
Magdalen St
2
Terminal des bus Gloucester Green
Gloucester Green
Broad St
Gare ferroviaire d'Oxford
Worcester St
George St
Ship St
Brasenose La
Hythe Bridge St
Frewin Ct
Cornmarket St
Market St
Turl St
Golden Cross
Park End St
Tidmarsh La
High St
Hollybush Row
Becket St
St Thomas St
New Rd
Queen St
Alfred St
Blue Boar St
Castle St
Paradise St
St Ebbes St
12
Pembroke St
5
Pembroke College
Brewer St
Rose Pl
St Aldate's
Speedwell St
Thames St
Folly Bridge
Tamise

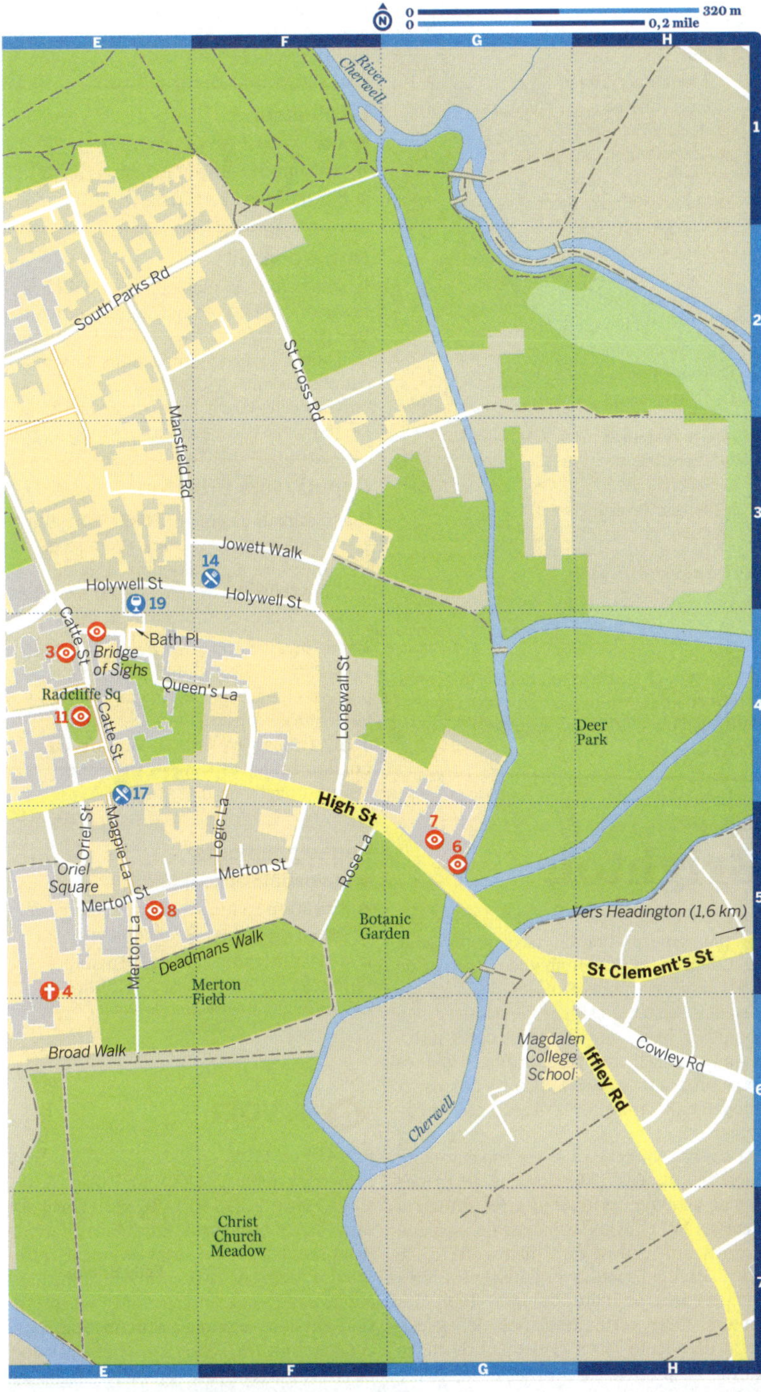

0
320 m
0
0,2 mile
E
F
G
H
1
2
3
4
5
6
7
River Cherwell
South Parks Rd
St Cross Rd
Mansfield Rd
Jowett Walk
14
Holywell St
Holywell St
19
Bath Pl
Catte St
3
Bridge of Sighs
Queen's La
Radcliffe Sq
11
Catte St
Longwall St
Deer Park
17
High St
Oriel St
Magpie La
Logic La
7
6
Rose La
Oriel Square
Merton St
Merton St
8
Botanic Garden
Vers Headington (1,6 km)
Merton La
Deadmans Walk
St Clement's St
4
Merton Field
Magdalen College School
Iffley Rd
Cowley Rd
Broad Walk
Cherwell
Christ Church Meadow

Oxford

À voir

1 Ashmolean Museum C3
2 Balliol College D4
3 Bodleian Library E4
4 Christ Church Cathedral E5
5 Christ Church College D5
6 Magdalen Bridge Boathouse G5
7 Magdalen College G5
8 Merton College E5
9 Oxford University Museum of Natural History D2
10 Pitt Rivers Museum D2
11 Radcliffe Camera E4
12 Tom Tower D5
13 Trinity College D3

Où se restaurer

14 Edamame F3
15 Jericho Café B1
16 Jericho Tavern B1
17 Quod E4

Où prendre un verre

18 Eagle & Child C2
19 Turf Tavern E3

C.S. Lewis et d'autres membres du cercle littéraire des Inklings se retrouvaient pour déjeuner tous les mardis. Clientèle détendue.

Brighton

Avec ses nombreux étudiants, sa scène gay (la plus importante du pays après celle de Londres) et son ambiance joyeuse de ville balnéaire pour familles de la classe ouvrière, chacun est sûr de trouver son compte à Brighton. Elle offre cafés pittoresques, excellents restaurants, cabanes rétro proposant poisson et fruits de mer, et une jetée (Brigton Pier) dotée d'activités de loisir.

La ville commença à forger son caractère dans les années 1780, lorsque le prince régent aux mœurs dissolues (et futur roi Georges IV) et grand amateur de musique y bâtit un extravagant palais d'été, le Royal Pavilion, pour y organiser des fêtes somptueuses en bord de mer. Dans les années 1930, cette ambiance délicieusement décadente servit également de cadre au *Rocher de Brighton* (*Brighton Rock*), le roman de Graham Greene, puis, dans les années 1950 et 1960, aux batailles entre mods et rockers.

Le meilleur

- **site** le Royal Pavilion (p. 312)
- **restaurant** Sam's of Brighton (p. 313)
- **bar** Basketmakers Arms (p. 315)

Notre conseil

Brighton offre la meilleure scène de divertissements de la côte sud. Ses discothèques, très cool, rivalisent avec celles de Londres. Consultez le programme dans des publications comme le *Brighton Source* (www.brightonsource.co.uk) et le *Brighton What's On* (http://whatson.brighton.co.uk).

Depuis/vers Brighton

Bus National Express (☎0871 781 8181 ; www.nationalexpress.com) propose des bus toutes les heures depuis la gare routière de Victoria (aller-retour à partir de 13 £, 2 heures, toutes les 20 min).

Train Environ 40 trains rapides (☎0845 748 4950 ; www.nationalrail.co.uk) partent chaque jour de la gare Victoria (aller-retour à partir de 23 £, 50 min), et des trains plus lents de Blackfriars, London Bridge et King's Cross (aller-retour à partir de 10 £, 70 min).

Renseignements

- **Indicatif téléphonique** ☎01273
- **Situation** 85 km au sud de Londres
- **Office du tourisme** (☎0906 711 2255 ; www.visitbrighton.com ; 4-5 Pavilion Buildings ; ⏲9h-17h30 avr-oct, 10h-17h nov-mars)

À VOIR

ROYAL PAVILION PALAIS

(www.royalpavilion.org.uk ; Royal Pavilion Gdns ; adulte/enfant 9,80/5,60 £ ; ⏲9h30-17h45 avr-sept, 10h-17h15 oct-mars). Attraction phare de Brighton, le Pavillon royal est une extraordinaire folie – de l'extérieur, on admire un palais indien, et à l'intérieur c'est une profusion d'artifices chinois. Le premier pavillon, construit en 1787, était une villa classique. Ce n'est qu'au début du XIXe siècle, en pleine vague orientaliste, qu'il commença à prendre son style actuel, sous la férule de John Nash, architecte de Regent's Park et des rues alentour. Ne manquez pas cet édifice extravagant, que la reine Victoria – qui trouvait Brighton "beaucoup trop bondée" – vendit à la ville en 1850. Il y a une douzaine de salles, à découvrir lors d'une visite audioguidée ; les plus intéressantes sont la **Long Gallery** du rez-de-chaussée, avec ses escaliers en métal et bambou, la **Banqueting Room** (salle des banquets, surtout pour sa coupole peinte et ses meubles rococo), la superbe **Great Kitchen** (grande cuisine) et la **Music Room** restaurée, avec ses neuf chandeliers en forme de lotus et ses fresques chinoises vermillon et or. Au 1er étage, les **South Galleries** et les **Queen Victoria's Apartments** (notamment ses toilettes) sont également incontournables. Il en va de même pour la peinture humoristique de Rex Whistler, *HRH The Prince Regent Awakening the Spirit of Brighton* (1944), dans laquelle le prince, en surpoids et quasiment nu, réveille une belle "Brighton", avec une lueur lubrique dans le regard. La peinture est accrochée juste avant l'entrée du salon de thé.

BRIGHTON PIER PARC D'ATTRACTIONS
(www.brightonpier.co.uk ; Madeira Dr). Cette grandiose jetée, plus que centenaire (1899), est l'endroit des plaisirs les plus kitsch de Brighton. Vous y trouverez des manèges qui retournent l'estomac, des jeux vidéo et les incontournables barbes à papa et *Brighton rock* (sorte de sucre d'orge).

BRIGHTON SEA LIFE CENTRE AQUARIUM
(www.visitsealife.com/Brighton ; Marine Pde ; adulte/enfant 16,20/11,40 £ ; ⏲10h-18h avr-sept, 10h-17h oct-mars). Juste au départ du Brighton Pier, cet aquarium est le plus vieux du monde. Il renferme quelque 150 espèces (raies, poulpes, hippocampes, tortues, etc.) dans une soixantaine d'aquariums et bassins, un tunnel de verre ainsi qu'une bateau à fond de verre.

GRATUIT **BRIGHTON MUSEUM & ART GALLERY** MUSÉE ET GALERIE D'ART
(www.brighton-hove-museums.org.uk ; Royal Pavilion Gdns ; ⏲10h-17h mar-dim). Des 18 salles du musée, notre préférence va à la salle World Art, qui regroupe des objets ramenés par les colonisateurs du XIXe siècle, à l'excellent Brighton History Centre et à la nouvelle collection d'antiquités égyptiennes. D'autres galeries exposent des céramiques, des vêtements, des costumes et des œuvres d'art sur une période allant du XVe au XXe siècle.

OÙ SE RESTAURER ET PRENDRE UN VERRE

SAM'S OF BRIGHTON BRITANNIQUE MODERNE ££
(☎676222 ; www.samsofbrighton.co.uk ; 1 Paston Pl ; plats 11-18 £, déj 2/3 plats 10/14 £). Ce restaurant familial vaut le détour jusqu'à Kemp Town, à l'extrémité est de la ville, pour sa cuisine innovante autour de classiques tels les blancs de pintade rôtis et l'agneau braisé. Brunch le week-end à partir de 10h.

TERRE À TERRE VÉGÉTARIEN ££
(☎729051 ; www.terreaterre.co.uk ; 71 East St ; plats 14 £ ; ⏲12h-22h30 mar-ven, 12h-23h sam, 12h-22h dim). Dans ce restaurant stylé et très couru, vous découvrirez des plats sans viande on ne peut plus imaginatifs. Le choix de vins bio est un plus, ainsi que les tables à l'extérieur, très convoitées par beau temps.

RIDDLE & FINNS POISSON ET FRUITS DE MER ££
(www.riddleandfinns.co.uk ; 11 Meeting House Lane ; plats 12-19 £ ; ⏲12h-22h dim-jeu, 12h-23h ven et sam). Élégant bar à champagne et à huîtres dissimulé dans les Lanes. Venez vous régaler de bivalves (à partir de 12 £ les six) à la lueur des chandelles et dans la légèreté des bulles. La formule déjeuner n'est qu'à 12,95 £. Pas de réservation.

DUE SOUTH INTERNATIONAL £££
(☎821218 ; www.duesouth.co.uk ; 139 Kings Rd Arches ; plats 17-28 £). Abrité sous une immense arche victorienne, ce restaurant à la façade de verre arrondie donne directement sur la mer avec une petite terrasse séparée de la promenade. Sa spécialité est la cuisine à base de produits naturels ou provenant d'élevages en plein air de la région. Le poisson est à l'honneur.

MOCK TURTLE CAFÉ £
(4 Pool Valley ; plats 4-7 £ ; ⏲9h-18h lun-sam). Voici notre adresse préférée dans le centre de Brighton pour un petit-déjeuner servi toute la journée (6,95 £), un sandwich et un bol de soupe (à partir de 3,50 £) ou

Brighton
0 160 m
0 0,1 mile
Hove
Seven Dials
North Laine
The Lanes
Kemp Town
Manche
Vers la gare ferroviaire (250 m)
Vers Basketmakers Arms (50 m)
Vers Sam's Of Brighton (850 m)
Volks Electric Railway
King's Rd
Grand Junction Rd
Marine Pde
Madeira Dr
Old Steine
Pavilion Pde
Grand Pde
Marlborough Pl
Gloucester Pl
Church St
Dyke Rd
Upper North St
Western Rd
Regent Hill
Dean St
Clifton Pl
Castle St
Regency Sq
Preston St
Little Preston St
Churchill Square
Russell Rd
Regency Rd
West St
Boyce St
Duke St
Middle St
South St
Ship St
Prince Albert St
Black Lion St
Meeting House Ln
North St
Queens Rd
Windsor Rd
Portland St
Bond St
Gardner St
Regent St
Jubilee St
New Rd
Castle Sq
Market St
Bartholomews
East St
King's Rd
Poole Valley
North Rd
Cheltenham Pl
Morley St
John St
Kingswood St
Carlton Hill
St John's Pl
White St
William St
Edward St
Princes St
George St
Dorset Gardens
High St
Devonshire Pl
St James's Ave
Charles St
Madeira Pl
St James' St
New Steine
Rock Pl
1
2
3
4
5
6
7
8
A
B
C
D
E
F
G

Brighton

À voir

1	Brighton Museum & Art Gallery	E2
2	Brighton Pier	E4
3	Brighton Sea Life Centre	F4
4	Royal Pavilion	E3

Où se restaurer

5	Due South	C3
6	Mock Turtle	E4
7	Riddle & Finns	D2
8	Terre à Terre	E4

un *cream tea* (5,65 £). Ce salon de thé est absolument charmant !

BASKETMAKERS ARMS PUB

(www.thebasketmakersarms.co.uk ; 39 Cheltenham Pl). Probablement le meilleur pub traditionnel de Brighton, dans le quartier de North Laine, au sud-est de la gare ferroviaire, qui propose 8 *ales* à la pression et des plats (poisson du jour, chili mexicain...) bien au-dessus de la moyenne, servis de 12h à 20h30 (jusqu'à 19h le sam et 18h le dimanche).

Windsor et Eton

Avec son architecture romantique et ses superbes appartements d'État, le château de Windsor est l'une des premières attractions touristiques de Grande-Bretagne. Proche du centre de Londres et facilement accessible par le train et la route, il est envahi de visiteurs en toutes saisons. Si possible, évitez le week-end et la haute saison (juillet et août) quand l'attente est la plus longue.

Si vous n'avez pas le choix et désirez un peu de répit, franchissez la Tamise par la passerelle piétonnière de Windsor Bridge pour Eton, beaucoup plus calme en comparaison. Outre la plus prestigieuse des écoles privées pour garçons, on y trouve un centre piétonnier émaillé de boutiques d'antiquités et de galeries d'art plutôt que de magasins de mode et de restaurants franchisés.

Le meilleur

- **site** Château de Windsor (p. 315)
- **restaurant** Gilbey's (p. 317)
- **bar** Two Brewers (p. 317)

Notre conseil

La **relève de la garde** (11h lun-sam avr-juil, tous les 2 jours août-mars) est un spectacle incontournable. Ce cérémoniel solennel attire d'immenses foules aux portes du château. Vous aurez une meilleure vue si vous restez à droite de la foule, mais si vous êtes surtout intéressé par le défilé de la fanfare, installez-vous dans High St ou Sheet St ; les gardes quittent Victoria Barracks au plus tard à 10h45 et reviennent une heure après.

Depuis/vers Windsor et Eton

Bus Les bus Green Line (0844 801 7261 ; www.greenline.co.uk) 701 et 702 relient chaque jour la gare routière de Victoria à Windsor (aller-retour à partir de 10 £, 1 heure 15), au moins une fois par heure.

Train (0845 748 4950 ; www.nationalrail.co.uk). Liaison Waterloo-gare de Windsor Riverside toutes les 30 min, toutes les heures le dimanche (aller-retour à partir de 10 £, 50 min). De la gare de Paddington, les trains rejoignent Eton et la gare centrale de Windsor via Slough (aller-retour à partir de 9 £, 45 min).

Renseignements

- **Indicatif téléphonique** 01753
- **Situation** 40 km à l'ouest de Londres
- **Office du tourisme** (743900 ; www.windsor.gov.uk ; Old Booking Hall, Windsor Royal Station, Thames St ; 9h30-17h30 lun-sam, 10h-16h dim mai-août, 10h-17h lun-sam, 10h-16h dim sept-avr)

À VOIR

CHÂTEAU DE WINDSOR CHÂTEAU

(www.royalcollection.org.uk ; adulte/enfant 16,50/9,90 £, en cas de fermeture des appartements d'État 9/6 £ ; 9h45-17h15 mars-oct, 9h45-16h15 nov-fév). Les souverains britanniques occupent le château de Windsor depuis neuf siècles. C'est la résidence préférée de la reine et elle aime s'y retirer chaque week-end. En 1992, un incendie a

DE L'ART DE BIEN MENER SA BARQUE

Glisser sur la Cherwell à Oxford, et sur les Backs à Cambridge, à bord d'un *punt* (bachot) est un loisir très apprécié. Cela semble un jeu d'enfants, mais après être tombé à l'eau un certain nombre de fois, nous pouvons affirmer avec certitude qu'il n'en est rien. Si vous n'avez pas peur de vous mouiller un peu, il faut absolument essayer.

Le secret de navigation de cette barque à fond plat tient dans la perche. Enfoncez-la doucement pour quitter le bord, puis manœuvrez comme avec un gouvernail.

De mars à octobre, des *punts* sont à louer chaque jour de 9h30 au crépuscule. À Oxford, essayez la **Magdalen Bridge Boathouse** (www.oxfordpunting.co.uk ; Magdalen Bridge ; 5 pers max 16-20 £/heure, avec pilote 4 pers max 23 £/30 min) juste au pied de l'extrémité nord-est du Magdalen Bridge. À Cambridge, où la location coûte de 14 à 18 £ l'heure et 15 £ avec pilote les 45 min, nous recommandons la **Granta Punt Hire Company** (www.puntingincambridge.com ; Newnham Rd) et **Scudamore's** (www.scudamores.com ; Granta Pl & Mill La).

quasiment dévasté cet inestimable héritage de la culture anglaise, mais par chance les dégâts ont été limités et une restauration de 37 millions de livres, achevée en 1997, a permis de redonner toute leur splendeur aux appartements d'État.

D'abord édifié en bois en 1080 par Guillaume le Conquérant puis reconstruit en pierre en 1170, ce château médiéval est l'un des plus anciens intacts. Sa longévité et sa proximité avec Londres en font l'une des grandes attractions touristiques du pays.

Le château qui s'étend sur 5 ha est divisé en trois quartiers. Dans la partie haute, Upper Ward, les **State Apartments** (appartements d'État), ouverts ponctuellement au public (consultez le site Web) sont pétris d'histoire. Le trajet de l'audioguide commence par le majestueux **Grand Staircase** (grand escalier) et le **Grand Vestibule** rempli d'armes, puis mène à la **Waterloo Chamber** commémorant la bataille de Waterloo et ornée de portraits des grands du royaume par sir Thomas Lawrence (1769-1830).

Vous atteindrez ensuite les **King's Rooms** (appartements du roi) et **Queen's Rooms** (appartements de la reine), ornés de splendides meubles et tapisseries et de toiles de Canaletto, Dürer, Gainsborough, Van Dyck, Hogarth, Holbein, Rembrandt et Rubens.

Ensuite, vous arrivez à l'extraordinaire **St George's hall**, qui fut gravement endommagée par l'incendie de 1992. Après une brillante restauration, on admire à nouveau sa charpente à blochets si caractéristique. C'est là qu'ont lieu les repas officiels. La visite se termine dans la **Garter Throne Room** (salon de la jarretière).

À l'extérieur, sur la terrasse nord, la première chose que l'on voit est la file d'attente pour admirer l'incroyable **Queen Mary's Doll's House** (maison de poupée de la reine Marie). Conçue en 1923 à l'échelle 1/12e par l'architecte sir Edwin Lutyens, qui poussa la perfection jusqu'à inclure l'eau courante dans la salle de bains et l'électricité, elle demanda trois ans de travail à 1 500 artisans.

Côté ouest, après avoir passé la partie centrale, Middle Ward, puis la **Round Tower**, tour en pierres reconstruite à l'identique d'un donjon normand datant de 1180, vous entrez dans la partie basse, Lower Ward.

La chapelle du château est l'un des fleurons nationaux de l'architecture gothique tardive. **St George's Chapel**, commencée par Édouard IV en 1475, ne fut achevée qu'en 1528. La nef, avec ses piliers donnant naissance à de superbes voûtes en éventail, illustre à la perfection le style perpendiculaire. La chapelle abrite les **tombes royales** de dix souverains, dont celles d'Édouard IV, Henri VIII, Charles Ier, Georges VI et la reine mère.

Au sud du château s'étend sur 10 500 ha le splendide **Windsor Great Park** (⌚8h-crépuscule). La **Longue promenade**, une allée de 5 km bordée d'arbres, mène de la porte King George IV à la statue équestre dite Copper Horse de Georges III, qui s'élève sur Snow Hill, le point culminant du parc.

ETON COLLEGE COLLEGE

(www.etoncollege.com ; Baldwins Shore ; adulte/enfant 6,50/5,50 £ ; ⌚visite guidée 14h et 15h15 tlj Pâques et été ; mer, ven, sam et dim période scolaire). Sur la rive opposée de la Tamise, la plus célèbre *public school* (école privée) du royaume a formé dix-neuf Premiers ministres, et nombre d'explorateurs, d'écrivains et d'économistes. Plusieurs bâtiments, dont la **Lower School**, datent de sa fondation en 1440.

OÙ SE RESTAURER ET PRENDRE UN VERRE

GILBEY'S BRITANNIQUE MODERNE £££

(☎854921 ; www.gilbeygroup.com ; 82-83 High St, Eton ; plats 16-24 £ ; déj 2/3 plats 18,50/24 £ ; ⏱déj et dîner lun-ven, *afternoon tea* sam et dim). Ce petit restaurant juste après le pont menant à Eton est l'un des meilleurs du secteur. Terrasse ensoleillée et menu britannique. Excellente carte des vins.

TOWER BRASSERIE ££

(☎848547 ; High St ; plats 10,50-14,50 £ ; ⏱7h-23h lun-ven, à partir de 8h sam et dim). Les vastes fenêtres de ce restaurant dans le Harte and Garter Hotel offrent une vue qui n'a pas de prix sur le château de Windsor. La carte de style brasserie propose un choix de classiques britanniques (grillades, poissons, steaks) cuits simplement et à la perfection.

DRURY HOUSE BRITANNIQUE ££

(☎863734 ; www.druryhouse.co.uk ; 4 Church St ; plats 7,95-12,95 £ ; ⏱9h30-17h30). Celui qui prétend être le vieux restaurant de Windsor (1645) jouit d'une place d'honneur, à 50 m du château. Cuisine simple mais substantielle (poudings, tourtes, ragoûts). Terrasse au bord du sentier en été.

CROOKED HOUSE OF WINDSOR SALON DE THÉ £

(www.crooked-house.com ; 51 High St ; *afternoon tea* à partir de 8,50 £ ; ⏱9h30-18h tlj avr-oct, 11h-17h lun-ven nov-mars). Le salon de thé le plus traditionnel et le plus central de Windsor. Poutres, parquets inclinés et *cream teas* royaux.

TWO BREWERS PUB

(www.twobrewerswindsor.co.uk ; 34 Park St). Cette auberge du XVIIe siècle est perchée en lisière du Windsor Great Park. Bonne cuisine de pub.

Bath

Cette délicieuse ville à la pierre couleur de miel est renommée depuis toujours pour son architecture, notamment ses alignements de maisons georgiennes. Aujourd'hui elle est aussi célébrée pour son association avec la romancière Jane Austen – non en raison de son œuvre mais plutôt des films auxquels elle a donné lieu.

Les Romains fondèrent la ville d'Aquae Sulis en 44 av. J.-C., où ils construisirent un vaste ensemble de bains et un temple dédié à la déesse Sulis Minerve. Durant tout le Moyen Âge, Bath fut une cité ecclésiastique et un centre du commerce de la laine ; ce n'est qu'au début du XVIIIe siècle qu'elle devint une ville thermale à la mode fréquentée par la haute société. Certains quartiers rivalisent encore aujourd'hui avec Londres sur le marché de l'immobilier pour les demeures de prestige.

Le meilleur

- **site** Les bains romains (p. 319)
- **restaurant** Circus (p. 320)
- **bar** Star Inn (p. 320)

Notre conseil

Les bains romains sont fermés au public depuis 1976 pour des questions d'hygiène. Mais si vous tenez à prendre les eaux, faites-le au **Thermae Bath Spa** (☎0844 888 0844 ; www.thermaebathspa.com ; New Royal Bath, Bath St ; séances au spa New Royal Bath 2 heures/4 heures 25/35 £ ; ⏱9h-22h, dernière entrée 19h30), bâtiment thermal ultramoderne, en pierre et verre, de style géorgien, avec salles de vapeur, douches cascades et grand choix de bains, dont une piscine extérieure sur le toit-terrasse avec vue époustouflante sur Bath.

Depuis/vers Bath

Bus National Express (☎0871 781 8181 ; www.nationalexpress.com) relie la gare routière de Victoria (aller à partir de 20 £, 3 heures 30) à Bath, avec au moins 10 bus par jour.

Train Des trains directs (☎0845 748 4950 ; www.nationalrail.co.uk) partent des gares de Paddington et de

Bath

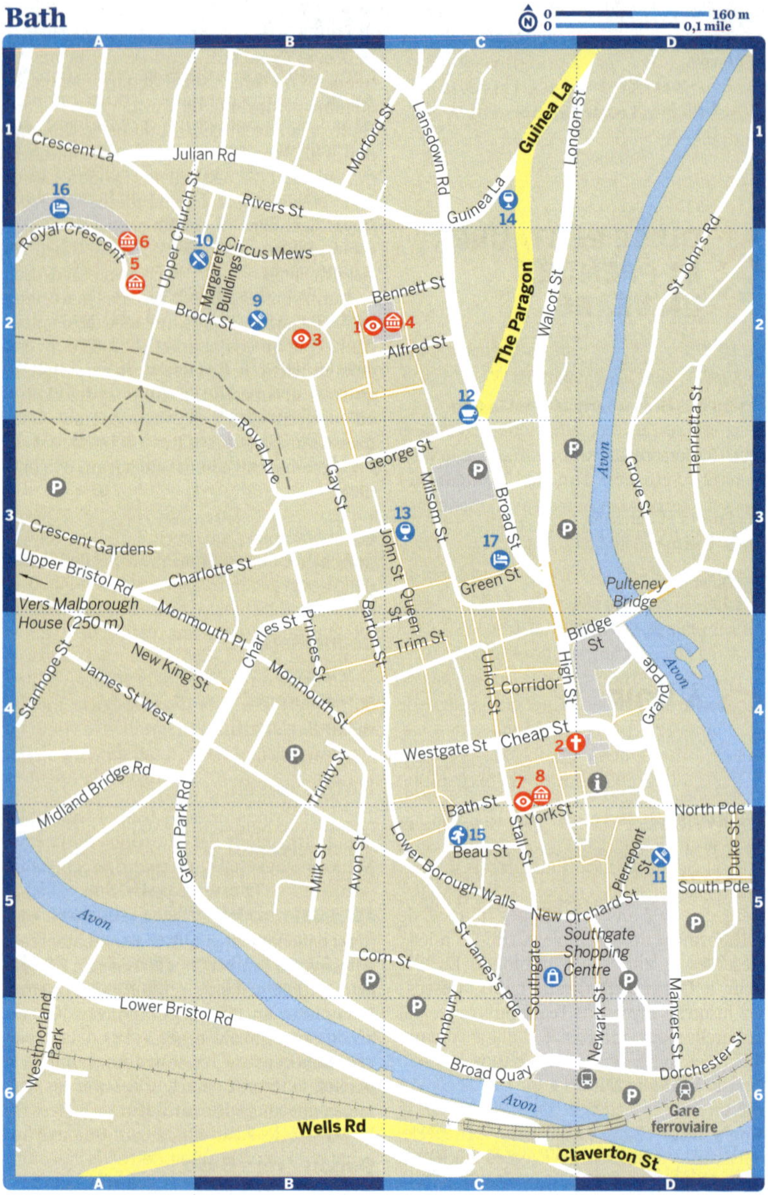

Waterloo (aller-retour à partir de 34 £, 1 heure 30) au moins une fois par heure.

Renseignements

➡ **Indicatif téléphonique** ☎01225

➡ **Situation** 185 km à l'ouest de Londres

➡ **Office du tourisme** (☎0906-711 2000 ; www.visitbath.co.uk ; Abbey Churchyard ; ⌚9h30-18h lun-sam et 10h-16h dim juin-sept, 9h30-17h lun-sam et 10h-16h dim oct-mai)

Bath

À voir

1 Assembly Rooms B2
2 Bath Abbey C4
3 Circus B2
4 Fashion Museum C2
5 No 1 Royal Crescent A2
6 No 11 Royal Crescent A2
7 Pump Room C4
8 Bains romains C4

Où se restaurer

9 Circus B2
10 Lime Lounge B2
11 Yak Yeti Yak D5

Où prendre un verre et faire la fête

12 Jika Jika C2
13 Salamander C3
14 Star Inn C1

Sports et activités

15 Thermae Bath Spa C5

Où se loger

16 Royal Crescent Hotel A1
17 St Christopher Bath C3

À VOIR

BAINS ROMAINS — MUSÉE

(www.romanbaths.co.uk ; Abbey Churchyard ; adulte/enfant 12/7,80 £ ; ⌚9h-22h juil et août, 9h-18h mars, juin, sept et oct, 9h30-17h30 jan, fév, nov et déc). Depuis l'arrivée des Romains à Bath, la vie tourne ici autour de trois sources naturelles qui jaillissent près de Bath Abbey. Vieux de 2 000 ans, les thermes romains de Bath forment un ensemble parmi les mieux préservés de leur espèce au monde. En leur cœur, le **Great Bath** (grand bain) : descendez jusqu'au niveau de l'eau, puis suivez la passerelle pour admirer le dallage romain. Parmi les autres curiosités, citons le vaste **temple de Sulis Minerve** où l'on découvre une tête en bronze doré de la déesse, et le **King's Bath** (bain du roi) du XIIe siècle, construit sur la source sacrée originelle, alimenté par l'eau chaude qui s'en échappe à raison de 1,5 million de litres/jour.

Au-dessus du temple, la **Pump Room** (buvette ; Stall St), datant du XVIIIe siècle, est devenue un café-restaurant où vous pouvez boire de l'eau thermale (50 p), chaque jour de 9h30 à 16h30. Cette eau chaude a un goût très fort, mais elle est supposée guérir de tout.

ROYAL CRESCENT ET CIRCUS — ÉDIFICE HISTORIQUE

Le **Royal Crescent**, demi-cercle de majestueuses maisons surplombant la vaste étendue verdoyante du Royal Victoria Park est le joyau architectural de Bath. Conçues par John Wood le Jeune, ces maisons terminées en 1774, étaient à l'époque louées pour la saison par les mondains. La **No 1 Royal Crescent** (www.bath-preservation-trust.org.uk ; adulte/enfant 6,50/2,50 £ ; ⌚10h30-17h mar-dim fin fév-oct, 10h30-16h mi-nov à mi-déc), restaurée exclusivement avec des matériaux du XVIIIe siècle, donne une idée de la splendeur de la vie georgienne. À 200 m à l'est, dans Brock St, le **Circus** est un cercle divisé en trois groupes de maisons symétriques, où vécurent des célébrités comme Thomas Gainsborough, Clive of India, David Livingstone et l'acteur américain Nicolas Cage.

BATH ABBEY — ÉGLISE

(www.bathabbey.org ; don 2,50 £ ; ⌚9h-18h lun-sam avr-oct, 9h-16h30 nov-mars, 13h-14h30 et 16h30-17h30 dim toute l'année). Le roi Edgar fut couronné dans une église de l'Abbey Courtyard en 973. L'édifice actuel toutefois ne fut érigé qu'entre 1499 et 1616, ce qui en fait la dernière plus grande église médiévale d'Angleterre. La merveilleuse voûte en éventail de la nef est un ajout du XIXe siècle. La façade ouest où des anges grimpent et descendent des échelles de pierre, selon le rêve de son fondateur, l'évêque Oliver King (remarquez aussi les symboles de la couronne et de l'olivier), est remarquable.

ASSEMBLY ROOMS — ÉDIFICE HISTORIQUE

(www.nationaltrust.org.uk/main/w-bathassemblyrooms ; 19 Bennett St ; adulte/enfant 2 £/gratuit ; ⌚10h30-18h mars-oct, 10h30-17h nov-fév). Inaugurées en 1771, les grandioses Assembly Rooms était le rendez-vous à la mode des mondains de l'époque, qui venaient y danser, jouer aux cartes et écouter les dernières musiques de chambre. Des lustres du XVIIIe siècle éclairent encore aujourd'hui la salle de jeux, le salon de thé et la somptueuse salle de bal. Et si vous êtes curieux de savoir comment s'habillaient Jane Austen et ses contemporains, descendez au **Fashion Museum** (www.fashionmuseum.co.uk ; adulte/enfant 7,25/5,25 £ ; ⌚10h30-17h mars-oct, 10h30-16h nov-fév), où sont exposés des costumes dont les plus anciens datent du XVIIe siècle, dont des crinolines d'ampleurs déconcertantes.

OÙ SE LOGER À BATH

Bath n'est qu'à 1 heure 30 de Londres, mais on peut très bien y passer la nuit. L'office du tourisme (☎0844 847 5256 ; www.visitbath.co.uk) propose un service de réservation gratuit.

➡ **Royal Crescent Hotel** (☎823333 ; www.royalcrescent.co.uk ; 16 Royal Cres ; d/ste 199/700 £ ; P❄@📶). Cette adresse exquise, la plus belle de la ville, compte 45 chambres ultra luxueuses de style georgien et des salons au plafond orné à l'antique. Le spa dans l'ancienne remise à attelages et les jardins spacieux à l'arrière sont divins.

➡ **Marlborough House** (☎318175 ; www.marlborough-house.net ; 1 Marlborough Lane ; s 75-110 £, d 85-135 £, tr 95-145 £ ; P📶). Notre B&B préféré à Bath offre 6 chambres à thème. L'hôte est une mine d'informations. La chambre "Victorienne" (n° 2) et la "Georgienne" (n° 3) ont des lits à baldaquin. Bain supplémentaire au 1er étage.

➡ **St Christopher Bath** (☎481444 ; www.st-christophers.co.uk/bath-hostels ; 6 Green St ; dort 16-19 £, d 55 £ ; @📶). Adresse d'une chaîne britannique prisée d'auberges de jeunesse, avec un pub Belushi's (autre chaîne) au rez-de-chaussée. Plusieurs dortoirs (6-12 lits), une chambre à lits jumeaux et 2 doubles (l'une avec bain). La vue depuis la plaisante chambre du haut n'a pas de prix.

OÙ SE RESTAURER ET PRENDRE UN VERRE

CIRCUS BRITANNIQUE MODERNE ££

(☎466020 ; www.thecircuscafeandrestaurant.co.uk ; 34 Brock St ; plats déj 5.50-10 £, dîner 11-14 £ ; ⏲10h-minuit lun-sam). Ce restaurant à l'extrémité est du Circus est notre favori. La cuisine est excellente et superbement présentée. L'accueil est chaleureux et vous avez le choix entre une table au rez-de-chaussée face à une petite cour ou dans une salle voûtée plus intime au sous-sol.

YAK YETI YAK NÉPALAIS £

(☎442299 ; www.yakyetiyak.co.uk ; 12 Pierrepont St ; plats 7,50-9 £, déj 3 plats 10,50 £). Restaurant népalais, à quelques pas de la gare ferroviaire, excellent, dans un sous-sol pittoresque. Essayez les raviolis au porc avec un chutney aux graines de chanvre, les plats d'agneau forts en cumin ou le *musurko dal* aux lentilles rouges.

SALAMANDER BRITANNIQUE ££

(☎428889 ; www.bathales.com/pubs/salamander.html ; 3 John St ; plats 9-13 £ ; ⏲déj tlj, dîner jusqu'à 21h lun-jeu, 21h30 ven et sam). Tenu par la brasserie artisanale de la ville, la Bath Ales, ce bar au rez-de-chaussée est le meilleur endroit pour déguster une Gem ou une Golden Hare ambrées, ou encore une Rare Hare plus foncée et plus forte (5,2°). La salle à manger à l'étage propose des plats innovants à base de viandes et produits du terroir.

LIME LOUNGE BRITANNIQUE ££

(☎421251 ; www.limeloungebath.co.uk ; 11 Margarets Buildings ; plats déj 7-10 £, dîner 11-14,50 £ ; ⏲8h-minuit lun-sam, 10h-22h dim). Bien qu'il ouvre plus tard que les autres établissements, c'est au déjeuner qu'il faut y faire une halte, sur le chemin entre le Royal Crescent, à l'ouest, et le Circus, à l'est. Au menu, des petits plats divins : harengs saurs fumés avec œuf poché, tartes au cheddar et au bacon, frites parfumées d'un zeste de citron vert...

JIKA JIKA CAFÉ

(www.jikajika.co.uk ; 4a Princes Buildings, George St ; ⏲8h-18h30 lun-jeu, 8h-19h ven, 8h30-19h sam, 9h-17h30 dim). Un temple du café à ne pas manquer si vous êtes amateur. Les grains des divers crus rares sont torréfiés à la main, d'où un expresso parmi les plus savoureux dela province anglaise.

STAR INN PUB

(www.star-inn-bath.co.uk ; 23 The Vineyards, en retrait du Paragon). Peu de pubs ont gardé leurs bars ouvragés du XIXe siècle, et ils sont encore moins à pouvoir prétendre servir des bières aussi nobles que le vin. Elles proviennent de la brasserie de Bath, Abbey Ales, servies à la pression ou directement du tonneau dans des cruches traditionnelles. Au "petit bar", vous pouvez demander une pincée de tabac à priser.

Où se loger

À Londres, vous n'aurez que l'embarras du choix. Dans toutes les catégories, vous trouverez des hôtels fantastiques, à condition de vous y prendre suffisamment tôt, surtout pour les établissements les plus prisés.

Hôtels

Londres possède des hôtels superbes, dont beaucoup constituent une expérience en soi. La perspective des Jeux olympiques de 2012 a entraîné l'ouverture de grands établissements modernes. Le confort des hôtels de la catégorie supérieure et de la plupart des boutique-hotels est élevé, mais les prix aussi. Bon nombre des hôtels de charme moins onéreux offrent des chambres un cran en dessous question qualité et charme. Les chaînes hôtelières de la catégorie moyenne proposent généralement un bon emplacement et un confort adéquat. La demande dépasse l'offre – surtout dans la catégorie petits budgets – donc mieux vaut réserver très à l'avance, notamment en période de vacances scolaires et en été.

B&B

Les *bed and breakfast* possèdent souvent autant de charme qu'un boutique-hotel. Ils occupent de jolis bâtiments anciens et offrent un service personnalisé, surtout concentrés dans South Kensington, Victoria et Bloomsbury.

Auberges de jeunesse

C'est le mode d'hébergement le plus économique. Tout aussi bien celles relevant de l'officielle Association des auberges de jeunesse (YHA) que les établissements indépendants, généralement plus élégants et plus festifs. Choisissez bien votre auberge de jeunesse car elles sont de qualité variable.

Tarifs et réservations

Dans la catégorie "deluxe", une double coûte à partir de 350 £. Le choix est toutefois très riche dans la catégorie "supérieure", qui offre parfois des chambres à partir de 180 £ d'un meilleur confort en dépit d'un prestige moindre. Sous la barre des 180 £ pour une double, la qualité se réduit considérablement mais nous avons choisi pour vous les meilleures adresses. Si vous prévoyez de dépenser moins de 100 £, vous en serez réduit aux établissements pratiques de la catégorie bon marché. En revanche, vérifiez les offres du week-end, vous pourrez trouver à ce prix une chambre de catégorie supérieure. Réserver en ligne permet de bénéficier de meilleurs tarifs et d'offres promotionnelles. Sauf mention contraire, les prix indiqués ici s'entendent petit-déjeuner inclus. Les membres du réseau de la Fédération internationale des auberges de jeunesse (IYHF) obtiennent une réduction dans les auberges affiliées YHA. Il va sans dire que durant les Jeux olympiques de 2012 les prix vont s'envoler.

Appartements

Si vous décidez de passer au moins une semaine à Londres, la location à court terme d'un appartement avec ou sans services peut être avantageuse. Essayez le 196 Bishopsgate (p. 328) ou Number 5 Maddox Street (p. 324) ; les tarifs de base correspondent à ceux des B&B.

Sites Internet

Système central de réservations YHA (☎0800 019 1700 ; www.yha.org.uk). Réservations pour les auberges de jeunesse.

Visit London (www.visitlondon.com). Le site de l'office du tourisme londonien propose des promotions intéressantes et des adresses gay-friendly.

LondonTown (☎7437 4370 ; www.londontown.com).

L'ESSENTIEL

Guide des prix

Les symboles ci-dessous indiquent le tarif par nuit d'une double standard (avec sdb) en haute saison :

- £ moins de 80 £
- ££ 80-180 £
- £££ plus de 180 £

Réservations

Réservez votre chambre très à l'avance, surtout pour le week-end ou en période de vacances.

- Le **British Hotel Reservation Centre** (☎7592 3055 ; www.bhrconline.com ; coût de la réservation 5 £) est installé dans les aéroports et les gares principales.
- **Visit London** (☎0870 156 6366 ; www.visitlondon.com) offre un service de réservation gratuite avec un grand choix d'hébergements et des promotions intéressantes.

Taxes

Les chambres d'hôtel sont soumises à une TVA exorbitante de 20%, pas toujours comprise dans le tarif affiché. Les tarifs indiqués dans ce guide incluent la TVA.

Arrivée et départ

L'arrivée est généralement fixée à 14h, mais la plupart des établissements vous permettent d'arriver avant ou de déposer vos bagages. Le départ s'effectue entre 10h et 12h.

Petit-déjeuner

Le petit-déjeuner peut être compris dans le prix de la chambre. C'est parfois un petit-déjeuner continental ; à l'anglaise, on vous demandera peut-être un supplément.

Bons plans Lonely Planet

York & Albany (p. 332). Élégance georgienne alliée à un superbe confort dans North London.

Haymarket (p. 324). Belle composition, superbe piscine et emplacement central.

Hoxton Hotel (p. 331). Coquet, excellent rapport qualité/prix et situation agréable.

Clink78 (p. 333). Auberge de jeunesse historique dans un ancien tribunal.

Les meilleures adresses par prix

£

Clink261 (p. 333)

Church Street Hotel (p. 337)

Auberge de jeunesse Earl's Court (p. 334)

££

Dean Street Townhouse (p. 324)

Rough Luxe (p. 333)

Kennington B&B (p. 337)

£££

No 10 Manchester Street (p. 324)

One Aldwych (p. 324)

Rookery (p. 331)

Les meilleures adresses par catégories

Atmosphère romantique

Portobello Hotel (p. 333)

Ritz (p. 326)

Gore (p. 329)

Twenty Nevern Square (p. 335)

En famille

Arran House Hotel (p. 325)

Brown's (p. 325)

Ridgemount Hotel (p. 327)

Boutique-hotels

Dean Street Townhouse (p. 324)

Rough Luxe (p. 333)

Zetter Hotel & Townhouse (p. 331)

Church Street Hotel (p. 337)

B&B

B+B Belgravia (p. 329)

Aster House (p. 329)

Number 16 St Alfege's (p. 337)

Kennington B&B (p. 337)

Design contemporain

W (p. 325)

Hempel (p. 334)

Soho Hotel (p. 325)

K West (p. 334)

Chic historique

Claridge's (p. 325)

Ritz (p. 326)

Waldorf Hilton (p. 326)

St Pancras Renaissance Hotel (p. 333)

Avec vue

W (p. 325)

One Aldwych (p. 324)

The Bingham (p. 338)

Avec piscine

Shoreditch Rooms (p. 332)

Waldorf Hilton (p. 326)

Avec restaurant

Claridge's (p. 325)

Dean Street Townhouse (p. 324)

W (p. 325) et Spice Market (p. 120)

Où se loger

Quartier	Avantages	Inconvénients
Le West End	Proche des principaux sites, très central, idéal pour les transports. Grand choix d'hôtels toutes catégories et bons restaurants	Trépidant, très touristique, cher
La City	St Paul et la tour de Londres ; bons transports, situation centrale. Hôtels de qualité, certains avantageux le week-end	Déserté le week-end, quartier d'affaires donc cher en semaine
South Bank	Près de la Tate Modern, du London Eye et de Southbank Centre, moins cher que le West End, excellents pubs et belles vues	Beaucoup de chaînes hôtelières, transports limités
Kensington et Hyde Park	Idéal pour les musées de South Kensington et le shopping, bon choix d'hébergements, quartier chic et bien desservi	Assez cher, vie nocturne limitée
Clerkenwell, Shoreditch et Spitalfields	Quartiers branchés, excellents bars et riche scène nocturne, beaux hôtels de charme	Peu de grands sites touristiques, transports limités
East End et Docklands	Pratique pour l'Olympic Park et les marchés. Ambiance multiculturelle, excellents restaurants, pubs traditionnels	Options d'hébergement assez limitées, certains quartiers peu sûrs la nuit
Hampstead et North London	Verdoyant, vie nocturne vibrante, enclaves au charme de village, excellents hôtels de charme et auberges de jeunesse, bons *gastropubs*. Calme durant la semaine	Excentré, loin des sites principaux
Notting Hill et West London	Cachet, idéal pour le shopping, les marchés et les pubs. Fabuleux hôtels de charme, bons transports	Onéreux, peu de sites
Greenwich et South London	Les plus beaux hôtels de charme, escapades dans la verdure ; proche des principaux sites de Greenwich	Sites éparpillés au-delà de Greenwich, transports limités
Richmond, Kew et Hampton Court	Élégants hôtels au bord de la Tamise ; enclaves semi-rurales, proche de Kew Gardens, Hampton Court Palace et Richmond. Tranquillité et fantastiques pubs au bord de l'eau	Sites dispersés ; long trajet depuis le centre de Londres

Le West End

HAYMARKET BOUTIQUE-HOTEL £££

Plan p. 422 (☎7470 4000 ; www.haymarkethotel.com ; 1 Suffolk Pl SW1 ; ch 260-340 £, ste à partir de 410 £ ; ⊖Piccadilly Circus ;). Le Haymarket est un boutique-hotel de première classe. Les chambres somptueuses sont habillées de papier mural Gournay peint à la main, animées de touches fuchsia et vert. S'y ajoutent une fantastique piscine de 18 m sous un éclairage d'ambiance, un salon de lecture exquis avec bar en libre service, et partout des œuvres d'art originales. Wi-Fi : 20 £/jour.

HAZLITT'S HÔTEL HISTORIQUE £££

Plan p. 422 (☎7434 1771 ; www.hazlittshotel.com ; 6 Frith St W1 ; s 185 £, d 230-360 £, ste 550-850 £ ; ⊖Tottenham Court Rd ;). Constitué de trois maisons attenantes du XVIIIe siècle, Les chambres meublées de véritables antiquités georgiennes séduisent par leur richesse de détails et la technologie moderne auxquels ils s'associent (Wi-Fi gratuit, enceinte iPod et TV à écran plat).

DEAN STREET TOWNHOUSE BOUTIQUE-HOTEL £££

Plan p. 422 (☎7434 1775 ; www.deanstreettownhouse.com ; 69-71 Dean St W1 ; ch 160-310 £ ; ⊖Tottenham Court Rd ;). Au cœur de Soho, ce petit bijou georgien exhale une merveilleuse atmosphère de boudoir et des touches féminines (cosmétiques Cowshed dans la sdb, sèche-cheveux et lisseur à cheveux dans chaque chambre !). Les chambres "medium" et "bigger" sont dotées de lits de 180 cm et de baignoires à l'ancienne.

NO 10 MANCHESTER STREET BOUTIQUE-HOTEL £££

Plan p. 428 (☎7317 5900 ; www.tenmanchesterstreethotel.com ; 10 Manchester St W1 ; d 225 £ ; ; ⊖Baker St). Cette splendide maison édouardienne est l'essence même de l'hôtel de charme. Le papier mural imprimé, les beiges et bruns éclairés de couleurs se combinent à l'indispensable technologie moderne (lecteurs MP3, Wi-Fi gratuit, lecteur DVD – les DVD sont à la réception –, machines à expresso, etc.) et à un service impeccable. L'établissement s'enorgueillit aussi d'une cave à cigares proposant 60 sortes de cigares et cigarillos, à savourer dans un salon extérieur chauffé.

FIELDING HOTEL BOUTIQUE-HOTEL ££

Plan p. 432 (☎7836 8305 ; www.the-fielding-hotel.co.uk ; 4 Broad Ct, Bow St WC2 ; s/d à partir de 90/140 £ ; ; ⊖Covent Garden). Situé dans une rue piétonne au cœur de Covent Garden, ce ravissant hôtel de 24 chambres offre depuis son réaménagement un standard de confort élevé : chambres meublées avec goût (avec Wi-Fi gratuit et air climatisé). Pas de petit-déjeuner, mais le quartier ne manque pas de cafés.

ONE ALDWYCH HÔTEL DE LUXE £££

Plan p. 432 (☎7300 1000 ; www.onealdwych.co.uk ; 1 Aldwych WC2 ; d 275-370 £, ste à partir de 585 £ ; ; ⊖Covent Garden, Charing Cross ou Temple). Installé dans les anciens locaux Art nouveau d'un journal en 1907, le One Aldwych est un établissement joyeux et tendance, décoré d'œuvres modernes. Les suites circulaires offrent une vue fabuleuse sur le Strand et Waterloo Bridge. Détail inhabituel pour un hôtel de luxe, le Wi-Fi est gratuit.

NUMBER 5 MADDOX STREET APPARTEMENT £££

Plan p. 422 (☎7647 0200 ; www.5maddoxstreet.com ; 5 Maddox St W1 ; ste 270-650 £ ; ; ⊖Oxford Circus). À deux pas de Regent St, ce luxueux établissement donne l'impression de vivre dans un pied-à-terre londonien bien plus qu'à l'hôtel. Les 12 suites-appartements privilégient le thème oriental allié aux exigences du voyageur contemporain (enceinte MP3, Wi-Fi, etc.). Chaque appartement comporte une cuisine équipée, certains un petit balcon ou patio. Pas d'ascenseur. Wi-Fi, 15/50 £ jour/semaine.

YHA OXFORD ST AUBERGE DE JEUNESSE £

Plan p. 422 (☎0845 371 9133 ; www.yha.org.uk ; 3e ét., 14 Noel St W1 ; dort 16-28 £, d 51-74 £ ; @ ; ⊖Oxford Circus ou Tottenham Court Rd). La plus centrale des 7 auberges YHA londoniennes est aussi la plus attrayante, après une rénovation réussie en 2011. Intime, avec 93 lits seulement, elle possède aussi d'agréables espaces communs : nous avons apprécié la cuisine fuchsia et le salon lumineux. Dortoirs à 3 ou 4 lits, doubles et lits jumeaux ; boutique qui vend du café et de la bière ; accès Internet à un 1 £ les 20 min sur des ordinateurs neufs, et connexion Wi-Fi 5/9 £ jour/semaine.

ARRAN HOUSE HOTEL AUBERGE DE JEUNESSE ££

Plan p. 426 (☎7636 2186 ; www.arranhotel-london.com ; 77-79 Gower St WC1 ; dort 30-35 £, s/d 80/120 £, avec sdb commune 70/97 £ ; @📶 ; ⊖Goodge St). Cette adresse accueillante à Bloomsbury présente pour le quartier un excellent rapport qualité/prix. Dortoirs spartiates ou doubles lumineuses et bien aménagées, avec sdb. Salon douillet aux vastes canapés en cuir, avec des piles de magazines et deux ordinateurs. Deux splendides jardins à l'arrière, agréables pour prendre un verre ou lire au calme. Les hôtes peuvent utiliser la cuisine, la salle à manger, ainsi que la buanderie. Wi-Fi gratuit.

COVENT GARDEN HOTEL BOUTIQUE-HOTEL £££

Plan p. 432 (☎7806 1000 ; www.coventgarden-hotel.co.uk ; 10 Monmouth St WC2 ; ch 250-355 £, ste à partir de 400 £ ; ❄📶 ; ⊖Covent Garden ou Tottenham Court Rd). L'élégance de cet ancien hôpital transformé en boutique-hotel s'exprime dans son mobilier ancien, ses somptueux tissus et tout un bric-à-brac original. Un excellent bar-restaurant, la Brasserie Max, se trouve juste à côté du lobby. Au 1er étage, deux splendides salons s'animent l'hiver venu. Wi-Fi, 20 £/jour.

W HÔTEL DE LUXE £££

Plan p. 422 (☎7758 1000 ; www.whotels.com ; 10 Wardour St W1 ; ch à partir de 329 £ ; ❄📶 ; ⊖Leicester Sq). Tout semble avoir été conçu sur le mode humoristique au W, de la boule disco ornant la réception aux murs incurvés en passant par le mobilier, les coussins imprimés de dessins animés et l'entrée aux chambres par la salle de bains (si !). Les prix augmentent à mesure que l'on monte dans les étages, selon la pratique au cœur du West End.

ACADEMY BOUTIQUE-HOTEL £££

Plan p. 426 (☎7631 4115 ; www.theetoncollection.com ; 21 Gower St WC1 ; d à partir de 180 £ ; ❄📶 ; ⊖Goodge St). Discrètement Régence et très *british*, cet établissement occupe cinq maisons georgiennes. Les ravissantes chambres sont toutes dotées de la technologie moderne (enceinte MP3, TV écran plat et Wi-Fi gratuit). Un jardin d'hiver ouvre sur un terrain verdoyant et un bassin poissonneux. Agréable salle de petit-déjeuner mais pas d'ascenseur.

SOHO HOTEL BOUTIQUE-HOTEL £££

Plan p. 422 (☎7559 3000 ; www.sohohotel.com ; 4 Richmond Mews W1 ; ch/ste à partir de 295/415 £ ; ❄📶 ; ⊖Tottenham Court Rd). L'un des hôtels les plus chics de Londres, le Soho est un ancien parking, à quelques pas de Dean St. Les 91 chambres sont toutes décorées différemment, dans les tons framboise et rouge brun. D'authentiques œuvres d'art ornent l'hôtel. Wi-Fi, 20 £.

BROWN'S HÔTEL HISTORIQUE £££

Plan p. 422 (☎7493 6020 ; www.brownshotel.com ; 30 Albemarle St W1 ; ch/ste à partir de 485/915 £ ; ❄📶 ; ⊖Green Park). Un cinq-étoiles époustouflant de 117 chambres, créé en 1837 à partir de 11 maisons. Les chambres ont été personnalisées, beaucoup meublées d'antiquités et ornées d'œuvres originales. Le reste de l'hôtel est tout aussi attrayant. La traditionnelle English Tea Room a conservé ses splendides lambris édouardiens en chêne et ses cheminées que l'on allume toujours ; dans le Donovan Bar, on admire un somptueux vitrail, tandis que le restaurant, Hix at the Albermarle (où officie le célébrissime chef Mark Hix), est décoré d'œuvres d'artistes contemporains illustres.

CLARIDGE'S HÔTEL DE LUXE £££

Plan p. 428 (☎7629 8860 ; www.claridges.co.uk ; 55 Brook St W1 ; ch/ste à partir de 299/555 £ ; ❄@📶 ; ⊖Bond St). Le Claridge's (203 chambres) est l'un des plus grands palaces londoniens. Célèbre pour ses somptueuses touches Art déco (une partie du mobilier 1930 ornait autrefois les cabines du *Normandie*), il s'est récemment tourné vers la modernité avec une série de chambres et de suites dessinées par la créatrice de mode Diane von Furstenberg. C'était son premier projet de décoration intérieure : des couleurs franches, des matières chatoyantes et un mobilier classique élégant, qui lui ont valu un succès retentissant.

CHARLOTTE STREET HOTEL BOUTIQUE-HOTEL £££

Plan p. 426 (☎7806 2000 ; www.charlottestreethotel.com ; 15-17 Charlotte St W1 ; ch/ste à partir de 240/410 £ ; ❄📶 ; ⊖Tottenham Court Rd). Alliance réussie des styles Laura Ashley et postmoderne, ce petit bijou est le préféré des gens des médias. Le salon avec sa cheminée (allumée en hiver) et ses gigantesques canapés invite à la détente.

Le Charlotte a également son cinéma où passent des films chaque dimanche soir (35 £ la place avec repas 3 plats). Wi-Fi, 20 £/jour.

RITZ HÔTEL DE LUXE £££

Plan p. 430 (☎7493 8181 ; www.theritzlondon.com ; 150 Piccadilly W1 ; ch/ste à partir de 305/585 £ ; ; Green Park). Ce somptueux caravansérail donnant sur Green Park est censé être la “seconde demeure de la famille royale”. Toutes les chambres sont meublées d'époque. Dans la Long Gallery et le restaurant Palm Court aménagés dans le style Louis XVI, l'étiquette vestimentaire est stricte (chemise et cravate).

CUMBERLAND HOTEL HÔTEL £££

Plan p. 428 (☎0871 376 9014 ; www.thecumberland.co.uk ; Great Cumberland Pl W1 ; s 169 £, d à partir de 179 £ ; ; Marble Arch). La réception se trouve au fond de l'immense hall, derrière de gigantesques sculptures et des colonnes en Plexiglas baignant dans un éclairage tamisé. C'est le 3ᵉ hôtel de Londres par sa taille. Plus de 1 000 chambres au décor contemporain et lumineux vous attendent, beaucoup donnant sur le proche Hyde Park. Il vaut la peine de dépenser 40 £ de plus pour une chambre *executive*, avec Wi-Fi et TV gratuits, peignoirs, accessoires divers, ainsi que l'accès à l'*executive* lounge.

GENERATOR AUBERGE DE JEUNESSE £

Plan p. 426 (☎7388 7655 ; www.generatorhostels.com ; Compton Pl, face au 37 Tavistock Pl WC1 ; dort/s/d/tr à partir de 15/20/40/60 £ ; @ ; Russell Sq). Si vous recherchez de l'ambiance, cette immense auberge jeune (plus de 800 lits) et bon marché du centre de Londres est pour vous. Le bar, avec tables de billard, et souvent des soirées à thème, est ouvert jusqu'à 2h. Dortoirs de 4 à 16 lits. Pas de cuisine, mais le petit-déj compris est servi, ainsi que des dîners avantageux dans la vaste cantine (à partir de 4,50 £).

JESMOND HOTEL B&B ££

Plan p. 426 (☎7636 3199 ; www.jesmondhotel.org.uk ; 63 Gower St WC1 ; s/d/tr 60/100/130 £, avec sdb commune 50/80/105 £ ; @ ; Goodge St). De nombreux lecteurs nous écrivent pour vanter les mérites de ce B&B de Bloomsbury. Seize chambres dont 12 avec sdb, simples mais propres et gaies. Adresse idéale pour les petits groupes. Laverie sur place, accès Internet gratuit, mais Wi-Fi à 10 £.

HARLINGFORD HOTEL HÔTEL ££

Plan p. 426 (☎7387 1551 ; www.harlingfordhotel.com ; 61-63 Cartwright Gardens WC1 ; s/d à partir de 96/115 £ ; ; Russell Sq). Cet hôtel georgien reconnaissable à sa façade couverte de lierre est sans doute le meilleur de la rue. Le service laisse à désirer mais le tarif est imbattable. Pas d'ascenseur, beaucoup d'escaliers !

WALDORF HILTON HÔTEL HISTORIQUE £££

Plan p. 432 (☎7836 2400 ; www.hilton.co.uk/waldorf ; Aldwych WC2 ; ch à partir de 350 £ ; ; Temple, Covent Garden ou Charing Cross). La splendeur édouardienne de ce grand hôtel rayonne toujours dans son superbe hall d'entrée, Palm Court, d'ailleurs classé. Les chambres sont très contemporaines, mais l'hôtel fait valoir son héritage et son histoire riche en anecdotes par des *afternoon teas*, des visites historiques, et un restaurant de style Louis XVI.

CHESTERFIELD BOUTIQUE-HOTEL £££

Plan p. 428 (☎7491 2622 ; www.redcarnationhotels.com ; 35 Charles St W1 ; s/d/ste à partir de 275/375/585 £ ; ; Green Park). Proche de Berkeley Sq, le Chesterfield cache cinq étages de luxe et de raffinement derrière une modeste façade georgienne. Ses plafonds à moulures, ses sols en marbre et son mobilier ancien dégagent tout le charme que l'on attend d'un hôtel de cette envergure.

HOTEL LA PLACE HÔTEL ££

Plan p. 428 (☎7486 2323 ; www.hotellaplace.com ; 11 Nottingham Pl W1 ; s/d à partir 99/145 £ ; @ ; Baker St). Les 18 chambres très classiques sont impeccablement tenues et certaines disposent d'une sdb refaite à neuf. Toutes les doubles ont un vaste lit doté d'un matelas orthopédique. Bar à vins ouvert 24h/24, et au 1ᵉʳ étage machine à glace ainsi qu'une petite salle informatique.

MORGAN HOTEL HÔTEL ££

Plan p. 426 (☎7636 3735 ; www.morganhotel.co.uk ; 24 Bloomsbury St WC1 ; s/d/ste/tr à partir de 100/125/150/170 £ ; @ ; Tottenham Court Rd). Cet hôtel constitué d'une rangée de maisons georgiennes du XVIIIᵉ siècle est en bordure du British Museum. D'un bon rapport qualité/prix, il se distingue par son accueil chaleureux et un service de première classe (Wi-Fi, ordinateur gratuit au sous-sol, petit-déjeuner royal). Les chambres sont peut-être un peu surannées mais impeccables. Le supplément pour les suites (sans clim) est justifié.

VICARAGE HOTEL HÔTEL ££

Plan p. 456 (☎7229 4030 ; www.londonvicaragehotel.com ; 10 Vicarage Gate W8 ; s/d/tr/qua 102/130/170/185 £, avec sdb commune 60/102/130/140 £ ; @ ; ⊖High St Kensington ou Notting Hill Gate). Cette ancienne maison victorienne à deux pas de Palace Gardens Terrace (où il faut absolument admirer au printemps les extraordinaires cerisiers) bénéficie d'un emplacement de premier choix. Les 17 chambres dégagent un charme suranné et sont légèrement plus grandes que la moyenne. Celles des 3e et 4e étages partagent une sdb.

YHA HOLLAND HOUSE AUBERGE DE JEUNESSE £

Plan p. 456 (☎7937 0748 ; www.yha.org.uk ; Holland Walk W8 ; dort 23,65 £ ; @ ; ⊖High St Kensington). Aménagée dans l'aile jacobéenne de la Holland House (1607), au cœur de Holland Park, cette grande auberge possède 201 lits répartis dans de vastes dortoirs de 6 à 20 lits. L'emplacement est imbattable, mais l'adresse est très fréquentée et plutôt institutionnelle. Café et cuisine sur place.

AROSFA HÔTEL ££

Plan p. 426 (☎7636 2115 ; www.arosfalondon.com ; 83 Gower St WC1 ; s/d à partir de 69/90 £ ; ⊖Euston Sq ou Goodge St). Les nouveaux propriétaires ont redonné un coup de neuf à l'Arosfa, avec des meubles de Philippe Starck dans le salon et un style résolument moderne. Les chambres, cependant, sont moins luxueuses, avec des sdb minuscules pour la plupart. Certaines ont été rénovées mais restent, dans l'ensemble, exiguës. Malgré tout, d'un bon rapport qualité/prix.

RIDGEMOUNT HOTEL HÔTEL £

Plan p. 426 (☎7636 1141 ; www.ridgemounthotel.co.uk ; 65-67 Gower St WC1 ; s/d 60/86 £, avec sdb commune 48/66 £ ; @ ; ⊖Goodge St). Cet établissement à l'ancienne possède un sens de l'accueil qui se fait rare à Londres. La moitié des 30 chambres, assez quelconques, disposent d'une sdb. Quelques triples et quadruples sont pratiques pour les groupes d'amis et les familles. Buanderie sur place, et Wi-Fi gratuit.

GRANGE BLOOMS HOTEL HÔTEL £££

Plan p. 426 (☎7323 1717 ; www.grangehotels.com ; 7 Montague St WC1 ; ch à partir de 225 £ ; ; ⊖Tottenham Court Rd ou Russell Sq). Un hôtel élégant et spacieux aménagé dans une maison du XVIIIe siècle. Ses tapis, ses tissus aux motifs floraux, et un ravissant jardin-terrasse à l'arrière où est servi le petit-déjeuner quand il fait beau, lui confèrent une atmosphère bucolique. Wi-Fi, 20 £/jour.

SEVEN DIALS HOTEL HÔTEL ££

Plan p. 432 (☎7240 0823 ; www.sevendialshotellondon.com ; 7 Monmouth St WC2 ; s/d 95/105 £ ; ; ⊖Covent Garden ou Tottenham Court Rd). À cheval entre les catégories moyenne et petits budgets, cet établissement bien tenu et tout confort bénéficie d'une situation centrale. La moitié des 18 chambres donnent sur la charmante Monmouth St ; celles à l'arrière n'ont guère de vue mais sont plus calmes. Connexion Wi-Fi au 1er étage.

La City

THREADNEEDLES BOUTIQUE-HOTEL £££

Plan p. 438 (☎7657 8080 ; www.theetoncollection.com ; 5 Threadneedle St EC2 ; ch/ste à partir de 390/606 £, tarif week-end ch/ste à partir de 222/390 £, petit-déj 15 £ ; ; ⊖Bank). Superbe hall circulaire, meublé dans un style d'inspiration Art déco et couronné d'un dôme dont le vitrail est peint à la main. Les 69 chambres sont joliment agencées, avec de hauts plafonds, une connexion Wi-Fi gratuite et d'élégants meubles foncés.

ANDAZ LIVERPOOL STREET HÔTEL £££

Plan p. 438 (☎7961 1234; www.andaz.com ; 40 Liverpool St EC2 ; ch/ste à partir de 234/396 £, petit-déj 20 £ ; ; ⊖Liverpool St). Établissement de la chaîne Hyatt, la succursale londonienne de la chaîne Andaz vise une clientèle assez jeune. Pas de réception, mais le personnel vêtu de noir se charge d'enregistrer les arrivées sur de mini-ordinateurs portables. Chambres tendance et spacieuses, avec boissons non alcoolisées, Wi-Fi et communications locales gratuites. Il y a en outre cinq restaurants et un temple maçonnique souterrain, découvert pendant des rénovations effectuées dans les années 1990. Cette adresse plaisante,

LOGEMENTS POUR ÉTUDIANTS

Pendant les vacances universitaires (généralement de mi-mars à fin avril, de fin juin à septembre et de mi-décembre à mi-janvier), les résidences étudiantes sont ouvertes aux touristes. Ce type d'hébergement n'a rien de grandiose, mais il a l'avantage d'être propre et peu coûteux. Entre autres, **LSE Vacations** (☎7955 7575 ; www.lsevacations.co.uk ; s/lits jum/tr à partir de 27/44/69 £) propose 8 foyers d'un total de 800 lits, dont la **Bankside House** (Plan p. 436 ; ☎7107 5750 ; 24 Sumner St SE1 ; ⊖Southwark), la **Butler's Wharf Residence** (Plan p. 436 ; ☎7107 5798 ; 11 Gainsford St SE1 ; ⊖Tower Hill ou London Bridge) de 281 lits, et la **High Holborn Residence** (Plan p. 432 ; ☎7107 5737 ; 178 High Holborn WC1 ; ⊖Holborn).

Parmi les résidences administrées par le **King's College Conference & Vacation Bureau** (☎7248 1700 ; www.kcl.ac.uk/kcvb ; s 44 £, lits jum 65 £) figurent les **Great Dover St Apartments** (Plan p. 436 ; ☎7407 0068 ; 165 Great Dover St SE1 ; ⊖Borough) et les **Stamford St Apartments** (Plan p. 436 ; ☎7633 2182 ; 127 Stamford St SE1 ; ⊖Waterloo).

Une autre option intéressante est l'**International Students House** (p. 333).

bien située, est un bon compromis entre hôtel d'affaires et hôtel de charme, et pratique en outre des tarifs promotionnels le week-end.

196 BISHOPSGATE — APPARTEMENTS £££

Plan p. 438 (☎7621 8788 ; www.196bishopsgate.com ; studio 232-245 £, app 1 ch 276-288 £, réduction à partir de 6 nuits ; ❄📶 ; ⊖Liverpool St). Appartements meublés de luxe avec services dans la City, en face de la gare ferroviaire et de la station de métro de Liverpool St. Possibilité de longs séjours.

YHA LONDON ST PAUL'S — AUBERGE DE JEUNESSE £

Plan p. 438 (☎0845 371 9012 ; www.yha.org.uk ; 36 Carter Lane EC4 ; dort 20-25 £, d 50 £ ; 📶 ; ⊖St Paul's). Cette auberge de jeunesse (208 lits) est installée à l'ombre de la cathédrale Saint-Paul et en face de la Tate Modern, dans un bâtiment classé à la superbe façade. Elle possède des dortoirs entre 3 et 11 lits, des chambres à lits jumeaux et des doubles. Les familles la trouveront pratique. Cafétéria avec licence pour le service de boissons alcoolisées, mais ni cuisine, ni ascenseur (beaucoup d'escaliers) ; 7 nuitées maximum.

South Bank

BERMONDSEY SQUARE HOTEL — BOUTIQUE-HOTEL ££

Plan p. 436 (☎7378 2450 ; www.bermondseysquarehotel.co.uk ; Bermondsey Sq, Tower Bridge Rd SE1 ; ch 120-250 £, ste 300-500 £ ; ❄@📶 ; ⊖London Bridge). Cet hôtel de charme branché (80 chambres) représente à merveille le quartier de Bermondsey. Les chambres standards sont assez petites mais agencées avec goût. Les meilleures cependant sont les suites beaucoup plus onéreuses, tout en haut, déclinées sur le thème des chansons des années 1960 : Lucy (en noir, avec sa terrasse extérieure où est posée une baignoire), Ruby (rouge, bien sûr), Jude (rose), Lily (blanche) et Eleanor (jaune et orange, avec Jacuzzi). En bas, le plus célèbre marché aux puces de Londres s'installe tous les vendredis.

ST CHRISTOPHER'S VILLAGE — AUBERGE DE JEUNESSE £

Plan p. 436 (☎7407 1856 ; www.st-christophers.co.uk ; 161-163 Borough High St SE1 ; dort 15-30 £, d et lits jum 40-55 £ ; @📶 ; ⊖Borough ou London Bridge). Établissement phare d'une chaîne d'auberges de jeunesse (8 à Londres) qui se caractérise par ses chambres basiques mais propres et bon marché (185 lits au total). Cette auberge dispose d'un toit-terrasse avec un bar, un barbecue et une très belle vue sur la Tamise, sans oublier, au niveau inférieur, un cinéma et le Belushi, un bar où l'on peut faire la fête jusqu'à 2 h en semaine et 4 h le week-end. Dortoirs de 4 à 14 lits. Les deux filiales installées à proximité (mêmes coordonnées) sont **St Christopher's Inn** (plan 436 ; 121 Borough High St SE1), doté de 50 lits, avec un autre pub en bas et une petite véranda, et l'**Oasis** (plan 436 ; 59-61 Borough High St SE1) : 40 lits, dortoir réservé aux femmes, café et buanderie.

MAD HATTER HÔTEL ££

Plan p. 436 (☎7401 9222 ; www.madhatterhotel.com ; 3-7 Stamford St SE1 ; ch 145-180 £, petit-déj 8-13 £, tarif week-end avec petit-déj 130 £ ; ; ⊖Southwark). En dépit de ses 30 chambres un peu anonymes sur 3 étages, l'imposant Mad Hatter est bien situé et offre une ambiance plus confortable que la plupart des chaînes hôtelières grâce à sa réception aménagée de façon traditionnelle. Son pub éponyme adjacent est ouvert 24h/24 pour les hôtes.

Kensington et Hyde Park

B+B BELGRAVIA B&B ££

Plan p. 440 (☎7259 8570 ; www.bb-belgravia.com ; 64-66 Ebury St SW1 ; s/d/lits jum/tr/qua 99/135/145/165/175 £ ; ; ⊖Victoria). Somptueusement rénové dans un style contemporain, ce B&B georgien sur 6 étages possède d'agréables espaces communs, dont un très chic salon. Les 17 chambres (avec douche ou bain) sont de taille correcte. Si vous voulez être plus à l'aise, optez pour les studios avec cuisine compacte du No 82 Ebury St (studio 99-145 £, appartement 270 £). Joli jardin à l'arrière et vélos disponibles gratuitement. Pas d'ascenseur.

ASTER HOUSE B&B £££

Plan p. 440 (☎7581 5888 ; www.asterhouse.com ; 3 Sumner Pl SW7 ; s 120 £, d et lits jum 180-250 £, ste 250 £ ; ; ⊖South Kensington). Cette propriété couronnée de prix est une adresse idéale. Tout y est délicieux, des chambres meublées avec goût aux sdb impeccables, en passant par la verdoyante Orangerie et le charmant jardin, sans oublier son personnel accueillant. De plus, les prix sont raisonnables et les hôtes peuvent emprunter un portable.

NUMBER SIXTEEN BOUTIQUE-HOTEL £££

Plan p. 440 (☎7589 5232 ; www.numbersixteenhotel.co.uk ; 16 Sumner Pl SW7 ; s 120 £, d 165-270 £, petit-déj 16-17,50 £ ; ; ⊖South Kensington). Intérieur gris clair, clarté étudiée, œuvres d'art sélectionnées avec goût, cet établissement constitué de quatre maisons est éblouissant (et plutôt labyrinthique). Il compte 42 chambres au décor personnalisé, un salon douillet et une bibliothèque bien fournie. Un jardin idyllique autour d'un bassin agrémente le tout.

HALKIN HÔTEL £££

Plan p. 440 (☎7333 1000 ; www.halkin.como.bz ; Halkin St SW1 ; ch/ste à partir de 450/650 £, petit-déj 29 £ ; ; ⊖Hyde Park Corner). Avec son décor sobre inspiré par l'Asie et son excellent restaurant thaïlandais (Nahm), cet établissement raffiné s'adresse aux hommes d'affaires adeptes du minimalisme. Les couloirs sinueux et lambrissés abritent 41 chambres très élégantes, dotées de vastes sdb en marbre. Le personnel, en uniforme dessiné par Armani, assure un service irréprochable. Pas de jardin à l'arrière, mais les hôtes peuvent emprunter la clé pour s'échapper dans Belgrave Square, à deux pas.

BLAKES HÔTEL £££

Plan p. 440 (☎7370 6701 ; www.blakeshotels.com ; 33 Roland Gardens SW7 ; s 195 £, d 295-395 £, ste à partir de 695 £, petit-déj 12,50-19,50 £ ; P ; ⊖Gloucester Rd). Cinq maisons victoriennes ont été réunies en un hôtel, décoré par l'incomparable Anouska Hempel qui a aussi œuvré au Hempel Hotel (p. 334). Les 48 chambres sont élégamment meublées dans son style très distinctif : lits à baldaquin (avec ou sans ciel de lit), riches étoffes et meubles antiques sur parquet blanchi.

GORE HÔTEL £££

Plan p. 440 (☎7584 6601 ; www.gorehotel.com ; 190 Queen's Gate SW7 ; s 140-180 £, d 180-280 £, ste à partir de 440 £, petit-déj 12,95-16,95 £ ; ; ⊖Gloucester Rd ou High St Kensington). Cet établissement de 50 chambres à proximité du Royal Albert Hall est un palace à la fantaisie irrésistible : acajou ciré, tapis persans, sdb à l'ancienne, portraits et gravures à profusion. Le **Bistrot One Ninety Queen's Gate** (déj 2/3 plats 21,50/23,50 £) attenant est idéal pour un brunch, ou un verre avant ou après un concert au Royal Albert Hall voisin.

LUNA SIMONE HOTEL HÔTEL ££

Plan p. 440 (☎7834 5897 ; www.lunasimonehotel.com ; 47-49 Belgrave Rd SW1 ; s 70-80 £, d 95-120 £, tr 130-150 £, qua 150-170 £ ; ; ⊖Victoria ou Pimlico). Central et accueillant, cet hôtel de 35 chambres, est une adresse très prisée. Chambres compactes avec douche, double vitrage et meubles en bois blond. En sus, possibilité de consigne gratuite. Pas d'ascenseur. Petit-déj anglais compris.

KNIGHTSBRIDGE HOTEL HÔTEL £££

Plan p. 440 (☎7584 6300 ; www.knightsbridgehotel.com ; 10 Beaufort Gardens SW3 ; s 180-205 £, d et lits jum 230-320 £, ste 375-645 £, petit-déj 18-19 £ ; P ❄ @ 📶 ; ⊖Knightsbridge). Ce ravissant hôtel de 44 chambres sur 6 étages occupe une maison vieille de 200 ans, juste à l'angle du grand magasin Harrods (p. 199), dans une rue particulièrement calme et plantée d'arbres (interdite à la circulation). Les intérieurs personnalisés, sont somptueusement meublés dans un style anglais subtil et moderne. Certaines des chambres simples, bien qu'élégantes, sont très petites pour le prix. Départ à 11h (12h dimanche).

LANESBOROUGH HÔTEL £££

Plan p. 440 (☎7259 5599 ; www.lanesborough.com ; Hyde Park Corner SW1 ; s 395-455 £, d 525-615 £, ste à partir de 745-14 000 £ ; ❄ @ 📶 ; ⊖Hyde Park Corner). C'est dans cet hôtel majestueux et ultra-moderne que viennent loger stars et têtes couronnées étrangères. L'ancien hôpital St-George possède des chambres à leur hauteur, somptueusement décorées. Un majordome personnel, en queue-de-pie et chapeau melon, accueille les hôtes. Récemment inaugurée, la Lanesborough Suite, de 380 m², avec 4 chambres, 5 sdb, une cuisine, 2 salons et une salle à manger est à 14 000 £ la nuit.

SAN DOMENICO HOUSE AUBERGE DE JEUNESSE £££

Plan p. 440 (☎7581 5757 ; www.sandomenicohouse.com ; 29-31 Draycott Pl SW3 ; s 210 £, d 235-255 £, ste 295-360 £ ; ❄ 📶 ; ⊖Sloane Sq). Avec ses quinze splendides chambres et quelques pièces de mobilier très imposantes, cet élégant hôtel de charme conserve une ambiance familiale. Chaque chambre est personnalisée, dans la couleur et le style, des doubles joliment ornées aux grandioses chambres sur deux niveaux avec lit à baldaquin. Service irréprochable. Trois chambres avec balcon.

WINDERMERE HOTEL HÔTEL ££

Plan p. 440 (☎7834 5163 ; www.windermere-hotel.co.uk ; 142-144 Warwick Way SW1 ; s 125 £, d 145-185 £, lits jum 155-185 £, f 3 lits 195-215 £ ; @ 📶 ; ⊖Victoria). Ce bel établissement primé a été récemment rénové, agrandi, et équipé d'un ascenseur. Il propose 19 chambres petites mais lumineuses et décorées différemment dans une maison victorienne d'un blanc éclatant. Au rez-de-chaussée, un restaurant correct pratique des prix raisonnables.

CADOGAN HOTEL HÔTEL £££

Plan p. 440 (☎7235 7141 ; www.cadogan.com ; 75 Sloane St SW1 ; ch 185-325 £, ste 395-850 £, petit-déj 22-28 £ ; ❄ @ 📶 ; ⊖Sloane Sq). Les deux étages inférieurs de cet hôtel hybride sont axés sur le style contemporain, tandis que les deux étages supérieurs, récemment rénovés, évoquent merveilleusement l'époque édouardienne : lambris de chêne, bergères, riches étoffes et salon raffiné pour l'*afternoon tea*. Les deux chambres les plus intéressantes : la n°118, où Oscar Wilde fut arrêté en 1895 pour "actes indécents", et la Lillie Langtry (n°109), où vécut l'actrice du même nom, maîtresse d'Édouard VII.

MEININGER AUBERGE DE JEUNESSE £

Plan p. 440 (☎7590 6910 ; www.meininger-hostels.com ; 65-67 Queen's Gate SW7 ; dort 15-27 £, s/lits jum/tr à partir de 75/70/96 £ ; ❄ @ 📶 ; ⊖Gloucester Rd ou South Kensington). Désormais installé dans la Baden Powell House, à côté du Natural History Museum, cet "hôtel et auberge de jeunesse de ville" tenu par des Allemands propose 48 chambres immaculées, dont une trentaine de dortoirs (4 à 12 lits). Les 11 chambres privées s'accompagnent toutes de sdb et d'un espace de travail assez spacieux. Le service est efficace et le lieu sécurisé. On trouve aussi un bar et, en été, des barbecues sont organisés sur le toit-terrasse.

ASTOR HYDE PARK AUBERGE DE JEUNESSE £

Plan p. 440 (☎7581 0103 ; 191 Queen's Gate SW7 ; dort/lits jum 22/28 £ dim-jeu, dort/lits jum 35/40 £ ven-sam ; @ ; ⊖Gloucester Rd ou High St Kensington). Vous n'avez sans doute jamais vu d'auberge de jeunesse comme celle-là : murs habillés de boiseries, baies vitrées en verre cathédrale, atmosphère XIXe siècle et emplacement haut de gamme à proximité du Royal Albert Hall. Les 150 lits sont répartis sur 5 étages (pas d'ascenseur) ; dortoirs de 3 à 12 lits et belle cuisine agrémentée de billards. À environ 1 km au sud-ouest, la propriété partenaire, l'**Astor Kensington** (plan p. 440 ☎7373 5138 ; 138 Cromwell Rd SW7 ; dort 13-20 £, d 60-70 £ ; ⊖Gloucester Rd), est tout aussi agréable, mais dans un style plus moderne ; elle est également plus proche de l'animation et d'une station de métro. Elle comporte

121 lits, une immense cuisine moderne et lumineuse et un ascenseur.

ASTOR VICTORIA AUBERGE DE JEUNESSE £

Plan p. 440 (☎7834 3077 ; 71 Belgrave Rd SW1 ; dort 18-20 £, d 45-90 £ ; ⊖Pimlico). Maison mère du groupe Astor qui compte 5 auberges de jeunesse, cet établissement calme est doté de 180 lits. Les dortoirs (4-8 lits) sont complétés par une poignée de chambres à lits jumeaux et de doubles avec douches et toilettes communes. Les lieux sont bien gérés par des voyageurs entre deux périples, qui s'avèrent d'excellentes sources d'information.

Clerkenwell, Shoreditch et Spitalfields

ROOKERY BOUTIQUE-HOTEL £££

Plan p. 444 (☎7336 0931 ; www.rookeryhotel.com ; 12 Peter's Lane, Cowcross St EC1 ; s 222 £, d 276-300 £, ste 420-612 £, petit-déj 11,95 £ ; ; ⊖Farringdon). Sorte de superbe labyrinthe d'une trentaine de chambres construit dans une enfilade de maisons du XVIIIe siècle, le Rookery mise sur le charme de ses meubles anciens, de ses sdb victoriennes, de ses panneaux lambrissés et des œuvres d'art. Il y a un petit jardin sur cour et une atmosphère délicieusement intimiste dans tout l'établissement.

ZETTER HOTEL & TOWNHOUSE BOUTIQUE-HOTEL £££

Plan p. 444 (☎7324 4444 ; www.thezetter.com ; 86-88 Clerkenwell Rd EC1 ; ch 222-294 £, studio 294-438 £, petit-déj 13,50-17,50 £ ; ; ⊖Farringdon). Le Zetter réunit deux établissements de style différent, aussi intéressant l'un que l'autre. Le premier à avoir vu le jour dans la rue principale de Clerkenwell est très branché, avec une touche de kitsch. Construit avec des matériaux récupérés sur le site d'un bureau désaffecté, il propose 59 chambres, petites mais bien conçues, avec TV à écran plat et clim (qui fonctionne avec l'eau du réservoir de l'hôtel). Les studios sous le toit avec une terrasse offrant de superbes vues sur la ville sont encore plus attrayants. Excellent restaurant au rez-de-chaussée (p. 206).

La **Zetter Townhouse** (49-50 St John's Sq ; ch 222-294 £, ste 438-480 £), sur un joli square à l'arrière du Zetter, ne compte que 13 chambres dans un édifice typiquement georgien. Chacune est personnalisée avec des meubles d'époque et des touches d'humour telles des têtes de lit provenant d'anciens manèges. Autres détails délicieux, de splendides baignoires anciennes et des ascenseurs peints à la main. Le fabuleux bar (p. 212) mérite une visite à lui tout seul.

HOXTON HOTEL BOUTIQUE-HOTEL ££

Plan p. 444 (☎7550 1000 ; www.hoxtonhotels.com ; 81 Great Eastern St EC2 ; ch avec petit-déj 1-199 £ ; ; ⊖Old St). De loin le meilleur rapport qualité/prix de Londres. Au cœur de Shoreditch, cet élégant hotel de 208 chambres préfère afficher complet chaque soir plutôt que de pratiquer des tarifs exorbitants. Presque toutes les communications téléphoniques sont gratuites, de même que la connexion Wi-Fi, l'accès aux ordinateurs et imprimantes dans le hall, et le petit-déjeuner au Prêt à Manger (chaîne de restauration) voisin. Les chambres sont petites mais stylées, avec TV à écran plat, bureau et réfrigérateur garni de bouteilles d'eau et de lait gratuites. Cerise sur le gâteau, le prix : il faut être très chanceux pour décrocher une chambre à 1 £ (adjugée tous les trois mois), mais vous en obtiendrez forcément une entre 49 et 69 £, un tarif qui reste très avantageux pour les prestations assurées.

13 PRINCELET ST APPARTEMENTS £££

Plan p. 444 (☎01628 825925 ; www.landmarktrust.org.uk ; 13 Princelet St E1 ; ch environ 300 £ ; ⊖Liverpool St). Cette sublime résidence de 1719, restaurée avec amour en 1987 avant d'être léguée au Landmark Trust, offre la rare occasion de séjourner dans une demeure d'époque du quartier. Splendidement décorée, elle comporte des cheminées en céramique et 3 grandes chambres (2 à lits jumeaux, 1 double) sur 4 niveaux. Patio verdoyant et cuisine équipée. Tarif variable selon les dates ; séjour minimum de 3 nuits.

FOX & ANCHOR BOUTIQUE-HOTEL £££

Plan p. 444 (☎0121 616 3614 ; www.foxandanchor.com ; 115 Charterhouse St EC1 ; ch 222-246 £, ste 324 £, tarif week-end ch 138-162 £, ste 234 £ ; ; ⊖Farringdon ou Barbican). Un établissement plein de caractère, bien situé au-dessus d'un pub grandiose (p. 210), de 6 petites chambres seulement, somptueuses. Chacune a son propre décor et tous les équipements nécessaires.

SHOREDITCH ROOMS BOUTIQUE-HOTEL £££

Plan p. 444 (☎7739 5040 ; www.shoreditchrooms.com ; Shoreditch House, Ebor St E2 ; ch environ 225 £, petit-déj 10 £ ; ; Shoreditch High St). Bien qu'appartenant au club privé Shoreditch House, cet hôtel loue des chambres aux non-membres. Présentées comme "tiny" "small" et "small plus", la direction ne cache pas qu'elles sont petites, mais chacune est joliment décorée dans un style de plage, avec du lambris clair. Les "small plus" ont un balcon. Les hôtes ont accès à la fabuleuse piscine sur le toit, au jardin secret et à la pelouse. Les prix varient considérablement selon les dates, pouvant descendre jusqu'à 85 £ certains soirs.

BOUNDARY BOUTIQUE-HOTEL £££

Plan p. 444 (☎7729 1051 ; www.theboundary.co.uk ; 2-4 Boundary St E2 ; d 252-294 £, ste 450-570 £ ; ; Shoreditch High St). Le designer Terence Conran a créé cet impressionnant hôtel dans d'anciens ateliers d'usine au-dessus de boutiques dans la très branchée Redchurch St. Toutes les chambres et les suites ont pour thème le design. Confort et technologie sont bien sûr au rendez-vous. Réduction sur toutes les chambres le dimanche soir.

MALMAISON HÔTEL £££

Plan p. 444 (☎7012 3716 ; www.malmaison-london.com ; 18-21 Charterhouse Sq EC1 ; ch 294-318 £, petit-déj 15,50-18,50 £ ; ; Farringdon). En entrant dans le hall de cet hôtel de 97 chambres au chic classique, face à une place calme et verdoyante de Clerkenwell, on a l'impression de pénétrer dans un bar à cocktails huppé. Éclairage tamisé dans les espaces communs, à l'exception du restaurant en sous-sol, très lumineux. Les chambres sont simples et élégantes. Prix très variables avec réduction substantielle le week-end.

L'East End et les Docklands

40 WINKS PENSION ££

Plan p. 446 (☎7790 0259 ; www.40winks.org ; 109 Mile End Rd E1 ; s/d 95/140 £ ; ; Stepney Green). Seulement deux chambres mais un charme fou pour cette pension du quartier peu reluisant de Stepney Green. Aménagée dans une maison de ville du début du XVIIIe siècle, les chambres (la simple est un peu petite) ont été décorées par un expert qui a préservé l'histoire du bâtiment en lui alliant d'exquises touches modernes et une bonne dose de fantaisie. Réservez longtemps à l'avance.

TOWN HALL HOTEL & APARTMENTS HÔTEL DE LUXE, APPARTEMENTS £££

Plan p. 446 (☎7871 0460 ; www.townhallhotel.com ; Patriot Square E2 ; d 348-384 £, app 402-546 £, petit-déj 15 £ ; ; Bethnal Green). Ce bâtiment édouardien (1910), redécorée d'éléments Art déco dans les années 1930, fut le siège de la municipalité jusqu'en 1965, avant de se métamorphoser en hôtel design. L'esthétique de l'établissement combine avec élégance ces époques historiques à des additions résolument contemporaines. La réception en marbre et l'escalier central accueillent de manière grandiose les hôtes, en complet contraste avec l'environnement miteux des alentours. Aucune chambre n'est identique. Appartements particulièrement bien équipés.

OLD SHIP HÔTEL ££

Plan p. 446 (☎8986 1641 ; www.urbaninns.co.uk ; 2 Sylvester Path E8 ; s/d à partir de 79,95/99,95 £ ; ; Hackney Central, 38 ou 55). Cet hôtel lumineux renferme 10 chambres très chaleureuses et des espaces communs empreints de charme. D'un bon rapport qualité/prix, il est situé à deux pas de Broadway Market et des environs. En bas, le pub du même nom sert entres autres de délicieuses "tapas" anglaises et des tourtes.

Hampstead et North London

YORK & ALBANY BOUTIQUE-HOTEL £££

Plan p. 452 (www.gordonramsay.com/yorkandalbany ; 127-129 Parkway NW1 ; ch à partir de 186 £ ; ; Camden Town). Luxueux et douillet, le York & Albany exsude le charme georgien : belles cheminées dans de nombreuses chambres, meubles anciens, fenêtres immenses et sdb voluptueuses (avec chauffage par le sol, agréable en hiver). Toutes les chambres ont une TV écran plat, un lecteur DVD (les DVD sont à la réception) et un accès Wi-Fi gratuit. L'hôtel est à côté de Regent's Park, à 5 min de Camden.

CLINK78 — AUBERGE DE JEUNESSE £

Plan p. 334 (7183 9400 ; www.clinkhostels.com ; 78 King's Cross Rd WC1 ; dort 17-27 £, d 75 £ ; @ ; King's Cross St Pancras). Formidable établissement de 500 lits, le Clink est installé dans un ancien tribunal du XIXe siècle. Certaines parties, notamment sept anciennes cellules et deux salles de tribunal lambrissées, transformées respectivement en chambres et en cybercafé, sont classées. Les lieux sont flambant neufs : dortoirs de 4 à 16 lits, Une aile est réservée aux femmes. Superbe cuisine, vaste salle à manger et bar animé au sous-sol.

CLINK261 — AUBERGE DE JEUNESSE £

Plan p. 448 (7833 9400 ; www.clinkhostels.com ; 261-265 Gray's Inn Rd WC1 ; dort 18-22 £, d avec sdb commune 55 £ ; @ ; King's Cross St Pancras). Après une grande rénovation en 2010, cette auberge de jeunesse est aujourd'hui de premier ordre, dotée de dortoirs lumineux et funky, de lits superposés séparés d'une partition pour l'intimité et de casiers de sécurité. La cuisine commune semble sortie d'un magazine de design, et le salon TV est tout aussi fabuleux, ainsi que la salle informatique.

ROUGH LUXE — BOUTIQUE-HOTEL £££

Plan p. 448 (7837 5338 ; www.roughluxe.co.uk ; 1 Birkenhead St WC1 ; ch à partir de 200 £, avec sdb commune 117 £ ; ; King's Cross St Pancras). "Moitié brut, moitié luxe", c'est le concept de cet hôtel. Ainsi, des morceaux de papier journal ornent les murs mêlés à des œuvres d'art moderne, les draps les plus fins habillent le lit mais la télé des années 1970 ne marche pas et des meubles récupérés de l'ex-Savoy à Paris répondent à la splendeur des éléments anciens de la sdb. Le service cependant ne déroge pas aux règles conventionnelles : petit patio à l'arrière, verre de vin partagé avec les propriétaires et petit-déj bio à la table commune.

ST PANCRAS RENAISSANCE HOTEL — HÔTEL DE LUXE £££

Plan p. 448 (7841 3540 ; www.stpancrasrenaissance.co.uk ; Euston Rd NW1 ; ch à partir de 228 £ ; ; King's Cross St Pancras). Il a fallu près de 10 ans et 150 millions de livres pour faire revivre l'ancien Midland Grand dans le St Pancras Renaissance, mais cela en valait la peine ! L'intérieur a retrouvé sa splendeur d'antan. On admire le grand escalier, les murs et les plafonds aux motifs élaborés rehaussés à la feuille d'or, la réception sous la verrière, le bar lambrissé et la piscine victorienne aux carreaux de céramique. Malheureusement, seules 38 des 245 chambres sont dans l'édifice original en façade ; les autres dans l'annexe à l'arrière sont plutôt banales.

HAMPSTEAD GUESTHOUSE — PENSION ££

Plan p. 451 (7435 8679 ; www.hampsteadguesthouse.com ; 2 Kemplay Rd NW3 ; s/d 75/95 £, avec sdb commune 65/80 £, studio s/d/tr/f 100/125/145/175 £, petit-déj 7 £ ; Hampstead). À 20 min seulement en métro du centre de Londres, cette pension charmante de 9 chambres, dont le cadre original et rustique se compose de meubles anciens, de lits douillets et d'un délicieux jardin à l'arrière, a tout pour assurer un séjour des plus agréables. L'endroit possède aussi un studio pouvant loger cinq personnes.

INTERNATIONAL STUDENTS HOUSE — AUBERGE DE JEUNESSE £

Plan p. 452 (7631 8300 ; www.ish.org.uk ; 1 Park Cres W1 ; par pers s/d 44/34 £, avec sdb et toilettes communes dort/s/d/tr 19/39/31/27 £ ; @ ; Great Portland St). Le bâtiment ne paie pas de mine et les chambres sont assez standards mais les équipements sont excellents (restaurant sur place, de qualité, et bar servant des boissons au tarif étudiant) et le personnel particulièrement sympathique. L'emplacement, en face de la rue menant à Regent's Park, est fantastique et les hôtes viennent des quatre coins du monde. Et le prix bien sûr est imbattable.

YHA ST PANCRAS INTERNATIONAL — AUBERGE DE JEUNESSE £

Plan p. 448 (0845 371 9344 ; www.yha.org.uk ; 79-81 Euston Rd NW1 ; dort à partir de 29,65 £, d et lits jum 74 £ ; @ ; King's Cross St Pancras). Cette auberge de 185 lits est dotée de dortoirs modernes et propres de 4 à 6 places (quasiment tous avec des sdb) et de chambres privées. Bon bar et café, mais il n'est pas possible de cuisiner.

Notting Hill et West London

PORTOBELLO HOTEL — BOUTIQUE-HOTEL £££

Plan p. 454 (7727 2777 ; www.portobello-hotel.co.uk ; 22 Stanley Gardens W11 ; s/d/ch spéciale à partir de 174/234/288 £ ; @ ; Notting Hill Gate). Cette adresse superbement décorée accueille depuis des années rockeurs et stars de cinéma. Les chambres meublées dans un style colonial dégagent une ambiance sophistiquée. Vous pourrez bénéficier d'une baignoire à pieds, d'un lit circulaire ou d'un lit à baldaquin si haut que vous aurez besoin d'un escabeau. Les chambres à l'arrière donnent sur les beaux jardins des propriétés voisines.

HEMPEL BOUTIQUE-HOTEL £££

Plan p. 454 (☎7298 9000 ; www.the-hempel.co.uk ; 31-35 Craven Hill Gardens W2 ; d/ste à partir de 190/250 £ ; ❄📶 ; ⊖Lancaster Gate ou Queensway). Voici une étonnante symphonie minimaliste en blanc et teintes naturelles, où le futurisme s'allie au dépouillement zen. Les 50 chambres, suites et appartements affichent un esthétisme individualisé (dans le Lioness Den, le lit est installé dans une cage suspendue au-dessus du salon !). Le jardin japonais est une délicieuse oasis (il est le cadre de la scène de mariage de *Coup de foudre à Notting Hill*).

COLONNADE HÔTEL ££

Plan p. 454 (☎7286 1052 ; www.theetoncollection.com ; 2 Warrington Cres W9 ; s/d à partir de 144/168 £ ; ❄@📶 ; ⊖Warwick Ave). Cette charmante demeure victorienne du joli quartier de Little Venice hébergea Sigmund Freud après son départ de Vienne en juin 1938. Hormis les trois du sous-sol, les 43 chambres sont vastes, claires et meublées à l'ancienne.

YHA EARL'S COURT AUBERGE DE JEUNESSE £

Plan p. 456 (☎7373 7083 ; www.yha.org.uk ; 38 Bolton Gardens SW5 ; dort à partir de 19,65 £, lits jum/d à partir de 48,50/50,50 £ ; @📶 ; ⊖Earl's Court). Dans une rue paisible et arborée d'Earl's Court, une adresse chaleureuse comptant 186 lits. Les dortoirs, de 4 à 10 lits superposés, sont propres et aérés. Le personnel est sympathique, il y a une grande cuisine, 2 salons, un café moderne et lumineux, et un jardin-cour à l'arrière. La rénovation entreprise en 2011 promet des salons et une cuisine flambant neufs pour courant 2012.

BASE2STAY HÔTEL ££

Plan p. 456 (☎7244 2255 ; www.base2stay.com ; 25 Courtfield Gardens SW5 ; s/d et lits jum à partir de 95/113 £ ; ❄📶 ; ⊖Earl's Court ou Gloucester Rd). Base2stay s'efforce d'éliminer tous les plus "non indispensables" habituellement proposés par les hôtels pour se concentrer sur des aspects plus "importants" tels les équipements de communication (Wi-Fi) et musicaux, l'aménagement des kitchenettes ou les réductions dans des restaurants locaux. Le résultat est un hôtel de 67 chambres, fonctionnel et très confortable. En outre, engagé dans le développement durable, il recycle, utilise des ampoules basse consommation, économise l'eau, se fournit en thé et café équitables, etc. Il encourage ses hôtes à faire de même et leur propose une voiture électrique (30 £ pour le week-end).

K WEST HÔTEL ££

Plan p. 456 (☎8008 6600 ; www.k-west.co.uk ; Richmond Way W14 ; s/d/ste à partir de 149/159/290 £ ; ❄@📶 ; ⊖Shepherd's Bush). Tout près de Shepherd's Bush, un établissement très raffiné de 220 chambres. L'intérieur est tout en bois sombre, velours, acier et verre dépoli. De nombreux clients séjournent ici pour profiter du superbe espace thermal K Spa (voir p. 267). Les chambres supérieures offrent tout le confort technologique souhaité tel des jeux vidéo, des machines à expresso et des enceintes MP3. La bibliothèque aves ses ordinateurs gratuits (et énormes) est un plus.

ROCKWELL BOUTIQUE-HOTEL ££

Plan p. 456 (☎7244 2000 ; www.therockwell.com ; 181-183 Cromwell Rd SW5 ; s/d/ste à partir de 120/160/180 £ ; ❄📶 ; ⊖Earl's Court). Cet établissement sympathique à Earl's Court, avec 40 chambres, est le type même du "boutique-hotel à prix abordables". La décoration privilégie une approche contemporaine du style traditionnel anglais. Les 3 chambres (LG1, 2 et 3) qui donnent sur le jardin sont particulièrement agréables. Celles sur Cromwell Rd comportent un triple vitrage assurant des nuits calmes.

HOTEL INDIGO BOUTIQUE-HOTEL ££

Plan p. 454 (☎7706 4444 ; www.hipaddington.com ; 16 London St W2 ; ch à partir de 152 £ ; ❄📶 ; ⊖Paddington). Ce joli bijou de 64 chambres, établissement de charme du groupe InterContinental, est une fabuleuse option dans Paddington. La décoration s'inspire de la suite numérique de Fibonacci (Pi) découverte au XIIe siècle, qui serait à l'origine de certaines formes dans la nature. Chacun des 4 étages est associé à une couleur.

Splendides sdb, aussi bien dans les couleurs que l'équipement.

VANCOUVER STUDIOS HÔTEL ££

Plan p. 454 (☎7243 1270 ; www.vancouverstudios.co.uk ; 30 Prince's Sq W2 ; studio s/d/tr 92/135/175 £, app 3 ch 350 ; @ ; ⊖Bayswater). Tout le monde se sent chez soi dans cette belle maison victorienne qui abrite 45 studios élégants loués à prix modiques. Hormis la kitchenette, ils sont tous différents : de la minuscule chambre simple bien équipée (il en existe de plus spacieuses) à la grande chambre familiale avec balcon, tous les styles décoratifs s'y expriment. Autre plus : le jardin clos où gazouille une petite fontaine. Lecteur DVD dans chaque studio, et DVD à louer (1 £).

PAVILION HOTEL HÔTEL ££

Plan p. 454 (☎7262 0905 ; www.pavilionhoteluk.com ; 34-36 Sussex Gardens W2 ; s 60-85 £, d/tr 100/120 £ ; ⊖Paddington ;). "Mode, glamour et rock 'n'roll", telle est la devise de cet hôtel original qui propose 30 chambres à thème individuel : années 1970 pour la Honky Tonky Afro, mauresque pour la Casablanca, nuits de Shanghai pour l'Enter the Dragon, James Bond pour la Goldfinger, ou encore un hommage à Bollywood pour l'Indian Summer. Une adresse amusante et d'un bon rapport qualité/prix.

NEW LINDEN HOTEL BOUTIQUE-HOTEL ££

Plan p. 454 (☎7221 4321 ; 58-60 Leinster Sq W2 ; s/d à partir de 95/119 £ ; ; ⊖Notting Hill Gate). Lumineux, aéré et très esthétique, le New Linden est une option très classique entre Westbourne Grove et Notting Hill. Certaines chambres sont petites en raison de la distribution singulière du bâtiment georgien, plutôt douillettes cependant qu'étouffantes. Personnel charmant.

TWENTY NEVERN SQUARE BOUTIQUE-HOTEL ££

Plan p. 456 (☎7565 9555 ; www.20nevernsquare.com ; 20 Nevern Sq SW5 ; s/d à partir de 79/89 £ ; ; ⊖Earl's Court). Un boutique-hotel parmi les moins chers de Londres, donnant sur un joli square. Les chambres meublées dans le style colonial possèdent d'imposants lits en bois sculpté (certains à baldaquin). Le petit-déjeuner est servi dans un merveilleux jardin d'hiver. Petit patio ; Wi-Fi gratuit.

PARKWOOD HOTEL HÔTEL ££

Plan p. 454 (☎7402 2241 ; www.parkwood-hotel.com ; 4 Stanhope Pl W2 ; s/d/tr/f 79/97/115/130 £, avec sdb commune s/d/tr 59/79/95 £ ; ; ⊖Marble Arch). Ce petit hôtel présente un bon rapport qualité/prix. Les chambres sont simples mais plutôt spacieuses, et les sdb basiques. Le personnel est à l'écoute. À deux pas d'Oxford St et de Hyde Park. Wi-Fi gratuit.

RUSHMORE HÔTEL ££

Plan p. 456 (☎7370 3839 ; www.rushmore-hotel.co.uk ; 11 Trebovir Rd SW5 ; s/d 69/89 £ ; ; ⊖Earl's Court). L'atmosphère est accueillante dans cet hôtel modeste qui possède 22 chambres impeccables de bonne taille avec sdb rénovées. Au 1er étage, 4 chambres se prolongent par des balcons : les nos 11 et 12 donnent sur la rue et les nos 14 et 15 sur la cour.

MAYFLOWER BOUTIQUE-HOTEL ££

Plan p. 456 (☎7370 0991 ; www.mayflowerhotel.co.uk ; 26-28 Trebovir Rd SW5 ; s/d à partir de 89/110 £ ; ; ⊖Earl's Court). Le Mayflower, à un pâté de maisons plus haut dans la rue de son jumeau le Twenty Nevern Square, a choisi pour ses 47 chambres un style colonial remis au goût du jour, avec des sculptures indiennes, des ventilateurs au plafond et des sbd carrelées de noir. Les chambres, surtout les sdb, sont plutôt exiguës. Les doubles deluxe disposent d'un balcon privé. Petit jardin à l'arrière.

ELYSEE HOTEL HÔTEL ££

Plan p. 454 (☎7402 7633 ; www.hotelelysee.co.uk ; 25 Craven Tce W2 ; s/d/tr à partir de 69/99/144 £ ; @ ; ⊖Lancaster Gate). Cet hôtel petits budgets est installé dans une rue calme au nord des jardins de Kensington et à 100 m de Hyde Park. Excellent rapport qualité/prix étant donné l'emplacement et les prestations (trois étoiles). Le nouvel ascenseur permet d'accéder tranquillement aux 55 chambres, et la façade fleurie est accueillante. Les chambres sont assez banales.

GATE HOTEL B&B ££

Plan p. 454 (☎7221 0707 ; www.gatehotel.co.uk ; 6 Portobello Rd W11 ; s/d à partir de 60/85 £ ; ; ⊖Notting Hill Gate). Les 6 chambres aménagées dans cette ancienne demeure à la déco anglaise traditionnelle possèdent une sdb privative. L'établissement est on ne peut mieux situé par rapport à Portobello Rd.

CHAÎNES SANS FIORITURES

Plusieurs chaînes pour petits budgets se sont installées à Londres où elles offrent aujourd'hui un hébergement quelque peu conventionnel, mais propre et confortable à des prix relativement raisonnables.

➡ **Express by Holiday Inn** (☎0800 434 040 ; www.hiexpress.co.uk ; d semaine/week-end 115/70 £). La chaîne la plus haut de gamme de toutes celles indiquées ici, toujours judicieusement située.

➡ **Premier Inn** (☎0870 242 8000 ; www.premierinn.com ; ch 110 £). Fut la première chaîne économique de Londres, largement représentée.

➡ **Travelodge** (☎0871 984 8484 ; www.travelodge.co.uk ; ch 75-105 £). Chambres agréables mais les espaces communs sont réduits.

➡ **Days Hotel** (☎0800 028 0400 ; www.daysinn.co.uk ; ch 69-125 £). Trois établissements seulement dans le centre de Londres.

➡ **easyHotel** (www.easyhotel.com ; ch 25-60 £). Chambres fonctionnelles dans un décor orange, certaines sans fenêtres. Cinq adresses en ville.

Le petit-déjeuner, continental uniquement, est servi dans les chambres faute de salle à manger.

GARDEN COURT HOTEL — HÔTEL ££

Plan p. 454 (☎7229 2553 ; www.gardencourthotel.co.uk ; 30-31 Kensington Gardens Sq W2 ; s/d/tr/f 76/125/150/175 £, s/d avec sdb commune 50/79 £ ; @ ; ⊖Bayswater). L'impeccable Garden Court est un choix fiable dans cette gamme de prix. Chambres à la décoration simple et au mobilier basique. Un agréable plus : les hôtes peuvent profiter du jardin sur place, et du square situé de l'autre côté de la rue. Wi-Fi, 5 £ pour le séjour.

STYLOTEL — HÔTEL £

Plan p. 454 (☎7723 1026 ; www.stylotel.com ; 160-162 Sussex Gardens W2 ; s/d/tr/qua 60/85/105/120 £, studio/ste 142/185 £ ; @ ; ⊖Paddington). Le Stylotel privilégie le design industriel en faisant largement appel à l'aluminium, à l'acier inoxydable et au verre dépoli pour la décoration de ses 47 chambres. Quel plaisir de bénéficier d'un cadre propre, élégant et contemporain dans cette gamme de prix ! Les 8 suites, à deux pas de London St, sont avantageuses pour les familles ou les longs séjours.

PORTOBELLO GOLD — PENSION ££

Plan p. 454 (☎7460 4910 ; www.portobellogold.com ; 95-97 Portobello Rd W11 ; ch/app à partir de 75/135 £ ; ; ⊖Notting Hill Gate). Cette pension nichée au-dessus d'un agréable pub-restaurant abrite 7 chambres de tailles variables et différemment meublées. Il y a plusieurs petites doubles (avec minuscule douche). La Honeymoon Suite, meublée à l'ancienne, possède un lit à baldaquin et une cheminée. Le studio dispose d'un four micro-ondes et d'un réfrigérateur, ainsi que d'un accès exclusif au toit-terrasse.

W14 — AUBERGE DE JEUNESSE £

Plan p. 456 (☎7602 6600 ; www.thew14hotel.co.uk ; 16-22 Gunterstone Rd W14 ; dort 26,50-34,50 £, avec sdb commune 21-27 £ ; d 105 £, avec sdb commune 58-65 £ ; @ ; ⊖Barons Court ou West Kensington). Dans une rue résidentielle calme à l'ouest d'Earl's Court (un peu perdue, mais proche du métro), cette auberge de 163 lits dégage une ambiance moderne et branchée. Bar agréable et superbe jardin à l'arrière. Dortoirs de 3 à 8 lits superposés, et 4 chambres doubles avec sdb donnant toutes sur un patio surplombant le jardin.

BARMY BADGER BACKPACKERS — AUBERGE DE JEUNESSE £

Plan p. 456 (☎7370 5213 ; www.barmybadger.com ; 17 Longridge Rd SW5 ; dort 20-22 £, d et lits jum 50 £ ; ; ⊖Earl's Court). En plein secteur résidentiel, cette ancienne maison victorienne est devenue, malgré son exiguïté, le havre des voyageurs à budget serré. Le salon aurait bien besoin d'être repeint, détail que fait oublier le ravissant jardin à l'arrière, une cuisine commune agréable et les propriétaires sympathiques. Le tarif semaine (à partir de 110 £ en dortoir 6 lits) est très avantageux. Wi-Fi, seulement 2 £/sem.

OXFORD HOTEL — HÔTEL £

Plan p. 454 (☎7402 6860 ; www.oxfordhotellondon.co.uk ; 13-14 Craven Tce W2 ; s/d/tr/qua

65/78/98/120 £ ; ⊖Lancaster Gate). Avec ses murs jaune vif et ses dessus-de-lit à carreaux, l'Oxford tente de donner le change mais les tapis râpés et l'escalier branlant rappellent son âge. L'accueil y est toujours chaleureux.

ST CHRISTOPHER'S SHEPHERD'S BUSH AUBERGE DE JEUNESSE £
Plan p. 456 (☎8600 7500 ; www.st-christophers.co.uk ; 13-15 Shepherd's Bush Green ; dort 19-21 £ ; ⊖Shepherd's Bush). Au bord du gigantesque rond-point de Shepherd's Bush, cette auberge est bruyante et la vue pas vraiment pittoresque mais le métro est là. Ses atouts sont un pub très vivant et un personnel chaleureux. Si les chambres sont plutôt surpeuplées, des casiers fermant à clé sont astucieusement placés sous les lits. Avec les offres spéciales, la nuit peut revenir à juste un peu plus de 10 £.

Greenwich et South London

CHURCH STREET HOTEL BOUTIQUE-HOTEL ££
☎7703 5984 ; www.churchstreethotel.com ; 29-33 Camberwell Church St SE5 ; s 70-90 £, d 90-170 £, lits jum/f 90/190 £ ; P❄📶 ; 🚆Denmark Hill). Un boutique-hotel parmi les plus originaux de la capitale, tranchant par son explosion de couleurs et de détails d'inspiration mexicaine sur le paysage hôtelier plutôt sobre de South-East London. Bref, une adresse bienvenue, qui plus est, à un tarif attractif démarrant à 70 £ la simple avec sdb commune (petit-déj inclus). Un bon prétexte aussi pour un *jamón iberico* dans son excellent restaurant, l'Angels & Gypsies.

PARK PLAZA WESTMINSTER BRIDGE HÔTEL £££
Plan p. 462 (☎0844 415 6780 ; 200 Westminster Bridge Rd, London SE1 ; d 238 £ ; ❄📶🏊). Cette nouvelle adresse chic bouscule les habitudes du quartier de Waterloo. Les chambres contemporaines et stylées sont très confortables. Les moins chères toutefois n'ont vue que sur le banal atrium, mieux vaut opter pour une chambre supérieure (studio et penthouse) qui vous offre la Tamise, le Westminster Bridge, Big Ben et le London Eye. Le service est plutôt désinvolte, mais l'emplacement est fantastique pour visiter la ville. L'élégance règne partout, particulièrement dans le Primo, un bar à l'ambiance décontractée mêlant mobilier de cuir et lignes géométriques épurées.

KENNINGTON B&B B&B ££
Plan p. 462 (☎7735 7669 ; www.kenningtonbandb.com ; 103 Kennington Park Rd SE11 ; d 120-150 £ ; 📶 ; ⊖Kennington). Des parures de lit splendides, des éléments georgiens bien préservés et un petit nombre de chambres rendent ce ravissant B&B très attrayant. Dans la maison du XVIIIe siècle, le bon goût s'exprime partout, des douches au carrelage étincelant aux volets georgiens, en passant par les cheminées. Appels téléphoniques gratuits vers les fixes à l'étranger.

NUMBER 16 ST ALFEGE'S B&B £
Plan p. 463 (☎8853 4337 ; www.st-alfeges.co.uk ; 16 St Alfege's Passage SE10 ; ch à partir de 75 £ ; 🚆Greenwich, DLR Cutty Sark). Dans une ancienne boutique de bonbons et tenu par des propriétaires gay, ce B&B est l'adresse la plus convoitée de Greenwich depuis son apparition dans le programme *Hotel Inspector* de Channel 5. Les deux chambres doubles et la simple sont bien agencées et personnalisées. Chacune se double d'une sdb. Tout le monde, gay ou non, s'y sentira à l'aise, à bavarder avec les propriétaires autour d'une tasse de thé dans la charmante cuisine au sous-sol. L'entrée de la maison se trouve au coin de Roan St.

CAPTAIN BLIGH GUESTHOUSE APPARTEMENTS ££
Plan p. 462 (100 Lambeth Rd SE1 ; www.captainblighhouse.co.uk ; s 63-75 £, d 85-90 £ ; ⊖Lambeth North). Les propriétaires très serviables mais discrets vous demandent de séjourner au minimum 4 nuits. La maison datant de la fin du XVIIIe siècle, ancienne demeure du capitaine Bligh (qui subit la mutinerie du Bounty), est idéalement située pour visiter l'Imperial War Museum. Ses avantages : des chambres impeccables et calmes dans un cadre soigneusement entretenu, certaines avec cuisine. Ses inconvénients : cartes de crédit non acceptées, arrhes exigés (une nuitée) non remboursables et réservation très à l'avance. Pas d'ascenseur. Repérez une porte bleu vif.

YHA LONDON THAMESIDE AUBERGE DE JEUNESSE £
Plan p. 463 (☎7232 2114 ; www.yha.org.uk ; 20 Salter Rd SE16 ; dort 16-27 £, lits jum 39-67 £ ;

@ ; Canada Water ou Rotherhithe). En dépit d'une situation un peu isolée, les équipements de cette enseigne phare des YHA sont excellents : bar, restaurant, cuisine, buanderie. Dortoirs de 4 à 10 lits. Les 20 chambres avec lits jumeaux possèdent toutes leur sdb.

ST CHRISTOPHER'S INN GREENWICH AUBERGE DE JEUNESSE £

Plan p. 463 (8858 3591 ; www.st-christophers.co.uk ; 189 Greenwich High Rd SE10 ; dort 10-25 £, lits jum 40-55 £ ; /Greenwich). Filiale d'une chaîne d'auberges de jeunesse de très bonne réputation, elle est légèrement plus calme que certaines de ses homologues plus centrales (bien qu'elle soit littéralement "collée" à la gare ferroviaire de Greenwich). Les 55 couchages sont répartis en dortoirs de 6 à 8 lits. Seulement 2 doubles à lits jumeaux. Pub sur place.

NEW CROSS INN AUBERGE DE JEUNESSE £

Hors Plan p. 463 (8691 7222 ; www.newcrossinn.co.uk ; 323a New Cross Rd SE14 ; dort 12-15 £, lits jum 25 £ ; /New Cross Gate ou New Cross). Cette auberge de 75 lits à New Cross, au sud-ouest (et réculée) de Greenwich possède des chambres sommaires avec lavabo et réfrigérateur. Profitez des deux cuisines et du pub attenant. Accès le plus facile en train de la gare de London Bridge (environ 6 min) ou par la ligne en surface. Dortoirs de 4 à 8 lits, quelques chambres à lits jumeaux ; 3 £ de plus pour les chambres le week-end.

Richmond

THE BINGHAM BOUTIQUE-HOTEL £££

Plan p. 458 (8940 0902 ; www.thebingham.co.uk ; 63 Petersham Rd TW10 ; s 170 £, d 190-285 £ ; P ; Richmond, Richmond puis bus 65). Juste après Richmond Bridge, une adorable maison georgienne transformée en hôtel de charme se dresse au bord de la Tamise, invitant à une escapade loin de Central London. Ses 15 chambres stylées sont joliment décorées sur le thème Art déco ; chacune porte le nom d'un poème. Les chambres sur la Tamise sont plus chères, mais en valent la peine. Les autres, aussi charmantes et dotées d'un double vitrage, donnent sur la très fréquentée Petersham Rd. Parmi les autres trésors de la maison, le restaurant étoilé au Michelin et le bar lounge où vous attendent d'irrésistibles cocktails.

PETERSHAM HÔTEL £££

Plan p. 458 (8940 0061 ; www.petershamhotel.co.uk ; Nightingale Lane TW10 ; s 135-175 £, d 185-250 £, ste 320 £, tarif week-end s 95-135 £, d 165 £ ; P ; Richmond, Richmond puis bus n° 65). Sur la pente qui descend vers Richmond Hill jusqu'à Petersham Meadows et en direction de la Tamise, le Petersham bénéficie d'un étonnant panorama pastoral, notamment depuis son restaurant dont les grandes baies vitrées donnent sur la Tamise. Des 60 chambres classiques, celles donnant sur le fleuve sont les plus agréables.

Comprendre Londres

LONDRES AUJOURD'HUI 340

Entre crise économique et ferveur olympique, où en est Londres ?

HISTOIRE 342

Des Romains au Windsor, deux millénaires d'une histoire mouvementée.

ARCHITECTURE 360

Des vestiges antiques aux équipements des Jeux olympiques de 2012, en passant par de magnifiques églises, les édifices londoniens font tourner la tête.

LITTÉRATURE 366

Chaucer, Pepys, Dickens, T.S. Eliot, Salman Rushdie ou Martin Amis ... Londres est une ville de poètes et d'écrivains.

THÉÂTRE ET DANSE 370

Audace et talent font de la capitale une place forte des arts du spectacle dans le monde.

ART ET MODE 373

Source d'inspiration éternelle, la ville a toujours stimulé la créativité des artistes, des paysagistes du XVIIIe siècle aux créateurs d'aujourd'hui.

LA SCÈNE MUSICALE 377

Une scène musicale d'un rare dynamisme, forte de sa diversité.

CINÉMA ET MÉDIAS....................... 381

Décor de cinéma très prisé, Londres est aussi le siège d'une puissante industrie médiatique.

Londres aujourd'hui

Tous les projecteurs sont braqués sur Londres, ville hôte des Jeux olympiques 2012. Médias, experts et citoyens lambda ont tous leur mot à dire. Si les attentes sont énormes, surtout par temps de crise, la ville se montre à la hauteur de l'enjeu : elle tient remarquablement le cap et continue à faire preuve d'un dynamisme culturel et d'une inventivité sans failles.

À voir

Blow-Up (1966). Michelangelo Antonioni reçut la Palme d'or à Cannes en 1967 pour ce film dont certaines scènes cruciales montrent la splendeur des parcs londoniens.
My Beautiful Laundrette (1985). Stephen Frears aborde les questions de l'immigration et de l'homosexualité dans le Londres des années Thatcher.
Coup de foudre à Notting Hill (1999). Hugh Grant et Julia Roberts tiennent la réplique dans cette bluette.
Match Point (2005). Woody Allen a planté le décor de ce drame dans le milieu huppé londonien.
Another Year (2010). Mike Leigh fait le portrait en demi teinte de la *middle class* dans le Londres d'aujourd'hui.

À lire

Journal de l'année de la peste (Daniel Defoe, 1722). Reconstitution de la Grande Peste de 1665. Un classique.
Oliver Twist (Charles Dickens, 1837). Des personnages inoubliables et un portrait vivant du Londres victorien.
London Fields (Martin Amis, 1989). Un roman noir et postmoderne. Étude poignante des bas-fonds de Londres.
Londres, la biographie (Peter Ackroyd, 2001). Une somme extrêmement riche et bien écrite sur la ville.
Sept mers et treize rivières (Monica Ali, 2003). Le récit d'un mariage arrangé dans la communauté bangladaise de Londres.

L'effet JO

Si la crise a eu des conséquences visibles dans le paysage urbain, laissant certains chantiers à l'arrêt, les préparatifs pour les Jeux olympiques ont suivi leur cours. L'East End a été en partie transformé, le réseau de transport étendu et les espaces publics ont subi un lifting. Même dans les quartiers les plus paisibles, la ville se fait belle. L'événement a également provoqué un boom économique dans certains secteurs : hôtellerie, restauration, vélos en libre service…

Les grands travaux olympiques sont souvent controversés, notamment pour des raisons financières. À Londres, on a misé à fond sur la rénovation d'une partie de la ville laissée à l'abandon, en mettant l'accent sur l'écologie et le développement durable, tout en s'efforçant que l'immobilier reste abordable. Le parc olympique (p. 222), qui sera rebaptisé Queen Elizabeth Olympic Park en 2013, continuera de se développer une fois les jeux finis. La stratégie adoptée vise le long terme.

Le blues de la crise

Dans le contexte de la crise, la prudence est de mise, mais certains optimistes osent affirmer que Londres sortira encore plus forte de cette mauvaise passe. Si, comme d'autres en Europe, le Royaume-Uni connaît des difficultés économiques, sa capitale semble avoir des ressources insoupçonnées, ressources encore stimulées par les Jeux de 2012.

Ici, l'immobilier a mieux résisté à l'orage que dans bien d'autres régions du pays. Certains quartiers de Londres semblent obéir à leurs propres lois économiques : les prix y stagnent voire augmentent alors qu'ils chutent dans le reste du Royaume-Uni. Cela dit, alors que les économies européennes et nord-américaines sont toujours dans le rouge, difficile de se prononcer sur ce que l'avenir réserve à Londres.

Le multiculturalisme

Depuis les attentats terroristes perpétrés en 2005 par des extrémistes musulmans dans les transports en commun de Londres, le multiculturalisme a suscité de très vives polémiques au plan politique. Si tout le monde s'accorde à dire qu'il y a eu des erreurs dans la politique d'intégration, basée sur le communautarisme, certains montrent du doigt l'arrogance des Britanniques, sur le plan international, ou stigmatisent la politique migratoire anglaise. D'autres considèrent que les immigrés devraient mieux honorer la nation... Si beaucoup de Londoniens appellent de leurs vœux une meilleure intégration des différentes communautés dans la culture britannique, la question reste politiquement très délicate.

L'alternance politique

Dans un contexte marqué par des difficultés économiques et de politique étrangère, le paysage politique britannique s'est trouvé bouleversé en 2010 : les travaillistes (Labour Party) au pouvoir depuis 1997 ont fini par faire les frais du mécontentement des citoyens. Une coalition entre conservateurs et centristes (les LibDems) leur a succédé au pouvoir, avec David Cameron aux manettes. Ce gouvernement de circonstance, confronté à une conjecture catastrophique, a imposé une cure d'austérité drastique et d'énormes économies budgétaires dans le service public, forçant le pays entier à se serrer la ceinture pour réduire la dette nationale. Lorsque de graves émeutes ont éclaté à Londres en 2011, certains observateurs ont montré du doigt cette politique d'austérité, tandis que d'autres accusent plutôt le délitement social et la perte du sens des responsabilités qui caractériserait selon eux la Grande-Bretagne moderne.

En avant !

L'offre en matière de transports à Londres ne cesse d'évoluer. Le Barclay's Cycle Hire Scheme (p. 391), système de vélos en libre service, connaît un certain succès chez les habitants comme chez les touristes. Le réseau de trains de banlieue East London Overground a été étendu. Un tramway aérien au-dessus de la Tamise, reliant Greenwich aux Royal Docks, doit entrer en service en 2012. Le réseau Crossrail, sorte de RER londonien souterrain, doit être opérationnel en 2018 : la construction des deux lignes devrait coûté environ 16 milliards de livres. Et il est question de faire réapparaître en 2012, pour le bonheur de tous, les emblématiques bus à impériale Routemaster, qui ne sont plus remplacés depuis 2005. Les nouveaux modèles sont censés être plus modernes et écologiques que leurs prédécesseurs, souvent vilipendés.

Sur 100 personnes

60 sont Britanniques d'origine européenne
12 sont Sud-Asiatiques
11 sont étrangères d'origine européenne
11 sont Africains ou Afro-Caribéens
6 sont d'autres origines

Religions

(en % de la population)

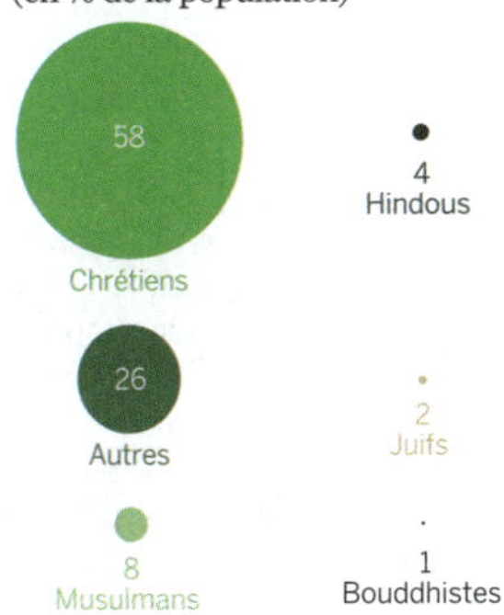

Densité de population

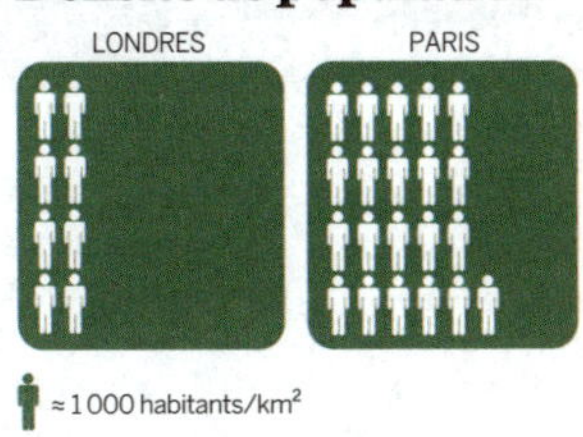

Histoire

Londres a derrière lui deux millénaires d'une longue et turbulente histoire au cours desquels divers peuplements anciens et villages se sont regroupés pour former une ville étendue, dont le cœur reste, encore aujourd'hui, regroupé autour de l'antique cité romaine. Un temps capitale du plus vaste empire colonial du monde, Londres a traversé de multiples conflits, de la Grande Peste aux incendies cataclysmiques et aux bombardements par les V-2 allemands lors de la Seconde Guerre mondiale.

LONDINIUM

Les Romains sont les véritables fondateurs de Londres, même si une présence humaine est avérée sur les bords de la Tamise plusieurs milliers d'années avant leur arrivée. Fait incroyable, le mur romain bâti autour de Londinium marque encore plus ou moins les limites entre la City et les *boroughs* voisins.

Les Romains arrivent au Ier siècle av. J.-C. pour commercer avec les Celtes et faire la reconnaissance des lieux. En 43, ils sont de retour avec une armée menée par l'empereur Claude et décident de s'y installer, fondant le port de Londinium. Ils construisent un pont en bois enjambant la Tamise (près de l'emplacement de l'actuel London Bridge) et utilisent cette colonie comme base de départ pour leurs raids vers d'autres centres tribaux, alors bien plus importants. Tout un réseau de routes part du pont pour desservir la région et, pendant quelques années, la colonie vit confortablement du commerce.

Cette croissance s'arrête brusquement en l'an 61, lorsqu'une armée conduite par Boadicée (Boudicca), reine de la tribu voisine des Icéniens établie en Est-Anglie, se venge violemment des soldats romains qui avaient attaqué son royaume, annexé ses terres et violé ses filles. Les Icéniens envahissent Camulodunum (Colchester), la capitale de la "Bretagne romaine", puis entrent dans Londinium, massacrent ses habitants et rasent la colonie. Boadicée est finalement vaincue (et, selon la légende, enterrée sous l'actuel quai n°10 de la gare de King's Cross), et les Romains reconstruisent Londinium près de Cornhill.

CHRONOLOGIE

43

Les Romains, emmenés par l'empereur Claude, envahissent la Grande-Bretagne. Avant cette date, les habitants payaient déjà un tribut à Rome depuis le passage de Jules César en 55-54 av. J.-C.

47-50

Construction du fort défensif de Londinium. Le nom serait antérieur aux Celtes : on ne connaît pas sa signification exacte, mais il pourrait vouloir dire "établissement sur le large fleuve".

120-125

Un gigantesque feu, connu sous le nom de "feu hadrianique" (de l'empereur Hadrien) se répand dans Londinium, dévastant la ville.

Un siècle plus tard, ils érigent un mur de défense autour de la cité, dont certains fragments subsistent. On peut les apercevoir le long de la bien nommée rue London Wall. Les portes d'origine – Aldgate, Ludgate, Newgate et Bishopsgate – correspondent aux noms de sites londoniens contemporains. Les fouilles menées dans la City semblent prouver que Londinium fut une métropole imposante abritant des constructions massives, notamment une basilique, un amphithéâtre, un forum et un palais pour le gouverneur.

Au milieu du IIIe siècle, Londinium compte 30 000 habitants de diverses origines ethniques et on y trouve des temples dédiés à un grand nombre de cultes différents. Lorsque l'empereur Constantin se convertit en 312, le christianisme devient la religion officielle de tout l'Empire. Conservés dans la City, les vestiges d'un temple du dieu Mithra témoignent encore des racines païennes de la ville.

Trop étendu et affaibli par les invasions barbares de plus en plus fréquentes, l'Empire romain commence à décliner, entraînant Londinium dans sa chute. L'empereur Honorius rappelle ce qui reste de soldats en 410. Les derniers Romains s'enfuient, laissant l'ancienne colonie peuplée d'une poignée d'habitants, derniers gardiens des acquis de l'Empire.

LUNDENWIC

Le sort de Londres à la suite du départ des Romains continue de faire l'objet de débats entre historiens. Si des découvertes archéologiques et les progrès technologiques ont permis depuis une vingtaine d'années d'en savoir plus sur le haut Moyen Âge, de grandes inconnues subsistent : on ignore par exemple si la cité fortifiée des Romains fut ou non totalement abandonnée. La plupart des spécialistes estiment aujourd'hui qu'il y eut une certaine continuité romano-britannique, alors même que des colons saxons, issus des tribus germaniques qui colonisèrent le sud-est de l'Angleterre à partir du Ve siècle, s'établissaient dans les environs à la suite de l'abandon de Londinium par les Romains.

Lundenwic (marché de Londres) fut fondé à l'ouest de Londinium (près des actuels Aldwych et Charing Cross) pour devenir une place de commerce saxonne. Au début du VIIe siècle, les Saxons païens sont convertis au christianisme, par saint Augustin envoyé par Rome. Rome fait de Lundenwic un diocèse et la première cathédrale Saint-Paul est bâtie au sommet de Ludgate Hill.

La cité finit par être victime de son propre succès lorsqu'en 842 les Vikings danois l'attaquent une première fois, pour l'incendier entièrement 10 ans plus tard. Sous le règne du roi Alfred le Grand de Wessex, la population saxonne se soulève et fait fuir les Danois

Ouvrages sur l'histoire

Londres, la biographie *(Stock, 2003) de Peter Ackroyd*

Histoire de Londres : gloire, épreuves et mystères *(Perrin, 2003) de Bernard Oudin*

Histoire d'Angleterre : des origines à nos jours *(Flammarion, 2008) de Philippe Chassaigne*

Histoire de la Grande-Bretagne *(Perrin, 2004) de Roland Marx*

L'Angleterre au XXe siècle *(Ellipse, 2000) de François-Charles Mougel*

122

L'empereur Hadrien se rend à Londinium où plusieurs édifices administratifs sont érigés. C'est l'apogée du Londres romain, qui regroupe temples, bains publics, forteresse et port.

190-225

Le mur de Londres est construit autour de Londinium pour le défendre des envahisseurs, qui ont franchi le mur d'Hadrien. Haut de 5 m, il enclôt une superficie de 132 ha.

410

L'empereur Honorius décrète que la colonie de Britannia doit prendre en charge sa défense, mettant fin *de facto* à la présence romaine à Londinium.

600

La place de commerce saxonne de Lundenwic – littéralement "ville de commerce de Londres" – se forme à l'ouest du site romain de Londinium.

en 886 avant de se réinstaller à l'endroit qu'on appellerait désormais Lundunburg, voué à devenir le principal centre de commerce.

Le Londres florissant et bien organisé de l'époque saxonne est alors divisé en 20 sections, dirigée chacune par un *alderman*, et devient rapidement une colonie habitée par des marchands allemands et des négociants en vin français. Cette prospérité n'échappe pas aux Danois et les attaques des Vikings ont à terme raison du pouvoir faiblissant des Saxons, obligeant ces derniers à céder le trône au chef danois Knud, couronné roi d'Angleterre en 1016.

Avec la mort du fils de Knud, Hardeknud, en 1042, la couronne revient aux mains d'Édouard le Confesseur, un Saxon. Il fonde l'abbaye et le palais de Westminster sur ce qui était à l'époque une île sur la rivière Tyburn (qui coule aujourd'hui sous terre). Lorsqu'Édouard s'installe avec la cour à Westminster, il divise la ville en sections qui vont définir, d'un point de vue géographique, la future ville de Londres. Le port devient le centre des échanges commerciaux que nous connaissons aujourd'hui sous le nom de la City, et Westminster le siège politique et administratif.

PONTS

Le premier London Bridge en pierre est achevé en 1209 après que l'ancien pont normand en bois avait été emporté par la tempête en 1091, et à nouveau détruit par le feu en 1136.

LES NORMANDS

L'an 1066 marque la véritable naissance de l'Angleterre en tant qu'État nation unifié. Après la mort d'Édouard le Confesseur cette année-là, une querelle pour la succession du trône d'Angleterre sonne le glas des souverains saxons. Harold Godwinson, comte de Wessex, avait été désigné par Édouard sur son lit de mort, ce qui mit en rage Guillaume, duc de Normandie, convaincu qu'Édouard lui avait promis le trône. Guillaume orchestre une invasion massive de l'Angleterre depuis la France. Le 14 octobre, il défait Harold lors de la bataille de Hastings, et entre dans Londres pour réclamer son dû. Guillaume le Conquérant est couronné roi d'Angleterre à l'abbaye de Westminster le 25 décembre 1066 ; la domination normande est alors absolue. Guillaume contrôle la ville la plus riche et la plus vaste du royaume.

Il se méfie toutefois de la "population féroce" de Londres et fait ériger des forteresses telles que la White Tower (cœur de la tour de Londres). Afin d'amadouer les riches marchands, il leur garantit le maintien de l'indépendance de la City en échange du paiement de taxes. Peu après la conquête normande, Londres devint la principale ville d'Angleterre, supplantant Winchester, l'ancienne capitale du Wessex.

LE LONDRES MÉDIÉVAL

Les souverains successifs acceptent l'indépendance de la City tant que les taxes payées par les marchands continuent à financer leurs guerres

604

La première cathédrale chrétienne, dédiée à saint Paul, est érigée en bois, sur le site de l'actuel édifice. Incendiée en 675, elle est reconstruite plus tard.

852

Dix ans après avoir attaqué la ville, les Vikings s'établissent à Londres. La lutte entre le Wessex et le Danemark pour le contrôle de la Tamise fait rage.

886

Alfred le Grand, premier roi d'Angleterre, reconquiert Londres au profit des Saxons et fonde un nouvel établissement dans l'enceinte des murs romains.

1016

Les Danois reviennent à Londres et Knut est couronné roi d'Angleterre. Surtout connu dans le folklore anglais comme celui qui n'a pas su maîtriser les vagues, Knut inaugure vingt années de paix.

et leurs projets de construction. Lorsque le roi Richard Ier (connu sous le nom de Richard Cœur de Lion) a besoin de fonds pour entreprendre sa croisade en Terre sainte, il accorde à la City le statut de commune autonome et les marchands continuent à lui verser de l'argent. Vers 1190, le premier maire de la City, Henry Fitz Aylwin, est élu. Fondé sur l'argent et le commerce, Londres demeure farouchement déterminé à préserver son indépendance, comme le roi Jean sans Terre, successeur de Richard, l'apprend à ses dépens. En 1215, Jean est forcé de conférer davantage de pouvoirs aux puissants barons du royaume et de réduire les taxes exorbitantes qu'il exige de la City. L'influent maire de la City fait partie de ceux qui incitent le roi à signer la Grande Charte (*Magna Carta*) de 1215, visant à réduire le pouvoir royal. Deux exemplaires de la *Magna Carta* peuvent être vus à la British Library.

Le commerce prospère et les nobles, barons et évêques se font bâtir de grandioses demeures avec jardins donnant sur la rivière, le long de l'actuel Strand reliant la City au palais de Westminster, nouveau siège du pouvoir royal. Le premier London Bridge en pierre est construit en 1176, mais il est si souvent bondé que la plupart des Londoniens traversent la Tamise grâce aux passeurs de bacs (qui n'ont cessé leur activité qu'au XVIIIe siècle).

Bien que les incendies constituent une menace permanente pour les immeubles et les rues étroites à Londres au XIVe siècle, les maladies causées par le manque d'hygiène et l'eau polluée représentent un danger bien plus grand pour cette ville en pleine expansion. En 1348, les rats amenés par des bateaux venus d'Europe apportent la peste noire, une épidémie bubonique qui va emporter presque deux tiers de la population (100 000 habitants, à l'époque) au cours des décennies suivantes.

Les pauvres sont particulièrement affectés et l'agitation gagne bientôt leurs rangs, engendrant des violences ; les émeutes sont monnaie courante. En 1381, Richard II, ignorant – ou méprisant – les revendications de son peuple, tente d'imposer un impôt local à tous les habitants du royaume. Des dizaines de milliers de paysans, menés par le soldat Wat Tyler et le prêtre Jack Straw, entrent dans Londres pour protester. L'archevêque de Canterbury est traîné à la tour de Londres pour y être décapité, de nombreux ministres sont tués et plusieurs édifices rasés avant que la révolte des paysans ne s'éteigne. Wat Tyler meurt poignardé par le lord-maire en personne, tandis que Straw et d'autres meneurs sont exécutés à Smithfield. Cependant, la population londonienne n'entendit plus jamais parler d'impôt local (jusqu'à ce que Margaret Thatcher, ignorant les leçons du passé, tente de le réintroduire dans les années 1980).

La puanteur dans les rues du Londres médiéval devait être irrespirable. L'urine, les excréments, la viande avariée, les épluchures pourrissantes, les tripes et le sang mêlaient leurs effluves à ceux des nauséabondes tanneries.

1065

L'abbaye de Westminster est consacrée, mais le chantier ne s'achèvera que 25 ans plus tard.

DOUG MCKINLAY / LONELY PLANET IMAGES ©

Abbaye de Westminster (p. 80)

1066

Après sa victoire sur le roi Harold à la bataille d'Hastings, Guillaume le Conquérant est couronné à l'abbaye de Westminster.

Tout au long du XVe siècle, Londres continue à s'enrichir et gagne en puissance sous les maisons des Lancaster et des York. C'est également la période du généreux maire Dick Whittington, immortalisé dans un conte relatant ses origines modestes et son accession au pouvoir. William Caxton installe la première imprimerie à Westminster en 1476.

En 1483, Edouard V de la maison des York, âgé de 12 ans, entame un règne qui ne durera que deux mois, avant de disparaître à tout jamais, avec son jeune frère, dans la tour de Londres. L'histoire dit que Richard III, leur oncle – qui allait devenir roi – les aurait fait assassiner. Cette question a fait l'objet de nombreuses conjectures tout au long des siècles. En 1674, des ouvriers trouvèrent un coffre contenant les squelettes de deux enfants près de la White Tower ; on suppose alors qu'il s'agissait des ossements des deux princes et on les enterra à Innocents' Corner, dans l'abbaye de Westminster. Richard III ne profite guère longtemps du trône car il est tué en 1485 à la bataille de Bosworth Field par Henri Tudor, premier monarque de sa dynastie.

MENDICITÉ

On traitait très durement les mendiants de Londres au XVIe siècle. Henri VIII avait ordonné de fouetter, battre et même emprisonner tous ceux qui étaient valides – une politique qui ne fit pas diminuer le nombre des vagabonds.

LONDRES SOUS LES TUDORS

Londres devient alors une des villes les plus importantes d'Europe. Elle le restera pendant tout le règne des Tudors où l'on assiste à la découverte de l'Amérique et à l'avènement d'un commerce mondial florissant.

Henri VIII, fils et successeur d'Henri VII, est de loin le plus mégalomane du clan. Il raffole des palais et donne des instructions pour en faire construire à Whitehall et à St James's, puis pousse son Grand Chancelier, le cardinal Thomas Wolsey, à lui faire cadeau de Hampton Court.

Sa contribution la plus marquante reste cependant sa rupture avec l'Église catholique en 1534 après le refus du pape d'annuler son mariage avec Catherine d'Aragon, incapable à ses yeux de lui donner un héritier mâle. En faisant un pied de nez à Rome, Henri se proclame chef ou plutôt chef *suprême* de l'Église d'Angleterre et épouse Anne Boleyn (la deuxième de ses six épouses). Il "dissout" le monarchisme londonien et s'empare des richesses et des domaines séculiers. Le visage du Londres médiéval s'en trouve transformé. Une grande partie des terres réquisitionnées pour la chasse deviendront plus tard Hyde Park, Regent's Park et Richmond Park tandis que de nombreux édifices religieux disparaîtront pour ne laisser que leur nom à certains endroits de la ville actuelle, comme Whitefriars et Blackfriars (nommés d'après la couleur des habits de la confrérie).

En dépit de sa fâcheuse tendance à résoudre les différends à la hache (deux de ses six épouses et Thomas More, le remplaçant de Wolsey au poste de Grand Chancelier, seront décapités) et de son habitude de

1091

La Grande Tornade de Londres balaie la ville, détruisant une grande partie de l'église originelle de St Mary-le-Bow, le London Bridge (en bois) et d'innombrables maisons.

1097-1099

William Rufus construit le Westminster Hall, sans doute le plus vaste d'Europe à l'époque.

1176

Édification du premier pont de pierre à Londres. La foule est souvent trop nombreuse pour permettre le passage et des habitants font appel aux services de passeurs en barges.

1189

Le couronnement de Richard Ier est l'occasion d'un pogrom contre les juifs. Hommes, femmes et enfants sont massacrés dans Londres.

persécuter ses opposants, catholiques ou protestants, Henri VIII reste un monarque très populaire jusqu'à sa mort en 1547. Sous le règne de Mary Ire, fille d'Henri et de Catherine d'Aragon, l'Angleterre assiste à un bref retour au catholicisme pendant lequel la reine autorise le massacre par le feu de centaines de martyrs protestants à Smithfield, ce qui lui vaudra le surnom de "Marie la Sanglante" (*Bloody Mary*). Lorsqu'Elisabeth Ire, fille d'Henri VIII et d'Anne Boleyn, monte sur le trône, le catholicisme est sur le déclin et ceux qui osent suggérer le contraire sont envoyés par centaines à la potence de Tyburn.

LE LONDRES ÉLISABÉTHAIN

On considère aujourd'hui encore les 45 années de règne d'Elisabeth Ire comme l'une des plus extraordinaires périodes de l'histoire anglaise et cette importance vaut pour Londres comme pour le reste du pays. Pendant ces quatre décennies, la littérature atteint de nouveaux sommets, jamais dépassés depuis. La tolérance religieuse devient la norme, même si les catholiques et certains protestants restent persécutés. Après sa victoire sur l'Armada espagnole en 1588, la Grande-Bretagne est la plus grande puissance navale du monde, tandis que Londres devient la principale place commerciale de la planète avec l'ouverture du Royal Exchange en 1566.

Londres est économiquement et "territorialement" en pleine expansion. Pendant la deuxième moitié du XVIe siècle, la ville voit sa population doubler pour atteindre 200 000 âmes. La première carte de Londres est publiée en 1558, tandis que John Stow édite en 1598 *A Survey of London*, le premier ouvrage sur l'histoire de la ville.

C'est l'âge d'or du théâtre anglais et les œuvres de William Shakespeare, de Christopher Marlowe et de Ben Jonson font salle comble dans les nouveaux théâtres tels que le Rose (construit en 1587) et le Globe (1599), tous deux édifiés à Southwark, quartier réputé alors pour ses maisons closes et ses tavernes fréquentées par les prostituées. Ils se trouvent surtout en dehors de la juridiction de la City, qui désapprouve et rejette le théâtre considéré comme une perte de temps.

Lorsqu'en 1603 Elisabeth meurt sans héritier, son deuxième cousin accède au trône sous le nom de Jacques Ier d'Angleterre. Fils de Marie la Catholique, reine d'Écosse, ce monarque n'améliore pas assez rapidement les conditions de vie des catholiques en Angleterre, ce qui ne manque pas de provoquer leur colère. Il échappe de peu à une tentative d'assassinat lorsque le complot de Guy Fawkes visant à faire sauter le Parlement, le 5 novembre 1605, est déjoué. Depuis, la découverte de ce plan audacieux est célébrée chaque année par des feux d'artifice et des effigies de Fawkes sont brûlées dans tout le pays.

L'hygiène aurait pu faire un grand bond en avant en 1596 lorsque sir John Harrington inventa des toilettes avec chasse d'eau. Son concept toutefois ne trouva pas preneur.

PREMIÈRES TOILETTES

1215

Le roi Jean (Jean sans Terre) signe la *Magna Carta* ("Grande Charte"), un accord avec le baronnage d'Angleterre qui est le fondement du droit constitutionnel anglais.

1241

Cock Lane, dans Smithfields, devient la rue de la prostitution dans la capitale.

1340

Londres compte entre 50 000 et 80 000 âmes, une population similaire à celle d'autres grandes villes d'Europe à la même époque.

1348

Des rats amenés par des bateaux venus d'Europe apportent la peste noire, une épidémie bubonique qui va emporter près des deux tiers des 100 000 habitants au cours des décennies suivantes.

LES GUERRES CIVILES ANGLAISES (PREMIÈRE RÉVOLUTION ANGLAISE)

Après l'accession au trône de Charles Ier, fils de Jacques Ier, en 1625, son intransigeance et sa foi absolue dans la monarchie de droit divin ne tardent pas à faire éclater un conflit entre, d'une part, la Couronne et, d'autre part, un Parlement de plus en plus sûr de lui et une City qui ne supporte plus d'avoir à payer des taxes exorbitantes. Charles apporte la goutte d'eau qui fait déborder le vase lorsqu'il veut faire arrêter cinq opposants, membres du Parlement, qui se réfugient à la City. En 1642, le pays sombre dans la guerre civile.

Les puritains (protestants extrémistes) et la classe en pleine expansion des marchands de la City soutiennent le général Oliver Cromwell, leader des parlementaristes (les *Roundheads*, ou têtes rondes) qui combattent les troupes royalistes (les *Cavaliers*). Londres soutient fermement les *Roundheads* et Charles Ier est vaincu en 1646, mais une deuxième guerre civile (1648-1649) puis une troisième (1649-1651) continueront de semer la discorde dans cette nation jadis stable et prospère.

Charles Ier est décapité pour faits de trahison devant la Banqueting House à Whitehall, le 30 janvier 1649, portant deux chemises ce matin-là pour éviter de trembler de froid et passer pour un lâche. Cromwell fera du pays une république qu'il dirigera pendant les onze années suivantes, Charles II, le fils de Charles Ier, luttant parallèlement pour restaurer la monarchie. Pendant le Commonwealth d'Angleterre, nom donné à ce régime républicain, Cromwell interdit le théâtre, la danse, Noël et à peu près toute activité tant soit peu ludique.

SAMUEL PEPYS

Pour un retour dans le temps, lisez le *Journal de Samuel Pepys*. Ce haut fonctionnaire a consigné chaque jour pendant une dizaine d'années les grands événements de sa vie personnelle, mais aussi ceux de la cour sous le règne de Charles II et ceux vécus par tous les Londoniens (peste et grand incendie de 1665-1666 notamment).

LA RESTAURATION : LA GRANDE PESTE ET LE GRAND INCENDIE

Peu après la mort de Cromwell, le Parlement décide que, finalement, la monarchie avait du bon et, en 1660, fait revenir Charles II de son exil. Le corps de Cromwell est exhumé et suspendu à Tyburn, tandis que sa tête en décomposition est empalée devant Westminster Hall pendant deux décennies.

En dépit de son immense richesse du temps des Tudors, Londres demeure une ville populeuse et sale, dont la majeure partie des habitants vit dans la misère. L'absence de règles élémentaires d'hygiène (on jette invariablement dans la rue le contenu des pots de chambre), l'eau souillée et la surpopulation contribuent à la récurrence de fièvres et de maladies mortelles. Depuis le XIVe siècle, la ville est régulièrement en proie à la peste bubonique, mais jamais cette épidémie n'a fait plus de victimes que lors de la Grande Peste de 1665.

1558

Un groupe de marchands allemands commande la première carte détaillée de Londres. C'est aussi le début de la période élisabéthaine, avec la montée sur le trône d'Elisabeth Ire.

1569

Afin de recueillir des fonds, Elisabeth Ire fonde la première loterie nationale du monde. Le premier prix est de 5 000 £ et les billets coûtent 10 shillings. Le tirage a lieu près de la cathédrale Saint-Paul.

1599

Le Globe ouvre à Southwark, ainsi que d'autres scènes londoniennes. La plupart des pièces écrites par Shakespeare après 1599 seront jouées ici, dont *Macbeth* et *Hamlet*.

1605

Le complot catholique visant à tuer Jacques Ier en faisant sauter la Chambre des Communes est déjoué. L'un des comploteurs, Guy Fawkes, est exécuté en 1606.

Alors que l'épidémie progresse, la population, effrayée, barricade les portes des maisons, les ouvrant uniquement pour se ravitailler et se débarrasser des morts. Les rues, autrefois bondées, se vident. Églises et marchés ferment et un silence inquiétant s'abat sur la ville. Le maire, peu avisé, pense que chiens et chats colportent la maladie et ordonne leur éradication. Ce faisant, il débarrasse le véritable porteur de la peste, le rat, de ses prédateurs naturels. Au moment où le froid de l'hiver arrête le fléau, 100 000 personnes ont trouvé la mort. On rassemble leurs cadavres pour les jeter dans de vastes "fosses à pesteux" : l'emplacement de nombre d'entre elles demeure, de nos jours encore, exempt de toute construction.

Fin 1665, la peste commence à refluer, laissant derrière elle une ville convaincue que ces morts sont la marque d'un châtiment divin, destiné à la punir de sa dépravation morale. Alors que les Londoniens croient apercevoir le bout du tunnel, un autre désastre les frappe. Leur ville, particulièrement exposée du fait de sa grande proportion de bâtiments en bois, est ravagée par un terrible incendie. Le feu se déclare le 2 septembre 1666 dans une boulangerie de Pudding Lane, au cœur de la City.

Au début, l'incendie n'est pas pris au sérieux, le maire le qualifie d'un feu "que même une femme pourrait éteindre en pissant dessus" et retourne se coucher. Mais la chaleur inhabituelle pour un mois de septembre et les vents qui se lèvent nourrissent les flammes et le feu embrase la ville pendant 4 jours, détruisant 80% des bâtiments. Seules 8 personnes périssent (à en croire la version officielle), mais la partie médiévale de Londres, inspirée de l'architecture Tudor et jacobine, est entièrement détruite. On parvient finalement à stopper l'incendie à Fetter Lane, à la limite de la ville, en faisant sauter tous les bâtiments situés sur la progression des flammes. L'ampleur de la catastrophe est immense : 89 églises et plus de 13 000 maisons sont rasées, laissant des dizaines de milliers de personnes sans abri. De nombreux Londoniens choisissent alors de partir pour la campagne ou d'aller chercher fortune dans le Nouveau Monde.

Fourmillant de détails fascinants et de pépites historiques, Hidden London (http://hidden-london.com, en anglais) met en lumière des "quartiers et des endroits peu connus" de la capitale.

LE LONDRES DE WREN

Cet événement tragique compte cependant un aspect positif : il laisse un terrain vierge à l'architecte de génie Christopher Wren, qui y érigera ses splendides églises. Ses plans pour rebâtir une ville moderne sont malheureusement jugés trop onéreux et, très vite, l'ancien canevas des rues réapparaît. Par décret, les constructions en brique et en pierre remplacent celles en bois de l'époque des Tudors, alors que l'on élargit nombre de rues. Pendant ce temps, Charles II s'installe au palais de St James's et la petite noblesse, pour se rapprocher de la Cour,

1653-1658

Cromwell instaure un gouvernement puritain et se fait appeler Lord Protecteur jusqu'à sa mort en 1658.

1665

La Grande Peste sévit à Londres, tuant un cinquième de sa population. Moins meurtrière que la peste noire du XIVe siècle, elle est considérée comme l'une des dernières en Europe.

1666

Le Grand Incendie de Londres fait rage pendant 4 jours, détruisant la ville telle que l'avait connue et aimée Shakespeare : les quatre cinquièmes de la capitale sont dévastés.

Peinture de S. A. Forbes

construit tout autour les grandes places et les résidences citadines qui caractérisent encore aujourd'hui Mayfair et St James's.

En 1677, la colonne Monument, conçue par Wren, est érigée en mémoire du Grand Incendie, tout près du lieu où le feu se déclencha. Symbolisant la restauration et la résurrection des années suivantes, elle est, durant un temps, la plus haute construction de la ville. On peut d'ailleurs, à l'époque, la voir de n'importe quel point de la capitale.

En 1685, quelque 1 500 huguenots arrivent à Londres pour fuir la persécution dont ils sont victimes dans la France catholique. Bon nombre d'entre eux se tournent vers la fabrication de marchandises de luxe telles que la soie et l'argenterie et s'installent près de Spitalfields et de Clerkenwell, deux quartiers où résident immigrés et artisans irlandais, juifs et italiens. La ville devient rapidement l'un des endroits les plus cosmopolites au monde.

En 1688, la Glorieuse Révolution (qui se déroule sans effusion de sang) porte Guillaume d'Orange sur le trône. Il quitte le palais de Whitehall pour s'installer dans celui de Kensington Gardens dont les environs s'embellissent pour la circonstance. Pour financer la guerre contre la France, et rendre justice à la transformation de la City en un pôle plus financier que manufacturier, Guillaume III crée la Banque d'Angleterre en 1694. La croissance de la ville se poursuit sans entrave. À l'aube du XVIIIe siècle, fort de quelque 600 000 habitants, Londres s'enorgueillit d'être la plus grande ville d'Europe. Avec l'afflux de travailleurs étrangers, elle s'étend vers l'est et le sud, tandis que les mieux nantis s'installent dans les quartiers nord et ouest, plus salubres. Aujourd'hui, Londres reste toujours divisé plus ou moins selon ces mêmes lignes directrices.

La fin de la construction de la cathédrale Saint-Paul, érigée par Wren, marque l'apogée en 1710 des grands travaux de la Restauration. Il s'agit de l'une des plus imposantes cathédrales d'Europe, et elle demeure l'un des grands bâtiments distinctifs de Londres.

CATHÉDRALE SAINT-PAUL

Pour un panorama superbe sur la ville depuis l'édifice ecclésiastique le plus emblématique de Londres, grimpez les 528 marches du dôme de la cathédrale Saint-Paul, *magnum opus* de sir Christopher Wren. Vieux de 300 ans, l'édifice a été récemment restauré.

LE LONDRES GEORGIEN

Lorsque la reine Anne meurt, en 1714, sans laisser d'héritier, le pays recherche un successeur protestant (la loi de 1701 interdisant le trône aux catholiques). C'est finalement George de Hanovre, l'arrière-petit-fils de Jacques Ier, qui est l'heureux élu. Tout juste arrivé d'Allemagne, il se fait couronner roi d'Angleterre sans connaître l'anglais. Pendant ce temps, la population, de plus en plus instruite, lit ses premiers journaux, vendus autour de Fleet St.

Sous le règne de George Ier, le Parlement est dominé par le parti whig de Robert Walpole. Ce dernier occupe, pour la première fois dans l'histoire de l'Angleterre, le poste de Premier ministre. Il s'installe au 10

1702

Le *Daily Courant*, le premier journal de Londres, est publié dans Fleet Street. Il consiste en une unique feuille de nouvelles.

1707

Première réunion, à Londres, du Parlement du royaume de Grande-Bretagne après l'adoption, en 1707, des Actes d'Union rassemblant l'Écosse et l'Angleterre sous un Parlement unique.

1711

La cathédrale Saint-Paul de sir Christopher Wren est officiellement terminée, 35 ans après la destruction de l'ancien édifice lors du Grand Incendie de Londres.

1759

Le British Museum, abrité dans la Montagu House à Bloomsbury, est ouvert au public. Il ne perçoit aucun droit d'entrée des "personnes studieuses et curieuses".

Downing St, lieu qui allait devenir la résidence officielle de (presque) tous les Premiers ministres suivants.

Londres grandit à une vitesse phénoménale et les premières mesures pour rendre la ville plus facile d'accès sont prises dès cette époque. Au moment de son inauguration, en 1750, le pont de Westminster est le deuxième à enjamber la Tamise après le London Bridge, construit par les Romains. Cet ancien pont est débarrassé de la plupart des bâtiments qui le bordent et le mur romain qui entoure la City est démoli.

Le Londres georgien connaît une période de grande créativité artistique, particulièrement dans les domaines de la musique et de l'architecture. Le compositeur de la cour, George Frederick Haendel, y écrit sa *Water Music* (la "Musique sur l'eau") en 1717 et le *Messiah* (le *Messie*) en 1741, tandis qu'en 1755, le Dr Johnson élabore le premier dictionnaire de la langue anglaise. William Hogarth, Thomas Gainsborough et Joshua Reynolds produisent quelques-unes de leurs plus belles gravures et peintures, et bon nombre des plus belles demeures, rues et places londoniennes sont érigées ou conçues par de grands architectes tels que John Soane et l'incomparable John Nash.

Alors que le fossé entre riches et pauvres se creuse, la criminalité augmente. George II lui-même se fait dérober "sa bourse, sa montre et ses menus objets" pendant une brève promenade à travers Kensington Gardens. C'est le Londres de Hogarth, où les plus fortunés se font construire de magnifiques demeures dans les beaux quartiers et se réunissent dans d'élégants cafés, tandis que les plus démunis croupissent dans des taudis où ils tentent d'oublier leur misère à coups de gin bon marché. Afin d'enrayer la criminalité, deux magistrats décident en 1749 de créer les Bow Street Runners. Ce groupe de volontaires, prédécesseurs en quelque sorte de la Metropolitan Police Force (fondée en 1829), est formé pour confondre les *marshals* officiels (appelés aussi *thief-takers*, attrape-voleurs) qui sont alors suspectés (souvent à raison) de complicité avec les criminels.

En 1780, le Parlement propose d'abroger la loi interdisant aux catholiques d'accéder à la propriété par l'achat ou l'héritage. Contrarié par un tel amendement, lord George Gordon, membre du Parlement, organise une manifestation qui tourne à l'émeute. 30 000 personnes en furie s'attaquent aux ouvriers irlandais et brûlent les prisons, les *Papish dens* ("repaires des papistes" ou chapelles) et plusieurs tribunaux. Au moins 300 personnes périssent, notamment des manifestants qui, après être entrés par effraction dans une distillerie à Holborn, se saoulent à mort. L'armée ne parvient à rétablir le calme qu'après 5 jours d'émeutes.

Au tournant du XVIIIe siècle, la population londonienne frise le million.

Pour une mine d'informations de spécialistes, de faits peu connus et d'anecdotes sur l'histoire de l'East End et de ses personnalités, cliquez sur East London History (www.eastlondonhistory.com, en anglais).

1812

Naissance de Charles Dickens, qui deviendra le plus grand romancier de l'époque victorienne. Nombre de ses œuvres dépeignent la misère du Londres de cette époque.

1814

Près de 1,5 million de litres de bière se répandent soudain dans la ville. La Great Beer Flood cause destruction et mort dans les rues entourant une brasserie dans St Giles, où des cuves ont cédé.

1829

La première ligne de bus régulière, "l'omnibus", est inaugurée : elle va de Paddington à Bank et le billet coûte 1 shilling.

1838

Le couronnement de la reine Victoria à l'abbaye de Westminster inaugure une nouvelle ère pour Londres, qui devient le centre économique et politique du monde.

LE LONDRES VICTORIEN

La croissance et les progrès du siècle précédent ont beau être impressionnants, ils semblent dérisoires comparés à ceux de l'ère victorienne, qui commence en 1837 quand la reine Victoria, âgée de 18 ans, accède au trône. La révolution industrielle voit les petits ateliers dépassés par de grandes unités de production, qui annoncent l'émergence d'un modèle social inédit. Au cœur de ce changement, Londres devient le centre nerveux de l'Empire le plus vaste et le plus riche que le monde ait connu, couvrant le quart de la surface du globe et rassemblant plus de 500 millions de personnes.

De nouveaux docks sont construits dans East London pour tirer profit du commerce florissant avec les colonies britanniques et un réseau de chemins de fer commence à s'étendre autour de Londres. Le premier métropolitain du monde, reliant Paddington et Farringdon Rd, est mis en service en 1863. Il connaît un tel succès que d'autres lignes sont bientôt ouvertes. Bon nombre des monuments phares de Londres sont érigés à cette époque : la Clock Tower des Houses of Parliament, plus connue sous le nom de Big Ben (1859), le Royal Albert Hall (1871) et le Tower Bridge (1894).

Un des héros méconnus de cette époque s'appelle Joseph Bazalgette. À la fin des années 1850, cet ingénieur commence à construire plus de 2 000 km de canalisations destinées à évacuer les égouts en dehors de la ville, assainissant enfin cette métropole gigantesque. Le système d'évacuation des eaux usées actuel emploie toujours ce réseau.

L'histoire retient principalement de l'ère victorienne la puissance de l'Empire fondée sur l'industrie, le négoce et le commerce. Or, c'est risquer d'en oublier les réalisations intellectuelles, artistiques et scientifiques. Charles Dickens, le plus célèbre chroniqueur de cette période, écrit *Oliver Twist* en 1837 et d'autres ouvrages explorant les thèmes de la pauvreté, du désespoir et de la misère de la classe ouvrière. En 1859, c'est à Londres que Charles Darwin publie sa très controversée *Origine des espèces*, dans laquel il élabore sa théorie de l'évolution, qui fera date dans l'histoire de la pensée.

C'est également à cette période que l'Angleterre connaît d'éminents Premiers ministres, dont William Gladstone (qui enchaîne quatre mandats entre 1868 et 1894) et Benjamin Disraeli (qui occupe le poste en 1868 et de nouveau de 1874 à 1880).

Londres voit affluer des vagues d'immigrants de Chine et d'Europe de l'Est tout au long du XIXe siècle et sa population passe de 1 à 6 millions. Cette explosion démographique a son revers. Les plus défavorisés vivent entassés dans des taudis insalubres au cœur de la ville, alors que les personnes plus influentes se font bâtir des pavillons cossus dans la

On s'inquiète aujourd'hui des émissions des véhicules. Cette préoccupation agitait déjà les esprits il y a plus d'un siècle : à la fin du XIXe siècle, 1 000 tonnes de crottin de cheval jonchaient chaque jour les rues de Londres et, en 1894, le *Times* estimait que les rues disparaîtraient dans 50 ans sous 3 m de fumier.

1843

Le Thames Tunnel reliant sous la Tamise Rotherhithe à Wapping est terminé. C'est le premier tunnel construit sous une voie navigable.

1878

Le marché au poisson de Billingsgate reçoit l'électricité, grâce à des lampes utilisant des bougies Jablochkoff. L'Holborn Viaduct et le Victoria Embankment sont également illuminés.

1884

Le *Greenwich Mean Time* (GMT) entre en vigueur, faisant de l'observatoire de Greenwich la référence des horloges du monde entier.

1893

La Shaftesbury Memorial Fountain, couronnée d'une statue d'Éros (plus exactement d'Antéros) est la 1re statue publique en aluminium du monde à être dévoilée sur Piccadilly Circus.

périphérie. Une grande partie de la banlieue londonienne d'aujourd'hui est constituée de rangées de ces maisons de style victorien.

La reine Victoria vécut suffisamment longtemps pour célébrer son jubilé de diamant en 1897. Elle rendit son dernier soupir quatre ans plus tard, à l'âge de 81 ans ; elle est enterrée à Windsor. Son règne se situe à l'apogée de la suprématie de l'Empire britannique, lorsque Londres pouvait se considérer comme la véritable capitale du monde.

DE L'EMPIRE À LA GUERRE MONDIALE

Le fils sybarite de Victoria, Édouard VII, prince de Galles, a près de 60 ans lorsqu'il hérite de la couronne en 1901. À cette époque, les premiers autobus motorisés font leur apparition, remplaçant leurs prédécesseurs tractés par des chevaux depuis 1829. La construction d'hôtels de luxe, comme le Ritz, en 1906, et de grands magasins, tels que Selfridges, en 1909, ajoutent une touche de glamour à cette Belle Époque londonienne. Les Jeux olympiques se tiennent au White City Stadium en 1908 – un spectacle bien différent des Jeux prévus à peine plus d'un siècle après. Le stade sera démoli en 1985 pour laisser place aux nouveaux locaux de la BBC.

La Grande Guerre éclate en août 1914. Les zeppelins larguent leurs premières bombes près de Guildhall un an plus tard, tuant 39 personnes. Peu après, les avions qui bombardent la capitale font 650 victimes (la moitié du nombre de civils tués dans tout le pays). Pendant que les jeunes nantis se reposent après une guerre relativement difficile, les *Roaring 20's* (Années folles) n'apportent que leur lot additionnel de privations à la plupart des Londoniens, la crise économique faisant grimper en flèche le coût de la vie.

La population continue à croître pour atteindre près de 7,5 millions d'habitants en 1921. Pendant que le London County Council (LCC) s'affaire à nettoyer les bas quartiers et à construire de nouveaux lotissements, les banlieues continuent à gagner du terrain sur la campagne environnante.

Le nombre de chômeurs augmente, à mesure que l'économie mondiale sombre dans la récession. En mai 1926, un conflit salarial dans l'industrie houillère dégénère en une grève générale de 9 jours pendant laquelle toute vie à Londres semble s'être arrêtée. L'armée intervient pour restaurer l'ordre et éviter la paralysie totale de la ville. Cet événement marque le début de plus d'un demi-siècle de conflits sociaux.

La crise économique n'a cependant pas empêché le développement d'une élite intellectuelle. Les années 1920 voient naître le groupe de Bloomsbury, qui compte l'écrivain Virginia Woolf et l'économiste John Maynard Keynes parmi ses membres. Au cours de la décennie suivante,

JEUX OLYMPIQUES

En 2012, Londres sera la première ville du monde à accueillir pour la troisième fois les Jeux olympiques.

1901

La reine Victoria meurt au terme d'un règne de plus de 63 ans, le plus long (jusqu'ici) de l'histoire britannique. Victoria détestant les obsèques en noir, Londres se pare de violet et de blanc.

1908

Londres accueille ses premiers Jeux olympiques au White City Stadium, aujourd'hui démoli ; 22 équipes y prennent part ; le budget total s'élève à 15 000 £.

1928

La Tamise sort de son lit, détruisant rues et maisons dans le centre de Londres et tuant 14 personnes.

1936

George VI accède au trône après l'abdication de son frère Édouard VIII, qui préfère à la Couronne Wallis Simpson, une Américaine divorcée inacceptable pour l'establishment.

le feu des projecteurs se dirige plus à l'ouest, vers Fitzrovia, où George Orwell et Dylan Thomas trinquent avec leurs contemporains à la Fitzroy Tavern, dans Charlotte St.

Le cinéma, la télévision et la radio font leur apparition. En 1922, la BBC diffuse sa première émission radio depuis le toit de Marconi House, dans le Strand. Quatorze ans plus tard, c'est au tour de la télévision d'émettre son premier programme depuis Alexandra Palace.

La famille royale prend un sacré coup lorsqu'en 1936 Édouard VIII abdique pour se marier avec une Américaine qui avait, de surcroît, divorcé à deux reprises. La même année, Oswald Mosley tente d'organiser, sous la bannière de la British Union of Fascists, une marche antisémite à travers l'East End, mais s'en trouve empêché par une foule d'un demi-million de personnes. L'échauffourée restera dans les mémoires sous le nom de "bataille de Cable St".

LA SECONDE GUERRE MONDIALE ET LE BLITZ

La politique de conciliation du Premier ministre Neville Chamberlain à l'égard d'Adolf Hitler, au cours des années 1930, s'avère sans effet. Lorsque, le 1er septembre 1939, l'Allemagne envahit la Pologne, la Grande-Bretagne lui déclare la guerre, en respect d'un traité d'assistance mutuelle signé avec Varsovie quelques jours auparavant. C'est le début de la Seconde Guerre mondiale.

La première année de la guerre se déroule pour Londres dans une attente anxieuse. Bien que plus de 600 000 femmes et enfants aient été évacués, aucune bombe ne vient troubler les nuits noires. Cette drôle de guerre s'achève le 7 septembre 1940, lorsque des avions de la Luftwaffe larguent des centaines de bombes sur l'East End, faisant 430 victimes.

Le métro londonien était devenu un abri anti-bombes

Le Blitz (de l'allemand *blitzkrieg*, "guerre éclair") dure 57 nuits, puis se poursuit de manière plus sporadique jusqu'en mai 1941. Le métro londonien se transforme en abri, mais une bombe pénètre par l'escalator dans la station de Bank et explose sur la plate-forme, tuant plus de 100 personnes. La famille royale – toujours très populaire et respectée – joue un grand rôle en refusant de quitter Londres pendant les bombardements. La reine Elisabeth (défunte mère de l'actuelle reine), que l'on suppliait d'autoriser ses enfants à quitter la capitale, aurait répondu : "Les enfants ne peuvent partir sans moi, je ne peux partir sans le roi, et le roi ne partira pas". Le jeune frère du roi, le duc de Kent, est tué en service actif en 1942, et Buckingham Palace est touché lors d'un raid aérien, ce qui vaudra à la reine cette déclaration qui est restée dans l'histoire : "Nous pouvons enfin regarder l'East End en face". Winston Churchill, Premier

1940-1941

Londres est dévasté par le Blitz ; la cathédrale Saint-Paul et la tour de Londres en sortent miraculeusement indemnes.

Cathédrale Saint-Paul (1943 ; p 147)

1944

À l'automne, le Blackout (noir complet) s'éclaircit un peu pour passer au Dimout (noir partiel).

ministre depuis 1940, dirige une grande partie des opérations militaires depuis les Cabinet War Rooms, dans les sous-sols de Whitehall. C'est de là qu'il prononcera ses éloquents discours de guerre.

En janvier 1944, le moral des Londoniens est de nouveau soumis à rude épreuve, lorsque des bombes V-I (connues sous le nom de "bombes volantes") sont lâchées au-dessus de la ville. Au moment de la capitulation de l'Allemagne nazie en mai 1945, un tiers de l'East End et l'ensemble de la City ne sont plus qu'un champ de ruines ; 32 000 Londoniens ont perdu la vie et 50 000 autres sont blessés. Il est possible de mesurer l'ampleur de la destruction en se promenant dans la City, où les bâtiments édifiés dans l'immédiat après-guerre (hideux pour la plupart) marquent les endroits frappés par les bombes allemandes.

LE LONDRES DE L'APRÈS-GUERRE

Une fois l'euphorie de la victoire en Europe passée, la nation réalise l'énorme tribut qu'elle a dû payer à la guerre. Une période d'austérité commence, marquée par le rationnement de nombreux produits de base et la construction, sur les sites bombardés de Pimlico et de l'East End, de hautes tours d'habitation destinées à soulager la pénurie chronique de logements dans la capitale. L'organisation des Jeux olympiques, en 1948, et du Festival of Britain, en 1951, regonfle le moral du pays.

Le ciel au-dessus de Londres s'assombrit de nouveau – au sens propre de l'expression –, le 6 décembre 1952, quand arrive le *Great Smog*, dernière grande catastrophe en date à avoir touché la ville. Un mélange létal de brume, de fumée et de pollution toxique se pose sur Londres, et 4 000 personnes décèdent de maladies liées au *smog* (contraction des mots *smoke*, fumée, et *fog*, brouillard). En réponse au problème, le *Clean Air Act* de 1956 instaure au cœur de Londres des zones où seuls les combustibles non fumigènes peuvent être brûlés.

Le rationnement des produits prendra fin en 1953, l'année du couronnement de la reine Elisabeth II, qui succède à son père le roi George VI.

Des immigrants du monde entier, issus notamment des anciennes colonies britanniques, affluent dans les années d'après-guerre à Londres, qui se trouve alors en manque de main-d'œuvre suite à la diminution de sa population. Le caractère de la ville en sera modifié à jamais. Cependant, comme le montrent les émeutes racistes de Notting Hill en 1958, les immigrants, bien qu'encouragés à venir, ne sont pas toujours les bienvenus.

Une timide reprise économique se fait sentir à la fin des années 1950. Le Premier ministre Harold Macmillan n'affirme-t-il pas que l'Angleterre "ne s'est jamais aussi bien portée" ? Londres est l'endroit où

La nuit du 29 décembre 1940 fut appelée le "second grand incendie de Londres" : les bombardiers allemands lâchèrent plus de 100 000 bombes sur la ville en quelques heures, déclenchant 1 500 foyers d'incendie dans la City, devenue une fournaise, et incendiant le centre-ville jusqu'à Islington. Saint-Paul en réchappa en grande partie grâce au courage des pompiers.

1951

George VI inaugure le Festival of Britain, pour remonter le moral de la nation après les destructions de la Seconde Guerre mondiale.

1952

Londres, envahie par un *smog* épais comme une soupe de pois qui la pollue et étouffe sa population, s'arrête de vivre pendant 4 jours en décembre.

1953

Le couronnement de la reine Elisabeth II est diffusé dans le monde entier à la télévision. Pour l'occasion, de nombreux ménages anglais font l'acquisition de leur première télévision.

1956

Les premiers Routemasters, les fameux bus à impériale rouges, font leur apparition à Londres, devenant immédiatement l'emblème de la capitale.

LE MONDE ENTIER EN UNE VILLE

Londres est historiquement une ville d'immigrants et a toujours assimilé de vastes groupes ethniques. Des documents mentionnent la présence d'Africains au sein de l'armée romaine, mais c'est surtout comme esclaves qu'ils arrivent en petit nombre sous le règne d'Élisabeth Ire. Le premier grand afflux d'immigrants date de la fin du XVIIe siècle, quand les huguenots, fuyant les persécutions religieuses en France, s'installent à Spitalfields et à Soho. Tout au long des quatre derniers siècles, les juifs arrivent à Londres et s'installent traditionnellement dans l'East End (Spitalfields et Stamford Hill notamment) et le nord-ouest de la ville. La Seconde Guerre mondiale pousse vers Londres Polonais, Ukrainiens et autres Européens de l'Est ; la communauté polonaise est établie de longue date à Hammersmith et à Shepherd's Bush. Cette vague d'immigration n'est dépassée que dans les années 1950, lorsque le gouvernement, face à la pénurie de main-d'œuvre, autorise toute personne née dans une colonie du royaume à obtenir la citoyenneté britannique. Cette décision attire une vaste population venue des Caraïbes et une large diaspora asiatique originaire d'Inde, du Bangladesh et du Pakistan. La population noire s'installe à l'est et au sud de Londres, tandis que les Asiatiques se regroupent dans l'East End.

il fait bon être dans les années 1960, lorsque l'énergie créative refoulée pendant la période d'après-guerre éclate au grand jour. La ville devient l'épicentre de la mode et de la musique, qui insufflent couleur et vitalité. La Mini Cooper (1959) accède d'emblée au rang d'emblème britannique et la Jaguar E lancée en 1961 crée l'admiration.

Au début des années 1960, les *mods* (la nouvelle jeunesse anglaise) dansent sur les airs de la maison de disques américaine Motown, mais aussi sur du ska jamaïcain et du R'n'B. Le rock 'n'roll fait fureur, ainsi que tous les nouveaux sons importés par la vague d'immigrants.

Les normes sociales subissent une révolution. L'arrivée de la pilule contraceptive, la légalisation de l'homosexualité et l'introduction des drogues telles que la marijuana et le LSD par le mouvement hippie, instillent un climat libéral et permissif inédit. Du milieu jusqu'à la fin des années 1960, la musique pop est de plus en plus associée à la consommation de drogues, à l'activisme politique et à un esprit de contre-culture. Les Beatles qui enregistrent à Abbey Rd et les Rolling Stones se produisant gratuitement devant un demi-million de personnes à Hyde Park sont des moments forts de cette période.

Carnaby St est alors l'endroit le plus branché du monde et les icônes de la culture pop, de Twiggy et David Bailey à Marianne Faithfull et Christine Keeler, deviennent celles d'une ère nouvelle.

1959

Claudia Jones lance le Notting Hill Carnival pour promouvoir la bonne entente après les émeutes de 1958, qui ont vu s'affronter les communautés blanches et afro-caribéennes.

RENATO GRANIERI / ALAMY©

Carnaval de Notting Hill (p. 260)

1966

L'Angleterre remporte la Coupe du monde de football contre l'Allemagne à Wembley : c'est le plus grand jour de l'histoire du sport britannique.

1979

Thatcher devient Premier ministre. Ses mesures vont changer le visage de la Grande-Bretagne, lançant une modernisation nécessaire mais aussi une politique sociale ultralibérale.

LE LONDRES PUNK

La fête ne dure pas longtemps car le moral des Londoniens flanche de nouveau du fait du climat économique morose des années 1970, une décennie marquée par la montée du chômage et par les bombes de l'IRA, l'Armée républicaine irlandaise. La musique post-1960, dominée par le courant glam rock, devient plus stéréotypée, ce qui n'empêche pas l'épanouissement de légendes londoniennes comme David Bowie. La stagnation économique, le cynisme ambiant et la superficialité qui limite le disco et le glam rock engendrent un nouvel esthétisme : le punk.

Malgré la libération sexuelle des années 1960, la capitale reste un endroit assez conservateur. En grande majorité blancs, énergiques et abrasifs, les punks transforment d'un coup la musique populaire et la mode. Les ados changent leurs jeans pattes d'éph' pour des pantalons cigarette noirs. À la fin des années 1970, la jeunesse londonienne vit une période d'euphorie lorsque les punks ouvrent la porte au *new wave*, renaissance vigoureuse de la culture *mod* qui ne dédaigne pas un nouveau romantisme.

En contre-pied de la frénésie ambiante, la torpeur gagne le corps politique britannique. Le mandat bref et insipide du Premier ministre travailliste James Callaghan (1976-1979), à la réputation d'homme faible, soumis à des syndicats tout-puissants est marqué par les grèves paralysantes de la fin des années 1970, notamment lors du “Winter of Discontent” de 1978-1979.

Pour des informations sur l'histoire sociale, la musique et la culture populaire, consultez *Another Nickel in the Machine* (www.nickelinthemachine.com, en anglais), un blog très instructif qui touche à tout, de David Bowie aux suffragettes.

BLOG

LES ANNÉES THATCHER ET MAJOR

La reprise, du moins pour le monde des affaires, commence sous la poigne de Margaret Thatcher, leader du parti conservateur et première femme élue, en 1979, Premier ministre en Grande-Bretagne. Au pouvoir durant toutes les années 1980, la “Dame de fer” a mis en place un programme sans précédent de privatisations. Elle est considéré comme le dirigeant le plus important de l'après-guerre en Grande-Bretagne. Tandis que ses détracteurs lui reprochent sa conception de la justice sociale et l'immense fossé qui s'est creusé entre riches et pauvres durant son mandat, ses défenseurs affirment qu'elle a modernisé un système alourdi par les syndicats et que ses choix politiques ont entraîné d'importantes créations de richesses.

En 1986, agacée par le Greater London Council (GLC) et son dirigeant Ken Livingstone (dit “Ken le rouge”), Margaret Thatcher réagit par l'abolition pure et simple du GLC, faisant de Londres la seule capitale européenne sans gouvernement local unifié. Cette situation

1981

Brixton connaît les plus graves émeutes raciales de l'histoire de Londres.

1984

La Thames Barrier, barrage conçu pour protéger Londres des innondations dues à la marée haute et aux tempêtes, est officiellement inaugurée par la reine.

1987

Un incendie, sans doute déclenché par une allumette, fait 31 victimes à la station de métro King's Cross.

1990

La Grande-Bretagne est agitée par des troubles qui culminent avec des émeutes sur Trafalgar Square, en protestation contre le nouvel impôt de Margaret Thatcher.

bizarre durera 14 ans, jusqu'à ce que Ken Livingstone devienne maire de Londres en 2000, au grand dam, cette fois, de Tony Blair.

Si les conditions de vie des plus démunis se dégradent en raison des attaques répétées de Thatcher contre l'État providence, la situation ne pourrait être plus favorable pour les nantis. Nageant dans un océan de confiance alimenté en partie par la dérégulation boursière de 1986 (surnommée "Big Bang"), la place financière de Londres connaît une expansion phénoménale.

Tout comme les précédents booms, celui des années 1980 se révèle fragile. Le chiffre des sans-emploi augmente à nouveau, les Londoniens se retrouvent propriétaires de maisons qui valent beaucoup moins que leur prix d'achat et, pour couronner le tout, le gouvernement Thatcher impose un nouvel impôt. Des manifestations éclatent dans tout le pays et culminent avec la marche de 1990 sur Trafalgar Square, qui s'achève par une émeute. La démission de la Dame de fer cette année-là met un terme à une époque cruciale de l'histoire moderne du Royaume-Uni. Son successeur et ancien ministre des Finances, John Major, instaure un type de gouvernement plus collectif.

En 1992, les Britanniques élisent pour la quatrième fois consécutive, et en dépit de la retraite de Margaret Thatcher, une majorité conservatrice. L'économie périclite peu après. Deux bombes posées par l'IRA éclatent, la première en 1992 dans la City et la seconde, quatre ans plus tard, sur les Docklands. L'année 1995 est par ailleurs mauvaise pour les conservateurs, car le parti travailliste (Labour Party), qui semblait irrémédiablement en perte de vitesse durant la décennie précédente, revient sur le devant de la scène avec un nouveau visage.

MILLENNIUM DOME

Le Millennium Dome sur la péninsule de Greenwich, projet chéri de Tony Blair qui le définissait comme le "triomphe de la confiance sur le cynisme, de la témérité sur la banalité, de l'excellence sur la médiocrité", n'a pas rencontré le succès escompté lors de son inauguration en 2000. Conçue par Richard Rogers, l'immense salle de concerts moquée par le surnom de Millennium Tent, a finalement connu le triomphe après 2007, en étant rebaptisée O2.

LE LONDRES DE TONY BLAIR

Revigoré par sa volonté de revenir au pouvoir, le Labour Party élit à sa tête le télégénique Tony Blair. Ingénieusement rebaptisé "New Labour", le parti remporte une victoire écrasante lors du scrutin de mai 1997.

Londres, qui réclame un gouvernement local, voit les travaillistes créer la London Assembly et le poste de maire. L'ancien leader du GLC, Ken Livingstone se présente comme candidat indépendant et rafle tous les suffrages. Cela implique de grands changements pour Londres. Livingstone impose avec succès une "taxe d'embouteillage", la *congestion charge*, pour réduire la circulation automobile et commence à s'attaquer à la modernisation des transports publics, particulièrement vétustes.

La réapparition de Londres sur la scène mondiale ne cesse de s'affirmer, culminant avec l'annonce, le 6 juillet 2005, du choix de Londres pour les Jeux de 2012. Mais la joie fut de courte durée : le lendemain, quatre bombes déposées dans les transports publics

1997

Victoire écrasante du Labour Party après quasiment 20 ans de règne conservateur. La refonte radicale du parti travailliste, sous la houlette de Tony Blair, lui vaut une majorité de 179 sièges.

2000

L'indépendant Ken Livingstone est élu maire de Londres, malgré les efforts du gouvernement pour imposer son candidat.

2003

Mise en place de la *congestion charge* de Ken Livingstone à Londres : l'indignation ne fait pas long feu, la circulation dans les artères londoniennes ne tardant pas à retrouver sa fluidité.

2005

Le 7 juillet, au lendemain de la désignation de Londres comme capitale olympique en 2012, des attentats menés par des islamistes font 56 victimes dans les transports londoniens.

faisaient 52 victimes. Au triomphe avait succédé la terreur, rapidement suivie de la colère, puis d'une attitude de défi face à ces attentats-suicides. Deux semaines après, le 21 juillet, 4 bombes artisanales sont découvertes alors qu'elles devaient exploser dans le métro. Le malaise des Londoniens augmente encore le lendemain, avec la mort tragique de Jean Charles de Menezes, innocent électricien brésilien tué par la police qui l'avait pris pour Hussain Osman, l'un des responsables des attentats.

L'ÈRE BORIS JOHNSON

En 2008, la campagne de Ken Livingstone pour un troisième mandat est fortement compromise lorsque le parti conservateur choisit pour candidat Boris Johnson, député franc-tireur et personnalité de la télévision. Encore plus populiste que Livingstone, Johnson, éduqué à Eton, et dépeint par les médias comme un éternel gaffeur, se révèlera en fait plus habile politicien qu'on ne le pensait. Laissant son adversaire loin derrière lui, il crée la surprise en devenant le premier maire conservateur de Londres.

Avec sa tignasse blonde en bataille, ses costumes informes et son impertinence, Johnson fait plutôt figure d'excentrique et de franc-tireur, une personnalité que les Londoniens ont appris à aimer. Le désastreux scénario que prédisait la gauche ne s'est pas matérialisé. En désaccord avec Livingstone sur de nombreux sujets, Johnson a néanmoins poursuivi plusieurs des projets de son prédécesseur, notamment la "taxe d'embouteillage" et le développement des pistes cyclables, en réduisant toutefois le budget pour ces dernières. Le nom de Boris Johnson, cycliste passionné, reste associé à la Barclay's Cycle Hire Scheme (système de vélos en libre service, p. 391), bien que Livingstone en fût l'initiateur. Le nouveau maire a promis de remplacer les "bus articulés", peu appréciés, par les anciens Routemasters modernisés, et prévoit également d'interdire la consommation d'alcool dans les transports en commun de Londres.

Le premier mandat de Boris Johnson a coïncidé avec la transformation de Londres pour les Jeux olympiques de 2012. L'investissement a afflué dans les secteurs délaissés de cette capitale touchée par la récession, permettant à un vaste programme de construction de voir le jour dans East London (p. 340). Cette époque a aussi vu le transfert du pouvoir gouvernemental sans envergure du Labour Party de Gordon Brown à la coalition des conservateurs-libéraux démocrates menée par le Premier ministre David Cameron, éduqué à Eton. Avec tant d'enjeux sur la scène, lors des prochaines élections de 2012, le probable duel Ken/Boris promet d'être encore plus spectaculaire que le dernier.

2008

Boris Johnson, député conservateur à l'allure plutôt excentrique et journaliste célèbre pour ses gaffes, bat Ken Livingstone et devient le nouveau maire de Londres.

2009

La construction du Shard débute à London Bridge. Les travaux achevés, il sera le gratte-ciel sera le plus haut de l'UE.

2010

Le Parti travailliste est battu en 2010 : on aboutit à un Parlement de coalition entre le Parti conservateur et les démocrates libéraux, avec David Cameron comme Premier ministre.

2011

Le 6 août, une manifestation pacifique à Tottenham se transforme en émeute et en pillages qui vont s'étendre à de nombreux quartiers de Londres et à d'autres villes du Royaume-Uni.

Architecture

À la différence d'autres grandes villes du monde, aucune planification méthodique n'a présidé au développement de Londres, même après l'incendie de 1666, très destructeur, qui aurait pu en être l'occasion. La cité s'est développée de façon organique, voire hasardeuse. S'il n'y a pas de fil conducteur, les traces architecturales de chaque période de sa longue histoire sont là, souvent cachées. C'est une ville pour les explorateurs et les curieux : un bout de mur romain dans le hall d'un bâtiment postmoderne proche de Saint-Paul, un relais de poste datant de la Restauration niché au fond d'une cour, non loin d'une grande rue de Borough... Gardez les yeux ouverts !

LES FONDATIONS

Depuis son lancement en 2004, le London Festival of Architecture célèbre tous les deux ans l'histoire architecturale de la capitale par quantité d'événements – promenades, visites guidées, conférences et débats. La prochaine édition a lieu du 23 juin au 8 juillet 2012. Le programme de 2010, sur www.lfa2010.org, permet de s'en faire une idée.

La ville fut fondée sur la colonie romaine fortifiée de Londinium, établie en 43 sur les rives nord de la Tamise – à l'emplacement approximatif de l'actuelle City. Il en subsiste peu de traces en dehors des musées, mais vous pourrez voir le temple de Mithras, construit en 240 et déplacé à l'extrémité est de Queen Victoria St, dans la City. Des pans du mur d'enceinte romain, sur lesquels une autre muraille fut bâtie au Moyen Âge, demeurent à la sortie de la station de métro Tower Hill, ainsi qu'en contrebas de Bastion Highwalk, à côté du Museum of London.

Arrivés dans la région après le déclin de l'Empire romain, les Saxons, ayant trouvé Londinium trop petite à leur goût, s'installèrent plus au nord de la Tamise. Vers la fin des années 1990, les fouilles menées par les archéologues du Museum of London à l'occasion de la rénovation du Royal Opera House mirent au jour d'importants vestiges de la colonie saxonne de Lundenwic, notamment des maisons avec clayonnages enduits de torchis. Rien de comparable toutefois avec le témoignage *in situ* que constitue, au nord-ouest de la tour de Londres, l'église saxonne All Hallows-by-the-Tower, avec sa voûte impressionnante et ses murs datant du VIIe siècle.

Avec l'arrivée de Guillaume le Conquérant en 1066, le pays expérimente ses premières réalisations d'architecture normande avec la White Tower, tour de guet trapue au cœur de la tour de Londres. L'église de St Bartholomew-the-Great, à Smithfield, arbore elle aussi des voûtes normandes, et une nef jalonnée de colonnes. La porte ouest et le porche délicatement sculpté de Temple Church, à l'intérieur de l'Inner Temple, sont d'autres remarquables exemples d'architecture normande.

LONDRES MÉDIÉVAL

L'abbaye de Westminster, agrandie et réaménagée entre le XIIe et le XIVe siècle, évoque avec splendeur l'art déployé par les maîtres maçons du Moyen Âge. La Church of St Ethelburga-the-Virgin, non loin du métro Liverpool St, est la plus belle église médiévale encore visible dans la City ; elle fut restaurée à la suite des attentats à la bombe de l'IRA de 1993. Datant du XVe siècle, la Church of St Olave (plan p. 438), au nord-ouest de Tower Hill, est l'une des rares églises paroissiales gothiques à subsister dans la City. Quant à la crypte copieusement restaurée de l'église St Ethelreda, au nord d'Holborn Circus, elle date d'environ 1250. La cathédrale de Southwark comprend des éléments remontant aux XIIe et XIIIe siècles.

Les édifices séculiers médiévaux se font plus rares encore. On admirera tout de même la Jewel Tower (plan p. 430), bâtie en calcaire oolithique face aux Houses of Parliament, qui remonte à 1365, et bien entendu la tour de Londres érigée pour l'essentiel au Moyen Âge. Construite en 1378, la Staple Inn (plan p. 438), à Holborn, arbore cependant une façade à colombages

(1589) principalement de l'époque élisabéthaine. Elle a par ailleurs subi d'importants travaux de restauration au milieu du XXe siècle. Du palais de Winchester, construit au XIIe siècle, subsistent une partie du grand hall et la Rose Window (une rosace), dans Clink St, à South Bank.

Le joli alignement des 52-55 Newington Green (N16) représente les plus vieilles maisons en brique et en terrasse de Londres. Elles datent de 1658, avant le Grand Incendie.

TROIS ARCHITECTES

Le grand architecte londonien de la première moitié du XVIIe siècle, Inigo Jones (1573-1652), vécut un an et demi en Italie où il fut conquis par le style palladien. Parmi ses œuvres maîtresses figurent Banqueting House (1622), à Whitehall, et Queen's House (1635), à Greenwich, et, dans un style plus dépouillé, l'église Saint-Paul (plan p. 432), à Covent Garden. Souvent oubliée, cette église fut dessinée par Jones vers 1630 et décrite comme “la plus jolie grange d'Angleterre”.

L'architecte qui imprima le plus fortement sa marque sur Londres reste sir Christopher Wren (1632-1723), auteur de la monumentale cathédrale Saint-Paul (1710), mais également de ravissantes églises du centre de Londres. Il en supervisa la construction, généralement sur l'emplacement d'anciennes églises médiévales détruites lors du Grand Incendie. On lui doit aussi le Royal Hospital Chelsea (1692) et l'Old Royal Naval College, commencé en 1694 à Greenwich. Ces édifices néoclassiques, hauts et aérés, possèdent une grâce que n'avaient pas leurs prédécesseurs.

Nicholas Hawksmoor (1661-1736), disciple de Wren, collabora avec lui à la construction de plusieurs églises avant de faire carrière en solo. Christ Church (1729) à Spitalfields (restaurée), St George's Bloomsbury (plan p. 426), datant de 1731, St Anne's Limehouse (1725) et St George-in-the-East (1726) à Wapping figurent parmi ses plus belles réalisations, que l'on classe habituellement dans le style baroque anglais.

LE STYLE GEORGIEN

La période georgienne voit le retour du classicisme (ou néopalladianisme), sous l'égide notamment de Robert Adam (1728-1792), dont la plupart des œuvres seront détruites sous l'ère victorienne. Il en subsiste cependant une magnifique illustration : Kenwood House (1773), à Hampstead Heath.

La renommée d'Adam sera – à juste titre – éclipsée par l'arrivée de John Nash (1752-1835) dont la contribution au paysage architectural londonien est comparable à celle de Wren. Nash est notamment le concepteur de Regent's Park et des élégants *crescents* environnants. Pour doter Londres d'une “colonne vertébrale”, il créera Regent Street, axe nord-sud traversant la ville en ligne droite de Regent's Park à St James's

SÉSAME OUVRE-TOI

Si vous voulez jeter un coup d'œil à l'intérieur de bâtiments auxquels vous n'avez normalement pas accès, choisissez le mois de septembre. Durant un week-end (généralement le 3e du mois), l'association **Open House London** (☎3006 7008 ; www.londonopenhouse.org) obtient des propriétaires de plus de 700 bâtiments privés qu'ils ouvrent leurs portes gratuitement au public. Des édifices importants, dont certains sont répertoriés dans ce chapitre (comme le 30 St Mary Axe, le City Hall, la Lloyd's of London, les Royal Courts of Justice), ainsi que la BT Tower (p. 102), participent également à cette opération portes ouvertes. Le programme complet est publié en août. À la même période a lieu la *London Night Hike*, promenade architecturale dans Londres, et, chaque samedi de l'année, des visites de 3 heures sont conduites par des architectes.

Park, qui entraînera la création de Trafalgar Sq, le développement du Mall et de l'extrémité ouest du Strand.

Contemporain de Nash, John Soane (1753-1837) fut l'architecte de la Bank of England, achevée en 1833 (dont une grande partie fut perdue lors de la reconstruction du bâtiment par Herbert Baker, 1925-1939), ainsi que de la Dulwich Picture Gallery (1814). Robert Smirke (1780-1867) fut en 1823 le bâtisseur du British Museum, dans le plus pur style Renouveau grec.

LE GOTHIQUE REVISITÉ

Le mouvement qui émergea au XIXe siècle prônait un style néogothique très décoratif. Les représentants les plus célèbres de ce Victorian High Gothic ou "Gothick" (jeu de mots sur l'idée de lourdeur, *thick* voulant dire épais) avaient pour nom George Gilbert Scott (1811-1878), Alfred Waterhouse (1830-1905), Augustus Pugin (1812-1852) et Charles Barry (1795-1860). L'on doit notamment à Scott le très élaboré Albert Memorial (1872) à Kensington Gardens ainsi que St Pancras Chambers (1874). Waterhouse dessina quant à lui le flamboyant Natural History Museum (1880), tandis que Pugin et Barry collaboraient à partir de 1840 au projet des Houses of Parliament, après la destruction du palais de Westminster lors de l'incendie de 1834. On doit le dernier grand édifice néogothique londonien, les Royal Courts of Justice (1882), à George Edmund Street.

La mise en avant du savoir-faire de l'artisan et des matériaux utilisés pour la construction de ces édifices aboutit à la naissance du mouvement dit Arts and Crafts – ou "Art nouveau britannique". À sa tête on trouve William Morris (1834-1896), dont l'œuvre est notamment représentée par la Green Dining Room du Victoria & Albert Museum et par sa propre résidence de Bexleyheath, Red House (1860). L'Euston Fire Station, construite en 1902 en face de St Pancras New Church, symbolise magnifiquement ce courant architectural.

RECORD

La plus petite maison de Londres – 91 cm au point le plus étroit – se trouve au 10 Hyde Park Pl, aujourd'hui dans le Tyburn Convent (8 Hyde Park Pl, W2). Cible minuscule, elle a pourtant été endommagée par un bombardement allemand durant la Seconde Guerre mondiale.

FLIRT AVEC LE MODERNISME

Peu d'édifices publics construits durant les quinze premières années du XXe siècle retiennent l'attention, en dehors de l'Admiralty Arch (1910), représentatif du style baroque édouardien d'Aston Webb (1849-1930), également concepteur, en 1911, du Queen Victoria Memorial (plan p. 430), en face de Buckingham Palace (dont il travailla la façade). Le County Hall, dessiné par Ralph Knott en 1909, ne fut achevé qu'en 1922. Le design commercial fait preuve de beaucoup plus d'imagination, comme le montre l'immeuble Michelin dans Fulham Rd, magnifique exemple d'Art nouveau datant de 1911.

Dans l'entre-deux-guerres, l'architecture anglaise ne connaît pas d'élan de créativité particulier même si elle est marquée par l'œuvre d'Edwin Lutyens (1869-1944), parfois classée "Art déco britannique". On lui doit le Cenotaph (1920) de Whitehall ainsi que, en 1927, l'imposante Britannic House (plan p. 444), actuelle Triton Court, de Moorgate. Conçue par l'architecte américain Harvey Wiley Corbett (1873-1954), la Bush House (siège de la BBC World Service ; plan p. 432), à l'extrémité sud de Kingsway, fut construite entre 1923 et 1935. Les courbes harmonieuses du Daily Express Building (120 Fleet St ; par Ellis & Clarke et sir Owen Williams) illustrent à merveille la grâce de l'Art déco. Œuvre de H.S. Goodhart-Rendel, l'emblématique St Olaf House de 1928 (ensemble de bureaux face à la Tamise, plan p. 436) est un classique de l'Art déco, également représenté par un autre trésor, Eltham Palace.

PANCAKE / ALAMY ©

Le 30 St Mary Axe, alias "le Cornichon" (p. 151), de Foster et Associés

Le Russe Berthold Lubetkin (1901-1990) en laissera un souvenir mémorable avec sa Penguin Pool, au zoo de Londres, et sa rampe de béton en spirale. Construite en 1934, elle serait la plus ancienne structure moderniste de Londres.

L'APRÈS-GUERRE ET LA RECONSTRUCTION

Les bombardements hitlériens entraînent les plus importantes destructions depuis le Grand Incendie, avec pour conséquence immédiate une pénurie chronique du logement après-guerre. Lotissements à bas prix et grands ensembles inesthétiques surgissent un peu partout dans les secteurs bombardés, beaucoup enlaidissant aujourd'hui l'horizon londonien.

Conçu par Robert Matthew (1906-1975) et J. Leslie Martin (1908-1999) pour le Festival of Britain de 1951, le Royal Festival Hall, premier bâtiment public de style moderniste à Londres, suscita lors de son ouverture autant d'approbations que de critiques. Il ne se trouva personne en revanche pour encenser le National Theatre de Denys Lasdun (1914-2001), réalisation d'Art brut achevée en 1976 après un chantier de dix ans.

Les années 1960 voient proliférer les grandes tours ordinaires en verre et en béton dont la plus impopulaire reste Centre Point (plan p. 422), érigée en 1967 par Richard Seifert (1910-2001). Cette tour jadis vilipendée figure aujourd'hui au patrimoine national en tant que digne représentante d'un style particulier et ne peut, de ce fait, subir de modification extérieure. La BT Tower (p. 102), construite en 1964 et dessinée par Eric Bedford (1909-2001), est elle aussi inscrite au patrimoine anglais.

En dehors des routes, la construction stagne à Londres dans les années 1970, tandis que vers la fin des années 1980, la récession inflige un coup d'arrêt aux opérations de développement et de spéculation engagées dans les Docklands et la City. En 1984, qualifiant de "furoncle abominable sur le visage d'un ami élégant et bien-aimé" une proposition d'extension moderne de la National Gallery, le Prince Charles creusa un peu plus le fossé séparant traditionnalistes et modernistes. C'est ce qui

Les célèbres vitraux Art nouveau de la Michelin House furent enlevés pendant la Seconde Guerre mondiale pour être mis à l'abri. Ils restent introuvables depuis (www.michelinonline.co.uk/centenary/amnesty.htm). Les vitraux actuels sont des reproductions, basées sur des photographies.

PAR SON PETIT NOM

Le journal *Evening Standard* a pour spécialité d'attribuer des surnoms aux nouvelles tours – qu'elles soient déjà bâties ou en projet –, ce que les Londoniens acceptent avec un plaisir non feint. Voici quelques exemples parmi les plus populaires, inspirés bien sûr par la forme du bâtiment :

Hubble-Bubble Tower (narguilé), "twisted spaghetti" (spaghetti tortillé), "Meccano on crack" (Meccano en train de s'écrouler), "supersized mutant trombone" (trombone géant mutant) sont quelques-uns des surnoms dont on a affublé l'ArcelorMittal Orbit, en construction sur l'Olympic Park. Il s'agit d'une tour de fils d'acier rouge enchevêtrés – œuvre d'art plutôt que bâtiment –, de 115 m de hauteur, conçue par le plasticien Anish Kapoor.

Cheese Grater (Plan p. 438 ; Leadenhall Bldg ; 122 Leadenhall St EC3). Repoussés en raison de la récession, les travaux de terrassement de la "râpe à fromage" ont enfin commencé en 2011. Cette tour de 48 étages (224 m) au plan incliné devrait faire face à un autre bâtiment emblématique de l'architecte Richard Rogers, le siège de la Lloyd's of London.

Flatiron (South Molton St W1). La version londonnienne du célèbre "fer à repasser"de Manhattan (1902) – mais haut de 6 étages seulement – devrait être construite sur Oxford St.

Gherkin (30 St Mary Axe). L'incontournable tour en forme de "cornichon" a été affublée de nombreux autres surnoms : Swiss Re Tower (d'après ses principaux propriétaires), Cockfosters (du nom de l'architecte, Norman Foster), pickle exotique, etc.

Helter Skelter (Plan p. 438 ; Bishopsgate Tower ; 22-24 Bishopsgate EC2). Haute de 288 m pour 63 étages, cette fabuleuse tour en spirale (Kohn Pedersen Fox Associates) est appelée le toboggan géant (*helter skelter*) ou le Pinacle. En 2013, ce sera la plus haute tour de la City.

Shard (Plan p. 436 ; London Bridge Tower ; 32 London Bridge St SE). Cette aiguille de 310 m de hauteur, signée Renzo Piano, évoque un tesson de verre tranchant. Au moment où nous écrivons ces lignes, l'édifice est en passe de devenir le plus haut de l'Union européenne.

Walkie Talkie (Plan p. 438 ; 20 Fenchurch St EC3). Prévue pour 2014, cette tour de 36 étages et de 160 m de hauteur ressemble vaguement à un vieux talkie-walkie.

Razor (8 Walworth Rd, Southwark SE1). Notre tour préférée dans South London comporte 43 étages surmontés de turbines pour l'énergie éolienne. Son nom officiel est le Strata Building mais, depuis 2010, elle surplombe Elephant & Castle tel un rasoir électrique.

explique, en partie, que le paysage urbain londonien n'ait jamais rien eu à voir à avec celui de New York ou de Hong Kong.

LE POSTMODERNISME

L'architecture contemporaine naît dans la City et les Docklands réhabilités au milieu des années 1980. La première vit ainsi l'édification, en 1986, de la Lloyd's of London (plan p. 438) de sir Richard Rogers, une œuvre maîtresse "sens dessus dessous" où s'entremêlent conduites et tuyaux, verre et acier. Dans les Docklands, le 1 Canada Square (1991), de Cesar Pelli, avec ses 244 m de hauteur, occupe la place d'honneur. Surnommé Canary Wharf , on l'aperçoit depuis le centre de Londres.

Avec l'arrivée au pouvoir du jeune parti New Labour, l'approche du nouveau millénaire et un contexte économique florissant, l'attention se porte à nouveau sur la construction d'édifices publics, dont certains définiront par la suite le Londres du XXIe siècle.

À partir de l'ancienne Bankside Power Station désaffectée (sir Giles Gilbert Scott, 1963), les architectes Herzog et de Meuron créèrent, en

1999, la Tate Modern qui remporta le plus prestigieux prix international d'architecture, le Pritzker. L'étonnant Millennium Bridge (sir Norman Foster et Antony Caro, 2000), premier pont construit sur la Tamise dans le centre de Londres depuis le Tower Bridge en 1894, est aujourd'hui très apprécié et très fréquenté. Même le cancre de l'année 2000, le Millennium Dome (sir Richard Rogers), a retrouvé une nouvelle jeunesse sous le nom de O2 en tant que salle de concerts et d'événements sportifs.

L'ARCHITECTURE D'AUJOURD'HUI ET DE DEMAIN

Les icônes architecturales qui ont accueilli le nouveau millénaire, mais aussi les structures plus récentes comme l'œuf de verre du City Hall (plan p. 436) de 2002 et le très populaire 30 St Mary Axe (plan p. 438) de 2003, dit "the Gherkin" (le Cornichon), ont donné à la ville la confiance nécessaire pour envisager d'autres chantiers passionnants, privilégiant les constructions élevées.

Surgie dans le ciel de la City en 2010, la Heron Tower, peu originale pour certains, est le troisième édifice le plus haut de Londres (230 m). Siège du journal le *Guardian*, la Kings Place (90 York Way, London N1), qui abrite également des salles de concerts, des galeries d'art et un ensemble de bureaux dans le secteur de King's Cross, est une récente addition architecturale au firmament culturel bourgeonnant de Londres. Complètement revisité par lord Foster, passé à un 1 km de circonférence, le stade de Wembley émerge également de manière spectaculaire avec son arche de 133 m de hauteur.

La récession économique a cependant sérieusement ébranlé ce qui devait être le plus ambitieux programme de construction de Londres depuis la Seconde Guerre mondiale. Même les bâtiments si emblématiques qu'ils étaient déjà affublés d'un surnom (voir l'encadré p. 364) ont été annulés, repoussés à plus tard ou revus à la baisse. En revanche, rien ne semble devoir arrêter le plus vaste projet de développement urbain de Londres, Olympic Park (plan p. 446), sur 200 ha dans la Lea River Valley près de Stratford, où se tiendront la plupart des manifestations des Jeux olympiques d'été en 2012. Au centre se tiendra l'étonnant Aquatics Centre de Zaha Hadid, structure à couper le souffle inspiré par la mécanique des fluides.

Si la lumière est sur East London, South London à certains endroits est également en train de subir un renouveau architectural énergique et peut-être encore plus visionnaire. Dans Borough, le London Bridge Quarter (www.londonbridgequarter.com), vaste projet de régénération des commerces, des affaires et des transports, rassemblera le Shard, The Place (une nouvelle place qu'on surnomme déjà Baby Shard) et leur point d'accès, la gare de London Bridge métamorphosée. Au moment de la rédaction de ce guide, le Shard n'était encore qu'un socle de béton recevant ses premiers carreaux de verre mais, en 2012, cette aiguille impressionnante percera le ciel de Borough, visible de chaque coin Londres. Le Shard enfin dévoilé abritera un hôtel cinq étoiles, des restaurants et la plus haute galerie panoramique de Londres. Le Tate Modern Project donnera également un souffle de modernité à la fameuse galerie par la juxtaposition d'un bâtiment sur sa façade sud, qui sera inauguré en 2016.

Parmi d'autres projets innovants, citons la Palestra House au sommet alourdi (197 Blackfriars Rd), le Bankside 123 incluant le Blue Fin Building (Building 1), caractérisé par des nageoires verticales en aluminium, et le Strata building, plus grand ensemble résidentiel de Londres (voir encadré p. 364), qui intègre des turbines. Le climat financier attentiste et la crainte d'une grave récession ont cependant contrecarré d'autres projets tels celui de la Beetham Tower (1 Blackfriars), tour d'un concept visuel nouveau.

EXPOS ET ÉVÉNEMENTS

Pour l'actualité sur les expositions, les événements ou les conférences en rapport avec l'architecture, consultez le très pratique London Architecture Diary (www.londonarchitecturediary.com).

Littérature

La capitale a inspiré le génie d'écrivains intemporels tels que Shakespeare, Defoe, Dickens, Thackeray, Wells, Orwell, Conrad, Eliot, Greene ou Woolf, et marqué de son empreinte quelques-unes des plus grandes pages de la littérature anglophone.

LE VIEUX LONDRES LITTÉRAIRE

Londres occupe une place à part dans la littérature anglaise. Difficile de concilier le portrait paillard qu'en dressent les *Contes de Canterbury* (*Canterbury Tales*) de Geoffrey Chaucer avec le bouge lugubre décrit par Charles Dickens dans *Oliver Twist*, sans parler du contraste entre la métropole ravagée du *Journal de l'année de la peste* (*Journal of the Plague Year*) de Daniel Defoe et le joyeux décor multiethnique de Zadie Smith dans *Sourires de loup* (*White Teeth*). Il semble que la littérature n'a jamais cessé d'évoquer le *zeitgeist*, l'esprit du temps de la capitale.

Le top des sites littéraires

- *Shakespeare's Globe*
- *Dickens House Museum*
- *Keats House*
- *Carlyle's House*
- *Sherlock Holmes Museum*

Le Londres de Chaucer

Le premier auteur à évoquer la ville fut Chaucer dans ses *Contes de Canterbury,* écrits entre 1387 et 1400 : la Tabard Inn à Southwark y sert de lieu de rendez-vous aux pèlerins en route pour Canterbury. Cette auberge a brûlé en 1676, et une plaque commémorative désigne maintenant le site.

Le Londres de Shakespeare

William Shakespeare passa la majeure partie de sa vie à Londres, à l'époque où l'édition commençait à y prendre son essor (vers 1600). Acteur et dramaturge, il monta sur les planches de plusieurs théâtres de Southwark et rédigea ses plus grandes tragédies – dont *Hamlet, Othello, Macbeth* et *Le Roi Lear* – pour le théâtre du Globe (celui d'origine), sur la rive sud de la Tamise. Mais, s'il résida de nombreuses années à Londres, il possédait une créativité débordante et presque toutes ses pièces ont pour décor des pays étrangers ou imaginaires. Même ses pièces historiques se déroulent rarement dans la capitale. Seul l'acte II de *Henry IV* a pour cadre un lieu connu de Londres : une taverne nommée Boar's Head dans Eastcheap.

Le XVIIIe siècle

Le premier véritable écrivain londonien fut peut-être Daniel Defoe, qui vécut à Londres et écrivit sur la ville au début du XVIIIe siècle. Surtout connu pour avoir écrit *Robinson Crusoé* (1719) et *Moll Flanders* (1722), qu'il rédigea alors qu'il habitait Church St, à Stoke Newington, son *Journal de l'année de la peste* contient sa peinture la plus intéressante de la vie londonienne. Le livre relate les horreurs de l'épidémie qui ravagea Londres durant l'été et l'automne 1665, alors que Defoe était enfant.

Le Londres de Dickens et du XIXe siècle

Deux poètes du début du XIXe siècle trouvèrent l'inspiration à Londres. John Keats écrivit l'*Ode à un rossignol* en 1819, alors qu'il résidait près de Hampstead Heath, et l'*Ode sur une urne grecque*, après avoir admiré le vase de Portland au British Museum. William Wordsworth, quant à lui, se rendit à Londres en 1802, ce qui lui inspira le poème *On Westminster Bridge.*

Charles Dickens (1812-1870) est l'auteur londonien par excellence. Lorsque sa famille fut emprisonnée pour dettes, Charles, alors âgé de 12 ans, dut se débrouiller seul dans les rues du Londres. Les siens furent libérés trois mois plus tard, mais ces jours sombres restèrent gravés dans sa mémoire et lui fournirent plus tard la matière de ses récits. Parmi ses œuvres les plus étroitement associées à la capitale anglaise, citons *Oliver Twist*, l'histoire d'une bande de jeunes voleurs dirigée par Fagin à Clerkenwell, et *La Petite Dorrit (Little Dorit)*, dont l'héroïne est née à Marshalsea – la prison de Southwark où fut incarcérée la famille de Dickens. Dans *Notre ami commun* (*Our Mutual Friend)*, ouvrage plus tardif, il livre une critique acerbe des valeurs londoniennes de l'époque – tant sur le plan monétaire que social – et dénonce avec fougue la corruption, la suffisance et la superficialité du Londres "respectable".

Sir Arthur Conan Doyle (1858-1930) dépeignit un Londres très différent, et son héros, le détective Sherlock Holmes, adepte de la pipe et de la cocaïne, devint l'incarnation du flegme britannique. Des lettres adressées à ce détective légendaire arrivent encore au 221b Baker St, où l'on a érigé un musée pour les admirateurs du détective victorien.

Le Londres de la fin du XIXe siècle est décrit dans bon nombre d'ouvrages. Ainsi, *La Guerre des Mondes* (*The War of the Worlds*, 1898) de H. G. Wells véhicule avec talent l'ambiance de l'époque. Le premier roman de Somerset Maugham, *Liza (Liza of Lambeth, 1897)*, puise dans les souvenirs de l'auteur pour décrire les taudis du sud de Londres, tandis que *Servitude humaine (Of Human Bondage, 1915)* dépeint la ville à la fin de l'ère victorienne, de façon plus véridique qu'aucun autre récit.

ADRESSE POÉTIQUE

Le 23 Fitzroy Rd NW1, à Primrose Hill, constitue un double repère littéraire. Le poète et dramaturge irlandais William Butler Yeats y vécut, quelques années avant que la poétesse américaine Sylvia Plath ne s'y donne la mort.

LE XXe SIÈCLE

Les écrivains américains et Londres

Parmi les Américains qui écrivirent sur Londres à la fin du XIXe siècle, Henry James, qui y vécut et y finit ses jours, se détache du lot avec *Daisy Miller* et *Les Européens*. *Le Peuple d'en bas (The People of the Abyss)*, du socialiste Jack London, brosse un portrait empreint de sensibilité de la misère matérielle et morale régnant dans l'East End. Citons également

LECTURES, DÉBATS ET ÉVÉNEMENTS

Quantité de lectures, de débats et d'ateliers d'écriture, entre autres célébrations du mot écrit, se tiennent régulièrement dans la capitale britannique.

Pour côtoyer les auteurs, confirmés ou en devenir, vous pouvez assister une fois par mois au **Book Slam** (www.bookslam.com), présenté par le fondateur et auteur Patrick Neate, au **Tabernacle** (☎7221 9700 ; 34-35 Powis Sq W11 ; 8-10 £; ⏰18h dernier jeu du mois). L'événement a déjà accueilli Nick Hornby, Hari Kunzru et Mil Millington, et propose un mélange de lectures, de slam, et de music *live*.

Le **Poetry Café** (Plan p. 432 ; ☎7420 9880 ; www.poetrysociety.org.uk ; 22 Betterton St WC2 ; ⊖Covent Garden), à Covent Garden, est l'un des rendez-vous préférés des amoureux de la poésie. Des auteurs confirmés y donnent des lectures et des spectacles quasi-quotidiens.

L'**Institute of Contemporary Arts** (ICA ; ☎renseignements 7930 6393, réservations 7930 3647 ; www.ica.org.uk ; Nash House, the Mall SW1 ; ⊖Charing Cross ou Piccadilly Circus) est le théâtre mensuel d'excellents débats, avec une gamme éclectique d'écrivains reconnus.

Plusieurs librairies, comme **Waterstone's** (p. 137) et **Foyle's** (p. 137), organisent régulièrement des lectures tandis que le **Southbank Centre** (p. 170) accueille désormais des auteurs majeurs. Beaucoup de ces événements sont relativement spontanés. Mieux vaut donc surveiller les colonnes de *Time Out* ou de n'importe quel supplément dominical, sans oublier le *Guardian Guide* distribué avec l'édition du samedi.

Durant les deux premières semaines de janvier, le Southbank Centre accueille le **London Literary Festival** (www.londonlitfest.com) pour une série de débats et d'événements, avec la participation d'auteurs et de membres de la scène littéraire.

ADAM WOOLFITT/CORBIS©

Plaque bleue indiquant le lieu où vécut T.S. Eliot

Le Voyage des innocents (The Innocents Abroad) de Mark Twain, dans lequel cet inimitable humoriste pourfend à la fois l'Ancien et le Nouveau Monde. Né à Saint Louis, T. S. Eliot s'installa à Londres en 1915, où il publia presque immédiatement le poème *The Love Song of J Alfred Prufrock*. Puis il s'attaqua à son épopée *La Terre vaine (The Waste Land)*, où Londres est dépeint comme une ville irréelle.

L'entre-deux-guerres

Dans l'entre-deux-guerres, l'Américain P. G. Wodehouse (1881-1975), l'écrivain le plus "britannique" du début du XXe siècle, rédigea la série mettant en scène Jeeves et Bertie, dans laquelle il caricature avec un humour décapant l'aristocratie londonienne. Quentin Crisp, quant à lui, écrivit *L'Homme que je suis (The Naked Civil Servant)*, autobiographie grivoise et pleine d'esprit de sa vie d'homosexuel déclaré dans le Londres conservateur des années 1920. La misère que George Orwell a connu lors de son séjour dans l'East End se retrouve dans son livre, écrit en 1933, *Dans la dèche à Paris et à Londres* (*Down and Out in Paris and London*) et le modernisme austère de la Senate House de Malet St, à Bloomsbury, lui inspira l'architecture du ministère de la Vérité dans son roman d'anticipation devenu classique, *1984*. *Mrs Dalloway* de Virginia Woolf, pilier du groupe de Bloomsbury, exploite toute l'ampleur de son style poétique dans ce roman, qui décrit un jour de la vie de différentes personnes dans le Londres de 1923.

Pubs littéraires

- *Newman Arms (West End)*
- *George Inn (South Bank)*
- *Museum Tavern (West End)*
- *Coach and Horses (West End)*
- *French House (West End)*
- *Dove (Notting Hill et West London)*

L'âge moderne

Le roman de Graham Greene, *La Fin d'une liaison (The End of the Affair)*, qui évoque un amour passionné mais voué à l'échec, se déroule pendant la Première Guerre mondiale, à Clapham Common et dans ses environs. *La Chaleur du jour (The Heat of the Day)* d'Elizabeth Bowen relate de façon sensible mais mélodramatique la vie à Londres pendant le Blitz.

Dans *City of Spades* et *Les Blancs-Becs* (*Absolute Beginners*), Colin MacInnes évoque le Notting Hill bohème et cosmopolite des années 1950. Doris Lessing, Prix Nobel de littérature en 2007, illustre le paysage politique du Londres des années 1960 dans *La Cité promise* (*The Four-Gated City*), cinquième et dernier tome du cycle des *Enfants de la violence* (*Children of Violence*). Elle réalise également l'un des portraits les plus drôles et critiques du Londres des années 1990 dans *Nouvelles de Londres* (*London Observed*).

Époque dorée pour la littérature britannique, la fin des années 1970 et les années 1980 ont vu apparaître un nouvelle génération d'écrivains, qui, pour la plupart, ont toujours le vent en poupe. Martin Amis (*Money, Money* ; *London Fields*), Julian Barnes (*Metroland* ; *Love, etc.*), Ian McEwan (*Expiation* ; *Délire d'amour*), Salman Rushdie (*Les Enfants de minuit* ; *Les Versets sataniques*), A. S. Byatt (*Possession* ; *Des Anges et des Insectes*) et Alan Hollinghurst (*La Piscine-Bibliothèque* ; *La Ligne de beauté*) n'ont guère besoin d'être présentés aux lecteurs avertis, leurs romans s'étant vendus par millions et ayant été récompensés par de grands prix littéraires. Nick Hornby devient le porte-parole de toute une génération en évoquant avec nostalgie l'époque où il était un jeune supporter de football dans *Carton jaune* (*Fever Pitch*) ou sa passion des vinyles dans *Haute fidélité* (*High Fidelity*).

Avant que cela ne devienne une mode, Hanif Kureishi s'est intéressé au Londres des minorités ethniques, en particulier celui des jeunes Pakistanais dans ses romans les plus connus : *Black Album* (*The Black Album*), *Le Bouddha de banlieue* (*The Buddha of Suburbia*) et *Quelque-chose à te dire* (*Something to tell You*). Il a également signé le scénario du sensationnel *My Beautiful Laundrette*. Romancier et dramaturge, Caryl Phillips a été acclamé pour avoir décrit l'expérience vécue par les immigrants caribéens dans *The Final Passage*. Timothy Mo, quant à lui, raconte, dans *Sour Sweet*, l'histoire poignante et drôle d'une famille chinoise essayant de s'adapter à la vie anglaise dans les années 1960.

Le nouveau millénaire

L'immense succès du *Journal de Bridget Jones*, d'Helen Fielding, a lancé la "chick lit" (littéralement la "littérature de poulettes"), un nouveau genre devenu phénomène mondial. Will Self, enfant terrible et observateur incisif de la société, est la coqueluche du Tout-Londres depuis une quinzaine d'années. *Grey Area* est un fabuleux recueil de nouvelles décrivant l'absurdité de la capitale, tandis que *Le livre de Dave* (*The Book of Dave*) raconte l'histoire hilarante d'un chauffeur de taxi londonien contemporain dont le journal est découvert puis élevé au rang de texte sacré par les habitants de l'île de Ham.

Peter Ackroyd est considéré comme la quintessence de l'auteur londonien et nourrit pour la ville un amour passionné. *Londres, la biographie* est un vibrant hommage à la capitale, tandis que son dernier livre, *Les Contes de Clerkenwell* (*The Clerkenwell Tales*), se déroule dans le Londres du XIVe siècle. *Thames: Sacred River* est la déclaration d'amour de Peter Ackroyd à ce fleuve boueux, magique et mystérieux qu'est la Tamise.

Enfin, le chantre de Hackney, Iain Sinclair, a comme Ackroyd toujours été fasciné par la capitale. Son ambitieux *London Orbital*, voyage à pied le long de la M25, la gigantesque route périphérique de Londresa été salué par la critique. Son dernier ouvrage, *Hackney, That Rose Red Empire*, est une exploration d'un des quartiers les plus célèbres de Londres.

Ces dix dernières années, on a découvert Monica Ali, qui donne vie à l'East End dans son Brick Lane, Jake Arnott et ses petites frappes de Soho dans *The Long Firm*, en passant par Gautam Malkani et son très branché *Londonstani*.

T. S. ELIOT

Un plaque célèbre la mémoire du poète et dramaturge américain T. S. Eliot au 24 Russell Square, siège des éditions Faber & Faber, à Bloomsbury.

On peut encore voir aujourd'hui le fameux Old Curiosity Shop, construit en 1567 (13-14 Portsmouth Street, WC2) et popularisé par le livre éponyme de Charles Dickens (un récit traduit en français par *Le Magasin d'antiquités*). Certains prétendent que le nom de la boutique fut rajouté après la publication.

Théâtre et danse

L'histoire du théâtre londonien, sans doute la plus riche au monde, continue de se tisser tous les soirs dans le West End, à South Bank et sur les scènes expérimentales. Un séjour londonien ne serait pas tout à fait complet sans un détour par les planches ! Se promener dans le West End, en compagnie de milliers de Londoniens en route pour le spectacle, constitue déjà une expérience électrisante en soi. Si la danse fait partie de vos priorités, vous trouverez également de nombreux lieux offrant le meilleur des répertoires classique et contemporain.

Le top des théâtres londoniens

National Theatre (South Bank)

Shakespeare's Globe (South Bank)

Old Vic (South Bank)

Donmar Warehouse (West End)

Royal Court Theatre (Kensington et Hyde Park)

Arcola Theatre (Hampstead et North London)

Young Vic (South Bank)

Hampstead Theatre (Hampstead et North London)

Barbican (la City)

Menier Chocolate Factory (South Bank)

THÉÂTRE

L'histoire du théâtre

Période élisabéthaine

On sait très peu de choses sur le théâtre à Londres avant la période élisabéthaine. Durant celle-ci, plusieurs théâtres, dont le Globe, sont édifiés sur la rive sud de la Tamise et à Shoreditch. On considère aujourd'hui les auteurs dramatiques de cette époque – Shakespeare, Christopher Marlowe (*Dr Faustus, Edward II*) et le grand rival du "Barde", Ben Jonson *(Volpone, The Alchemist)* – comme des génies intemporels, mais le théâtre d'alors était un divertissement populaire tapageur, où le public buvait tout en invectivant les acteurs. En réaction, les puritains décrétèrent la fermeture immédiate des théâtres au lendemain de la guerre civile de 1642.

Restauration

En 1660, après le rétablissement de la monarchie, l'ouverture du célèbre Drury Lane Theatre marque le début d'une période de "restauration théâtrale", sous les auspices du libertin Charles II. Pétri d'influences italienne et française, le théâtre de la restauration propose des tragédies (*All for Love* de John Dryden en 1677) et des comédies. Les premières actrices font leur apparition (dans le théâtre élisabéthain, les rôles féminins étaient interprétés par des hommes), et l'une d'entre elles au moins, Nell Gwyn, aurait été la maîtresse de Charles II.

Période victorienne

Malgré le succès remporté au Drury Lane par L'*Opéra des gueux* (*The Beggar's Opera*) de John Gay, en 1728, la farce *She Stoops to Conquer* d'Oliver Goldsmith, en 1773, comme *The Rivals* et *School for Scandal* de Richard Sheridan, dans les années 1770, le music-hall supplante le théâtre "sérieux" durant l'ère victorienne. L'opérette comique et légère incarnée par Gilbert et Sullivan (*HMS Pinafore, The Pirates of Penzance, The Mikado*, etc.) fait fureur. Ce n'est qu'à la fin du XIXe siècle que l'émergence de dramaturges de qualité comme Oscar Wilde (*Un mari idéal, L'Importance d'être constant)* et George Bernard Shaw *(Pygmalion)* amorcera un profond changement.

Le XXe siècle

Des auteurs de comédies comme Noel Coward *(Brève Rencontre)* et des dramaturges plus austères comme Terence Rattigan *(La Version de Browning)* et J.B. Priestley *(An Inspector Calls)* prennent la relève, mais il faudra attendre les années 1950 et 1960 pour voir la production théâtrale britannique entrer dans une période aussi fertile que l'ère élisabéthaine.

Parfait résumé des bouleversements sociaux de l'époque, *La Paix du dimanche* (*Look Back in Anger*) de John Osborne, joué au Royal Court en 1956, est considérée comme l'emblème d'une génération. Pendant la décennie suivante, une multitude de nouvelles pièces sont créées, notamment *Homecoming* de Harold Pinter, *Loot* de Joe Orton, *Rosencrantz et Guildenstern sont morts* de Tom Stoppard et *Du côté de chez l'autre* (*How the Other Half Loves*) d'Alan Ayckbourn. C'est également à cette période que les plus célèbres des compagnies de théâtre actuelles voient le jour, dont le National Theatre.

Le Royal Court Theatre, aujourd'hui un peu éclipsé par le National Theatre, poursuit sa traditionnelle politique d'encouragement des nouveaux dramaturges. Au cours de la dernière décennie, il a ainsi permis l'éclosion d'auteurs aussi talentueux que Jez Butterworth *(Mojo, The Night Heron)*, Ayub Khan-Din *(East Is East)*, Conor McPherson *(The Weir, Shining City)* et Joe Penhall *(Dumb Show)*.

La scène actuelle

Londres reste une ville remarquable pour tout amateur de théâtre. Aucun autre endroit au monde, à l'exception peut-être de New York, n'offre un aussi vaste choix de représentations de qualité, d'excellentes comédies musicales ou de théâtre expérimental. Qu'il s'agisse de voir des vedettes de Hollywood se produire dans des salles minuscules pour un cachet dérisoire ou d'aller dans le West End pour une comédie musicale inoubliable, Londres reste un haut lieu de la création théâtrale.

Le West End

Ces dernières années, la scène grand public du West End a retrouvé le chemin du succès, tandis que le théâtre d'auteur continue d'impressionner par ses productions audacieuses et controversées. Les billets les plus recherchés demeurent incontestablement ceux du National Theatre, dirigé de main de maître par Nicholas Hytner, avec des spectacles plébiscités par la critique et le public.

Hors West End

Parmi les autres salles novatrices figurent l'Arcola, l'Almeida, le Royal Court Theatre, le Soho Theatre ou le Donmar Warehouse. De grands noms foulent régulièrement ces planches mythiques, comme Jude Law dans le rôle de Hamlet au Donmar, Ethan Hawke incarnant Treplev dans la nouvelle traduction de *La Mouette* de Tchékhov par Tom Stoppard à l'Old Vic, ou encore Dame Judi Dench dans *Madame de Sade* de Mishima au Wyndham's Theatre.

Il y en a pour tous les goûts, de la satire politique moderne aux classiques revisités. Parmi les récentes productions encensées par la critique, citons le remarquable *After the Dance* de Terence Rattigan au National Theatre, la reprise triomphale de la comédie musicale *Passion* (Stephen Sondheim) au Donmar Warehouse, *La Garde blanche* (*The White Guard*) de Mikhaïl Boulgakov au Lyttelton ou encore les *Enfants du chemin de fer* (*The Railway Children*), présentée à Waterloo Station. Au rang des réussites figurent également *Into the Woods* (Stephen Sondheim), au Regent's Park Open Air Theatre, *Henry IV* de Shakespeare, au Globe, ainsi que *Richard III* avec Kevin Spacey dans le rôle-titre, à l'Old Vic.

Pièces shakespeariennes

Hommage est largement rendu à Shakespeare sur toutes les scènes de la ville, en particulier par la Royal Shakespeare Company (RSC) et au théâtre du Globe. La RSC joue ainsi une ou deux pièces du grand dramaturge chaque année à Londres, mais la compagnie n'a pas pour

LA SOURICIÈRE

Si tant d'expérimentation vous donne le tournis, filez au St Martin's Theatre, où la même production de *La Souricière* (*The Mousetrap*, *Agatha Christie*) est donnée depuis 1952 !

l'heure de théâtre attitré dans la capitale : ses représentations sont en général créées à Stratford-upon-Avon et reprises plus tard à Londres. En plein air sur la rive sud, le Shakespeare's Globe s'efforce quant à lui de faire revivre l'expérience du théâtre élisabéthain. En poste depuis début 2006, son directeur artistique, Dominic Dromgoole, a replacé les pièces de Shakespeare au centre de la programmation tout en y introduisant une plus large sélection de classiques européens (y compris britanniques) et en montant de nouvelles pièces.

Pour l'actualité du théâtre, consultez *Time Out*, la bible londonienne des sorties.

Pour le détail des théâtres par quartier, voir la rubrique *Où sortir* dans les chapitres par quartiers. Pour toute autre information ou réservation, voir p. 61.

DANSE

Que l'on aime la danse contemporaine, le classique ou le mélange des genres, chacun trouvera ici un ballet à son goût. Devenue l'une des capitales mondiales de la danse, Londres a su former et attirer des chorégraphes talentueux désireux de façonner les contours de la danse moderne. Matthew Bourne *(Le Lac des Cygnes, Play Without Words, Edward aux mains d'argent, Dorian Gray, Oliver!, Cendrillon),* le grand chorégraphe londonien du moment, s'est vu couvrir de lauriers pour sa capacité unique à revisiter les classiques. D'autres talents londoniens de premier ordre ont renforcé la place de la danse sur la scène mondiale. Rafael Bonachela a ainsi écrit le Showgirl tour de Kylie Minogue (malheureusement interrompu) tandis que Wayne McGregor participait à l'adaptation de *Harry Potter et la Coupe de feu*.

Toutefois, Bonachela et McGregor se sont pas seuls sur le devant de la scène. The Place (p. 131), à Euston, lieu de naissance de la danse contemporaine britannique, et le centre de formation Laban (p. 288) se sont imposés avec des spectacles d'avant-garde. Dans le même temps, le Sadler's Wells (p. 215), berceau du ballet classique britannique au XIXe siècle, poursuit sa programmation éclectique de ballets, sous la houlette de Carlos Acosta, Twyla Tharp et Alvin Ailey, et de troupes internationales comme le Dance Theatre of Harlem.

Rénové il y a peu, le Royal Opera House (p. 130) de Covent Garden accueille le célébrissime Royal Ballet, principale compagnie de danse classique de la capitale. Si la troupe privilégie les grands classiques, certaines de ses productions se nourrissent parfois d'influences plus contemporaines. Plusieurs anniversaires consécutifs ont été l'occasion de rétrospectives consacrées aux chorégraphes George Balanchine et Frederick Ashton, ainsi qu'aux danseurs Serge Diaghilev et Ninette de Valois, fondatrice du ballet. Pendant cette période, le Royal Ballet s'est néanmoins démocratisé en offrant des billets à 10 £, comme au National Theatre.

FESTIVAL

Dance Umbrella (www.danceumbrella.co.uk), l'un des festivals de danse majeurs, se déroule durant six semaines à compter de début octobre.

Toujours à la pointe de l'innovation, la **Rambert Dance Company** (☎8630 0640 ; www.rambert.org.uk) est généralement considérée comme la plus grande troupe de danse contemporaine du Royaume-Uni. Actuellement basée à Chiswick, Rambert se rapprochera bientôt de l'épicentre londonien de la danse et de son public. Dès 2013, la compagnie prendra ses quartiers à Doon St (derrière le National Theatre), au cœur de South Bank.

Figurant parmi les meilleures troupes de danse au monde, l'**English National Ballet** (www.ballet.org.uk) est une compagnie de ballet itinérante. Avec un peu de chance, vous pourrez l'applaudir sur une scène londonienne, au London Coliseum par exemple.

L'un des autres lieux phares de la danse expérimentale est le Barbican (p. 161). Pour toute l'actualité de la danse, consultez www.londondance.com.

Art et mode

Londres a attiré de grands maîtres, comme Monet ou Van Gogh. Bien que les beaux-arts britanniques aient longtemps souffert de la comparaison avec leurs voisins du continent, la ville a vu émerger des artistes résolument novateurs. Elle figure aujourd'hui au rang des grandes villes européennes pour l'art, grâce à certaines des plus belles collections au monde. C'est aussi le bastion de la mode contemporaine.

ART

De Holbein à Turner

Il fallut attendre le règne des Tudors pour qu'une scène artistique apparaisse à Londres. L'Allemand Hans Holbein le Jeune (1497-1543) était peintre à la cour d'Henri VIII ; l'une de ses plus belles toiles, *Les Ambassadeurs* (1533), est exposée à la National Gallery. Plusieurs grands portraitistes travaillèrent également à la cour au XVIIe siècle : le meilleur fut sans doute Antoon Van Dyck (1599-1641), peintre flamand qui passa les neuf dernières années de sa vie à Londres et exécuta de Charles Ier quelques portraits d'une beauté obsédante, dont *Charles Ier à cheval* (1638), actuellement sur les cimaises de la National Gallery. Ce souverain était d'ailleurs grand collectionneur et c'est sous son règne que furent acheminés à Londres les cartons de Raphaël, aujourd'hui au Victoria & Albert Museum.

Plusieurs artistes britanniques se révélèrent au XVIIIe siècle, parmi lesquels William Hogarth (1697–1764), le paysagiste Thomas Gainsborough (1727-1788), ainsi que le poète, graveur et aquarelliste William Blake (1757-1827). Supérieur à Blake en termes de maîtrise visuelle, John Constable (1776-1837) étudia et dessina inlassablement les ciels au-dessus de Hampstead Heath, autant de croquis qu'il intégra par la suite dans ses paysages.

J. M. W. Turner (1775-1851), aussi doué avec la peinture à l'huile qu'avec l'aquarelle, est le symbole de l'apogée de l'art britannique du XIXe siècle. Usant avec imagination des couleurs et des nuances de lumière, il créa une atmosphère qui saisit aussi bien le merveilleux et le sublime de la nature que ses aspects inquiétants. Ses œuvres tardives, comme *Snow Storm – Steamboat off a Harbour's Mouth* (*Tempête de neige, vapeur au large d'un port*, 1842), *Peace – Burial at Sea* (*Paix, enterrement en mer*, 1842) et *Rain, Steam, Speed – The Great Western Railway* (*Pluie, vapeur et vitesse, Le Grand Chemin de fer de l'Ouest*, 1844), visibles aujourd'hui à la Tate Britain et à la National Gallery, témoignent d'un virage vers l'abstrait qui, bien que très décrié en son temps, allait plus tard inspirer Claude Monet et les impressionnistes.

Depuis 1999, le Fourth Plinth Project permet à des œuvres novatrices, et souvent polémiques, d'artistes contemporains de se voir exposées à Trafalgar Square.

FOURTH PLINTH PROJECT

Des préraphaélites à Hockney

La confrérie préraphaélite (1848-1854) s'imposa brièvement sur la scène artistique. S'inspirant des poètes romantiques, ces artistes délaissèrent les scènes champêtres au pastel au profit de représentations, grandioses et audacieuses de légendes médiévales et de beautés vénusiennes. Parmi les hérauts préraphaélites figuraient William Holman Hunt, John Everett Millais et Dante Gabriel Rossetti. Edward Burne-Jones et Ford Madox Brown étaient également proches de ce mouvement.

Au début du XXe siècle, le cubisme et le futurisme participèrent à la naissance du vorticisme. Ce mouvement de peintres et de poètes londoniens d'avant-garde, regroupés autour de Wyndham Lewis (1882-1957), avait pour ambition de capturer le mouvement sur la toile.

Si Henry Moore et Barbara Hepworth incarnaient le modernisme dans la sculpture britannique, l'art connut une nouvelle mutation dès la Seconde Guerre mondiale. En 1945, Francis Bacon (1909-1992) suscita un tollé avec

Des cours d'art très populaires se tiennent à la Dulwich Picture Gallery et dans d'autres musées ou galeries de Londres.

Trois études pour une crucifixion (*Three Studies for Figures at the Base of a Crucifixion*), une œuvre aujourd'hui exposée à la Tate Britain. Avec ses formes étranges, à la fois répugnantes et fascinantes, le peintre irlandais tourmenté ne cessa jamais de déranger le monde de l'art.

Le critique d'art australien Robert Hughes a décrit Lucian Freud (1922-2011), contemporain de Bacon, comme le "plus grand peintre réaliste vivant". Si sa première période fut en partie surréaliste, Freud se consacra au portrait et à l'art figuratif dès les années 1950. Prenant des amis ou des parents pour modèle (quoi qu'il ait également représenté la reine en 2001, et réalisé plusieurs autoportraits sans complaisance), il peignit également beaucoup de nus aux couleurs sourdes et pâles, et sut parfaitement rendre l'épaisseur, la crudité et la beauté des chairs sur la toile, comme en témoigne l'une de ses peintures à taille humaine, *Benefits Supervisor Sleeping* (1995).

Le pop art, dont David Hockney (né en 1937) fut le plus brillant interprète, a su parfaitement résumer l'esprit du *swinging London* des années 1960. Bien qu'il en rejetât l'étiquette, Hockney acquit rapidement le statut de fer de lance du pop art avec ses images rappelant le papier glacé des magazines. Installé en Californie, il a connu un virage vers un naturalisme toujours plus marqué. Deux de ses œuvres les plus célèbres, *Mr and Mrs Clark and Percy* (1971) et *A Bigger Splash* (1974), sont exposées à la Tate Britain.

Gilbert & George resteront dans les annales comme les artistes conceptuels anglais les plus représentatifs des années 1960. Encore au centre de la vie artistique britannique, le couple de Spitalfields fait même désormais partie de l'establishment depuis qu'il a été choisi pour représenter la Grande-Bretagne à la Biennale de Venise en 2005, et que la Tate Modern leur a consacré une retentissante rétrospective en 2007.

Le top des œuvres d'art à Londres

- Les Tournesols de Vincent Van Gogh *(National Gallery)*
- Fighting Temeraire *(*Le Dernier voyage du Téméraire*) de* J. M. W. Turner *(National Gallery)*
- Whaam! *de Roy Lichtenstein (Tate Modern)*
- Ophelia *de sir John Everett Millais (Tate Britain)*
- Three Studies for Figures at the Base of a Crucifixion *(*Trois études pour une crucifixion*) de sir Francis Bacon (Tate Britain)*

Le Britart

Malgré la richesse époustouflante de ses collections, la Grande-Bretagne n'avait jamais montré la voie, dominé ni même activement participé à quelque école ou style artistique. À la fin du XXe siècle, le Britart vint mettre un terme à cette discrétion britannique et a fait du Londres des années 1990 le cœur du monde des arts plastiques.

Pour le Britart, tout commence par une exposition baptisée *Freeze*, qui se tient en 1988 dans un entrepôt des Docklands. Organisée par le trublion Damien Hirst, elle fait la part belle à ses camarades frais émoulus du Goldsmiths College. Influencé à la fois par la culture pop et le punk, ce mouvement mal défini est rapidement propulsé par le magnat de la publicité Charles Saatchi, qui s'impose en achetant un nombre extraordinaire d'œuvres. Celles-ci sont effrontées, décadentes, ironiques, faciles à comprendre et, mieux encore, à "vendre" au public.

Hirst présente une vache découpée en tranches conservées dans du formol ; déjà, dans l'un de ses premiers travaux, *A Thousand Years*, des mouches bourdonnaient autour d'une tête de bovin en putréfaction. Chris Ofili fait lui aussi dans la provocation avec *The Holy Virgin Mary,* Madone noire fabriquée, entre autres, à partir de bouses d'éléphant, tandis que les frères Chapman, Jake et Dinos, produisent des mannequins d'enfants aux visages surmontés d'organes génitaux. Marcus Harvey propose un portrait de la célèbre meurtrière d'enfants Myra Hindley composé exclusivement d'empreintes de mains enfantines ; vandalisé à plusieurs reprise par le public avec de l'encre et des œufs, sa valeur n'a fait que croître.

Les quartiers de Shoreditch, Hoxton et Whitechapel, où vivaient, travaillaient et sortaient beaucoup de ces artistes, sont devenus l'épicentre du mouvement et les galeries d'art y ont fleuri. On retiendra le nom de la galerie White Cube, dont le propriétaire est l'un des mécènes des premiers temps du Britart, Jay Jopling.

Cette “école” fera les gros titres pendant une dizaine d’années en ne semblant reposer que sur la gloire et la provocation. Damien Hirst et Tracey Emin sont alors devenus des figures incontournables dans les médias.

Selon un critique d’art, ce mouvement monté en épingle était le produit d’un “vide culturel” comparable au nouveau costume de l’empereur, que personne n’ose critiquer de crainte de passer pour un benêt.

Par-delà le Britart

En marge du Britart, un certain nombre d’artistes moins connus mais tout aussi passionnants explorent d’autres directions artistiques. Œuvre marquante, l’installation de Richard Wilson *20:50* (1987) - installation désormais permanente à la Saatchi Gallery - consiste en une salle remplie jusqu’à mi-hauteur d’huile recyclée où l’on se déplace en se sentant comme projeté dans l’espace. Dans son œuvre célèbre *24 Hour Psycho* (1993), le vidéaste écossais Douglas Gordon a ralenti *Psychose*, le chef-d’œuvre d’Alfred Hitchcock, si bien que le film perd toute valeur narrative pour n’être plus qu’une sorte de sculpture en mouvement. Gary Hume œuvrait de son côté dans la discrétion, dans cet art moins branché qu’est la peinture : il s’est fait connaître par sa série *Doors*, des peintures grandeur nature de portes d’hôpital, que l’on peut voir comme autant de puissantes allégories du désespoir (ou de simples portes...).

Le grand rendez-vous artistique de l’année en Grande-Bretagne est désormais le très controversé Turner Prize, organisé par la Tate Britain. Si tout artiste britannique de moins de 50 ans peut concourir, l’art conceptuel prime généralement sur la peinture. Lauréate en 2010, l’Écossaise Susan Philipsz, a reçu un accueil passablement hostile du public pour son installation sonore, un enregistrement de *Lowlands*, une chanson de marin qu’elle interprète elle-même sous trois ponts de la Clyde à Glasgow.

PALACE ART FAIR

La très connue Palace Art Fair (www.palaceartfair.co.uk), qui prend place dans le cadre magnifique de Fulham Palace chaque année en octobre, présente les œuvres de plus de 100 artistes contemporains évoluant dans plusieurs domaines de la création.

MODE

L’industrie de la mode britannique – et londonienne en l’occurrence –met l’accent sur les créations originales et inspirées de la rue, mêlant valeurs sûres et nouveaux créateurs, qui compensent leur inexpérience par leur talent et leur créativité. C’est pourquoi Londres est si passionnant et ne laissera aucun amateur de mode de la rue indifférent.

LA SCÈNE ARTISTIQUE ACTUELLE

Londres continue de produire des talents dans tous les domaines de la création artistique. Parmi les les grands noms de la scène contemporaine, citons :

Banksy Artiste de rue dont le travail est devenu un phénomène mondial.

Antony Gormley Sculpteur très connu pour son *Angel of the North,* qui se dresse du haut de ses 22 m en bordure de la route A1, près de Gateshead, dans le nord de l’Angleterre.

Anish Kapoor Artiste d’origine indienne travaillant à Londres depuis les années 1970. Ses fabuleuses installations et ses sculptures rencontrent un grand succès auprès des Londoniens et dans le monde entier. On peut admirer une partie de son travail à la Tate Modern et découvrir l’ArcelorMittal Orbit, en construction dans le parc olympique.

Marc Quinn Artiste londonien et auteur de *Self,* sculpture de sa tête composée de son propre sang congelé, que l’artiste refond tous les cinq ans. On peut admirer cette œuvre, dans toute sa gloire réfrigérée, à la National Portrait Gallery.

Chantal Joffe Artiste bien connue pour ses portraits naïfs et expressionnistes de femmes et d’enfants.

Défilé à la Fashion Week de Londres

Si la capitale a perdu un temps son aura de capitale internationale de la mode et connu quelques années difficiles, elle est revenue au cœur de la création grâce à une brochette de jeunes créateurs de talent.

Les grands noms de la mode londonienne

Giles Deacon, diplômé de la St Martin's School, a pris d'assaut la capitale avec sa marque Giles, aux modèles légers et références éclectiques. Parmi les autre stars britanniques figurent Henry Holland, Jonathan Saunders, Christopher Kane, sans oublier le Gréco-Autrichien Marios Schwab. Autre coqueluche de la *nu-rave* fraîchement émoulue de la St Martin's School, Gareth Pugh a beaucoup fait parler de lui en transposant le look des clubs de Shoreditch sur les podiums.

FASHION WEEK

Le point d'orgue du calendrier de la mode à Londres est incontestablement la London Fashion Week (www.londonfashionweek.co.uk), qui se tient deux fois par an, en février et en septembre. La plupart des événements se déroulent à Somerset House.

La mode londonienne à l'étranger

L'influence des créateurs londoniens continue d'ailleurs à s'exercer bien au-delà des rives de la Tamise. Le “British Fashion Pack” travaille toujours pour les grandes maisons du continent comme Chanel, Givenchy et Chloé – quand il ne les dirige pas. Parallèlement, qu'ils y organisent ou non leurs défilés, de grandes maisons comme Alexander McQueen conservent des ateliers à Londres, et certaines de celles qui boudaient la capitale britannique au profit d'autres grandes villes reviennent à Londres présenter leurs collections.

Célébrités

Comparée à l'élégance classique des grandes maisons parisiennes et milanaises ou à la décontraction très *street* des créateurs new-yorkais, Londres a toujours fait figure d'excentrique. Personne n'incarne mieux cet esprit qu'Isabella Blow, styliste de légende qui découvrit Alexander McQueen, Stella Tennant et Sophie Dahl au cours de sa carrière à *Vogue* et *Tatler*. Son suicide en 2007 causa un immense émoi dans le monde de la mode londonienne. Autre tragédie, Alexander McQueen mit fin à ses jours en 2010, à l'âge de 40 ans.

La scène musicale

S'appuyant sur un réservoir de talents apparemment inépuisable, la scène musicale londonienne constitue l'un des pôles artistiques majeurs de la capitale et une source d'inspiration pour les musiciens du monde entier. Inlassable innovatrice, Londres enrichit constamment son patrimoine musical en puisant dans un panel varié de styles et de cultures.

LE SWINGING LONDON

La production prolifique de Londres débuta avec les Kinks et leur parolier Ray Davies, originaire du nord de Londres, dont les chansons constituent une sorte de guide de la capitale. *You Really Got Me*, *All Day and All of the Night* et *Dedicated Follower of Fashion* décrivent avec brio l'esprit contestataire des années 1960, tandis que *Waterloo Sunset* rend hommage à la ville.

Autre groupe londonien, les Rolling Stones décrochèrent leur premier cachet à l'ancien Bull & Bush de Richmond en 1963. Groupe de blues anglais mâtiné d'influences américaines, les Stones devinrent rapidement le pendant *rock and roll* des très sages Beatles (comme chacun sait, originaires de Liverpool, mais dont la plupart des succès furent enregistrés à Londres).

Luttant pour se faire entendre au milieu du vacarme ambiant, les Small Faces, futures icônes des *mods*, débutèrent en 1965 une carrière mémorable. Les Who, originaires de West London, furent les premiers à fracasser leurs guitares sur scène et à pratiquer le jet de poste de télévision par la fenêtre des hôtels. À Londres, Jimi Hendrix porta l'art de la guitare à des sommets inégalés avant de connaître une mort tragique dans un hôtel de West London, en 1970. D'une certaine manière, les *swinging sixties* prirent fin avec le fameux concert gratuit des Stones à Hyde Park, en juillet 1969, devant plus de 250 000 fans.

LES ANNÉES 1970

Un groupe local du nom de Tyrannosaurus Rex avait connu jusque-là un succès modéré. En 1970, Tyrannosaurus Rex devint T. Rex ; leur leader Marc Bolan se para de quelques paillettes. Ainsi naquit le premier groupe glam rock de l'histoire. Le glam encourage les jeunes d'une Grande-Bretagne très collet monté à s'émanciper et à vivre comme ils l'entendent. Puis, en 1972, le natif de Brixton David Jones (plus connu sous le nom de David Bowie) transforme radicalement le paysage musical avec son extraordinaire *The Rise*

LONDRES EN MUSIQUE À TRAVERS LES ÂGES

1967

Waterloo Sunset (The Kinks) Inamovible classique des années 1960.

1978

(I Don't Want to Go to) Chelsea (Elvis Costello) Standard percutant d'un tout jeune Costello.

1978

Hong Kong Garden (Siouxsie and the Banshees) Émouvante ode du punk gothique à un restaurant chinois de Chislehurst High St.

1978

Baker Street (Gerry Rafferty) Marqué par un riff de saxophone légendaire.

1978

Down in the Tube Station at Midnight (The Jam) Peut-être la chanson la plus connue de The Jam.

1979

London Calling (The Clash) Hymne punk.

1984

West End Girls (Pet Shop Boys) Premier hit élégantissime du duo pop britannique.

1989

Twenty-four Minutes from Tulse Hill (Carter the Unstoppable Sex Machine) South London accède à la gloire par la grâce de ce titre *indie* lancinant.

and Fall of Ziggy Stardust and the Spiders from Mars, l'un des albums phares de la décennie. Mêlant rock et pop synthétique, Roxy Music, met au point un glam rock extrêmement sophistiqué.

Sur le front du rock, un groupe baptisé Led Zeppelin (formé en 1968) pose les bases du *h*eavy metal. Quant au jeune Farok Bulsara, renommé Freddie Mercury, il conduit Queen vers les sommets du rock progressif. Le groupe anglo-américain Fleetwood Mac abandonne le blues pour le pop rock et prend les *charts* d'assaut des deux côtés de l'Atlantique – *Rumours*, son album clé, devient le cinquième album le plus vendu de l'histoire.

À la surprise générale, l'hégémonie du disco, du rock et du glam vacille au milieu des années 1970 sous les coups du punk. Un phénomène inattendu mais inoubliable. La palme du groupe le plus emblématique de ce mouvement qui fait s'agiter le Tout-Londres dès 1976, revient sans conteste aux Sex Pistols.

Leurs compatriotes londoniens, les Clash, avaient su transformer la rage brute de l'époque en une protestation politique acerbe, ce qui leur permit de survivre à leurs pairs. Ils affirmaient leur style entre coups de colère punks et chansons à texte. Les Clash dénonçaient le racisme, l'injustice sociale et la brutalité des forces de l'ordre. La génération désillusionnée avait enfin trouvé un leader en la personne de Joe Strummer ; et l'album *London Calling* (1979) est un vibrant manifeste social.

Profitant de l'appel d'air créé par le mouvement punk, une foule de groupes s'engouffrent dans la brèche en cette fin de décennie. Originaire de Londres, The Damned s'impose comme l'un des pionniers du rock gothique. The Jam réconcilie admirablement le punk et les nostalgiques de la sous-culture *mod* (Paul Weller, charismatique leader du groupe, connaîtra un grand succès en solo) tandis que Madness impose sa folie ska sur la scène londonienne. Déjà, la *New Wave* et les Nouveaux Romantiques se profilent à l'horizon d'un paysage musical en pleine mutation. À peine le temps pour Londres de souffler que les années 1980 sont là.

Le groupe de rock, tendance progressiste, Genesis s'est créé dans les années 1970, mais leurs plus grands succès marqueront surtout les années 1980 et 1990. Les deux leaders successifs de ce groupe aux 150 millions d'albums vendus ne sont autres que Peter Gabriel et Phil Collins.

LES ANNÉES 1980

En ce début de décennie, les guitares s'effacent devant les claviers et les boîtes à rythme. La mode et l'image deviennent inséparables de la musique. Cravates hyper-fines, tennis blanches à fermeture velcro, coiffures surdimensionnées et maquillage outrancier prennent le pouvoir. Le Londres surfabriqué des années 1980 voit l'apparition des inoubliables Spandau Ballet, Culture Club, Bananarama et Wham! – le leader de ce dernier, un certain George Michael, entamera par la suite une brillante carrière solo.

Depeche Mode défriche de nouveaux territoires avec sa sombre pop synthétique, tandis que les Pet Shop Boys, débarqués à Londres de leur Nord natal, marquent durablement le paysage musical britannique de leur empreinte. Les premiers pas de Neneh Cherry dans le rap annoncent déjà la révolution de la décennie suivante.

Si la fin des années 1980 voit triompher les blondinets de Bros et les faiseurs de tubes Stock/Aitken/Waterman, le salut vient du Nord avec les novateurs Smiths. De leur côté, les Mancuniens des Stone Roses et des Happy Mondays imposent un nouveau son influencé par les raves acid-house. Toutes pupilles dilatées, la *dance* explose lors du *summer of love* de 1988, marqué par l'emblématique "What Time is Love?" de KLF. Une génération tout entière adhère à cette mode et un nouveau vocabulaire fait son apparition : techno, musique électronique, hip-hop, garage, house, trance, etc.

LA BRITPOP

Au tout début des années 1990, la Britpop, définie généralement comme un retour aux sources (et donc aux Beatles), débarque sur la scène britannique. Cette époque est marquée par l'opposition entre les Londoniens de Blur et les Mancuniens d'Oasis, les deux groupes majeurs de l'époque.

Côté londonien, on citera les brillants, bien qu'inconstants, Suede et Elastica, ainsi que Pulp et son incontournable leader Jarvis Cocker, transfuges de Sheffield. Sans oublier les Oxfordiens de Radiohead, déjà en marge de toutes les modes.

Avec la sophistication grandissante de ses groupes et de ses fans, la Britpop finira par s'essouffler jusqu'à disparaître aux alentours de 1997. D'autres courants musicaux prennent alors le relais, comme l'electronica, représentée par ses élégants hérauts londoniens de Faithless.

LES ANNÉES 2000

À l'orée du XXIe siècle, les Londoniens de Coldplay, partisans d'un rock mélodique, font sensation au Royaume-Uni avant de conquérir la planète. Après cinq albums multiplatinés, le groupe fait désormais figure de leader inamovible de la scène londonienne.

Cela dit, Londres compte d'autres cordes musicales à son arc. La communauté indo-pakistanaise de Londres a également fait sensation ces derniers temps grâce à Talvin Singh et à Nitin Sawhney, qui ont chacun de leur côté fusionné de la *dance* avec de la musique indienne traditionnelle, créant un effet saisissant. Enfin, le mélange unique de techno jungle et de commentaires politiques d'Asian Dub Foundation trouve une écoute de plus en plus large.

Pete Doherty et Carl Barât sont parvenus à eux seuls à renouveler l'intérêt pour les groupes à guitare après le malaise post-Britpop. Emmenés par Pete Doherty, les Libertines explosent en 2002 dès leur premier single "What a Waster", décrochant dans la foulée un album de platine. Au lendemain de son éviction du groupe, Doherty s'en ira fonder les Babyshambles.

Parmi les autres acteurs londoniens clés des années 2000, citons Goldfrapp et son séduisant electronica, l'énergique Bloc Party, les anglo-suédois de Razorlight, la pétillante Lily Allen (du West End) ainsi que l'extraordinaire diva soul Amy Winehouse (originaire de Southgate), tragiquement disparue en juillet 2011 à l'âge de 27 ans.

LONDRES EN MUSIQUE À TRAVERS LES ÂGES

1993

Buddha of Suburbia (David Bowie ; 1993) Parmi les chansons les plus sublimes du *Thin White Duke*.

2004

Hype Talk (Dizzee Rascal ; 2004) Titre volubile du rappeur de l'East End.

2004

Round Here (George Michael ; 2004) Chanson émouvante inspirée de ses souvenirs d'écolier.

2006

LDN (Lily Allen ; 2006) Hit ska accrocheur de l'une des dernières perles de la pop londonienne.

2007

Hometown Glory (Adele ; 2007) Exquise ode à West Norwood par la révélation de Tottenham.

2007

London Town (Kano ; 2007) Portrait de sa ville par le rappeur.

2008

Warwick Avenue (Duffy ; 2008) La voix sublime de cette jeune galloise fait entrer Warwick Avenue au panthéon de la chanson pop.

PROMENADE MUSICALE À TRAVERS LONDRES

- **Passage piétons dans Abbey Road, St John's Wood** – la plus fameuse des couvertures d'album des Beatles
- **Heddon Street, Soho** – où fut réalisée la photographie pour la pochette de l'album *Ziggy Stardust*
- **23 Brook Street, Mayfair** – ancienne demeure des compositeurs Haendel et Hendrix
- **St Martin's College, Mayfair** – site du premier concert des Sex Pistols
- **Tree on Queen's Ride, Barnes** – arbre contre lequel Marc Bolan, leader du groupe T-Rex, trouva la mort dans sa Mini en 1977
- **3 Savile Row, Mayfair** – dernier concert des Beatles, sur le toit du bâtiment Apple, en 1969

La scène londonienne aujourd'hui

Le Londres de la musique, qui n'était à la fin des années 1990 qu'un haut lieu de "branchitude" où il fallait être vu, est redevenu de nos jours un des plus grands lieux de création de la planète.

Adele, nouvelle princesse de la soul britannique, n'a pas seulement conquis le cœur de ses compatriotes avec la sortie de *21* (2011), son deuxième opus. La native de Tottenham a également passé 10 semaines au sommet des *charts* américains avec cet album, une première depuis le *Faith* (1987) de George Michael, un autre Londonien.

Le *grime* et son successeur le *dubstep*, genres musicaux authentiquement londoniens, nés dans l'East End d'une fusion entre hip-hop et influences asiatiques, forment actuellement l'avant-garde du Londres musical. Dizzee Rascal, Lady Sovereign, Lethal Bizzle, Roll Deep, GoldieLocks et Kano en sont probablement les artistes les plus connus.

Le premier album éponyme et mélancolique de l'inclassable James Blake a reçu un excellent accueil critique, de même que *Who You Are* de Jessie J. Les Mumford & Sons, révélation folk rock, ont aussi conquis l'Amérique, imités en cela par le rappeur britannique Tinie Tempah. En 2011, The Vaccines, nouveaux venus sur la scène punk *indie*, se sont fait remarquer avec *What Did You Expect from the Vaccines?*. Un autre groupe londonien, The Noisettes, a trouvé récemment un écho plus large à son pop rock *indie*.

Autres révélations, La Roux, Florence and the Machine, Little Boots, Hot Chip, M.I.A, les Klaxons, ou Anna Calvi contribuent à faire de Londres l'épicentre autoproclamé de l'innovation musicale.

Pour consulter la liste des salles de concerts, voir p. 61.

Cinéma et médias

Le Royaume-Uni a beau évoluer dans la cour des grands, Londres n'a rien d'un épicentre de l'industrie cinématographique mondiale, en dépit de quelques réussites notables. Cela dit, la ville sert de toile de fond à un nombre incroyable de films tandis que la sphère médiatique de la capitale demeure très puissante.

LONDRES ET LE CINÉMA

L'industrie cinématographique locale

Si les Londoniens sont fiers de leur ville, peu d'entre eux la perçoivent comme une capitale du cinéma. En effet, la réussite des films britanniques demeure très aléatoire. Certes, il y a bien eu récemment quelques énormes succès populaires, comme *Le Discours d'un roi* (*The King's Speech*) et *The Queen,* tous deux oscarisés, ou encore *Quatre mariages et un enterrement* (*Four Weddings and a Funeral)* et *Shakespeare in Love* dans les années 1990, mais l'ensemble manque cruellement de constance – en dépit de l'influence colossale des Britanniques à Hollywood.

Certains parlent souvent avec nostalgie de l'âge d'or des comédies des studios londoniens d'Ealing, à l'époque où ceux-ci enregistrèrent une longue série de succès. De 1947 à 1955, date de la cession des studios à la BBC, ils produisirent de grands classiques, tels que *Passeport pour Pimlico (Passport to Pimlico*), *Noblesse oblige* (*Kind Hearts and Coronets*), *Whisky à gogo (Whisky Galore*), *L'Homme au complet blanc (The Man in the White Suit*), *De l'or en barre (The Lavender Hill Mob*) et *Tueurs de dames* (*The Ladykillers*). C'est également durant cette période qu'évoluaient les légendaires réalisateurs Michael Powell et Emeric Pressburger, à qui l'on doit *Colonel Blimp (The Life and Death of Colonel Blimp*) et *Les Chaussons rouges (The Red Shoes*).

Aujourd'hui, la production cinématographique britannique peine à sortir de ses filons consacrés : comédies romantiques *(Love Actually),* sagas en costume et films de gangsters. Les producteurs, les réalisateurs et les acteurs se plaignent du manque d'audace de ceux qui tiennent les cordons de la bourse, tandis que les investisseurs affirment qu'il n'y a pas assez de scénarios dignes d'intérêt.

Outre les investissements privés, un système de financement public est proposé par le UK Film Council. Bien qu'en 2002 celui-ci n'ait fourni

Pour tout savoir du cinéma britannique, des films réalisés à Londres et au Royaume-Uni, rendez-vous au London Film Museum (www.londonfilmmuseum.com).

LONDON FILM MUSEUM

LE TOP DES FESTIVALS DU FILM

Toute une série de festivals londoniens célèbrent le cinéma sous toutes ses coutures, ravissant les amateurs de grosses productions comme de films d'art et d'essai.

London Film Festival (www.bfi.org.uk/lff). Le plus grand festival cinématographique de la ville, en octobre.

Raindance Festival (www.raindance.co.uk). Ce festival, leader européen du genre, célèbre le cinéma indépendant du monde entier, quelques jours avant le London Film Festival.

Portobello Film Festival (www.portobellofilmfestival.com). En septembre, ce festival gratuit programme essentiellement des films indépendants, réalisés par des cinéastes londoniens et étrangers.

London Lesbian & Gay Film Festival (www.bfi.org.uk/llgff). L'un des meilleurs du genre. Il invite à découvrir un nombre impressionnant de films indépendants du monde entier lors d'une quinzaine marathon au BFI Southbank.

qu'une infime portion des 570 millions de livres dépensées pour le cinéma au Royaume-Uni, certains critiques s'opposent à son action. Ainsi, le regretté Alexander Walker de l'*Evening Standard* fut l'un de ceux qui accusa ce système d'entraîner la concrétisation de projets médiocres simplement parce que l'argent nécessaire était disponible.

Dans le même temps, des acteurs britanniques d'envergure comme Ewan McGregor, Ian McKellen, Ralph Fiennes, Jude Law, Liam Neeson, Hugh Laurie, Kristin Scott Thomas, Keira Knightley, Orlando Bloom et Emily Watson partent tous travailler à l'étranger, à l'instar de nombreux réalisateurs anglais, notamment Tony Scott *(USS Alabama, Top Gun, True Romance)*, Ridley Scott *(Blade Runner, Alien, Thelma et Louise, Gladiator, La Chute du Faucon noir)*, Michael Winterbottom *(The Claim, The Killer Inside me)* et Sam Mendes *(American Beauty, Les Noces rebelles)*.

CINÉMA EN PLEIN AIR

L'été, le Somerset House Summer Screen (www.somersethouse.org.uk/film ; entrée 14,50 £) accueille un cinéma en plein air dans un cadre somptueux.

Londres à l'écran

Londres est toutefois une des villes les plus courues au monde pour les tournages. Parmi les derniers convertis figure Woody Allen, pourtant amoureux légendaire de New York, qui a réalisé dans la capitale anglaise trois de ses derniers films, *Match Point, Scoop* et *Le rêve de Cassandre* (*Cassandra's Dream*), avant de partir planter sa caméra à Barcelone.

Le mélange d'ancien et d'ultramoderne qui caractérise l'architecture londonienne joue sans doute beaucoup en sa faveur. Ang Lee a ainsi pu tourner *Raisons et sentiments* (*Sense and Sensibility*) dans les parcs et demeures néoclassiques sublimes du quartier historique de Greenwich ; la Queen's House d'Inigo Jones apparaît notamment dans les scènes d'intérieur. Dans le film d'époque *Retour à Howard's End* (*Howard's End*) de James Ivory tout comme dans le biopic *Chaplin* apparaît la façade néogothique des St Pancras Chambers, tandis qu'*Elephant Man,* au début des années 1980, avait su exploiter l'ambiance maussade de Shad Thames, quartier alors délaissé, où se trouve aujourd'hui Butler's Wharf. Sorti en 1987 et tourné en partie à Camden, *Withnail et moi (Withnail & I)* demeure la quintessence de la comédie britannique décalée.

Diffusé pour la première fois en 2007 sur BBC1, *Outnumbered*, portrait d'une famille de la classe moyenne de South London, est très populaire pour sa vision drolatique d'un couple complètement débordé par ses trois enfants.

Londres sert aussi de toile de fond idéale aux films d'horreur et d'anticipation. Dans la scène d'ouverture de *28 jours plus tard* (*28 Days Later*, 2002) Danny Boyle dépeint un centre de Londres complètement déserté, une scène reprise en version *gore* dans *28 semaines plus tard* (*28 Weeks Later*), en 2006. La plus grande partie du sombre et controversé *Orange mécanique* (*A Clockwork Orange*, 1971) de Stanley Kubrick fut filmé à Londres, tandis que dans *Les Fils de l'homme* (*Children of Men*, 2006), Alfonso Cuarón enfante une vision effrayante et désespérée de la capitale.

D'autres zones de la ville apparaissent à l'écran, comme le fameux quartier du West End dans *Notting Hill* (1999) ou les ruelles dickensiennes de Borough dans deux productions aussi dissemblables que *Le Journal de Bridget Jones* (*Bridget Jones's Diary)* et *Arnaque, crimes et botanique* (*Lock, Stock and Two Smoking Barrels*). *De son côté,* Smithfield se trouve parée d'une froideur glamour dans *Closer.*

Pour toute information sur les cinémas londoniens, voir le chapitre *Où sortir* (p. 61) ou les rubriques du même nom dans les chapitres par quartier.

TÉLÉVISION

Beaucoup de pays vendraient leur chemise pour une télévision de cette qualité, qu'il s'agisse des extraordinaires films du département d'histoire naturelle de la BBC ou des nombreuses comédies et films dramatiques proposés par l'ensemble des chaînes.

Londres s'en tire mieux en matière de production télévisuelle que cinématographique : une grande partie des programmes diffusés dans le monde entier viennent de Grande-Bretagne, des *Teletubbies* à *Qui veut gagner des millions ?*. Il existe cinq chaînes nationales : BBC 1, BBC 2, ITV, Channel 4 et Five.

RADIO

BBC London (94.9 FM), diffusée dans l'ensemble de la capitale, se distingue par ses débats et sa remarquable couverture des événements sportifs. L'excellente BBC Radio 4 (93.5 FM) accorde une grande place à l'actualité et aux débats. En cas d'embouteillages, allumez Capital FM (95.8 FM), la station de musique pop la plus populaire de la ville, équivalent commercial de BBC Radio 1 (98.8 FM). Pour la musique indé, choisissez Xfm (104.9 FM) ; pour la dance, Kiss (100 FM) ; et pour la soul, Choice FM (96.9 FM). Les amateurs de musique classique resteront branchés sur Classic FM (100.9 FM).

Sites Internet de nouveaux médias

Londonist *(http://londonist.com). Le blog centré sur Londres.*

Urban 75 *(www.urban75.com). Remarquable et original.*

Indymedia *(www.uk.indymedia.org). Réseau global d'informations alternatives.*

PRESSE

Journaux et Magazines

Les journaux nationaux sont pour la plupart indépendants de tout parti politique, bien qu'il soit facile de deviner leurs orientations. Les journaux se divisent en deux grandes catégories : les grands formats (ou *quality papers*) et les tabloïds, bien que la différence se fasse plus sur le contenu que sur le format du papier, la plupart des journaux étant maintenant imprimés sur des formats plus commodes.

Quotidiens

Le principal quotidien londonien est l'*Evening Standard,* journal de centre-droit au format tabloïd, publié du lundi au vendredi et distribué dans la plupart des gares, des stations de métro, des kiosques et des petits commerces. *Metro* (du lundi au vendredi) est l'un des ces nombreux journaux gratuits de lecture facile que l'on trouve jonchant les couloirs du *tube* londonien.

Les lecteurs de grands formats sont extrêmement fidèles à leur quotidien. Destiné aux classes moyennes, le *Guardian* publie d'excellents reportages et alimente un site Internet réputé, le tout sous une orientation progressiste. Le *Guide*, un supplément sorties très pratique, est vendu avec l'édition du samedi. Surnommé le “Torygraph”, le *Daily Telegraph* est le journal officieux des *Tories*, le parti conservateur. Certes très rigoriste, il propose néanmoins une excellente couverture des événements internationaux. Pilier de la presse britannique et fleuron de l'empire du conservateur Rupert Murdoch, le *Times* distille une gamme d'articles substantielle et une rubrique sportive particulièrement réussie. Quotidien sans affiliation politique bien que penchant à gauche, l'*Independent* met l'accent sur les informations négligées par le reste de ses confrères. Enfin, le *Financial Times*, poids lourd de la presse économique, publie une fantastique section voyages dans son édition du week-end.

Pour déguster le dernier scandale, vous avez le choix entre le *Mirror*, journal historiquement travailliste destiné à la classe ouvrière, le

Sun, le quotidien le plus vendu du Royaume-Uni - réputé pour ses sympathies conservatrices et ses gros titres culottés -, ou encore le *Daily Star*. Parmi les autres tabloïds, citons encore le *Daily Express* et le *Daily Mail*, un quotidien de centre-droit.

Journaux du dimanche

Enfin, un dimanche matin à Londres n'est pas envisageable sans les journaux dominicaux, que la plupart des quotidiens publient. Les tabloïds mettent les bouchées doubles en divulguant des potins, des détails croustillants sur les stars et autres attaques mesquines, ou en proposant des suppléments mode.

Observer Fondé en 1971, c'est le plus ancien journal du dimanche, comparable en style et en ton au *Guardian*, avec un excellent supplément culturel dominical (le *Review*).

Sunday Telegraph Tout aussi sérieux et conservateur que son pendant de la semaine.

Sunday Times Regorge de mode et de scandale.

Magazines

La variété des magazines publiés est impressionnante, de la feuille de chou sur les stars du show-biz jusqu'aux “poids lourds” axés sur la politique.

Les magazines politiques ont une très grande audience à Londres. Le magazine satirique *Private Eye* n'affiche aucune préférence politique et se moque de tout le monde, sans distinction, même s'il montre une prédilection pour les cibles en position de pouvoir. *The Economist* reste sans rival en termes d'analyse sur la politique internationale et le monde des affaires.

Le *Spectator*, hebdomadaire de droite autoproclamé plus ancien magazine de Grande-Bretagne, est adoré des électeurs conservateurs, même si la spiritualité de ses articles lui vaut parfois les faveurs du lectorat de gauche. À l'opposé, le *New Statesman* constitue l'un des piliers de la presse intellectuelle de gauche.

Time Out est le guide par excellence des sorties en ville, notamment artistiques, alors que *Big Issue*, vendu par les sans-abri, est non seulement un projet honorable, mais propose aussi un bon contenu rédactionnel.

Londres se gorge de célébrités avec *Heat, Closer* et *OK!*, les pourvoyeurs les plus populaires du genre. Importé des États-Unis, *Glamour* est le magazine féminin par excellence tandis que *Marie Claire, Elle* et *Vogue* sont réputés plus profonds. Au rang des magazines masculins dits sérieux, on compte *GQ* et *Esquire*, tandis que *FHM, Loaded, Maxim* et *Nuts* sont notoirement plus futiles. Une kyrielle de magazines dits de style sont aussi publiés à Londres, parmi lesquels *i-D*, consacré à la mode londonienne et à la musique gospel, ou encore *Dazed & Confused*.

Londres pratique

TRANSPORTS................386

ARRIVER À LONDRES 386

Avion............................ 386
Bus.............................. 389
Train............................ 389

COMMENT CIRCULER 389

Bateau........................... 390
Bus.............................. 390
Métro et trains..................391
Taxi.............................391
Tramway..........................392
Vélo.............................392
Voiture et moto..................393

CIRCUITS ORGANISÉS 393

CARNET PRATIQUE 395

Ambassades et consulats..........395
Argent...........................395
Cartes et plans.................. 396
Cartes de réduction.............. 396
Cours............................ 396
Douane........................... 396
Électricité...................... 396
Enfants.......................... 396
Expatriation.....................397
Formalités et visas..............397
Handicapés.......................397
Heure locale..................... 398
Horaires d'ouverture............. 398
Internet (Accès)................. 398
Offices du tourisme.............. 398
Poste............................ 399
Pourboire........................ 399
Problèmes juridiques............. 399
Sécurité......................... 399
Services médicaux................ 400
Taxes et remboursements.......... 400
Téléphone........................ 400
Toilettes........................401
Travailler à Londres.............401
Urgences......................... 402
Vacances et jours fériés......... 402
Voyager seule.................... 402

Transports

ARRIVER À LONDRES

La plupart des passagers arrivent à Londres par les airs. Néanmoins, L'Eurostar est une option de plus en plus utilisée. Il présente l'avantage de desservir directement le centre-ville.

Avion

Aéroport d'Heathrow

À 24 km à l'ouest de Londres, **Heathrow** (LHR ; www.heathrowairport.com) est l'aéroport international qui reçoit le plus de trafic aérien au monde avec cinq terminaux (Le terminal 2 est fermé pour rénovation jusqu'en 2014).

Chaque aérogare possède des bureaux de change, des guichets d'information, des comptoirs de réservation hôtelière et des consignes.

Consignes Disponibles dans tous les terminaux. Compter 5 £ par bagage pour moins de 4 heures, 8,50 £ pour 24 heures (ou moins). Durée maximum 90 jours.

Hôtels Trois hôtels internationaux sont accessibles à pied depuis les terminaux, et une vingtaine d'autres sont installés à proximité. La **navette Hotel Hoppa** (adulte/enfant 4 £/gratuit ; toutes les 15-30 min de 4h30 à minuit) relie ces hôtels aux terminaux.

DEPUIS/VERS HEATHROW

Train Métro (www.tfl.gov.uk). L'aéroport est desservi par trois stations de la Piccadilly Line : une pour les terminaux 1, 2 et 3, une autre pour le terminal 4 et une troisième pour le terminal 5. Le métro (*tube*) est le moyen le plus économique pour relier Heathrow au centre de Londres (aller 5 £, 1 heure, toutes les 3-9 min). Les trains circulent de 5h/5h45 depuis/vers l'aéroport (5h50/7h le dimanche) à 23h45/0h30 (23h30 le dimanche dans les deux sens). Tickets en vente dans les stations.

Heathrow Express (www.heathrowexpress.com ; aller/aller-retour 18/34 £, 15 min, toutes les 15 min). Un train ultramoderne qui transporte les passagers de la gare de Heathrow Central (desservant les aérogares 1 à 3) et du terminal 5 jusqu'à la gare de Paddington. Les passagers du terminal 4 emprunteront la navette ferroviaire gratuite jusqu'à Heathrow Central, d'où ils prendront le Heathrow Express. Les trains circulent dans les deux directions de 5h et des poussières jusqu'à 23h45 (au départ de Paddington) ou un peu après minuit (depuis l'aéroport).

Heathrow Connect (www.heathrowconnect.com ; aller 9,10 £, 25 min, toutes les 30 min). Circulant entre Heathrow et la gare de Paddington, ce service de train moderne marque 5 arrêts, notamment à Southall et à Ealing Broadway. Le premier train quitte Heathrow vers 5h20 (6h le dimanche) et le dernier vers minuit. De Paddington, les trains roulent de 4h30 (6h le dimanche) à 23h.

Taxi La course en taxi avec compteur depuis/vers le centre de Londres revient entre 45 £ et 65 £ (55 £ pour Oxford St) pour 45 min à 1 heure de trajet, selon le point de départ.

Bus National Express (www.nationalexpress.com ; aller simple/aller-retour à partir de 5/9 £, billets valables 3 mois, 45-90 min, toutes les 30-60 min). Les bus relient la gare routière

AVERTISSEMENT

Les informations contenues dans ce chapitre sont particulièrement susceptibles de changements. Vérifiez directement auprès de la compagnie aérienne ou de l'agence de voyages les modalités d'utilisation de votre billet d'avion. N'hésitez pas à comparer les prestations. Les détails fournis ici doivent être considérés à titre indicatif et ne remplacent en rien une recherche personnelle attentive.

d'Heathrow à la **gare routière de Victoria** (164 Buckingham Palace Rd SW1 ; ⊖Victoria) environ 45 fois par jour. Le premier part de la gare routière de Heathrow (terminaux 1, 2 et 3) à 5h25, le dernier à 21h40. Au départ de Victoria, les bus circulent de 7h15 à 23h30.

Le bus de nuit N9 (1,30 £, 1 heure 15, toutes les 20 min) relie Heathrow au centre de Londres.

Aéroport de Gatwick

Situé à 48 km au sud de Londres, **Gatwick** (LGW ; www.gatwickairport.com) est plus petit que Heathrow. Les terminaux nord et sud sont reliés par un service rapide de monorail (24h/24 ; 3 min de trajet entre les terminaux). Gatwick dispose d'un service de consigne dans ses deux terminaux. Il vous en coûtera 8 £ par bagage et par 24 heures (ou moins), avec une durée maximale de 90 jours.

DEPUIS/VERS GATWICK

Train (www.nationalrail.co.uk). Des trains circulent régulièrement depuis/vers London Bridge (30 min, toutes les 15/30 min), King's Cross (45 min, toutes les 15/30 min) et London Victoria (30 min, toutes les 10/15 min). Les prix dépendent des horaires et des compagnies, mais comptez entre 7 et 10 £ pour un aller.

Gatwick Express (www.gatwickexpress.com ; aller/aller-retour 18,90/33,20 £, 30 min, toutes les 15 min). Les trains relient la gare, proche du terminal sud, à Victoria Station, dans le centre de Londres. De l'aéroport, il existe un service régulier entre 4h30 et 1h35. De Victoria, les trains circulent entre 3h30 et 0h30.

Bus National Express (www.nationalexpress.com ; aller / aller-retour 7,50/15 £, billets valables 3 mois, 65-90 min). Les bus circulent de Gatwick à la gare routière de Victoria Station 18 fois par jour. Ils quittent l'aéroport au moins une fois par heure entre 6h et 21h45 et fonctionnent toutes les heures à l'heure pile au départ de Victoria entre 7h et 19h, puis avec un service réduit jusqu'à 23h30.

easyBus (www.easybus.co.uk). Cette société bon marché affrète des minibus de 19 places (aller 10 £, à partir de 2 £ en ligne, 70 min, toutes les 20 min) de Earl's Court/West Brompton à Gatwick, de 3h à 23h30 tous les jours. Départs de Gatwick entre 4h30 et 1h. Les billets s'achètent auprès du conducteur ou aux billetteries de l'aéroport.

Taxi La course en taxi avec compteur depuis/vers le centre de Londres coûte environ 90 £ et prend une bonne heure.

Aéroport de Stansted

Stansted (STN ; www.stanstedairport.com) se situe à 56 km au nord-est de Londres, en direction de Cambridge.

DEPUIS/VERS L'AÉROPORT DE STANSTED

Train Stansted Express (www.stanstedexpress.com ; aller/aller-retour 21/29,70 £, 45 min, toutes les 15-30 min). Ces trains relient l'aéroport à la gare de Liverpool St. De l'aéroport, le premier train part à 5h30 et le dernier juste avant minuit. De la gare de Liverpool St, les trains roulent de 4h30 à un peu avant 23h30.

Bus National Express (www.nationalexpress.com). Les bus circulent 24h/24, soit 120 liaisons par jour. Le bus A6 dessert la gare routière de Victoria (aller/aller-retour 10,50/17,50 £, 1 heure 25-1 heure 50, toutes les 10-20 min), en passant par North London. Le A9 se rend à Stratford (8,50/15 £, 45 min-1 heure, toutes les 30 min), où l'on peut prendre une correspondance en métro sur la Jubilee Line pour rejoindre le centre de Londres en 20 min.

easyBus (www.easybus.co.uk). Les minibus (aller 10 £, à partir de 2 £ en ligne, 75 min, toutes les 20-30 min) de Baker St à Stansted circulent 24h/24.

Terravision (www.terravision.eu). Les bus (aller /aller-retour 9/14 £) relient Stansted à la gare ferroviaire de Liverpool St (bus n°A51, 55 min) et à la gare routière de Victoria (bus n°A50, 75 min) toutes les 20 à 40 min entre 6h et 1h.

Taxi La course en taxi avec compteur depuis/vers le centre de Londres coûte environ 90 £.

Aéroport de Luton

Le petit aéroport de **Luton** (LTN ; www.london-luton.co.uk) se trouve à 51 km au nord-ouest de Londres et accueille principalement des vols charters.

DEPUIS/VERS LUTON

Train (www.nationalrail.co.uk). Les trains (hors période de pointe, aller/aller-retour 12,50/21,50 £, 30/40 min, toutes les 6 à 15 min, de 7h à 22h) circulent des gares de London Bridge et King's Cross St Pancras à Luton Airport Parkway, d'où une

AGENCES EN LIGNE

Vous pouvez réserver votre vol via une agence en ligne ou vous renseigner auprès d'un comparateur de vols :

- www.anyway.com
- www.ebookers.fr
- www.illicotravel.com
- www.sprice.fr
- www.opodo.fr
- www.voyages-sncf.com
- http://voyages.kelkoo.fr
- www.govoyage.com

VOYAGES ET CHANGEMENTS CLIMATIQUES

Tous les moyens de transport fonctionnant à l'énergie fossile génèrent du CO_2 – la principale cause du changement climatique induit par l'homme. L'industrie du voyage est aujourd'hui dépendante des avions. Si ceux-ci ne consomment pas nécessairement plus de carburant par kilomètre et par personne que la plupart des voitures, ils parcourent en revanche des distances bien plus grandes et relâchent quantité de particules et de gaz à effet de serre dans les couches supérieures de l'atmosphère. De nombreux sites Internet utilisent des "compteurs de carbone" permettant aux voyageurs de compenser le niveau des gaz à effet de serre dont ils sont responsables par une contribution financière à des projets respectueux de l'environnement. Lonely Planet "compense" les émissions de tout son personnel et de ses auteurs.

navette (bus) vous conduira à l'aéroport en 8 minutes.

Bus easyBus (www.easybus.co.uk). Minibus (aller 10 £, à partir de 2 £ en ligne, 1 heure 20, toutes les 30 min) au départ de la gare routière de Victoria vers Luton via les stations de métro Marble Arch, Baker St et Finchley Rd 24h/24, avec les mêmes fréquences en provenance de l'aéroport.

757 de Green Line (www.greenline.co.uk). Les bus pour Luton (aller/aller-retour 16/22 £, billets valables 3 mois, 1 heure-1 heure 30) partent de Buckingham Palace Rd, au sud de la gare de Victoria, avec un départ toutes les demi-heures environ, 24h/24.

Taxi La course en taxi avec compteur depuis/vers le centre de Londres coûte environ 90 £.

Aéroport de London City

Proche du centre de Londres (à 10 km à l'ouest) et du quartier commercial des Docklands, l'aéroport de **London City** (LCY ; www.londoncityairport.com) accueille avant tout des hommes d'affaires, mais on y croise aussi des vacanciers qui empruntent ses vols desservant 24 destinations en Europe continentale et sept villes britanniques.

DEPUIS/VERS L'AÉROPORT DE LONDON CITY

Train Docklands Light Railway (DLR ; www.tfl.gov.uk/dlr) s'arrête à l'aéroport de London City (aller 4 £, avec Oyster Card 2,20-2,70 £). Le trajet jusqu'à Bank dure un peu plus de 20 min. Les trains partent toutes les 8 min entre 5h30 et 0h30 du lundi au samedi et entre 7h et 11h30 le dimanche.

Taxi La course en taxi avec compteur depuis/vers la City/Oxford St/Earl's Court coûte environ 25/30/40 £.

Depuis la France

Air France (www.airfrance.fr) et **British Airways** (www.britishairways.com), avec environ 8 vols par jour entre 7h et 21h, assurent des prestations et des prix comparables depuis l'aéroport Paris-Charles-de-Gaulle. Air France propose également jusqu'à 5 vols par jour (effectués par CityJet) au départ d'Orly, à destination de l'aéroport London City. British Airways assure aussi des vols directs depuis la plupart des grandes villes de province. Les prix des deux compagnies se sont alignés sur ceux de la concurrence et présentent aujourd'hui des tarifs aller-retour intéressants : à partir de 135 €. Notez que les tarifs sont assortis de contraintes quant aux dates de séjour, réservations et possibilités de remboursement.

AGENCES

Nouvelles Frontières (☎0825 000 747 ; www.nouvelles-frontieres.fr)

Thomas Cook (☎0826 826 777 ; www.thomascook.fr)

Depuis la Belgique

Brussels Airlines opère 4 vols directs par jour entre Bruxelles et Londres Heathrow à partir de 139 €. United Airlines assure des vols à des tarifs comparables. CityJet (VLM Airlines) propose des vols entre Anvers et l'aéroport de London City. Voir aussi p. 389 pour les vols *low-cost*.

Brussels Airlines (www.brusselsairlines.com)

United Airlines (www.united.fr)

AGENCES

Airstop (www.airstop.be)

Connections (☎070 23 33 13 ; www.connections.be)

Gigatours Voyages Éole (☎070 22 44 32 ; www.voyageseole.be)

Depuis la Suisse

La Swiss (www.swiss.com) propose des vols directs depuis/vers Genève-Londres-Heathrow aux alentours de 190 CHF. Easyjet (voir p. 389) et British Airways (www.britishairways.com ; à partir de 150 CHF) relient également Zurich et Genève à Londres.

AGENCE

STA Travel (☎058 450 49 20 ; www.statravel.ch)

Depuis le Canada

Les vols directs depuis Toronto, Montréal et Ottawa à destination de Londres (environ 7 heures de vol) débutent aux alentours de 850 $C avec Air Canada. Pour plus de renseignements, adressez-vous auprès de la compagnie et des agences et suivantes :

Air Canada (✆888 247-2262 ; www.aircanada.com)

Travel Cuts-Voyages Campus (✆800 667 2887 ; www.travelcuts.com)

Travelocity (✆800 457 8010 ; www.travelocity.ca)

Compagnies low-cost

En voici trois qui desservent Londres, faites votre marché :

BMI (www.flybmi.com). Relie Bruxelles à Londres-Heathrow.

easyJet (www.easyjet.com). Une liaison Paris-CDG-aéroport de Londres-Luton, ainsi que de nombreuses villes de provinces desservies (Marseilles, Bordeaux, Lyon, Nice...) depuis/vers Londres-Gatwick et Standed. Rallie également Genève et Zürich.

Ryanair (www.ryanair.com). Rallie un grand nombre de villes françaises de province (Beauvais non desservi).

Bus

Eurolines (www.eurolines.com ; 52 Grosvenor Gardens SW1). Des bus en partenariat avec National Express desservent Paris et autres destinations continentales depuis la **gare routière de Victoria** (Plan p. 440 ; 164 Buckingham Palace Rd SW1 ; ⊖Victoria).

National Express (www.nationalexpress.com). La principale compagnie de bus, fiable et confortable.

Megabus (www.megabus.com) fonctionne comme une compagnie aérienne *low-cost*. Billets à partir de 1 £.

Green Line (www.greenline.co.uk) circule également sur les grands axes du Royaume-Uni.

Train

La plupart des villes du pays sont desservies par les trains InterCity, qui ne sont ni bon marché ni particulièrement ponctuels.

National Rail Enquiries (www.nationalrail.co.uk) donne tous les horaires et tarifs.

Eurostar (www.eurostar.com). Les trains à grande vitesse relient St Pancras International Station et la Gare du Nord à Paris (ou Bruxelles Midi à Bruxelles), jusqu'à plus de vingt fois par jour. Les tarifs sont très variables, de 88 € pour les allers/retours les moins chers à 350 € pour un aller/retour échangeable en période de pointe. Des trains desservent Avignon en été (7 heures) et les Alpes en hiver (8 à 10 heures).

Eurotunnel (www.eurotunnel.com) transporte des véhicules et des vélos entre Folkestone, en Angleterre, et Coquelles, à 5 km au sud-ouest de Calais (toutes les 15 min en période de pointe, toutes les heures de 1h à 6h) par le tunnel sous la Manche. Réserver en ligne permet de bénéficier des tarifs les moins chers, avec des allers-retours à partir de 60 € (en passant une nuit sur place) et des excursions de 2 à 5 jours à partir de 120 €. Tous les prix incluent une voiture et ses passagers.

COMMENT CIRCULER

Le réseau de transports en commun de Londres est remarquable mais cher. La gestion est assurée par **Transport for London** (www.tfl.gov.uk), dont l'excellent site (disponible en français) donne des informations sur le trafic en temps réel, un planificateur de trajet, des plans et des informations détaillées sur tous les moyens de transport dans la capitale.

La manière la plus simple de circuler est d'acquérir une Oyster Card. Les tickets traditionnels (papier) existent toujours, mais tandis que celui à la journée (Travelcard) coûte le même prix que lorsqu'il est chargé

OYSTER CARD

L'Oyster Card est une carte à puce sur laquelle vous stockez une réserve d'argent (trajets prépayés, Travelcards). Elle fonctionne sur tout le réseau de transport de Londres. Vous devez l'appliquer contre un lecteur (portant un cercle jaune avec l'image de l'Oyster Card) avant et après chaque trajet. Le système déduit alors la somme requise. Dans le bus, validation uniquement à la montée.

Avec cette carte, les tarifs sont réduits. Si vous vous déplacez plusieurs fois dans la journée, vous ne paierez jamais plus cher que le prix de la Travelcard (heures creuses ou heures de pointe) une fois atteint le plafond journalier de votre Oyster Card.

Les Oyster Cards s'achètent (moyennant une caution de 5 £) et se rechargent dans toutes les stations de métro, aux guichets d'information aux voyageurs et dans les boutiques dont la vitrine possède le logo Oyster.

Pour récupérer votre caution et tout éventuel crédit non utilisé, il suffit de rendre votre carte à un guichet.

TARIFS

ZONE	ALLER SIMPLE NON-OYSTER	ALLER-SIMPLE OYSTER HEURE DE POINTE	ALLER-SIMPLE OYSTER NORMAL	PLAFOND HEURE DE POINTE (OYSTER TRAVELCARD 1 JOUR)	PLAFOND NORMAL (OYSTER TRAVELCARD 1 JOUR)
Zone 1	4 £	1.90 £	1.90 £	8 £	6.60 £
Zone 1 et 2	4 £	2.50 £	1.90 £	8 £	6.60 £
Zone 1-3	4 £	2.90 £	2.50 £	10 £	7.30 £
Zone 1-4	5 £	3.40 £	2.50 £	10 £	7.30 £
Zone 1-5	5 £	4.10 £	2.70 £	15 £	8 £
Zone 1-6	5 £	4.50 £	2.70 £	15 £	8 £
11-15 ans	2 £	0.70 £	0.65 £	4 £	1.30 £

sur une Oyster, les tickets à l'unité sont beaucoup plus chers en version papier qu'avec l'Oyster Card.

Les réseaux de métro et de train (DLR et Overground) sont indiqués pour se déplacer entre différents quartiers ; les bus et les vélos en libre service Barclays sont pratiques pour des trajets plus courts.

Les consignes **Excess Baggage** (☎0800 783 1085 ; www.left-baggage.co.uk) sont présentes dans les principales gares de Londres : St Pancras, Paddington, Euston, Victoria, Waterloo, King's Cross, Liverpool St et Charing Cross. Le service coûte 8,50 £ par bagage pour les premières 24 heures et 5 £ par journée supplémentaire.

Bateau

Plusieurs compagnies naviguent sur la Tamise. Toutefois, seul **Thames Clippers** (www.thamesclippers.com) offre réellement un service de bateau-bus. C'est rapide, agréable, et place assise et vue sont garanties.

Les bateaux circulent de 6h à un peu plus de 22h (parfois plus tard en cas d'événement à l'O2), et partent toutes les 20 à 30 minutes. Ils vont du London Eye Millennium Pier aux Woolwich Arsenal Piers, en passant par le London Eye, la Tate Modern, le Shakespeare's Globe, Borough Market, Tower Bridge, Canary Wharf, Greenwich et l'O2.

Les tickets coûtent entre 3,50 et 5,50 £ pour les adultes, et de 1,70 £ à 2,80 £ pour les enfants. Réduction de 10% pour les utilisateurs de l'Oyster Card qui paient au trajet, et d'un tiers du prix pour les possesseurs de Travelcards (papier ou sur Oyster Card).

Pour les circuits touristiques, voir p. 394.

Bus

Les célèbres bus rouges à deux étages (*double-decker Routemaster*) ont été retirés de la circulation, hormis sur deux lignes "pittoresques" (la 9 et la 15), mais leurs versions modernes aujourd'hui en circulation permettent de voir la ville aussi bien que les anciens modèles. Sachez néanmoins que les trajets peuvent être très lents.

Des plans très détaillés sont disponibles à chaque arrêt et mentionnent tous les itinéraires et destinations possibles dans un rayon de quelques minutes à pied.

Les bus circulent en temps normal de 5h à 23h30.

Bus de nuit

- Plus de 50 bus de nuit (dont le numéro est précédé de la lettre "N") circulent de minuit à 4h30.
- Environ 60 autres lignes fonctionnent 24h/24, mais la fréquence des bus baisse entre 23h et 5h.
- Oxford Circus, Tottenham Court Rd et Trafalgar Sq sont les grands nœuds du réseau de nuit
- Ces bus sont parfois irréguliers et ne s'arrêtent qu'à la demande, aussi devez-vous indiquer clairement au conducteur votre intention de monter ou de descendre.

Tarifs

- Les Oyster Cards sont valables dans tous les bus, y compris les bus de nuit, et reviennent moins cher que les tickets à l'unité. Le prix des trajets en bus reste identique (non-Oyster/Oyster 2,20/1,30 £) quelle que soit la distance parcourue.
- Aux arrêts dont les panneaux sont à fond jaune, si vous n'êtes pas muni d'une Oyster Card, il faut acheter un ticket à la machine (qui ne rend pas la monnaie et n'accepte que les pièces) avant de monter dans le bus.
- Les enfants de moins de 11 ans voyagent gratuitement ; idem pour les 11-18 ans munis d'une Oyster card avec photo.
- Pour les trajets en bus, le plafond quotidien est fixé à 4 £.

Métro et trains

Malgré les travaux incessants et les fermetures du week-end, le métro (*underground* ou *tube*, 11 lignes avec chacune sa couleur), les trains Docklands Light Railway (DLR, trains sans conducteur qui desservent l'est de la ville) et Overground (pour la plupart en dehors de la Zone 1) sont généralement les moyens les plus simples et rapides de se déplacer en ville, même s'ils sont onéreux.

Les premiers métros et trains démarrent vers 5h30 du lundi au samedi, et 7h le dimanche. Les derniers partent à environ 0h30 du lundi au samedi et 23h30 le dimanche.

Des lignes sont régulièrement fermées pour travaux le week-end. Horaires, plans et trajets alternatifs sont indiqués dans toutes les stations et le personnel est disponible pour vous aider à vous repérer.

Certaines stations, notamment Leicester Square et Covent Garden sont bien plus proches qu'elles ne le paraissent sur le plan.

Tarifs

- Le réseau est divisé en 9 zones tarifaires concentriques.
- Il est toujours moins cher de voyager avec une Oyster Card qu'avec un ticket.
- Les transports sont gratuits pour les enfants de moins de 10 ans.
- Si vous restez quelque temps et prévoyez d'utiliser les transports tous les jours, il existe des Travelcards hebdomadaire et mensuelle. En cas d'absence de billet valide lors d'un contrôle, vous êtes passible d'une amende de 50 £. Le montant est réduit à 25 £ si vous payez sous 21 jours.

Taxi

Black cabs

Les taxis noirs, les fameux **black cabs** (www.londonblackcabs.co.uk), font autant partie du paysage que les bus rouges à impériale. Obligés de suivre une formation rigoureuse et de passer des examens, les

VÉLO EN LIBRE SERVICE BARCLAYS

Inspiré par le succès du Vélib à Paris et d'autres dispositifs similaires en Europe, Londres a dévoilé en 2010 son propre système de vélos en libre service. Les **vélos Barclays**, aussi surnomés "Boris bikes" en référence au maire Boris Johnson qui les a lancés, sont très utilisés par les habitants comme par les visiteurs.

Le principe est simple : on retire un vélo à l'une des 400 stations réparties dans toute la capitale, et une fois le trajet terminé, on le dépose à une autre station.

Pour accéder au service, il faut débourser 1 £ pour 24h et 5 £ pour une semaine. Une carte bancaire suffit.

Tarifs :

Jusqu'à 30 min	gratuit
Jusqu'à 1h	1 £
Jusqu'à2h	4 £
Jusqu'à 3h	15 £
Jusqu'à 24h (maximum)	50 £

On peut utiliser autant de vélos que l'on souhaite pendant la période réglée (24h ou 1 semaine), en comptant cinq minutes d'attente entre chaque trajet.

La tarification est conçue pour encourager les locations courtes. Vous verrez aussi que s'ils se manient aisément, les vélos n'ont que trois vitesses et sont assez lourds. Il faut avoir au moins 18 ans pour acheter un accès, et au moins 14 ans pour utiliser un vélo.

Comment ça marche

- Insérer la carte bancaire dans la borne à la station pour payer le tarif d'accès (seulement une fois par période d'accès).
- Demander un code de déblocage de vélo sur la borne (à chaque fois que vous prendrez un vélo pendant votre période d'accès)
- Saisir le code sur le clavier du vélo choisi ; lorsque la lumière verte s'allume, retirer le vélo.
- Le trajet effectué, retournez le vélo à n'importe quel point d'attache libre, attendez que la lumière verte s'allume pour vous assurer que le vélo a été correctement remis.

Si une station est pleine, consultez la borne pour connaître les stations libres les plus proches. Les utilisateurs d'iPhone peuvent aussi télécharger l'application gratuite Cycle Hire, qui donne la localisation des stations proches et le nombre de points d'attache libres.

Pour plus de détails, consulter www.tfl.gov.uk.

chauffeurs des *black cabs* sont supposés connaître comme leur poche les rues du centre de Londres et les 100 lieux les plus visités du moment, dont les sites touristiques, les clubs et les restaurants.

Les taxis indiquent leur disponibilité par une lumière jaune au-dessus du pare-brise. Pour en arrêter un, il suffit de tendre le bras.

Un compteur indique le prix de la course ; la prise en charge de 2,20 £ (en semaine) couvre les 336 premiers mètres. Au-delà, ajoutez 20 p tous les 168 m.

Les tarifs augmentent le soir et la nuit.

➡ Vous pouvez donner un pourboire allant jusqu'à 10%, mais la plupart des Londoniens se bornent à arrondir à la livre supérieure.

➡ Pour obtenir un taxi par téléphone, essayez **Computer Cabs** (☎cash 7908 0207, carte de crédit 7432 1432 ; www.comcablondon.com) ; comptez 2 £ de réservation.

➡ **Zingo Taxi** (☎0870 070 0700 ; http://pda.london-taxi.co.uk) utilise le GPS pour connecter votre téléphone portable à celui du conducteur de *black cab* le plus proche. Ce service coûte 2 £, qui seront comprises dans le prix final de la course ; vous paierez également la course effectuée par le taxi pour venir vous prendre (maximum 3,80 £).

Minicabs

Les minitaxis (*minicabs*), qui détiennent une licence, sont (généralement) moins onéreux que les taxis traditionnels qu'ils concurrencent.

➡ La loi impose de les réserver par téléphone ou auprès de leurs bureaux (toutes les grandes artères en possèdent au moins un, et la plupart des clubs ont un partenariat avec une compagnie).

➡ Vous risquez de vous faire aborder par des individus se présentant comme des chauffeurs : refusez leurs offres.

➡ Les minicabs n'ont pas de compteur. Il y a généralement une grille tarifaire ; renseignez-vous avant d'accepter la course.

➡ Demandez à votre hôtel de vous recommander une compagnie fiable dans le quartier, ou appelez (24h/24) un des grands opérateurs comme **Addison Lee** (☎0844 800 6677 ; www.addisonlee.com).

Les femmes voyageant seules la nuit peuvent se faire conduire par des femmes en appelant **Lady Mini Cabs** (☎7272 3300 ; www.ladyminicabs.co.uk).

Tramway

London Tramlink (www.tfl.gov.uk) est un petit réseau desservant le sud de Londres. Il existe trois lignes, qui totalisent 28 km : Wimbledon-Elmers End via Croydon, Croydon-Beckenham et Croydon-New Addington. Le billet simple coûte 2,20 £ (1,30 £ avec l'Oyster Card).

Vélo

C'est généralement un bon moyen pour se déplacer en ville, même si la circulation peut en intimider certains. La ville a consenti de gros efforts pour améliorer les infrastructures, qui commencent à se ressentir. De nouvelles "autoroutes" cyclistes ont été inaugurées en 2010 et 2011, et un système de vélos en libre service, le Barclays (p. 391), a été mis en place en 2010.

Transport for London (www.tfl.gov.uk) publie des *Cycle Guides* gratuits, comportant 14 plans de pistes cyclables londoniennes. Vous pouvez les commander en ligne ou en appelant le ☎7222 1234.

Location

London Bicycle Tour Company (Plan p. 436 ; ☎7928 6838 ; www.londonbicycle.com ; 1a Gabriel's Wharf, 56 Upper Ground SE1 ; tWaterloo ou Blackfriars). La location coûte 3,50 £ l'heure ou 20 £ le premier jour, puis 10 £ les deuxième et troisième jours, 5 £ les quatrième et cinquième jours, 50 £ la première semaine, puis 15 £ la deuxième semaine. Des balades à vélo dans le centre de Londres sont également proposées (19,95 £, circuits dans l'est ou des sites royaux disponibles le week-end). Les itinéraires sont indiqués sur le site. Vous devrez présenter une pièce d'identité et une carte de crédit pour la caution.

On Your Bike (plan p. 436 ; ☎7378 6669 ; www.onyourbike.com ; 52-54 Tooley St SE1 ; ⊖London Bridge). Location 18 £ le premier jour, 10 £ les jours suivants, 45 £ la semaine. Les prix comprennent le prêt d'un casque et d'un cadenas. Une caution de 150 £ (par carte bancaire) ainsi que la présentation d'une pièce d'identité sont exigées.

Vélos et transports publics

Les vélos peuvent être transportés dans le métro sur les lignes Circle, District, Hammersmith & City et Metropolitan, sauf durant les heures de pointe (de 7h30 à 9h30 et de 16h à 19h du lundi au vendredi). Les vélos pliants sont toutefois autorisés sur toutes les lignes à tout moment. On peut également transporter son vélo dans l'Overground, mais pas dans le DLR.

Les restrictions diffèrent d'un opérateur à l'autre, mais la plupart des trains et des rames de métro disposent désormais de wagons comportant une section handicapés très vaste dont peuvent profiter les cyclistes lorsqu'elle n'est pas utilisée.

Pour plus de détails, appelez le ☎0845 748 4950.

Pedicabs

Ces cyclo-pousse (www.londonpedicabs.com) à trois roues pouvant transporter deux ou trois personnes circulent régulièrement dans les rues de Soho depuis une dizaine d'années. Il s'agit moins d'un moyen de transport que d'un gadget pour touristes. Comptez environ 5 £ pour la traversée de Soho.

Voiture et moto

Il est peu probable que vous ayez à conduire pendant votre séjour à Londres. Les maires Ken Livingstone et Boris Johnson ont fait tout leur possible pour encourager les Londoniens à laisser leur voiture au garage. Vous verrez qu'il y a de quoi les imiter : parkings aux prix exorbitants ou péage urbain (voir colonne ci-après), embouteillages, essence chère, une police du stationnement redoutablement efficace, etc. Si vous recevez une amende ou si vous retrouvez un sabot sur votre voiture, appelez le numéro indiqué sur le pare-brise. Si votre voiture est partie à la fourrière, appelez gratuitement le service **TRACE** (Tow-Away Removal & Clamping Enquires; ☎0845 206 8602), disponible 24h/24, pour savoir où la récupérer. Comptez un minimum de 200 £ pour récupérer votre véhicule.

En pratique

CODE DE LA ROUTE

➡ Procurez-vous le *Highway Code*, vendu dans les agences de l'Automobile Association (AA) et du Royal Automobile Club (RAC), dans certaines librairies et les offices du tourisme.

➡ Un permis de conduire étranger est valable au Royaume-Uni 12 mois à compter de la date d'entrée dans le pays.

➡ Le port de la ceinture est obligatoire et les motocyclistes doivent porter un casque.

PÉAGE URBAIN

Londres est devenue la première ville au monde à introduire une "taxe d'embouteillage", la *congestion charge*, afin de réduire la circulation dans le centre de la capitale. Pour plus de détails, consultez le site www.tfl.gov.uk/roadusers/congestioncharging

➡ La zone assujettie au péage comprend Euston Rd, Pentonville Rd, Tower Bridge, Elephant & Castle, Vauxhall Bridge Rd, Park Lane et Marylebone Rd.

➡ Un panneau figurant un grand "C" entouré de rouge marque l'entrée dans la zone.

➡ Si vous pénétrez dans la zone, entre 7h et 18h, du lundi au vendredi (hormis les jours fériés), vous devez vous acquitter de la taxe de 10 £ le jour de votre déplacement avant minuit, ou régler 12 £ le lendemain avant minuit, pour ne pas être redevable d'une amende de 120 £ (ou 60 £ si l'amende est réglée dans les deux semaines).

➡ Vous pouvez payer cette taxe par Internet, à des agents de police, dans les stations-service ou dans toutes les boutiques affichant le panneau "C", par téléphone au ☎0845 900 1234 et même par texto, après vous être enregistré en ligne.

Location

Les agences de location ne manquent pas à Londres. Réservez pour obtenir les meilleurs tarifs.

Avis (www.avis.com)

easyCar (www.easycar.com)

Hertz (www.hertz.com)

Formidable pour les voyageurs n'ayant besoin d'une voiture que pour quelques heures, **Streetcar** (☎0845 644 8475 ; www.streetcar.co.uk) est une sorte de "self-service" automobile. Après vous être inscrit et avoir payé l'adhésion annuelle de 59,50 £, il vous suffit de localiser le véhicule Streetcar le plus proche, de déverrouiller la voiture avec votre carte de membre, d'entrer votre code PIN et... roulez jeunesse ! Les prix démarrent à 5,25/52,50 £ par heure/jour et vous avez droit à 48 kilomètres d'essence gratuite/jour pour les locations de moins de 72 heures et 800 kilomètres/semaine pour les locations plus longues.

CIRCUITS ORGANISÉS

De très nombreux circuits organisés, certains classiques et d'autres plus originaux, permettent de découvrir les principaux sites. Les circuits en bus et en taxi, s'ils ne sont pas particulièrement exaltants, peuvent vous convenir si vous manquez de temps.

Agences spécialisées

Black Taxi Tours of London (☎7935 9363 ; www.blacktaxitours.co.uk ; 2 heures, jusqu'à 5 passagers, jour/nuit 115/125 £ ; ⏲8h-minuit). Louez votre propre *black cab* avec comme chauffeur un guide expérimenté.

London Duck Tours (☎7928 3132 ; www.londonducktours.co.uk ; adulte/enfant/famille à partir de 21/14/62 £ ; ⊖Waterloo). Des véhicules amphibies fabriqués à partir de véhicules du Débarquement partent de derrière le London Eye et visitent les rues du centre de Londres avant un plongeon spectaculaire dans la Tamise. Les circuits durent 80 min.

Open City (☎7383 2131 ; www.open-city.org.uk ; prix variables ; ⏲10h sam). Cette association organise des visites architecturales dans quatre quartiers chaque semaine.

Les circuits (de 2 heures 30 à 3 heures) sont commentés de manière vivante et intéressante.

Air

Adventure Balloons (☎01252-844222 ; www.adventureballoons.co.uk ; Winchfield Park, Hartley Wintney, Hampshire). Lorsque le temps le permet, des vols sont prévus pour Londres (185 £/pers) le matin, en semaine, peu après l'aube de fin avril à mi-août. Le vol dure environ 1 heure, mais prévoyez de 4 à 6 heures, le temps de décoller, d'atterrir et de vous remettre !

Bateau

Les détenteurs d'une Travelcard bénéficient de 30% sur les tarifs indiqués ci-dessous, sauf RIB. Ces bateaux passent dans le centre de Londres et vont jusqu'à la Thames Barrier et Hampton Court. Vous pouvez aussi partir à la découverte des canaux de Londres.

Circular Cruise (☎7936 2033 ; www.crownriver.com ; adulte/enfant/famille 11/5 ,50/33 £ ; ⏲11h-18h30 fin mai-début sept, 11h-17h début avr-fin mai et début sept-oct, 11h-15h nov-début avr). Les bateaux partent vers l'est depuis Westminster Pier jusqu'à St Katharine's Pier, près de la tour de Londres, puis reviennent en sens inverse, s'arrêtant à Embankment, Festival, Bankside et London Bridge. Possibilité de descendre pour visiter un site et de remonter ensuite. Les bateaux partent toutes les demi-heures de fin mai à début septembre, et moins fréquemment le reste de l'année.

RIB London Voyages (☎7928 8933 ; www.londonribvoyages.com ; Boarding Gate 1, London Eye, Waterloo Millennium Pier, Westminster Bridge Rd SE1 ; adulte/enfant 42/20,95 £ ; ⏲toutes les heures 9h-16h). On se prendrait presque pour James Bond dans ce bateau gonflable rapide qui descend la Tamise à une vitesse de 30 à 35 nœuds. RIB propose également pour le même prix une sortie à thème Captain Kidd entre le London Eye et Canary Wharf.

Thames River Services (☎7930 4097 ; www.westminsterpier.co.uk ; Westminster Pier, Victoria Embankment SW1 ; adulte/enfant aller simple 8,40/4,20 £, aller-retour 11/5,50 £, famille 28 £ ; ⏲circuits toutes les 30 min 10h-16h ou 17h avr-oct). Ces croisières partent de Westminster Pier à destination de Greenwich, en s'arrêtant à la tour de Londres. Un service sur deux continue de Greenwich à la Thames Barrier (aller simple adulte/enfant 10/5 £, aller-retour 13/6,50 £, toutes les heures 11h30-15h30), sans y faire escale et en passant par l'O2. Depuis Westminster, comptez 2 heures aller-retour jusqu'à Greenwich ; depuis Greenwich, l'aller-retour jusqu'à la Barrier dure 1 heure. De novembre à mars, les services sont réduits entre Westminster et Greenwich, avec 8 départs quotidiens entre 10h40 et 15h20.

Thames River Boats (☎7930 2062 ; www.wpsa.co.uk ; Westminster Pier, Victoria Embankment SW1 ; Kew adulte/enfant/famille aller simple 12/6/30 £, aller-retour 18/9/35 £ ; Hampton Court aller 15/7,50/37,50 £, retour 22,50/11,25/56,25 £ ; ⏲10h30, 11h30, 12h et 14h avr-oct). Ces bateaux remontent le fleuve depuis Westminster Pier jusqu'aux Royal Botanic Gardens de Kew (1 heure 30) et au Hampton Court Palace (encore 1 heure 30, bateau de 12h uniquement). Il est possible de descendre de bateau à Richmond mais cela dépend des marées.

Bus

Les agences suivantes proposent des excursions commentées et la possibilité de descendre à chaque site et de reprendre l'excursion par le bus suivant. Les billets sont valables 24h.

Big Bus Tours (www.bigbustours.com ; adulte/enfant 27/12 £ ; ⏲toutes les 15 min environ 8h30-18h). Commentaires disponibles en français. Le billet inclut une croisière City Cruise gratuite et quatre promenades à pied thématiques (Londres royal, lieux de tournage d'*Harry Potter* ou les Beatles).

Original Tour (www.theoriginaltour.com ; adulte/enfant/famille 26/13/91 £ ; ⏲toutes les 15 min 8h30-18h)

Promenades

Association of Professional Tourist Guides (APTG ; ☎7611 2545 ; www.touristguides.org.uk ; demi-journée/journée 127/200 £). Véritables encyclopédies vivantes, les guides de l'association des guides touristiques professionnels arborent un badge bleu qui atteste qu'ils ont étudié deux années durant avant de prendre leurs fonctions.

London Walks (☎7624 3978 ; www.walks.com ; adulte/enfant 8£/gratuit). Propose une grande variété de promenades, y compris une excursion "Jack l'Éventreur" à 19h30 en semaine et à 15h le samedi, un circuit Beatles à 11h20 les mardis et samedis, ainsi qu'un circuit Sherlock Holmes à 14h le vendredi.

London Mystery Walks (☎0795 738 8280 ; www.tourguides.org.uk ; adulte/enfant/famille 10/9/25 £ ; ⊖Aldgate). Partez sur les traces de Jack l'Éventreur à 19h les lundis, mercredis et vendredis. Réservation obligatoire.

Carnet pratique

Ambassades et consulats

Ambassades et consulats étrangers à Londres

France (☎7073 1000 ; www.ambafrance-uk.org ; 58 Knightsbridge SW1 ; ⊖Knightsbridge)

Belgique (☎7470 3700 ; www.diplomatie.be/london ; 17 Grosvenor Cres SW1 ; ⊖Victoria)

Suisse (☎7616 6000 ; service des visas ☎sur rendez-vous au 0871 376 2101 ; www.swissembassy.org.uk ; 16-18 Montagu Place W1 ; ⊖Bond St)

Canada (☎7258 6476 ; www.canada.org.uk ; Canada House, Trafalgar Sq SW1 ; ⊖Charing Cross)

Ambassades et consulats britanniques à l'étranger

France (☎01 44 51 31 00 ; www.ukinfrance.fco.gov.uk/fr ; 35 rue du Faubourg-Saint-Honoré, 75008 Paris).

Belgique (☎02-287 62 11 ; http://ukinbelgium.fco.gov.uk/en ; avenue d'Auderghem 10, 1040 Bruxelles)

Canada (☎613 237-1530, 1000, http://ukincanada.fco.gov.uk/fr ; rue de La Gauchetière Ouest Bureau 4200 Montréal H3B 4W5)

Suisse (☎031-359 77 00 ; ukinswitzerland.fco.gov.uk/en ; 1 Thunstrasse 50, 3005 Berne)

Argent

- Membre de l'Union européenne, le Royaume-Uni ne fait pas partie de la zone euro et les Britanniques ont conservé la livre sterling (£) comme monnaie nationale.
- Une livre se divise en 100 pence ("pi" dans le langage parlé).
- Les billets sont de 5, 10, 20 et 50 £ et les pièces valent 1, 2, 5, 10, 20, 50 p, 1 et 2 £.
- Sauf précision particulière, tous les prix donnés dans cet ouvrage sont en livres sterling.

Bureaux de change

- Le bureau de poste local est le meilleur endroit pour changer de l'argent, aucune commission n'étant prélevée.
- Vous pouvez changer votre argent dans la plupart des grandes banques, dans certaines agences de voyages et dans les nombreux bureaux de change de la ville.
- Comparez les taux de change et les commissions prélevées (elles ne sont pas toujours indiquées). L'astuce la plus simple consiste à demander directement au guichet combien vous aurez de livres après la transaction.

Cartes de crédit et débit

À Londres, on peut, avec une carte de débit, bénéficier du système "cash back" dans les supermarchés. C'est-à-dire que l'on peut "retirer" de l'argent aux caisses des supermarchés au moment de payer ses achats (par exemple pour des courses de 10 £, on paye 30 £ et la caissière nous donne 20 £ en liquide). Bon à savoir :

- Les cartes bancaires sont acceptées partout, même dans certains taxis.
- Les cartes American Express et Diner's Club sont moins répandues que les Visa et les MasterCard.

Distributeurs automatiques de billets (DAB)

Les distributeurs (en anglais ATM) sont partout et

INFOS PRATIQUES

- **Poids et mesures** Les Anglais utilisent à la fois le système métrique et le système impérial.
- **Fumer** est interdit dans tous les espaces publics fermés du pays. La plupart des pubs ont une zone fumeurs à l'extérieur.

RESTRICTIONS À L'IMPORTATION

MARCHANDISE	HORS TAXES	TAXES COMPRISES
Tabac	200 cigarettes ou 100 cigarillos ou 50 cigares ou 250 g de tabac	3200 cigarettes, 200 cigares, 400 cigarillos, 3 kg de tabac
Alcools et liqueurs	1 litre d'alcool ou 2 litres de vin doux	10 litres d'alcool, 20 litres de vin doux
Bière et vin	16 litres de bière, 4 litres de vin	110 litres de bière, 90 litres de vin
Autres marchandises	Valeur maximum 390 £	n/a

acceptent généralement les cartes Visa, MasterCard, Cirrus et Maestro, ainsi que d'autres moins connues. Les retraits de liquide effectués à l'aide d'une carte non-britannique font presque toujours l'objet d'une commission. Certains DAB sont installés par des sociétés non-bancaires et prélèvent entre 1,50 et 2 £ par transaction. C'est généralement le cas des machines installées à l'intérieur des magasins, qui s'avèrent très chères pour les détenteurs de cartes étrangères. Le DAB affiche le montant de la commission avant la fin de la transaction afin d'éviter toute surprise.

Cartes et plans

London A-Z propose une série de très bonnes cartes et atlas des rues au format de poche. Les sites www.street map.co.uk et Google Maps sont également très complets.

Cartes de réduction

La carte la plus rentable, pour les voyageurs qui veulent visiter un maximum de sites touristiques, est le **London Pass** (www.londonpass.com). Le tarif minimal de ces cartes est de 15,83 £ par jour (pour 6 jours) mais elles reviennent plus cher quand elles incluent l'utilisation du métro et du bus. Elles permettent d'entrer gratuitement sans faire la queue dans les principales attractions. Consultez le site en ligne pour les détails.

Cours

Le **British Council** (Plan p. 432 ; ☎7389 4385 ; www.britishcouncil.org ; 10 Spring Gardens SW1 ; ⊖Charing Cross) publie une liste gratuite des établissements accrédités pour l'enseignement de l'anglais dont les équipements et les cours répondent aux normes exigées. Il peut également orienter les étudiants étrangers qui souhaitent étudier au Royaume-Uni.

Floodlight (www.floodlight.co.uk) recense toutes sortes de formations, sur des sujets allant de la broderie à Nietzsche en passant par la photo et les sciences politiques.

Hotcourses (www.hotcourses.com). Autre bon site recensant des formations.

Careers Advice (☎0800 100 900 ; https://nextstep.direct.gov.uk) fournit des conseils sur la formation professionnelle.

Douane

Le Royaume-Uni opère une distinction entre les marchandises achetées hors taxes hors Union européenne et celles achetées taxes comprises dans un autre pays de l'UE.

Si vous dépassez votre plafond d'articles hors taxes, vous devrez payer des taxes. Pour les marchandises européennes, il n'y a officiellement aucune limite quantitative, mais les douanes ont une grille (voir encadré p. 396) qui leur permet de distinguer usages personnel et commercial.

Électricité

Enfants

Londres compte un grand nombre d'attractions et de musées qui conviennent aux enfants. Ses nombreux parcs comprennent des lieux sécurisés où les petits peuvent jouer, des balançoires et des toboggans. Voir p. 30

La majorité des sites payants proposent des tarifs pour les enfants mais l'âge limite pour en bénéficier peut varier. Les jeunes ont également droit à des réductions dans les transports publics

Les pubs sont les seuls endroits où les enfants ne sont habituellement pas admis. Ils sont en général accueillis dans les *gastropubs* mais pas dans les pubs du centre-ville.

Baby-sitting

Tous les hôtels de catégorie supérieure proposent des services de garde d'enfants. Les prix variant grandement d'un hôtel à l'autre, il est plus sûr de se renseigner à la réception. Sinon, vous pouvez aussi faire appel aux agences suivantes :

Sitters (☎0800 389 0038 ; www.sitters.co.uk). Frais d'adhésion trimestrielle de 13,85 £. Le prix des gardes oscille entre 5,95 £ (en semaine) et 6,95 £ (le samedi) par heure, plus 4 £ de frais de réservation par session.

Childcare (www.childcare.co.uk). Un forum qui met en contact parents et baby-sitters. Inscription gratuite.

Expatriation

Les ressortissants de l'Union européenne résidant au Royaume-Uni bénéficient des mêmes droits que les Britanniques. La possession d'un passeport en cours de validité est recommandée (l'usage de la carte d'identité n'est pas pratiqué). Si votre séjour au Royaume-Uni doit dépasser six mois, vous devez demander aux autorités britanniques un permis de résidence (*resident permit*). Le site Internet de l'ambassade de France à Londres (www.ambafrance-uk.org) fournit des informations détaillées à ce sujet. Les non-ressortissants de l'UE auront besoin d'un visa de résidence et de travail valide (voir p 402).

Les sites suivants sont très utiles pour les recherches d'emploi et/ou d'appartement :

Loot (www.loot.com). En plus du site internet, une version papier paraît 3 fois par semaine.

Gumtree (www.gumtree.com). Immobilier, meubles d'occasion, offres d'emploi.

SpareRoom (www.spareroom.co.uk). Nombreuses offres de colocation.

CONSEILS AUX VOYAGEURS

La plupart des gouvernements possèdent des sites Internet qui recensent les dangers possibles et les régions à éviter. Consultez notamment les sites suivants :

Ministère des Affaires étrangères français (www.diplomatie.gouv.fr)

Ministère des Affaires étrangères de Belgique (http://diplomatie.belgium.be)

Ministère des Affaires étrangères du Canada (www.voyage.gc.ca)

Département fédéral des Affaires étrangères suisse (www.eda.admin.ch/eda/fr)

Formalités et visas

Les citoyens de l'Union européenne et de Suisse n'ont pas besoin de visa et peuvent séjourner sans limitation de durée au Royaume-Uni avec une carte d'identité en cours de validité. Ils peuvent en outre exercer un emploi sans autorisation préalable.

Les Canadiens peuvent séjourner jusqu'à six mois sans visa (ils reçoivent, lors de leur arrivée sur le territoire britannique, une "autorisation d'entrée") avec un passeport valable au moins six mois après la date d'entrée dans le pays. Toutefois, ils ne sont pas autorisés à travailler à moins d'être en possession d'un permis de travail en bonne et due forme (voir p. 402).

Avant le départ, il est impératif de contacter les ambassades et les consulats pour s'assurer que les modalités d'entrée sur le territoire n'ont pas changé. Nous vous conseillons de photocopier ou de scanner tous vos documents importants (cartes de crédit, pages d'introduction de votre passeport, police d'assurance, billets de train/d'avion/de bus, permis de conduire, etc.). Emportez un jeu de ces copies, que vous conserverez à part des originaux. Vous remplacerez ainsi plus aisément ces documents en cas de perte ou de vol.

Handicapés

Les voyageurs handicapés trouveront en Londres une ville qui peut se montrer extrêmement prévenante à leur égard ou bien les ignorer complètement. Les hôtels récents et les sites touristiques modernes sont généralement accessibles aux personnes en fauteuil roulant. Cependant, la majorité des B&B et des auberges sont installés dans de vieux immeubles, pas toujours conformes aux normes.

Il en va de même pour les transports en commun, mais il y a quelques progrès :

- Seules 62 stations de métro londoniennes sont accessibles aux handicapés. Les autres ont des escalators ou des escaliers.
- Le DLR est entièrement accessible aux utilisateurs de fauteuils roulants.
- Tous les bus disposent de planchers surbaissés. Les utilisateurs de fauteuils roulants voyagent gratuitement.

➜ Les chiens d'aveugle sont admis partout : transports en commun, hôtels, restaurants, sites touristiques, etc.

Transport for London publie le guide *Getting Around London*, qui contient des informations à jour sur l'accessibilité aux passagers handicapés. On peut le télécharger à www.tfl.gov.uk. Les associations suivantes sont susceptibles de fournir des informations utiles à votre voyage :

La **Royal Association for Disability and Rehabilitation** (Radar ; ☎7250 3222 ; www.radar.org.uk ; Unit 12, City Forum, 250 City Rd EC1) est un organisme de tutelle qui encadre les groupes d'assistance volontaire aux personnes à mobilité réduite. De nombreuses toilettes réservées aux handicapés à travers la ville ne peuvent être ouvertes qu'à l'aide d'une clé spéciale que l'on peut obtenir dans les offices du tourisme ou moyennant 3,50 £ (et un bref exposé de son handicap) via le site de Radar.

Le **Royal National Institute for the Blind** (☎7388 1266 ; www.rnib.org.uk ; 105 Judd St WC1) possède un service d'**assistance téléphonique** (☎0303 123 9999 ; ⌚8h45-17h30 lun-ven). Organisme destiné aux malvoyants, il se révèle incontournable pour un premier contact avec Londres.

Le **Royal National Institute for Deaf People** (☎0808 808 0123, textphone 0808 808 9000 (numéros gratuits) ; www.rnid.org.uk ; 19-23 Featherstone St EC1) est la principale association anglaise qui s'occupe des sourds et des malentendants. La plupart des guichets de banque ou de vente de billets sont dotés de casques à l'intention des malentendants. Ils sont indiqués par un symbole représentant une oreille.

En France, l'**APF** (Association des paralysés de France, ☎01 40 78 69 00, www.apf.asso.fr ; 17 bd Auguste-Blanqui, 75013 Paris) peut vous fournir des informations utiles sur les voyages accessibles. Deux sites Internet dédiés aux personnes handicapées comportent une rubrique consacrée au voyage et constituent une bonne source d'information. Il s'agit de Yanous (www.yanous.com, rubrique "Pratique" puis "Tourisme") et de **Handicap** (www.handicap.fr, rubrique "Tourisme").

Heure locale

Où que vous viviez, le fuseau horaire de votre pays est déterminé par rapport au méridien de Greenwich, le Greenwich Mean Time (GMT). De fin mars à fin octobre, le Royaume-Uni vit à l'heure d'été en avançant les pendules de 1 heure par rapport à l'heure GMT. En hiver comme en été la France a 1 heure d'avance. Le Québec a 5 heures de retard sur l'heure de Greenwich. Pour connaître l'heure des différents pays, téléphonez à l'opérateur international au ☎155 ou rendez vous sur le site www.horlogeparlante.com.

Horaires d'ouverture

Le tableau suivant donne un aperçu des horaires d'ouverture standard.

Offices du tourisme	9h-17h lun-ven
Sites	10h-18h
Banques	9h-17h lun-ven
Magasins	9h-19h lun-sam, 11h-17h dim
Restaurants	12h-14h30 et 18h-23h
Pubs et bars	11h-23h

Internet (Accès)

➜ La grande majorité des hôtels à Londres sont désormais équipés de Wi-Fi, mais beaucoup, surtout les plus chics, font payer la connexion.

➜ Un certain nombre d'hôtels et notamment d'auberges de jeunesse possèdent des ordinateurs.

➜ De très nombreux cafés fournissent le Wi-Fi gratuit à leurs clients, dont des chaînes telles que Starbucks, Pret a Manger, McDonalds ou Le Pain Quotidien.

➜ Londres est désormais une seule grande zone Wi-Fi (voir www.thecloud.net). Gratuit pour les utilisateurs d'iPhone mais pas pour les autres.

➜ Le Wi-Fi est gratuit dans Upper St, à Islington, alias le *technology mile*.

➜ La plupart des grandes gares et terminaux d'aéroport disposent du Wi-Fi, mais l'accès peut être assez onéreux.

Offices du tourisme

Britain Visitor Centre (hors plan p. 422 ; www.visitbritain.com ; 1 Regent St SW1 ; ⌚9h30-18h lun, 9h-18h mar-ven, 9h-16h sam, 10h-16h dim et jours fériés sept-mai, jusqu'à 17h juin-sept ; ⊖Piccadilly Circus). Le principal office du tourisme de Londres fournit des informations très complètes, en huit langues différentes, sur Londres et le pays dans son ensemble. Possibilité de réserver logements, circuits organisés, billets de train ou d'avion ou locations de voitures. Vous y trouverez également un guichet de vente de places de théâtre, un bureau de change, des cabines téléphoniques internationales et un cybercafé (1 £ les 20 minutes).

Visit London (☎0870 156 6366 ; www.visitlondon.com) peut vous renseigner sur les sites et événements touristiques (comme la relève de la Garde), les circuits en bateau, les hébergements, les restaurants, les théâtres, les magasins, les activités pour les enfants, et les lieux gay et lesbiens.

Aéroport d'Heathrow (Station de métro terminaux 1, 2 et 3 ; ⏲7h15-21h).

King's Cross St Pancras station (Plan p. 448 ; ⏲7h15-21h15 lun-sam, 8h15-20h15 dim).

Liverpool Street station (Plan p. 438 ; ⏲7h15-21h15 lun-sam, 8h15-20h15 dim).

Victoria train station (Plan p. 430 ; ⏲7h15am-21h15 lun-sam, 8h15-20h15 dim).

Offices du tourisme locaux :

City Information Centre (Plan p. 438 ; www.visitthecity.co.uk ; St Paul's Churchyard EC4 ; ⏲9h30-17h30 lun-sam, 10h-16h dim ; ⊖St Paul's). En face de la cathédrale Saint-Paul.

Greenwich Tourist Office (Plan p. 463 ; www.greenwich.gov.uk ; Pepys House, 2 Cutty Sark Gardens SE10 ; ⏲10h-17h ; DLR Cutty Sark).

Poste

La **Royal Mail** (www.royalmail.co.uk) est en général très fiable.

À l'intérieur du pays, l'envoi d'une lettre en 1re classe est plus rapide (un jour ouvré) mais évidemment plus onéreux (46 p) qu'en 2e classe (36 p ; trois jours ouvrés). Vers l'Europe, l'envoi coûte 68 p. Les lettres par avion pour le Canada mettent de 3 à 5 jours (1,10 £).

Codes postaux

Créé lors de la Première Guerre mondiale, le système de code postal de Londres laisse perplexes les Londoniens eux-mêmes. En effet, la ville est divisée en plusieurs districts auxquels sont attribués une lettre (ou deux) et un nombre. Par exemple, W1, le code postal de Mayfair et de Soho, désigne le district 1 de l'ouest de Londres (West) et EC1 dénomme le district 1 du centre-est (East Central). Le numéro attribué à un district n'a rien à voir avec son emplacement géographique, mais dépend de son classement alphabétique dans le secteur. Ainsi, dans le nord de Londres, N1 et N16 sont juste à côté. À l'ouest de Londres, W2 est très central tandis que W3 est plus excentré.

Pourboire

- De nombreux restaurants ajoutent à l'addition une taxe forfaitaire pour le service. La pratique est légale, mais doit être clairement affichée.
- Dans les autres, un pourboire de 10 à 15% (sauf si le service ne vous a pas satisfait) est attendu.
- On ne donne pas de pourboire à la personne qui vous sert votre pinte dans un pub.
- Si vous empruntez un bateau sur la Tamise, certains guides ou conducteurs vont demanderont une rétribution pour leurs commentaires.
- Vous pouvez donner un pourboire de l'ordre de 10% aux chauffeurs de taxi, mais la plupart des gens arrondissent à la livre supérieure.

Problèmes juridiques

Si vous rencontrez des problèmes d'ordre juridique pendant votre séjour à Londres, adressez-vous à l'un des **Citizens Advice Bureau** (www.citizensadvice.org.uk).

Amendes

En règle générale, on exige rarement le paiement immédiat d'une amende. Il existe cependant trois exceptions : le train, le métro et le bus. Les personnes en infraction qui ne peuvent présenter de titre de transport valable risquent une amende à régler sur le champ.

Drogue

Rappelons que l'usage des drogues peut s'avérer dangereux. En 2004, le cannabis avait été classé comme drogue douce de classe C et la détention d'une petite quantité ne pouvait plus donner lieu à une arrestation. Cependant, de nouvelles études ont amené le gouvernement à revoir ses positions : depuis 2009, cette substance est à nouveau considérée comme une drogue de classe B. Si vous êtes surpris avec du cannabis, vous pouvez donc être arrêté. La possession de drogues dures, comme l'héroïne et la cocaïne, fait l'objet de lourdes peines. Il n'est pas rare d'être fouillé à l'entrée des clubs.

Infractions routières

La conduite en état d'ivresse est sévèrement punie, le taux d'alcoolémie limité étant de 0,08 g/litre. Par prudence, mieux vaut ne rien boire si vous comptez prendre le volant.

Sécurité

Londres est une ville plutôt sûre pour sa taille. Un peu de bon sens vous permettra d'éviter les ennuis.

Si vous prenez un taxi en sortant de discothèque, assurez-vous qu'il s'agisse d'un véhicule noir ou d'une société de *minicabs* agréée. Nombre de taxis stationnant devant les discothèques et les bars ne possèdent pas de licence et peuvent s'avérer dangereux. King's Cross, Dalston et

Peckham sont des zones où il vaut mieux éviter de s'aventurer la nuit, bien que les axes principaux soient relativement sûrs.

Attention aux pickpockets : gardez un œil sur votre sac, en particulier dans les bars et les clubs, ainsi que dans les foules (par exemple dans le métro).

Services médicaux

- En cas d'urgence, les ressortissants de l'UE peuvent bénéficier de soins gratuits sur présentation de la carte européenne d'assurance maladie. Nominative et individuelle, elle est valable un an. Vous devez en faire la demande au moins trois semaines avant votre départ auprès de votre caisse
- Des accords bilatéraux permettent à certains ressortissants étrangers de bénéficier de soins médicaux gratuits et d'une prise en charge des soins dentaires dans le cadre du **National Health Service** (www.nhsdirect.nhs.uk). Ils pourront recourir aux services d'urgence des hôpitaux, aux médecins généralistes et aux dentistes (consultez les *Yellow Pages*).
- Les étrangers établis au Royaume-Uni pour un minimum de 12 mois et munis des documents adéquats pourront eux aussi accéder au NHS en s'enregistrant auprès du cabinet médical le plus proche de leur domicile.
- Nous recommandons toutefois la souscription d'une assurance voyage, plus souple : elle permet notamment de se faire soigner où et comme on le souhaite, et couvre les frais d'ambulance et de rapatriement qui ne sont pas pris en charge par le NHS.

Hôpitaux

Les hôpitaux cités ci-après accueillent les urgences 24h/24. Cependant, en cas d'urgence, appelez le ☎999 et une ambulance vous sera automatiquement envoyée depuis l'hôpital le plus proche.

Charing Cross Hospital (☎3311 1234 ; Fulham Palace Rd W6 ; ⊖Hammersmith)

Chelsea & Westminster Hospital (☎8746 8000 ; 369 Fulham Rd SW10 ; ⊖South Kensington, puis 🚌14 ou 414)

Guy's Hospital (☎7188 7188 ; Great Maze Pond SE1 ; ⊖London Bridge)

Homerton Hospital (☎8510 5555 ; Homerton Row E9 ; 🚆Homerton)

Royal Free Hospital (☎7794 0500 ; Pond St NW3 ; ⊖Belsize Park)

Royal London Hospital (☎7377 7000 ; Whitechapel Rd E1 ; ⊖Whitechapel)

University College Hospital (☎3456 7890 ; 253 Euston Rd NW1 ; ⊖Euston Sq)

Pharmacies

Les principales chaînes de pharmacies britanniques sont Boots, Superdrug et Lloyd's Pharmacy. Les deux premières sont omniprésentes.

La pharmacie **Boots** de Piccadilly Circus (44-46 Regent St ; ⏲9h-20h lun-sam, 12h-18h dim ; ⊖Piccadilly Circus) est l'une des plus grandes et des plus centrales.

Soins dentaires

- En cas d'urgence dentaire, appelez **University College Hospital** (☎3456 7890 ; 253 Euston Rd NW1 ; ⊖Euston Sq).
- Attention : de nombreuses assurances voyage ne couvrent pas les frais dentaires.

Taxes et remboursements

La TVA, qui s'élève à 20%, est appliquée sur tous les produits et services à l'exception de l'alimentation, des livres et des vêtements pour enfant. Les restaurants sont légalement tenus d'inclure la TVA dans leurs prix, mais elle n'est pas forcément comprise dans les prix indiqués par les hôtels. N'hésitez pas à demander au moment de la réservation pour éviter les mauvaises surprises.

Il est parfois possible de se faire rembourser la TVA. C'est le cas si vous avez passé moins de 365 jours en Grande-Bretagne pendant les deux années précédant l'achat ou si vous avez l'intention de quitter l'Union européenne dans les trois mois suivant l'achat.

Connu aussi sous le nom de Retail Export Scheme ou Tax-Free Shopping, ce système de remboursement de la TVA n'est pas suivi par tous les magasins, et certains n'appliquent cette mesure qu'à partir d'un montant minimum (environ 75 £ par magasin). Pour bénéficier du remboursement, il est nécessaire de se procurer, au moment de l'achat, le formulaire VAT 407 qui doit être présenté à la douane avec les marchandises et les reçus lorsque vous quittez le territoire britannique (les marchandises exonérées de TVA ne peuvent être expédiées par la poste). Une fois certifié par les douaniers, le formulaire sera retourné au magasin qui procédera au remboursement (frais de gestion déduits) dans les 8 à 10 semaines qui suivront.

Téléphone

Les fameuses cabines rouges de British Telecom n'ont survécu que dans certains quartiers inscrits au patrimoine national.

Quelques cabines de British Telecom (BT) acceptent toujours les pièces, mais la plupart fonctionnent avec des cartes (en vente chez les commerçants, notamment la plupart des bureaux de poste et certains marchands de journaux) ou des cartes de crédit.

Voici quelques numéros et codes utiles :

Appel gratuit (☎0800)

Appel tarif local (☎08457)

Appel tarif national (☎0870, 0871)

Appel tarif plein (à partir de 60 p/min) (☎09)

Appels en PCV (☎155)

Code d'accès international (☎00)

Renseignements internationaux (☎118 661/118 505)

Renseignements locaux et nationaux (☎118 118/118 500)

Opérateur international (☎155)

Opérateur local et national (☎100)

Appeler Londres

➡ L'indicatif téléphonique de Londres est le ☎020, suivi d'un numéro à huit chiffres commençant par ☎7 (centre de Londres) ou ☎8 (Grand Londres) ou ☎3 (zone non-géographique).

➡ Pour appeler à Londres depuis le Royaume-Uni ou depuis un téléphone portable, il suffit de composer le ☎020 avant le numéro.

➡ Pour appeler Londres depuis l'étranger, composez l'indicatif international ☎00, suivi du ☎44 (l'indicatif de la Grande-Bretagne), de l'indicatif de Londres (sans le 0 initial) ☎20, et, enfin, du numéro à huit chiffres de votre correspondant.

Communications internationales

➡ Il est possible d'appeler directement la grande majorité des pays depuis presque toutes les cabines publiques. Les appels en PCV par un opérateur international (☎155) reviennent plus cher.

➡ Des entreprises privées proposent des tarifs internationaux plus compétitifs que British Telecom (BT). Dans ces boutiques, on appelle d'une cabine téléphonique munie d'un compteur et on règle la communication après. Certains cybercafés proposent également des tarifs internationaux avantageux.

➡ Les cartes téléphoniques internationales à code (en général 5, 10 ou 20 £) sont souvent la solution la moins chère pour appeler à l'étranger. Ces cartes sont disponibles dans la plupart des supérettes.

➡ L'usage de Skype peut-être soumis à des restrictions dans les auberges de jeunesse et les cybercafés pour des raisons liées au bruit et/ou à l'efficacité du réseau Internet.

Communications locales et nationales

➡ Les communications locales sont facturées en fonction de la durée tandis que les appels régionaux et nationaux sont facturés en fonction de la distance et de la durée.

➡ Le tarif plein s'applique de 6h à 18h du lundi au vendredi.

➡ Le tarif réduit de 18h à 6h du lundi au vendredi. Le week-end, le tarif réduit entre en vigueur le vendredi à 18h et prend fin le lundi à 6h.

Téléphones portables

➡ Le Royaume-Uni passe par le réseau GSM 900, qui couvre le reste de l'Europe ainsi que d'autres pays du monde, mais n'est pas compatible avec le réseau nord-américain GSM 1900 ou le système japonais (bien que de nombreux Nord-Américains disposent de téléphones GSM 1900/900 qui fonctionnent en Grande-Bretagne).

➡ Si vous possédez un téléphone GSM, vérifiez auprès de votre opérateur qu'il fonctionnera à Londres. Notez également que les appels sont souvent transmis en passant par les réseaux téléphoniques étrangers.

➡ Il est généralement plus pratique d'acheter une carte SIM locale dans n'importe quel magasin de téléphonie mobile, mais pour cela votre téléphone doit être débloqué – contactez votre opérateur avant de partir.

Toilettes

Uriner sur la voie publique est un délit. Les toilettes des gares, des terminaux de bus et des principales attractions sont généralement propres, et le plus souvent accessibles aux jeunes enfants et aux personnes à mobilité réduite. On trouve aussi des toilettes publiques un peu partout dans la ville. Certaines sont gérées par la municipalité, d'autres sont automatisées. Il faut parfois débourser 20 p.

Travailler à Londres

Même sans qualification particulière, il est possible de trouver du travail à Londres. Il existe un salaire minimum :5,93 £ l'heure ; 4,92 £ pour les employés âgés de 18 à 21 ans.

➡ Le gratuit *TNT Magazine* (www.tntmagazine.com) contient des offres d'emploi et des adresses d'agences pour étrangers.

➡ Les sites www.loot.co.uk et www.gumtree.com/london proposent des offres d'emploi.

➡ Pour les emplois au pair et le baby-sitting, consultez la revue *The Lady* (www.lady.co.uk).

ARTISTE DE RUE

Si vous jouez d'un instrument ou possédez quelque autre talent artistique, vous pouvez toujours essayer de l'exprimer dans la rue. Cependant, pour jouer dans le métro, il faut se soumettre à un processus rigoureux qui prend plusieurs mois. Après vous être inscrit sur www.tfl.gov.uk, vous devrez passer une audition et un contrôle de police (10 £). On vous délivrera un permis et vous aurez alors le droit de vous produire à un certain endroit et à des heures précises.

Un permis est également nécessaire pour exercer ses talents dans les grands sites touristiques et les quartiers animés. Contactez les conseils locaux des *boroughs* pour plus de renseignements.

- Si vous recherchez des contrats courts, vous pouvez vous inscrire dans des agences d'intérim comme Reed, Office Angels ou Kelly Services.
- Les professeurs doivent s'adresser aux différents conseils locaux des *boroughs* de Londres, qui gèrent leur propre département de l'Éducation. Certaines écoles procèdent néanmoins par recrutement direct.
- Pour travailler en tant qu'infirmière ou sage-femme diplômée, il faut vous inscrire à l'**UK Nursing & Midwifery Council** (☎7333 9333 ; www.nmc-uk.org).
- Des **Jobcentres** gérés par l'État se trouvent un peu partout dans Londres. Vous trouverez leurs coordonnées dans l'annuaire, section "Employment Services".
- Les journaux publient aussi des offres d'emploi, notamment sur leurs sites internet.

Impôts

- L'impôt sur le revenu et les cotisations au régime général de la Sécurité sociale seront retenus directement sur votre salaire.
- Cependant, les cotisations sont calculées sur une base annuelle (l'exercice commence le 6 avril et finit le 5 avril de l'année suivante) ; si vous ne travaillez pas l'année entière, vous pouvez donc être remboursé. Consultez le site du **HM Revenue and Customs** (www.hmrc.gov.uk) pour localiser le service des impôts

Permis de travail

- À l'exception des ressortissants de l'Union européenne et de la Suisse, tous les étrangers doivent solliciter un permis de travail.
- Les ressortissants canadiens et monégasques qui ont entre 18 et 31 ans sont éligibles pour bénéficier du Youth Mobility Scheme, qui permet de vivre et travailler au Royaume-Uni pour une période allant jusqu'à 24 mois. Pour plus d'informations, consultez le site de l'agence UK Border Agency (www.ukba.homeoffice.gov.uk).

Urgences

Composez le ☎999 pour appeler la police, les pompiers ou une ambulance en cas d'urgence.

Vacances et jours fériés

Jours fériés

La plupart des attractions touristiques et des commerces sont fermés deux jours à Noël et les sites qui sont fermés le dimanche le sont normalement aussi les lundis fériés (*bank holiday Mondays*).

Nouvel An 1er janvier

Vendredi saint/lundi de Pâques Fin mars/début avril

May Day Holiday Premier lundi de mai

Spring Bank Holiday Dernier lundi de mai

Summer Bank Holiday Dernier lundi d'août

Jour de Noël 25 décembre

Boxing Day 26 décembre

Vacances scolaires

Les vacances sont généralement à ces périodes :

Vacances d'été Fin juillet à début septembre

Vacances d'automne Dernière semaine d'octobre

Vacances de Noël À peu près du 20 décembre au 6 janvier

Vacances d'hiver Une semaine mi-février

Vacances de Pâques Deux semaines avant ou après le dimanche de Pâques

Semaine d'été Une semaine fin mai/début juin

Voyager seule

Si vous prenez les précautions que l'on a coutume de prendre dans les grandes villes, vous ne devriez pas rencontrer de difficultés majeures. Évitez de monter dans un wagon de métro vide, ou avec seulement un ou deux hommes. Si vous ne vous sentez pas en sécurité, n'hésitez pas à prendre des taxis. La compagnie **Lady Mini Cabs** (☎7272 3300), basée à Archway, a des femmes chauffeurs.

À part de rares dérapages possibles les hommes londoniens se montrent généralement civilisés.

Langue

Tout le monde peut parler une langue étrangère, le tout est d'oser. La grammaire, au final, n'est pas essentielle pour se débrouiller sur place. Pour réserver une chambre, commander un plat ou simplement engager une conversation, voici 99 phrases essentielles qui vous aideront à ne pas rester muet, en toutes circonstances !

Premier contact

1 Bonjour.
Hello.

2 Au revoir.
Goodbye.

3 Comment allez-vous ?/ Comment vas-tu ?
How are you?

4 Bien, merci. Et vous ?/ Bien, merci. Et toi ?
Fine thanks, and you?

5 Je m'appelle...
My name is...

6 Enchanté(e).
Pleased to meet you.

7 Voici mon compagnon/ ma compagne.
This is my partner.

À propos de vous

8 D'où venez-vous ?
Where are you from?

9 Je viens de...
I'm from...

10 Je suis marié(e).
I'm married.

11 Je suis célibataire.
I'm single.

12 Quel est votre/ton numéro de téléphone ?
What's your phone number?

13 Quelle est votre/ton adresse e-mail ?
What's your email address?

Engager la conversation

14 Quel est votre/ton métier ?
What's your occupation?

15 Je suis employé(e) de bureau.
I'm an office worker.

16 Je suis ouvrier/ouvrière.
I'm a manual worker.

17 Je suis un homme d'affaires/ Je suis une femme d'affaires.
I'm a business person.

18 Je suis un(e) étudiant(e).
I'm a student.

19 Je suis un(e) artiste.
I'm an artist.

20 Quel âge avez-vous ?/ Quel âge as-tu ?
How old are you?

21 J'ai (25) ans.
I'm (25) years old.

22 Aimes-tu l'art ?
Do you like art?

23 Aimes-tu le sport ?
Do you like sport?

24 Aimes-tu lire ?
Do you like reading?

25 Aimes-tu danser ?
Do you like to dance?

26 Aimes-tu voyager ?
Do you like travelling?

Sensations

27 J'ai faim.
I'm hungry.

28 J'ai froid.
I'm cold.

29 J'ai chaud.
I'm hot.

30 J'ai soif.
I'm thirsty.

31 Comment te sens-tu ?
Are you okay?

Transports

32 Est-ce le bus (pour Paris) ?
Is this the bus (to Paris)?

33 Est-ce l'avion (pour Paris) ?
Is this the plane (to Paris)?

34 Est-ce le train (pour Paris) ?
Is this the train (to Paris)?

35 C'est combien pour aller à... ?
How much is it to go to...?

36 Ce taxi est-il libre ?
Is this taxi available?

37 À quelle heure part-il ?
What time does it leave?

38 Où se trouve le centre-ville ?
Where's the city centre?

39 Où puis-je trouver un hôtel ?
Where's a hotel?

40 Où se tient le marché ?
Where's a market?

Hébergement

41 Où puis-je trouver un terrain de camping ?
Where's a camping ground?

42 Pouvez-vous me recommander un logement pas cher ?
Can you recommend somewhere cheap?

43 Pouvez-vous me recommander un logement de qualité ?
Can you recommend somewhere good?

44 Quel est le prix par nuit ?
How much is it per night?

45 Je voudrais réserver une chambre, s'il vous plaît.
I'd like to book a room, please.

Achats

46 Où est le supermarché ?
Where's the supermarket?

47 Où puis-je trouver une banque ?
Where's a bank?

48 Où puis-je acheter... ?
Where can I buy ...?

49 Est-ce que je peux le voir ?
Can I look at it?

50 Quel est votre meilleur prix ?
What's your lowest price?

51 Pouvez-vous écrire le prix ?
Can you write down the price?

52 Puis-je avoir un reçu, s'il vous plaît.
I'd like a receipt, please.

Photographie

53 Je voudrais une pellicule (200) ASA pour cet appareil.
I need a (200) speed film for this camera.

54 Je voudrais une pellicule APS pour cet appareil.
I need an APS film for this camera.

55 J'ai besoin d'une pellicule noir et blanc pour cet appareil.
I need a black and white film for this camera.

56 Pouvez-vous charger cette pellicule ?
Can you load my film?

57 Pouvez-vous développer cette pellicule ?
Can you develop this film?

58 Quand cela sera-t-il prêt ?
When will it be ready?

Sortir

59 J'aimerais aller au cinéma.
I feel like going to the movies.

60 J'aimerais aller au théâtre.
I feel like going to the theatre.

61 J'aimerais aller à un concert.
I feel like going to a concert.

62 Où y a-t-il des discothèques ?
Where can I find clubs?

63 Où y a-t-il des boîtes gay ?
Where can I find gay venues?

64 Où y a-t-il des pubs ?
Where can I find pubs?

Visites touristiques

65 Quand a lieu la prochaine excursion à la journée ?
When's the next day trip?

66 L'excursion dure combien de temps ?
How long is the tour?

67 L'entrée est-elle comprise dans le prix ?
Is the admission charge included?

68 À quelle heure doit-on rentrer ?
What time should we be back?

Où se restaurer/prendre une verre

69 Pouvez-vous me conseiller un restaurant ?
Can you recommend a restaurant?

70 Pouvez-vous me conseiller un café ?
Can you recommend a cafe?

71 Servez-vous des plats végétariens ?
Do you have vegetarian food?

72 Y a-t-il un restaurant végétarien par ici ?
Is there a vegetarian restaurant near here?

73 Je voudrais une table pour (5) personnes, s'il vous plaît.
I'd like a table for (five), please.

74 Y a-t-il un espace fumeur ?
Is there a smoking area?

75 Pouvez-vous me conseiller un bar ?
Can you recommend a bar?

Faire ses courses

76 Combien coûte (un kilo) ?
How much is (a kilo)?

77 J'en voudrais (200) grammes.
I'd like (200) grams.

78 J'en voudrais (6) tranches.
I'd like (six) slices.

79 Quelle est la spécialité locale ?
What's the local speciality?

Commander à manger/à boire

80 Puis-je avoir la carte des boissons, s'il vous plaît.
I'd like to see the drinks list, please.

81 Puis-je avoir le menu, s'il vous plaît.
I'd like the menu, please.

82 Qu'est-ce que vous me conseillez ?
What would you recommend?

83 Un café (avec du lait).
A cup of coffee (with milk).

84 Un thé (avec du lait).
A cup of tea (with milk).

85 L'addition, s'il vous plaît.
I'd like the bill, please.

Au bar

86 Qu'est-ce que vous désirez ?
What would you like?

87 Je vous offre un verre.
I'll buy you a drink.

88 Une bière.
A glass of beer.

89 Un verre de vin blanc.
A glass of white wine.

90 Un verre de vin rouge.
A glass of red wine.

91 Champagne.
Champagne.

92 Santé !
Cheers!

Santé

93 Au secours !
Help!

94 J'ai besoin d'un médecin qui parle français.
I need a doctor who speaks French.

95 Est-ce que je peux voir une femme médecin ?
Could I see a female doctor?

96 Je n'ai plus de médicaments.
I've run out of my medication.

97 Où y a-t-il un dentiste par ici ?
Where's the nearest dentist?

98 Où est l'hôpital le plus proche ?
Where's the nearest hospital?

99 Où y a-t-il une pharmacie de garde par ici ?
Where's a night pharmacy?

En coulisses

VOS RÉACTIONS ?

Vos commentaires nous sont très précieux et nous permettent d'améliorer constamment nos guides. Notre équipe lit toutes vos lettres avec la plus grande attention. Nous ne pouvons pas répondre individuellement à tous ceux qui nous écrivent, mais vos commentaires sont transmis aux auteurs concernés. Tous les lecteurs qui prennent la peine de nous communiquer des informations sont remerciés dans l'édition suivante, et ceux qui nous fournissent les renseignements les plus utiles se voient offrir un guide.

Pour nous faire part de vos réactions, prendre connaissance de notre catalogue et vous abonner à *Comète*, notre lettre d'information, consultez notre site web : **www.lonelyplanet.fr**

Nous reprenons parfois des extraits de notre courrier pour les publier dans nos produits, guides ou sites web. Si vous ne souhaitez pas que vos commentaires soient repris ou que votre nom apparaisse, merci de nous le préciser. Pour connaître notre politique en matière de confidentialité, connectez-vous à : **www.lonelyplanet.fr/confidentialite/index.cfm**

UN MOT DES AUTEURS

Damian Harper

Je souhaiterais remercier mes co-auteurs, Daisy Harper, Rob Howell, Kevin Fallows, Kerry Brown et Bill Moran, ainsi que Jo Cooke et tout le personnel de Lonely Planet. Un grand bravo également aux Londoniens si attachants (des deux côtés de la Tamise). Merci à Timothy et Emma.

Steve Fallon

Plusieurs de mes collègues et anciens formateurs de la Blue Badge m'ont fourni de précieuses suggestions pour ce chapitre, spécialement Claudia Crovace et Myra Morgan. Je remercie également les co-auteurs Damian Harper et Emilie Filou pour leur aide, d'un point de vue technique en particulier. J'en profite pour renouveler toute ma gratitude et mon affection à Michael Rothschild, mon compagnon et partenaire de voyage à l'occasion de cette édition.

Émilie Filou

Je remercie les nombreux amis qui m'ont accompagnée dans ce périple et rendu mes recherches infiniment agréables : Catherine, Chris, Karine, Nikki, Sid, Thibault et Van. Ma gratitude va aussi à mon camarade journaliste Stephen Unwin pour sa connaissance du Londres gay, ainsi qu'à Ancil Barclay pour ses bons plans concernant le festival de Notting Hill. Enfin, tous mes remerciements à mon critique en chef et mari Adolfo, pour sa patience et son soutien.

Vesna Maric

J'aimerais remercier Jo Cooke de m'avoir offert la chance de collaborer à ce guide, ainsi que Damian Harper pour sa gentillesse et son aide inconditionnelles. À Frida.

Sally Schafer

Tous mes remerciements à Imogen et à Jo qui m'ont accordé cette liberté, à Ed pour ses mots si précieux, à Chantal (et à sa maman) pour son savoir encyclopédique et son goût pour les bonnes choses, à Ian pour ses comptes rendus nocturnes, à papa et maman pour leur expertise en matière de vins et de champignons, à Clare et Eric pour la visite, ainsi qu'à Freya pour la balade. Enfin, merci à James et à Kate, pour leur affection inconditionnelle depuis toutes ces années.

REMERCIEMENTS

Couverture : cathédrale Saint-Paul et le Millenium Bridge/Alan Copson.
Le Millennium Bridge a été est l'œuvre d'une collaboration entre Foster and partners, sir Anthony Caro et Arup.
Illustrations p. 166-167 et p. 144-145 de Javier Zarracina.
Œuvre *Guns* d'Andy Warhol sur la photographie de la Tate Modern, page 8, © The Andy Warhol Foundation for the Visual Arts, Inc/ARS. Licensed by Viscopy, 2011.

La plupart des photos publiées dans ce guide sont disponibles auprès de notre agence photographique Lonely Planet Images : www.lonelyplanetimages.com

À PROPOS DE CET OUVRAGE

Cette 7e édition du guide *Londres* est une traduction-adaptation de la 8e édition du guide *London* qui a été rédigée par Damian Harper, Sally Schafer, Steve Fallon et Vesna Maric. Les 7e et 6e éditions avaient été écrites par Tom Masters, Steve Fallon et Vesna Maric. Martin Hughes, Sarah Johnstone et Tom Masters avaient rédigé la 4e édition ; Steve Fallon les 3e et 2e éditions. Pat Yal avait réalisé la 1e édition.

Traduction
Amandine Ăgic, Jean-Yves Bart, Dominique Lavigne et Pierre-Yves Raoult

Direction éditoriale
Didier Férat

Adaptation française
Émeline Gontier

Responsable prépresse
Jean-Noël Doan

Maquette
David Guittet

Couverture
adaptée par Annabelle Henry pour la version française

Cartographie
Cartes originales d'Amanda Sierp, adaptées en français par Nicolas Chauveau

Remerciements
à Bénédicte Houdré, Christine Liabeuf, Lyne Strouc et Christiane Mouttet pour leur précieuse contribution au texte. Merci également à Ludivine Bréhier pour son travail de comparaison des textes, à Émilie Leibig pour le référencement, à Dominique Spaety pour son soutien et à toute l'équipe du bureau de Paris. Enfin, merci à Clare Mercer, Tracey Kislingbury et Joe Revill du bureau de Londres, ainsi qu'à Darren O'Connell, Chris Love, Craig Kilburn et Carol Jackson du bureau australien.

Voir aussi les index :
OÙ SE RESTAURER P. 413
OÙ PRENDRE UN VERRE ET FAIRE LA FÊTE P. 414
OÙ SORTIR P. 415
SHOPPING P. 416
SPORTS ET ACTIVITÉS P. 417
OÙ SE LOGER P. 417

Index

10 Downing Street 109
19 Princelet St 205
30 St Mary Axe 151

A

Abney Park Cemetery 242
Admiralty Arch 96
aéroports 386
afternoon teas 117
agenda 26
Albert Memorial 192
Alexandra Park & Palace 244
alimentation 44
All Hallows-by-the-Tower 150
All Souls Church 113
ambassades 395
appartements, location d' 321
Apsley House 191
architecture 360
moderne 25
argent 395
art 22, 373
Ashmolean Museum 309
Assembly Rooms 319
Astronomy Centre 271
Auberges de jeunesse 321

B

Backyard Market 215
bains romains 319
Balliol College 308
Bank of England Museum 151
Bankside Gallery 171
Banqueting House 110
Barbican 155, 160
Barnes 299
bars 57
bateau 390
Bath 317, **318**
Bath Abbey 319
Battersea Park 279
Battersea Power Station 279
B&B 321
BBC Television Centre 258
Bedford Square 102
Bermondsey Market 180
Berwick Street Market 124
bière 54
Bloomsbury 101
Blue Plaques Scheme *voir* plaques bleues
Bodleian Library 308
Borough Market 176
Brick Lane 204
Brick Lane Great Mosque 205
Brick Lane Market 215
Brighton 312, **314**
Brighton Museum & Art Gallery 313
Brighton Pier 313
Brighton Sea Life Centre 313
British Library 235
British Museum 83, **85**
British Music Experience 277
Brixton 281
Brixton Windmill 289
Broadcasting House 112
Brompton Cemetery 258
Brompton Oratory 193
Brunswick Centre 103
BT Tower 102
Buckingham Palace 88
Buddhapadipa Temple 302
Bunhill Fields 203
Burgh House 241
burlesque 57
Burlington Arcade 104
bus 389, 390
Bushy Park 294

C

Cable Street 220
Cambridge 309
Camden Market 240, 253
Camden Passage 254
Carlyle's House 195
Carnaval de Notting Hill 260
cartes de réduction 396
canaux 24
cénotaphe 111
Central Criminal Court 156
Charterhouse 203
Chelsea Old Church 195
Chelsea Physic Garden 194
Chinatown 92, 106
Chiswick House 300
Christ Church College 308
Christ Church Spitalfields 205
Churchill Museum 99
Churchill War Rooms 99
cimetières 23
cinéma 65, 264, 340, 381
circuits organisés 393
Circus 319
City Hall 173
City, la 139
hébergement 327
Clapham Common 280
Clarence House 105
Clerkenwell 201
hébergement 331
Clink Prison Museum 171
clubbing 56
cockney 222
concerts 64
consulats 395
Cornichon, le, *voir* 30 St Mary Axe
County Hall 169
Cour royale de justice 111
cours 396
Covent Garden 107
Crystal Palace Museum 284
Crystal Palace Park 284
Cutty Sark 273

D

danse 64, 372
Danson House 282
Dennis Severs' House 206
dentistes 400
Design museum 172
Diana, Princess of Wales Memorial Playground 191
Dickens, Charles 177, 366
Dickens House Museum 102
Docklands, les 217
hébergement 332
douane 396
Dr Johnson's House 156
Dulwich Park 281
Dulwich Picture Gallery 281

E

East End, l' 217
hébergement 332
Eastern Curve Garden 243
East London Mosque 219
économie 340
électricité 396
Elfin Oak 191
Eltham Palace 280
emploi 401
enfants 30, 396
Estorick Collection of Modern Italian Art 242
Eton 315
Eton College 316
excursions 307
expatriation 397

Références des sites
Références des cartes

F

Fan Museum 276
Fashion Museum 319
Fashion & textile museum 173
faune 23
femmes 402
Fenton House 241
Firepower (Royal Artillery Museum) 277
Fitzrovia 101
Fitzwilliam Museum 309
Flamsteed House 270
flore 23
Florence Nightingale Museum 278
Fourth Plinth Project 107
Fulham Palace 299
Fuller's Griffin Brewery 301

G

galeries 39
garde
  relève de la, 89, 182
Garden Museum 278
Geffrye Museum 204
Globe, le *voir* Shakespeare's Globe
Golden Boy of Pye Corner 156
Golden Hinde 170
Gordon Square 101
gratuité 37
Great Synagogue 219
Green Park 105
Greenwich 268, **268**
  hébergement 336
Greenwich Heritage Centre 278
Greenwich International Early Music Festival and Exhibition 285
Greenwich Park 270
Guards Museum 105
Guildhall 153
Guildhall Art Gallery et Amphithéâtre Romain 153

H

Ham House 298
Hampstead 233
  hébergement 332
Hampstead Heath 241
Hampton Court 291, **291**
Hampton Court Palace 293
Handel house Museum 113
handicapés 397
Hayward Gallery 170
hébergement 321
Highgate Cemetery 245
Highgate Wood 241
histoire 342
  Elisabeth Ire 347
  époque médiévale 344
  époque romaine 342
  George Ier 350
  la Grande Peste 348
  le grand incendie 348
  Les guerres civiles 348
  les Tudors 346
  Margaret Thatcher 357
  Première Guerre mondiale 353
  reine Victoria 352
  Seconde Guerre mondiale 354
HMS Belfast 171
Hogarth's House 301
Holborn 111
Holborn Viaduct 156
Holocaust Memorial Garden 192
Holy Trinity Church 280
homosexualité 59, 127
Horniman Museum 279
Horse Guards Parade 110
hôtels 321
House Mill 222
House of Commons 91
House of Lords 91
Houses of Parliament 90
Hunterian Museum 112
Hyde Park 181, 192
  hébergement 328

I

Imperial War Museum 276
Inns of Court 111
Institute of Contemporary Arts 106
Internet 398
Isle of Dogs 224
itinéraires 20

J

jardins 23
John Madejski Garden 184
jours fériés 402
joyaux de la Couronne 142

K

Keats House 241
Kennington Park 280
Kensington 181
  hébergement 328
Kensington Gardens 191
Kensington Palace 194
Kenwood House 242
Kew 291, **291**
Kew Gardens 296
Kew Palace 297
King's College 309
King's Road 194

L

Lambeth Palace 278
langue 403
Leadenhall Market 151
Leicester Square 107, 108
Leighton House 258
librairies 137
Limehouse 223
Linley Sambourne House 258
littérature 101, 340, 366
Little Venice 259
Lloyd's of London 151
London Canal Museum 238
London Dungeon 173
London Eye 169
London Fields 220
London Transport Museum 108
London Trocadero 105
London Waterbus Company 259
London Wetland Centre 301
Lord's 239

M

Madame Tussaud's 116
Magdalen College 308
Mansion House 152
Marble Arch 193
Marble Hill House 301
marché aux fleurs de Columbia Road 215
marchés alimentaires 49
Marylebone Farmers Market 124
médecins 400
Menier Chocolate Factory 179
Meridian Courtyard 270
Merton College 308
Mestizo 243
métro 391
Michelin House 193
Mile End Park 222
Millennium Bridge 170, 171
mode 375
Monument 152
moto 393
Mudchute Park & Farm 224
multiculturalisme 341
musées 39
Museum of Brands, Packaging and Advertising 258
Museum of London 154
Museum of London Docklands 224
musique 24, 135, 377

N

N°2 Willow Road 240
National Army Museum 195
National Gallery 93
National History Museum 187
National Maritime Museum 273
National Police Memorial 104
National Portrait Gallery 97
National Theatre 169, 178
Nelson, colonne 96
New London Architecture 102
North London 233
  hébergement 332
Notting Hill 256, **256**
  hébergement 333

O

O2 276
offices du tourisme 398
Old Operating Theatre Museum & Herb Garret 171
Old Royal Naval College 272
Old Truman Brewery 204
Old Vic 180
opéra 64
Orleans House Gallery 302
Oval 281
Oxford 308, **310**

Oxford Museum of Natural History 309
Oyster Card 389

P

parc olympique 17, 222
parcs 23
Peacock Tower 301
Pembroke Lodge 298
Peter Harrison Planetarium 271
Petersham Meadows 300
Petrie Museum of Egyptian Archaeology 103
pharmacies 400
Photographers' Gallery 106
Piccadilly Circus 106
Pitt Rivers Museum 309
plans 396
plaques bleues 190, 193
points de vue 23
politique 341
Pollock's Toy Museum 102
Portobello Road market 259
poste 399
pourboire 399
presse 383
Primrose Hill 240
Princess Diana Memorial Fountain 193
problèmes juridiques 399
promenades 24
  City, la 158, **158**
  East End, l' 226, **226**
  Regent's Canal 239
  South Bank 175, **175**
  Thames Path 302
  West End, le 115, **115**
pub 54
punk, culture 357
Putney 299

Q

Queen Elizabeth Gate 192
Queen's Chapel 105
Queen's House 273

Références des sites
Références des cartes

R

radio 383
Ragged School Museum 221
Ranger's House 271
Red House 282
Regent's Park 239
Regent Street 106
Richmond 291, **291**
  hébergement 338
Richmond Bridge 300
Richmond Green 298
Richmond Palace 298
Richmond Park 298
Ridley Road Market 243
Rose Theatre 170
Royal Academy of Arts 103
Royal Albert Hall 192
Royal Artillery Barracks 290
Royal Crescent 319
Royal Exchange 152
Royal Hospital Chelsea 195
Royal Observatory 270
Royal Opera House 108
Royal Pavilion 312
royauté 22
rugby 72, 306
Russell Square 101

S

Saint-Paul, cathédrale 147, **149**
Science Museum 190
sécurité 399
Serpentine 192
Serpentine Gallery 191
Shakespeare's Globe 168, 178, 179
Shakespeare, William 366, 371
Shepherd's Bush Market 266
Sherlock Holmes Museum 112
shopping 67
Shoreditch 201
  hébergement 331
Sir John Soane's Museum 100
Smithfield Market 155
Soho 92, 106
Somerset House 110
South Bank 162, **162**
  hébergement 328
South Bank Book Market 180
Southbank Centre 170, 178
South London 268, **268**
  hébergement 336
Southwark Cathedral 172
Speakers' Corner 193
spectacles comiques 64
Spencer House 105
Spitafields 201
Spitalfields
  hébergement 331
Spitalfields Market 215
sports 72
St Alfege Church 276
St Andrew Holborn 156
statue de William Booth 220
St Augustine's Tower 220
St Bartholomew-the-Great 155
St Bride's, Fleet Street 157
St Clement Danes 112
St George-in-the-East 220
St George's, Bloomsbury 103
St Giles-in-the-Fields 109
St James's 103
St James's Palace 104
St James's Park 104
St James's Piccadilly 104
St John's Gate 203
St John's, Smith Square 101
St Katharine Docks 223
St Lawrence Jewry 154
St Martin-in-the-Fields 109
St Mary-le-Bow 153
St Mary Woolnoth 152
St Olave's 151
St Peter's Church 299
St Stephen Walbrook 152
Strand, Le 111, 112
Sunday UpMarket 215
Surrey Docks Farm 283
Sutton House 220
Swinging London 377
Syon House 299

T

Tamise 166, **166**
Tate Britain 98
Tate Modern 164
taxes 400
taxi 391
téléphone 400
télévision 383
Temple Church 157
Temple de Mithra 153
tennis 303
thalassothérapie 317
Thames Barrier 277
Thames Path 302
théâtre 62, 370
Topolski Century 174
tour de Londres 141, **144**
Tower Bridge 150
Tower Hamlets Cemetery Park 222
Trafalgar Square 96
train 389
tramway 392
transports 386
Trinity College 308, 309
Trinity Square Gardens 150
Twickenham Rugby Stadium 306
Tyburn Convent 193

U

urgences 402

V

V&A Museum of Childhood 220
Vauxhall City Farm 283
végétaliens 48
végétariens 48, 246
vélo 17, 391, 392
Victoria & Albert Museum 183, **185**
Victoria Park 221
Vinopolis 170
visa 397
voiture 393

W

Wallace Collection 113
Wandsworth Common 280
Wapping 223
Wellcome Collection 238
Wellington Arch 190
West End, le 78, **78**
  hébergement 324
Westfield Shopping Centre 265
West London 256, **256**
  hébergement 333

Westminster 101
cathédrale de, 195
abbaye de, 80
Whitechapel bell foundry 219
Whitechapel Gallery 219
Whitechapel Road 219
White Cube Gallery 104, 204
Wimbledon 302
Wimbledon Common 302
Wimbledon lawn tennis museum 302
Windsor
château de, 315
Wren, Christopher 270, 278, 294, 349

Y

Yeoman Warders 142
Young Vic 180

Z

Zoo de Londres 237
Zoo pour enfants 279

OÙ SE RESTAURER

5th View 117

A

A Little of What You Fancy 248
Abeno 114
Addis 246
Afghan Kitchen 247
Al Boccon di'Vino 303
Albion 208
Allpress Espresso 208
Anchor & Hope 174
Andrew Edmunds 118
Applebee's Fish Café 176
Arancina 260
Arbutus 119
Asadal 122
Asmara 284
Assa 122

B

Baozi Inn 121
Bar Battu 159
Bar Gansa 244
Bar Shu 118
Barrafina 120
Bea's of Bloomsbury 117
Belgo Noord 245
Ben's Cookies 120
Berwick Street Market 124
Bibendum 196
Bistrot Bruno Loubet 206
Blah Blah Blah 262
Blue Elephant 304
Blue Legume 248
Bocca di Lupo 118
Bollo 305
Breakfast Club 247
Brick Lane Beigel Bake 210
Brindisa 176
British Library Cafes 236
Busaba Eathai 114
Butcher & Grill 284
Byron 197

C

Café Below 159
Café Oto 248
Café Spice Namasté 225
Camden Market 244
Canela 122
Canteen 176
Caravan 205
Cây Tre 209
Champor-Champor 176
Chez Bruce 284
Chez Lindsay 303
Chilli Cool 114
Chosan 304
Churrería Española 261
Cinnamon Club 114
Circus (Bath) 320
City Càphê 159
Clark's 207
Climpson & Sons 227
Coach & Horses 207
Counter Cafe 229
Couscous Café 263
Cow 261
Crooked House of Windsor (Windsor) 317

D

Daquise 197
Daylesford 261
Dean Street Townhouse 117
Dinner by Heston Blumenthal 196
Diwana Bhel Poori House 246
Don Fernando's 303
Drury House (Windsor) 317
Due South (Brighton) 313
Duke of Cambridge 247

E

E Pellici 227
E&O 260
Eagle 207
Edamame (Oxford) 309
El Pirata 125
Electric Brasserie 260
Enoteca Turi 304
Esarn Kheaw 262
Eyre Brothers 208

F

F. Cooke 227
Federation Coffee 284
Fernandez & Wells 120
Fifteen 208
Fino 116
Fish House 228
Fishworks 123
Formans 229
Franco Manca 283, 304
Frizzante 227

G

Gallery Cafe 228
Gallipoli 248
Garden & Grill 262
Garrison Public House 176
Gate 261
Gaucho Grill 245
Gay Hussar 119
Geales 261
Georgian Iberian Restaurant 247
Giaconda Dining Room 122
Gilbey's (Eton) 317
Glasshouse 304
Golden Hind 123
Gordon Ramsay 197
Gordon Ramsay at Claridge's 124
Great Queen Street 121
Green Papaya 227
Greenhouse 125
Greenwich Market 283
Gun 229

H

Haché 245, 304
Hackney Pearl 229
Hakkasan 116
Hawksmoor 209
HIX 119
Honest Burgers 283
Hummus Bros 114
Hunan 198

I

Il Baretto 123
Inn the Park 117
Inside 282

J

J Sheekey 122
Jericho Café (Oxford) 309
Jericho Tavern (Oxford) 309

K

Kazan 197
Kensington Place 261
Kimchee 123
Kolapata 227
Koya 118
Kulu Kulu 120

L

La Gaffe 246
Laughing Gravy 174
Launceston Place 196
Laxeiro 227
Le Boudin Blanc 124
Le Mercury 247
Le Pain Quotidien 123
Leila's Shop 207
Les Trois Garçons 207
Little Georgia 227
Loafing 228
Locanda Locatelli 123
Look Mum No Hands 206
Lots Road Pub & Dining Room 304
Luxe 210

M

M Manze 176
Ma Goa 304
Macaron 285
Magdalen 174
Mangal Ocakbasi 248

Mango Room 244
Manna 246
Marine Ices 245
Market Thai 260
Marylebone Farmers Market 124
Masala Zone 247
Masters Super Fish 174
Medcalf 206
Mediterraneo 260
Mestizo 243
Mildreds 118
Milk Bar 120
Min Jiang 197
Mirch Masala 225
Mock Turtle (Brighton) 313
Modern Pantry 206
Momo 125
Monmouth Coffee Company 121
Mooli's 117
Morgan M 247
Morito 206
Moro 205
Mr Wing 261

N
Namô 228
National Dining Rooms 121
Natural Kitchen 124
Nevada Street Deli 282
New World 120
Newens Maids of Honour 304
Nobu 124
Nordic Bakery 118
North Sea Fish Restaurant 114
Nude Espresso 209

O
Old Brewery 283
Orangery 197
Ottolenghi 246
Oxo Tower Restaurant & Brasserie 174

P
Patio 262
Pavilion 228
Pearl Liang 263
Pembroke Lodge 298
Penny Black 197
Petersham Nurseries Café 303
Ping Pong 123
Pizza Express 285
Poetry Café 367
Polpetto 119
Poppies 209
Portrait 121
Primrose Bakery 122
Princess of Shoreditch 208
Princi 120
Providores & Tapa Room 123

Q
Quod (Oxford) 309

R
Racine 196
Rasa 246
Rasa Samudra 116
Rasoi Vineet Bhatia 197
Ravi Shankar 243
Restaurant at St Paul's 159
Reubens 124
Riddle & Finns (Brighton) 313
River Café 262
Roast 174
Rock & Sole Plaice 121
Rodizio Rico 247
Roka 116
Rosa's 209
Rosie's Deli Café 284
Roussillon 198
Royal Exchange Grand Café & Bar 160
Rules 122

S
Sakura 125
Salamander (Bath) 320
Sam's of Brighton (Brighton) 313
Santa Maria del Sur 285
Sauterelle 159
Scoop 121
Shanghai Blues 122
Skylon 173
Sông Quê 209
Spice Market 120
Spread Eagle 283
Spuntino 118
ST ALi 207
St John 205
St John Bread & Wine 209
Star Café 119
Sweeting's 159

T
Tai Won Mein 283
Taquería 260
Tatra 261
Tayyabs 224
Tendido Cero 261
Terre à Terre (Brighton) 313
Tom's Kitchen 197
Tower (Windsor) 317
Trinity 285

V
Veeraswamy 118
Viajante 227
Viet Grill 209
Villandry 125
Vincent Rooms 114

W
Wahaca 122
Wallace 121
Wapping Food 229
Wells Tavern 246
White Swan Pub & Dining Room 160
Whitechapel Gallery Dining Room 225
Wild Honey 124
Wine Library 159
Wolseley 117
Woodlands 246

Y
Yak Yeti Yak (Bath) 320
Yauatcha 117
York & Albany 244

Z
Zuma 196

OÙ PRENDRE UN VERRE ET FAIRE LA FÊTE

93 Feet East 214
333 213

A
Academy 126
Anchor Bankside 177
Aquarium 214
Area 287
Atlas 265
Auld Shillelagh 251

B
Babalou 287
Baltic 176
Bar 23 251
Bar Kick 212
Bar Vinyl 249
Barmy Arms 306
Barrio North 251
Basketmakers Arms (Brighton) 315
Beach Blanket Babylon 263
Bethnal Green Working Men's Club 230
Big Chill House 249
Black Cap 250
Black Friar 159
Boheme Bar & Kitchen 127
Boogaloo 250
Book Club 211
Bradley's Spanish Bar 126
Bridge 214
Britannia 231
Bull 250

C
Callooh Callay 212
Camino 248
Candy Bar 127
Captain Kidd 231
Cargo 212
Carpenter's Arms 230
Castle 250
Catch 213
Churchill Arms 264
City Barge 306
Coach & Horses 128
Coat & Badge 305
Concrete 176
Counting House 160
Cricketers 305

Références des sites
Références des cartes

Cross Keys 129
Crown & Goose 249
Crown & Greyhound 288
Cutty Sark Tavern 286

D

Dalston Superstore 251
Dogstar 286
Dove 263
Dove Freehouse 230
Draft House 287
Drayton Arms 198
Dreambagsjaguarshoes 213
Duke of Wellington 127

E

Eagle 288
Earl of Lonsdale 263
East Village 214
Edge 126
Edinboro Castle 249
Effra 286
Egg 249
El Vino 160
Endurance 128
Experimental Cocktail Club 126

F

Fabric 210
Filthy MacNasty's 210
Flask Tavern 250
Fox & Anchor 210
Fox Reformed 251
French House 126
Freud 129
Friendly Society 127
Fulham Mitre 305

G

Galvin at Windows 198
Garden Gate 250
George & Dragon 211
George Inn 177
Golden Heart 214
Gordon's Wine Bar 129
Grand Union 263
Grapes 231
Greenwich Union 285
Guinea 130

H

Happiness Forgets 212
Heaven 128
Hoist 288
Holly Bush 250
Horse & Groom 213

I

Indo 230

J

Jazz Bar Dalston 251
Jerusalem Tavern 210
Jika Jika (Bath) 320
John Snow 128
Joiners Arms 230
Jolly Gardeners 305
Junction 251

K

Kensington Roof Gardens 264
King Edward VII 231
King's Arms 177
Ku Bar Frith St 128
Ku Bar Lisle St 129

L

Lamb 126
Lamb & Flag 129
Lo Profile 128
Lock Tavern 249
London Apprentice 306
Loop Bar 128
Lord John Russell 126
Lost Society 287
Loungelover 212

M

Macbeth 213
Madame Jo Jo's 127
Marylebone 130
Mason & Taylor 212
Mayflower 286
Milk & Honey 128
Ministry of Sound 288
Museum Tavern 126

N

Nag's Head 198
Nelsons Head 230
Newman Arms 125
Nightjar 212
Notting Hill Arts Club 264

O

Old Blue Last 214
Old Brewery 286
Old Ship 263

P

Palm Tree 230
Passing Clouds 251
Plan B 287
Plastic People 213
Polski Bar 129
Prince Alfred 265
Prince of Wales 287
Prince Regent 130
Princess Louise 129
Profile 128
Prospect of Whitby 231
Proud Camden 249
Prufrock 211
Public House 251
Punch Bowl 130
Purl 130

Q

Queen of Hoxton 213
Queen's 250
Queen's Arms 198
Queen's Larder 125

R

Rake 177
Red Lion 213
Rhythm Factory 229
Royal Inn on the Park 230
Royal Oak 230
Ruby Lounge 249
RVT 287

S

Salisbury 129
Scootercaffe 177
Seven Stars 129
Ship 305
Somers Town Coffeehouse 248
SO.UK 287
Spaniard's Inn 250
Sports Cafe 129
Star Inn (Bath) 320
Swan at the Globe 177

T

Tempus Bar 126
Ten Bells 214
Three Kings 211
Trafalgar Tavern 286
Troubadour 265
Turf Tavern (Oxford) 309
Two Brewers 287
Two Brewers (Windsor) 317

V

Vertigo 160
Vibe Bar 214
Village 127
Vinoteca 211

W

Warrington 265
Waterway 263
White Cross 305
White Horse 126, 305
White Swan 231, 306
Windsor Castle 264
Worship St Whistling Shop 212

X

XOYO 213

Y

Yard 127
Ye Olde Cheshire Cheese 160
Ye Olde Mitre 210
Ye Olde Watling 161
Ye White Hart 305
Zetter Townhouse 212

☆ OÙ SORTIR

12 Bar 130
100 Club 132
606 Club 199

A

Amused Moose Soho 132
Arcola Theatre 254

B

Barbican 161
Barfly 252
Battersea Arts Centre 288
BFI IMAX Cinema 179
BFI Southbank 179
Bistrotheque 231
Borderline 131
Brick Box 290
Buli & Gate 252
Bush Theatre 266

C

Cadogan Hall 199
Café Oto 253
Ciné Lumière 199
Clapham Picture House 289
Comedy Café 215
Comedy Store 130
Coronet 264
Curzon Soho 131

D

Donmar Warehouse 132

E

Earl's Court Exhibition Centre 266
Electric Ballroom 252
Electric Cinema 264
Everyman Hampstead 253

F

Forum 252

G

Gate Picturehouse 264

H

Hackney Empire 231
Hampstead Theatre 254

I

ICA Cinema 132

Références des sites
Références des cartes

J

Jazz Café 254

K

Kenwood House 252
KOKO 252

L

Laban 288
London Coliseum 132
London's Little Opera House at the King's Head Theatre 254
Lowdown at the Albany 254

M

Menier Chocolate Factory 178

N

National Theatre 177

O

O2 276, 289
O2 Academy Brixton 289
O2 Academy Islington 254
O2 Shepherd's Bush Empire 265
Old Vic 179
Opera Holland Park 266

P

Pizza Express Jazz Club 131
The Place 131
Prince Charles 131
Proud Camden 252

R

Rio Cinema 253
Ritzy Picturehouse 289
Riverside Studios 266
Ronnie Scott's 131
Roundhouse 253
Royal Albert Hall 198
Royal Court Theatre 199
Royal Opera House 130

S

Sadler's Wells 215
Shakespeare's Globe 178
Soho Theatre 131
Southbank Centre 178

U

Union Chapel 254
Up the Creek 289

V

Volupté 161
Vortex Jazz Club 253

W

Wigmore Hall 131
Wilton's 231

Y

Young Vic 179

SHOPPING

123 Bethnal Green Road 216

A

Abercrombie & Fitch 136
Absolute Vintage 216
Agent Provocateur 134
Al Saqi 267
Algerian Coffee Stores 134
Annie's Vintage Costumes & Textiles 255
Apple Store 135
Aquascutum 134

B

Backyard Market 215
Bang Bang Exchange 133
Beehive 290
Benjamin Pollock's ToyShop 136
Bermondsey Market 180
Beyond Retro 232
Beyond the Valley 134
Books for Cooks 266
Brick Lane Market 215
Brixton Market 290
Brixton Village 289
Broadway Market 232
Burberry 137
Burberry Outlet Shop 232
Butler & Wilson 138, 200

C

Camden Market 240, 253
Camden Passage 254
Carhartt Outlet Store 232
Cath Kidston 136
Ceramica Blue 266
Chiswick Farmers & Fine Foods Market 306
Church's 200
Columbia Road Flower Market 215, 232
Compendia 290
Conran Shop 199

D

Daunt Books 137
DR Harris 133

E

Econe 216
Emporium 290

F

Forbidden Planet Megastore 135
Fortnum & Mason 132
Foyle's 137

G

Gay's the Word 133
Gill Wing 255
Gosh! 137

H

Hamleys 134
Harold Moore's Records 135
Harrods 199
Harvey Nichols 200
Hatton Garden 214
Housmans 255

J

James Smith & Sons 133
John Lewis 138
John Sandoe Books 199
Jones Dairy 232
Joy 133, 290

K

Konditor & Cook 180
Kurt Geiger 138

L

Labour & Wait 216
Laden Showroom 216
Lesley Craze Gallery 216
Liberty 134
Limelight Movie Art 199
London Review Bookshop 137
Lucy in Disguise 136
Lulu Guinness 200

M

Magma 216
Marshmallow Mountain 134
Minamoto Kitchoan 133
Molton Brown 135
Monocle Shop 136
Mortimer & Bennett 306
Mulberry 137

N

Neal's Yard Dairy 134
No-one 216
North End Road Market 306

O

On the Beat 135
Orsini 267

P

Past Caring 254
Paul Smith 135
Penhaligon's 132
Phonica 135
Portobello Road Market 259
Poste 137
Poste Mistress 136
Present 216
Prowler 134

R

Ray's Jazz 135
Reckless Records 135
Rellik 266
Retro Man 266
Retro Woman 266
Ridley Road Market 243
Rigby & Peller 138
Rippon Cheese Stores 200
Rough Trade 267
Rough Trade East 215
Roullier White 290

S

Selfridges 136
Shepherds 133
Shepherd's Bush Market 266
Silver Vaults 161
Sister Ray 135
Sounds of the Universe 135
South Bank Book Market 180
Space NK 136
Spice Shop 266
Spitalfields Market 215
Stanford's 137
Start 216
Stella McCartney 138
The Sting 136
Sunday UpMarket 215

T

Tatty Devine 215
Taylor of Old Bond Street 133
Ted Baker 135
TopShop & Topman 133

U

Urban Outfitters 133, 134

V

Village Books 290
Vintage House 134
Vivienne Westwood 137

W

Waterstone's 137
Westfield Shopping Centre 265
Westfield Stratford City 17
Wright & Teague 138

SPORTS ET ACTIVITÉS

Arsenal Emirates Stadium 72
Brockwell Park Lido 290
Chelsea Football Club 72
Hampstead Heath Ponds 255
K Spa 267
Lord's Cricket Ground 239, 255
Oval, the (Brit) 281, 290
Parliament Hill Lido 255
Porchester Spa 267
Thermae Bath Spa (Bath) 319
Twickenham Rugby Stadium 306
Wembley Stadium 72

OÙ SE LOGER

13 Princelet St 331
40 Winks 332
196 Bishopsgate 328

A

Academy 325
Andaz Liverpool Street 327
Arosfa 327
Arran House Hotel 325
Aster House 329
Astor Hyde Park 330
Astor Victoria 331

B

B+B Belgravia 329
Bankside House 329
Barmy Badger Backpackers 336
Base2stay 334
Bermondsey Square Hotel 328
Blakes 329
Boundary 332
Brown's 325
Butler's Wharf Residence 329

C

Cadogan Hotel 330
Captain Bligh GuestHouse 337
Charlotte Street Hotel 325
Chesterfield 326
Church Street Hotel 337
Claridge's 325
Clink78 333
Clink261 333
Colonnade 334
Covent Garden Hotel 325
Cumberland Hotel 326

D

Days Hotel 337
Dean Street Townhouse 324

E

easyHotel 338
Elysee Hotel 335
Express by Holiday Inn 337

F

Fielding Hotel 324
Fox & Anchor 331

G

Garden Court Hotel 336
Gate Hotel 335
Generator 326
Gore 329
Grange Blooms Hotel 327
Great Dover St Apartments 329

H

Halkin 329
Hampstead Guesthouse 333
Haymarket 324
Hazlitt's 324
Hempel 334
High Holborn Residence 329
Hotel Indigo 334
Hotel La Place 326
Hoxton Hotel 331

I

International Students House 329, 333

J

Jesmond Hotel 326

K

K West 334
Kennington B&B 337
King's College Conference & Vacation Bureau 329
Knightsbridge Hotel 330

L

Lanesborough 330
Lime Lounge (Bath) 320
LSE Vacations 329
Luna Simone Hotel 329

M

Mad Hatter 328
Malmaison 332
Marlborough House (Bath) 320
Mayflower 335
Meininger 330
Morgan Hotel 326

N

New Cross Inn 338
New Linden Hotel 335
No 10 Manchester Street 324
Number 5 Maddox Street 324
Number 16 St Alfege's 337
Number Sixteen 329

O

Old Ship 332
One Aldwych 324

P

Park Plaza Westminster Bridge 337
Parkwood Hotel 335
Pavilion Hotel 335
Petersham 338
Portobello Gold 336
Portobello Hotel 333
Premier Inn 337

R

Ridgemount Hotel 327
Ritz 326
Rockwell 334
Rookery 331
Rough Luxe 333
Royal Crescent Hotel (Bath) 320
Rushmore 335

S

San Domenico House 330
Seven Dials Hotel 327
Shoreditch Rooms 332
Soho Hotel 325
St Christopher Bath (Bath) 320
St Christopher's Shepherd's Bush St 337
Christopher's Inn Greenwich 338
St Christopher's Village 328
St Pancras Renaissance Hotel 333
Stamford St Apartments 329
Stylotel 336

T

The Bingham 338
Threadneedles 327
Town Hall Hotel & Apartments 332
Travelodge 337
Twenty Nevern Square 335

V

Vancouver Studios 335
Vicarage Hotel 327

W

W 325
W14 336
Waldorf Hilton 326
Windermere Hotel 330

Y

YHA Earl's Court 334
YHA Holland House 327
YHA London St Paul's 328
YHA London Thameside 337
YHA Oxford St 324
YHA St Pancras International 333
York & Albany 332

Z

Zetter Hotel & Townhouse 331

Plans de Londres

Légende des plans

À voir
- Plage
- Temple bouddhiste
- Château
- Église/cathédrale
- Temple hindou
- Mosquée
- Synagogue
- Monument
- Musée/galerie
- Ruines
- Vignoble
- Zoo
- À voir

Où se restaurer
- Restauration

Où prendre un verre et faire la fête
- Bar
- Café

Où sortir
- Spectacle

Achats
- Magasin

Où se loger
- Hébergement
- Camping

Activités
- Plongée/snorkeling
- Canoë/kayak
- Ski
- Surf
- Piscine/baignade
- Randonnée
- Planche à voile
- Autres activités

Renseignements
- Poste
- Point d'information

Transports
- Aéroport/aérodrome
- Poste frontière
- Bus
- Téléphérique/funiculaire
- Piste cyclable
- Traghetto, gondole...
- Métro
- Monorail
- Parking
- S-Bahn
- Taxi
- Train/rail
- Tramway
- Tube
- U-Bahn
- Autre moyen de transport

Routes
- Autoroute à péage
- Autoroute
- Nationale
- Départementale
- Cantonale
- Chemin
- Route non goudronnée
- Rue piétonne
- Escalier
- Tunnel
- Passerelle
- Promenade à pied
- Promenade à pied (variante)
- Sentier

Limites et frontières
- Pays
- Province/État
- Contestée
- Région/banlieue
- Parc maritime
- Falaise/escarpement
- Rempart

Géographie
- Refuge/gîte
- Phare
- Point de vue
- Montagne/volcan
- Oasis
- Parc
- Col
- Aire de pique-nique
- Cascade

Hydrographie
- Rivière
- Rivière intermittente
- Marais/mangrove
- Récif
- Canal
- Eau
- Lac asséché/salé/intermittent
- Glacier

Topographie
- Plage/désert
- Cimetière (chrétien)
- Cimetière (autre religion)
- Parc/forêt
- Terrain de sport
- Site (édifice)
- Site incontournable (édifice)

INDEX DES CARTES

1 Docklands (p. 421)
2 Centre du West End (p. 422)
3 West End : Bloomsbury (p. 426)
4 West End : Mayfair (p. 428)
5 West End : St James's (p. 430)
6 West End : Covent Garden (p. 432)
7 South Bank (p. 436)
8 La City (p. 438)
9 De Hyde Park à Chelsea (p. 440)
10 Clerkenwell. Shoreditch et Spitalfields (p. 444)
11 East End (p. 446)
12 Islington et King's Cross (p. 448)
13 Hampstead et Highgate (p. 451)
14 Camden (p. 452)
15 West London (p. 454)
16 West London : Shepherd's Bush et Earl's Court (p. 456)
17 Richmond et Kew (p. 458)
18 South London : Brixton, Clapham & Battersea (p. 460)
19 South London (p. 462)
20 Greenwich (p. 463)

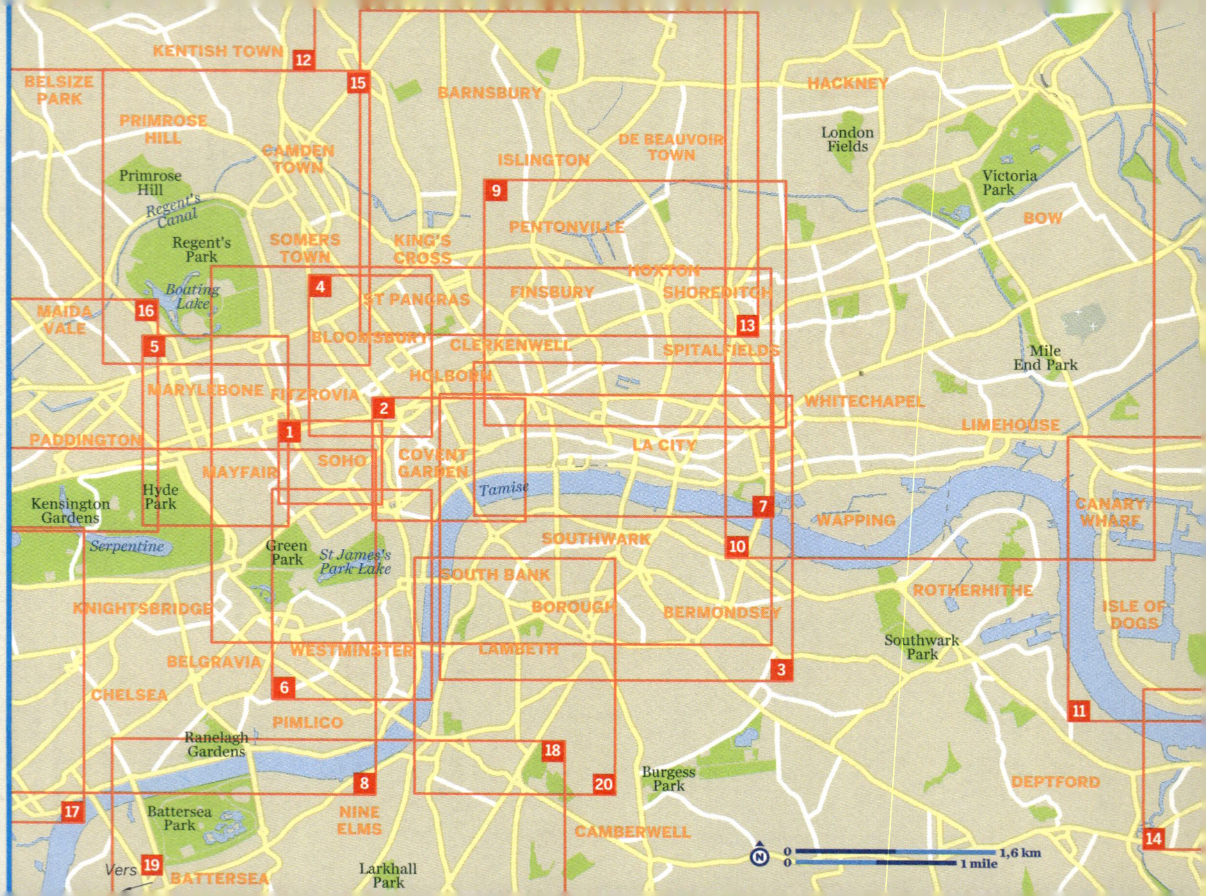

Les incontournables (p. 224)

Museum of London Docklands A1

À voir (p. 224)

1 Canary Wharf Tower B2
2 Mudchute Park & Farm C4
3 O2 .... D2

Où se restaurer (p. 229)

A Grelha .... (voir 5)
4 Billingsgate Fish Market B2
5 Gun C2

Voir légende p. 424

CENTRE DU WEST END

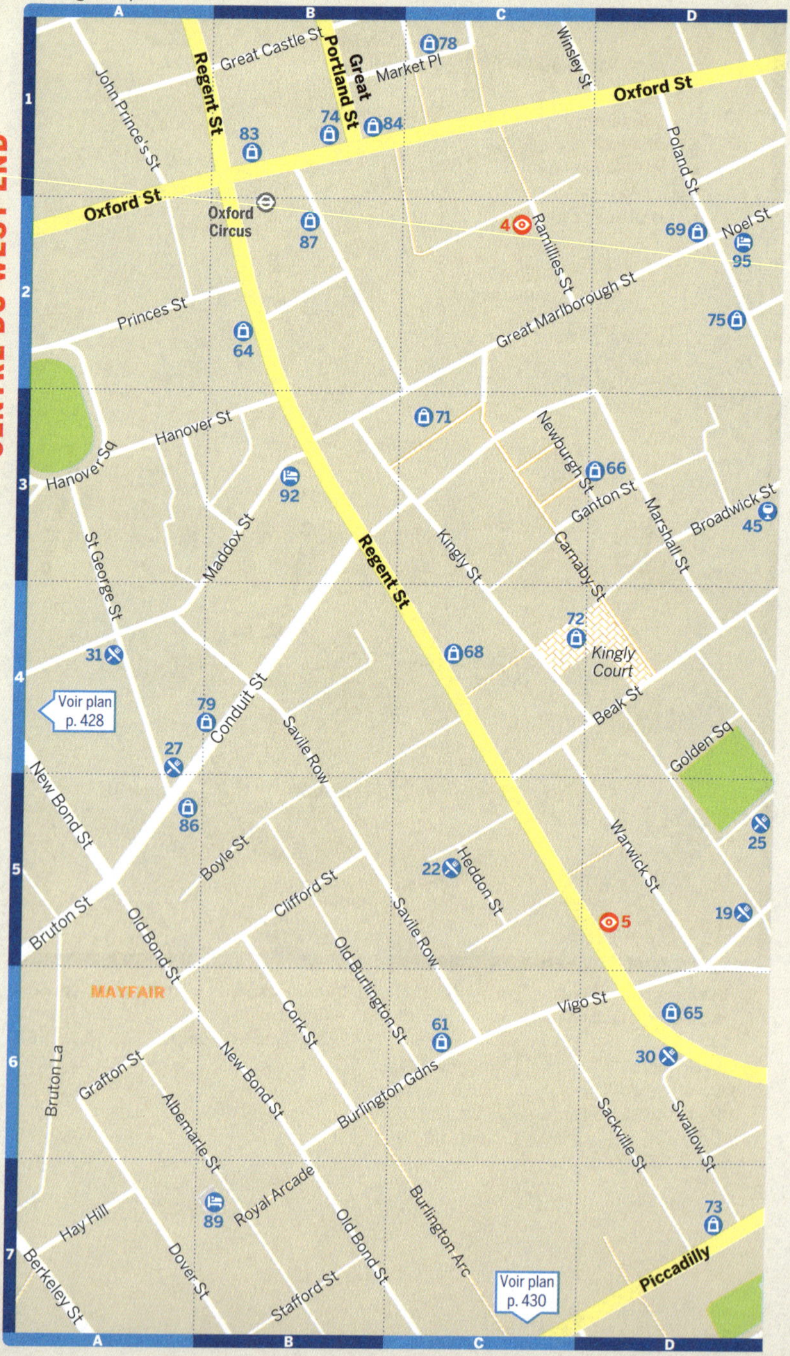

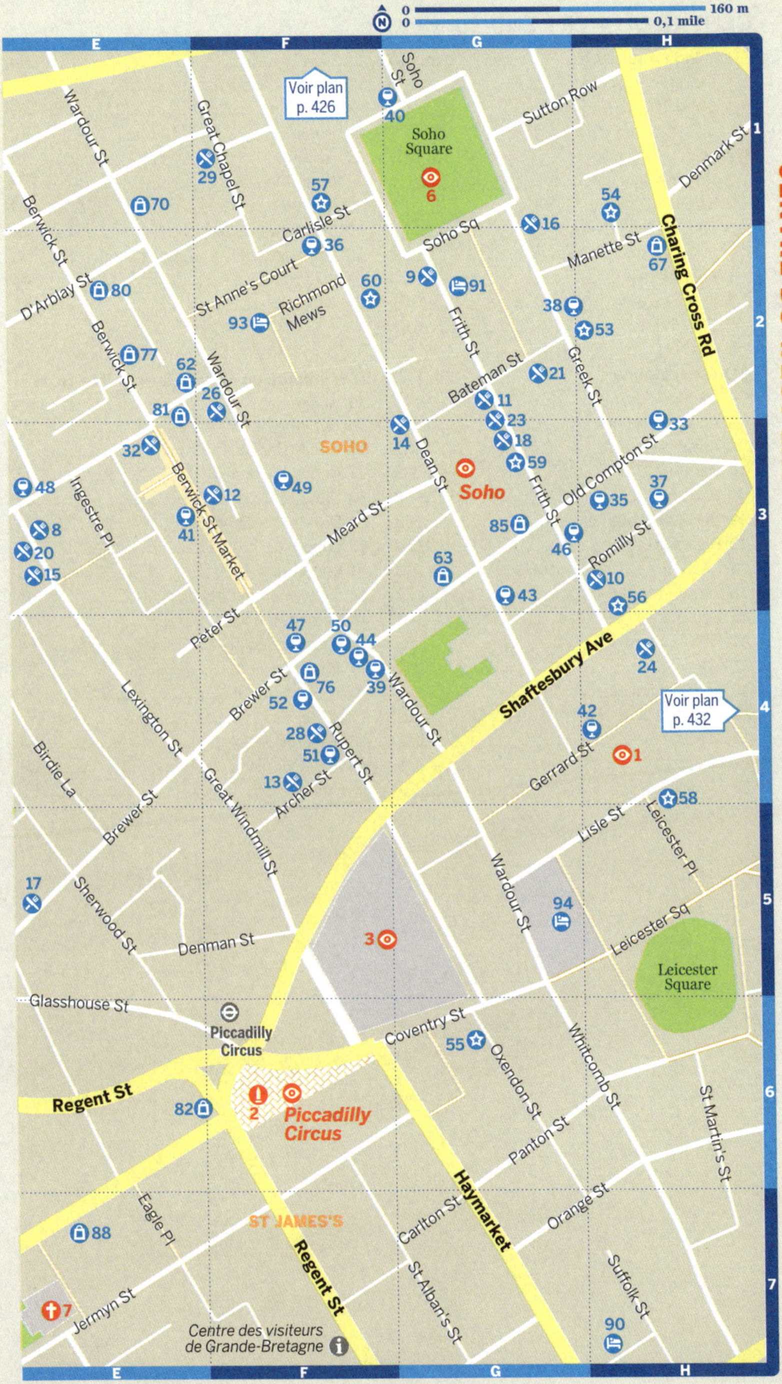
0
160 m
0
0,1 mile
E
F
G
H
1
2
3
4
5
6
7
Voir plan p. 426
Voir plan p. 432
Soho Square
SOHO
Soho
ST JAMES'S
Piccadilly Circus
Leicester Square
Centre des visiteurs de Grande-Bretagne
Wardour St
Great Chapel St
Soho St
Sutton Row
Denmark St
Charing Cross Rd
Berwick St
Carlisle St
Soho Sq
Manette St
D'Arblay St
St Anne's Court
Richmond Mews
Frith St
Greek St
Bateman St
Dean St
Old Compton St
Ingestre Pl
Berwick St Market
Meard St
Romilly St
Peter St
Shaftesbury Ave
Brewer St
Lexington St
Rupert St
Gerrard St
Birdie La
Great Windmill St
Archer St
Lisle St
Leicester Pl
Sherwood St
Leicester Sq
Denman St
Glasshouse St
Coventry St
Oxendon St
Whitcomb St
Regent St
St Martin's St
Panton St
Haymarket
Eagle Pl
Carlton St
Orange St
Jermyn St
St Alban's St
Suffolk St

CENTRE DU WEST END *Voir plan p. 422*

Les incontournables (p. 80)

Piccadilly Circus F6
Soho G3

À voir (p. 101)

1 Chinatown H4
2 Statue d'Éros F6
3 London Trocadero F5
4 Photographer's Gallery C2
5 Regent Street D5
6 Soho Square G1
7 St James's Piccadilly E7

Où se restaurer (p. 113)

5th View ..... (voir 88)
8 Andrew Edmunds E3
9 Arbutus G2
10 Bar Shu H3
11 Barrafina G2
12 Berwick St Market F3
13 Bocca di Lupo F4
14 Dean Street Townhouse G3
15 Fernandez & Wells E3
16 Gay Hussar G1
17 HIX E5
18 Koya G3
19 Kulu Kulu D5
20 Mildred's E3
21 Milk Bar G2
22 Momo C5
23 Mooli's G3
24 New World H4
25 Nordic Bakery D5
Polpetto ..... (voir 43)
26 Princi F2
27 Sakura A4
Spice Market ..... (voir 94)
28 Spuntino F4
29 Star Café F1
30 Veeraswamy D6
31 Wild Honey A4
32 Yauatcha E3

Où prendre un verre et faire la fête (p. 125)

33 Academy H3
35 Boheme Bar & Kitchen H3
36 Candy Bar F2
37 Coach & Horses H3
38 Diu G2
39 Duke of Wellington F4
40 Edge G1
41 Endurance E3
42 Experimental Cocktail Club H4
43 French House G3
44 Friendly Society F4
45 John Snow D3
46 Ku Bar Frith St G3
Lo Profile ..... (voir 49)
47 Madame Jo Jo's F4
48 Milk & Honey E3
49 Profile F3

50 Village F4
51 White Horse F4
52 Yard F4

Où sortir **(p.130)**

53 Amused Moose Soho H2
54 Borderline H1
55 Comedy Store G6
56 Curzon Soho H3
57 Pizza Express Jazz Club F1
58 Prince Charles H4
59 Ronnie Scott's G3
60 Soho Theatre F2

Shopping **(p.132)**

61 Abercrombie & Fitch C6
62 Agent Provocateur E2
63 Algerian Coffee Stores G3
64 Apple Store B2
65 Aquascutum D6
66 Beyond The Valley D3
67 Foyle's H2
Grant & Cutler .... (voir 67)
68 Hamleys C4
69 Harold Moore's Records D2
70 Joy E1
71 Liberty C3
72 Marshmallow Mountain C4
73 Minamoto Kitchoan D7
74 Miss Selfridge B1
75 Phonica D2
76 Prowler F4
Ray's Jazz .... (voir 67)
77 Reckless Records E2
78 Reiss C1
79 Rigby & Peller B4
80 Sister Ray E2
81 Sounds of the Universe E2
82 Sting E6
83 Topshop & Topman B1
84 Urban Outfitters B1
85 Vintage House G3
86 Vivienne Westwood A5
87 Warehouse B2
88 Waterstone's E7

Où se loger **(p.325)**

89 Brown's B7
Dean Street Townhouse .... (voir 14)
90 Haymarket H7
91 Hazlitt's G2
92 Number 5 Maddox Street B3
93 Soho Hotel F2
94 W G5
95 YHA Oxford St D2

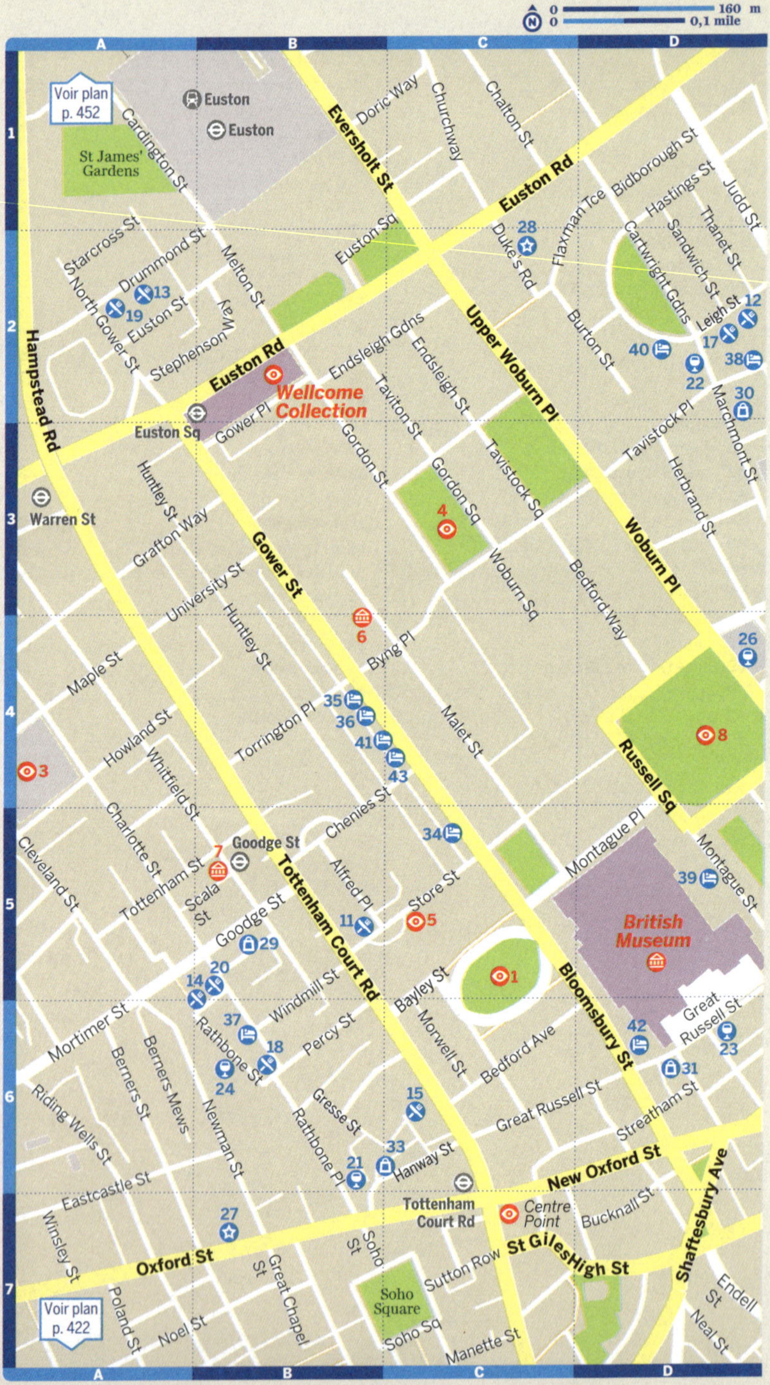
0 160 m
0 0,1 mile
A
B
C
D
1
2
3
4
5
6
7
Voir plan p. 452
Euston
Euston
St James' Gardens
Cardington St
Eversholt St
Doric Way
Churchway
Chalton St
Euston Rd
Bidborough St
Hastings St
Judd St
Thanet St
Flaxman Tce
Euston Sq
28
Duke's Rd
Cartwright Gdns
Sandwich St
Leigh St
12
17
Starcross St
Drummond St
13
19
North Gower St
Euston St
Melton St
Stephenson Way
Euston Rd
Wellcome Collection
Endsleigh Gdns
Endsleigh St
Upper Woburn Pl
Burton St
40
38
22
30
Marchmont St
Hampstead Rd
Euston Sq
Gower Pl
Taviton St
Gordon St
Gordon Sq
Tavistock Sq
Tavistock Pl
Herbrand St
Warren St
Huntley St
Grafton Way
Gower St
4
Woburn Sq
Bedford Way
Woburn Pl
University St
Huntley St
6
Byng Pl
26
Maple St
35
36
41
43
Malet St
Howland St
Torrington Pl
8
Russell Sq
3
Whitfield St
Charlotte St
Chenies St
34
Cleveland St
Goodge St
7
Tottenham St
Scala St
Alfred Pl
Tottenham Court Rd
Montague Pl
39
Montague St
Store St
11
5
British Museum
Goodge St
29
20
14
Windmill St
Bayley St
1
Mortimer St
37
Rathbone St
18
Percy St
Morwell St
Bedford Ave
Bloomsbury St
42
Great Russell St
23
24
Berners St
Berners Mews
Riding Wells St
Newman St
Gresse St
Rathbone Pl
15
Great Russell St
31
Streatham St
33
21
Hanway St
New Oxford St
Eastcastle St
Tottenham Court Rd
Centre Point
Bucknall St
Shaftesbury Ave
27
Winsley St
Oxford St
Great Chapel St
Soho St
Sutton Row
St Giles High St
Endell St
Neal St
Voir plan p. 422
Poland St
Noel St
Soho Square
Soho Sq
Manette St

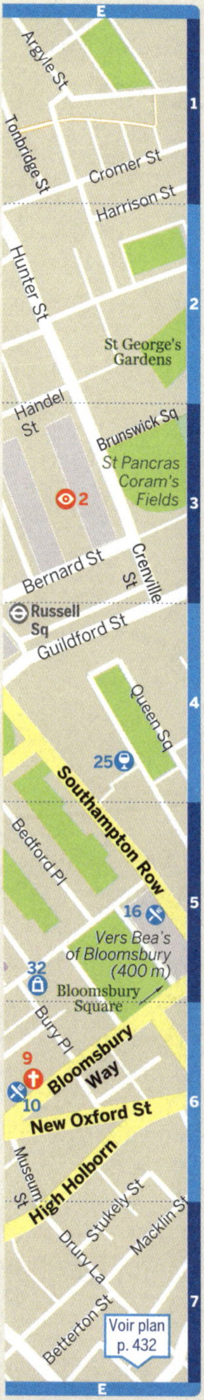

Les incontournables (p. 83)
British Museum D5
Wellcome Collection B2

À voir (p. 101)
1 Bedford Square C5
2 Brunswick Centre E3
3 BT Tower A4
4 Gordon Square C3
5 New London Architecture... C5
6 Petrie Museum of Egyptian Archaeology B4
7 Pollock's Toy Museum B5
8 Russell Square D4
9 St George's Bloomsbury..... E6

Où se restaurer (p. 113)
10 Abeno E6
11 Busaba Eathai B5
12 Chilli Cool D2
13 Diwana Bhel Poori House ... A2
14 Fino B5
15 Hakkasan C6
16 Hummus Bros E5
17 North Sea Fish Restaurant . D2
18 Rasa Samudra B6
19 Ravi Shankar A2
20 Roka B5

Où prendre un verre (p. 125)
21 Bradley's Spanish Bar B6
22 Lord John Russell D2
23 Museum Tavern D6
24 Newman Arms B6
25 Queen's Larder E4
26 Tempus Bar D4

Où sortir (p. 130)
27 100 Club B7
28 Place C2

Shopping (p. 132)
29 Bang Bang Exchange B5
30 Gay's the Word D2
31 Gosh! D6
32 London Review Bookshop ... E5
33 On the Beat C6

Où se loger (p. 325)
34 Academy C5
35 Arosfa B4
36 Arran House Hotel B4
37 Charlotte Street Hotel B6
38 Generator D2
39 Grange Blooms Hotel D5
40 Harlingford Hotel D2
41 Jesmond Hotel B4
42 Morgan Hotel D6
43 Ridgemount Hotel C4

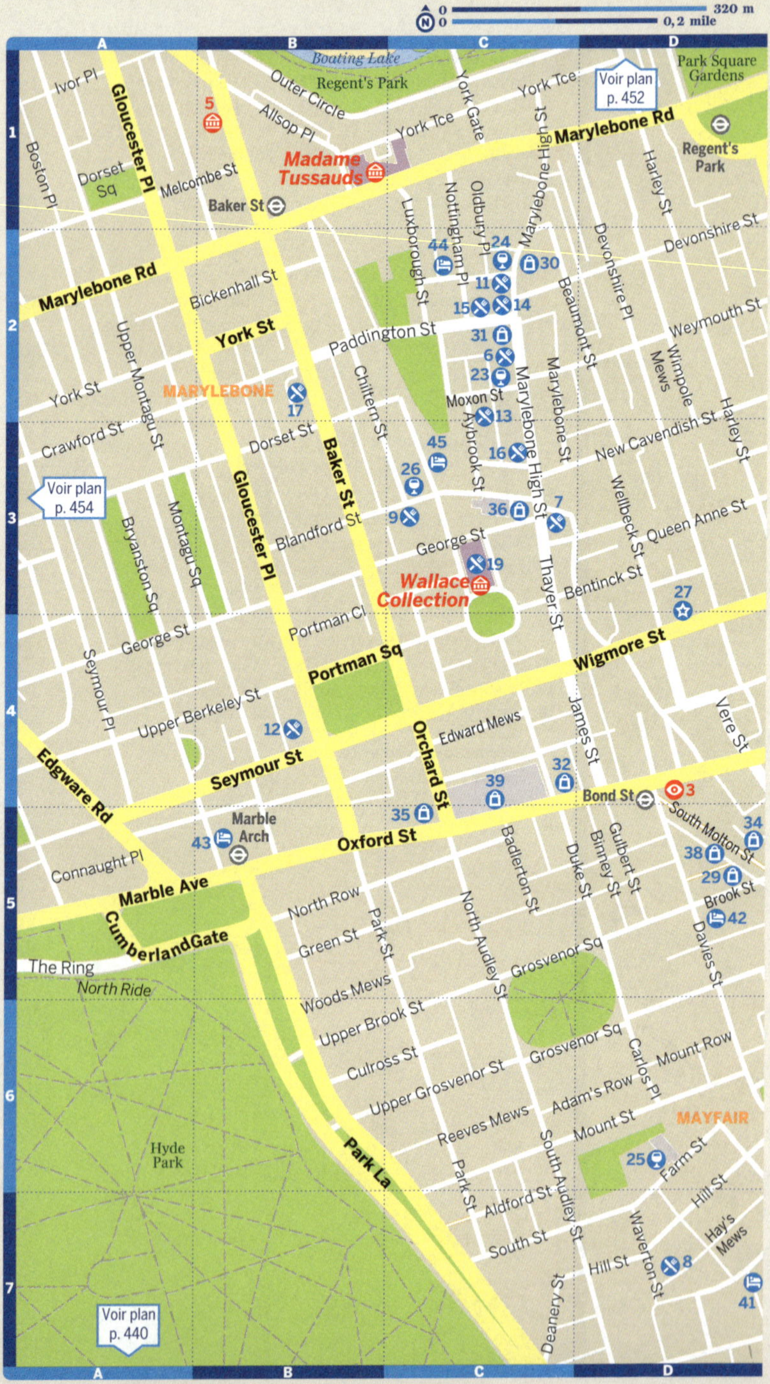

0 320 m
0 0,2 mile
A
B
C
D
1
2
3
4
5
6
7
Boating Lake
Regent's Park
Outer Circle
Allsop Pl
York Tce
York Gate
York Tce
Voir plan p. 452
Park Square Gardens
Marylebone Rd
Regent's Park
Ivor Pl
Gloucester Pl
Boston Pl
Dorset Sq
Melcombe St
Madame Tussauds
Baker St
Luxborough St
Nottingham Pl
Oldbury Pl
Marylebone High St
Harley St
Devonshire Pl
Beaumont St
Devonshire St
Marylebone Rd
Bickenhall St
York St
Paddington St
Weymouth St
Upper Montagu St
Wimpole Mews
MARYLEBONE
York St
Chiltern St
Moxon St
Marylebone High St
Marylebone St
New Cavendish St
Harley St
Crawford St
Dorset St
Baker St
Aybrook St
Voir plan p. 454
Bryanston Sq
Montagu Sq
Gloucester Pl
Blandford St
Welbeck St
Queen Anne St
George St
Wallace Collection
Thayer St
Bentinck St
George St
Portman Cl
Seymour Pl
Portman Sq
Wigmore St
Upper Berkeley St
Edward Mews
James St
Vere St
Edgware Rd
Seymour St
Orchard St
Bond St
South Molton St
Marble Arch
Oxford St
Badlerton St
Duke St
Binney St
Gilbert St
Connaught Pl
Marble Ave
Brook St
Cumberland Gate
North Row
Park St
North Audley St
Davies St
The Ring
North Ride
Green St
Grosvenor Sq
Woods Mews
Upper Brook St
Grosvenor Sq
Carlos Pl
Mount Row
Culross St
Upper Grosvenor St
Adam's Row
Hyde Park
Reeves Mews
MAYFAIR
Park La
Mount St
South Audley St
Farm St
Park St
Aldford St
Hill St
South St
Waverton St
Hay's Mews
Hill St
Deanery St
Voir plan p. 440
1
2
3
5
6
7
8
9
11
12
13
14
15
16
17
19
23
24
25
26
27
29
30
31
32
34
35
36
38
39
41
42
43
44
45

Les incontournables **(p. 80)**
Madame Tussauds B1
Wallace Collection C3

À voir **(p. 113)**
1 All Souls Church E3
2 Broadcasting House E3
3 Flatiron D4
4 Handel House Museum E5
5 Sherlock Holmes Museum .. B1

Où se restaurer **(p. 124)**
6 Fishworks C2
7 Golden Hind C3
Gordon Ramsay at Claridge's .... (voir 42)
8 Greenhouse D7
9 Il Baretto C3
10 Le Boudin Blanc E7
11 Le Pain Quotidien C2
12 Locanda Locatelli B4
13 Marylebone Farmers Market C2
14 Natural Kitchen C2
15 Ping Pong C2
16 Providores & Tapa Room C3
17 Reubens B2
18 Villandry E2
19 Wallace C3
20 Wild Honey E5

Où prendre un verre **(p. 130)**
21 Guinea E6
22 Loop Bar E4
23 Marylebone C2
24 Prince Regent C2
25 Punch Bowl D6
26 Purl C3

Où sortir **(p. 130)**
27 Wigmore Hall D3

Shopping **(p. 136)**
28 Burberry E6
29 Butler & Wilson D5
30 Cath Kidston C2
31 Daunt Books C2
32 French Connection UK C4
33 John Lewis E4
34 Kurt Geiger D5
35 Marks & Spencer C5
36 Monocle Shop C3
37 Mulberry E5
38 Poste D5
39 Selfridges C4
40 Stella McCartney E6

Où se loger **(p. 324)**
41 Chesterfield D7
42 Claridge's D5
43 Cumberland Hotel B5
44 Hotel La Place C2
45 No 10 Manchester Street C3

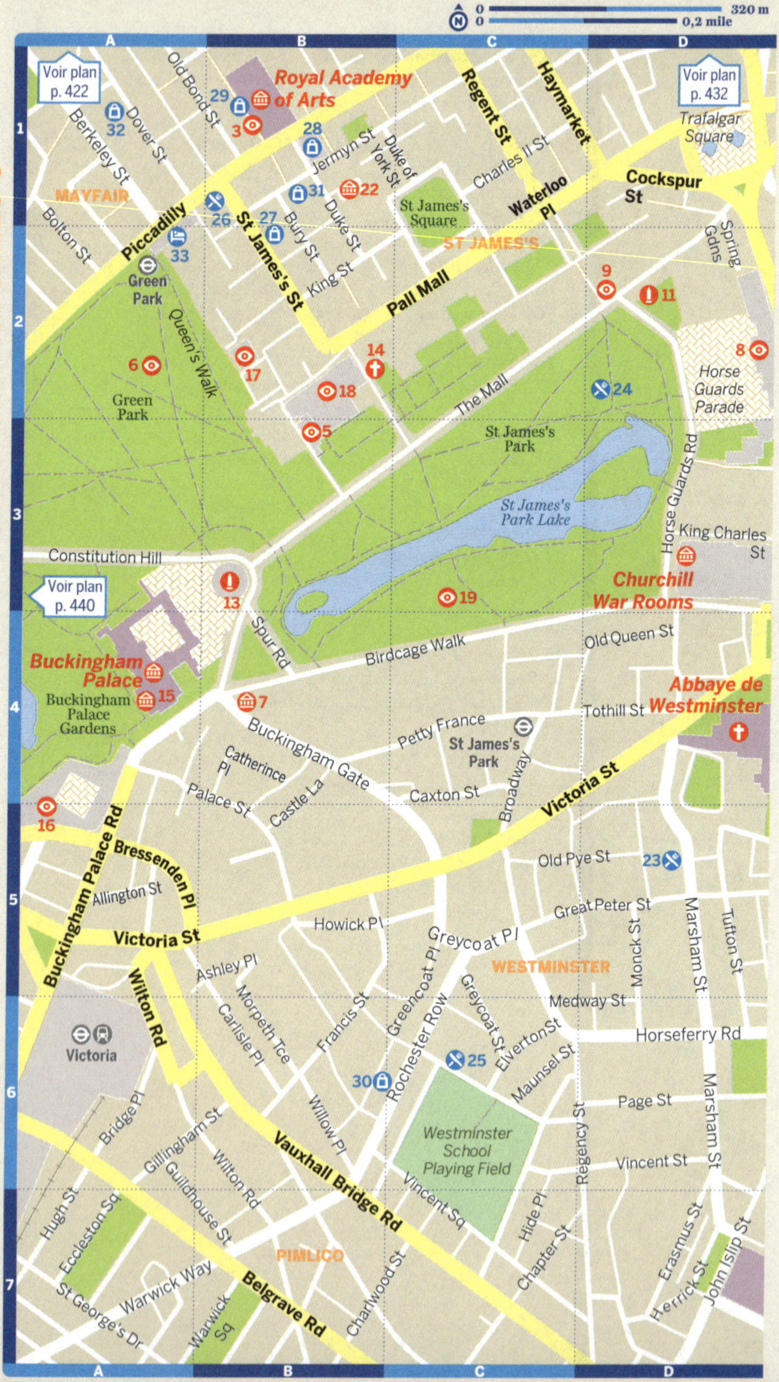
0 320 m
0 0,2 mile
A B C D
1 2 3 4 5 6 7
Voir plan p. 422
Voir plan p. 432
Voir plan p. 440
Royal Academy of Arts
Buckingham Palace
Churchill War Rooms
Abbaye de Westminster
MAYFAIR
ST JAMES'S
WESTMINSTER
PIMLICO
Trafalgar Square
Horse Guards Parade
St James's Square
St James's Park
St James's Park Lake
Green Park
Buckingham Palace Gardens
Victoria
Westminster School Playing Field
Old Bond St
Dover St
Berkeley St
Bolton St
Piccadilly
Queen's Walk
Jermyn St
Duke of York St
Bury St
Duke St
King St
St James's St
Regent St
Haymarket
Charles II St
Waterloo Pl
Cockspur St
Spring Gdns
Pall Mall
The Mall
Horse Guards Rd
King Charles St
Constitution Hill
Spur Rd
Birdcage Walk
Old Queen St
Tothill St
Petty France
Broadway
Buckingham Gate
Catherine Pl
Palace St
Castle La
Caxton St
Victoria St
Buckingham Palace Rd
Bressenden Pl
Allington St
Old Pye St
Great Peter St
Howick Pl
Greycoat Pl
Ashley Pl
Wilton Rd
Morpeth Tce
Carlisle Pl
Francis St
Greencoat Pl
Rochester Row
Greycoat St
Elverton St
Medway St
Monck St
Marsham St
Tufton St
Horseferry Rd
Maunsel St
Page St
Regency St
Vincent St
Vincent Sq
Willow Pl
Vauxhall Bridge Rd
Bridge Pl
Gillingham St
Guildhouse St
Hugh St
Eccleston Sq
St George's Dr
Warwick Way
Warwick Sq
Belgrave Rd
Charlwood St
Hide Pl
Chapter St
Erasmus St
Herrick St
John Islip St
1 3 5 6 7 8 9 11 13 14 15 16 17 18 19 22 23 24 25 26 27 28 29 30 31 32 33

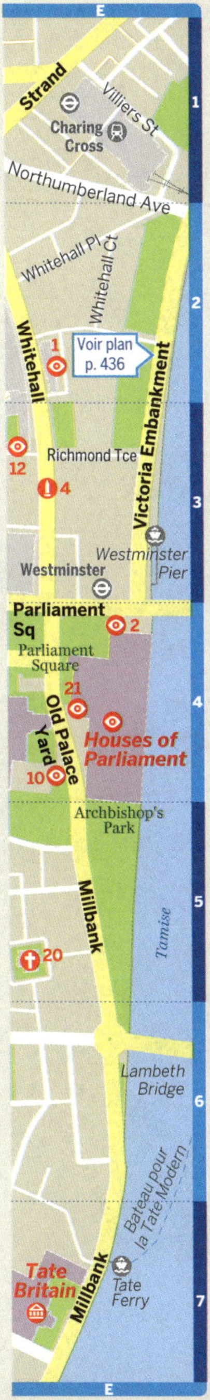

Les incontournables **(p. 80)**
- Buckingham Palace............ A4
- Churchill War Rooms D3
- Houses of Parliament...........E4
- Royal Academy of Arts B1
- Tate Britain E7
- Westminster Abbey............ D4

À voir **(p. 101)**
- 1 Banqueting House E2
- 2 Big Ben E4
- 3 Burlington Arcade B1
- 4 Cenotaph..............................E3
- 5 Clarence House B3
- 6 Green Park A2
- 7 Guards Museum B4
- 8 Horse Guards Parade......... D2
- 9 Institute of Contemporary Arts D2
- 10 Jewel Tower E4
- 11 National Police Memorial.... D2
- 12 No 10 Downing Street E3
- 13 Queen Victoria Memorial B3
- 14 Queen's Chapel................... B2
- 15 Queen's Gallery A4
- 16 Royal Mews A5
- 17 Spencer House B2
- 18 St James's Palace B2
- 19 St James's Park C3
- 20 St John's, Smith Square E5
- 21 St Stephen's Entrance E4
- 22 White Cube Gallery............... B1

Où se restaurer **(p. 114)**
- 23 Cinnamon Club D5
- 24 Inn the Park......................... D2
- 25 Vincent Rooms C6
- 26 Wolseley B1

Où sortir **(p. 130)**
- ICA Cinema ....(voir 9)

Shopping **(p. 132)**
- 27 DR Harris............................. B2
- 28 Fortnum & Mason................ B1
- 29 Penhaligon's B1
- 30 Shepherds............................ B6
- 31 Taylor of Old Bond Street B1
- 32 Wright & Teague.................. A1

Où se loger **(p. 324)**
- 33 Ritz....................................... A2

Voir légende p. 434

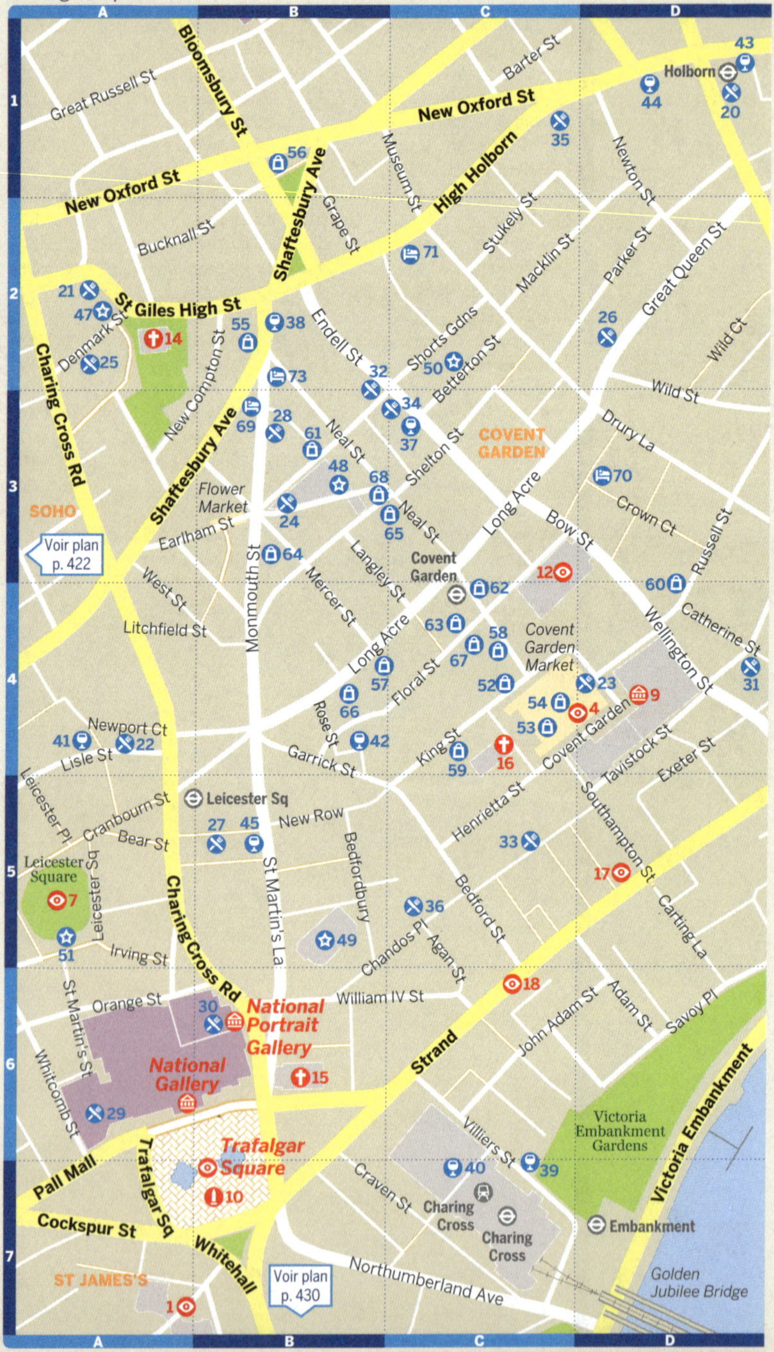

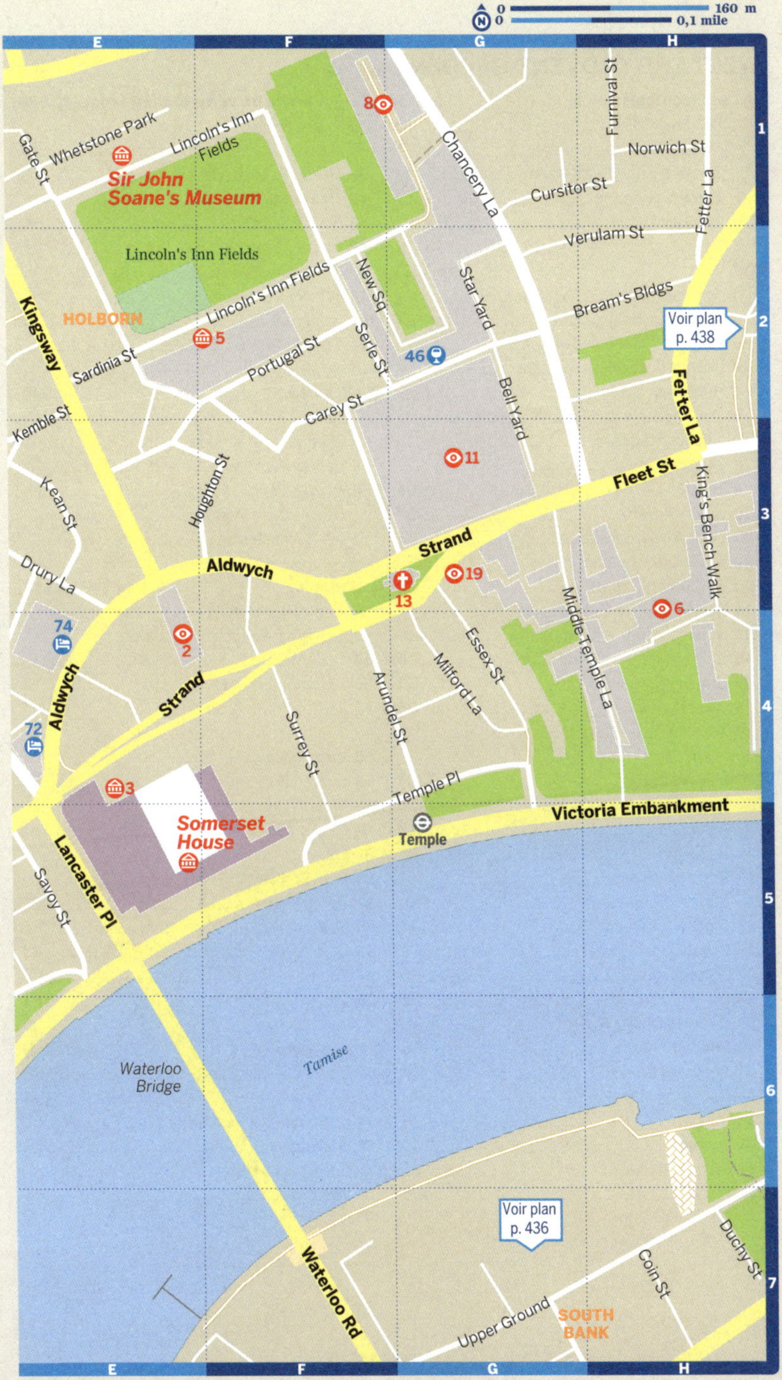

0 160 m
0 0,1 mile
E
F
G
H
1
2
3
4
5
6
7
Sir John Soane's Museum
Somerset House
Lincoln's Inn Fields
HOLBORN
SOUTH BANK
Whetstone Park
Gate St
Lincoln's Inn Fields
Chancery La
Furnival St
Norwich St
Cursitor St
Fetter La
Verulam St
New Sq
Star Yard
Bream's Bldgs
Voir plan p. 438
Kingsway
Sardinia St
Portugal St
Serle St
Bell Yard
Carey St
Kemble St
Houghton St
Kean St
Fleet St
King's Bench Walk
Strand
Aldwych
Drury La
Essex St
Milford La
Middle Temple La
Arundel St
Surrey St
Temple Pl
Victoria Embankment
Temple
Lancaster Pl
Savoy St
Waterloo Bridge
Tamise
Waterloo Rd
Voir plan p. 436
Upper Ground
Coin St
Duchy St
1
2
3
5
6
8
11
13
19
46
72
74

WEST END : COVENT GARDEN *Plan p. 432*

Les incontournables (p. 93)

National Gallery ... A6
National Portrait Gallery ... B6
Sir John Soane's Museum ... E1
Somerset House ... E5
Trafalgar Square ... B7

À voir (p. 107)

1 Admiralty Arch ... A7
2 Bush House ... E4
3 Courtauld Gallery ... E4
4 Covent Garden ... D4
5 Hunterian Museum ... F2
6 Inner Temple and Middle Temple ... H3
7 Leicester Square ... A5
8 Lincoln's Inn ... F1
9 London Transport Museum ... D4
10 Colonne Nelson ... B7
11 Cour royale de justice ... G3
12 Royal Opera House ... C3
13 St Clement Danes ... G3
14 St Giles-in-the-Fields ... A2
15 St Martin-in-the-Fields ... B6
16 Cathédrale Saint-Paul ... C4
17 Stanley Gibbons ... D5
18 Strand ... C6
19 Twinings ... G3

Où se restaurer (p. 120)

20 Asadal ... D1
21 Assa ... A2
22 Baozi Inn ... A4
23 Ben's Cookies ... D4
24 Canela ... B3
25 Giaconda Dining Room ... A2
26 Great Queen Street ... D2
27 J Sheekey ... B5
28 Monmouth Coffee Company ... B3
29 National Dining Rooms ... A6
30 Portrait ... B6
31 Primrose Bakery ... D4
32 Rock & Sole Plaice ... B2
33 Rules ... C5
34 Scoop ... C3
35 Shanghai Blues ... C1
36 Wahaca ... C5

Où prendre un verre et faire la fête (p. 128)

37 Cross Keys ... C3
38 Freud ... B2
39 Gordon's Wine Bar ... C7
40 Heaven ... C7
41 Ku Bar Lisle St ... A4
42 Lamb & Flag ... B4
43 Polski Bar ... D1
44 Princess Louise ... D1
45 Salisbury ... B5
46 Seven Stars ... G2

Où sortir (p. 130)

47 12 Bar ... A2
48 Donmar Warehouse ... B3
49 London Coliseum ... B5
50 Poetry Café ... C2
Royal Opera House ... (voir 12)
51 tkts Leicester Sq ... A5

Shopping (p. 134)

52 Apple Store ... C4
53 Benjamin Pollock's Toyshop ... C4
54 Covent Garden Market ... C4
55 Forbidden Planet Megastore ... B2
56 James Smith & Sons ... B1
57 Jigsaw ... B4
58 Karen Millen ... C4
59 Lucy in Disguise ... C4
60 Molton Brown ... D4
61 Neal's Yard Dairy ... B3
62 Oasis ... C4
63 Paul Smith ... C4
64 Poste Mistress ... B3
65 Space NK ... C3
66 Stanford's ... B4
67 Ted Baker ... C4
68 Urban Outfitters ... B3

Où se loger (p. 324)

69 Covent Garden Hotel ... B3
70 Fielding Hotel ... D3
71 High Holborn Residence ... C2
72 One Aldwych ... E4
73 Seven Dials Hotel ... B2
74 Waldorf Hilton ... E4

SOUTH BANK *Plan p. 436*

SOUTH BANK

Les incontournables (p.164)

Borough Market........E4
London Dungeon........F4
London Eye........A4
Shakespeare's Globe........D3
Southbank Centre........A4
Southwark Cathedral........E3
Tate Modern........D3

À voir (p.169)

1 Bankside Gallery........D3
2 City Hall........G4
3 Clink Prison Museum........E3
4 County Hall........A5
5 Design Museum........H4
6 Fashion & Textile Museum........G5
7 Golden Hinde........E3
8 Golden Hinde Shop (billetterie)........E3
Hayward Gallery........(voir 34)
9 HMS Belfast........G3
10 London Bridge Experience & London Tombs........F3
11 London Duck Tours........A5
12 London Film Museum........A5
13 Millennium Bridge........D3
National Theatre........(voir 43)
14 Old Operating Theatre Museum & Herb Garret........F4
Queen Elizabeth Hall........(voir 45)
15 RIB London Voyages........A4
16 Rose Theatre........E3
Royal Festival Hall........(voir 46)
17 Sea Life London Aquarium........A5
18 Shard........F4
19 St Olaf House........F3
20 Topolski Century........B4
21 Vinopolis........E3

Où se restaurer (p.173)

22 Anchor & Hope........C4
23 Applebee's Fish Café........E4
Canteen........(voir 46)
24 Champor-Champor........F4
25 Garrison Public House........G5
26 Laughing Gravy........C5
27 M Manze........G6
28 Magdalen........G4
29 Masters Super Fish........C5
30 Oxo Tower Restaurant & Brasserie........C3
31 Roast........E4
Skylon........(voir 46)

Où prendre un verre et faire la fête (p.177)

32 Anchor Bankside........E3
33 Baltic........C4
34 Concrete........B4
35 George Inn........E4
36 King's Arms........B4
37 Rake........E4
38 Royal Oak........E5
39 Scootercaffe........B5
Swan at the Globe........(voir 47)

Où sortir (p.178)

40 BFI IMAX Cinema........B4
41 BFI Southbank........B3
42 Menier Chocolate Factory........E4
43 National Theatre........B3
44 Old Vic........C5
Purcell Room........(voir 45)
45 Queen Elizabeth Hall........A3
46 Royal Festival Hall........A4
47 Shakespeare's Globe........D3
48 Southbank Centre........A4
49 Young Vic........C4

Shopping (p.180)

50 Bermondsey Market........G6
51 Konditor & Cook........B4
52 Konditor & Cook........E4
53 South Bank Book Market........B3

Où se loger (p.328)

54 Bankside House........D3
55 Bermondsey Square Hotel........G6
56 Butler's Wharf Residence........H4
57 Express by Holiday Inn........D4
58 Great Dover St Apartments........F6
59 Mad Hatter........C3
60 Oasis........F4
61 Premier Inn........E3
62 Premier Inn........A5
63 St Christopher's Inn........E4
64 St Christopher's Village........E4
65 Stamford St Apartments........B4

Voir légende p. 435

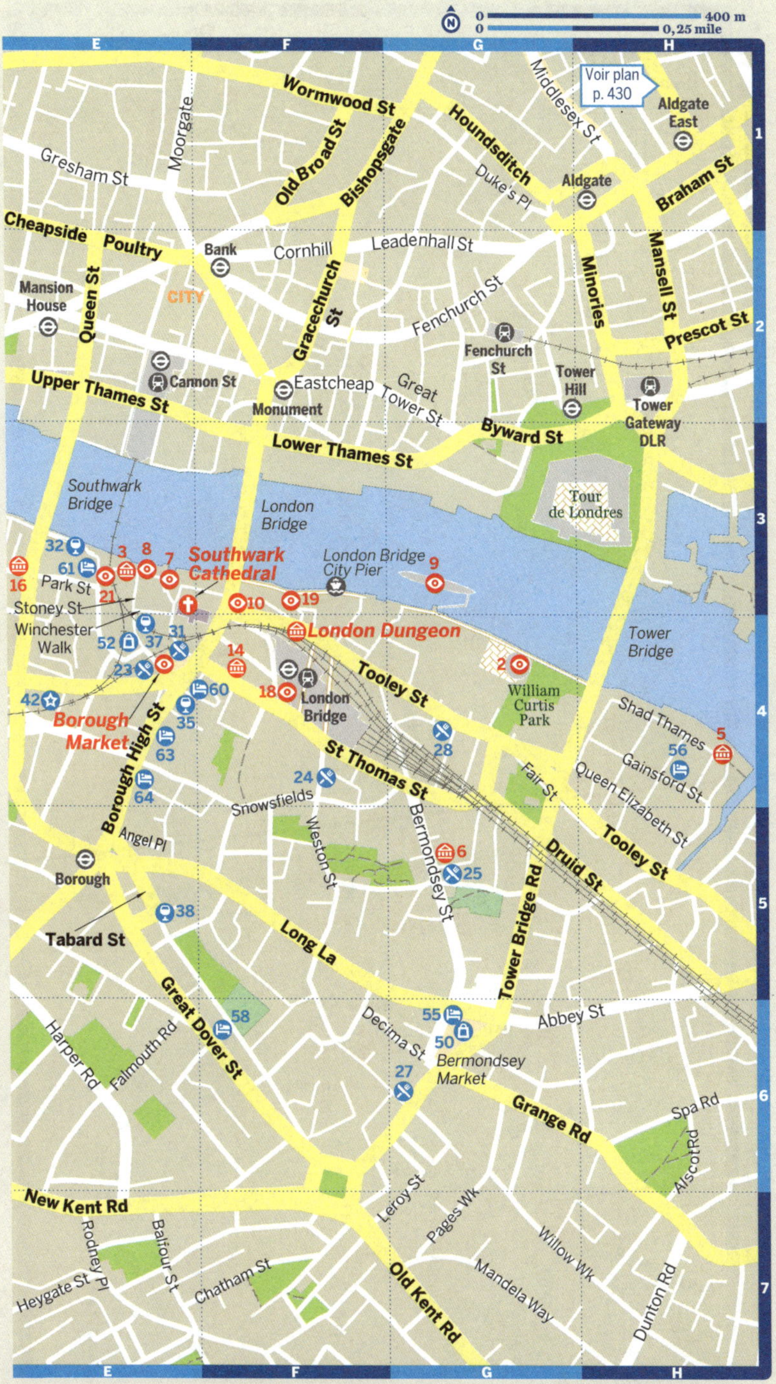

0 400 m
0 0,25 mile
E
F
G
H
1
2
3
4
5
6
7
Voir plan p. 430
SOUTH BANK
Wormwood St
Houndsditch
Middlesex St
Aldgate East
Gresham St
Moorgate
Old Broad St
Bishopsgate
Duke's Pl
Aldgate
Braham St
Cheapside
Poultry
Bank
Cornhill
Leadenhall St
Mansion House
Queen St
CITY
Gracechurch St
Fenchurch St
Minories
Mansell St
Prescot St
Fenchurch St
Tower Hill
Cannon St
Eastcheap
Great Tower St
Tower Gateway DLR
Upper Thames St
Monument
Byward St
Lower Thames St
Southwark Bridge
London Bridge
Tour de Londres
London Bridge City Pier
Southwark Cathedral
Park St
Stoney St
Winchester Walk
London Dungeon
Tower Bridge
Tooley St
William Curtis Park
London Bridge
Borough Market
Borough High St
Shad Thames
Gainsford St
Queen Elizabeth St
St Thomas St
Fair St
Snowsfields
Weston St
Bermondsey St
Tooley St
Druid St
Angel Pl
Borough
Tower Bridge Rd
Tabard St
Long La
Abbey St
Great Dover St
Decima St
Bermondsey Market
Harper Rd
Falmouth Rd
Grange Rd
Spa Rd
Ascot Rd
New Kent Rd
Leroy St
Pages Wk
Willow Wk
Rodney Pl
Balfour St
Heygate St
Chatham St
Mandela Way
Old Kent Rd
Dunton Rd
1
2
3
5
6
7
8
9
10
14
16
18
19
21
23
24
25
27
28
31
32
35
37
38
42
50
52
55
56
58
60
61
63
64

LA CITY

0 400 m
0 0,25 mile
Voir plan p. 432
Voir plan p. 444
Voir plan p. 446
Voir plan p. 436
CLERKENWELL
HOLBORN
CITY
SOUTHWARK
Gray's Inn Court
Gray's Inn Rd
Chancery La
Holborn
Lincoln's Inn Fields
Cross St
Brooke St
Greville St
Farringdon
Cowcross St
Farringdon Rd
Smithfield Market
Charterhouse St
Barbican
Long La
Beech St
Silk St
Moor La
Fore St
Museum of London
London Wall
Little Britain
St Bartholomew's Hospital
Newgate St
Angel St
Noble St
Wood St
Gresham St
Milk St
Coleman St
Moorgate
Lothbury
South Pl
Wilson St
Sun St
Eldon St
Exchange Square
Centre d'information de Liverpool St
Liverpool St
Finsbury Circus
Liverpool St
New St
Bishopsgate
Wormwood St
Old Broad St
Houndsditch
St Botolph St
Duke's Pl
Mitre St
Aldgate
Spitalfields Market
Brushfield St
Commercial St
Petticoat Lane Market
Middlesex St
Mansell St
Minories
Vine St
Crutched Friars
Tower Gateway DLR
Tower Hill
Tour de Londres
Tower Bridge Approach
Tower Bridge
Fetter La
New Fetter La
Carey St
Chancery La
Farringdon St
Bride St
Fleet St
Ludgate Hill
City Thameslink
New Bridge St
Cathédrale Saint-Paul
St Paul's
New Change
Cheapside
Bread St
Poultry
Bank
Cornhill
Leadenhall St
Lombard St
King William St
Lime St
Fenchurch St
Fenchurch St
Mark La
Rood La
Great Tower St
Eastcheap
Monument
Monument St
Monument
Lower Thames St
Old Billingsgate Market
The Strand
Essex St
Arundel St
Surrey St
Temple Ave
Carmelite St
Tudor St
Centre d'information de la City
Queen Victoria St
Cannon St
Cannon St
Mansion House
Queen St
Upper Thames St
Blackfriars
White Lion Hill
Temple
Victoria Embankment
Blackfriars Bridge
Millennium Bridge
Southwark Bridge
London Bridge
Tamise
Waterloo Bridge
Upper Ground
Stamford St
Bankside
The Queen's Walk
Tour de Londres
A B C D E F G
1 2 3 4
1 2 3 4 5 6 7 8 9 10 11 12 13 14 15 16 17 18 19 20 21 22 23 24 25 26 27 28 29 30 31 32 33 34 35 36 37 38 39 40 41 42 43 44 45 46 47 48 49 50 51 52 53 54 55 56 57

LA CITY

Les incontournables (p. 141)
- Monument ... E3
- Museum of London ... D1
- Cathédrale Saint-Paul ... C2
- Tower Bridge ... G4
- Tour de Londres ... G4

À voir (p. 150)
- 1 30 St Mary Axe (cornichon) ... F2
- 2 All Hallows-by-the-Tower ... F3
- 3 Bank of England Museum ... E2
- 4 Barbican ... D1
- 5 Central Criminal Court (Old Bailey) ... C2
- 6 Cheese Grater (Leadenhall Building) ... F2
- Clockmakers' Museum ... (voir 11)
- 7 Dr Johnson's House ... B2
- 8 Golden Boy of Pye Corner ... C1
- 9 Guildhall ... D2
- 10 Guildhall Art Gallery ... D2
- 11 Guildhall Library ... D2
- 12 Helter Skelter (Bishopsgate Tower) ... F2
- 13 Heron Tower ... F2
- 14 Holborn Viaduct ... B2
- 15 Leadenhall Market ... F2
- 16 Lloyd's of London ... F3
- 17 Mansion House ... E3
- 18 Remparts ... G3
- Roman London Amphitheatre ... (voir 10)
- 19 Roman Wall ... G3
- 20 Royal Exchange ... E2
- 21 Smithfield Market ... C1
- 22 St Andrew Holborn ... B2
- 23 St Bartholomew-the-Great ... C1
- 24 St Bride's, Fleet St ... B3
- 25 St Ethelburga-the-Virgin ... F2
- 26 St Giles Cripplegate ... D1
- 27 St Lawrence Jewry ... D2
- 28 St Mary Woolnoth ... E3
- 29 St Mary-le-Bow ... D2
- 30 St Olave ... F3
- 31 St Stephen Walbrook ... E3
- 32 Staple Inn ... A1
- 33 Temple Church ... A3
- 34 Temple de Mithra ... D3
- 35 Trinity Square Gardens ... G3
- 36 Walkie Talkie (20 Fenchurch St) ... F3

Où se restaurer (p. 159)
- 37 Bar Battu ... D2
- Café Below ... (voir 29)
- 38 City Càphê ... D2
- Leadenhall Market ... (voir 15)
- 39 Restaurant at St Paul's ... C2
- 40 Royal Exchange Grand Café & Bar ... E2
- Sauterelle ... (voir 40)
- 41 Sweeting's ... D3
- 42 White Swan Pub & Dining Room ... B2
- 43 Wine Library ... G3

Où prendre un verre (p. 160)
- 44 Black Friar ... C3
- 45 Counting House ... E3
- 46 El Vino ... B2
- 47 Vertigo 42 ... F2
- 48 Ye Olde Cheshire Cheese ... B2
- 49 Ye Olde Watling ... D3

Où sortir (p. 161)
- Barbican ... (voir 4)
- 50 Volupté ... B2

Shopping (p. 161)
- 51 One New Change ... D2
- 52 Silver Vaults ... A2

Où se loger (p. 327)
- 53 196 Bishopsgate ... F1
- 54 Andaz Liverpool Street ... F1
- 55 Threadneedles ... E2
- 56 Travelodge Liverpool Street ... G2
- 57 YHA London St Paul's ... C3

Voir légende p. 442

DE HYDE PARK À CHELSEA

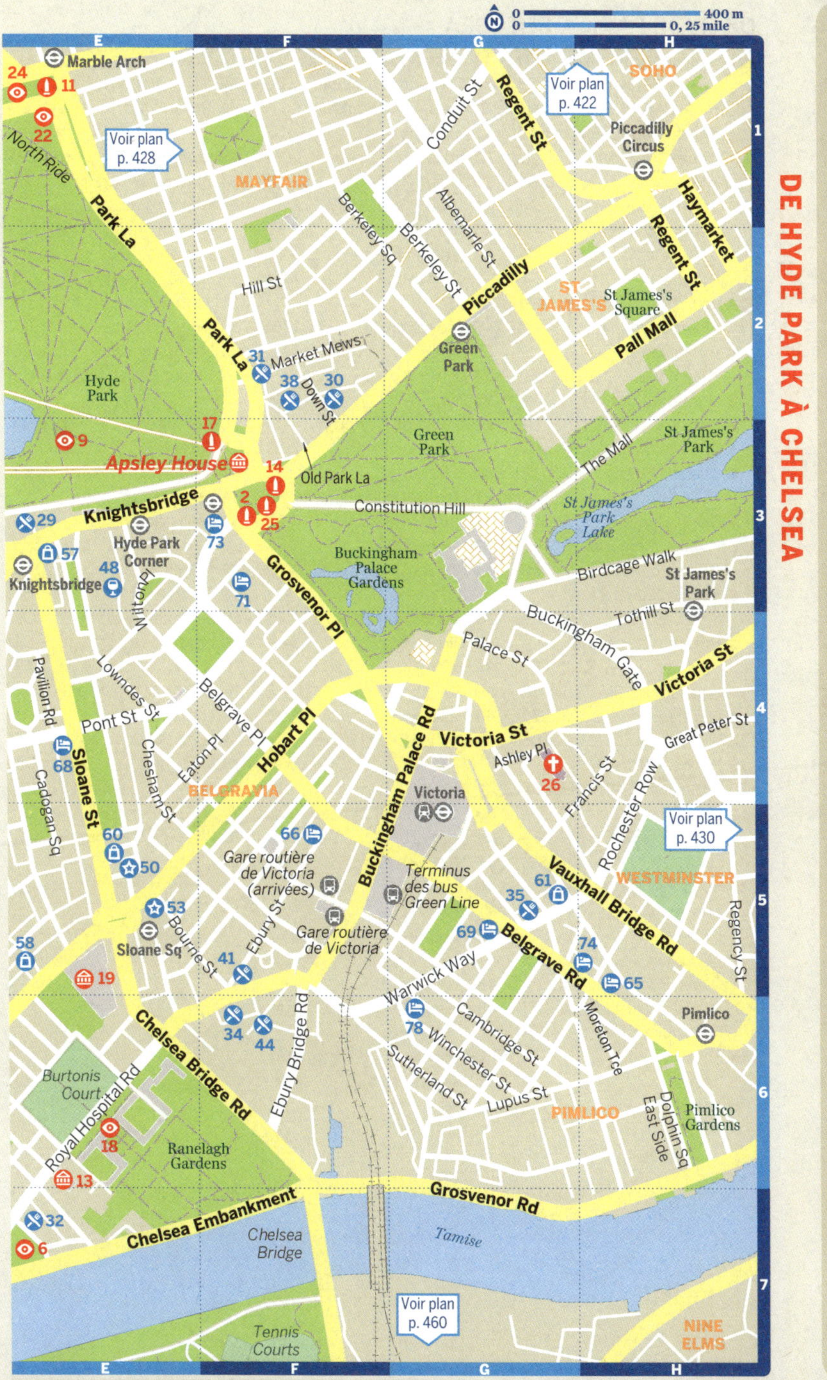

DE HYDE PARK À CHELSEA
0 400 m
0 0,25 mile
Marble Arch
Voir plan p. 428
Voir plan p. 422
Voir plan p. 430
Voir plan p. 460
MAYFAIR
SOHO
ST JAMES'S
BELGRAVIA
WESTMINSTER
PIMLICO
NINE ELMS
Piccadilly Circus
Hyde Park
Green Park
St James's Park
Apsley House
Hyde Park Corner
Knightsbridge
Buckingham Palace Gardens
St James's Park Lake
St James's Square
Victoria
Sloane Sq
Pimlico
Gare routière de Victoria (arrivées)
Gare routière de Victoria
Terminus des bus Green Line
Burtonis Court
Ranelagh Gardens
Pimlico Gardens
Chelsea Bridge
Tamise
Tennis Courts
North Ride
Park La
Hill St
Berkeley Sq
Berkeley St
Albemarle St
Conduit St
Regent St
Haymarket
Piccadilly
Pall Mall
Market Mews
Down St
Old Park La
Constitution Hill
The Mall
Birdcage Walk
Tothill St
Buckingham Gate
Palace St
Victoria St
Great Peter St
Ashley Pl
Francis St
Rochester Row
Vauxhall Bridge Rd
Regency St
Grosvenor Pl
Buckingham Palace Rd
Hobart Pl
Belgrave Pl
Eaton Pl
Chesham St
Lowndes St
Wilton Pl
Pont St
Pavilion Rd
Cadogan Sq
Sloane St
Bourne St
Ebury St
Ebury Bridge Rd
Warwick Way
Belgrave Rd
Cambridge St
Winchester St
Sutherland St
Lupus St
Moreton Tce
Dolphin Sq
East Side
Chelsea Bridge Rd
Royal Hospital Rd
Chelsea Embankment
Grosvenor Rd
E
F
G
H
1
2
3
4
5
6
7
24
11
22
9
17
14
2
25
26
18
13
6
31
38
30
29
57
48
73
71
68
60
50
53
58
19
41
34
44
32
66
35
61
69
74
65
78

DE HYDE PARK À CHELSEA *Plan p. 440*

Les incontournables (p. 183)

Apsley House F3
Hyde Park D2
Kensington Palace A3
Natural History Museum C4
Science Museum C4
Victoria & Albert Museum C4

À voir (p.190)

1 Albert Memorial B3
2 Australian War Memorial F3
3 Brompton Oratory C4
4 Carlyle's House D7
5 Chelsea Old Church C7
6 Chelsea Physic Garden E7
7 Diana, Princess of Wales Memorial Playground A2
8 Staute d'Edward Jenner .. C1
Elfin Oak .... (voir 7)
9 Holocaust Memorial Garden E3
10 Kings Road D6
11 Marble Arch E1
12 Michelin House D5
13 National Army Museum E6
14 New Zealand War Memorial F3
Orangery .... (voir 39)
15 Peter Pan Statue C2
16 Princess Diana Memorial Fountain C3
17 Queen Elizabeth Gate F3
Royal Albert Hall . (voir 52)
18 Royal Hospital Chelsea E6
19 Saatchi Gallery E5
20 Serpentine Gallery C3
21 Serpentine Sackler Gallery C2
22 Speakers' Corner E1
23 Tyburn Convent D1
24 Tyburn Tree Site E1
25 Wellington Arch F3
26 Westminster Cathedral G4

Où se restaurer (p.196)

Bibendum .... (voir 12)
27 Byron C7
28 Daquise C5
29 Dinner by Heston Blumenthal E3
30 El Pirata F2
31 Galvin at Windows F2
32 Gordon Ramsay E7
33 Haché B7
34 Hunan F6
35 Kazan G5
36 Launceston Place A4
37 Min Jiang A3
38 Nobu F2
39 Orangery A2
40 Penny Black B7
41 Pimlico Road Farmers Market F5
42 Racine D4
43 Rasoi Vineet Bhatia D5
44 Roussillon F6
45 Tom's Kitchen D6
46 Zuma D3

Où prendre un verre (p.198)

47 Drayton Arms B6
48 Nag's Head E3
49 Queen's Arms B4

Où sortir (p.198)

50 Cadogan Hall E5
51 Ciné Lumière C5
52 Royal Albert Hall B3
53 Royal Court Theatre E5

Shopping (p.199)

54 Butler & Wilson C5
55 Church's D4
Conran Shop .... (voir 12)
56 Harrods D4
57 Harvey Nichols E3
58 John Sandoe Books E5
59 Limelight Movie Art C7
60 Lulu Guinness E5
61 Rippon Cheese Stores . G5

Où se loger (p.328)

62 Aster House C5
63 Astor Hyde Park B3
64 Astor Kensington A5
65 Astor Victoria H5
66 B+B Belgravia F5
67 Blakes B6
68 Cadogan Hotel E4
69 easyHotel Victoria G5
70 Gore B4
71 Halkin F3
72 Knightsbridge Hotel D4
73 Lanesborough F3
74 Luna Simone Hotel H5
75 Meininger B5
76 Number Sixteen C5
77 San Domenico House ... D5
78 Windermere Hotel G6

CLERKENWELL, SHOREDITCH ET SPITALFIELDS *Plan p. 444*

Les incontournables (p. 204)
Dennis Severs' House G5
Geffrye Museum G2

À voir (p. 203)
1 19 Princelet St H6
2 Brick Lane Great Mosque H6
3 Britannic House F5
4 Bunhill Fields E5
5 Charterhouse C6
6 Christ Church Spitalfields H6
Museum of the Order of St John ..... (voir 7)
Old Truman Brewery ..... (voir 69)
7 St John's Gate C5
8 Wesley's Chapel E5
9 White Cube Gallery F4

Où se restaurer (p. 205)
Albion ..... (voir 11)
10 Allpress Espresso H4
Bistrot Bruno Loubet ..... (voir 99)
11 Boundary G4
12 Brick Lane Beigel Bake H4
13 Caravan A4
14 Cây Tre F4
Clark's ..... (voir 28)
15 Coach & Horses A5
16 Eagle A5
17 Exmouth Market A4
18 Eyre Brothers F4
19 Fifteen E3
20 Hawksmoor G5
21 Kêu! F4
22 Leila's Shop G4
23 Les Trois Garçons H5
24 Look Mum No Hands D5
25 Luxe H6
Medcalf ..... (voir 28)
26 Modern Pantry B5
27 Morito A4
28 Moro A4
29 Nude Espresso H6
30 Poppies H6
31 Princess of Shoreditch F4
Rosa's ..... (voir 30)
32 Sông Quê G2
33 ST ALi C5
34 St John C6
35 St John Bread & Wine H6
36 Viet Grill G3
37 Whitecross St Market D5

Où prendre un verre (p. 210)
333 ..... (voir 60)
38 93 Feet East H5
39 Aquarium F4
40 Bar Kick G4
41 Book Club F4
42 Bridge G3
43 Café Kick A4
44 Callooh Callay G4
45 Cargo G4
46 Catch G3
47 Dreambags-jaguarshoes G3
48 East Village F4
49 Fabric C6
50 Filthy MacNasty's A3
51 Fox & Anchor C6
52 George & Dragon G4
53 Golden Heart H6
54 Happiness Forgets F3
55 Horse & Groom G5
56 Jerusalem Tavern B5
57 Loungelover H4
58 Macbeth G3
59 Mason & Taylor H4
60 Mother Bar G4
61 Nightjar E4
62 Old Blue Last G4
63 Plastic People F4
64 Prufrock A6
65 Queen of Hoxton F5
66 Red Lion G3
67 Ten Bells H6
68 Three Kings B5
69 Vibe Bar H5
70 Vinoteca C6
71 Worship St Whistling Shop F5
72 XOYO F4
73 Ye Olde Mitre B6
Zetter Townhouse ..... (voir 99)

Où sortir (p. 215)
74 Comedy Café G4
75 Sadler's Wells B3

Shopping (p. 215)
76 123 Bethnal Green Road H4
77 Absolute Vintage H6
78 Backyard Market H5
79 Brick Lane Market H5
econe ..... (voir 43)
80 Labour & Wait H4
81 Laden Showroom H5
82 Lesley Craze Gallery B5
83 Magma A5
84 Mr Start F4
85 No-one G3
86 Present G4
87 Rough Trade East H5
88 Spitalfields Market H6
89 Start F4
Start Menswear ..... (voir 84)
90 Sunday UpMarket H6
91 Tatty Devine H4

Où se loger (p. 331)
92 13 Princelet St H6
93 Express by Holiday Inn F4
Fox & Anchor ..... (voir 51)
94 Hoxton Hotel F4
95 Malmaison C6
96 Rookery C6
97 Rosebery Hall B4
98 Shoreditch Rooms G5
99 Zetter Hotel B5

Voir légende p. 443

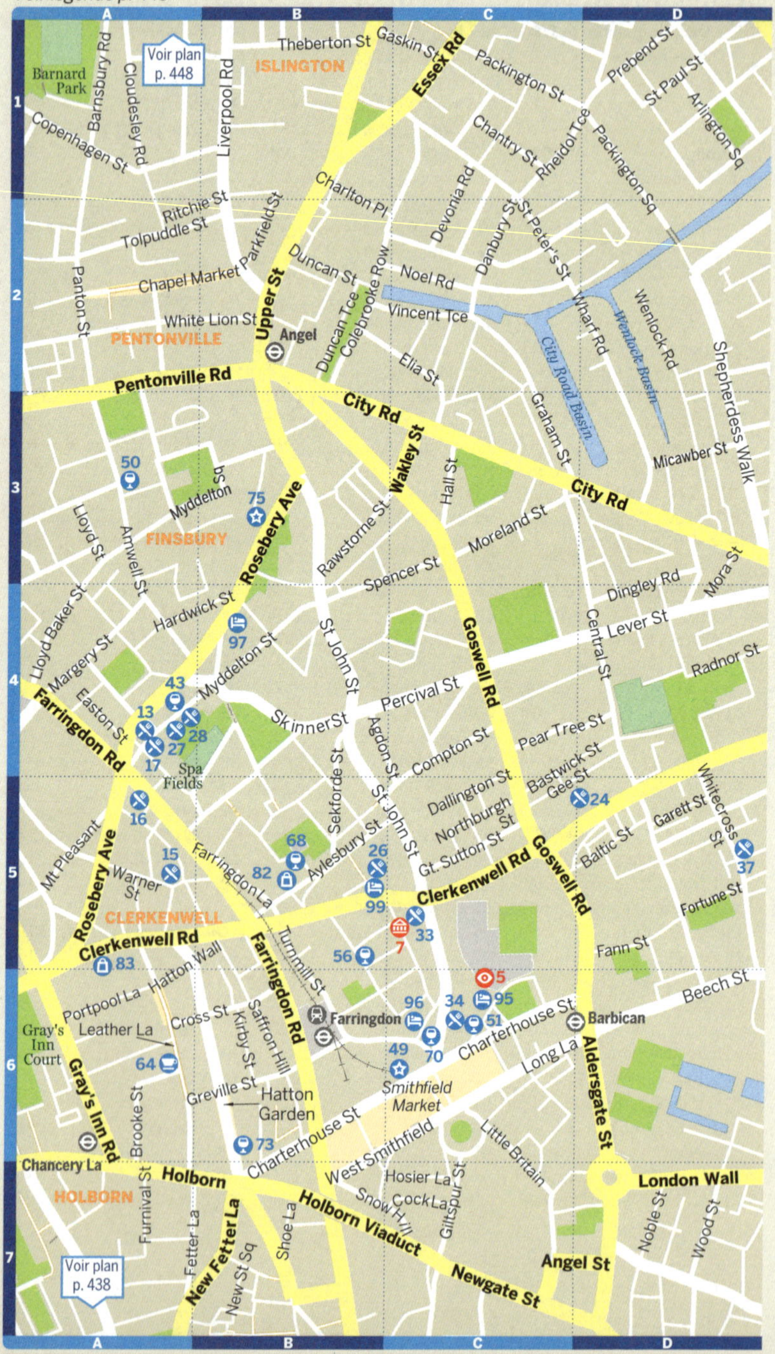

CLERKENWELL, SHOREDITCH ET SPITALFIELDS

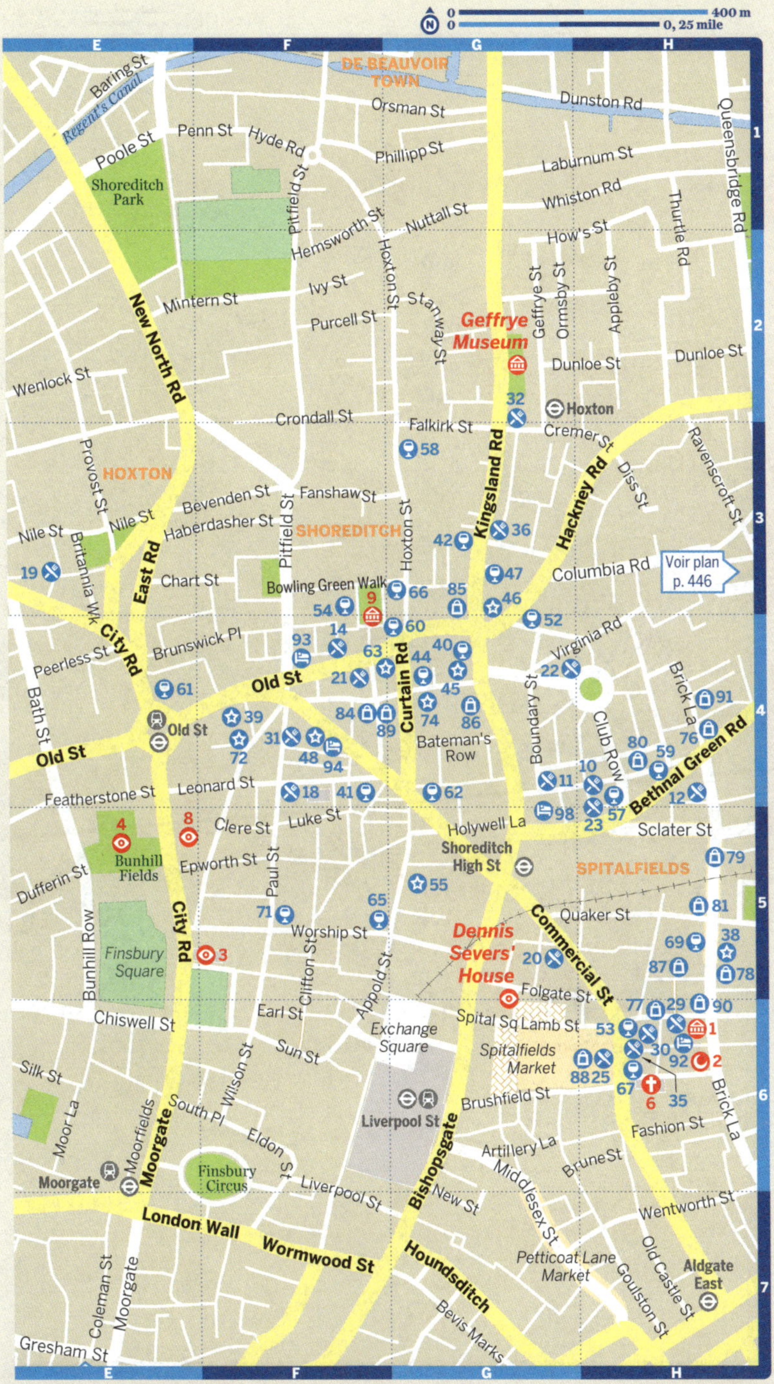

EAST END

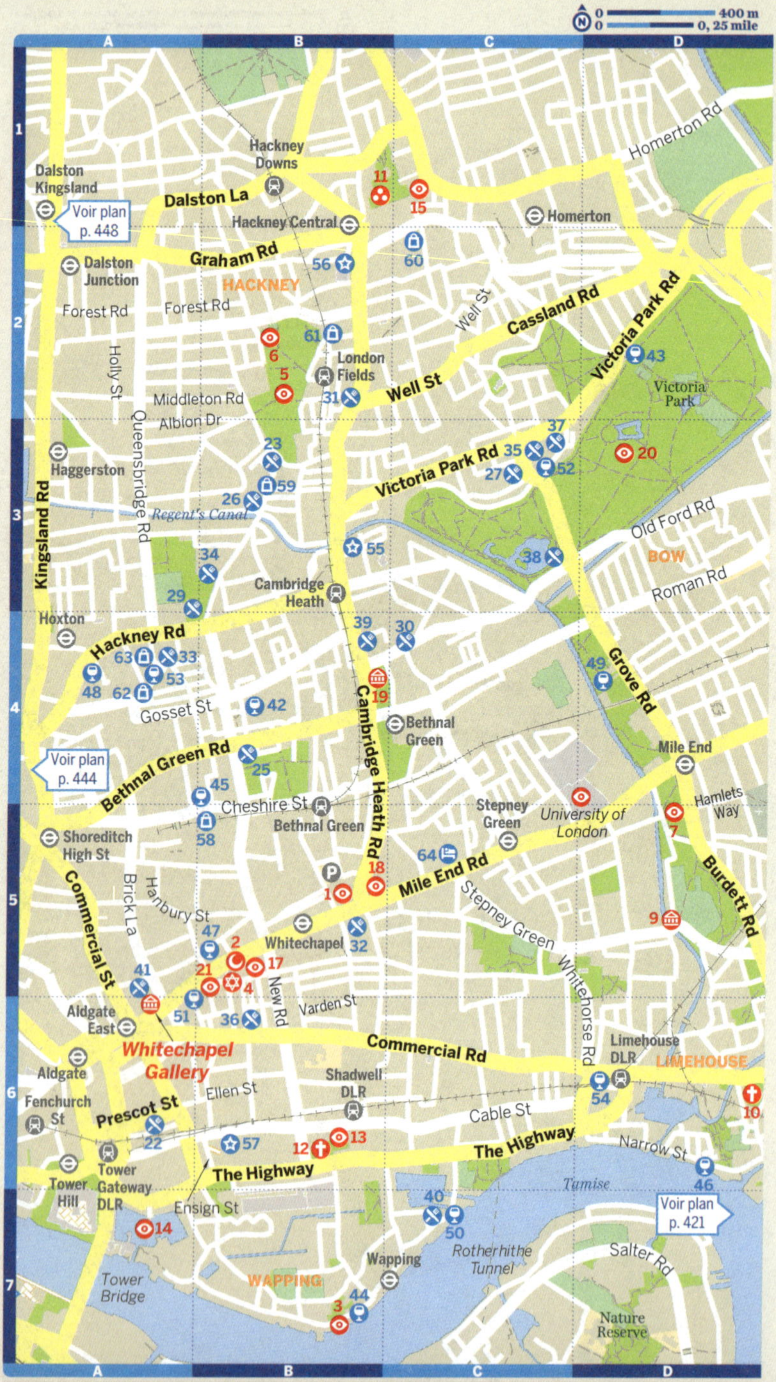

0 400 m
0 0,25 mile
Dalston Kingsland
Voir plan p. 448
Dalston La
Hackney Downs
Hackney Central
Homerton
Homerton Rd
Dalston Junction
Graham Rd
HACKNEY
Forest Rd
Forest Rd
Holly St
Middleton Rd
Albion Dr
London Fields
Well St
Well St
Cassland Rd
Victoria Park Rd
Victoria Park
Haggerston
Queensbridge Rd
Regent's Canal
Victoria Park Rd
Kingsland Rd
Old Ford Rd
BOW
Roman Rd
Cambridge Heath
Hoxton
Hackney Rd
Gosset St
Bethnal Green
Grove Rd
Cambridge Heath Rd
Voir plan p. 444
Bethnal Green Rd
Cheshire St
Bethnal Green
Stepney Green
University of London
Mile End
Hamlets Way
Shoreditch High St
Mile End Rd
Burdett Rd
Commercial St
Brick La
Hanbury St
Stepney Green
Whitechapel
Whitehorse Rd
New Rd
Varden St
Aldgate East
Whitechapel Gallery
Aldgate
Commercial Rd
Limehouse DLR
LIMEHOUSE
Shadwell DLR
Ellen St
Fenchurch St
Prescot St
Cable St
The Highway
Narrow St
Tower Gateway DLR
Tower Hill
The Highway
Tamise
Ensign St
Voir plan p. 421
Rotherhithe Tunnel
Wapping
Salter Rd
Tower Bridge
WAPPING
Nature Reserve

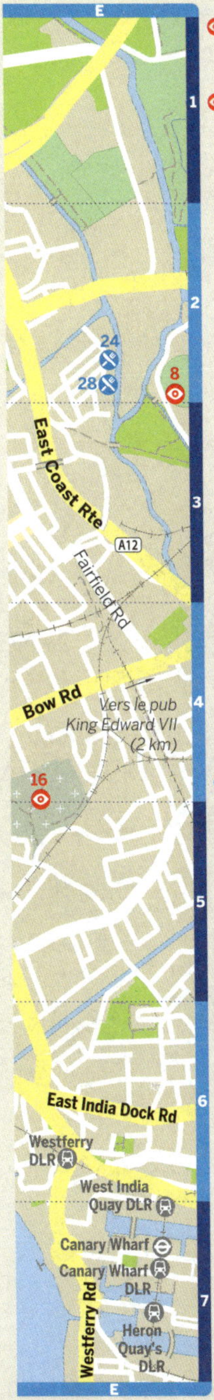

Les incontournables (p. 219)
Whitechapel Gallery A6

À voir (p. 219)
1 Blind Beggar B5
2 East London Mosque...........B5
3 Execution Dock B7
4 Great Synagogue B5
5 London Fields B2
6 London Fields Lido...............B2
7 Mile End Park........................D5
8 Olympic Park E2
9 Ragged School Museum D5
10 St Anne's, Limehouse D6
11 St Augustine's Tower B1
12 St George-in-the-East B6
13 St George's Town Hall Building B6
14 St Katharine Docks..............A7
15 Sutton House C1
16 Tower Hamlets Cemetery Park..E4
17 Tower House B5
18 Trinity Green Almshouses ...B5
19 V&A Museum of Childhood......................... B4
20 Victoria Park D3
21 Whitechapel Bell Foundry....B5
Statue de William Booth(voir 18)

Où se restaurer (p. 225)
22 Café Spice Namasté............A6
23 Climpson & Sons B3
Corner Room ....(voir 39)
24 Counter Cafe E2
25 E Pellici B4
26 F. Cooke B3
27 Fish House C3
28 Formans E2
29 Frizzante@City Farm............A3
30 Gallery Cafe C4
31 Green Papaya B2
32 Kolapata B5
33 Laxeiro..................................A4
34 Little Georgia B3
35 Loafing................................. C3
36 Mirch Masala B6
37 Namô....................................C3
38 Pavilion.................................C3
Tayyabs.......................(voir 17)
39 Viajante B4
40 Wapping Food C7
41 Whitechapel Gallery Dining Room........................A5

Où prendre un verre (p. 229)
42 Bethnal Green Working Men's Club.........................B4
43 Britannia D2
44 Captain Kidd........................B7
45 Carpenter's Arms B4
Dove Freehouse.........(voir 59)
46 Grapes..................................D6
47 Indo......................................B5
48 Joiners Arms A4
Nelsons Head.............(voir 63)
49 Palm Tree D4
50 Prospect of Whitby..............C7
51 Rhythm Factory...................A6
52 Royal Inn on the Park C3
53 Royal Oak.............................A4
54 White Swan..........................D6

Où sortir (p. 231)
55 Bistrotheque B3
56 Hackney Empire B2
57 Wilton's B6

Shopping (p. 232)
58 Beyond Retro B5
59 Broadway Market B3
60 Burberry Outlet Shop...........C2
61 Carhartt Outlet Store B2
62 Columbia Road Flower Market.................................A4
63 Jones Dairy...........................A4

Où se loger (p. 332)
64 40 Winks C5
Old Ship.......................(voir 56)
Town Hall Hotel & Apartments ....(voir 39)

Voir légende p. 450

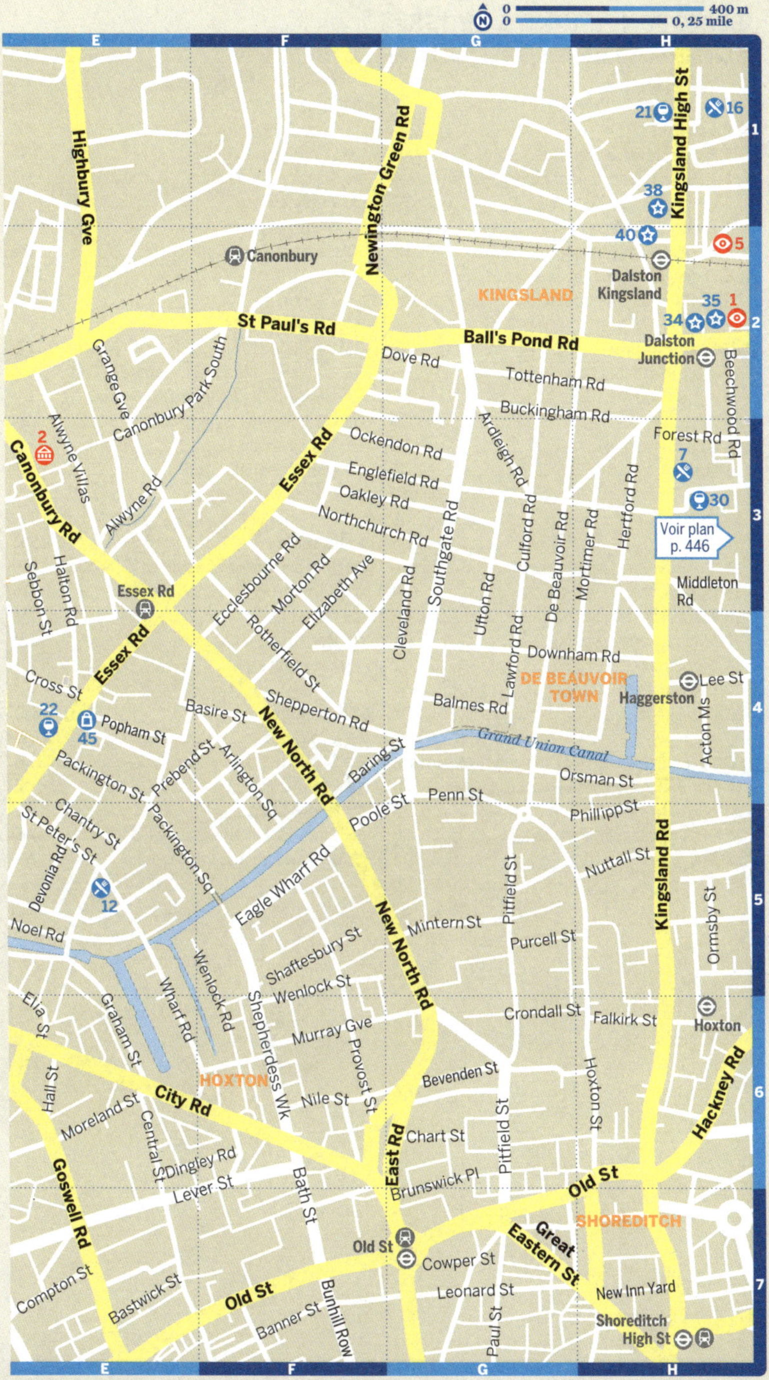
0
400 m
0
0,25 mile
E
F
G
H
1
2
3
4
5
6
7
Highbury Gve
Newington Green Rd
Kingsland High St
21
16
38
40
5
Canonbury
Dalston Kingsland
KINGSLAND
35
1
34
St Paul's Rd
Ball's Pond Rd
Dalston Junction
Dove Rd
Tottenham Rd
Beechwood Rd
Grange Gve
Canonbury Park South
Buckingham Rd
Forest Rd
2
Alwyne Villas
Canonbury Rd
Canonbury Pl
Essex Rd
Ockendon Rd
Englefield Rd
Ardleigh Rd
7
Oakley Rd
30
Alwyne Rd
Northchurch Rd
Culford Rd
De Beauvoir Rd
Mortimer Rd
Hertford Rd
Southgate Rd
Voir plan p. 446
Sebbon St
Halton Rd
Ecclesbourne Rd
Morton Rd
Elizabeth Ave
Cleveland Rd
Ufton Rd
Middleton Rd
Essex Rd
Rotherfield St
Lawford Rd
Downham Rd
Essex Rd
DE BEAUVOIR TOWN
Lee St
Cross St
Basire St
Shepperton Rd
Balmes Rd
Haggerston
22
45
Popham St
New North Rd
Baring St
Grand Union Canal
Acton Ms
Prebend St
Arlington Sq
Orsman St
Packington St
Penn St
Phillipp St
Chantry St
St Peter's St
Packington Sq
Poole St
Devonia Rd
Eagle Wharf Rd
Pitfield St
Nuttall St
12
Kingsland Rd
Noel Rd
New North Rd
Mintern St
Purcell St
Ormsby St
Wenlock Rd
Shaftesbury St
Wharf Rd
Wenlock St
Elia St
Graham St
Shepherdess Wk
Crondall St
Falkirk St
Hoxton
Murray Gve
Provost St
Hall St
City Rd
HOXTON
Bevenden St
Hackney Rd
Moreland St
Nile St
Hoxton St
Central St
Chart St
Pitfield St
Dingley Rd
East Rd
Goswell Rd
Lever St
Bath St
Brunswick Pl
Old St
SHOREDITCH
Old St
Great Eastern St
Cowper St
Compton St
Bastwick St
Old St
Bunhill Row
Leonard St
New Inn Yard
Banner St
Paul St
Shoreditch High St

ISLINGTON ET KING'S CROSS *Plan p. 448*

Les incontournables (p.235)

British Library ... A6

À voir (p.238)

1 Eastern Curve Gardens ... H2
2 Estorick Collection of Modern Italian Art ... E3
3 Euston Fire Station ... A7
4 London Canal Museum ... B5
5 Ridley Road Market ... H2
6 St Pancras Chambers ... A6

Où se restaurer (p.246)

7 A Little of What You Fancy ... H3
8 Acorn House ... B6
9 Addis ... B6
10 Afghan Kitchen ... D5
11 Breakfast Club ... D5
Café Oto ... (voir 35)
12 Duke of Cambridge ... E5
13 Gallipoli ... D4
14 Georgian Iberian Restaurant ... C4
15 Le Mercury ... D4
16 Mangal Ocakbasi ... H1
17 Masala Zone ... D4
18 Morgan M ... C2
19 Ottolenghi ... D4
20 Rodizio Rico ... D5

Où prendre un verre et faire la fête (p.248)

21 Bar 23 ... H1
22 Barrio North ... E4
23 Big Chill House ... B6
24 Bull ... D4
25 Camino ... B6
26 Castle ... D5
Dalston Superstore ... (voir 38)
27 Egg ... A3
Jazz Bar Dalston ... (voir 40)
29 Junction ... D2
30 Passing Clouds ... H3
31 Public House ... D3
32 Ruby Lounge ... B5
33 Somers Town Coffeehouse ... A6

Où sortir (p.252)

34 Arcola Theatre ... H2
35 Café Oto ... H2
36 London's Little Opera House at the King's Head Theatre ... D4
37 O2 Academy Islington ... D5
38 Rio Cinema ... H1
39 Union Chapel ... D3
40 Vortex Jazz Club ... H2

Shopping (p.255)

41 Annie's Vintage Costumes & Textiles ... D5
42 Camden Passage ... D5
43 Gill Wing ... D3
44 Housmans ... B6
45 Past Caring ... E4

Où se loger (p.332)

46 Clink261 ... B6
47 Clink78 ... C6
48 Premier Inn ... A7
49 Rough Luxe ... B6
50 St Pancras Renaissance Hotel ... A6
51 YHA St Pancras International ... A6

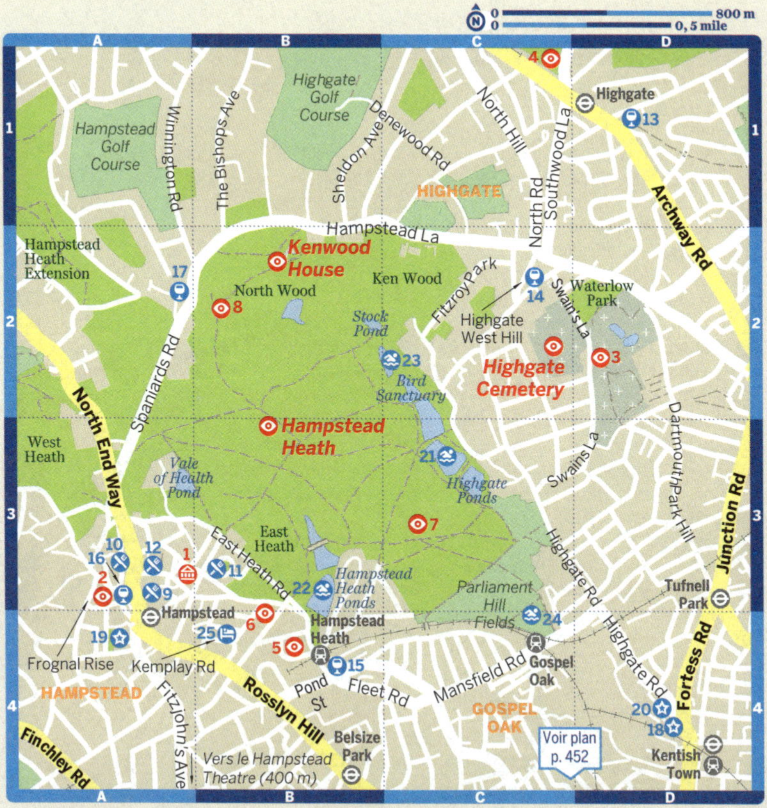

Les incontournables (p. 241)

- Hampstead Heath B3
- Highgate Cemetery C2
- Kenwood House B2

À voir (p. 240)

1 Burgh House A3
2 Fenton House A3
3 Highgate Cemetery Entrances D2
4 Highgate Wood C1
5 Keats House B4
6 No 2 Willow Road B4
7 Parliament Hill C3
8 Sculptures by Henry Moore & Barbara Hepworth B2

Où se restaurer (p. 245)

9 Gaucho Grill A3
10 La Gaffe A3
11 Wells Tavern B3
12 Woodlands A3

Où prendre un verre et faire la fête (p. 250)

13 Boogaloo D1
14 Flask Tavern C2
15 Garden Gate B4
16 Holly Bush A3
17 Spaniard's Inn A2

Où sortir (p. 252)

18 Bull & Gate D4
19 Everyman Hampstead A4
20 Forum D4

Sports et activités (p. 255)

21 Hampstead Heath Men's Pond C3
22 Hampstead Heath Mixed Pond B3
23 Hampstead Heath Women's Pond C2
24 Parliament Hill Lido C4

Où se loger (p. 332)

25 Hampstead Guesthouse B4

A
B
C
D
1
2
3
4
5
6
7
BELSIZE PARK
KENTISH TOWN
CAMDEN
PRIMROSE HILL
REGENT'S PARK
MARYLEBONE
Belsize Gve
Antrim Rd
Haverstock Hill
Maitland Park
Queen's Cres
Malden Rd
Rhyl St
Athlone St
Grafton Rd
Kentish Town West
Marsden St
Belsize Park Gardens
England's La
Steele's Rd
Eton College Rd
Prince of Wales Rd
Ferdinand St
Harmood St
Hartland Rd
Kentish Town Rd
Eton Ave
Eton Rd
Fellows Rd
Merton Rise
Adelaide Rd
Chalk Farm
Chalk Farm Rd
Camden Market
King Henry's Rd
Gloucester Ave
Ainger Rd
Elsworthy Rd
London Waterbus Company
Jamestown Rd
Chalcot Rd
Fitzroy Rd
Oval Rd
Camden Town
Primrose Hill
Regent's Park Rd
Parkway
Prince Albert Rd
St Edmund's Tce
Townshend Rd
Ave Rd
Regent's Canal
Zoo de Londres
Albany St
Park Village East
Outer Circle
Regent's Park
Vers Lord's Cricket Ground (50 m)
Redhill St
Boating Lake
Inner Circle
Queen Mary's Gardens
Chester Rd
Park Rd
Sussex La
York Bridge
Paveley St
Voir plan p. 454
Rossmore Rd
Balcombe St
Gloucester Pl
Baker St
Allsop Pl
York Tce
Marylebone Rd
Marylebone
Voir plan p. 428
Harley St
Park Square Gardens
Great Portland St
Regent's Park
Devonshire St
1
2
3
4
5
6
7
8
9
10
11
13
14
15
16
17
18
19
20
21
22
24
25
26
27
28
29

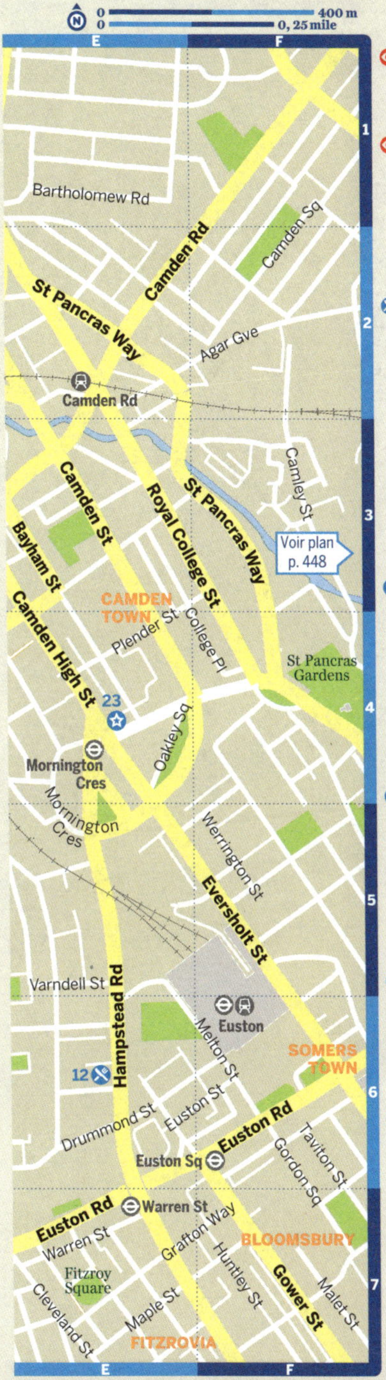

Les incontournables (p. 237)
Camden Market ... D3
Zoo de Londres ... C4

À voir (p. 238)
1 London Central Islamic Centre & Mosque ... A6
2 Zoo de Londres (entrée) ... B4
3 Primrose Hill ... B3
4 Regent's Park ... C5

Où se restaurer (p. 244)
Bar Gansa ... (voir 14)
5 Belgo Noord ... C2
6 Engineer ... C3
7 Haché ... D3
8 Mango Room ... D3
9 Manna ... B2
10 Marine Ices ... C2
11 Market ... D3
12 Mestizo ... E6
13 York & Albany ... D4

Où prendre un verre et faire la fête (p. 249)
14 Bar Vinyl ... D3
15 Black Cap ... D3
16 Crown & Goose ... D4
17 Edinboro Castle ... D4
18 Lock Tavern ... D2
Proud Camden ... (voir 28)
19 Queen's ... B3

Où sortir (p. 252)
20 Barfly ... C2
21 Electric Ballroom ... D3
22 Jazz Café ... D3
23 Koko ... E4
24 Lowdown at the Albany ... D7
25 Roundhouse ... C2

Shopping (p. 255)
Buck Street Market ... (voir 21)
26 Canal Market ... D2
27 Lock Market ... D2
28 Stables Market ... C2

Où se loger (p. 332)
29 International Student House ... D7
York & Albany ... (voir 13)

WEST LONDON

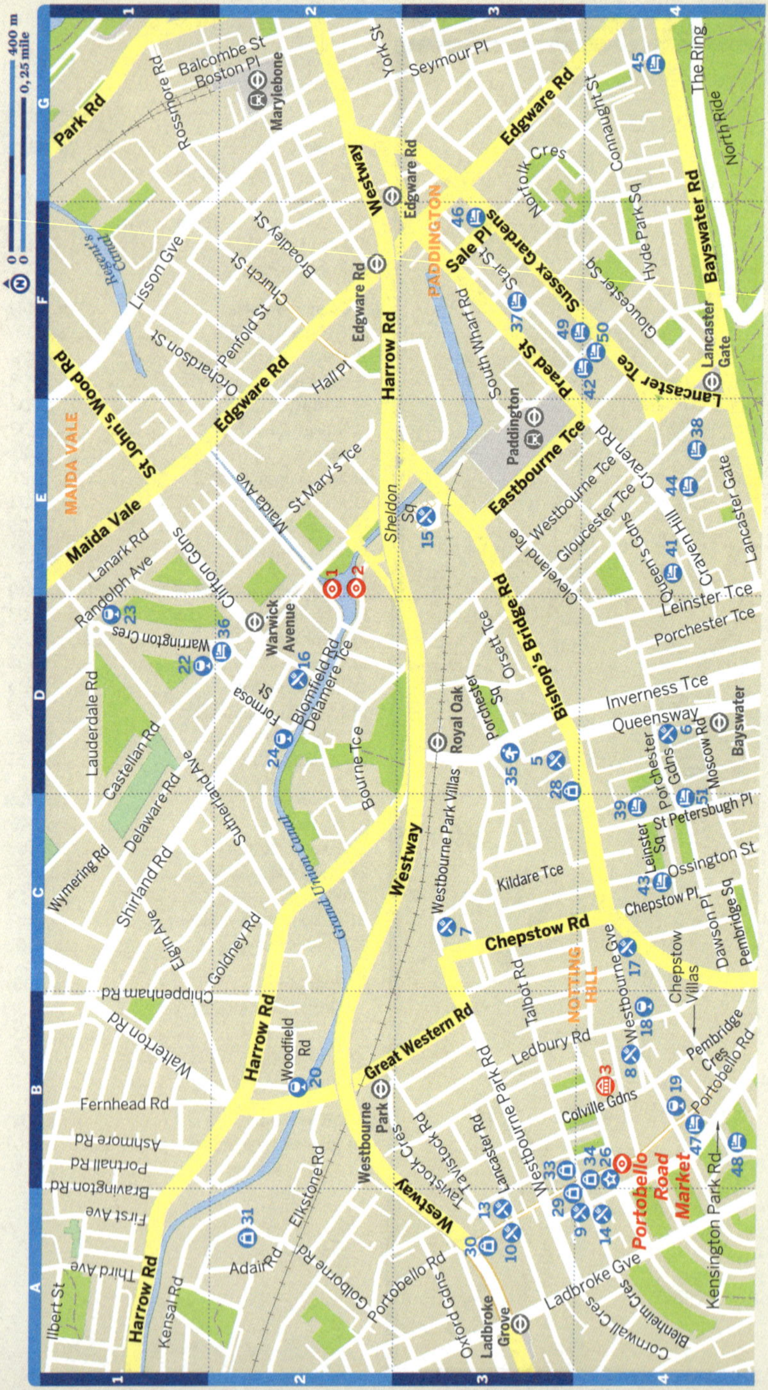

0 400 m
0 0,25 mile
Park Rd
Balcombe St
Boston Pl
Rossmore Rd
Marylebone
York St
Seymour Pl
Edgware Rd
Westway
Edgware Rd
PADDINGTON
Sale Pl
Sussex Gardens
Norfolk Cres
Connaught St
Hyde Park Sq
Gloucester Sq
Bayswater Rd
The Ring
North Ride
Lancaster Gate
Lancaster Tce
Regent's Canal
Lisson Gve
Broadley St
Church St
Penfold St
Richardson St
Orchardson St
Hall Pl
Edgware Rd
Harrow Rd
South Wharf Rd
Star St
Praed St
Paddington
Eastbourne Tce
Craven Rd
Westbourne Tce
Gloucester Tce
Queen's Gdns
Craven Hill
Lancaster Gate
Leinster Tce
Porchester Tce
St John's Wood Rd
MAIDA VALE
Maida Vale
Edgware Rd
Maida Ave
St Mary's Tce
Sheldon Sq
Lanark Rd
Randolph Ave
Clifton Gdns
Warrington Cres
Warwick Avenue
Formosa St
Blomfield Rd
Delamere Tce
Bourne Tce
Royal Oak
Porchester Sq
Orsett Tce
Cleveland Tce
Bishop's Bridge Rd
Inverness Tce
Queensway
Porchester Gdns
Moscow Rd
Bayswater
Lauderdale Rd
Castellan Rd
Delaware Rd
Sutherland Ave
Westbourne Park Villas
Kildare Tce
Leinster Sq
St Petersburgh Pl
Ossington St
Chepstow Pl
Dawson Pl
Pembridge Sq
Grand Union Canal
Westway
Wymering Rd
Shirland Rd
Elgin Ave
Goldney Rd
Chippenham Rd
Walterton Rd
Chepstow Rd
Talbot Rd
NOTTING HILL
Westbourne Gve
Chepstow Villas
Harrow Rd
Woodfield Rd
Great Western Rd
Ledbury Rd
Pembridge Cres
Portobello Rd
Fernhead Rd
Ashmore Rd
Portnall Rd
Bravington Rd
First Ave
Third Ave
Ilbert St
Harrow Rd
Kensal Rd
Adair Rd
Elkstone Rd
Golborne Rd
Westbourne Park
Tavistock Cres
Tavistock Rd
Lancaster Rd
Westbourne Park Rd
Colville Gdns
Portobello Road Market
Kensington Park Rd
Westway
Portobello Rd
Oxford Gdns
Ladbroke Grove
Ladbroke Gve
Cornwall Cres
Blenheim Cres
1 2 3 4 5 6 7 8 9 10 13 14 15 16 17 18 19 20 22 23 24 26 28 29 30 31 33 34 35 36 37 38 39 41 42 43 44 45 46 47 48 49 50 51
A B C D E F G

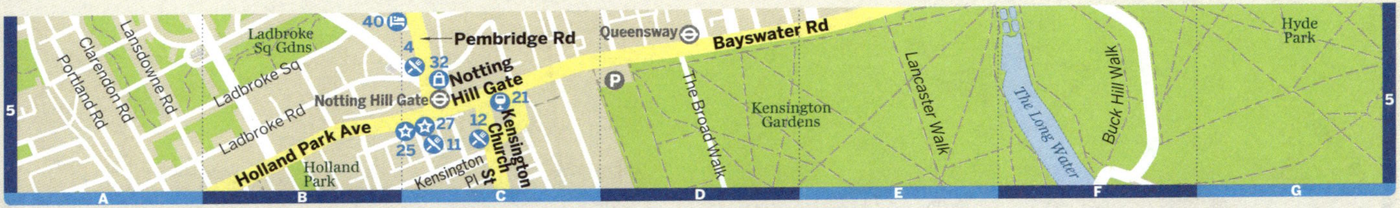

Les incontournables (p. 259)
Portobello Road Market B4

À voir (p. 258)
1 Little Venice E2
2 London Waterbus Company E2
3 Museum of Brands, Packaging and Advertising B4

Où se restaurer (p. 260)
4 Arancina C5
5 Churreria Española D3
6 Couscous Café D4
7 Cow C3
8 Daylesford B4
9 E&O A4
Electric Brasserie .... (voir 26)
10 Garden & Grill A3
11 Geales C5
12 Kensington Place C5
13 Market Thai A3
14 Mediterraneo A4
15 Pearl Liang E3
16 Summerhouse D2
17 Taquería C4

Où prendre un verre (p. 263)
18 Beach Blanket Babylon B4
19 Earl of Lonsdale B4
20 Grand Union B2
21 Notting Hill Arts Club C5
22 Prince Alfred D1
23 Warrington D1
24 Waterway D2

Où sortir (p. 265)
25 Coronet C5
26 Electric Cinema B4
27 Gate Picturehouse C5

Shopping (p. 266)
28 Al Saqi D3
Books for Cooks .... (voir 29)
29 Ceramica Blue A3
30 Portobello Green Arcade A3
31 Rellik A2
Retro Man .... (voir 32)
32 Retro Woman C5
33 Rough Trade B3
34 Spice Shop B4

Sports et activités (p. 267)
35 Porchester Spa D3

Où se loger (p. 333)
36 Colonnade D2
37 easyHotel Paddington F3
38 Elysee Hotel E4
39 Garden Court Hotel C4
40 Gate Hotel B5
41 Hempel E4
42 Hotel Indigo F4
43 New Linden Hotel C4
44 Oxford Hotel London E4
45 Parkwood Hotel G4
46 Pavilion Hotel F3
47 Portobello Gold B4
48 Portobello Hotel B4
49 Stylotel F3
50 Stylotel Suites F4
51 Vancouver Studios C4

WEST LONDON : SHEPHERD'S BUSH ET EARL'S COURT

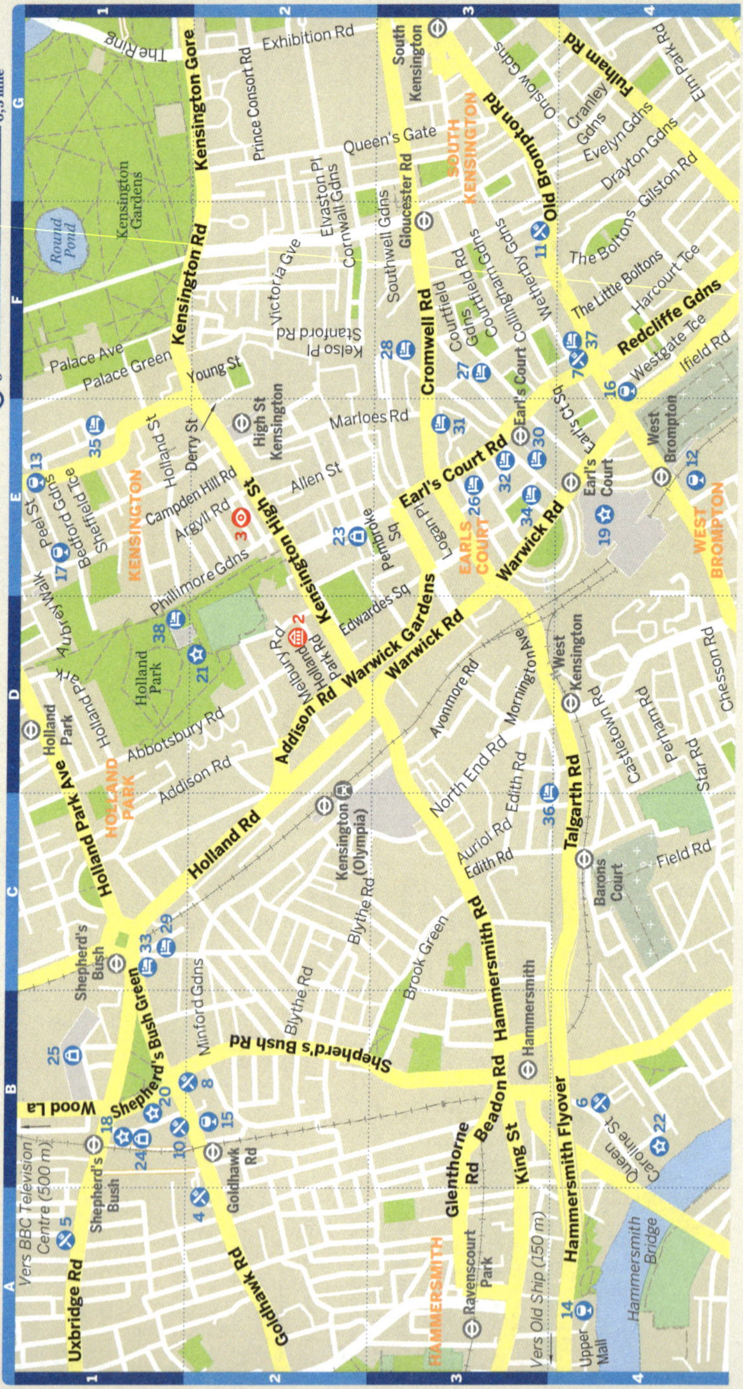

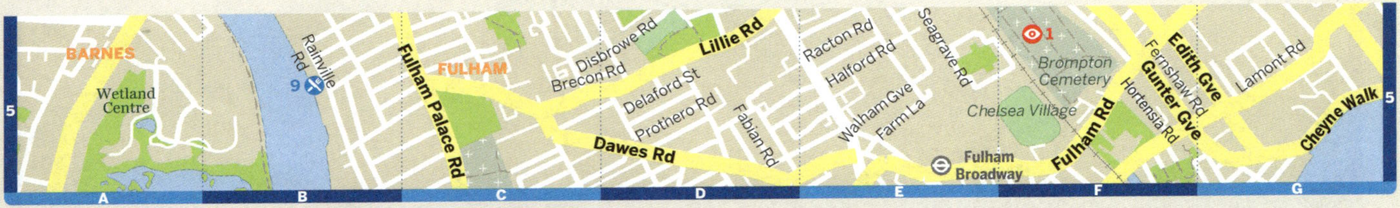

À voir **(p. 258)**

1 Brompton Cemetery F5
2 Leighton House D2
3 Linley Sambourne House E2

Où se restaurer **(p. 261)**

4 Blah Blah Blah A2
5 Esarn Kheaw A1
6 Gate B4
7 Mr Wing F4
8 Patio B2
9 River Café B5
10 Tatra B1
11 Tendido Cero F3

Où prendre un verre et faire la fête **(p. 265)**

12 Atlas E4
13 Churchill Arms E1
14 Dove A4
15 Green Room B2
16 Troubadour F4
17 Windsor Castle E1

Où sortir **(p. 265)**

18 Bush Theatre B1
19 Earl's Court Exhibition Centre E4
20 O2 Shepherd's Bush Empire B1
21 Opera Holland Park D2
22 Riverside Studios B4

Shopping **(p. 266)**

23 Orsini E2
24 Shepherd's Bush Market B1
25 Westfield B1

Sports et activités **(p. 267)**

K Spa .... (voir 29)

Où se loger **(p. 334)**

26 Barmy Badger Backpackers E3
27 base2stay F3
28 easyHotel Earl's Court F3
29 K West C1
30 Mayflower E3
31 Rockwell E3
32 Rushmore E3
33 St Christopher's Shepherd's Bush C1
34 Twenty Nevern Square E3
35 Vicarage Hotel E1
36 W14 .... D3
37 YHA Earl's Court F4
38 YHA Holland House D1

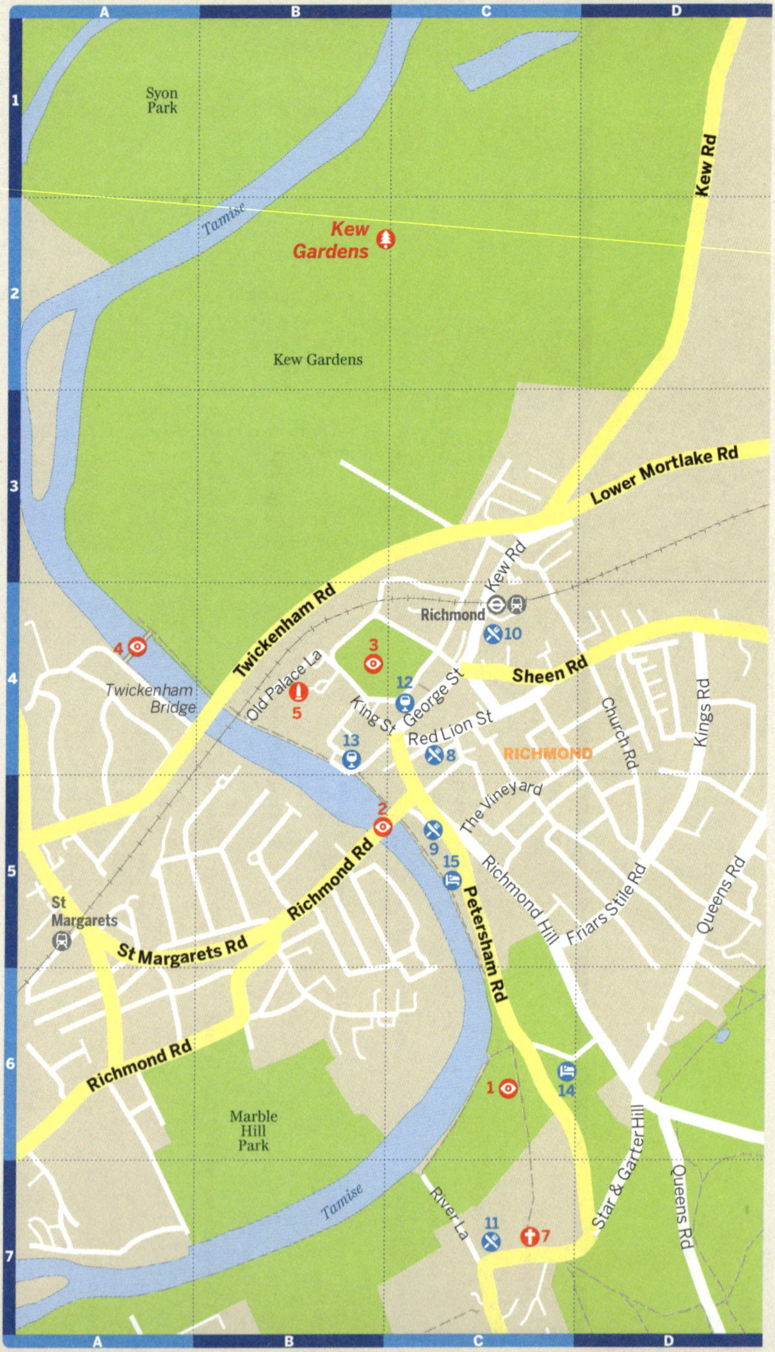
A
B
C
D
1
2
3
4
5
6
7
Syon Park
Tamise
Kew Gardens
Kew Gardens
Kew Rd
Lower Mortlake Rd
Twickenham Rd
Kew Rd
Richmond
10
3
Sheen Rd
4
Twickenham Bridge
Old Palace La
5
12
George St
King St
Red Lion St
13
8
RICHMOND
Church Rd
Kings Rd
2
The Vineyard
9
15
Richmond Rd
Petersham Rd
Richmond Hill
Friars Stile Rd
Queens Rd
St Margarets
St Margarets Rd
Richmond Rd
1
14
Marble Hill Park
Star & Garter Hill
Queens Rd
Tamise
River La
11
7

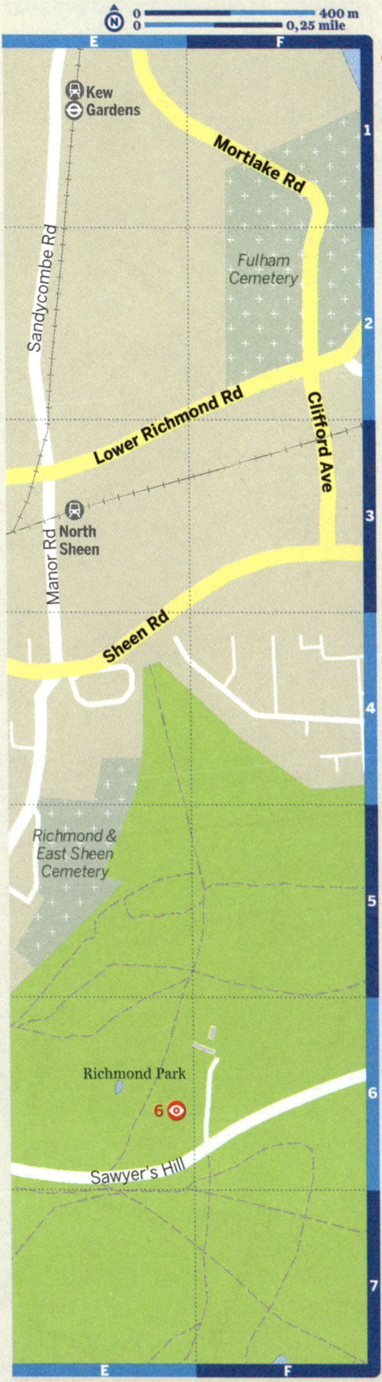

Les incontournables (p. 296)
Kew Gardens B2

À voir (p. 298)
1 Petersham Meadows C6
2 Richmond Bridge B5
3 Richmond Green B4
4 Richmond Lock A4
5 Richmond Palace Remains B4
6 Richmond Park E6
7 St Peter's Church C7

Où se restaurer (p. 303)
8 Al Boccon di'Vino C4
9 Chez Lindsay C5
10 Don Fernando's C4
11 Petersham Nurseries Café C7

Où prendre un verre (p. 305)
12 Cricketers C4
13 White Cross B4

Où se loger (p. 338)
14 Petersham C6
15 The Bingham C5

SOUTH LONDON : BRIXTON, CLAPHAM ET BATTERSEA

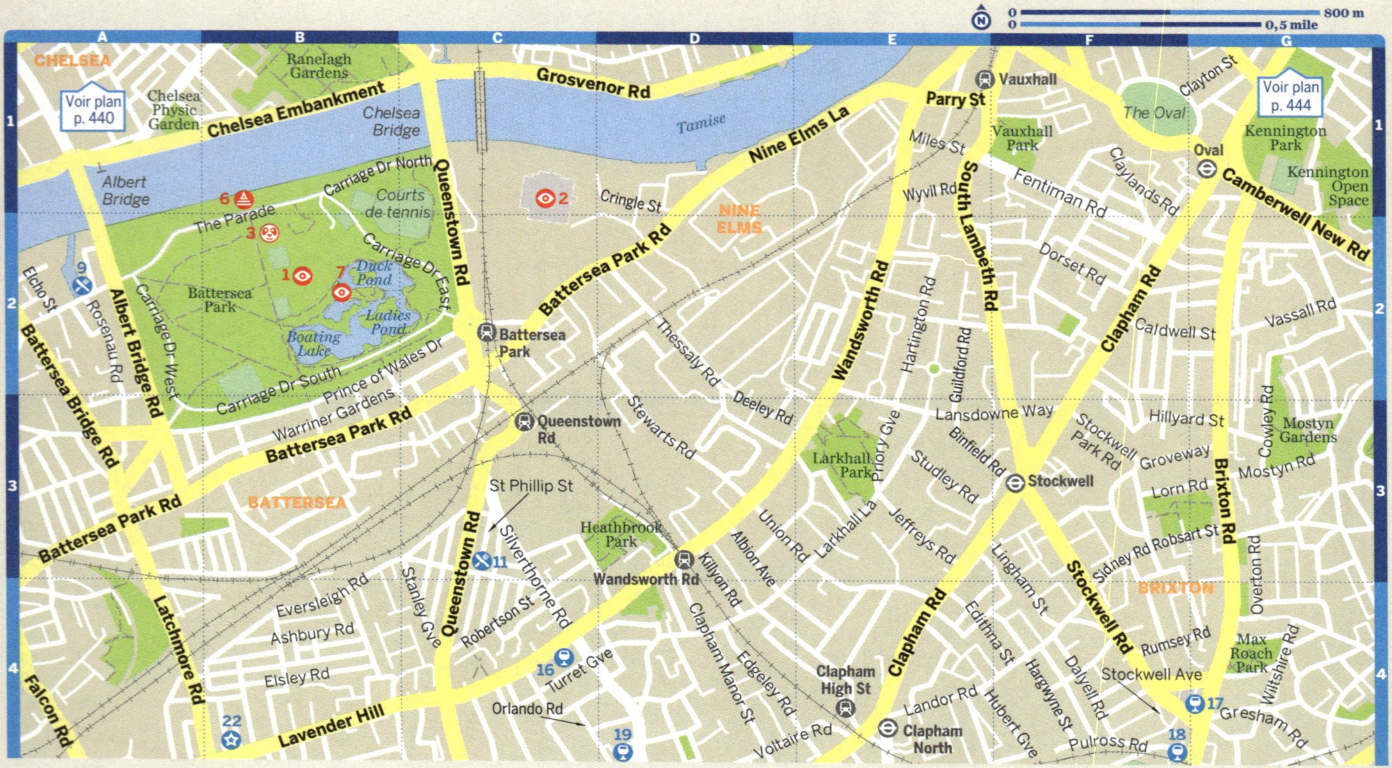

SOUTH LONDON : BRIXTON, CLAPHAM ET BATTERSEA

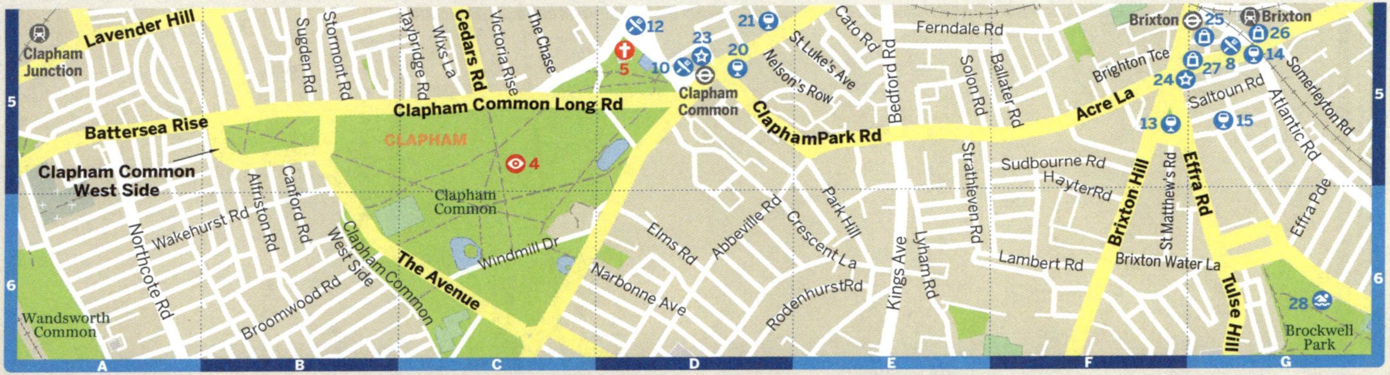

À voir (p. 279)

1 Battersea Park ... B2
2 Battersea Power Station ... C1
3 Children's Zoo ... B2
4 Clapham Common ... C5
5 Holy Trinity Church ... D5
6 Peace Pagoda ... B1
7 Pump House Gallery ... B2

Où se restaurer (p. 283)

8 Asmara ... G5
9 Butcher & Grill ... A2
Federation Coffee ... (voir 26)
Franco Manca ... (voir 25)
Honest Burgers ... (voir 26)
10 Macaron Boulangerie & Patisserie ... D5
Rosie's Deli Cafe ... (voir 25)
11 Santa Maria del Sur ... C3
12 Trinity ... D5

Où prendre un verre et faire la fête (p. 284)

13 Babalou ... F5
14 Dogstar ... G5
15 Effra ... G5
16 Lost Society ... C4
17 O2 Academy Brixton ... G4
18 Plan B ... F4
19 Prince of Wales ... D4
20 So.uk ... D5
21 Two Brewers ... D5

Où sortir (p. 288)

22 Battersea Arts Centre ... B4
23 Clapham Picture House ... D5
24 Ritzy Picturehouse ... F5

Shopping (p. 289)

25 Brixton Market ... G5
26 Brixton Village ... G5
27 Joy ... G5

Sports et activités (p. 290)

28 Brockwell Park Lido ... G6

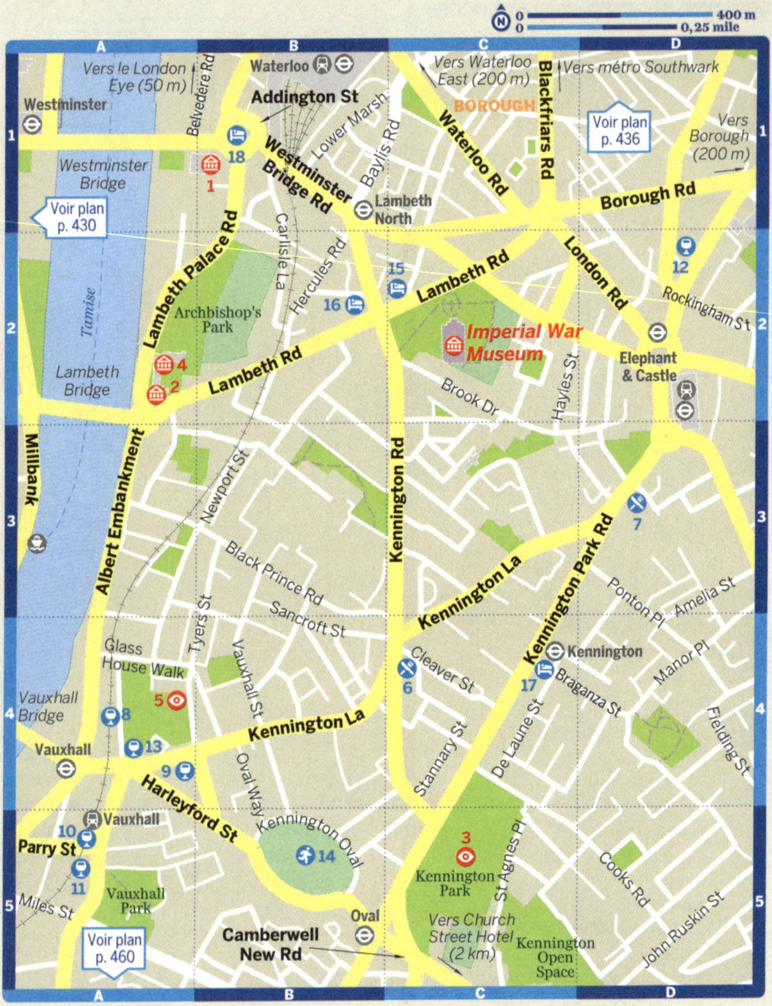

Les incontournables (p. 276)
Imperial War Museum .. C2

À voir (p. 278)
1 Florence Nightingale Museum B1
2 Garden Museum A2
3 Kennington Park C5
4 Lambeth Palace A2
5 Vauxhall City Farm A4

Où se restaurer (p. 285)
6 Kennington Tandoori C4
7 Lobster Pot D3

Où prendre un verre (p. 287)
8 Area A4
9 Eagle A4
10 Fire A5
11 Hoist A5
12 Ministry of Sound D2
13 RVT A4

Sports et activités (p. 280)
14 The Oval B5

Où se loger (p. 337)
15 Captain Bligh Guest House C2
16 Days Hotel (Waterloo Branch) B2
17 Kennington B&B C4
18 Park Plaza Westminster Bridge B1

Les incontournables (p. 270)

Chapel at Old Royal Naval College C2
Discover Greenwich C2
Greenwich Park D3
National Maritime Museum C2
Nelson Room C2
Old Royal Naval College C2
Painted Hall C2
Peter Harrison Planetarium D3
Ranger's House C4
Royal Observatory D3
Statue du General Wolfe D3

À voir (p. 273)

1 Cutty Sark B2
2 Fan Museum C3
3 Queen's House C2
4 St Alfege Church B3

Où se restaurer (p. 281)

5 Greenwich Market C2
6 Inside B3
Nevada Street Deli .... (voir 7)
Old Brewery .... (voir 11)
7 Spread Eagle C3
8 Tai Won Mein B2

Où prendre un verre et faire la fête (p. 285)

9 Cutty Sark Tavern D1
10 Greenwich Union B4
11 Old Brewery C2
12 Trafalgar Tavern C1

Où sortir (p. 288)

13 Laban A3
14 Up the Creek B2

Shopping (p. 289)

Beehive .... (voir 15)
Compendia .... (voir 5)
15 Emporium B2

Où se loger (p. 338)

16 Number 16 St Alfege's B3
17 St Christopher's Inn Greenwich B3

Les guides Lonely Planet

Une vieille voiture déglinguée, quelques dollars en poche et le goût de l'aventure, c'est tout ce dont Tony et Maureen Wheeler eurent besoin pour réaliser, en 1972, le voyage d'une vie : rallier l'Australie par voie terrestre via l'Europe et l'Asie. De retour après un périple harassant de plusieurs mois, et forts de cette expérience formatrice, ils rédigèrent sur un coin de table leur premier guide, *Across Asia on the Cheap*, qui se vendit à 1 500 exemplaires en l'espace d'une semaine. Ainsi naquit Lonely Planet, qui possède aujourd'hui des bureaux à Melbourne, Londres et Oakland, et emploie plus de 600 personnes. Nous partageons l'opinion de Tony, pour qui un bon guide doit à la fois informer, éduquer et distraire.

Nos auteurs

Damian Harper

Auteur-coordinateur, South Bank, Kensington et Hyde Park, Greenwich et South London, Richmond et Hampton Court Cockney pure souche, Damian travaille à la rédaction des guides Lonely Planet depuis la fin des années 1990. Il vit à South London avec son épouse et ses deux enfants. Damien a également rédigé les chapitres *Londres par quartier*, *Préparer son voyage*, *Comprendre Londres*, *Musées et galeries*, *Où sortir* et *Sports et activités*.

Steve Fallon

Excursions Après plus d'une décennie passée dans l'East London, Steve parle cockney dans son sommeil, se nourrit de gelée d'anguilles au petit-déjeuner et boit de la bière au tonneau et, à l'occasion, se plaît à enflammer le dance-floor. Depuis peu, Steve fait officiellement partie de l'association professionnelle des guides-interprètes Blue Badge pour Londres.

Émilie Filou

West End, Hampstead et North London, Notting Hill et West London. Émilie est née à Paris. Après trois années d'études et autant passées à courir le monde, elle a atterri à Londres. Aujourd'hui, elle travaille en tant que journaliste, spécialiste de l'Afrique. Elle a également écrit les chapitres *Où se restaurer*, *Où boire un verre et faire la fête*, *Londres gay et lesbien*, *shopping*, *Transports* et *Carnet pratique*.

Retrouvez Émilie sur le site de Lonely Planet :
lonelyplanet.com/members/emiliefilou

Sally Schafer

La City, Clerkenwell, Shoreditch et Spitalfields, l'East End et les Docklands Vivant à Londres depuis plus de dix ans, dont quatre passés à l'ombre du parc olympique naissant et six à Clerkenwell et Old St pour son travail. Dans les bureaux londoniens de Lonely Planet, elle répond généralement au titre d'éditrice adjointe, mais elle a déjà participé à la rédaction des guides *Londres*, *Espagne* et *Portugal* lors de précédentes missions.

Contributrice

Vesna Maric Londonienne depuis 15 ans, elle a rédigé le chapitre *Voyager avec ses enfants*. Depuis la naissance de Frida il y a un an et demi, elle se félicite d'avoir découvert une nouvelle partie de sa ville.

Londres
7e édition
Traduit et adapté de l'ouvrage *London, 8th edition, February 2012*

Dépôt légal Avril 2012
ISBN 978-2-81612-093-6
Imprimé par IME (Imprimerie Moderne de l'Est), Baumes-les-Dames, France

En Voyage Éditions | un département place des éditeurs